DIREITO ANTITRUSTE

Eduardo Molan Gaban ▪ Juliana Oliveira Domingues

www.saraivaeducacao.com.br
Visite nossa página

DIREITO ANTITRUSTE

Eduardo Molan Gaban ▪ Juliana Oliveira Domingues

5ª edição
2024

Av. Paulista, 901, Edifício CYK, 4º andar
Bela Vista – São Paulo – SP – CEP 01310-100

SAC sac.sets@saraivaeducacao.com.br

Diretoria executiva	Flávia Alves Bravin
Diretoria editorial	Ana Paula Santos Matos
Gerência de produção e projetos	Fernando Penteado
Gerência de conteúdo e aquisições	Thais Cassoli Reato Cézar
Gerência editorial	Livia Céspedes
Novos projetos	Aline Darcy Flôr de Souza Dalila Costa de Oliveira
Edição	Samantha Rangel
Design e produção	Jeferson Costa da Silva (coord.) Rosana Peroni Fazolari Guilherme Salvador Lais Soriano Tiago Dela Rosa Verônica Pivisan
Planejamento e projetos	Cintia Aparecida dos Santos Daniela Maria Chaves Carvalho Emily Larissa Ferreira da Silva Kelli Priscila Pinto
Diagramação	Adriana Aguiar
Revisão	Cecília Devus
Capa	Tiago Dela Rosa
Produção gráfica	Marli Rampim Sergio Luiz Pereira Lopes
Impressão e acabamento	Gráfica Paym

DADOS INTERNACIONAIS DE CATALOGAÇÃO NA PUBLICAÇÃO (CIP)
VAGNER RODOLFO DA SILVA – CRB-8/9410

D671d   Domingues, Juliana Oliveira
Direito Antitruste / Juliana Oliveira Domingues, Eduardo Molan Gaban. – 5. ed. – São Paulo : SaraivaJur, 2024.
424 p.
ISBN: 978-85-5362-302-0 (impresso)
1. Direito. 2. Direito Antitruste. I. Gaban, Eduardo Molan. II. Título.

CDD 341.3787
2023-3056   CDU 347.733

Índices para catálogo sistemático:

1. Direito Antitruste   341.3787
2. Direito Antitruste   347.733

Data de fechamento da edição: 4-10-2023

Dúvidas? Acesse www.saraivaeducacao.com.br

Nenhuma parte desta publicação poderá ser reproduzida por qualquer meio ou forma sem a prévia autorização da Saraiva Educação. A violação dos direitos autorais é crime estabelecido na Lei n. 9.610/98 e punido pelo art. 184 do Código Penal.

CÓD. OBRA	2435	CL	608795	CAE	843897

*Dedicamos este livro ao Professor Fabio Nusdeo,
que nos encorajou a publicar a primeira edição
e a todos os verdadeiros apaixonados
pelo Direito Antitruste.*

AGRADECIMENTOS

Agradecemos a Deus por nossa trajetória e por todas as oportunidades que nos levaram (e nos mantiveram) apaixonados pelo Direito Antitruste. Desde a última edição, foram muitas experiências que nos fizeram amadurecer nas reflexões que serão encontradas neste livro.

Preparar uma lista de agradecimentos é sempre um desafio, principalmente quando se trata de uma obra fruto de mais de duas décadas de pesquisas. Nosso conhecimento teórico teve influência de diversos professores e autores, todos devidamente indicados nas referências bibliográficas.

Agradecemos a todas as instituições que nos acolheram, aos professores de nossa graduação, mestrado, doutorado, pós-doutorado e àqueles que nos receberam em instituições estrangeiras.

Agradecemos aos nossos amigos, com os quais trocamos ideias, discutimos, concordamos e discordamos: a dialética faz parte do espírito crítico necessário à construção e evolução do Direito.

Agradecemos ao Sistema Brasileiro de Defesa da Concorrência, às Universidades, Faculdades de Direito, Institutos e Grupos de Estudos colaboradores da disseminação do Direito Antitruste / Concorrencial no Brasil (IBCI, IBRAC, CECORE – OAB/SP, IASP, NCI – PUC/SP, ASCOLA).

Agradecemos aos nossos colegas de trabalho, alunos, orientandos e ex-orientandos, com os quais temos uma troca permanente e salutar para o nosso amadurecimento como professores, autores e pesquisadores do Direito.

Não podemos deixar de agradecer a nossos pais, irmãos e sobrinhos(as), que sempre nos apoiaram, de diversas formas, e de cujo convívio nos privamos, diversas vezes, para concretizar nossos projetos e sonhos.

Por fim agradecemos a nossas filhas, Gloria e Sofia, cuja sede pelo conhecimento é para nós fonte permanente e inesgotável de energia.

LISTA DE SIGLAS

AGU	—	Advocacia-Geral da União
APEC	—	*Asia-Pacific Economic Cooperation*
ASCOLA	—	*Academic Society for Competition Law*
CADE	—	Conselho Administrativo de Defesa Econômica
CAPES	—	Coordenação de Aperfeiçoamento de Pessoal de Nível Superior
CCM	—	Comissão de Comércio do MERCOSUL
CDPC	—	Comitê de Direito e Política de Concorrência
CE	—	Comunidade Europeia
CJE	—	Corte de Justiça Europeia
CF	—	Constituição Federal da República Federativa do Brasil de 1988
CLP	—	*Competition Law and Policy*
CPR	—	Código de Conduta sobre Práticas Comerciais Restritivas da ONU
DEE	—	Departamento de Estudos Econômicos do CADE
DOU	—	*Diário Oficial da União*
DPDC	—	Departamento de Proteção e Defesa do Consumidor
DPDE	—	Departamento de Proteção e Defesa Econômica
EUA	—	Estados Unidos da América
FBI	—	*Federal Bureau of Investigation*
FTC	—	*Federal Trade Commission*
FURP	—	Fundação para o Remédio Popular
GATT	—	Acordo Geral sobre Tarifas e Comércio
IAEAA	—	*International Antitrust Enforcement Assistance Act*
IBCI	—	Instituto Brasileiro de Concorrência e Inovação
IBRAC	—	Instituto Brasileiro de Estudo das Relações de Concorrência, Consumo e Comércio Internacional
ICN	—	*International Competition Network*
MERCOSUL	—	Mercado Comum do Sul
MPF	—	Ministério Público Federal
MP/GO	—	Ministério Público do Estado de Goiás
MP/SP	—	Ministério Público do Estado de São Paulo
NLAB	—	Nova Lei Antitruste Brasileira (Lei n. 12.529, aprovada pelo Congresso Nacional em 5 de outubro de 2011, publicada em 30 de novembro de 2011, em vigor a partir de junho 2012)

OCDE	—	Organização para Cooperação e Desenvolvimento Econômico
OCTG	—	*Oil Country Tubular Goods*
OMC	—	Organização Mundial do Comércio
ONG	—	Organização Não Governamental
ONU	—	Organização das Nações Unidas
PROCON	—	Unidade Brasileira de Proteção ao Consumidor
SBDC	—	Sistema Brasileiro de Defesa da Concorrência
SDE/MJ	—	Secretaria de Direito Econômico do Ministério da Justiça
SEAE/MF	—	Secretaria de Acompanhamento Econômico do Ministério da Fazenda
SG	—	Superintendência Geral do CADE
SNDE	—	Secretaria Nacional de Direito Econômico
STF	—	Supremo Tribunal Federal
STJ	—	Superior Tribunal de Justiça
TCC	—	Termo de Compromisso de Cessação de Prática
UE	—	União Europeia
UNCTAD	—	Conferência das Nações Unidas sobre Comércio e Desenvolvimento
USDoJ	—	Departamento de Justiça Norte-Americano
WGTCP	—	*Working Group on the Interaction between Trade and Competition Policy*

LISTA DE ILUSTRAÇÕES

Figura I	–	Modelo de organização industrial de Estrutura-Conduta--Desempenho (ECD)
Figura II	–	Excedentes do consumidor (A) e do produtor (B) em situação de equilíbrio competitivo
Figura III	–	As etapas de análise econômica de atos de concentração horizontal
Figura IV	–	Multas criminais a empresas por década (em milhões de USD)
Figura V	–	Multas criminais antitruste aplicadas pelo USDOJ (em milhões de USD) – 2010-2015
Figura VI	–	EUA – Condenações a penas de reclusão por envolvimento em cartéis (%)
Figura VII	–	Multas coletadas pelo CADE
Figura VIII	–	Acordos de Leniência e Aditivos assinados pelo CADE
Tabela I	–	Exemplo de Análise de Probabilidade de Entrada
Tabela II	–	Testes para *sham litigation*
Tabela III	–	Multas impostas (não ajustada por julgamentos dos Tribunais) – período 2011 – out. 2022
Tabela IV	–	CE – As dez multas mais altas por caso (desde 1969 até 2021)
Tabela V	–	CE – As dez multas mais altas por empresa (desde 1969 até 2021)
Tabela VI	–	Melhores práticas para troca de informações (SDE/MJ)
Tabela VII	–	Antitruste e PI – Zonas de segurança/isenções (UE, EUA, Brasil)

ÍNDICE

Agradecimentos VII
Lista de siglas IX
Lista de ilustrações XI
Índice XIII
Prefácio à 5ª edição XIX
Nota dos autores à 5ª edição XXIII
Prefácio à 3ª edição XXV
Apresentação à 3ª edição XXXI

Parte I
BASES CONSTITUCIONAIS DO DIREITO ANTITRUSTE BRASILEIRO

1 PRINCÍPIOS E REGRAS CONSTITUCIONAIS ESTRUTURANTES DO DIREITO ANTITRUSTE... 1
   1.1 Princípios constitucionais 1
   1.2 Regras constitucionais 2
   1.3 Princípios da ordem econômica constitucional estruturantes do Direito Antitruste 4
      1.3.1 Princípio da livre-iniciativa 5
      1.3.2 Princípio da livre concorrência 7
      1.3.3 Princípio da defesa do consumidor 8
      1.3.4 Princípio da função social da propriedade 10
   1.4 Repressão ao abuso do poder econômico 11
   1.5 A necessária atenção aos princípios constitucionais no processo de aplicação do Direito Antitruste 12

Parte II
ANTITRUSTE/DEFESA DA CONCORRÊNCIA: HISTÓRICO, FUNDAMENTOS E FOCOS DE ATUAÇÃO

2 BREVE HISTÓRIA E EVOLUÇÃO DO ANTITRUSTE 17
   2.1 Antecedentes 18
      2.1.1 Formação de normas concorrenciais no Canadá 20
      2.1.2 Formação de normas concorrenciais nos EUA 21
      2.1.3 Formação de normas concorrenciais na Europa 28
          2.1.3.1 O caso Quinina e a prova de envolvimento no cartel 30
          2.1.3.2 O caso da Celulose e a teoria dos efeitos 31
          2.1.3.3 O caso Indústria de Carnes e a alegação de cartel de crise 32
      2.1.4 Formação de normas concorrenciais no Brasil 34

2.2	A relação entre a disciplina de condutas e a de estruturas	36
2.3	O antitruste na teoria jurídica e na teoria econômica	38
	2.3.1 A Escola de Harvard e a Escola de Chicago	38
	2.3.2 A Escola de Freiburg	44
	2.3.3 O Movimento Neobrandeisiano	46
	2.3.4 Parâmetros estrangeiros de decisão e o direito brasileiro	50
2.4	O bem-estar (*welfare*) e a análise antitruste	53

3 ETAPAS DA ANÁLISE ANTITRUSTE 61

3.1 Mercado relevante 62
3.2 Parcela substancial do mercado, poder de mercado e posição dominante 67
3.3 Probabilidade de exercício do poder de mercado 71
    3.3.1 Barreiras à entrada 71
    3.3.2 Rivalidade 75
    3.3.3 Eficiências econômicas 77

4 CONTROLE DE ESTRUTURAS 80

4.1 Hipóteses normativas de controle antitruste de operações empresariais 80
    4.1.1 Sanções por infrações a normas específicas do controle de estruturas 84
        4.1.1.1 Enganosidade, recusa, omissão ou retardamento injustificado de informações 85
        4.1.1.2 Consumação Prévia de Atos de Concentração (*gun jumping*) 91
        4.1.1.3 Prevenindo *gun jumping* em *Merger & Acquisitions (M&A)* – *clean teams, parlor rooms*, comitês executivos 97
        4.1.1.4 Exceções à vedação de consumação prévia: oferta pública de ações (OPA) e aprovação precária 99
4.2 Atos de concentração econômica 101
    4.2.1 Critérios de incidência da Lei Antitruste para controle de estruturas 104
        4.2.1.1 Regra matriz de incidência para controle de estruturas 104
        4.2.1.2 Hipóteses de concentração econômica e isenção antitruste 106
        4.2.1.3 Regra geral para a definição antitruste de grupo econômico 107
        4.2.1.4 Teoria dos efeitos ou aplicação extraterritorial da LDC 109
        4.2.1.5 Regras especiais de incidência para operações envolvendo fundos de investimento 113
        4.2.1.6 Regras especiais de incidência para operações envolvendo contratos associativos 114

4.3		Procedimentos de análise dos atos de concentração (sumário, ordinário e complexo)...	117
4.4		Intervenção de terceiros interessados e impugnações	119
4.5		Avocações	120
4.6		Decisões e Acordos em Atos de Concentração (ACCs)	121
	4.6.1	Monitores independentes ou *Trustees*	123

5 CONTROLE DE CONDUTAS 127
  5.1 Hipóteses normativas de infrações antitruste..................................... 127
       5.1.1 Sanções por infrações à Lei Antitruste.................................. 130
  5.2 Responsabilidade na Lei Antitruste 134
  5.3 Abuso de posição dominante 137
       5.3.1 Aumento abusivo de preços (preço abusivo ou excessivo) ... 138
       5.3.2 Discriminação 139
       5.3.3 Preços predatórios 142
       5.3.4 Políticas promocionais 144
       5.3.5 Venda casada 145
       5.3.6 Exclusividade 148
       5.3.7 Políticas de bônus, descontos e programas de fidelidade 150
       5.3.8 Estrangulamento de preços ou de margens de lucro (*price-squeeze or margin-squeeze*) 152
       5.3.9 Recusa de venda ou recusa de contratar............................... 154
       5.3.10 Fixação ou imposição de preço de revenda.......................... 156
       5.3.11 Abuso do direito de petição (*sham litigation*) 160
  5.4 Acordos entre concorrentes.. 167
       5.4.1 Acordos anticoncorrenciais 168
              5.4.1.1 Conceito e tipos.. 169
              5.4.1.2 Cartel como crime 177
              5.4.1.3 Condições para existência do cartel 179
              5.4.1.4 Valoração das provas 182
              5.4.1.5 Poder de mercado 184
              5.4.1.6 Liderança por preços (*price leadership*) 187
              5.4.1.7 Paralelismo de conduta e *plus factor* 190
              5.4.1.8 Cartéis internacionais... 195
              5.4.1.9 Cartéis internacionais *hard core*........................ 203
              5.4.1.10 Prevalência, formação e identificação 206
       5.4.2 Colaboração entre concorrentes 211
              5.4.2.1 Influência europeia e norte-americana................ 214
              5.4.2.2 Compartilhamento de informações...................... 215
              5.4.2.3 Pesquisa e desenvolvimento (P&D)..................... 219
              5.4.2.4 Condições comerciais gerais................................ 220
              5.4.2.5 Outros aspectos gerais 221

Parte III
PROMOÇÃO INTERNACIONAL DO ANTITRUSTE/ DEFESA DA CONCORRÊNCIA

6 A VOCAÇÃO INTERNACIONAL DO DIREITO ANTITRUSTE 223
   6.1 OCDE 227
      6.1.1 Considerações sobre as *soft laws* 228
      6.1.2 Recomendações da OCDE 230
   6.2 UNCTAD 235
      6.2.1 A concorrência na UNCTAD 236
      6.2.2 Estratégias da UNCTAD para estimular a cultura concorrencial 241
   6.3 OMC 243
      6.3.1 A concorrência na OMC 245
      6.3.2 Propostas de atuação do passado 246
   6.4 Rede Internacional de Concorrência (ICN) 249
      6.4.1 A ICN e os cartéis 255
      6.4.2 Recomendações às práticas preventivas e ao Compliance Antitruste 261

7 NOS PLANOS BILATERAL, REGIONAL: A EXPERIÊNCIA BRASILEIRA 263
   7.1 Acordos de cooperação 265
      7.1.1 Cortesia positiva e cortesia negativa 266
   7.2 Direito Antitruste no MERCOSUL 269
   7.3 Experiência brasileira com cooperação no combate aos cartéis *hard core* 274

Parte IV
FRONTEIRAS DO ANTITRUSTE

8 ANTITRUSTE, DIREITO PREMIAL E ANTICORRUPÇÃO 281
   8.1 Colaborações premiadas no Direito Antitruste 281
      8.1.1 Acordos de leniência: histórico 281
      8.1.2 Acordo de leniência: pré-requisitos e benefícios 287
      8.1.3 Acordo de leniência: leniência *plus* 289
      8.1.4 Acordo de leniência: outras implicações 291
      8.1.5 Termo de Compromisso de Cessação de Prática (TCC) 292
      8.1.6 Colaborações premiadas na Lei Antitruste: cooperação, evolução e desafios 297
   8.2 Colaborações premiadas relacionadas ao Direito Antitruste: Lei de Organizações Criminosas e Lei Anticorrupção 299
   8.3 Anticorrupção, *Compliance* e Direito Antitruste 303
      8.3.1 Lei Anticorrupção e Lei Antitruste 304

      8.3.2 *Compliance* 305
            8.3.2.1 *Compliance* Anticorrupção 305
            8.3.2.2 *Compliance* Antitruste 308
      8.3.3 Guia para Programas de *Compliance* Antitruste 308

9 ANTITRUSTE, REPARAÇÃO DE DANOS E ARBITRAGEM 310
   9.1 Experiências europeia e norte-americana 313
   9.2 Experiência brasileira 317

10 ANTITRUSTE E ESPECIALIZAÇÃO DA JUSTIÇA 322

11 ANTITRUSTE E PROPRIEDADE INTELECTUAL 325
   11.1 Experiência brasileira 325
   11.2 Influência da jurisprudência internacional 330

12 DIREITO ANTITRUSTE E DIREITO DO TRABALHO 335
   12.1 Cláusulas de Não Concorrência em Contratos de Trabalho 338
   12.2 Relação do CADE com a magistratura do trabalho 339

BIBLIOGRAFIA 341

PREFÁCIO À 5ª EDIÇÃO

Após longo período de letargia institucional sob a égide da ideologia desenvolvimentista estatal, a política antitruste brasileira conheceu expressiva revitalização e fortalecimento normativo a partir dos anos 1990, em meio ao contexto de redemocratização e reformas econômicas liberalizantes. O ressurgimento do antitruste nacional naquela década relaciona-se à difusão tardia, em países periféricos, de um modelo institucional típico das economias centrais[1].

Esse período chegou a ser identificado, entre nós, como uma verdadeira "revolução do antitruste"[2]. A principal consequência desse movimento seria o emprego cada vez mais frequente – nas decisões do Conselho Administrativo de Defesa Econômica (CADE) – de princípios, técnicas e metodologias da economia antitruste, importadas via apropriação intelectual de trabalhos acadêmicos, manuais de economia e documentos institucionais de autoridades estrangeiras[3]. É inegável que essa virada liberalizante representou um marco para o amadurecimento institucional do antitruste entre nós. O estabelecimento de balizas técnicas na atuação da autoridade da concorrência permitiu avançar na construção de uma dogmática brasileira da matéria. Nesse processo, a contribuição de acadêmicos e profissionais juristas e economistas passou a ser essencial para definir as bases de construção do direito concorrencial moderno no Brasil.

Por outro lado, verifica-se que o direito antitruste atualmente enfrenta múltiplos questionamentos e pressões por reorientação de seus objetivos e métodos. Após décadas de relativo consenso em torno do bem-estar do consumidor como seu norte orientador[4], o antitruste tem sido instado a expandir seu foco para além da eficiência econômica. De um lado, novas configurações de poder econômico privado, especialmente no mundo digital, colocam à prova as ferramentas tradicionais de *enforcement*[5]. Por outro, questões como sustentabilidade, desigualdade, precarização do

---

[1] CARVALHO, V. Defesa da concorrência: da crítica aos fundamentos teóricos à implementação como política pública no Brasil, Tese de Livre Docência. Departamento de Direito Comercial da Faculdade de Direito da Universidade São Paulo (FDUSP), 2022, p. 51.

[2] MATTOS, C. (org.). *A revolução do antitruste no Brasil:* teoria econômica aplicada a casos concretos. São Paulo: Singular, 2003. p. 20 (defende-se que, a partir da década de 1990, teria havido uma "revolução antitruste" no Brasil, na medida em que, nesse período, teria ocorrido "a introdução de uma análise econômica mais sofisticada do antitruste no Brasil e sua crescente e decisiva influência sobre importantes casos concretos julgados pelo CADE").

[3] SCHUARTZ, L. F. A desconstitucionalização do direito de defesa da concorrência. *Revista do IBRAC*, v. 16, n. 1, p. 9; p. 11, 2009 ("aquilo que, nos Estados Unidos, era resultado parcial de uma complexa interação entre direito e ciência econômica e de uma evolução jurisprudencial com fissuras e tensões, celebrou-se, no Brasil, como referencial normativo indisputado, pronto e acabado para uso imediato").

[4] HOVENKAMP, H. Is Antitrust's Consumer Welfare Principle Imperiled?, *The Journal of Corporation Law*, v. 45, n. 1, p. 101-130, 2019.

[5] Para uma revisão dessas discussões globais, cf. CRÉMER, Jacques; DE MONTJOYE, Yves-Alexandre; SCHWEITZER, Heike. *Competition Policy for the Digital Era*. Brussels: European Commission Final Report, 2019; STIGLER CENTER. *Stigler Committee on Digital Platforms Final Report*.

trabalho e recuperação pós-pandemia passam a demandar maior atenção das autoridades antitruste[6]. Há, ademais, pressões por uma reaproximação entre política industrial e defesa da concorrência.

Não é por outra razão que proeminentes comercialistas brasileiros têm advogado que a política nacional de defesa da concorrência deve possuir natureza multiprincipiológica, articulando-se com valores constitucionais como justiça social, livre-iniciativa e redução de desigualdades regionais[7]. Busca-se uma perspectiva cada vez mais integrada do antitruste à proteção dos princípios e valores da ordem econômica constitucional, de modo a conter novas configurações de poder econômico. É claro que essa transformação não é simples. Tensiona, na última milha, as metodologias e doutrinas tradicionalmente incorporadas pelo antitruste como um veículo de alegada previsibilidade e racionalidade das suas decisões.

O livro que tenho a honra de prefaciar é um símbolo maior não apenas de um momento de amadurecimento da política antitruste brasileira, mas também de seu atual encontro com esses novos desafios. Nessa obra, que já pode ser considerada um clássico da matéria no Brasil, os professores Eduardo Gaban e Juliana Domingues expõem conceitos fundamentais à compreensão acadêmica do direito antitruste brasileiro e lançam luzes importantes sobre suas novas fronteiras, em áreas como *compliance*, propriedade intelectual e reparação de danos.

Este livro tornou-se obra de referência para pesquisadores e advogados da minha geração. Com enfoque pragmático para maximizar a utilização do livro na operação do Direito Antitruste, os autores preocupam-se, do início ao fim, em apresentar os institutos e conceitos seguidos do completo debate doutrinário e jurisprudencial. Ilustram as lições com exemplos, modelos e referências jurisprudenciais atualizadas, provenientes, sobretudo, do Superior Tribunal de Justiça, do Supremo Tribunal Federal e do CADE. Discorrem, ademais, sobre as múltiplas aplicações do Direito Antitruste em práticas correlatas como *Merger & Acquisition (M&A)*, *compliance* concorrencial, *compliance* anticorrupção, propriedade intelectual, direito trabalhista, reparação de danos e enfrentam o tema da especialização da justiça. Essa combinação de metodo-

---

Chicago: [s.n.], 2019; LANCIERI, Filippo; SAKOWSKI, Patricia Morita. Competition in Digital Markets: A Review of Expert Reports, *Stanford Journal of Law*, Business & Finance, v. 26, n. 1, p. 65-170, 2021.

[6] LIANOS, I. Reorienting competition law, *Journal of Antitrust Enforcement*, v. 10, n. 1, p. 1-31, 2022.

[7] FORGIONI, P. A. O que esperar do antitruste brasileiro no século XXI? In: NUSDEO, F. *O direito econômico na atualidade*. São Paulo: Revista dos Tribunais, 2015. p. 348-354 (critica o caráter supostamente neutro do antitruste e adverte sobre a necessidade de explicitar os objetivos da política de defesa da concorrência brasileira); FRAZÃO, A. A necessária constitucionalização do direito da concorrência. In: CLÈVE, C. M.; FREIRE, A. *Direitos fundamentais e jurisdição constitucional*. São Paulo: Revista dos Tribunais, 2014. p. 148 (ao defender a instrumentalidade do art. 173, § 4º, da Constituição, a autora assevera que "são inúmeros os problemas decorrentes de se eleger a eficiência ou qualquer critério econômico e puramente consequencialista como o único escopo do direito da concorrência"); e SALOMÃO FILHO, C. *Teoria crítico-estruturalista do direito concorrencial*. Madri: Marcial Pons, 2015. p. 234-235 (critica que "o direito antitruste vai sendo cada vez mais relevante a um tratamento meramente prático e casuístico" e que "países como o Brasil, cujo passado colonial e toda a evolução econômica posterior levaram a uma concentração econômica histórica e estrutural não podem aplicar direta e acriticamente teorias como a de Chicago e suas adaptações posteriores").

logia e conteúdo confere à obra poderoso valor prático, especialmente aos advogados que militam ou pretendem militar na área.

Dividida em quatro partes principais, essa nova edição se inicia examinando as bases constitucionais do Direito Antitruste no país (Parte I), fornecendo assim um sólido fundamento para o restante da obra. Em seguida, é apresentada a evolução do Antitruste ao longo da história, com destaque para sua atuação (Parte II). A dimensão internacional do Antitruste e a promoção da defesa da concorrência são exploradas na Parte III, fornecendo *insights* valiosos sobre as melhores práticas e as experiências de outras jurisdições globais. A Parte IV analisa as fronteiras do Antitruste, abordando temas como a política de leniência, ações de reparação de danos e a relação do direito antitruste com o direito premial e anticorrupção. Além disso, o livro destaca a importância da jurisprudência do CADE, do poder judiciário brasileiro e de outras jurisdições globais, bem como a doutrina nacional e internacional, proporcionando uma visão abrangente e aprofundada do Direito Antitruste.

Ao concluir este prefácio, não poderia deixar de expressar meu profundo apreço pelo honroso convite para contribuir com algumas palavras introdutórias a esta consagrada obra. Congratulo os ilustres professores Eduardo Gaban e Juliana Domingues pelo primoroso trabalho. Tenho convicção de que esta nova edição continuará a elucidar relevantes questões atinentes à aplicação do direito concorrencial em nosso país.

Por derradeiro, ressalto aos prezados leitores o imenso potencial transformador desta obra. Sua atenta leitura certamente contribuirá para o amadurecimento intelectual de todos nós, permitindo avançar no constante aprimoramento da cultura antitruste brasileira. Formulo votos para que venham muitas edições futuras desta tão importante obra.

Brasília, outubro de 2023.

Victor Oliveira Fernandes
Professor de Direito Econômico e de Direito da Concorrência nos cursos de Graduação, Pós-Graduação *Lato Sensu*, Mestrado e Doutorado do Instituto Brasileiro de Ensino, Desenvolvimento e Pesquisa (IDP).
Conselheiro do Conselho Administrativo de Defesa Econômica (CADE).

NOTA DOS AUTORES À 5ª EDIÇÃO

O presente livro é resultado de mais de 20 anos dedicados à pesquisa, à docência e à atuação profissional na aplicação do Direito Antitruste. As modificações em relação às edições anteriores refletem o amadurecimento institucional do Sistema Brasileiro de Defesa da Concorrência – SBDC, assim como o próprio amadurecimento acadêmico-profissional dos autores.

O leitor encontrará uma obra atualizada que reflete a compreensão abrangente do Direito Antitruste à luz da jurisprudência (do CADE, do Poder Judiciário e de outras jurisdições como EUA e UE) e da doutrina (nacional e internacional). A experiência de aplicação do Direito Antitruste (tanto em âmbito administrativo quanto judicial), bem como as reflexões doutrinárias sobre esse instigante ramo do Direito, desenvolveu-se exponencialmente.

A análise contida neste livro perpassa conceitos econômicos aplicados ao Direito, assim como abrange grande parte – senão a integralidade – dos mais modernos e sofisticados institutos incorporados ou consolidados nos últimos anos (como, por exemplo, a análise prévia de atos de concentração, *gun jumping*, grupos econômicos, contratos associativos, monitores ou *trustees*, acordos de colaboração premiada, *compliance*, *shaw litigation* etc.).

Além dos temas acima, que já brindarão o leitor com o que há de mais moderno e atual na compreensão do Direito Antitruste, a presente edição traz, ao final, perspectivas das fronteiras do Direito Antitruste. Outras disciplinas têm interagido, cada vez mais, com o antitruste em seu criativo processo de concretização do Direito.

De fato, são muitas as fronteiras do Direito Antitruste. Entretanto, buscamos trazer, nesta edição, os temas que ganharam destaque nos últimos anos. Neste sentido, os leitores encontrarão notas sobre a relação da Constituição Federal de 1988 e Direito Antitruste com o direito premial, com as normas anticorrupção (especialmente para os casos de condutas coordenadas), com as normas de reparação civil, com a arbitragem, com a propriedade intelectual e, de forma bastante interessante, com o direito trabalhista.

O CADE ultrapassou 60 anos de existência formal e formou jurisprudência importante, ao longo dos últimos 30 anos no Brasil, especialmente após a entrada em vigor da Lei n. 8.884 em outubro de 1994. O Direito Antitruste interdisciplinar, por excelência, continua pujante e bastante desafiador. Apresenta, ainda, muitas zonas inexploradas no campo da experiência, tornando-se, assim, bastante atrativo aos jovens profissionais e pesquisadores que buscam oportunidades de carreira, dado o seu enfoque jurídico-econômico. Do mesmo modo, trata-se de matéria jurídica constantemente demandada em concursos públicos em geral.

Nesse contexto, apresentamos ao leitor e à leitora os principais posicionamentos e reflexões existentes, sejam aqueles decorrentes de processos de aplicação normativa, como aqueles derivados de estudos e pesquisas realizados nessa área do conhecimento jurídico. Ao mesmo tempo, indicamos, sempre que possível e com base em nossa experiência profissional, as melhores práticas, ou o melhor caminho, no desafiante exercício de concretização do Direito Antitruste em consonância com a Constituição Federal de 1988 com foco no desenvolvimento e bem-estar da coletividade.

Nosso público-alvo de leitores inclui professores de Direito e das demais ciências sociais, magistrados, membros do Ministério Público, advogados (públicos ou privados), assim como gestores, técnicos e outros profissionais com atuação na administração pública, sem contar os estudantes universitários de graduação e pós-graduação que se interessem pelo tema, com os quais sempre aprendemos.

Os Autores
Brasília, julho de 2023.

PREFÁCIO À 3ª EDIÇÃO

Sumamente distinguido pelo ilustre casal de autores deste livro, venho dirigir ao leitor algumas palavras prefaciais, que somente poderão ser marcadas pela despretensão, diante do extraordinário aporte por ele trazido à bibliografia brasileira em matéria concorrencial. Essa literatura já se tem avantajado de há algum tempo, mercê do destaque que lhe vem dando a atuação do chamado Sistema Brasileiro de Defesa da Concorrência (SBDC), pautada há mais de uma década pelo alto nível científico, excelência profissional e consistente equilíbrio judicante, tudo isso com fulcro em uma legislação bastante moderna, dotada de razoável tecnicismo, flexibilidade e, sobretudo, adaptada às características próprias do parque produtivo e do ecúmeno empresarial brasileiro.

Como é sabido, ambos – o parque produtivo e o mundo empresarial do País – criaram-se e desenvolveram-se ao longo das linhas de um modelo de substituição de importações. Tal modelo viveu duas fases marcantes durante o século passado: a primeira representada pelo estancamento das fontes supridoras de bens acabados do exterior, motivado pelos dois grandes conflitos armados (1914-1918 e 1939-1945), com um interregno de 20 anos, conturbado por crises de natureza política e econômica. A fase seguinte decorreu da crônica penúria de divisas característica da economia brasileira, assim que passado o segundo pós-guerra até o dealbar do presente século e, ademais disso, da acentuada urbanização a implicar crescente demanda consumista.

Tal quadro abriu para o Brasil a oportunidade de produzir em seu território um conjunto de bens que originalmente ele parecia fadado a importar. E, assim, sobretudo no centro-sul, onde já se contava com um contingente semiqualificado de mão de obra, decola o processo de substituição de importações, ao depois expandido pela já referida penúria cambial e por medidas diversas de índole protecionista, cujo símbolo foi a reforma tarifária do fim da década de 1950.

No entanto, tal processo viria a se estancar em função de uma limitação física, representada pela relativa exiguidade do mercado doméstico decorrente de acentuada assimetria na distribuição de renda, o que passou a dificultar ao parque produtor a obtenção das necessárias economias de escala conducente às mais expressivas reduções de custos. O quadro estava a indicar um esgotamento do modelo de substituição que passava a exigir o chamado teste da maturidade industrial, representado pela capacidade de competir no mercado internacional.

De qualquer maneira, no entanto, longas décadas de barreiras à entrada de produtos alienígenas e de disputa interna por um mercado de dimensões reduzidas levaram a um amortecimento de possíveis impulsos concorrenciais e a um certo nível de cartelização em diversos setores industriais, ainda quando restrita a meros comportamentos paralelos, dentro de um quadro típico de oferta concentrada em algumas poucas unidades produtoras.

Nessas condições, como já diversas vezes ressaltado, o grande desafio que se apresentava às autoridades encarregadas da tutela da concorrência na última década do século XX foi, justamente, o de criar e difundir uma cultura a ela ajustada, a qual começou a se desenvolver paralelamente a uma outra cultura que urgia instaurar: a da estabilidade monetária. Não por acaso, a atual lei de defesa da concorrência é promulgada quase que simultaneamente às medidas conformadoras do chamado Plano Real, dada a evidente impropriedade de uma política estimuladora de competição num clima de desordem monetária no qual deixam de existir parâmetros confiáveis para a ordenação dos valores econômicos.

Com a estabilidade, tornam-se mais nítidas as distorções ou deturpações nos preços relativos promovidos artificialmente pelas condutas anticoncorrenciais que antes se esgueiravam ou se disfarçavam no tumulto da voragem inflacionária. E aí tornou-se factível conformar os mercados, calibrando-lhes o "tônus" competitivo, com vistas a fazê-los atuar, senão como mecanismos distribuidores de renda, pelo menos como não inibidores desse processo distributivo, exigência inafastável da própria estabilidade democrática.

É justamente na operação dos cartéis que se situa o fulcro das preocupações com as condutas anticoncorrenciais que, neles, encontram o seu paradigma maior, pois são de molde a afetar os níveis de preços de amplos setores da economia, o que já não é tão evidente em grande parte das condutas capituladas no art. 21 da Lei n. 8.884/94 e no art. 36, § 3º, da Lei n. 12.529/2011, Nova Lei Antitruste Brasileira (NLAB). Estudos empíricos têm chegado a conclusões preocupantes quanto à capacidade e à longevidade de alguns cartéis no sentido de "viciar" os respectivos mercados no aceitar os sobrepreços palpáveis e significativos por eles impostos. Essa a razão para o grau de prioridade dado à apuração desse tipo de conduta em vários países, inclusive, mais recentemente, no Brasil.

Não há, pois, como enfatizar a oportunidade do presente lançamento, sobretudo pelo fato de, malgrado o crescimento do movimento editorial no campo do antitruste, como acima assinalado, ainda escassearem obras de maior profundidade destinadas a abordar especificamente a mecânica funcional e os critérios para a correta aplicação de medidas no campo de controle de condutas (abuso de posição dominante e prática de cartéis) e controle de estruturas (atos de concentração).

É o que se propõem a fazer Eduardo M. Gaban e Juliana O. Domingues neste trabalho, aliás, de fôlego.

No entanto, os jovens autores evitam a pressa e a sofreguidão – sempre más conselheiras científicas – de se debruçarem de chofre sobre o campo de pesquisa escolhido para desde logo explorá-lo. Com excelente bagagem em teoria geral do direito e direito constitucional, optaram, corretamente, por oferecer ao leitor uma sólida base conceitual e principiológica, destinada à adequada contextualização de ambos os temas à luz das recentes contribuições a eles aportadas.

Gradual e seguramente, com base nos elementos já trazidos à atenção dos leitores, procedem a uma avaliação metódica das bases constitucionais do antitruste em que a matéria é discutida em todos seus desdobramentos lógicos e funcionais, com a conclusão segundo a qual a proscrição do abuso de poder econômico em nível constitucional (art. 173, § 4º) decorre da articulação dos princípios da defesa do consumidor, da livre-iniciativa e da função social da propriedade. Ou seja, a tutela concorrencial visa, sim, à eficiência, mas não a qualquer eficiência senão àquela que favoreça ou não iniba a possibilidade de escolha do consumidor, asseguradora do seu bem-estar.

Ao mesmo tempo, a função social da propriedade implica a sua exploração, isto é, a atividade nela baseada a se desenvolver de molde a não restringir a liberdade dos demais agentes econômicos, o que, pela própria lógica concorrencial, levará à pretendida eficiência, inclusive a distributiva. Coloca-se, assim, no dizer dos autores, a ação limitadora da legislação antitruste quanto à livre concorrência a serviço da efetiva manutenção do princípio da livre-iniciativa. Em outras palavras, da mesma forma que não será qualquer eficiência a assegurar o bem-estar do consumidor, também não será qualquer concorrência que assegurará a livre-iniciativa. Trata-se da conhecida distinção entre a propriedade e o seu uso. A propriedade, em si, permanece. Ela é estável, estática e intocável, mas a sua utilização há de se curvar à vigência e aplicação efetiva dos demais princípios informadores da Ordem Econômica e Financeira (CF, art. 170), tudo de acordo com a teoria dos princípios jurídicos, tão bem exposta pelos prefaciados, com base na célebre obra de Dworkin quando convida as sociedades civilizadas "a levarem o Direito a sério".

Oportuna, ainda quanto a esse tópico, a distinção, já levantada por diversos autores do Direito Econômico, dentre eles Fábio Comparato, Eros Grau e José Afonso da Silva, entre bens de consumo e bens de produção, chegando mesmo o primeiro deles a se indagar sobre a razão de ter o Direito Civil se esquivado a lhes dar qualquer tratamento formal ou funcional. É que o princípio da função social ganha corpo e expressão sobretudo quando aplicado aos bens de produção, pois eles quando objeto de apropriação sem peias constituem o *iter* natural para o poder. A sua utilização interfere mais de perto na efetividade dos demais princípios e, portanto, é essencialmente a eles que se dirige o mandamento de ter o seu uso afeiçoado à função social, a qual, nos termos da Constituição, é a de, ainda quando indiretamente, levar a população brasileira a desfrutar de existência digna, conforme os ditames da justiça social (art. 170).

Em termos constitucionais, é digno de nota, mais uma vez, o tratamento dado à questão da aplicação e interpretação daquelas normas, particularmente quando se referirem à aplicação da legislação antitruste. Destacam-se, nessa linha três níveis normativos da Constituição representados pelos postulados, pelos princípios e pelas normas, os primeiros dirigidos a todos quantos desejem exercer atividade interpretativa e, por isso, precedem a interpretação e a própria Constituição, no dizer de Celso Bastos. São as premissas da interpretação, absolutamente necessárias sobretudo no campo do antitruste, em que se enovelam e se entrelaçam a Economia, o Direito, a Política. E, dentro da Economia, as próprias normas comportamentais decorrentes da lógica interna do mercado como um todo e de cada mercado relevante.

Como se vê, os autores não querem fornecer apenas o alimento pronto e acabado a ser consumido pelos seus leitores, mas, antes, procuram habilitá-los à delicada tarefa da sua escolha e do seu preparo, o que envolve a criação de um sistema lógico e consistente de raciocínio e de linguagem jurídicos.

Adentrando já o campo substantivo da matéria, encontra-se, no Capítulo 4º um conciso, mas completo histórico do antitruste, traçando-lhe uma linha evolutiva desde a primeira lei canadense de 1889 e do *Sherman Act* nos Estados Unidos, do ano seguinte, até a sua implantação na Europa, como instrumento inseparável da desejada integração dos mercados nacionais, com início na Alemanha, França, Itália, Bélgica, Holanda e Luxemburgo, sem deixar de lançar luz sobre a origem do antitruste no

Brasil com a chamada "lei malaia" de 1938, seguida pelo projeto Agamenon Magalhães de 1947, de onde surgiria o primeiro CADE da Lei n. 4.137/62.

Passam, a seguir, à discussão dos principais tópicos da doutrina, trabalhando o contraponto entre ação sobre as condutas *versus* ação exame das estruturas, para concluir não se tratar de áreas isoladas ou opostas, mas sim complementares, ou seja, será possível aceitar um dado ato de concentração econômica, mesmo quando potencialmente perigoso para a higidez concorrencial, submetendo, porém, as suas consequências a um meticuloso acompanhamento, em termos de conduta, o que no Brasil se faz principalmente por meio dos chamados Termos de Compromissos de Desempenho (TCDs).

Ainda no mesmo quarto capítulo, é apresentada uma lúcida visão do embate analítico e principiológico das três grandes escolas de análise antitruste: a de Harvard, a de Chicago e a de Freiburg (ordoliberal), mostrando os fortes laços de cada uma delas com ideologias, doutrinas e circunstâncias fáticas prevalecentes nos países e nas épocas onde se originaram.

O Capítulo 5º é dedicado a uma percuciente análise dos principais conceitos e parâmetros normativos comumente empregados na avaliação das etapas de análise antitruste, aplicáveis tanto ao controle de estruturas quanto à repressão das condutas anticompetitivas, tais como os conceitos de poder de mercado (posição dominante), mercado relevante, barreiras à entrada e o teste sempre delicado quanto à racionalidade do agente responsável por uma dada conduta sob a dimensão econômica. Mais uma vez é posto em realce o denominador comum existente entre a aferição dos efeitos anticoncorrenciais de determinadas condutas e a avaliação dos correspondentes riscos no caso da análise estrutural dos atos de concentração horizontal.

O Capítulo 6º volta-se à análise detalhada do controle de estruturas, iniciando-o com um panorama de sua evolução desde a entrada em vigor da Lei n. 8.884/94, em 5 de outubro, até os dias de hoje. No sexto capítulo, os autores exploram os principais conceitos e mecanismos operacionais do controle de atos de concentração no Brasil. A concentração de mercado e seus mais variados tipos é abordada nesse capítulo, ao mesmo tempo em que são explorados temas, como as hipóteses de incidência da Lei Antitruste (tanto da Lei n. 8.884/94, quanto da NLAB), as sanções específicas aplicáveis aos infratores das normas do controle de estruturas – momento em que os autores analisam o *gun jumping*, novo instituto introduzido pela NLAB –, os tipos de procedimentos de análise existentes e, finalmente, as decisões possíveis.

O Capítulo 7º é dedicado à análise do controle de condutas destinado a proporcionar uma análise abrangente da responsabilidade na Lei Antitruste (Cap. 7.2), bem como tratar das principais condutas anticoncorrenciais no âmbito da Lei Antitruste e à luz da jurisprudência do CADE. Assim, no capítulo 7.3, as principais condutas de abuso de posição dominante são abordadas, tais como o aumento abusivo de preços, a discriminação de rivais, a prática de preços predatórios (também conhecido como *underselling*), as políticas promocionais, a venda casada, os acordos de exclusividade, as políticas de bônus, descontos e programas de fidelidade, o *price-squeeze*, a recusa de venda e a fixação de preço de revenda.

Ainda no sétimo capítulo (Cap. 7.4), os autores passam a tratar mais especificamente dos acordos, dos comportamentos paralelos e da chamada liderança de preços, esmiuçando a sua estrutura, morfologia, origem e condições para a obtenção de sucesso. Importante dentro desse quadro, vem a ser a avaliação dos elementos de prova comumente utilizados pelas autoridades antitruste, tendo em vista constituir a prova do cartel o calcanhar de Aquiles para que se instaure uma efetiva ação repressiva, inclusive, e, sobretudo, na esfera internacional. Nesse particular, a Parte V deste livro traz um profundo e abrangente estudo de casos, a partir do qual o leitor poderá avaliar como o CADE tem valorado as provas e indícios para efeitos de abertura de investigações e de condenação de agentes econômicos envolvidos nas principais investigações por prática de cartel levadas a efeito nos últimos 17 anos de aplicação efetiva da Lei Antitruste.

A Política Antitruste, especialmente em atenção aos prejuízos atuais ou potenciais dos cartéis *hard core*, tem sido objeto de intensa colaboração internacional, inclusive no âmbito de diversas organizações de caráter mundial. Tal ação não passou, é claro, despercebida e mereceu um capítulo especial (Cap. 8º) dedicado a apresentar e a discutir os parâmetros adotados em cada uma delas quanto ao tema. São assim analisados os princípios para a atuação de entidades, tais como a OCDE, a UNCTAD, o GATT, a OMC (conferência de Doha) e a ICN (*International Competition Network*). Esta última, como diz o nome, uma rede internacional em prol da concorrência fundada em 2001 para atuar como foro independente de órgãos, agências e profissionais atuantes nesse campo. É discutido, nesse tópico, o papel das chamadas *soft laws*, que mereceu, por parte dos autores, um tratamento original e abrangente e ainda um sistema *sui generis* baseado no chamado "princípio de cortesia", a qual pode ser positiva ou negativa, sendo prevalecente a primeira. A "cortesia positiva" aplica-se quando um país é instado por outro a aplicar a sua jurisdição nacional com o fim de coibir abusos perpetrados dentro de suas fronteiras, mas que estejam afetando um mercado ou setor relevante do outro país, que invocou o princípio.

Nesse capítulo, como de resto em toda a obra, os autores brindam os estudiosos com um farto repertório de iniciativas institucionais adotadas em âmbito nacional e internacional, além de inúmeros exemplos de casos concretos julgados ou trabalhados para que se feche tanto quanto possível o cerco às insidiosas práticas cartelizadoras, inclusive com análise meticulosa dos "acordos de leniência".

Em sequência (Cap. 8º), é procedida meticulosa descrição e avaliação das agências e organizações internacionais em seu papel de promotoras da concorrência e, sobretudo, da ação anticartéis, O mesmo trabalho de descrição e avaliação é dedicado às iniciativas de caráter bilateral, regional e nacional, focando em especial a experiência brasileira.

Na Parte IV (Caps. 10º, 11º e 12º), os autores tratam dos novos institutos, das tendências e desafios do Direito Antitruste Brasileiro. Nesses capítulos, os *hot topics* em matéria de Antitruste/Defesa da Concorrência são analisados, tais como a política de leniência e acordos em geral para encerrar investigações (TCCs) (Cap. 10º), ações de reparação de danos por práticas anticoncorrenciais (Cap. 11º) e, finalmente, o desafio da relação do Direito Antitruste com o Direito de Propriedade Intelectual (PI), momento em que os autores nos brindam com um quadro das "zonas de segurança" a partir das experiências dos EUA, da UE e da jurisprudência do CADE.

Encerrando, têm-se as Considerações Finais, como o arremate propositivo-normativo decorrente da obra em seu conjunto, com a recomendação básica e extraordinariamente lúcida de que o teste da razoabilidade econômica deve ser aplicado às práticas e concentrações empresariais investigadas, o que envolve, também, um cálculo de probabilidade quanto à ocorrência de efeitos danosos de natureza concorrencial.

Tal recomendação vem muito a propósito quando se considera que ainda nos dias atuais existe um grande número de intérpretes e comentadores das normas de direito econômico que ignoram esse enfoque, essencial para uma avaliação realista de situações concretas nas quais a álea costumeiramente se faz presente.

O quadro está, pois, completo – analítica e institucionalmente, interna e internacionalmente – para que as conclusões fundamentais possam ser tiradas e apresentadas com consistência e absoluta correção metodológica. Importante frisar que, na metodologia alvitrada, a própria teoria econômica chamada para representar e analisar cada uma daquelas situações é, também, testada e rebatida contra o quadro próprio de cada mercado ou segmento de mercado no qual a prática se manifesta.

Daí a "lógica do pragmatismo" subjacente ao presente trabalho, que pode levar a avaliações diversas e, consequentemente, a medidas também diversas, conforme incida a teoria econômica em situações nas quais não haja poder de mercado, ou naquelas em que se constate a presença de tal poder, desdobradas cada uma delas em função da razoabilidade ou não da conduta em termos da racionalidade econômica contextualizada.

São considerações que, em qualquer linha de raciocínio, fazem sentido, mostrando que as opções jurídicas não se fazem com base em dogmas econômicos, mesmo porque estes não existem – o que existe são apenas dogmas doutrinário-ideológicos, aliás, incabíveis numa análise científica. E, assim, deve-se propugnar para que elas – as opções jurídicas – baseiem-se no probabilismo empírico-científico, maduramente estimado e calculado em atenção ao universo contido na zona de interconexão da linguagem da experiência com a linguagem do conhecimento, uma vez que nas ciências sociais as leis são sempre de caráter estocástico, ou seja, apontam para tendências ou probabilidades e não para certezas.

Este livro será, pois, indubitavelmente, útil, não apenas pela abordagem completa e abrangente da matéria que se propôs examinar, mas também como ponderável contribuição para a construção de uma estrutura jurídico-econômica de raciocínio apta a conduzir à tomada de decisões consistentemente adaptadas à realidade de cada país, de cada tempo e de cada mercado.

Professor Fábio Nusdeo

APRESENTAÇÃO À 3ª EDIÇÃO

Toda conduta colusiva aponta para um jogo conjunto na relação entre concorrentes. Mas nem toda colusão é cartel. Desde Coase aceita-se que as relações na linha vertical entre produtor e distribuidor acarretam custos enormes: custos de transação. Por isso, a tendência é a sua eliminação ou diminuição, fazendo acordos. No plano horizontal, pode haver acordo sobre preços, quantidades a serem produzidas ou repartição de mercados que visem a fins considerados legítimos: p. ex. a proteção contra crises conjunturais e dentro dos limites estritamente necessários a esse objetivo, isto é, a sobrevivência e não a dominação do mercado. Ou acordos que visem a evitar a dispersão de preços (existência de vendas muito dispersas e realizadas em regiões distantes e isoladas). Com isso, muitas vezes os preços são excessivos, ou a oferta é superdimensionada. Para benefício do consumidor, aconselha-se, até uma indicação (acordada) de preços (sugeridos), o que permite uma melhor visualização da demanda. Outras vezes, admite-se acordo para evitar situações de grande desigualdade entre concorrentes, o que viabiliza a concorrência (acordo do tipo volume total).

Nesse quadro, insere-se a fecunda e abrangente análise realizada por Eduardo Gaban e Juliana Domingues do combate aos cartéis no direito antitruste. Os autores combinam, com rara felicidade, seus conhecimentos de direito concorrencial no plano nacional e internacional para oferecer ao leitor um panorama do tema, capaz de fornecer-lhe os meios necessários para aprofundar questões pronunciadamente relevantes relacionadas ao direito antitruste como um todo, como a avaliação dos elementos de prova da existência de cartel, ponto particularmente complicado para a ação de efetivo combate de parte da autoridade antitruste.

Um quadro, porém, em processo de mudança. A Lei n. 8.884/94, agora revogada, é substituída por uma nova lei que, é verdade, altera o desenho institucional das competências e do processo administrativo mais do que a estrutura do delito contra a Ordem Econômica, aí incluídos os cartéis. Não obstante, a inserção dos dispositivos da lei anterior no contexto da lei nova certamente obrigará o intérprete a reformular sua visão sistemática de cada tema substantivo. Daí a exigência de um cuidado maior: com o olhar hermenêutico para a nova lei, a referência constante à lei antiga. Até porque o direito econômico da concorrência, por força do perfil conceitual da ilicitude por abuso, repousa muito mais fortemente em construções jurisprudenciais que outros direitos legislados. Daí a inevitável referência à lei antiga, sua jurisprudência, com os olhos na lei nova, sua futura aplicação em contextos de mudança.

Destaque-se, nesse sentido, a análise do chamado *acordo de leniência*, instituto de inspiração norte-americana, inserido posteriormente na lei brasileira e visto como um meio subsidiário, capaz de superar as dificuldades de uma demonstração que se dá, usualmente, pela convergência expressa, verbal ou escrita, das vontades (e não pela forma) dos concorrentes. A experiência destes últimos anos foi talhando, progressivamente, a absorção do instituto, inclusive no delineamento surgido nas linhas divisórias das competências, da autoridade administrativa e do Ministério Público. O mesmo se diga para os dispositivos de inspeção *in loco*, com e sem autorização judicial, que conferem à nova figura institucional do *Superintendente*, que substitui com competência alargada o Secretário de Direito Econômico da antiga lei, formas de poder interventivo que merecem análise cuidada do intérprete.

O combate a cartéis é hoje uma tarefa que exige, às vezes, a ação concertada de organismos de diferentes países, donde a presença de acordos bilaterais que, neste livro, são focados na experiência brasileira, a fim de que esta possa ser iluminada dentro do conhecido processo de globalização da economia.

Mas é, sobretudo, na identificação das diferentes situações, nas quais pode manifestar-se a prática cartelizadora, que este trabalho alcança sua máxima performance. Apoiando-se, inclusive, na doutrina econômica pertinente, os autores propõem a utilização do que chamam de *lógica do pragmatismo*, instrumento apto a inserir a identificação dos cartéis num quadro em que a relevância, para além da percepção e constatação de condutas colusivas, é fulcrada na sua razoabilidade, em termos de racionalidade econômica adequada a cada contexto.

Com efeito, se o indiciamento econômico do cartel exige a demonstração da *artificialidade* (combinação) das regras, contra uma natural espontaneidade das leis de mercado, essa artificialidade enseja, por presunção, uma explicação irracional para a conduta, em face das leis de mercado. Trata-se de uma irracionalidade a ser apontada como justificativa decisiva, senão única, dentre outras motivações possíveis da conduta. Afinal, qualquer conduta que destoe das explicações usuais e economicamente racionais, por exemplo, para o chamado paralelismo consciente de preços, pode ser tomada como indício de conduta cartelizadora. Mas apontar indícios dessa natureza requer da análise jurídica o devido sopesamento e aferição dos efeitos, com a aplicação de testes de eficácia contextualizada, cujo detalhamento é objeto de percuciente estudo dos autores, nos termos da mencionada *lógica do pragmatismo*.

Por todos esses motivos, este livro traz para o leitor não só um elenco de orientações práticas, mas, também, o conforto de uma base teórica solidamente ancorada na doutrina e na jurisprudência, nacional e internacional. O que, sem dúvida, eleva seus autores à merecida expressão que passam a desfrutar na literatura brasileira especializada.

Mas é na meticulosa explanação das diferentes condutas em sua relação com as estruturas que o trabalho ganha sua dimensão mais profunda. Para isso, os autores não se abstêm de fazer uma análise cuidadosamente inserida no amplo espectro do direito constitucional brasileiro e precedida de uma valiosa preparação metodológica, o que dá ao seu trabalho o estofo teórico de um ensaio rigorosamente fundamentado.

Com isso, há de se reconhecer que estamos diante de uma edição largamente renovada deste livro, que ganha os contornos de um manual estendido de direito antitruste capaz de fornecer ao profissional, mas também ao interessado em conhecer-lhe as linhas mestras, um panorama alargado e percuciente, uma visão do sistema e do caso concreto, com distância teórica, mas sem perda do detalhe.

Tercio Sampaio Ferraz Junior
Professor e advogado

Parte I
BASES CONSTITUCIONAIS DO DIREITO ANTITRUSTE BRASILEIRO

1 | PRINCÍPIOS E REGRAS CONSTITUCIONAIS ESTRUTURANTES DO DIREITO ANTITRUSTE

1.1 | Princípios constitucionais

Cumprindo funções de edificação do *quantum* valorativo presente no sistema jurídico, os princípios representam vetores axiológicos insculpidos predominantemente em sua estrutura semântica. Eles figuram como expedientes que determinam as vertentes de significação e a essência de cada subconjunto de normas jurídicas.

Os princípios representam mandamentos nucleares do ordenamento jurídico, os quais irradiam o espírito a diversas normas jurídicas e lhes servem de suporte valorativo para sua exata compreensão. Os princípios definem a lógica e a racionalidade do sistema normativo, no sentido de estabelecer-lhe a tônica e a harmonia[1].

Muito mais grave que violar uma norma é transgredir um princípio, dado seu elevado teor de generalidade, porquanto abarca não só uma espécie de mandamento obrigatório, mas todo um sistema de comandos[2].

Em semelhante abordagem, diz-se princípio o enunciado lógico, implícito ou explícito que, devido ao seu alto teor de generalidade, predomina nos quadrantes do Direito, vinculando, de forma inafastável, o entendimento (isto é, a compreensão) e a aplicação das normas jurídicas a ele conectadas[3].

Adiciona-se relevância aos princípios quando inseridos, de forma implícita ou explícita, na Constituição. Nesse plano, referidos enunciados lógicos sobrepairam aos demais princípios e regras presentes no ordenamento jurídico. É dizer, destacam-se, inclusive, sobre as regras igualmente inseridas na Constituição, não em terreno de equiparação formal (isto é, sintática), mas numa diversificação fundamental (isto é, semântica). Os princípios devem estar jazidos no núcleo ou no espírito de cada uma das regras contidas no texto constitucional[4].

Um princípio jurídico-constitucional não passa de uma norma jurídica qualificada em razão de seu elevado teor de generalidade e superior âmbito de validade, estabelecendo ditames de orientação (ou de significação) e atuação de outras normas,

---

[1] Bandeira de Mello, 2004, p. 841-842.
[2] Id., ibid., p. 841-842.
[3] Carrazza, 1989, p. 25-26.
[4] Id., ibid., p. 27.

inclusive de nível constitucional. No cerne de um sistema jurídico, os princípios jurídicos constitucionais exercem uma função axiologicamente mais expressiva, cuja desconsideração ou violação representa danos ampliados em comparação à violação de uma simples regra[5].

1.2 | Regras constitucionais

Princípios e regras integram o universo das normas jurídicas. Ambos apresentando diferentes funções no quadro geral do sistema jurídico. Tanto princípios quanto regras possuem comandos e são estruturados a partir da lógica deôntica, ou lógica do "dever ser"[6].

Princípios e regras "podem ser formulados com a ajuda das expressões deônticas básicas do mandamento, da permissão e da proibição (...); são razões para juízos concretos de dever ser, (...) ainda que diferentes". A distinção entre eles se opera entre dois tipos de normas jurídicas[7].

Entende-se, por regra, o conjunto de enunciados cuja estrutura e conteúdo resultam numa prescrição de um padrão de conduta traçado por hipótese e apto à concretização imediata junto à realidade dos fatos sociais. Por sua vez, regras constitucionais são aqueles enunciados prescritivos de específicas hipóteses de comportamentos consubstanciadas no corpo da Constituição.

Diz-se de diminuta amplitude semântica porquanto a regra constitucional apresenta um reduzido teor de generalidade valorativa. Regras são estruturadas a partir de, no mínimo, dois enunciados, no esquema simples de hipótese e consequência. Ou seja, apesar de consubstanciar uma hipótese geral e abstrata, como, em geral, toda norma jurídica, mostra-se assaz insuficiente à constituição de um vetor valorativo à significação (i.e., à formação dos interpretantes-diretrizes constitucionais), tal como se mostram os princípios constitucionais.

Como comandos normativos fixados na Constituição, as regras constitucionais estão dirigidas especificamente a determinados comportamentos presentes na comunidade. Os princípios constitucionais são mandamentos nucleares, como visto acima; porém "(...) somente regras ditam resultados (...) os princípios não funcionam dessa maneira; eles inclinam a decisão em uma direção, embora de maneira não conclusiva"[8]. Ao se constatar um antagonismo entre regras num sistema jurídico, soluções de equilíbrio devem ser aplicadas, após as quais apenas uma regra válida se sobressairá para a hipótese aventada, ao passo que, em semelhante situação, ao se tratar de princípios, após uma aporia, estes sobrevivem intactos quando não prevalecem[9].

---

[5] Id., ibid., p. 30-31.
[6] Rothenburg, 2003, p. 15-16.
[7] Id., ibid., p. 15-16.
[8] Dworkin, 2004, p. 57-61.
[9] Id., ibid., p. 57.

Recorrendo a exemplos da Constituição de 1988, pode-se apontar como princípio o contido no art. 1º, IV, a saber:

> Art. 1º A República Federativa do Brasil, formada pela união indissolúvel dos Estados e Municípios e do Distrito Federal, constitui-se em Estado Democrático de Direito e tem como fundamentos:
> (...)
> IV – os valores sociais do trabalho e da livre-iniciativa (...).

Ao passo que se pode apontar como regra o quanto disposto no art. 87, parágrafo único, III, a saber:

> Art. 87. Os Ministros de Estado serão escolhidos dentre brasileiros maiores de vinte e um anos e no exercício de seus direitos políticos.
> Parágrafo único. Compete ao Ministro de Estado, além de outras atribuições estabelecidas nesta Constituição e na lei:
> (...)
> III – apresentar ao Presidente da República relatório anual de sua gestão no Ministério (...).

Para complementar, o ponto decisivo para a distinção entre regras e princípios reside na identificação de suas respectivas funções: os princípios são normas ordenadoras de que algo se realize na maior medida possível, dentro das possibilidades jurídicas e reais existentes[10].

Portanto, os princípios são mandatos de otimização, caracterizados pelo fato de poderem ser cumpridos em diferentes graus, e a medida do seu cumprimento não depende, apenas, das possibilidades reais, mas também das possibilidades jurídicas. O âmbito de incidência dos princípios não possui fácil delimitação. Embora seja trivial entendermos, por exemplo, o conceito de liberdade, somente poderemos detectar o limite do âmbito de incidência do princípio constitucional da liberdade na medida em que o confrontemos com o âmbito de incidência de outros princípios constitucionais[11], como pode ser o caso da vida, ou princípio constitucional do direito à vida. Em outras palavras, é por meio da relação naturalmente antagônica presente entre os princípios que podemos detectar seus respectivos âmbitos de incidência.

As regras, por sua vez, só podem ser cumpridas ou não. Se uma regra é válida, então há de se fazer exatamente o exigido por ela: nem mais, nem menos. Por conseguinte, as regras contêm comandos digitais (no esquema lógico "sim-não") em seus âmbitos de incidência. A diferença entre regras e princípios é qualitativa e não de grau. Dessa forma, toda norma ou é uma regra, ou é um princípio[12].

---

[10] Alexy, 2002, *passim*.
[11] Cf. 2019, p. 279-300.
[12] Alexy, 2002, p. 86-87.

1.3 | Princípios da ordem econômica constitucional estruturantes do Direito Antitruste

Os princípios constitucionais edificadores da ordem econômica encontram-se, majoritariamente, reunidos nos arts. 170 e seguintes da Constituição Federal de 1988, bem como, de forma esparsa, ao longo do texto constitucional.

Nessa linha, numa breve leitura de referido dispositivo, identificam-se os princípios constitucionais utilizados pela Constituição Federal de 1988 como alicerces de sua ordem econômica, bem como, dentre eles, alguns paradigmáticos à abordagem dos comandos normativos da Lei Antitruste:

> Art. 170. A *ordem econômica*, fundada na **valorização do trabalho humano e na livre-iniciativa**, tem por fim assegurar a todos existência digna, conforme os ditames da justiça social, observados os seguintes princípios:
> (...)
> III – **função social da propriedade**;
> IV – **livre concorrência**;
> V – **defesa do consumidor**;
> (...)
> Parágrafo único. **É assegurado a todos o livre exercício de qualquer atividade econômica**, independentemente de autorização de órgãos públicos, salvo nos casos previstos em lei.

Conforme se observa no trecho acima, encontram-se explicitados os princípios da função social da propriedade, da livre concorrência, da defesa do consumidor e o princípio da livre-iniciativa contido no *caput* e no parágrafo único do citado dispositivo.

A este último princípio (livre-iniciativa), agrega-se o disposto no art. 1º, IV, da Constituição de 1988, a saber:

> Art. 1º A República Federativa do Brasil, formada pela união indissolúvel dos Estados e Municípios e do Distrito Federal, constitui-se em Estado Democrático de Direito e tem como fundamentos:
> (...)
> IV – **os valores sociais do trabalho e da livre-iniciativa** (...).

Acrescenta-se a estes princípios outro ditame igualmente contido na Constituição de 1988, qual seja, a **repressão ao abuso do poder econômico** que vise à dominação de mercados, à eliminação da concorrência e ao aumento arbitrário dos lucros (art. 173, § 4º).

Assim, crê-se que, no espírito da Lei Antitruste[13], encontram-se arraigados os princípios constitucionais da livre-iniciativa, a valorização social do trabalho, livre concor-

---

[13] Esses princípios já se encontravam arraigados ao espírito da antiga Lei, qual seja, a Lei n. 8.884/94.

rência, a função social da propriedade e defesa do consumidor. Além desses princípios, integra o alicerce constitucional da Lei Antitruste a regra da repressão ao abuso do poder econômico[14]. Veja-se, por respaldo, o que diz o art. 1º da LDC, a saber:

> Art. 1º Esta Lei estrutura o Sistema Brasileiro de Defesa da Concorrência – SBDC e dispõe sobre a prevenção e a repressão às infrações contra a ordem econômica, **orientada pelos ditames constitucionais de liberdade de iniciativa, livre concorrência, função social da propriedade, defesa dos consumidores e repressão ao abuso do poder econômico** (destacamos)[15].

Desse modo, vale dizer, na atividade dinâmica da aplicação normativa, a tônica do significado decorre, em primeiro plano, da resultante da interação entre referidos ditames. Nessa linha, passa-se a considerar, brevemente e de forma individual, cada uma dessas diretrizes valorativas de cuja interação resulta na tônica da interpretação para a elaboração da norma de aplicação da LDC.

1.3.1 | Princípio da livre-iniciativa

A Constituição de 1988 adotou o princípio da livre-iniciativa como alicerce de sua ordem econômica. Explorando o significado de "livre-iniciativa", a pessoa física ou jurídica é livre para a realização de qualquer negócio ou exercício de qualquer profissão. Em atenção à Constituição, referido princípio foi incorporado no art. 1º tanto da Lei n. 8.884/94 quanto da Lei n. 12.529/2011.

Especificamente, infere-se que a denotação de "livre-iniciativa"[16] é o valor mais indicado para representar predominantemente o espírito da ação do Estado com base na Lei Antitruste em atenção à Constituição de 1988. A liberdade consubstancia-se em verdadeira vertente (ou eixo) sobre a qual repousa a ordem econômica brasileira. A livre-iniciativa apresenta reflexos circunstanciais ao contexto econômico abrangente da liberdade de indústria e de comércio, ou liberdade de empresa, e a liberdade de contrato[17-18]. O princípio da livre-iniciativa preconiza a "(...) manutenção das possibilidades reais de acesso e exercício de atividade econômica pelos indivíduos, como garantia de sua liberdade econômica"[19].

---

[14] De acordo com Bruna, o poder econômico "expressa a condição de independência na tomada das decisões econômicas, ou seja, a possibilidade de se tomar decisões fora dos limites que o mercado imporia em regime concorrencial puro" (1997, p. 104).

[15] Dispositivo equivalente na Lei n. 8.884/94: "Art. 1º Esta Lei dispõe sobre a prevenção e repressão às infrações contra a ordem econômica, orientada pelos ditames constitucionais de liberdade de iniciativa, livre concorrência, função social da propriedade, defesa dos consumidores e repressão ao abuso do poder econômico".

[16] Termo equívoco repleto de uma série de significados com reflexos circunscritos ao contexto econômico.

[17] "*Livre-iniciativa* é termo de conceito extremamente amplo" (Grau, 2010, p. 203).

[18] Afonso da Silva, 2003, p. 663.

[19] Nusdeo, 2002, p. 234.

Tal como já referido outrora, um princípio não pode receber valia absoluta por parte do intérprete no contexto do sistema jurídico, sob pena de conduzir este último ao desequilíbrio (ou desordem). Deve, ao contrário, respeitar um mecanismo de troca de tensões imanente a sua relação com outros princípios no processo dinâmico de concretização dos comandos contidos no discurso jurídico-positivo. Nesse exato sentido, também já se pronunciou Luís Roberto Barroso[20]:

> Como já assinalado, nenhum princípio é absoluto. O princípio da livre iniciativa, portanto, assim como os demais, deve ser ponderado com outros valores e fins públicos previstos no próprio texto da Constituição. Sujeita-se, assim, à atividade reguladora e fiscalizadora do Estado, cujo fundamento é a efetivação das normas constitucionais destinadas a neutralizar ou reduzir as distorções que possam advir do abuso da liberdade de iniciativa e aprimorar-lhe as condições de funcionamento[21].

Assim, chega-se ao limite do exercício do princípio da livre-iniciativa, o qual, preconizando uma liberdade de escolha ou de ação econômica, pode limitar o bem-estar econômico e social e, principalmente, pode limitar a própria livre-iniciativa da coletividade. Tal ocorre, a título de exemplo, com os fenômenos da concentração de poder de mercado e de seu exercício abusivo, ambos decorrentes *a priori* do exercício da liberdade decorrente, à sua vez, do princípio da livre-iniciativa.

Desse modo, como todo princípio, a livre-iniciativa não pode ser interpretada em caráter absoluto, demandando sim ponderação e atenção estatal para que a liberdade econômica concedida pelo Estado a uns não resulte em restrição de liberdade de muitos.

Sobre os vários sentidos ou significados da liberdade contida no princípio da livre-iniciativa, vale observar breve trecho de Eros Grau, a saber:

> Inúmeros sentidos, de toda sorte, podem ser divisados no princípio, em sua dupla face, ou seja, enquanto liberdade de comércio e indústria e enquanto liberdade de concorrência. A esse critério classificatório acoplando-se outro, que leva à distinção entre liberdade pública e liberdade privada, poderemos ter equacionado o seguinte quadro de exposição de tais sentidos:
> • liberdade de comércio e indústria (não ingerência do Estado no domínio econômico): a.1) faculdade de criar e explorar uma atividade econômica a título privado – liberdade pública; a.2) não sujeição a qualquer restrição estatal senão em virtude de lei – liberdade pública;
> • liberdade de concorrência: b.1) faculdade de conquistar a clientela, desde que não através de concorrência desleal – liberdade privada; b.2) proibição de formas de atuação que deteriam a concorrência – liberdade privada; b.3) neutralidade do Estado diante do fenômeno concorrencial, em igualdade de condições dos concorrentes – liberdade pública[22].

Avaliando a Constituição, observa-se que, atrelada à liberdade da livre-iniciativa, encontra-se uma finalidade social (art. 170, *caput*: "(...) conforme os ditames da justi-

---

[20] Para aprofundamento no tema, veja-se: Barroso, 2003, p. 3-12.
[21] Barroso, 2003, p. 5.
[22] Grau, 2010, p. 205-206.

ça social (...)"), permitindo reforçar a assertiva do limite de seu exercício. A faceta social do princípio da livre-iniciativa[23] é o principal fator de antagonismo à sua expressão absoluta. É justamente nesse ponto de colisão entre os princípios que nasce o substrato de validade de normas voltadas a assegurar acesso a mercados, a tratamentos isonômicos a competidores, enfim, à preservação do campo nivelado de competição.

É, justamente nesse ponto que se resgata na Constituição, o princípio da livre concorrência, diretriz valorativa antagônica e, ao mesmo tempo, complementar (no esquema de interações e tensões) ao princípio da livre-iniciativa, em diplomas legais como a Lei Antitruste, em uma de suas grandes finalidades.

A livre-iniciativa e a livre concorrência são princípios distintos, porém, complementares, sendo o primeiro a projeção da liberdade individual no plano da produção, circulação e distribuição de riquezas, significando a síntese da liberdade de ação e escolha, o livre acesso às atividades econômicas, ao passo que o segundo representa uma limitação e uma instrumentalização do exercício do primeiro[24].

O princípio da livre-iniciativa deve ser analisado em cotejo com o princípio da livre concorrência, que se passa a expor. Este, para reforçar seu cunho limitador do exercício de uma liberdade conferida pela Constituição, extrai reforço de outros princípios como a função social da propriedade, da defesa do consumidor e da regra de repressão ao abuso do poder econômico.

1.3.2 | Princípio da livre concorrência

Consagrado no art. 170, IV, da Constituição Federal de 1988 e no art. 1º da Lei Antitruste, o princípio da livre concorrência é dotado de caráter instrumental. Trata-se, pois, de princípio balizador do princípio da livre-iniciativa, que consiste em instrumento por meio do qual se deve orientar o exercício desta, "(...) mantendo condições propícias à atuação dos agentes econômicos, de um lado, e beneficiando os consumidores, de outro"[25].

Como visto, esse princípio não constitui um desdobramento do princípio da livre-iniciativa, mas sim seu complemento, sua limitação, a tensão valorativa que o calibra no contexto do sistema do discurso jurídico-positivo, pois, no escopo do diploma antitruste, incorpora e sintetiza o quanto de social deve estar contido no exercício da liberdade expressa pelo ditame da livre-iniciativa.

Considera-se que a resultante da interação entre os princípios da livre-iniciativa e livre concorrência representa também uma liberdade, conquanto revestida de certo grau de responsabilidade e limitação. Assim, por respaldo, o princípio da livre concorrência visa a garantir aos agentes econômicos a liberdade de atuar nos mercados, buscando a conquista de clientela, o *market share*, o lucro. Vale dizer, visa a garantir a aplicação universal do princípio da livre-iniciativa, isso com a expectativa de sua

---

[23] Repise-se, não entendido somente como oposição ao Estado em face da liberdade do sujeito.
[24] Leães, 1993, p. 7-8.
[25] Nusdeo, 2002, p. 237.

aplicação levar os preços de bens e serviços a níveis razoavelmente baixos em função do jogo justo dos agentes pela disputa da clientela[26].

Em outras palavras, o princípio da livre concorrência limita a expressão absoluta do princípio da livre-iniciativa por parte de um agente econômico ou um grupo de agentes econômicos em busca da aplicação universal da livre-iniciativa, i.e., a todos os agentes de mercado.

Cuida-se, destarte, de estritamente favorecer condutas competitivas entre os agentes econômicos, motivo pelo qual está sabiamente insculpido no rol de princípios fundamentais corolários da ordem econômica brasileira, cuja premissa sedimenta-se na livre-iniciativa, revestida de cunho social. A relevância do princípio da livre concorrência é clara, conquanto serve de fundamento maior à LDC.

Sendo assim, após o estudo da relação existente entre os princípios da livre-iniciativa e da livre concorrência, bem como a existência de tensões entre ambos, em que valores como a liberdade e a atenção a ditames de justiça social estão em jogo, passa-se a abordar outros dois princípios eleitos como essenciais à LDC. A estes, atribui-se, por ora, o papel de reforçar e especificar a função social que, por sua vez, sustenta a função limitadora e conformadora do princípio da livre concorrência em face da livre-iniciativa.

1.3.3 | Princípio da defesa do consumidor

É importante salientar que a resguarda constitucional do consumidor, ora invocada, não se confunde com as normas especificamente estabelecidas de proteção ao consumidor no tocante à relação de consumo, mas, sim, com uma das finalidades últimas da aplicação conjugada dos princípios da livre-iniciativa e da livre concorrência.

Trata-se de uma finalidade mais aferível sob a ótica econômica, tida como o bem-estar do consumidor, expresso, *e.g.*, pelos ganhos em eficiência, como menores preços, inovação, mais alternativas de oferta, maior qualidade dos produtos e serviços ofertados no mercado.

A proteção do consumidor via defesa da concorrência distingue-se das normas relativas à proteção em relações de consumo, previstas na Lei n. 8.078, de 11 de setembro de 1990, Código de Defesa do Consumidor. Isso porque estas se referem à tutela imediata das relações entre consumidores e demais agentes econômicos, enquanto aquelas, preservando e impulsionando a livre concorrência, buscam gerar, em plano mediato, ganhos ao consumidor em termos, v.g., de melhores preços, mais alternativas de consumo, inovação, maior qualidade e segurança. Em alegoria, diz-se que as normas consumeristas tutelam o consumidor "no varejo", ao passo que as normas antitruste tutelam o consumidor "no atacado".

Dessa maneira, a atenção dispensada aos interesses do consumidor quanto à matéria concorrencial é um dos focos teológicos da legislação antitruste. Isso porque,

---

[26] Nusdeo, 2002, p. 237.

aliados ao mercado e à economia como um todo, estão os consumidores como os destinatários finais dos efeitos benéficos de um regime de livre concorrência.

Assim, endente-se deva ser observado o inciso V, do art. 170, da Constituição Federal de 1988, para efeito da tutela antitruste e deste livro. Isto é, na avaliação das medidas voltadas à defesa da concorrência adotadas pelo Estado, em seu labor de aplicação da LDC, deve ser levado em conta, necessariamente, o cálculo dos efeitos para os consumidores.

Embora não adotada em sua inteireza pelo sistema jurídico pátrio, torna-se conveniente observar o assinalado pela Escola Econômica Neoclássica:

> As leis antitruste, como elas se encontram agora, possuem apenas um objetivo legítimo e esse objetivo pode ser concluído sob qualquer teoria econômica (i) O único objetivo legítimo das leis antitruste norte-americanas é a maximização do bem-estar do consumidor; portanto (ii) "Concorrência" para os propósitos de análise antitruste, deve ser entendida como um termo que signifique o estado das coisas em que o bem-estar do consumidor não possa ser elevado por determinação judicial[27].

Conquanto não se aceite, aqui, o bem-estar do consumidor como único fim da tutela antitruste, pois crê-se que esta, mesmo de forma indireta, pode impactar o processo democrático e até a ordem macroeconômica, a finalidade da legislação, nos dizeres dos teóricos da Escola de Chicago (Neoclássica), consiste na redução de preços em razão de eficiência econômica, em prol do bem-estar do consumidor.

Assim, ao apresentar o bem-estar do consumidor como um dos seus fins, a legislação antitruste também confere aplicação ao princípio da defesa do consumidor. Nesse sentido, preconiza-se com a tutela antitruste a consecução de eficiências ao consumidor. E, em complemento às eficiências, a ampliação ou não da restrição da possibilidade de escolha por parte dos consumidores. Desse modo, o bem-estar do consumidor, posto como um dos fins da tutela antitruste repousaria no binômio da eficiência econômica e da liberdade de escolha pelo consumidor.

Cumpre salientar que esse é o entendimento comungado há algum tempo, por exemplo, pelas autoridades brasileiras conforme se infere do seguinte e exemplificativo excerto "(...) a análise antitruste deve estar sempre norteada pela busca do bem--estar do consumidor"[28].

Esse raciocínio pode ser especialmente útil para fundamentar decisões de intervenção antitruste em situações nas quais se observa a geração de eficiências, porém, não se verifica o nexo (com evidências) de necessidade que as distribua ao mercado e

---

[27] Bork, 1993, p. 51 (tradução livre). *"The antitrust laws, as they now stand, have only one legitimate goal, and that goal can be derived as rigorously as any theorem in economics (i) The only legitimate goal of an American antitrust laws is the maximalization of consumer welfare; therefore (ii) 'Competition' for purposes of antitrust analysis, must be understood as a term signifying any state of affairs in which consumer welfare cannot be increased by judicial decree."*

[28] Parecer da SDE, emitido nos autos do Ato de Concentração n. 08012.005799/2001-92, em que figuram como Requerentes Copene Petroquímica do Nordeste S.A. e Odebrecht Química S.A.

aos consumidores, restando-as resguardadas aos agentes econômicos delas diretamente participantes dos negócios avaliados.

1.3.4 | Princípio da função social da propriedade

De forma semelhante ao princípio da defesa do consumidor, o princípio da função social da propriedade aplicado à tutela antitruste tem o condão de reforçar o papel social do princípio da livre concorrência e ao mesmo tempo especificar esse seu plano de atuação.

O princípio da defesa do consumidor, no exercício da aplicação da LDC, impõe ao Estado uma necessária atenção para o bem-estar do consumidor, como um dos resultados da tutela prestada. O princípio da função social da propriedade, por sua vez, com denotação específica relacionada à atividade econômica, faz com que a liberdade de exploração da propriedade de direitos e/ou bens de produção não possa levar a abusos de modo a restringir a liberdade de outros agentes econômicos.

A função social presente neste princípio e para o fim do antitruste caracteriza a vedação ao abuso ou mau uso em detrimento de outras liberdades privadas contidas no princípio da livre-iniciativa. Tal como prenunciado, infere-se que o princípio da função social da propriedade, com foco específico na tutela antitruste, reforça a ação limitadora do princípio da livre concorrência em face do princípio da livre-iniciativa.

A Constituição Federal de 1988 dispõe sobre a função social da propriedade em seu art. 5º, XXIII, a saber, "a propriedade atenderá a sua função social", e art. 170, III, "função social da propriedade", os quais englobam tanto a acepção da utilização da propriedade para fins sociais para efeitos de habitação e reforma agrária como para os efeitos da atividade econômica, esta última com especial importância para o antitruste brasileiro.

Observado como pilar da ordem econômica constitucional brasileira, bem como da atividade da defesa da concorrência, referido princípio deve superar os limites da propriedade, atingindo a atividade de empresa, pois a essa remanesce, numa interpretação sistemática do texto constitucional, uma função social. Trata-se, então, de princípio cuja finalidade precípua reside na consecução e manutenção da existência digna de todos, bem como da operação da justiça social, o que serve de sustentação à função social do princípio da livre-iniciativa.

O exercício da propriedade privada, nesse contexto, teria o condão de alcançar o fim ao qual se condiciona, qual seja: operação da justiça social[29]. Nesse sentido, o princípio da função social da propriedade ganha robustez quando aplicado à propriedade dos bens de produção, ou seja, na disciplina jurídica da propriedade de tais bens,

---

[29] É interessante observar, na acepção de Afonso da Silva, o que se entende por bens de produção, para uma maior elucidação do princípio ora em comento: "Bens de produção", chamados também de "capital instrumental", são aqueles aplicados na produção de outros bens ou rendas, como as ferramentas, máquinas, fábricas, estradas de ferro, docas, navios, matérias-primas, a terra, imóveis não destinados à moradia do proprietário mas à produção de rendas. Esses bens não são consumidos, são utilizados para a geração de outros ou de rendas. Nesse sentido, veja-se: Afonso da Silva, 2003, p. 680.

implementada sob compromisso com a sua destinação, por exemplo, para a manutenção da livre concorrência. A aplicação mais precisa desse princípio para a ordem econômica recai na propriedade dinâmica dos bens de produção. Ao referir-se à função social dos bens de produção, num escopo dinâmico, alude-se à função social da atividade de empresa[30].

Portanto, a função social da propriedade dos bens de produção redunda na função social da empresa, subordinando-se aos ditames da justiça social, com o escopo de legitimar o seu exercício em decorrência da consecução dos valores e assentamentos da ordem econômica.

1.4 | Repressão ao abuso do poder econômico

Em primeiro plano, deve-se ressaltar que o poderio econômico legitimamente auferido não é vedado pela legislação pátria. Da mesma forma, mais sobre os termos componentes dessa regra será abordada em oportunidade posterior, ainda no presente livro.

Poder econômico consiste na possibilidade de exercer influência dominante sobre o mercado. O conceito de poder econômico também pode abranger o comportamento independente e exitoso em um mercado. Seja por influência ou por comportamento (ação ou omissão), poder econômico pode se materializar de diversas formas e resultar em uma infinidade de efeitos. A forma mais comum de materialização do poder econômico é o aumento de preços[31].

O poder econômico não pode padecer de mau uso ou abuso, sob pena de contrariar os princípios corolários da ordem econômica, notadamente a relação entre os princípios da livre-iniciativa e da livre concorrência. Dessa forma, a regra de repressão ao abuso do poder econômico, em síntese, não veicula mais que o mandamento de "é proibido" abusar ou mal utilizar uma posição de poder em um dado mercado. No mais, detalhes sobre o que seria um abuso ou mau uso estão postos na LDC, e são apurados na atividade de sua aplicação.

A posição de poder econômico cria, em regra, para os demais competidores, consumidores ou mesmo agentes atuantes em outros mercados uma posição de sujeição à conduta e aos preços por ele impostos[32].

Assim é que, para condição de permissividade à detenção de poder econômico legitimamente adquirido, estipulada na doutrina, é imprescindível a ponderação acerca do exercício de referido poder porquanto o abuso, sim, é objeto de repúdio. Dessa maneira, a conceituação do abuso do poder econômico resta determinada "(...) como a sua utilização para fins contrários aos estabelecidos normativamente"[33].

Outrossim, nos ditames do art. 173, § 4º, da Constituição Federal de 1988:

---

[30] Grau, 2010, p. 242.
[31] Nusdeo, 2002, p. 240-241.
[32] Nusdeo, 2002, p. 241.
[33] Id., ibid., p. 241.

Art. 173. (...)

§ 4º A lei reprimirá o abuso do poder econômico que vise à dominação dos mercados, à eliminação da concorrência e ao aumento arbitrário dos lucros.

Dessa forma, é retratada e desenvolvida a regra em comento pela Lei de Defesa da Concorrência, a qual estabelece sanção para a prática de abuso do poder econômico não apenas em virtude da intenção do agente, mas, sobretudo, em atenção aos efeitos nocivos, em estado potencial ou concreto, advindos da prática.

Em conformidade com a Constituição, a Lei n. 12.529/2011 fixa hipóteses de incidência normativa decodificando e tornando aplicável a regra da repressão ao abuso do poder econômico de forma dual, isto é, a referida lei aponta como abuso comportamentos passíveis de subsunção às hipóteses do controle de estruturas (arts. 88 e s.), bem como comportamentos passíveis de subsunção às hipóteses do controle de condutas (art. 36, e incisos, combinado com art. 36, § 3º e incisos).

Numa eleição de vertentes valorativas sob a ótica das diretrizes em jogo na tutela da livre concorrência e do mercado nacional, poder-se-ia, de um lado, situar o princípio da livre-iniciativa, corolário da liberdade individual, de empresa e atuação de agentes de mercado. De outro lado, situar-se-ia a livre concorrência, englobando valores como o bem-estar do consumidor (escopo mediato da defesa da concorrência), a função social da propriedade (empresa) e também, em defesa dessas três ordens de valores, a regra de repressão ao abuso do poder econômico.

Assim, passa-se a utilizar, para efeitos de operacionalização da presente análise, o princípio da livre concorrência como representativo da inclusão ou da união dos princípios da defesa do consumidor, da função social da propriedade e da regra de repressão ao abuso do poder econômico.

Considera-se, então, indissociável a relação entre os princípios da livre-iniciativa e da livre concorrência (defesa do consumidor, função social da propriedade e regra da repressão ao abuso do poder econômico), na abordagem da defesa da concorrência como fenômeno jurídico.

1.5 | A necessária atenção aos princípios constitucionais no processo de aplicação do Direito Antitruste

Representando uma concretização possível de referidos princípios devidamente equacionados, a LDC estabelece critérios para a identificação da existência ou não de poder econômico em uma situação real e objetiva. Tal aferição – de onde e com quem está o poder econômico dentro de uma relação entre agentes econômicos – viabiliza a identificação da dominância do princípio da livre concorrência no caso concreto.

Havendo poder econômico na situação sob análise, converte-se à dominância o princípio da livre concorrência, pelo qual qualquer atitude negocial e ou comportamental levada a efeito pelos agentes de mercado inseridos na análise antitruste pode representar malefícios ao mercado e à livre concorrência, representando possivelmente também afronta à Lei e à Constituição. Nesse sentido, os agentes privados que desfrutam de situação de poder econômico nos termos da LDC são, em princípio, passíveis de sofrer investigação (*lato sensu*) e, ao final, ter sua liberdade de iniciativa restrita.

Importante é o alerta no seguinte sentido: a situação de posição de poder, no contexto da LDC, sujeita o agente privado a ser investigado pela autoridade de defesa da concorrência; entretanto, não o sujeita automaticamente à condenação ou a ver sua liberdade restringida sem que haja o devido processamento e fundamentação suficientes para tanto. Esse juízo deve obedecer ao seguinte critério: provas, para uma decisão de condenação, ou evidências empíricas (probabilísticas ou razoáveis), para uma decisão de restrição do direito à livre-iniciativa.

Por outro lado, não havendo poder econômico, o vetor valorativo a reger a abordagem jurídica da situação é o princípio da livre-iniciativa, tido como o princípio-regra geral, pelo qual se presume a liberdade dos agentes de mercado para manifestar atitudes negociais e comportamentais, as quais se dão, presumidamente, de forma condizente com o sistema jurídico.

No cenário de presença de poder econômico na situação real e objetiva, cabe ao aplicador da LDC, fundamentadamente, no exercício de um juízo dedutivo (com base nas provas) e abdutivo (com base na identificação de possibilidades e probabilidades), limitar a ação comportamental dos agentes investigados sempre que constatado o abuso ou demonstrada sua provável ocorrência.

Essa limitação pode dar-se de duas formas: pela condenação mediante a comprovação do envolvimento do agente econômico na prática ilícita investigada, ou pela imposição de obrigações de fazer ou não fazer (ou de restrições à liberdade de iniciativa do agente), mediante a demonstração do provável potencial de prejuízos à livre concorrência advindos da prática investigada ou da estrutura resultante de uma operação de concentração empresarial. A impossibilidade de se condenar mediante a identificação de possibilidades e probabilidades decorre do princípio da presunção da inocência contido na Constituição Federal de 1988.

Sob outro ângulo, na norma de decisão, a interação entre os princípios e, logo, a modalização deôntica subjacente, é ajustada pelo princípio da presunção da inocência. Esse princípio limita o juízo de probabilidade às decisões de restrição da liberdade econômica no âmbito do controle de estruturas – quando, é claro, esteja presente rol suficiente de elementos para tanto. O mesmo princípio veda que haja condenação com base naqueles juízos (de possibilidade e probabilidade) no âmbito do controle de condutas. A condenação deve decorrer de um juízo veritativo, ou com base em provas robustas e não em crenças ou presunções.

Dentre as garantias fundamentais asseguradas a todos os indivíduos, a Constituição Federal de 1988 prescreve que "ninguém será considerado culpado até o trânsito em julgado de sentença penal condenatória" (art. 5º, LVII, da CF/88). Esse princípio, originariamente dirigido ao Direito Penal, foi ampliado pelo Supremo Tribunal Federal (STF) a todos os tipos de processos sancionadores existentes no ordenamento jurídico brasileiro, dentre os quais o processo administrativo sancionador antitruste. Esse mandamento constitucional tem por finalidade impedir que sanções sejam impostas antes de esgotados todos os recursos disponíveis para o exercício da defesa.

Por respaldo à aplicação de referido princípio constitucional, o princípio do *in dubio pro reo* ainda apresenta a função de orientar a interpretação e aplicação da lei em caso de dúvidas razoáveis. Desse modo, em caso de incerteza, deve-se resolver a questão da forma mais favorável ao réu (ou investigado).

Saliente-se que, se por um lado o interesse público é resguardado pelos atributos do ato administrativo, notadamente pela sua presunção de legitimidade e veracidade, à Administração – gestora dos interesses públicos – não convém a punição a qualquer preço. Cabe ressaltar que esse é o entendimento de grande parte da doutrina e da jurisprudência brasileiras, as quais consideram o ônus da prova como uma incumbência à Administração (autora do procedimento, ou denunciante), principalmente nos processos administrativos sancionadores. Nesses casos, compete ao acusador demonstrar, cabalmente, a culpa do suposto réu.

A jurisprudência administrativa também tem se manifestado no mesmo sentido, indicando que a sanção deve restringir-se às faltas sobre as quais existam, nos autos, elementos de convicção capazes de imprimir certeza quanto à materialidade da infração e sua autoria. Desse modo, sem adentrar nesse debate, o qual demandaria outra obra inteiramente a ele dedicada, para se alterar essa sistemática, deve-se alterar o texto constitucional, cuja discussão não se faz factível no presente momento histórico.

Vale memorar que, se a livre-iniciativa for tomada em absoluto por um agente revestido de poder econômico, ela acaba por ofuscar a livre-iniciativa de outros agentes econômicos situados no mesmo segmento de mercado (ou no mesmo mercado relevante). Nesse cenário de presença de poder, a norma veiculadora do princípio da livre-iniciativa sofre calibração pela norma propagadora do princípio da livre concorrência, de modo que, com a Lei de Defesa da Concorrência, viabiliza-se a concretização de referida relação ajustada entre referidos princípios constitucionais.

Assim, pelo prisma dessa Lei, pode-se considerar que o modal deôntico "é permitido", o qual subjaz a formatação original do princípio da livre-iniciativa, mesmo que implícito, converte-se em "é proibido", quando provado o envolvimento do agente econômico em prática de ilícito ou quando demonstrada a probabilidade de uma concentração econômica resultar em efeitos líquidos negativos à sociedade.

Com a verificação de poder econômico na situação *in concreto*, ao modal deôntico subjacente ao princípio da livre-iniciativa agrega-se um condicional do tipo "se, então", restando o enunciado normativo assim descrito: se, e somente se, não houver probabilidade de abuso, então é permitida a concentração econômica sob análise. Vale dizer, *a contrario sensu*, se proceder à conduta sobre a qual recai o mandamento "é proibido", o agente que assim incorrer estará sujeito ao imperativo sancionador do sistema.

Note-se que o termo "abuso" é também decodificado pela LDC sem, contanto, esgotarem-se as possibilidades de suas denotações (ou significações), e, nesta situação de dominância do princípio da livre concorrência, as regras do discurso racional impõem ao agente detentor de poder de mercado o ônus de demonstrar que não incorre em abuso e, pelo contrário, sua conduta é aceitável sob o crivo da regra da razão, isto é, sob um enfoque razoável do ponto de vista econômico-jurídico.

Assim, cabe ao aplicador da LDC o ônus de provar o envolvimento do agente econômico na prática investigada para ser viável a adoção de uma decisão de condenação. No mesmo sentido, é da autoridade antitruste o ônus de demonstrar que a concentração econômica apresenta probabilidade de gerar efeitos líquidos negativos à sociedade, para somente então estar apta a restrição à liberdade de iniciativa do agente econômico. A este último, cabe o ônus de demonstrar a racionalidade de sua prática ou negócio empresarial visando afastar a adoção de quaisquer restrições contra sua liberdade.

Os modais deônticos subjacentes ao princípio da livre concorrência refletem os mandamentos "é obrigado investigar e provar" quando dirigidos às autoridades antitruste. Por sua vez, na perspectiva dos agentes dotados de poder econômico, cabe "é obrigado" a demonstrar a racionalidade econômica de seu comportamento ou movimento concentracionista.

Antes de indagar-se sobre a diferença entre uma decisão de condenação e uma decisão de restrição, explica-se que a primeira engloba sanção pecuniária com efeitos secundários, segundo os arts. 37 e s. da LDC; a segunda, por sua vez, engloba, apenas, a determinação de que, no futuro, ou seja, a partir da publicação da norma de decisão, os agentes econômicos se abstenham de adotar as práticas tidas, após investigação, como provavelmente prejudiciais à livre concorrência.

No caso do controle de estruturas, a lógica é semelhante, ou seja, identificada a probabilidade de uma dada estrutura de mercado se formar em prejuízo da sociedade, os agentes econômicos envolvidos em um ato de concentração podem ter sua liberdade de iniciativa restrita por parte das autoridades antitruste. Obviamente, se vigente uma decisão nesse último sentido (de restrição da liberdade de iniciativa do agente econômico), esta se equipara a uma norma sancionatória com hipótese de incidência descritiva de hipótese de ato ilícito, cuja prática caracterizará sanção, em juízo de condenação. Contudo, não se afronta, pelo menos em tese, o princípio constitucional da presunção da inocência.

Demonstrada a razoabilidade da conduta posta em questionamento, ou seja, sua aceitabilidade numa perspectiva das lógicas econômica e jurídica, a relação entre os princípios da livre-iniciativa e livre concorrência sofre alterações, alterando-se igualmente os modais deônticos subjacentes. Estes, por sua vez, passam a refletir os comandos "é obrigado" a reconhecer a liberdade privada, por parte das autoridades antitruste, e "é permitido" agir, ou empreender, por parte dos agentes econômicos.

A conversão dos modais, quando da constatação da razoabilidade, é automática e advém do plano constitucional em que se estabelece a relação. Ou seja, por se tratar de princípios constitucionais, sobrepujam-se as interpretações resultantes da análise, enquanto direitos subjetivos ou deveres legais diretamente ligados à Constituição.

Assim, quer tenha ou não havido norma de decisão emanada por parte da autoridade antitruste competente, com a demonstração da razoabilidade econômica e jurídica, cria-se direito subjetivo ao agente econômico, representativo da prerrogativa de ver decidida a questão de forma favorável à aceitabilidade jurídica de seu comportamento.

Parte II
ANTITRUSTE/DEFESA DA CONCORRÊNCIA: HISTÓRICO, FUNDAMENTOS E FOCOS DE ATUAÇÃO

2 | BREVE HISTÓRIA E EVOLUÇÃO DO ANTITRUSTE

A doutrina do direito da concorrência, ou do direito antitruste, como também é conhecida, teve origem na América do Norte. Nos EUA, a adoção de uma legislação federal antitruste teve relação direta com os valores da sociedade do final do século XIX. Naquele período, buscava-se garantias para a liberdade individual frente ao exercício do poder econômico. Identifica-se, assim, estreita relação do antitruste com os interesses de ordem pública[1].

O antitruste é um ramo do direito que procura disciplinar as relações de mercado entre os agentes econômicos, visando ao estabelecimento de um ambiente de livre concorrência, cujos destinatários finais são os consumidores. Desse modo, ele procura tutelar, sob sanção, o pleno exercício do direito à livre concorrência como instrumento da livre-iniciativa, em favor da coletividade[2].

Não existe um conceito único de direito antitruste ou direito concorrencial. Dentre as várias definições possíveis, entende-se por direito antitruste um conjunto de regras voltadas a prevenir e reprimir distorções artificiais à livre concorrência. Tais distorções podem decorrer de comportamentos abusivos individuais ou coletivos, ou de concentrações empresariais envolvendo agentes econômicos com poder econômico.

Direito da concorrência (direito antitruste) e política de concorrência (política antitruste) são termos distintos, embora guardem estreita relação entre si. Direito antitruste, como visto, refere-se ao conjunto das regras voltadas a preservar o regular processo competitivo. Este regular processo competitivo está perfeitamente contido no brocardo "*the level playing field*" do direito anglo-saxão. A política de concorrência corresponde ao conjunto de medidas e instrumentos utilizados pelos governos, no plano das políticas públicas, com a finalidade de fomentar, ou potencializar, as condições de concorrência almejadas, ou até mesmo determinar as condições de concorrência existentes em seus mercados. Desse modo, as leis de defesa da concorrência estariam inseridas nas políticas de concorrência[3].

---

[1] Salgado, 1997, p. 10-11.
[2] Franceschini, 1996, p. 8.
[3] De acordo com Carvalho (2015): "Transparência, devido processo, fundamentação das decisões, aperfeiçoamento de mecanismos de avaliação da política concorrencial, treinamento constante dos técnicos, busca de conhecimento próprio (*intelectual leadership*) e a compreensão sobre como a ação de outras instituições governamentais afetam o processo competitivo (*competition neutrality*)". O autor resume as iniciativas para fortalecer a Política de Defesa da Concorrência (PDC) numa estratégia geral de *accountability* "(i) revisão periódica e compreensiva das atividades – *accountability* em sentido estrito – com a elaboração de relatórios anuais mais compreensivos e, simultaneamente, mais

Para entender a formação das nossas regras de direito da concorrência, nesta parte introdutória, vale traçar um panorama histórico da formação das regras de defesa da concorrência nos países da América do Norte, ainda no século XIX. Além disso, o objetivo desta seção será analisar as principais influências históricas e regionais sobre o direito antitruste brasileiro. Assim, inicialmente serão apontadas as origens e a evolução histórica do direito da concorrência.

2.1 | Antecedentes

Desde a Antiguidade, sempre existiram regras voltadas às condutas dos agentes econômicos. Desse modo, diferentemente do que se costuma pensar, as regras de concorrência são anteriores ao surgimento de um conceito de livre mercado e a regulação da concorrência não ocorreu de forma concomitante ao surgimento do mercado[4]. Como Weber já afirmava, a concorrência existe a partir do momento no qual há o comércio e o mercado[5].

A teoria da concorrência está amplamente relacionada à ideia de mercado[6], ou seja, o ambiente onde os agentes econômicos atuam por meio de ofertas e demandas (procuras), disputando participações (*market share*) diretamente relacionadas à preferência, ou conquista do consumidor. Existem diferentes técnicas comerciais nas quais se pode, de fato, observar a figura do comerciante disputando a preferência da clientela, desde o escambo até as mais diversas atividades de comércio. Hovenkamp afirma que quem faz a política antitruste são os consumidores e não os criadores das teorias econômicas[7].

A concentração da atividade no comércio colaborou para delimitar campo definido para o fenômeno da concorrência[8]. Passou-se a verificar muitas anomalias no mercado. Alguns produtores, por exemplo, exerciam influência sobre o preço das mercadorias, além de controlar a produção, impedindo ou prejudicando a entrada de novos competidores no mercado. Naturalmente, esse processo de concentração da atividade econômica colaborou para a criação das regras para limitar o exercício do poder econômico.

---

acessíveis, com indicadores reveladores do real impacto das ações, tudo com maior transparência e abertura dos dados relacionados à capacidade de atuação do Cade; (ii) investimento em ferramentas que permitam uma avaliação quantitativa e qualitativa dos efeitos de intervenções específicas em casos de concentração e de condutas, com o objetivo de aprimorar as intervenções futuras; e (iii) a construção de metodologia para avaliar o impacto da PDC em variáveis econômicas mais agregadas, como por exemplo, produtividade, inovação e crescimento da economia." Cf. Carvalho, 2015, p. 17 e 29.

[4] Forgioni, 2015, p. 34.
[5] Weber, 1994, p. 419.
[6] De acordo com Barral, o mercado primeiramente era visto com a capacidade de indicar aos produtores a carência ou excesso do produto. Dessa maneira, era assegurado o fluxo de informações sobre a demanda aos produtores e de oferta aos consumidores. Esse seria o mercado concorrencialmente perfeito, que traz uma noção ideal da estrutura do mercado. Cf. Barral, 1996, p. 9.
[7] Hovenkamp, 1999, p. 2.
[8] Vaz, 1993, p. 53.

A evolução do fenômeno da concorrência, ou das normas que disciplinam a liberdade dos agentes econômicos nos mercados, foi identificada em três passos: (i) a determinação de normas reguladoras do comportamento dos agentes econômicos no mercado, com escopo de obter resultados eficazes e imediatos, sem distorções; (ii) a regulação do comportamento dos agentes econômicos como contraponto a um sistema de produção entendido como ótimo, com a concorrência assumindo seu sentido técnico dado pela ciência econômica, e visando a proteger o mercado contra seus efeitos autodestrutíveis; (iii) a regulação da concorrência vista como instrumento de implementação de uma política pública[9].

Denomina-se concorrência perfeita ou mercado perfeitamente competitivo qualquer situação ou configuração de mercado em que é maximizada a quantidade ofertada, os preços são iguais ou muito próximos aos custos marginais, e os consumidores ou clientes têm liberdade para tomar suas decisões de consumo baseados em suas próprias preferências[10, 11].

Mesmo existindo referências às preocupações com a concorrência na Antiguidade[12], far-se-á neste livro análise dos antecedentes modernos, especialmente a partir da segunda metade do século XIX, período conhecido pelas mudanças em função dos objetivos das regiões dinâmicas do litoral do Atlântico Norte, que eram, naquele momento histórico, o núcleo do capitalismo mundial[13].

Naquele período, a liberdade de concorrência – conhecida como mola propulsora do capitalismo – acabou gerando o monopólio, mediante a expropriação do capitalista pelo capitalista, e a transformação de muitos capitais pequenos em poucos capitais grandes[14]. Surgiram, nesse contexto, grandes empresas ou grupos de empresas, os quais concentravam parte considerável da produção ou da comercialização de determinadas mercadorias, dominando os mercados[15].

Os EUA, com o final da Guerra de Secessão, passaram por um processo de grande crescimento econômico. Poucos agentes passaram a concentrar grandes capitais e recursos. Nesse período conhecido como "império dos trustes" ou "era dourada", algumas famílias detinham o controle da produção de certos bens e fixavam seus preços livremente[16].

---

[9] Forgioni, 2015, p. 36-37.
[10] Schuartz, 2001, p. 50.
[11] Basicamente, pode-se dizer que a concorrência perfeita ocorreria em um cenário no qual nenhuma empresa e consumidor teriam poder suficiente para influenciar o preço de mercado. Sendo necessário observar-se determinadas condições, tais como: (i) um número satisfatório de empresas que produzam o mesmo produto ou serviço com uma estrutura de custos semelhante; (ii) um número satisfatório de consumidores com a mesma informação disponível sobre a oferta existente no mercado; (iii) oferta de produtos ou serviços homogêneos no mercado; (iv) ausência de barreiras à entrada ou de dificuldade de saída de empresas do mercado. Sobre concorrência perfeita veja-se: Mc Nulty, 1967, p. 395-399.
[12] Sobre essa questão veja-se também: Forgioni, 2015, p. 37-55.
[13] Hobsbawm, 2002, p. 46.
[14] Bandeira, 1979, p. 1.
[15] Id., ibid., p. 2.
[16] Oliveira; Rodas, 2004, p. 4. Veja-se, também, Wu, WU, 2018, p. 34 e seg.

O aparecimento de grupos econômicos, então denominados *trusts*, foi consequência, dentre outras coisas, do crescimento de grandes empresas. O fato de empresas estarem em um número reduzido (ou em situação de oligopólio) facilitava a formação de acordos entre elas. Na prática, o acordo entre empresas demonstrava ser um meio de superar as crises ocasionadas pela superprodução, ao mesmo tempo que viabilizavam a geração de lucros em patamares jamais vistos.

Foi durante essa era de liberalismo econômico, entre 1870 e 1890, que o direito da concorrência encontrou amparo e os elementos necessários para se desenvolver. Assim, a concorrência foi "inaugurada" com a promulgação de regras limitadoras da liberdade econômica dos *trusts*, daí o termo que a batizou de *anti-trust*. Em outras palavras, passou o direito da concorrência (ou *"anti-trust law"*) a ser visto como um meio para conciliar a liberdade econômica individual com as questões de interesse público (liberdade econômica coletiva).

Para entender melhor o histórico do direito da concorrência, é importante fazer uma breve retomada da evolução legislativa ocorrida na América do Norte. Essa legislação muito influenciou o direito antitruste brasileiro, especialmente no que concerne às normas relacionadas às condutas anticoncorrenciais.

2.1.1 | Formação de normas concorrenciais no Canadá

O pioneirismo do direito da concorrência é creditado ao Canadá que, em 1889, editou o *Act for the Prevention and Suppression of Combinations Formed in Restraint of Trade*[17], cuja finalidade era atacar arranjos ou combinações voltados a restringir o comércio mediante a fixação de preços ou a restrição da produção (ou seja, cartéis), pensamento esse incorporado, três anos depois, ao primeiro Código Penal do Canadá. Nessa legislação explicitou-se a fixação de preços e outros acordos entre competidores como espécies de condutas abusivas.

Entretanto, após algumas modificações no decorrer dos anos, em 1986, foi realizada uma ampla reforma que gerou o novo *Competition Act*, o qual reforçava a efetividade do direito da concorrência e tipificava as condutas. Nesse instrumento destaca-se a ênfase na criação de medidas contra os cartéis.

Os objetivos do *Competition Act* foram sintetizados por Oliveira e Rodas da seguinte maneira:

> 1. promover a eficiência e a adaptabilidade da economia canadense; 2. aumentar a oportunidade de participação do Canadá nos mercados mundiais, reconhecendo, ao mesmo tempo o papel da concorrência estrangeira dentro do país; 3. assegurar que as empresas médias e pequenas possuam oportunidade equitativa no seio da economia canadense; e 4. oferecer preços competitivos e possibilidade de escolha de produtos aos consumidores[18].

Até 1960, as práticas colusivas eram o foco das atenções, fato modificado após esse período com o aumento das concentrações e fusões empresariais. Nos últimos anos, as

---

[17] Sobre pioneirismo do Canadá, seguido dos EUA e demais jurisdições, veja-se: Bradford, 2012, p. 284.

[18] Oliveira; Rodas, 2004, p. 4-5.

preocupações crescentes com a prática de cartelização levaram o Canadá a tratar cartéis clássicos (ou *hard core*[19]) como ilícito penal *per se*[20]. Entretanto, os outros tipos de acordos que restringem a concorrência permaneceram a configurar ilícitos civis[21].

O Canadá passou por mudanças importantes em sua política antruste em junho de 2003, com a publicação de um estudo que buscou modernizar o regime concorrencial no país, o qual determinou: (i) reforçar os procedimentos cíveis da norma de 1986 com relação às condutas; (ii) reformar a regra criminal sobre o conluios; e (iii) reformular as regras sobre preço[22].

Algumas condutas que eram tratadas na esfera criminal foram revogadas em 2009, tais como preços predatórios e discriminação de preços, as quais ainda estão sujeitas à esfera civil (seções 78 e 79). As infrações penais da Lei canadense abrangem os cartéis clássicos, isto é, acordos de fixação de preços ou de divisão de mercado (seção 45) e cartéis em licitações (seção 47). Da mesma forma, o Canadá abarca condutas com potencial nocivo inegável aos consumidores: a publicidade enganosa (seção 52), o telemarketing enganoso (seção 52.1) e os esquemas de venda em pirâmide, ou *ponzi scheme* (seção 55.1). Publicidade e *telemarketing* enganoso são práticas ilegais previstas no Código de Defesa do Consumidor Brasileiro. Já esquema de venda em pirâmides não possui tipificação específica no ordenamento jurídico brasileiro, podendo atrair incidência do Código Penal e leis especiais de crimes financeiros, além das normas de proteção e defesa dos consumidores, quando os esquemas afetam diretamente os consumidores.

No Canadá, as demais condutas com potencial anticompetitivo são tipificadas como ilícitos civis e pressupõem os efeitos ao mercado (i.e., se a prática acarreta diminuição da concorrência, ou se é provável um efeito negativo sobre a concorrência) de forma semelhante à aplicação da regra da razão nos EUA[23].

2.1.2 | Formação de normas concorrenciais nos EUA

Alguns tipos de organizações monopolistas apareceram por volta da segunda metade do século XIX, nos EUA, onde a concentração de capital se desenvolveu rapida-

---

[19] O cartel *hard-core* é um acordo anticoncorrencial, uma prática concertada anticoncorrencial ou arranjo anticoncorrencial realizado por competidores para fixar preços, controlar a oferta, estabelecer restrições de produção ou cotas, ou partir ou dividir mercados, alocando clientes, fornecedores, territórios ou linhas de comércio.

[20] Existem certos acordos ou práticas que, devido a seus efeitos perniciosos sobre a concorrência, são presumidos como não razoáveis e ilegais, sem necessidade de uma grande investigação sobre seus efeitos, ou admissão de possíveis justificativas do acusado. Quando uma conduta é analisada com base na regra *per se*, basta provar sua ocorrência para que seus autores sejam passíveis de condenação. Veja-se: Possas, 2002, p. 141-144.

[21] Oliveira; Rodas, 2004, p. 6.

[22] Relativo ao controle de fusões, o *Competition Act* foi reformado no sentido de minimizar a relevância do critério de eficiências para a aprovação de uma operação, que passou a ser considerada no exame pela autoridade apenas como fator adicional. Cf. Oliveira; Rodas, 2004, p. 6.

[23] Sobre as atualizações do direito da concorrência canadense, veja: CANADA. Competition Bureau, 2015. Estudo comparativo com o foco em concentrações empresariais: Albuquerque, 2010.

mente. Nesse contexto, foi elaborado o *Sherman Act*, em 1890 – a primeira lei antitruste norte-americana –, numa tentativa de limitar e reprimir problemas relacionados ao abuso de poder econômico.

Essa norma é considerada como um dos mais significativos diplomas legais antitruste. O *Sherman Act* simboliza a reação do Estado à elevada concentração de poder em mãos de poucos agentes econômicos, os *trusts*, bem como a tentativa de disciplinar referido poder. Não se considera correto dizer que o *Sherman Act* é uma reação ao liberalismo econômico, mas sim instrumento de sua calibração. Seu principal objetivo era, justamente, corrigir as distorções decorrentes do excesso de acumulação do capital geradas pelo próprio sistema liberal[24].

Com excessiva concentração, não há concorrência. Sem concorrência, caminha-se para o colapso de um sistema liberal. Nesse contexto, o fenômeno da concorrência (livre concorrência, ou *"fair play"*) passou a ser considerado como primordial para o regular funcionamento do sistema econômico. O Estado, assim, assumiu papel essencial na eliminação das distorções que, artificialmente, poderiam afetar o sistema capitalista de livre mercado. Desse modo, o *Sherman Act* tornou-se o núcleo de toda a atividade antitruste nos EUA e serviu como base para a legislação de outros países, como o Brasil[25].

Naturalmente, quando da sua criação, havia intenso debate sobre a sua real necessidade e, até para aqueles que a defendiam, havia incertezas quanto à sua ideal abrangência. Apenas parte dos economistas acreditavam que o *Sherman Act* poderia ser arma eficaz para controlar as condutas abusivas. Além de imaginar um grande aumento de ganhos das economias de escala e de escopo, os economistas daquele período ativamente debatiam, ao mesmo tempo, se a concorrência desenfreada prejudicava (mais que auxiliava) as indústrias com altos custos fixos e baixos custos marginais, como as ferrovias[26].

Joseph Schumpeter, em seu clássico *History of economic analysis* (1954), reflete o foco daquela época, pois, quando discute o período entre 1870-1914, Schumpeter não se refere a uma "organização industrial", mas a "ferrovias, utilidades públicas, trustes e cartéis"[27].

Alfred Marshall[28], em 1890, analisou os chamados "monopolistas complementares". Marshall reconheceu as vantagens da cooperação entre empresas na venda de produtos complementares, incluindo companhias que estabeleciam entre si relação vertical, isto é, relação de fornecimento ou aquisição de insumos entre níveis distintos

---

[24] Forgioni, 2015, p. 65-66.
[25] Bandeira, 1979, p. 3.
[26] As ferrovias desempenhavam um papel fundamental na economia, permitindo o transporte de mercadorias num país continental, como os EUA, e o escoamento da produção. No último quarto do século XIX, as ferrovias começaram a agir em forma de cartel, neutralizando, assim, a concorrência. Forgioni, 2015, p. 68.
[27] Kovacic; Shapiro, 1999, p. 6.
[28] O economista neoclássico Marshall identificou conjunturas de mercado ou flutuações causadas não apenas por fatores econômicos, mas por fatores extraeconômicos, i.e., políticos, institucionais, sociopsicológico ou tecnológicos.

de uma cadeia industrial. Marshall introduziu também o conceito de relações horizontais (relação entre ofertantes situados em um mesmo nível de uma cadeia industrial), diferindo-as das verticais[29]. O Poder Judiciário demorou a entender essa questão e levou ainda mais tempo para aceitá-la[30].

A política antitruste norte-americana não experimentou significativo avanço nas duas primeiras décadas de vigência do *Sherman Act*. Todavia, sua aplicação e judicialização permitiu o início dos ajustes de seus termos vagos. O *Sherman Act* categoricamente baniu quase todos os contratos limitadores do comércio requerendo, assim, que os juízes desenvolvessem princípios capazes de distinguir uma colaboração eliminadora da rivalidade de uma cooperação com o intuito de promover o crescimento. Em alguns casos, como o *United States v. Trans-Missouri Freight Association*[31], esse modelo de análise prevaleceu.

O caso decidido em 1898 pela Suprema Corte Americana colocou em questão os objetivos da então nova lei (*Sherman Act*), assim como examinou a forma pela qual ela deveria ser interpretada. Os investigados defendiam, entre outros argumentos, que suas atividades estavam fora do âmbito de incidência do *Sherman Act*, pois os agentes econômicos (o caso envolvia 18 empresas de transporte ferroviário) eram regulados pelo *Interstate Commerce Act of 1887*.

O acordo não era trivial: fixava as tarifas de frete, mas preservava liberdade de competição em outras vairáveis de competição. Outros aspectos setoriais, relacionados ao caso, foram levantados, assim como questões constitucionais relacionadas à aplicação do *Sherman Act*. A análise resultou numa decisão apertada da Suprema Corte (cinco votos a quatro), sagrando-se vencedora a posição do Ministro Relator Peckham, que procurou aplicar o conceito de ilícito *per se* no direito antitruste, diferentemente da posição do Ministro White, o qual trabalhou com os contornos da regra da razão no caso concreto, ao defender a aplicação do *Sherman Act* às práticas que restringiam a concorrência apenas de forma "não razoável".

Colocado em perspectiva, o dilema do caso contrapunha uma interpretação literal do *Sherman Act*, pela qual qualquer restrição ao comércio implicaria ato ilícito, a uma interpretação sistemática e interdisciplinar do instituto, já que poderia haver restrições desejáveis ao comércio. Daí a contraposição entre *per se* (para aqueles que defendiam a literalidade) e *rule of reason* (ou regra da razão) – para os defensores da avaliação dos efeitos caso a caso.

---

[29] A relação horizontal diz respeito aos produtores que se encontram em uma mesma cadeia de produção, ou seja, produzem o mesmo produto ou produtos diretamente concorrentes, enquanto a relação vertical refere-se a produtores e fornecedores, situação na qual um oferta produto que serve como insumo ao produto do outro.

[30] Kovacic; Shapiro, 1999, p. 26.

[31] *United States v. Trans-Missouri Freight Association, 166 U.S. 290 (1897)*. Conforme denota Bork (p. 22-23) o Ministro Peckham delineou a regra *per se* ao atribuir ilegalidade ao cartel de fixação de preço. O debate sobre a interpretação e a aplicação do *Sherman Act* prosseguiu por vários anos (especialmente entre 1897 e 1911) e pode ser observado em várias decisões subsequentes tanto do Ministro Peckham como do Ministro White. Sobre o caso *United States v. Trans-Missouri Freight Association*, veja-se: ABA, 1999, p. 34-38.

Percebeu-se nas decisões subsequentes que proibir todos os acordos com potencial de restringir a liberdade comercial poderia comprometer formas benéficas de cooperação, como as associações e sociedades empresárias. Vários casos julgados à época contribuem para a compreensão da formação das teorias da concorrência na atualidade e elucidam os fundamentos da regra da razão, ou dos ilícitos *per se*, entre os quais: *United States v. Addyston Pipe & Steel Co.*[32]; *Standard Oil Co. v. United States (1911)*[33]; *United States v. Terminal Railroad Association of St. Louis (1912)*[34].

Esses casos inspiraram a promulgação, em 1914, do *Clayton Act* e do *Federal Trade Commission (FTC) Act*. O primeiro reduziu a discricionariedade judicial proibindo algumas uniões arranjadas, tais como os acordos de exclusividade, a fixação de preços e outras variáveis concorrenciais e concentrações obtidas pela compra de fundos. Já o *FTC Act* viabilizou a formação de um corpo administrativo para construção e implementação de uma política antitruste, o FTC[35].

Desse modo, seguindo os fundamentos das decisões do *Standard Oil* e do *Terminal Railroad*, além do *Clayton Act*, e da criação do FTC, parecia que naquele momento histórico a implementação de uma política antitruste[36] iria engrenar; contudo,

---

[32] A análise judicial distinguiu a restrição do comércio "nua", na qual rivais diretos simplesmente acordavam em restringir a produção e aumentar o preço, da restrição "razoável", que criava obstáculos de maneira acessória a uma prática comercial aceitável, tal como, por exemplo: expandir a produção ou introduzir um produto que nenhum produtor sozinho conseguia oferecer. No caso, foram rejeitados os argumentos segundo os quais a fixação de preços pelos concorrentes (chamada de cartelização razoável) era benigna. Veja-se *United States v. Addyston Pipe & Steel Co.* 85 Fed. 271 (6th Cir. 1898), aff'd, 175 U.S. 211 (1899).

[33] *Standard Oil Co. v. United States*, 221 U.S. 1 (1911). A *Standard Oil* chegou a dominar 90% das refinarias norte-americanas. A Corte adotou o modelo no qual 90% das quotas de produção de refinaria seriam prova suficiente de monopólio, sendo que o exercício abusivo, no sentido de diminuir a competição, deveria ser identificado. A *Standard Oil* foi acusada não apenas de tentativa de fixar preços, mas de inúmeras práticas ilegais (uso de espionagem, suborno, restrições ao comércio, além de práticas diversas para monopolizar o mercado). Para efetuar a análise antitruste foi aplicada a "regra da razão". Por meio desse modelo clássico, os juízes avaliavam a base das condutas porquanto a regra da razão estabelece que nem todas as restrições ao comércio são ilegais, apenas aquelas "não justificáveis". Não obstante, os comportamentos especialmente perigosos ainda deveriam ser condenados por contornos transparentes e regras *per se*. Ou seja, a Corte classificava alguns comportamentos como excludentes da regra da razão. Nesse sentido: Kovacic; Shapiro, 1999, p. 7.

[34] *United States v. Terminal Railroad Association of St. Louis*, 224 U.S. 383 (1912). Apesar de o caso *Standard Oil* ser o mais conhecido sobre monopolização, outro caso no qual a Suprema Corte impôs limite significativo aos agentes com posição dominante foi o *United States v. Terminal Railroad Association of St. Louis* (1912). Nesse caso, a Suprema Corte proibiu várias ferrovias de usarem o seu controle para discriminar seus concorrentes, em razão da estrutura de seus terminais no cruzamento principal do rio Mississípi, em Saint Louis.

[35] Kovacic; Shapiro, 1999, p. 8.

[36] "A política de defesa da concorrência é um instrumento para criar uma economia mais eficiente e inovadora, preservar o bem-estar econômico da sociedade e incentivar uma distribuição mais justa do produto social. Em uma economia concorrencial, os consumidores dispõem de variedade de produtos, menores preços, níveis de produção e emprego elevados e recursos utilizados de forma eficiente. O antitruste é uma política pública que tem como objetivo a prevenção e repressão de ações que possam limitar ou prejudicar a concorrência, bem como inibir o exercício de poder de mercado por atores econômicos." CADE. DEE. Indicadores de concorrência, 2014, p. 4.

o sistema antitruste entrou em um período de relativo repouso[37]. Entre 1915 e a metade de 1930, as decisões judiciais tiveram sentidos e efeitos diversos, pois confiaram em testes racionais para avaliar as condutas empresariais e chegaram a tratar comportamentos suspeitos de forma permissiva. Ao mesmo tempo, o FTC se opunha às investigações consideradas combativas do Departamento de Justiça (USDoJ).

As decisões judiciais enfatizaram a parcela de mercado (ou *market share*) como indicador de poder de mercado, enquanto os economistas focavam seus estudos nas economias de escala, suas implicações sobre os preços e estrutura de mercado. Os economistas enfrentavam o problema geral de como desenvolver uma teoria de retornos crescentes juntamente com a competição monopolística[38].

No caso *United States v. Socony-Vacuum Oil Co. (1940)*[39], a Suprema Corte dos EUA salientou que as fixações de preços em acordos horizontais deveriam ser condenadas sumariamente e tratadas como crimes, tendo em vista os seus efeitos negativos à concorrência. Tanto no caso *Socony* como no *Interstate Circuit, Inc. v. United States (1939)*, foram identificados acordos horizontais baseados em indícios (i.e., em dados objetivos do contexto diante da ausência de provas diretas)[40].

Após analisar a possibilidade de tratar a interdependência oligopolística como uma forma de acordo, a Suprema Corte, no *Theatre Enterprises, Inc. v. Paramount Film Distributing Corp. (1954)*[41], determinou que a prova de "paralelismo consciente"[42], sem outras evidências, não poderia sustentar ou comprovar o comportamento colusivo dos competidores. Logo, o paralelismo não foi suficiente para configurar uma infração antitruste.

Nos anos seguintes, despenderam-se significativos recursos para a detecção dos fatores adicionais (ou *plus factors*), os quais, quando agregados à prova do paralelismo consciente, permitiriam identificar um acordo ilegal do ponto de vista concorrencial.

---

[37] "[...] the 1914 FTC Act sought to create a new administrative body expert in the ways of business to determine and separate out "unfair methods of competition. from normal business behavior. Contemporary business theory did not provide the tools to undertake this task and combination of bureaucratic inactivity and hostility from the Courts left the FTC a secondary player in antitrust enforcement during this era." Cf. Waller, 2001, p 15.

[38] Kovacic; Shapiro, 1999, p. 11.

[39] *United States v. Socony-Vacuum Oil Co.*, 310 U.S. 150 (1940). Rockefeller, ao analisar esse caso, destacou que em 1940 a Corte manteve a condenação criminal das empresas petrolíferas e declarou: "Sob o *Sherman Act*, uma combinação formada para a finalidade e com o efeito de aumentar, diminuir, fixar, atrelar ou estabilizar o preço de uma mercadoria no comércio interestadual ou estrangeiro é ilegal *per se*". Veja-se: Rockefeller, 2009, p. 158.

[40] Kovacic; Shapiro, 1999, p. 13.

[41] *Theatre Enterprises, Inc. v. Paramount Film Distributing Corp.*, 346 U.S. 537 (1954).

[42] Nos EUA, a relação entre cooperação oligopolista e aplicação da lei antitruste tem como base a chamada *conscious parallelism doctrine*. Essa doutrina lida com o comportamento oligopolista, cuja ação reduz a competição, além de cuidar do padrão de provas necessário para condenar um cartel, quando existem somente evidências circunstanciais, mas nenhuma evidência direta de acordo explícito entre os concorrentes.

Nota-se que há uma considerável consistência entre as decisões judiciais e o pensamento econômico durante os anos 1940 a 1960[43]. No entanto, é difícil calcular, com precisão, como e em que extensão cada perspectiva influenciou a outra. Sem dúvida a aplicação judicial de conceitos econômicos demorou a se desenvolver.

Os juízes esforçaram-se para lidar com várias situações envolvendo oligopólios, enquanto os economistas chegavam à conclusão segundo a qual rupturas do modelo perfeito de concorrência eram normais, na verdade inevitáveis, mesmo em indústrias competitivas. Esse fato levou os economistas a articularem um critério vago para definir se um mercado era "praticamente competitivo", isto é, de concorrência praticável ou "concorrência efetiva"[44].

Os caminhos das análises judiciais e econômicas desenvolviam-se de forma complementar. Enquanto os juízes discutiam como tratar a conduta paralela em oligopólios, sem explícita evidência de acordo, os economistas exploravam os comportamentos dos oligopólios, incluindo a prática de *price leadership*.

Na prática de liderança de preços (*price leadership*), usualmente uma empresa (geralmente a líder do mercado) inicia mudança de preços e os outros competidores a seguem. O estudo desenvolvido pelos economistas[45] mostrou como a *price leadership* poderia explicar amostras de preço observadas em alguns oligopólios, mas não forneceu nenhuma fórmula simples aos juízes da época para distinguir entre acordos ilegais e os chamados de "mera consciência", isto é, a crença de que a conduta paralela (mera imitação da empresa líder) poderia render resultados similares.

No início dos anos 1970, o ativismo extremo na legislação antitruste, refletido na execução de políticas públicas e nas decisões da Suprema Corte dos EUA, atraiu for-

---

[43] Kovacic; Shapiro, 1999, p. 15.

[44] Clark, 1940, p. 241-256. Clark partiu da premissa de que "concorrência perfeita" nunca existiu e nem poderia existir (1940, p. 241), mas poderia ser lembrada como um esforço para diminuir a imprecisão que existia. "*Clark's workable competition utilized the 'structure-conduct-performance' approach in applied industrial organization. It had as its basic premise the view that efforts to translate the perfect competition paradigm into a realistic guide to evaluating industrial performance could best be done by judging separately the structure, the conduct, and the performance of industrial firms*" (Klein, 2006, p. 137). O estudo de Clark fomentou uma produção vertiginosa de artigos sobre o tema. Vaz, com base em estudos de Galán e Barre, explica que a concorrência efetiva "tende ao progresso, isto é, a uma melhoria dos métodos econômicos de produção, a uma diferenciação crescente da qualidade e dos tipos de produtos e ao desenvolvimento de novos produtos [...] Ela mantém as condições de uma rivalidade entre as firmas, através da limitação de suas margens discricionárias de ação" (1994, p. 62).

[45] Stigler, 1947; Fellner, 1949. Markham (1951) apresentou taxonomia sobre a proposta original de Stigler (1947) ao dividir a liderança em três tipos: i) dominante, ii) colusiva, iii) barométrica. Identificava a liderança colusiva quando a indústria é oligopolizada, há grande substitutibilidade de produtos, semelhantes custos de produção, elevadas barreiras à entrada e demanda pelo produto relativamente inelástica. A liderança barométrica de preços ocorreria quando uma empresa passasse a funcionar como barômetro das condições de mercado. Na prática a diferenciação entre colusiva e barométrica seguiu critérios de conduta e desempenho (i.e., no domínio do desempenho a liderança é chamada de colusiva quando proporciona preços monopolísticos, enquanto a barométrica não).

tes críticas do grupo da denominada Escola de Chicago, incluindo grandes nomes que ainda influenciam o direito antitruste, como Robert Bork[46] e Richard Posner[47].

Contudo, as decisões judiciais em matéria antitruste e a imposição da política governamental a partir da metade dos anos 1990 começaram a refletir a flexibilidade das perspectivas analíticas daquele período[48]. O traço mais notável foi a busca por técnicas analíticas manejáveis capazes de evitar a complexidade da regra da razão, mas, no entanto, fornecessem uma análise fática mais rica que os testes *per se* de ilegalidade.

Os cuidados do governo norte-americano para combater as colusões e organizações criminosas (*conspiracy schemes*) nos anos 1990 colocaram em prática a teoria dos jogos[49] mediante a introdução de institutos de direito premial, como acordos de colaboração premiada: i) o Departamento de Justiça dos EUA passou a adotar a política de conceder imunidade criminal para o primeiro membro de cartel que revelasse a existência deste; e ii) o governo passou a processar não apenas a conclusão entre empresas, mas também os comportamentos facilitadores da colusão[50].

Vale observar que o *Sherman Act* (juntamente com as suas emendas), aplicado no século XX, quase alcançou *status* constitucional nos EUA. De fato, nenhum outro país adotou uma legislação antitruste que contivesse, ao mesmo tempo, amplas dispo-

---

[46] "There were two important movements in conservative and libertarian legal thought in the latter part of the twentieth century. One was law and economics. The other was originalism. Judge Robert Bork was unique in being at the intellectual center of both of them. In law and economics, he applied economic analysis in book-length form to antitrust law, showing how the simple insights of price theory could generate a fully coherent body of legal doctrine. [...] In antitrust, he mapped an entire field." Cf. McGinnis, 2013, p. 235.

[47] Kovacic; Shapiro, 1999, p. 16. Richard A. Posner ganhou destaque pela primeira vez na academia no início dos anos 1970, quando defendeu a análise econômica do direito. Com sua crença no livre mercado e na eficiência econômica tornou-se um dos líderes da chamada Escola de Chicago.

[48] Ressalte-se que essa flexibilidade, evidenciada nas perspectivas analíticas, demonstra o dever de coadunação da análise antitruste aos elementos realmente capazes de permitir uma avaliação correta dos possíveis danos que a conduta imputada como infração à ordem econômica pode estar gerando em determinado mercado.

[49] A estratégia da teoria dos jogos descreve uma estrutura econômica por meio de três elementos: (i) uma lista de agentes tomadores de decisões; (ii) uma lista de prováveis decisões de cada agente; e (iii) a descrição do modo de avaliação de cada agente das possíveis consequências. Os agentes tomadores de decisão são chamados de *players*. A decisão seguida por um *player* é chamada de estratégia. A estratégia diz para o *player* como se comportar na estrutura modelada. O jogo de estratégias inclui todas as estratégias possíveis e passíveis de escolha por um *player*. Finalmente, a chamada *payoff function do player* descreve como ele avalia as diferentes estratégias. Modelando uma estrutura econômica particular como um jogo, alguém pode usá-la para recomendar aos *players* como eles devem jogar, ou fazer previsões de como eles deverão jogar. Sobre a teoria dos jogos e o equilíbrio de John Nash, veja-se: Viscusi; Vernon; Harrington Jr., 1995, p. 97-102. Fiani (2009, p. 14) destaca a teoria dos jogos como envolvendo decisões estratégicas, ou seja, decisões contemplando não apenas objetivos individuais e possibilidades de escolha do próprio *player*, mas as de outros jogadores.

[50] Kovacic; Shapiro, 1999, p. 19. No Brasil a imunidade criminal é possível como decorrência do cumprimento de Acordo de Leniência, cujos requisitos, elencados no § 1° do art. 86 da LDC, devem ser preenchidos cumulativamente.

sições substantivas e relacionasse tão fortemente no método de *common law* uma interpretação jurídica de implementação.

A qualidade evolutiva das normas antitruste dos EUA, com o reconhecimento implícito da necessidade de ajuste entre a doutrina e os novos ensinamentos adquiridos pela experiência prática, deu aos economistas poder para influenciar as leis de defesa da concorrência e a política concorrencial[51]. Indubitavelmente, os economistas ofereceram grandes contribuições ao regime antitruste norte-americano, o qual, por sua vez, irradiou efeitos a várias jurisdições dotadas de política antitruste no mundo, dentre as quais a brasileira. Uma delas foi transformar a concorrência em um mecanismo superior para reger a economia, uma vez que, durante o século XX, as leis antitruste nas Américas haviam coexistido com as políticas favorecedoras da intervenção ostensiva do governo na economia, que ocorria por diversos meios (planejamento, propriedade, controle total sobre os preços e a entrada etc.)[52].

Atualmente, principalmente nos EUA, as ligações entre economia e direito permanecem reforçadas. Há uma crescente presença de enfoque econômico nas escolas de direito, com o aumento da confiança judicial na teoria econômica e com a presença intensa dos economistas nas agências governamentais que, de alguma forma, lidam com o fenômeno da concorrência[53].

Portanto, através da utilização das novas fontes de informação, com o refinamento de modelos teóricos mais flexíveis e com a ênfase na inovação, os argumentos sobre o conteúdo da política antitruste foram aprofundados e renovados.

2.1.3 | Formação de normas concorrenciais na Europa

A livre concorrência foi adotada como regra geral de mercado no Tratado de Roma de 1957, tendo as normas antitruste (com linguagem análoga a alguns dos dispositivos do *Sherman Act*) servido de instrumento ao processo de integração econômica dos Estados-membros da União Europeia[54].

O Tratado de Roma de 1957 estabeleceu a Comunidade Econômica Europeia e sucedeu o Tratado constitutivo da Comunidade Europeia do Carvão e do Aço, de 1951. Este diploma já continha regras de livre concorrência, tal como a proibição da integração de empresas que resultassem em agentes econômicos com poder de deter-

---

[51] Kovacic; Shapiro, 1999, p. 22.

[52] Kovacic; Shapiro, 1999, p. 22. No contexto das chamadas *better practices*, Carvalho (2015, p. 17-18) destaca que a autoridade deverá dominar as conjunturas políticas capazes de afetar suas funções. O autor ainda explica que "[...] a tendência anterior era criar modelos unificados tendo por base padrões de atuação preestabelecidos (*best practices*), agora o desafio é encontrar, dentro da realidade de cada ADC [autoridade da defesa da concorrência], modelos que melhor se adequem aos diversos contextos nacionais e regionais (*better practices*)" (p. 17, nota 8)

[53] *Id., ibid.*, p. 22.

[54] O Tratado de Maastricht instituiu a União Europeia em 1993. O Tratado de Lisboa, que entrou em vigor em 2009, é considerado como a última revisão significativa aos princípios constitucionais da UE.

minar preços, controlar ou restringir a produção, a distribuição, enfim, com poder de restringir a concorrência no mercado[55].

Proposto como alternativa para um crescimento econômico sustentável que fizesse frente ao crescimento econômico norte-americano, o Tratado de Roma elegeu a livre concorrência como o estímulo à busca por eficiência e competitividade por parte dos Estados-membros das Comunidades Europeias (CE) e de seus agentes econômicos. De fato, criou-se um instrumento de integração econômica eficaz, o qual serviu tanto à repressão ao abuso do poder econômico, por parte dos agentes privados dentro dos limites territoriais da CE, quanto à eliminação progressiva dos comportamentos discriminatórios verificados na relação entre os diversos Estados-membros da UE, por exemplo: vedação de concessões, favorecimentos ou proteções estatais a mercados internos em face dos demais mercados dos membros da Comunidade Europeia[56].

Originalmente, as principais regras antitruste do Tratado de Roma estavam contidas nos seus arts. 81 e 82, notadamente as regras que disciplinam os acordos entre concorrentes (i.e., cartéis) e abuso de posição dominante. O Tratado sobre o Funcionamento da União Europeia (TFUE) – *Treaty on the Functioning of the European Union* –, em vigor desde 2009, contém as atuais regras de direito antitruste. Em suma, o art. 101 (equivalente ao art. 81 do Tratado de Roma) dispõe que as práticas cujo objeto ou efeito seja impedir, restringir ou distorcer a concorrência no mercado interno devem ser proibidas. O art. 102 (equivalente ao art. 82 do Tratado de Roma) proíbe qualquer abuso de posição dominante no mercado interno ou sua parcela substancial, cometidos por uma ou mais empresas, sendo incompatível com o mercado interno na medida em que possa afetar o comércio entre os Estados Membros"[57].

O art. 101(1) do TFUE possui uma ampla hipótese de incidência que proíbe quaisquer tipos de acordos que: (a) direta ou indiretamente fixem preços de compra ou venda, ou qualquer outra condição comercial; (b) limitem ou controlem produção, comercialização, desenvolvimento tecnológico ou investimento; (c) dividam mercados ou fontes de fornecimento; (d) apliquem condições discriminatórias para negócios (operações) equivalentes entre diferentes parceiros comerciais, colocando-os em desvantagem competitiva; (e) condicionem o fechamento de negócios (ou contratos) à aceitação de obrigações suplementares que, pela sua própria natureza e de acordo com os usos e costumes comerciais, não têm ligação com o objeto contratado.

Nota-se que a primeira definição de práticas concertadas formulada pelo Tribunal de Justiça Europeu ocorreu no caso ICI v. Comissão (Caso 48/69, [1971] ECR, par. 64), no qual a cooperação entre empresas, embora não tenha sido resultado de um acordo propriamente dito, foi reconhecida como geradora de riscos para a concorrência. Assim, tal como outras jurisdições, a UE também se beneficiou da experiência antitruste norte-americana no tocante à proibição de acordos, decisões e práticas com

---

[55] Nusdeo, 2013, p. 355-356.
[56] *Id., ibid.*, p. 355-356.
[57] UE. Consolidated version of the treaty on the functioning of the European Union. 'Official Journal of the European Union', 30 March 2010.

possibilidade de prejudicar a livre concorrência[58]. Os cartéis, por exemplo e por definição, distorcem a concorrência de acordo com a jurisprudência que interpretou o art. 81, do Tratado de Roma, e o art. 101, do TFUE.

Existem bons exemplos de casos, analisados sob a perspectiva europeia, que se coadunam com a tendência brasileira de pensar o Direito Antitruste, dentre os quais podemos citar os seguintes: *ACF Chemiefarma v. Commission (Quinine case)*; *Ahlstrom Osakeyhtio v. Commission (Wood Pulp case)*; *Competition Authority v. Beef Industry Development Society Ltd*. Veremos os principais aspectos de cada um deles a seguir.

2.1.3.1 | O caso Quinina[59] e a prova de envolvimento no cartel

O cartel de quinina, iniciado em 1958, representa um dos primeiros exemplos de cooperação internacional entre autoridades antitruste para a persecução de um cartel internacional[60].

Em 1958, seis empresas holandesas e duas empresas alemãs, todas produtoras de quinina e quinedina, firmaram uma série de acordos com duplo objetivo: (a) reservar os mercados domésticos para si próprios; e (b) fixar quotas e preços de exportações para outros países.

Já em março de 1960, o cartel havia crescido a ponto de incluir os produtores franceses e ingleses, bem como havia ampliado seus objetivos iniciais de modo a criar um amplo cartel de exportações: excluindo as vendas internas (para os Estados-membros da UE), fixando quotas de exportação para países não membros da UE, e reservando o mercado externo (i.e., fora da UE) para membros específicos do cartel. Além disso, os membros acordaram trocar informações entre si sobre clientes, vendas etc.

Em abril de 1960, os membros do cartel firmaram "acordos de cavalheiros" visando a expandir futuramente as atividades do conluio para vendas dentro do mercado comum europeu e, dentre outras medidas, forçar as partes francesas do cartel a não produzir quinidina sintética. Embora tais acordos não tivessem sido assinados, as partes concluíram que o não cumprimento de suas obrigações poderia resultar no fim do grande acordo de exportação (do cartel de exportação, propriamente dito), tanto quanto o oposto seria aplicável (isto é, o cumprimento das obrigações colocadas nos acordos de cavalheiros teria o condão de preservar o funcionamento eficaz do cartel de exportação). As empresas envolvidas no conluio alegam, entretanto, que, em 1962 e em função de disputas internas, os acordos de cavalheiros deixaram de ser cumpridos.

Em 1967, após extensas investigações que alcançaram eventos ocorridos em 1963, bem como em função dos processos civis e criminais abertos contra os membros do cartel, com base no *Scherman Act*, nos EUA, o USDoJ compartilhou informações com a CE. Esta, por sua vez, com a ajuda das autoridades antitruste nacionais, inves-

---

[58] Nusdeo, 2002, p. 101.
[59] ACF Chemiefarma v. Commission (cases 41, 44, 45/69) [1970] ECR 661 (Quinine case).
[60] Fox; Crane, 2010, p. 8-14.

tigou o acordo de exportação como um todo e os acordos de cavalheiros, concluindo que as infrações ao direito antitruste europeu tiveram continuidade até 1965.

Mesmo diante da alegação das partes investigadas, no sentido de se afirmar o encerramento dos acordos de cavalheiros numa reunião realizada em outubro de 1962, as investigações conjuntas, realizadas pela CE e autoridades antitruste nacionais, concluíram que o cartel perdurou na maioria de suas formas após aquela data, com uma única possível exceção para a fixação de quotas de vendas. Em conclusão, o acordo que operou até 1965 gerou efeitos prejudiciais tanto nos mercados nacionais como nos internacionais, sendo incompatível com o art. 81(1) do Tratado de Roma, razão pela qual os integrantes do cartel receberam multas da CE[61].

2.1.3.2 | O caso da Celulose e a teoria dos efeitos

Assim como no Brasil (art. 2º da Lei n. 12.529/2011), a teoria dos efeitos também está presente na prática da CE. Um caso interessante que reflete a sua aplicação é o caso conhecido como *"The Wood Pulp Case"* (ou celulose).

Em 19 de dezembro de 1984, a Comissão Europeia estabeleceu, em decisão[62], a aplicação de multa para produtoras não europeias de celulose além da aplicação de multas às associações (também não europeias) de produtores de celulose (entre elas a *Kraft Export Association* – "KEA") por infringirem o dispositivo do art. 85 do Tratado CE.

Conforme já foi apontado, são condenáveis pela CE as infrações à ordem econômica, ou seja: acordos entre empresas concorrentes ou entre associações de empresas, e práticas concertadas, com objetivo (ou efeito) de impedir, restringir ou prejudicar a livre concorrência e o livre comércio entre Estados-Membros, fixando preços ou estabelecendo quaisquer outras condições de venda ou aqueles que dividem mercados ou fontes de fornecimento.

Conforme explica Whish, o caso do cartel da celulose colocou em questão o reconhecimento, pela Comissão Europeia, da teoria dos efeitos (*effects doctrine*) na aplicação da legislação antitruste, especialmente para os casos europeus[63].

Veja-se que, de acordo com essa teoria, o país de origem das empresas é irrelevante para a devida aplicação da legislação antitruste. Dessa forma, as leis nacionais de defesa da concorrência devem ser aplicáveis tanto às empresas estrangeiras, como também às empresas nacionais, quando os efeitos do seu comportamento prejudicarem a livre concorrência do país.

---

[61] Fox; Crane, 2010, p. 8-14.
[62] CE. Decision IV/29.725 of 19 December 1984. *Official Journal*, 1985, L 85, p. 1. Em maio do ano seguinte à decisão, as acusadas entraram com um pedido de anulação dessa decisão.
[63] Whish, 2009, p. 480. Martinez concluiu que: "(...) o TJCE tem aos poucos procurado se alinhar com a teoria dos efeitos defendida pela Comissão, seguindo posicionamento dos Estados Unidos. Ainda que hoje o TJCE e a Comissão justifiquem o exercício extraterritorial da jurisdição da Comunidade com base em diferentes teorias, isso não leva a decisões divergentes na grande maioria dos casos, o que faz com que, nos casos controversos, a jurisdição da União Europeia seja confirmada em sede recursal. (...) houve aos poucos um alargamento do exercício da jurisdição extraterritorial" (Cf. Martinez, 2006, p. 1062).

Para entender as justificativas da Comissão Europeia ao condenar essas empresas e associações, é importante analisar os aspectos específicos do mercado mundial de celulose. As principais fontes mundiais de suprimento de madeira, quando da análise do caso, estavam no Canadá, nos EUA, na Suécia e na Finlândia, portanto, considerou-se que se tratava de um mercado de dimensões globais.

Na prática, os produtores negociavam os preços diretamente com os compradores. A CE entendeu que quando os produtores acordaram os preços cobrados aos clientes europeus e colocaram em prática o acordo, vendendo a preços combinados, eles tiveram como objetivo restringir a concorrência (art. 85 do Tratado).

De acordo com os termos da decisão, se a Comissão Europeia entendesse que as leis de defesa da concorrência devessem ser aplicadas na jurisdição sob a qual os acordos foram formados, obviamente, seria muito fácil para as empresas contornarem as infrações. O fator decisivo considerado pela Comissão foi o lugar onde ocorreram as práticas acordadas (ou os locais dos atos de execução da conduta) e seus efeitos (ou os locais onde os efeitos das condutas são percebidos)[64].

A decisão serviu como modelo para outros casos nos quais foram envolvidas questões sobre a extraterritorialidade das leis de concorrência. Vale destacar que, atualmente, a Comissão Europeia, em quase todos os casos análogos, tem reconhecido a aplicação da teoria dos efeitos (*effects doctrine*)[65].

2.1.3.3 | O caso Indústria de Carnes e a alegação de cartel de crise

Durante período de crise, de excesso de capacidade de produção e queda de demanda, o governo da Irlanda requisitou à indústria de carnes (*in natura* e processadas) que acordasse um plano de racionalização da produção. Os principais processadores de carne, os quais à época representavam 93% do mercado irlandês, formaram uma associação denominada *Beef Industry and Development Society Ltd.* (BIDS).

A Autoridade de Concorrência da Irlanda (ACI) foi notificada do acordo, entendeu que este era incompatível com as regras de concorrência do Tratado de Roma, notadamente contrário ao art. 81(1). Provocada pela BIDS, a Justiça irlandesa (de primeira e segunda instâncias), contudo, posicionou-se favoravelmente à associação (e, logo, ao plano do governo irlandês), entendendo no sentido de não haver evidências capazes de provar que a BIDS restringiria ou distorceria a concorrência[66].

Em junho de 2003, a ACI informou o BIDS que considerava o acordo contrário ao art. 81(1) do Tratado de Roma, e apelou para a Corte de Segunda Instância da Irlanda (*High Court*) objetivando uma medida para restringir o acordo. A Corte Superior irlandesa negou o pedido da ACI, entendendo que o acordo não contrariava o disposto no art. 81(1), do Tratado de Roma. A ACI apelou da decisão à Suprema

---

[64] CE. Eur-Lex. Judgment of the Court of 27 September 1988. *Concerted practices between undertakings established in non-member countries affecting selling prices to purchasers established in the Community.*

[65] Veja-se no mesmo sentido: Whish, 2009, p. 479.

[66] Fox; Crane, 2010, p. 20-28.

Corte da Irlanda, a qual suspendeu o processo e encaminhou o caso para a Corte de Justiça Europeia (CJE), objetivando um posicionamento sobre em que medida o acordo deveria ser considerado como "tendo seu objeto ou efeito a prevenção, restrição ou distorção da concorrência no mercado comum"[67], classificando-o, assim, como incompatível com as regras do art. 81(1) do Tratado de Roma.

A Suprema Corte Irlandesa, que analisava o caso em grau de recurso, suspendeu o seu andamento e o encaminhou para a CJE, requerendo um posicionamento sobre a interpretação do art. 81(1) do Tratado de Roma (agora art. 101(1) do TFUE) em face dos fatos do caso BIDS. As informações encaminhadas pela Suprema Corte Irlandesa à CJE incluíram, entre outros pontos, os seguintes fatos: (a) em 1998, o governo irlandês e os representantes da indústria de carnes da Irlanda requereram a redução do número de processadores de carne de 20 para cerca de 4 a 6; (b) os processadores de carne que permanecessem no mercado, depois dessa redução compulsória, compensariam aqueles forçados a deixar o mercado; (c) os dez principais processadores de carnes da Irlanda formaram a BIDS em maio de 2002, e elaboraram uma minuta de plano de racionalização o qual, em última medida, conduziria a uma redução de, aproximadamente, 25% na capacidade de processamento da indústria irlandesa; e (d) a BIDS notificou o acordo à ACI[68].

O ponto central do caso repousou na distinção entre "infrações por objeto" (*infringements by object*) e "infrações por efeito" (*infringements by effect*). Isso resulta na caracterização de alguns acordos como prejudiciais à concorrência (e, logo, ilegais) pela sua própria natureza, independentemente de suas razões subjacentes e dos efeitos gerados. Na perspectiva de matriz lógica/jurídica, é possível estabelecer um paralelo entre o ilícito *per se* e as infrações por objeto, e a regra da razão e as infrações por efeito. Na submissão do acordo à ACI e, após, à Justiça irlandesa, a BIDS alegou que o acordo deveria ser analisado com base nos seus efeitos reais para o mercado, os quais, em última medida, não prejudicaram os consumidores ou, de modo geral, a concorrência.

Entretanto, em suma, as normas e condições padrões contidas no acordo deixaram suas intenções bem claras: habilitar um número seleto de *players* a implementar uma política comercial comum a qual resultaria na eliminação da concorrência do mercado. Concluiu-se que – apesar de o acordo permitir a redução do excesso de capacidade da indústria possibilitando àqueles remanescentes no mercado benefícios de economias de escala –, de acordo com o art. 81(1), cada um dos *players* do setor deveria decidir independentemente qual política comercial adotar[69].

A CJE concluiu, ao final, que as características do acordo contrariavam o disposto no art. 81(1), pois, apesar de suas intenções e das condições do mercado à época (i.e., apesar da crise decorrente do excesso de capacidade), as normas e condições do contrato assinado entre as partes tinham como seu objeto "a prevenção, restrição ou distorção da concorrência" de acordo com o significado do art. 81(1).

---

[67] Art. 81(1) do Tratado da CE.
[68] *The Competition Authorities v. The Beef Industry Development Society Ltd and Another*, [2008 E.C.C. 6, 113].
[69] Fox; Crane, 2010, p. 20-28.

2.1.4 | Formação de normas concorrenciais no Brasil

No Brasil, a Constituição de 1934 trazia, em seu art. 115[70], as primeiras preocupações relativas à liberdade econômica. Entretanto, não houve, nesse período, a elaboração de lei destinada a regular a competição no mercado, com a exceção do Código de Propriedade Industrial, o qual apontava elementos destinados a evitar a vantagem competitiva desleal[71].

Em 1945, surgiu a primeira lei brasileira de orientação antitruste, cujo autor era o então Ministro do Trabalho, Agamenon Magalhães. Conhecido como Lei Malaia, o Decreto-lei n. 7.666 criava a Comissão de Defesa Econômica e dava poderes ao Governo para expropriar qualquer organização que desenvolvesse negócios lesivos ao interesse nacional, mencionando, de forma específica, as empresas nacionais e estrangeiras vinculadas aos trustes e cartéis[72]. O presidente Getúlio Vargas, que assinou a Lei Malaia, foi deposto por um golpe de Estado e, poucos dias depois, em 9 de novembro de 1945, o presidente provisório, José Linhares, desfez o seu ato[73].

A repressão ao abuso de poder econômico foi trazida pela primeira vez de forma expressa na Constituição de 1946. O seu art. 148 assim dispôs:

> Art. 148. A lei reprimirá a toda e qualquer forma de abuso de poder econômico, inclusive as uniões ou agrupamentos de empresas individuais ou sociais, seja qual for a sua natureza, que tenham por fim dominar os mercados nacionais, eliminar a concorrência e aumentar arbitrariamente os lucros.

A Lei n. 1.521, de 26-12-1951, que, embora alterasse os dispositivos da legislação então vigente, sobre crimes contra a economia popular, continha uma série de dispositivos antitruste, como ficou claramente disposto em seu art. 3º, III[74].

Não houve nenhum diploma legal que regulamentasse a repressão ao abuso de poder econômico, conforme previa o art. 148 da Constituição de 1946, até a promulgação da Lei n. 4.137, de 10-12-1962, com origem no Projeto 122, de 1948, de autoria do Deputado Agamenon Magalhães.

O art. 8º da referida Lei criou o CADE (Conselho Administrativo de Defesa Econômica), incumbido da apuração e repressão dos abusos do poder econômico. O art. 2º da Lei n. 4.137/62 considerava abuso do poder econômico as seguintes práticas, na medida em que pudessem produzir os seguintes resultados: a) domínio do mercado ou eliminação total ou parcial da concorrência; b) elevação sem justa causa dos preços, com o objetivo de aumentar arbitrariamente os lucros, sem aumentar a produ-

---

[70] "Art. 115. A ordem econômica deve ser organizada conforme os princípios da justiça e as necessidades da vida nacional, de modo que possibilite a todos existência digna. Dentro desses ditames, é garantida a liberdade econômica."
[71] Carvalho, 2001, p. 119.
[72] Bandeira, 1979, p. 3.
[73] Id., ibid., p. 3.
[74] O art. 3º, III, condena o acordo entre empresas com o fim de impedir ou dificultar, para efeito de aumento arbitrário de lucros, a concorrência em matéria de produção, transporte ou comércio.

ção; c) condições monopolísticas ou abuso da posição dominante, com o fim de promover a elevação temporária dos preços; d) formação de grupo econômico.

Portanto, nos termos da Lei n. 4.137/62, art. 74[75], a associação de empresas seria considerada ilícita se, e somente se, produzisse determinado resultado ou contivesse objetivo tipificado em lei de uma forma bastante aberta.

Não foi significativo o número de averiguações preliminares durante a vigência da Lei n. 4.137/62, uma vez que, até 1975, apenas onze processos foram julgados pelo CADE[76]. Nas palavras de Bandeira, naquele período: "(...) o CADE, em todos os seus anos de existência sempre se caracterizou pela inoperância, jamais tomando qualquer atitude para coibir os abusos do poder econômico, que lhe chegaram ao conhecimento"[77].

Em 1991, o novo governo promulgou a Lei n. 8.158, prevendo uma abertura do mercado brasileiro e a liberalização da economia. Pretendia-se, com esse novo diploma, imprimir maior celeridade ao procedimento administrativo e à apuração das supostas práticas de violação à ordem econômica, com a criação da SNDE (Secretaria Nacional de Direito Econômico, do Ministério da Justiça, depois denominada SDE/MJ – Secretaria de Direito Econômico do Ministério da Justiça). Não houve revogação da Lei n. 4.137/62, e o CADE passou a funcionar junto à SNDE[78].

Finalmente, surgiu a Lei n. 8.884/94, a qual sistematizou a matéria antitruste, de forma a aperfeiçoar seu tratamento legislativo, transformando o CADE em autarquia federal. O art. 20 tipificava os atos considerados contrários à ordem econômica, isto é, aqueles que tivessem por objeto, produzissem ou pudessem produzir, os seguintes efeitos: limitar, falsear, ou de qualquer forma, prejudicar a livre concorrência ou a livre-iniciativa; dominar mercado relevante de bens ou serviços; aumentar arbitrariamente os lucros; ou exercer de forma abusiva posição dominante.

O sistema de tutela da livre concorrência adotado pela Lei n. 8.884/94 e, posteriormente, mantido pela atual Lei n. 12.529/2011 possui triplo enfoque de atuação, qual seja, o controle de estruturas, o controle de condutas anticoncorrenciais, preponderando neste último plano o combate aos cartéis e ao abuso de posição dominante,

---

[75] "Art. 74. Não terão validade, senão depois de aprovados e registrados pelo CADE os atos, ajustes, acordos ou convenções entre as empresas, de qualquer natureza, ou entre pessoas ou grupo de pessoas vinculadas a tais empresas ou interessadas no objeto de seus negócios que tenham por efeito: a) equilibrar a produção com o consumo; b) regular o mercado; c) padronizar a produção; d) estabilizar os preços; e) especializar a produção ou distribuição; f) estabelecer uma restrição de distribuição em detrimento de outras mercadorias do mesmo gênero ou destinadas à satisfação de necessidades conexas. § 1º Os atos de categoria referidos neste artigo já vigentes na data da publicação desta lei, deverão ser submetidos à aprovação do CADE dentro do prazo de 120 (cento e vinte) dias. § 2º Os atos a que se refere o parágrafo anterior que não forem apresentados ao CADE, no prazo regulamentar, tornarão os seus responsáveis passíveis de multa que variará entre 5 (cinco) a 100 (cem) vezes o maior salário mínimo, sem prejuízo do cumprimento dessa exigência legal, sob pena de intervenção. § 3º Em qualquer caso será de 60 (sessenta) dias o prazo para o pronunciamento do CADE. Findo este prazo, entende-se o ato como válido até que o CADE sobre ele se pronuncie."
[76] Forgioni, 2015, p. 116-117.
[77] Bandeira, 1979, p. 136.
[78] Forgioni, 2015, p. 121.

e a advocacia da concorrência (ou *competition advocacy*, como é conhecida internacionalmente). Embora conceitualmente muito eficaz, a advocacia da concorrência vem ganhando corpo no Brasil, recebendo ainda menor parcela de esforços se comparada aos controles de estruturas e condutas[79].

O sistema da lei brasileira é um sistema híbrido[80]. A atual Lei Antitruste Brasileira (LAB), também conhecida como nova Lei de Defesa da Concorrência (LDC), aprovada em 5-10-2011 e em vigor desde 29 de maio de 2012, preservou o enfoque duplo de atuação (condutas e estruturas) e tipificou as infrações à ordem econômica em seu art. 36.

De acordo com o art. 9º, XIV, da Lei n. 12.529/2011, é responsabilidade do plenário do CADE "(...) instruir o público sobre as formas de infração à ordem econômica". Desse modo, a atividade de combate às condutas e controle de estruturas anticoncorrenciais *stricto sensu* está aliada à atividade de divulgação e promoção da cultura da concorrência (aqui entendida como ação integrante da advocacia da concorrência), dado que reforça, sem sombra de dúvidas, a eficácia social da defesa da concorrência no Brasil. Isso se fortalece, ainda, nos termos da referida Lei, pelo balizamento das sanções, em um duplo enfoque de finalidade, isto é, de punir aqueles que extraíram renda da sociedade com as práticas ilegais e de educar os agentes econômicos, de modo geral, para que no futuro não incorram em semelhantes e indesejáveis condutas.

2.2 | A relação entre a disciplina de condutas e a de estruturas

A repressão aos comportamentos anticoncorrenciais compõe, ao lado do controle das estruturas, o sistema de proteção concorrencial. Por meio da aplicação concomitante de ambos os subsistemas – estrutural e comportamental – é que se atinge o nível ótimo de eficácia à tutela concorrencial.

Existem duas tendências econômico-jurídicas que podem ser identificadas, e ambas ressaltam a impotência isolada do controle das condutas[81].

A primeira delas encontra-se nas estruturas que foram influenciadas pelo processo de terceirização[82]. Essas estruturas não são facilmente detectáveis ou controláveis

---

[79] Sobre advocacia da concorrência, veja-se: Evenett, 2005-2006, p. 508, De acordo com Jordão (2009, p. 22): "(...) problemas derivam das dificuldades de examinar a efetividade desta atuação vis-à-vis com a sua finalidade. Em específico, é necessário avaliar os custos envolvidos no desempenho desta função e ponderar os diferentes métodos e instrumentos disponíveis para este fim." E continua: "(...) uma das melhores formas de proceder a esta avaliação é promover pesquisas diante dos reguladores perante os quais se desempenhou a advocacia da concorrência. Este seria um passo essencial para o desenvolvimento desta atividade (...)".

[80] "(...) aproveita o europeu no que tange à caracterização do ilícito pelo objeto ou efeitos, mas supera tanto esta tradição quanto aquela norte-americana no que toca à tipificação dos atos" (Cf. Forgioni, 2015, p. 130).

[81] Salomão Filho, 2003b, p. 18.

[82] A terceirização, de maneira simples, pode ser considerada um processo de transferência, dentro da firma (empresa-origem), de funções que podem ser executadas por outras empresas (empresa-destino).

por meio de soluções estruturais. Isso porque o controle externo, mesmo baseado em contrato, por não estar acompanhado do poder de participar diretamente nas decisões internas da sociedade (como por meio do poder de voto), pode não ser abrangido pelas hipóteses dos arts. 88 e 90 da LDC. Desse modo, essa estrutura poderá ser controlada apenas em seus comportamentos[83]. A segunda está presente em áreas nas quais há o controle das estruturas. Ocorre uma simbiose aplicando-se regras de concorrências tanto na perspectiva estrutural quanto comportamental. Dessa maneira, acredita-se que o controle dos comportamentos é o complemento necessário para o controle das estruturas[84].

O exagero no controle das estruturas pode gerar consequências negativas, uma vez que é capaz de inviabilizar a formação de unidades eficientes para o mercado as quais poderiam ser benéficas ao consumidor. Nesse sentido, não havendo um controle comportamental eficaz, ou aplicando-se mal esse controle, duas hipóteses podem ocorrer no campo estrutural:

> (...) ou bem este controle deve ser excessivamente rigoroso, punindo estruturas que não necessariamente são danosas à concorrência e limitando desnecessariamente a livre-iniciativa empresarial; ou, então, mantidos os mesmos padrões de aplicação, ocorre o sério risco de ter uma utilidade prática bastante reduzida, exatamente porque lhe falta o complemento imprescindível[85].

Nesse aspecto, tem-se feito a escolha, em alguns controles de concentração, pela substituição de soluções (remédios) estruturais por soluções comportamentais[86]. Assim, permite-se a criação de uma estrutura com potencial de dano à concorrência, porém com efeitos líquidos favoráveis ao bem-estar social (na medida em que seus benefícios aos consumidores desaconselhem sua simples proibição). Entretanto, reforça-se o seu controle no plano comportamental, baseado, por exemplo, nos compromissos de desempenho[87].

De outro lado, em decorrência da ausência de estruturas regulatórias ou fiscalizatórias ótimas por parte do Estado, notadamente no aspecto informacional relativo à realidade dos *players* (i.e., assimetria de informação na relação Estado-agentes regulados[88]), cujas condutas são objetos de obrigações compromissórias, a solução comportamental pode mostrar-se demasiadamente custosa e, muitas vezes, ineficaz. Portanto, é necessário conhecer grande parte das variáveis que compõem as estratégias competitivas empresariais dos agentes econômicos para lhes fixar obrigações eficazes. Talvez por esse motivo, somado ao custo de monitoramento[89], haja tanto cuidado das autori-

---

[83] Salomão Filho, 2003b, p. 19.
[84] Id., ibid., p. 19.
[85] Id., ibid., p. 19-20.
[86] Sobre remédios em Atos de Concentração, veja-se: Cabral, 2014, 1-84.
[87] Salomão Filho, 2003b, p. 20.
[88] Sobre assimetria de informação, veja-se: Gaban, 2002, p. 127-133.
[89] "O acompanhamento de decisões é bastante direcionado à análise formalista de cumprimento de obrigações objetivas como, por exemplo, prazos de implementação das etapas do remédio, apresentação de relatórios, entre outros. No entanto, não é a prática do órgão realizar análises de impacto e

dades antitruste em adotar remédios comportamentais como condições para aprovar concentrações econômicas[90]. Cabral explica que nem sempre a solução estrutural é viável:

> Diante das características do caso, uma medida estrutural pode se revelar desproporcional e, portanto, indesejável. Há casos em que uma medida estrutural sequer é possível, de maneira que um remédio comportamental é a única alternativa intermediária viável entre uma aprovação integral (com a consequente aceitação de efeitos anticompetitivos) ou a rejeição total da operação (impedindo eventual concretização de eficiências)[91].

A relação simbiótica entre o controle das estruturas e o controle dos comportamentos pode ser observada em especial no que diz respeito aos cartéis. Há certa unanimidade quanto à necessidade de combate *ex post*, mediante a adoção de sanções rigorosas, bem como, no plano *ex ante*, entende-se que as operações que possam provavelmente resultar conluio devam ser remediadas ou, no limite, rejeitadas pelas autoridades de defesa da concorrência.

Isso pode ser observado no Brasil, onde há convergência entre o controle das estruturas e dos comportamentos, já que um ajuda a compreender o raciocínio necessário para a aplicação do outro. A análise das estruturas geralmente tem ligação com as regras de razoabilidade econômica, enquanto o controle das condutas, em alguns casos – como os cartéis clássicos – relacionam-se à regra *per se*. Ressalte-se que foi a necessidade de interação com a disciplina das estruturas a qual em muitos casos levou à aplicação, na análise das condutas, dos critérios de razoabilidade[92].

2.3 | O antitruste na teoria jurídica e na teoria econômica

2.3.1 | A Escola de Harvard e a Escola de Chicago

Até meados da década de 1970, o enfoque da teoria econômica estava no controle das estruturas. Entretanto, a partir da segunda metade da década de 1980, a atenção foi deslocada para o controle das condutas.

Durante os anos 1970, nos EUA, ocorreu um embate entre as duas principais escolas daquele período: a Escola Neoclássica de Chicago e a Escola Estruturalista de Harvard. Na análise antitruste, é fundamental considerar a influência e os preceitos dessas duas escolas de pensamento, que trouxeram princípios basilares para as normas antitruste da atualidade.

---

efetividade das decisões, ou a revisão de sua experiência a exemplo dos estudos realizados pela Comissão Europeia (2005) e pelo FTC (1999)" (Cabral, 2014, p. 74).

[90] "(...) ainda que soluções estruturais apresentem vantagens do ponto de vista de alteração de incentivos dos agentes, não é possível determinar, a priori, a sua superioridade em relação aos comportamentais. A determinação do remédio mais adequado depende das características da fusão em análise e da natureza do problema concorrencial identificado" (Cabral, 2014, p. 84).

[91] Cabral, 2014, p. 49.
[92] Salomão Filho, 2003b, p. 21.

A Escola de Harvard, também denominada escola estruturalista, posicionava-se contra a concentração de poder de mercado. Essa escola considera importante evitar as excessivas concentrações de poder no mercado, em razão das disfunções prejudiciais ao próprio fluxo das relações econômicas.

Buscava-se, desse modo, o modelo de *workable competition*[93]. O modelo recomendado por essa escola defendia a manutenção e o aumento do número de agentes econômicos no mercado, mantendo-se a estrutura pulverizada. Acreditava-se, assim, mitigar-se as disfunções no mercado seriam evitadas. A doutrina também indica a teoria de Edward Chamberlin (i.e., concorrência monopolística) e, em menor grau, a teoria de Joan Robinson (concorrência imperfeita) como alternativas para as teorias neoclássicas as quais tinham, de forma improdutiva, centrado seus esforços na concorrência perfeita ou no monopólio como os únicos atributos do mercado. Os trabalhos de Chamberlin e de Robinson também teriam inspirado os economistas, voltados à organização industrial, que criaram o paradigma baseado na estrutura-conduta-desempenho, o qual dominou aplicação da legislação antitruste dali em diante[94].

A política antitruste tradicionalmente associada a essa escola foi representada por Areeda, Turner e Sullivan. A sua base normativa está no modelo de estrutura-conduta--desempenho (E-C-D), desenvolvido pioneiramente por Mason (1939) e Clark (1940)[95].

Os modelos de E-C-D (sintetizado na Figura I) demonstram que a elevação das barreiras à entrada[96] e a redução do número de vendedores facilitam a coordenação entre *players* (conduta), elevando a probabilidade dos preços praticados no interior do mercado analisado serem maiores que os do custo médio marginal a longo prazo (desempenho)[97].

Nesse contexto, essa escola defendia que, quando há poucos vendedores no mercado, os custos e as dificuldades para uma ação concertada acabam diminuindo. As empresas, por meio de acordos concertados (tácitos ou explícitos), diminuem a produção e aumentam os preços, gerando uma preocupação sobre a existência de concorrência, deixando-se de lado a abordagem da eficácia das condutas[98].

De acordo com Fagundes:

---

[93] Forgioni, 2015, p. 166. O termo *"workable competition*. foi introduzido por John Maurice Clark em 1939.
[94] Waller, 2001, p. 17-18.
[95] Fagundes, 2003, p. 190. Sobre as ideias lançadas por Clark, veja-se também: Forgioni, 2015, p. 164-166.
[96] De acordo com a Portaria n. 50 conjunta da SDE/SEAE, barreiras à entrada podem ser definidas como qualquer fator em um mercado que ponha um potencial competidor eficiente em desvantagem com relação aos agentes econômicos estabelecidos. Os seguintes fatores constituem importantes barreiras à entrada: (a) custos irrecuperáveis; (b) barreiras legais ou regulatórias; (c) recursos de propriedade exclusiva das empresas instaladas; (d) economias de escala e/ou de escopo; (e) o grau de integração da cadeia produtiva; (f) a fidelidade dos consumidores às marcas estabelecidas; e (g) a ameaça de reação dos competidores instalados. Portaria n. 50, 2001, p. 13-14.
[97] Fagundes, 2003, p. 191.
[98] Salomão Filho, 2002, p. 23.

Na visão de Harvard, amparada pelo modelo estruturalista, a principal ação das autoridades antitruste deveria estar no controle – preventivo – das estruturas de mercado, visto que a criação, ou o exercício, de poder de mercado decorreria basicamente do aumento do grau de concentração do mercado. Tal foco tinha como fundamento o pressuposto de que a existência de poder de mercado é condição necessária para o surgimento de condutas anticompetitivas, sendo que o poder de mercado, por sua vez, decorreria da morfologia da estrutura de mercado, a partir da visão estruturalista dos modelos de E-C-D[99].

Figura I – Modelo de organização industrial de Estrutura-Conduta-Desempenho (ECD)

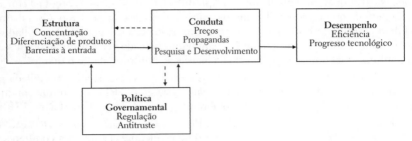

Fonte: Viscusi, Vemon, Harrington, 1995, p. 58.

A partir dos anos 1960 e 1970, o pensamento da Escola de Harvard incorporou o estudo do comportamento estratégico das firmas: suas condutas voltadas à criação de poder de mercado. Portanto, a "nova" Escola de Harvard passou a dar maior atenção às condutas empresariais e seus efeitos sobre a própria estrutura do mercado endogenizada por meio de práticas anticompetitivas.

Apesar da evolução teórica, a Escola de Harvard manteve-se fiel à tradição original no concernente à multiplicidade de objetivos das políticas de defesa da concorrência, enfatizando o poder de mercado, o aspecto distributivo e a preocupação sobre a concentração do poder econômico[100].

Aponta-se que "a ênfase da Escola de Harvard na variável poder de mercado pode gerar inconsistências na avaliação antitruste dos impactos de atos de concentração e condutas anticompetitivas sobre o bem-estar social"[101].

Especialmente no final da década de 1970, a Escola de Harvard praticamente desapareceu, uma vez que seus defensores passaram a aceitar grande parte dos pressupostos da Escola de Chicago. Atualmente, entende-se que a chamada Escola Neoclássica de Chicago prevalece em boa medida na doutrina econômica responsável pela

---

[99] Fagundes, 2003, p. 192.
[100] Fagundes, 2003, p. 194. De acordo com Fábio Nusdeo "o controle ou a repressão não do poder econômico, porque este é inerente à prática do sistema de mercado, mas ao seu abuso, manifestado pelas mais diversas formas, constitui o objeto de toda a legislação de tutela da concorrência ou antitruste". Nusdeo, 2013, p. 286.
[101] Fagundes, 2003, p. 196.

defesa da concorrência[102], bem como nos posicionamentos jurisdicionais nos EUA. Contudo, principalmente nas jurisdições mais sensíveis aos casos de abuso de posição dominante, como na Europa e no Brasil, o viés estruturalista não foi descartado, havendo importantes decisões no tocante ao controle de estruturas que não podem ser ignoradas.

Foi a partir da década de 1980 que o cenário norte-americano mudou. Houve uma perda sensível de competitividade interna e internacional das empresas, fato impulsionador de uma mudança no sistema concorrencial com a finalidade de promover a eficiência econômica. Nesse contexto é que surge, com maior força, a nova Escola de Chicago.

Entretanto, como o próprio nome denuncia, essa não foi a primeira influência de Chicago na política de concorrência: em 1930 os teóricos de tal Escola, como Henry Simons[103], achavam que a chave para atacar esse problema central era promover políticas de desconcentração. A chamada nova Escola de Chicago teve origem no trabalho de Aaron Director a partir do final dos anos 1940 e princípio dos anos 1950[104].

Diferentemente de seus predecessores, os teóricos da nova Escola de Chicago enfatizaram as explicações sobre eficiência para vários fenômenos, incluindo concentrações industriais, fusões e restrições contratuais, que a lei antitruste desfavoreceu severamente nos anos 1950 e 1960[105]. Foram fundamentais as lições de Aaron Director e Ronald Coase[106] nos anos 1950 para a formação dessa teoria. Também se destacam como principais expoentes Bork, Bowman, Mac Gee, Telser e Posner[107].

---

[102] Salomão Filho, 2003b, p. 22.

[103] As ideias de Henry Simons foram disseminadas em seu livro *Economic policy for a free society*, redigido no período pós Segunda Guerra Mundial, com grande influência da depressão de 1930.

[104] Free Market Study, 1946-1952. "*Starting the fall of 1946, Director, who headed the study, along with other Chicago economists and lawyers such as Edward Levi and Milton Friedman, attempted to reconstruct key liberal concepts with a primary focus on the competitive order. Consequently, they studied issues such as monopoly, antitrust law, and patent law. Because of their focus on the legal foundations of capitalism, their efforts mark the rise of postwar Chicago law and economics.*" (...) Chicago neoliberal claims of the Free Market Study and the Antitrust Project later played an important role in advancing the ideas of the Chicago law and economics movement in the 1960s and 1970s, especially in the area of antitrust law. Horn; Klaes, 2011, p. 182.

[105] Kovacic; Shapiro, 1999, p. 16.

[106] "*Coase gave scholarly impetus to the Chicago School through his now classic 1960 article "The Problem of Social Cost". While generally associated with the "Coase Theorem", the article's focus is a critique of traditional economic methods of dealing with externalities, which emphasize tax and regulatory schemes as efficient solutions without accounting for the fact that the costs associated with these measures may outweigh the benefits.*" Clark, 2007, p. 168. "*Economic analysis of law applies the tools of microeconomic theory to the analysis of legal rules and institutions. Ronald Coase [1960] and Guido Calabresi [1961] are generally identified as the seminal articles but Commons [1924] and Hale [1952] among others had brought economic thinking to the study of law in the 1910s and 1920s. Moreover, as elaborated below, economic analysis of law derives from several different intellectual traditions in economics.*" Stanford Encyclopedia of Philosophy, 2011.

[107] Pode-se resumir que Telser inicia a contestação sobre a ilicitude dos acordos verticais através da doutrina de *free-rider*, enquanto Mac Gee contesta a teoria tradicional dos preços predatórios com a afirmação no sentido de não existir uma base racional para adotá-la. Bork questiona a disciplina antitruste ao identificar que simultaneamente à preservação da concorrência pelo antitruste, ele a comba-

Aaron Director foi um dos economistas pioneiros a aplicar a teoria econômica (mais especificamente a teoria do preço) ao direito antitruste. Já os juristas Richard Posner e Robert Bork são considerados os principais expoentes dessa escola. Ambos aplicaram, de forma rigorosa, a teoria marginalista ao estudo do direito antitruste[108].

O encontro multidisciplinar entre juristas e economistas (como os juristas-econômicos Bork, Posner[109], Frank Easterbrook[110] e Ernest Gellhorn; e os economistas com base jurídica como Betty Bock[111]) originou ricos preceitos analíticos traduzidos em princípios operacionais pela nova Escola de Chicago, que os juízes poderiam prontamente colocar em prática no processo de concretização normativa ao lidar com fatos alcançados pelo direito antitruste.

---

te, tratando-se de uma "política em guerra contra si mesma". Cf. Forgioni, 2015, p. 168-169. Mary Jean Bowman Anderson obteve destaque ao aplicar a teoria do capital humano na educação. Ela promoveu estudos pioneiros sobre o valor econômico da educação e se destacou como pioneira em uma disciplina predominantemente masculina (Cicarelli; Cicarelli, 2003, pp. 41-44). Richard Posner trouxe para o meio jurídico a análise econômica do direito. No final de 1970, seus estudos provocaram uma grande discussão que tem permeado o debate em torno dos fundamentos filosóficos da análise econômica do direito. Veja-se: Posner, 1974, pp. 335-358.

[108] Salomão Filho, 2002, p. 22.

[109] Economistas passaram a enxergar a concorrência como um processo em que as empresas se esforçavam ao máximo para encontrar a forma mais eficiente de produzir e distribuir seus produtos, sendo também o espaço no qual os consumidores procuravam a forma mais eficiente para obter os produtos desejados (Cf. Posner, 1977).

[110] Easterbrook em seu artigo *"The Limits of Antitrust"* conclui que o direito antitruste é uma ferramenta imperfeita para regular a concorrência, uma vez que os tribunais não estariam preparados para lidar com argumentos econômicos complexos e porque muitos dos envolvidos (agentes econômicos) estariam interessados em restringir a concorrência ao invés de promovê-la. Ele entendia que as regras *per se* não responderiam de forma satisfatória esses problemas, assim como a regra da razão falha. Assim, sugere a criação de filtros: *"Each filter should be designed to screen out beneficent conduct and pass only practices that are likely to reduce output and increase price. The filter approach shares with the per se approach the judgment that such screening should be done by category of case rather than one case at time. The courts should establish rules, recognizing that one cost of decision by rule is occasional over – and under – breadth. (...) If there is no market power, if the defendant cannot profit reducing output, or if the conduct fails any of the tests, there is no substantial competitive problem.".* Cf. Easterbrook, 1984, p. 39-40.

[111] *"The law are also designed to provide an appropriate climate for technological innovation and economic growth. Of a more immediate concern, however, than these broad goals, are the concepts that lie behind the judgments of the courts seeking to give concrete content to the law. Since the ultimate thrust of the statutes is directed toward maintaining and strengthening competition, there has always been wide latitude for the courts to interpret the meaning of competition in different markets. Because the laws are directed against practices that eliminate competition as well as those that are so excessively competitive that they deny other companies an opportunity for survival and growth, they may be thought of as aimed at conflicting targets or, if extreme interpretation is avoided, at achieving a median level of competition. Such a level cannot, however, be reached by mechanical rules that are applied uniformly in all competitive settings. For this reason antitrust analysis, in general, and merger case analysis, in particular, require study of the varying effects of varying company behavior in varying markets; and this is true regardless of whether the relevant analysis is called "legal" or "economic" analysis."* Cf. Bock, 1965, p. 1355. Betty Bock destacou-se também ao trabalhar o impacto das restrições verticais (v.g., exclusividade territorial) na concorrência entre marcas e intramarca (Bock, 1985). Veja-se: ABA, 2006, p. 172. Bock apontava a necessidade de mais análises empíricas e *case-by-case* antes de condenar práticas particulares (Bock, 1965).

Estudos da nova Escola de Chicago questionaram muitos precedentes de ilegalidade *per se* criados pela Suprema Corte dos EUA entre 1940 e 1972, bem como uma gama de precedentes do Judiciário norte-americano, que condenava como ilícitos *per se* algumas condutas benignas ou pró-competitivas[112].

A nova Escola de Chicago foi persuasiva para grande parte das autoridades governamentais e para o Poder Judiciário dos EUA. Como resultado, diminuiu-se a presunção de dano nas concentrações empresariais. Logo, essa presunção, que antes era quase absoluta, passou a representar apenas um ponto de partida para a análise das concentrações econômicas.

Ao se analisar a Escola de Chicago e a Escola de Harvard, percebe-se que a primeira teve um papel importante na história das políticas de defesa da concorrência ao redor do mundo e, sobretudo, nos EUA. De fato, inúmeras legislações e políticas de defesa da concorrência foram influenciadas, direta ou indiretamente, pelas recomendações da Escola de Chicago que criticava, especialmente, a ausência de teoria econômica nas análises e propostas estruturalistas da Escola de Harvard (a partir dos anos 1950)[113].

É incontestável que a nova Escola de Chicago trouxe, por meio da análise econômica do direito, um novo instrumento: a eficiência alocativa do mercado. Essa modalidade de análise econômica permite avaliar os benefícios aos consumidores. Ditado conhecido nos EUA que influenciou (e continua a influenciar) boa parte das políticas antitruste no mundo pode ser relacionado à ideia de eficiência alocativa: *"competition drives innovation, innovation drives progress"*.

De acordo com Schuartz:

> Determinada configuração econômica possui eficiência alocativa se, e somente se, os ganhos dos agentes econômicos beneficiados por essa configuração (ou mudança) são suficientes para compensar as perdas dos agentes econômicos prejudicados por ela, isto é, se, e somente se, o valor total desses ganhos for maior ou igual ao valor total dessas perdas. O conceito de eficiência alocativa serve como instrumento de mediação entre a ideia normativa de bem-estar social e sua operacionalização sob a forma de uma aplicação tecnicamente controlável da legislação antitruste[114].

Em interessante precedente[115] que debateu a competência do CADE de analisar a hipótese da "guerra fiscal" (i.e., que resultaria em alocação ineficiente de recursos) vemos, por exemplo, como a eficiência alocativa permeia o debate antitruste:

---

[112] Kovacic; Shapiro, 1999, p. 16.

[113] Fagundes, 2003, p. 196-197.

[114] Cf. Schuartz, 2001, p. 48. O conceito de eficiência alocativa assemelha-se, em certa medida, com o conceito de eficiência potencial de Pareto, ou critério Kaldor-Hicks. Em viés complementar: "(...) a eficiência alocativa relaciona-se com a distribuição dos recursos na sociedade. (...) definição da teoria Neoclássica (...), verificar se existe eficiência alocativa é simplesmente determinar se os recursos estão empregados naquelas atividades que os consumidores mais apreciam ou necessitam". Salomão Filho, 2001, p. 111. Veja-se também: Hovenkamp, 1999, p. 74-76.

[115] BRASIL. CADE. Consulta n. 0038/99.

Tratando precisamente da importância do Direito Antitruste para a existência de uma distribuição eficiente de recursos na economia, os Professores Ernest Gellhorn e William E. Kovacic salientaram, o seguinte: "Em termos econômicos, a competição maximiza o bem-estar do consumidor por aumentar tanto a eficiência alocativa (produzindo o que os consumidores querem, conforme demonstrado por sua disposição a pagar), a eficiência produtiva (produzindo bens ou serviços ao menor custo usando o mínimo de recursos), e por encorajar progresso (recompensando inovações)" [1994, p. 42]. Assim, levando em consideração que, segundo Pyndick e Rubinfeld, "O objetivo primário das leis antitruste é a promoção de uma economia competitiva, por meio da proibição de ações que sejam capazes de limitar ou que tenham possibilidade de limitar a concorrência", compete ao CADE analisar se a "guerra fiscal" pode afetar a promoção dessa economia competitiva e limitar a concorrência.

Como se verá à frente, com a crise de 2008, a ideia de eficiência alocativa foi calibrada de modo a permitir decisões que visassem o bem-estar do consumidor no curto prazo (e não apenas no longo prazo, como tradicionalmente vinham se posicionando a doutrina e a jurisprudência). A política antitruste dos EUA ainda é influenciada pela Nova Escola de Chicago, dado que passou a focar no controle de condutas por meio de sofisticado ferramental proporcionado pela economia (mais precisamente, microeconomia), com esporádicas e excepcionais intervenções estruturais, sob o corriqueiro e famoso fundamento: "assumindo que a empresa alcançou a posição dominante através da inovação, por que o Governo deveria limitá-la?".

As críticas à Escola de Chicago não retiram a importância da teoria econômica na análise antitruste, pois a ciência econômica tem a capacidade de explicar vários fenômenos fora do alcance da teoria jurídica, os quais mais tarde serão regulados pela lei antitruste. Adicionalmente, o conceito de eficiência alocativa, intrinsecamente ligado ao princípio do *competition drives innovation, innovation drives progress*", igualmente contém inestimável valor para grande parte (senão a maioria) das situações reais que atraem a incidência da lei antitruste.

Contudo, a utilização da teoria econômica para a avaliação do fenômeno concorrencial, bem como a matriz da eficiência alocativa, nem sempre conduzem à verdade sobre os fatos e, tampouco permitem precisar os efeitos futuros de arranjos econômicos. Em verdade, o ferramental econômico, inclusive o da eficiência alocativa, viabiliza decisões mais sofisticadas e muitas vezes calcadas em juízos de possibilidade e probabilidade. Justamente por essa razão, devem ser levadas em consideração com extrema parcimônia e caso a caso na elaboração das normas de decisão, sobretudo quando envolvam mercados dotados de falhas, ou ainda reflitam sanções aos agentes econômicos, ou mesmo restrições às liberdades individuais no campo de controle de estruturas.

2.3.2 | A Escola de Freiburg

Dando sequência à análise das escolas de pensamento que, de alguma forma, influenciaram o direito antitruste no Brasil, é interessante observar a chamada Escola de Freiburg, cuja orientação é bastante distinta das escolas norte-americanas.

A Escola de Freiburg[116], conhecida também como Teoria Ordoliberal, é considerada como divergente da Teoria Neoclássica. São basicamente duas as críticas principais que essa escola estabelece: i) a primeira diz respeito aos pressupostos econômicos da definição de bem-estar do consumidor pois, segundo os ordoliberais, tais pressupostos são meramente teóricos; ii) a segunda está relacionada com o próprio conceito de concorrência utilizado pelas escolas norte-americanas.

Geralmente atribui-se à criação da Escola de Freiburg uma reação aos fracassos econômicos da República de Weimar[117] e uma crítica à concepção econômica nazista. De acordo com Salomão Filho:

> (...) os componentes dessa Escola identificam no livre jogo dos monopólios e cartéis na Alemanha dos anos 30 um dos grandes motivos para o fracasso econômico da República de Weimar e a ascensão do nazismo. Para seus representantes a garantia da competição é fundamento essencial para garantia do funcionamento econômico de uma economia de mercado. A organização ideal da ordem privada é aquela que permita a "autocoordenação" e o "autocontrole". O direito deve criar condições para que ambas as garantias se efetivem[118].

Desenvolvida na Alemanha, a Escola de Freiburg teve origem nas preocupações em comum de um grupo de professores de direito e economia da Universidade de Freiburg. Em 1936, esses professores se reuniram para escrever o chamado Ordo-Manifesto, no qual ficaram estabelecidas as bases e princípios de seus trabalhos subsequentes.

De acordo com os doutrinadores de Freiburg, não é possível atribuir ao direito da concorrência qualquer tipo de objetivo econômico predeterminado, como a eficiência. Fundamentalmente, essa Escola parte da noção de que há necessidade de um quadro institucional protetor da concorrência, em oposição a um mercado livre[119]. Os Ordoliberais defendiam um Estado forte, apto a estabelecer um conjunto de regras gerais e, ao mesmo tempo, criticavam regulamentos discricionários que supostamente dificultavam o bom funcionamento dos mercados.

Felice e Vatiero explicam que, quando a presença de um poder econômico relevante é contrabalançada por um Estado forte, em uma espécie de "processo de destruição criativa de Schumpeter", obtém-se a Ordo, ou seja, a ordem econômica para

---

[116] A Escola de Freiburg era composta especialmente por Walter Eucken, Franz Bohm, Friedrich A. Lutz and Fritz W. Meyer e, mais tarde, Hanns Grossmann-Doerth.

[117] "*The Weimar experience led Ordoliberals to demand the reduction not only of political power, but of economic power as well. In this way, Ordoliberals expanded the lens of liberalism (Gerber 1994, 1998). It was not sufficient to protect the individual from the power of the government, because government was not the only threat to individual freedom. Powerful economic institutions (i.e., cartels) could also destroy or limit freedoms, especially economic freedom (Gerber 1998). The core of the Ordoliberal philosophy is that the legal system should prevent the creation and misuse of private economic power.*" Felice; Vatiero, 2014, p. 151-152.

[118] Salomão Filho, 2002, p. 26-27.

[119] Id., ibid., p. 25-27.

os ordoliberais[120]. Portanto, os teóricos de referida escola entendiam que o poder somente poderia ser controlado pelo poder (i.e., poder econômico versus poder Estatal). Ao garantir que as funções do Estado estão acima (ou são contrárias) dos interesses privados, atribui-se ao governo esse equilíbrio de poder.

Embora não haja pleno reconhecimento, o pensamento ordoliberal teve um impacto direto e relevante na legislação da UE, após a Segunda Guerra Mundial, em particular em matéria de direito da concorrência. A lei concorrencial alemã e, particularmente, o seu projeto de lei (chamado projeto Josten[121]) tiveram uma forte influência Ordoliberal[122].

O pensamento ordoliberal foi fortemente influenciado pelas condutas anticompetitivas de agentes com poder econômico no período de Weimar. Nesse contexto, uma característica intrínseca do pensamento ordoliberal no direito antitruste é a necessidade de proteger os indivíduos do comportamento abusivo das empresas com posição dominante. De acordo com os ordoliberais, ao expandir a lente do liberalismo, o Estado poderia criar um ambiente jurídico adequado para a economia e, ao mesmo tempo, manter um nível saudável de concorrência, por meio de medidas que adiram aos princípios do mercado (Ordo). O direito da concorrência seria o meio mais importante de proteção de uma economia de mercado (social)[123].

2.3.3 | O Movimento Neobrandeisiano

O jurista Louis Brandeis, há mais de um século, destacou-se como aguerrido opositor do movimento dos grandes trustes[124]. Em suas atividades, Brandeis argumentava, por exemplo, que J.P. Morgan praticava atos ilícitos diversos (tais como corrupção e cooptação da imprensa), além de prejudicar seus concorrentes. Referidos atos estariam direcionados à viabilização do processo de aquisição das diversas empresas que abriram espaço para a constituição da *New Haven Railroad*[125]. Nos EUA, tal como mencionamos anteriormente, uma importante investigação foi iniciada pelo USDoJ, em 1913 (com a formalização das acusações em 1914), contra a *New Haven Railroad*. Em resumo, os argumentos à época levaram à desconcentração do conglomerado de J.P. Morgan em várias empresas[126].

---

[120] Felice; Vatiero, 2014, p. 152.

[121] "*Beginning some months before the formation of the Federal Republic, the reconstituted Josten Committee included some of the same Ordo Liberals, including Bohm, as well as professors from universities in the British zone. The committee produced drafts of a competition law.*" Freyer, 2009, p. 265.

[122] Felice; Vatiero, 2014, p. 152.

[123] Felice; Vatiero, 2014, p. 154-155.

[124] "[...] *When Louis Brandeis, a Boston lawyer, conducted an investigation of the railroad's activities in 1907, he found that the overextended railroad was facing financial collapse. His investigation into the railroad's monopoly received little attention until a 1912 investigation and report by the Interstate Commerce Commission (ICC), which appeared after Morgan's death in 1913, proved that he had been correct*". Cf. Sletcher, 2004, p. 128.

[125] WU, 2018, p. 37.

[126] WU, 2018, p. 37-38.

Fato é que as ideias de Brandeis e seus posicionamentos foram resgatados e motivados, recentemente, pelo crescimento das empresas de tecnologia: as chamadas Big Techs[127].

Brandeis lançou, no passado, um olhar diferente ao ampliar o foco para "além" da eficiência alocativa e do bem-estar do consumidor. Os mercados digitais – e especialmente a força da chamada economia 4.0 – movimentaram teóricos e ideias que partem para a reavaliação dos objetivos do antitruste, diante das estratégias comerciais que envolvem o acúmulo de dados no ambiente digital, *machine learning* e inteligência artificial[128].

Ao mesmo tempo, há grupos de teóricos e especialistas que defendem a manutenção das bases da nova Escola de Chicago, enquanto outros grupos colocam em dúvida a efetividade do padrão e dos mecanismos utilizados até então.

Joshua Wright e Douglass Ginsburg, por exemplo, defendem cautela diante da onda também chamada de "populista" relacionada às grandes empresas de tecnologia[129]. Afirmam que possíveis ideias novas e desconexas podem prejudicar a análise técnica dos casos. Nesse sentido, resgatam o histórico de decisões contraditórias do passado que foram incapazes de tratar as questões concorrenciais adequadamente[130].

Inegavelmente, surgem desafios para o Direito Antitruste e reflexões sobre o padrão de análise até então em prática. O movimento de resgate às ideias que ampliam as finalidades antitruste (i.e., para além do *consumer-welfare*) também foi chamado de "Movimento Antitruste Hipster"[131]. Isso porque propõe uma visão *vintage*, isto é, de retorno das origens do movimento *anti-trust* do final dos anos 1800, em que a preocupação com o tamanho (o "*big is bad*") de algumas empresas ou de seus grupos econômicos teve peso especial na motivação da atuação interventiva estatal.

Sem dúvida alguma, vive-se um momento emblemático do Direito Antitruste após décadas de prevalência dos ditames da nova Escola de Chicago[132]. Há quem também defenda que os novos paradigmas propostos são populistas. Luigi Zingales resgatou em estudos mais recentes que os populistas do século passado estavam des-

---

[127] DG, 2019, p. 121.

[128] Sobre o tema no Brasil, veja-se: Gaban, Domingues, Miele, Silva, 2019.

[129] Cf. Susser, Roessler, Nissenbaum, 2019.

[130] Ambos entendem que o amadurecimento que colocou em evidência o padrão de bem-estar do consumidor trouxe maior segurança em um ambiente onde muitos resultados eram claramente incongruentes. Cf. Wright, Ginsburg, 2013.

[131] Conforme explica Christiane Alkmin Schmidt: "Hipster expressa [...] um movimento de retorno, vintage". "Hipster Antitrust é uma terminologia que fora cunhada pelo advogado Konstantin Medvedovsky, em junho/2017, tendo sido popularizada com o auxílio do ex-conselheiro do FTC, Joshua D. Wright. [...] Medvedovsky chamou atenção mundial ao usar a expressão *Hipster Antitrust* para relacionar as expressivas multas sobre condutas unilaterais anticompetitivas das empresas de tecnologias impostas pela Comissão Europeia às preocupações dos anos 60 nos EUA, em que 'ser grande é ruim necessariamente'." Cf. Schimidt, 2018.

[132] "Evidentemente, o paradigma do bem-estar do consumidor derivado de Chicago faz com que a aplicação tradicional da legislação antitruste se torne bastante difícil em algumas indústrias da nova economia. Sendo o Facebook e o Google plataformas gratuitas, por exemplo, não se pode provar que os consumidores estejam sendo penalizados na forma de preços maiores." Cf. Pentagna, 2019, p. 10.

contentes com os grandes monopolistas (i.e., John Rockefeller, Cornelius Vanderbilt, J.P. Morgan, entre outros)[133] enquanto Tim Wu (conhecido internacionalmente pela produção sobre neutralidade de rede) propaga que o *consumer welfare approach* limita a eficácia das normas antitruste[134]. Embora não negue os benefícios do parâmetro de bem-estar do consumidor, deixa em dúvida o rigor científico atribuído ao critério, além de apontar situações em que ele seria insuficiente para remediar problemas concorrenciais atuais[135].

Luigi Zingales retrata preocupações com a concentração econômica (dando origem a monopólios e oligopólios) antevendo parâmetros adaptados à nova realidade[136]. Entretanto, nos debates surgem preocupações com questões sociopolíticas que estão distantes do padrão de análise tradicional, como o aumento da desigualdade social[137], salários, a mobilidade dos funcionários[138] e a concentração do poder político[139].

---

[133] Zingales, 2012, p. 17 e s.

[134] WU questiona: *"would, in fact, abandoning the "consumer welfare" standard make the antitrust law too unworkable and indeterminate? This concern is well captured by Judge Doug Ginsburg, who is willing to admit doubt that Congress really intended maximization of "consumer welfare" to be the Sherman Act's goal, but who argues that the alternatives used for most of the 20th century created too much leeway and unpredictability. As he complains, "[c]ourts were freely choosing among multiple, incommensurable, and often conflicting values"*. Cf. WU, Tim. After Consumer Welfare, Now What? The "Protection of Competition" Standard in Practice, 2018, p. 2.

[135] *"Bork offered a calming remedy, with an appealing simplicity and apparent rigor. For Bork's antitrust economics are easy – not easy enough for a schoolchild, but easy enough for a lawyer who does not specialize in antitrust and is looking for a dignified and respectable manner in which to decide, or get rid of, a hard case."* (WU, 2018, p. 91.)

[136] Zingales, 2012.

[137] *"The arguments for an antitrust consumer welfare approach are of three general kinds – those derived from legislative history, those derived from principle, and those derived from administrative concerns. The legislative history makes a weak case for consumer welfare, but as between consumer welfare and general welfare the former is a clear winner. Second, arguments from principle do not get us anywhere because they are very sensitive to assumptions. Third, the arguments from administrability strongly favor a consumer welfare approach. That then leaves one question pertaining to wealth inequality. Suppose we start out with the premise that antitrust harm consists in a market-power-driven output reduction. Accepting that competitive markets are conducive to greater wealth equality, hasn't antitrust already done all it can do?" [...] the one class of people that would clearly be injured by a policy of advocating lower output on distributional grounds is consumers. They would pay higher prices. Other losers include employees whose jobs would disappear in a lower output market; creditors, landowners, tax authorities, distributors and retailers, all of whom face reduced business when output goes down. In sum, it seems unlikely that a policy of condemning firms who charge lower prices or produce higher quality goods would yield a distribution of wealth any more desirable than a policy of maintaining high output by condemning anticompetitive restraints.* Hovenkampp, 2017, p. 1.; University of Penn, Institute for Law & Economics Research Paper n. 17-26. De outro ponto de vista, veja-se: *"While competition law is unlikely to take on the same importance as tax, labor, and trade policy for combating inequality, it might be called upon to complement and support those policies. The range of competition policy options set out here can be a useful starting point for a policy debate. Further analysis can identify the advantages and disadvantages of each. In that way, better competition policies can be adopted, if and when the inequality issue reaches the front burner of politics and policy"*. Cf. Baker, Salop, 2015, p. 27.

[138] Veja-se nos EUA: Naidu, Posner, Weil, 2018. No Brasil, vale observar os seguintes textos: Domingues, Rivera, Mendonça, 2018. Ver também das mesmas autoras, 2019.

[139] Veja-se: WU, 2018. Veja-se, também: Pitofsky, 1979, p. 1.051-1.075.

O fenômeno que vemos não poderia ser imaginado pouco tempo atrás. A mudança para uma sociedade mais conectada e digital, reforçada pelo contexto pandêmico recente, tornou a posse de dados um elemento de reforço ao poder de mercado de muitas empresas. O *"New Brandeis Movement"*[140], que traduzimos como movimento "neobrandeisiano", adquiriu um número expressivo de entusiastas (inclusive dentro do Congresso norte-americano). Entretanto, há um contramovimento para a preservação da metodologia tradicional de análise antitruste mais baseada nos critérios da Escola de Chicago[141].

A premissa de que "grande é ruim" não é unanime, ainda que se considere o antitruste como um mecanismo auxiliar em busca da neutralização do poder econômico[142]. Hovenkamp[143], Orbach, Rebling[144], Wright e Ginsburg, dentre outros(as), defendem a manutenção das premissas de análise antitruste influenciadas pela nova da Escola de Chicago e as orientações de Bork para a manutenção de critérios mensuráveis e objetivos[145].

Na linha "brandeisiana", Pitofsky, Bogus, Wu e Khan, dentre outros(as), defendem – ou já defenderam – novos paradigmas[146]. Sem dúvida, o problema da concentração de poder e do "tamanho" das empresas são elementos frequentes e não desprezados em seus argumentos[147]. Mudaram-se os atores e os mercados, mas os problemas não são novos.

---

[140] *"According to Lynn, there are two competing antitrust traditions, one personified by Judge Bork that embraced the 'Chicago School' of economics, and a second tradition that is encapsulated in the work of Louis Brandeis. Since publication of Lynn's book, there has been an avalanche of literature critical of the Chicago School and advocating more active antitrust enforcement. This movement has come to be known as the New Brandeis School or the New Brandeisians. The New Brandeisians has emphasized two major themes. First, Robert Bork's goal of consumer welfare has led antitrust jurisprudence astray and has resulted in misguided policy that has done economic damage to the American economy. Second, the New Brandeisians believe that the kind of aggressive antitrust enforcement reminiscent of the 1960s could be a potent remedy to many of these problem."* GLICK, Mark. The Unsound Theory Behind the Consumer (and Total) Welfare Goal in Antitrust. Roosevelt Institute Working Paper, 2018, p. 3.

[141] *"The promotion of economic welfare as the lodestar of antitrust laws – to the exclusion of social, political, and protectionist goals – transformed the state of the law and restored intellectual coherence to a body of law Robert Bork had famously described as paradoxical.Indeed, there is now widespread agreement that this evolution toward welfare and away from noneconomic considerations has benefitted consumers and the economy more broadly."* Wright, Ginsburg, 2013.

[142] Neste sentido: Domingues, Gaban. Livre Iniciativa, Livre Concorrência e Democracia: Valores Indissociáveis do Direito Antitruste? In: NUSDEO, Fábio (Coord.); PINTO, Alexandre Evaristo (Org.). A Ordem Econômica Constitucional – Estudos em celebração ao 1º Centenário da Constituição de Weimar. São Paulo: Revista dos Tribunais, 2019, p. 111-130.

[143] Cf. Hovenkamp, 2017.

[144] Orbach, Rebling, 2012, p. 605-655.

[145] Com relação às práticas anticompetitivas em geral entendem também que o "tamanho das empresas" – too big – não deve ser o fio condutor da análise. Cf. Hovenkamp, 2017, p. 2.

[146] Algumas propostas são pouco triviais, como a de Bogus, que acredita que devem ser considerados os possíveis efeitos sócio-políticos. Bogus, 2015, p. 113-114.

[147] "[...] vale a pena recuperar a discussão trazida por Pitofsky no final da década de 70, cuja visão era ampliada sobre a abrangência do antitruste ao se posicionar pela necessidade de 'reconhecer que os critérios não econômicos e políticos devem ser assimilados pelo instrumental antitruste como passíveis de aplicação'." Domingues, Silva, 2018.

As *"killers acquisitions"* (ou seja, fusões direcionadas à eliminação dos concorrentes) motivam as preocupações quando grandes empresas de tecnologia compram rivais nascentes. No mesmo sentido, fenômenos como os ecossistemas digitais, a concentração de dados e o uso da inteligência artificial igualmente desafiam os partidários da tradicional análise antitruste. Enquanto existirem dúvidas sobre a suficiência das ferramentas econômicas disponíveis, haverá espaço para novas teorias e a busca pelo aprimoramento dos métodos de investigação, especialmente diante de questões dinâmicas inerentes à economia digital.

2.3.4 | Parâmetros estrangeiros de decisão e direito brasileiro

A investigação de um procedimento para a aplicação do direito antitruste necessita de certas regras, chamadas de "parajurídicas" ou de "economia processual", para nortear a verificação da licitude ou ilicitude de uma prática. Isso ocorre a partir do momento em que existem certas informações e evidências a seu respeito[148].

No direito antitruste, conforme visto nos capítulos anteriores, com base especialmente na jurisprudência norte-americana, foram sistematizadas duas regras para a análise de casos concretos: a regra da razão e a regra *per se*[149]. A regra *per se* determina que, uma vez configuradas certas práticas, o ato poderá ser considerado ilegal sem a necessidade de aprofundamento da investigação e, o mais importante, sem a necessidade de demonstração ou comprovação de seus efeitos. A diferença entre a regra *per se* e a regra da razão reside na quantidade de informações necessárias antes da tomada de uma decisão. Desse modo, a análise de uma conduta típica *per se* poderá ser interrompida em um estágio de investigação anterior ao da regra da razão[150].

Pela regra da razão, apenas consideram-se ilegais as práticas que restrinjam a concorrência de forma não razoável, ou seja, não são permitidas as práticas causadoras de restrição ao livre comércio sem justificativa. Diferentemente da regra *per se*, segundo a regra da razão, é necessária a demonstração dos efeitos e da irrazoabilidade da prática. No caso *Standard Oil Co. of New Jersey v. United States*, por exemplo, a Suprema Corte dos EUA usou de forma clara a regra da razão[151].

A implementação do antitruste na década de 1930 refletiu, de um lado, uma suspeita maior do poder das corporações e uma procura de meios para simplificar o ônus da prova do Estado. De outro lado, por causa da formulação da regra da razão, muitos especialistas aconselharam os juízes a simplificar o ônus da prova do litigante ou acusado[152].

Veja também: Pitofsky, 1979, p. 20-21.
[148] Schuartz, 2002, p. 113.
[149] Sobre o argumento de incompatibilidade da regra *per se* e a compatibilidade da regra da razão com o direito brasileiro, veja-se: Gaban, 2023.
[150] Hovenkamp, 1999, p. 251-252.
[151] Veja-se também: Forgioni, 1998, p. 184.
[152] Kovacic; Shapiro, 1999, p. 12.

A regra da razão promoveu uma modificação do art. 1º do *Sherman Act*, o qual passou a declarar que todo e qualquer contrato, combinação, sob a forma de truste, ou qualquer outra forma ou conspiração desarrazoada, em restrição ao comércio entre os Estados ou nações estrangeiras, deve ser declarado ilícito[153].

De outro lado, a ilicitude *per se* não implica uma análise profunda, uma vez que, a partir do momento no qual um ato é considerado um ilícito *per se*, ele é considerado restritivo à concorrência, e é automaticamente coibido. Trata-se de algo semelhante ao denominado, no Brasil, de tipos penais de "mera conduta" ou "crimes formais", em que não é necessário avaliar-se o resultado da prática para aferir-se seus efeitos deletérios à sociedade.

A opção pela inclusão de uma modalidade de prática na hipótese de ilícito *per se* está diretamente ligada à baixíssima probabilidade de que esta resulte (numa análise abstrata) em efeitos líquidos positivos à sociedade. Em adição, semelhantes condutas analisadas *in concreto* pelas autoridades, ao longo da história, tiveram reconhecidos efeitos negativos à sociedade.

Veja-se que os objetivos dessas matrizes lógicas de operação do direito antitruste são semelhantes e o propósito da análise é sempre avaliar o efeito da conduta contra a concorrência à sociedade. Dessa maneira, para identificar uma conduta anticoncorrencial, pode-se requerer uma maior análise sobre as circunstâncias tratadas como relevantes (na hipótese de aplicação da regra da razão), ou simplesmente aferir-se sua existência (na hipótese da aplicação do ilícito *per se*).

A função da teoria antitruste, segundo Schuartz, é:

> (...) estabelecer as necessárias presunções de modo a prover aos trabalhos do analista e do julgador orientação metodológica suficiente para permitir uma dosagem eficiente entre tempo e custo total da investigação, de um lado, e consistência técnica da conclusão, de outro. Excluída como está a possibilidade de certeza nesse âmbito, a questão que se coloca diz respeito ao quantum de informações acerca do comportamento investigado que se faz necessário coletar e analisar a fim de assegurar a plausibilidade técnico-jurídica à decisão que deverá ser tomada[154].

A regra da razão não se identifica com a abordagem caso a caso das práticas analisadas, como muitas doutrinas costumam dar a entender. Esse chamado *case-by-case approach* é uma das opções de técnicas disponíveis ao intérprete antitruste para a aplicação da norma e significa que cada caso deve ser analisado individualmente, com suas particularidades, tais como: contexto econômico, mercado(s) relevante(s) e efeitos anticompetitivos[155].

---

[153] *The Sherman Antitrust Act (1890), Section 1. Trusts, etc., in restraint of trade illegal; penalty Every contract, combination in the form of trust or otherwise, or conspiracy, in restraint of trade or commerce among the several States, or with foreign nations, is declared to be illegal. Every person who shall make any contract or engage in any combination or conspiracy hereby declared to be illegal shall be deemed guilty of a felony, and, on conviction thereof, shall be punished by fine not exceeding $10,000,000 if a corporation, or, if any other person, $350,000, or by imprisonment not exceeding three years, or by both said punishments, in the discretion of the court.*

[154] Schuartz, 2002, p. 115.
[155] Forgioni, 2015, p. 199.

Na UE, encontramos duas modalidades de regras de decisão que se assemelham às regras *per se* e regra da razão do direito norte-americano. São elas a infração por efeitos e a infração por objeto, bem exploradas nas seções antecedentes. Para relembrar, na infração por efeitos, pouco peso recai na motivação ou intenção dos agentes econômicos responsáveis por determinada prática que acaba por afetar a concorrência. Sendo os efeitos negativos à concorrência, considera-se reprovável a conduta dos agentes. Já na infração por objeto, pouco importa a produção concreta dos efeitos de determinada prática para caracterizá-la como reprovável no ponto de vista concorrencial. Tendo ela objeto de restringir a concorrência, como o caso do cartel da indústria de carnes, ainda que nenhum efeito concreto produza, será caracterizada como incompatível com o TFUE.

Muito embora a importação destes modelos de decisão dos EUA e da UE possua inegável utilidade prática no processo de aplicação de leis antitruste, antes da simples adoção de tais padrões de forma automática como fundamentos únicos de juízos de condenação, é necessário avaliar se haveria substrato de validade jurídica no Brasil para tanto. Nesse sentido, infelizmente, não há disposição normativa no ordenamento jurídico brasileiro, quer na Constituição de 1988, quer na Lei Antitruste, que incorpore tais modelos de decisão e permita sua utilização nos procedimentos administrativos sancionadores ou mesmo nos processos judiciais como fundamentos suficientes à decisão de impor-se sanções.

A Lei n. 12.529/2011 dispõe, em seu artigo 36, *caput*, que as condutas anticompetitivas a serem submetidas ao julgamento pressupõem uma análise de efeitos. Em que pese a lei não defina expressamente a aplicabilidade da regra *per se* ou da razão, ou mesmo a existência de ilícito por objeto, a interpretação que se extrai é a de que qualquer análise a ser feita pelo CADE não pode se ancorar puramente em presunções e deve, necessariamente, avaliar os efeitos decorrentes da prática, sobretudo para se estabelecer juízo de condenação. Nesse sentido, os modelos estrangeiros mais próximos do direito pátrio seriam a regra da razão e o ilícito por efeitos. Isso porque em ambos é necessária a demonstração dos efeitos em um caso concreto e a ponderação sobre o respectivo resultado líquido.

Todavia, mesmo que tais modelos de decisão se aproximem do direito pátrio, não estão eles prontos a viabilizar, por si sós, a aplicação da LDC por diversos motivos, dentre os quais destaca-se a inexorável demonstração de que os agentes investigados em processo administrativo sancionador possuem posição dominante. Como se verá mais à frente, sem posição dominante, não se opera a incidência da LDC para o controle de condutas.

Além de duas técnicas de aplicação jurídica (*per se* ou regra da razão), há a possibilidade de uso de isenções (regras especiais de não incidência normativa) para situações tidas pelo ordenamento jurídico como benéficas por natureza, ainda que, em alguma medida, possam restringir a concorrência. Sobre essas condutas, chamadas isentas, não existe qualquer tipo de sanção a ser imposta[156]. Mesmo nessas hipóteses,

---

[156] Os cartéis de exportação, por exemplo, são considerados como isenção antitruste em grande parte das jurisdições (veja-se: Domingues, 2010). De acordo com Forgioni, a metodologia das isenções foi adotada especialmente no sistema antitruste europeu. Em razão do elevado número de casos submetidos à apreciação, vários regulamentos foram formados com o escopo de isentar determinadas categorias de práticas, chamados *block exemptions* (exceções em blocos). Essa sistemática já havia sido adotada pelo

isenções antitruste somente serão válidas e eficazes se previstas na LDC ou em normas jurídicas de equivalente patamar hierárquico.

2.4 | O bem-estar (*welfare*) e a análise antitruste

Existe um elevado grau de indeterminação sobre quais seriam as condições necessárias para a caracterização de uma conduta como infração antitruste, ou mesmo uma concentração empresarial como inaceitável do ponto de vista concorrencial. O ponto de vista geral, que dá unidade a essas condições, está no denominado "bem-estar social" e o modo de operacionalizar esse critério de unidade, tecnicamente, está na determinação quantitativa e qualitativa dos efeitos líquidos produzidos pela conduta ou resultantes de um arranjo estrutural[157].

Dessa maneira, baseando-se em critérios predeterminados, as autoridades realizam a análise das condutas e das estruturas. Essas análises podem valer como conclusões, em casos concretos, acerca da existência de arranjos contrários a ordem econômica.

Veja-se que o art. 36 e incisos da Lei n. 12.529/2011 tratam de instâncias de um tipo genérico de infração a qual seria definida como produção efetiva ou potencial de efeito líquido negativo sobre o bem-estar social[158]. Essa expressão "efeito líquido sobre o bem-estar social" é carregada de sentido técnico, flexibilizado apenas dentro de limites estreitos[159].

Logo, uma determinada configuração econômica é considerada como eficiente apenas se os ganhos dos agentes beneficiados e do mercado forem suficientes para compensarem as perdas econômicas dos agentes prejudicados por ela. Ou seja, isso ocorre se o valor total desses ganhos for maior ou igual ao valor total das perdas[160].

O conceito de eficiência (denominado também eficiência econômica, alocativa ou "potencial de Pareto") serve como instrumento de mediação entre a sua operacionalização (sob a forma de uma aplicação tecnicamente controlável da legislação antitruste, ou seja, por intermédio de presunções e até constatações de efeitos benéficos à

Tratado de Paris, no art. 66, § 3º. A Comissão Europeia pode revogar as isenções concedidas, uma vez verificada a falsidade nas informações prestadas ou o descumprimento das obrigações e compromissos assumidos. Desse modo, o ato até então isento passa a ser ilícito de acordo com o sistema europeu antitruste. Forgioni explica que as isenções são distintas dos atestados negativos concedidos pela Comissão. Estes últimos declaram que a prática submetida a apreciação da autoridade não procura restringir a concorrência no mercado europeu, já as isenções legitimam as práticas restritivas (2015, p. 203-208).

[157] Schuartz, 2001, p. 47-48.

[158] O *caput* e os incisos do art. 20 da Lei n. 8.884/94 são idênticos ao *caput* e incisos do art. 36 da LDC, a saber:
Constituem infração da ordem econômica, independentemente de culpa, os atos sob qualquer forma manifestados, que tenham por objeto ou possam produzir os seguintes efeitos, ainda que não sejam alcançados:
I – limitar, falsear ou de qualquer forma prejudicar a livre concorrência ou a livre-iniciativa;
II – dominar mercado relevante de bens ou serviços;
III – aumentar arbitrariamente os lucros; e
IV – exercer de forma abusiva posição dominante.

[159] Schuartz, 2001, p. 48.

[160] Hovenkamp, 1999, p. 74-76.

sociedade, com base na teoria econômica incorporada pela legislação) e a ideia normativa de bem-estar social (sem as habituais conotações ético-políticas)[161].

Outro conceito trabalhado é o de excedente do consumidor. Esse conceito refere-se ao valor, acima daquele pago efetivamente, que um consumidor estaria disposto a pagar por uma unidade de produto para o seu consumo. A definição do valor total deste excedente pode ser a soma dessas diferenças (entre o que estaria disposto a pagar e o que efetivamente pagou por determinado produto) relativamente a cada consumidor individual, calculada a partir da curva de demanda do produto em questão[162].

De modo análogo, a definição de excedente do produtor é a diferença entre o valor recebido pela venda de uma unidade de certo produto e o valor associado ao custo de produzi-la. Assim, a soma das diferenças de cada produtor individual caracterizará o valor total deste tipo de excedente, que pode ser observado na área definida a partir da curva de oferta na Figura II[163]:

Figura II – Excedentes do consumidor (A) e do produtor (B) em situação de equilíbrio competitivo

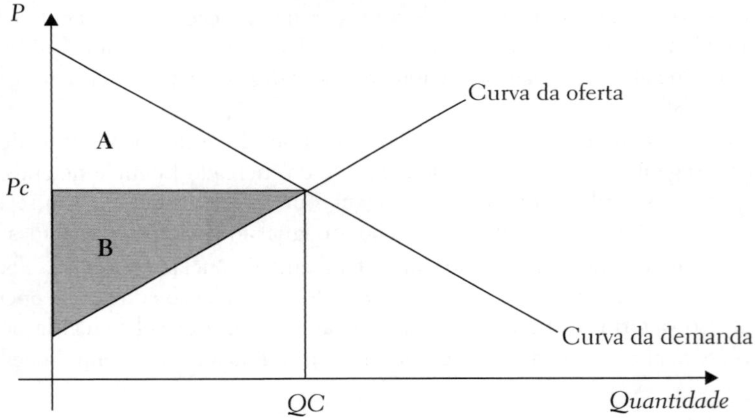

Observa-se que a soma dos valores totais de ambos os excedentes constituirá o efeito líquido sobre o bem-estar social associado à configuração econômica analisada. Esses conceitos foram incorporados pelo Guia para Análise Econômica de Atos de Concentração Horizontal, publicado originalmente em forma de Portaria Conjunta da SEAE/MF (Secretaria de Acompanhamento Econômico do Ministério da Fazenda) e da SDE/MJ n. 50/2001.

O Guia H (como é conhecido no meio antitruste) passou por um processo de aperfeiçoamento ao longo da história de aplicação do controle de estruturas no Brasil,

---

[161] Schuartz, 2001, p. 48.
[162] Id., ibid., p. 49.
[163] Essa figura foi retirada de Schuartz, 2001, p. 49.

notadamente com a edição da Lei n. 12.529/2011, em vigor desde maio de 2012. Sua última edição data de julho de 2016.

Existe uma relação entre a máxima eficiência alocativa e o equilíbrio competitivo: ambos refletem uma situação de bem-estar. Atribui-se à concorrência perfeita o papel "de candidato natural para servir de padrão normativo ideal para fins de comparação e, sobretudo, de avaliação de situações alternativas de mercado"[164].

Outros conceitos são importantes para o entendimento do direito da concorrência. Como visto anteriormente, o chamado "mercado perfeitamente competitivo[165]" pode ser considerado como aquele no qual todo bem tem como preço o custo de sua produção. Isso faz com que os produtores e vendedores apenas ganhem o suficiente para manter os investimentos na indústria, possibilita a compra do bem a todos que queiram pagar esse preço[166].

A concorrência perfeita seria aquela na qual, num ambiente revestido por um grande número de compradores e vendedores em interação recíproca: i) todos os vendedores fazem produtos absolutamente homogêneos e, assim, os consumidores são indiferentes na escolha do vendedor, com a condição de que todos os preços sejam iguais; ii) cada vendedor no mercado é tão pequeno em proporção ao mercado como um todo, que, se um vendedor aumentar ou diminuir a sua produção, ou até sair do mercado, não afetará as decisões dos outros vendedores naquele mercado; iii) todos os recursos são completamente móveis (não são perdidos/não realocáveis) ou de fácil realocação; iv) todos os vendedores têm o mesmo acesso aos insumos (*inputs* – na terminologia internacional) necessários; v) todos os participantes do mercado têm bom conhecimento sobre preço, produção (*output* – na terminologia internacional) e outras informações sobre o mercado; vi) não há economias de escala e escopo significativos e também não há externalidades. Como regra geral, quanto mais próximo um mercado está de preencher essas condições, mais competitivo é o seu desempenho[167].

A concorrência perfeita é excepcional. Seu referencial teórico ou analítico é, contudo, ferramenta eficaz para a análise (por aproximação ou comparação) de estruturas mais complexas e usuais de mercado[168]. Assim, quanto maior o grau de afastamento de uma dada situação de mercado da concorrência perfeita, maior será o nível de concentração e, portanto, mais ambíguos serão seus efeitos naturais rumo à consecução do bem-estar social para a Lei Antitruste [169]. No mesmo sentido, quanto menor o grau de afastamento de uma dada situação de mercado da concorrência perfeita, mais eficiente tende a ser seu desempenho e, assim, mais provável será seu resultado natural rumo à consecução do bem-estar social.

---

[164] Schuartz, 2001, p. 50.

[165] Para Nusdeo a concorrência é uma questão de grau. Ela é máxima nos mercados cujas estruturas as aproximam do modelo da concorrência perfeita e mínima ou inexistente no extremo oposto do monopólio bilateral. Nusdeo, 2013, p. 270.

[166] Hovenkamp, 1999, p. 3.

[167] Para entender essa relação, veja-se: Hovenkamp, 1999, p. 3-11.

[168] Cf. Clark, 1940, p. 241-256.

[169] Schuartz, 2001, p. 50.

Entretanto, na dogmática do direito da concorrência, o limite ideal de aproximação e padrão comparativo para as análises normativas passou a desempenhar-se de modo menos rigoroso, mas sem que fosse completamente abandonada a concepção do bem-estar social em termos de eficiência alocativa e a metodologia da soma de excedentes como técnica de mensuração dos impactos sobre o bem-estar social[170].

Schapiro e Bacchi explicam que na análise concorrencial é aplicada uma métrica de eficiência derivada de Pareto[171]:

> (...) algo mais ajustado para ponderações de intervenção: o parâmetro de "Pareto potencial". O teorema de bem-estar de Pareto, ao estabelecer como situação eficiente aquela em que não pode haver alteração sem que algumas das partes piore, é rígido e não permite uma avaliação de mecanismos de intervenção para situações que já não se encontram em um patamar ótimo (...). A situação é eficiente porque ela proporciona um aumento da riqueza global (os ganhos são maiores do que as perdas). É com base nessa avaliação que se procede ao exame substantivo dos atos de concentração: se os ganhos são maiores do que as perdas ou se ao menos não há efeitos líquidos negativos resultantes desse balanceamento, a operação não deve ser reprovada.

A recepção de conceitos e instrumentos de microeconomia neoclássica possibilitou ao direito antitruste definir precisamente as situações de mercado caracterizadas como ineficientes do ponto de vista alocativo, que são conducentes ao provável ou efetivo exercício de poder de mercado.

O poder de mercado pode ser considerado como a capacidade de um agente econômico (empresa ou grupo econômico) aumentar seus lucros reduzindo a oferta, conduta que, muitas vezes, onera o consumidor com maiores preços. No caso *United States v. E.I du Pont de Nemours & Co.*, envolvendo o mercado de papel celofane, a Suprema Corte definiu poder de mercado como "o poder de controlar preços ou excluir competidores"[172].

Contudo, essa definição não pode ser considerada como absoluta, no sentido de ser suficiente para condenar o agente econômico, uma vez que o poder de mercado não é, por si próprio, negativo. Para se excluir concorrente é necessário ter poder de mercado; todavia, essa possibilidade não implica necessariamente uma situação de ilicitude, pois outros elementos devem ser analisados para que se configure o abuso de referido poder.

No Brasil, o poder de mercado, como se verá mais à frente, configura um dos elementos essenciais à incidência da Lei Antitruste e à possibilidade de tutela pelas

---

[170] Também se associa a essa análise as correspondentes estratégias, atos e condutas dos agentes econômicos como fatores determinantes. Cf. Schuartz, 2001, p. 50.

[171] Schapiro; Bacchi, 20013, p. 62-63.

[172] *United States v. E.I du Pont de Nemours & Co.*, 351 U.S. 377, 391-92, 76 S. Ct. 994, 1005 (1956). "Although the word 'market' is not expressly stated in the Sherman Act, it plays a decisive role in the determination of the existence of monopoly power. In general terms, monopoly power is the ability to control price or exclude competition in a certain area of business." Anti-trust law: the impact of the cellophane Case on the Concept of Market, 1957, p. 374-385.

autoridades de defesa da concorrência. Esse poder pode ser mensurado de algumas formas. A participação de mercado do agente (ou *market share*, segundo o jargão internacional) pode ser um indicativo de sua existência. E, nesse sentido, grande parte das normas antitruste trazem um critério de valor mínimo em termos de *market share*, a partir do qual presume-se a existência de poder. No Brasil, isso não é diferente.

Avalia-se inicialmente se o agente, ao qual está sendo imputada prática de conduta anticoncorrencial, possui participação de mercado suficiente a presumir poder de mercado, nos termos da lei. Em geral, uma participação de, no mínimo, 20% (vinte por cento) no mercado relevante é tida por suficiente para presumir a existência de poder de mercado (ou posição dominante). Contudo a participação de mercado acima de 20% não configura, automaticamente, a possibilidade de abuso de poder de mercado.

Vale observar, nesse ponto, breve reflexão sobre o conceito de poder econômico e poder de mercado, iniciando-se pelo entendimento de Nusdeo:

> A doutrina define o poder econômico como a possibilidade de exercício de uma influência notável e a princípio previsível pela empresa dominante sobre o mercado, influindo na conduta das demais concorrentes ou, ainda, subtraindo-se à influência dessas últimas, através de uma conduta indiferente e delas independente em alto grau. Impossibilitados de enfrentar competidor de maior poder econômico, os demais concorrentes, consumidores ou mesmo agentes atuantes em outros mercados encontram-se em posição de sujeição à conduta e aos preços por ele impostos. A situação de exercício abusivo de poder econômico por parte do agente que o detém tende a criar no mercado distúrbios e ineficiências semelhantes àqueles típicos de mercado monopolizado[173].

Particularmente, entende-se que poder econômico e poder de mercado não representam sinônimos, mas, sim, expressões diversas para formas distintas de manifestação do mesmo fenômeno: o poder. Poder econômico pode ser definido como a capacidade de um agente econômico influenciar as variáveis de competição (como o preço) em um ou mais setores da economia (isto é, em vários mercados relevantes). Poder de mercado, ou posição dominante, pode ser definido como a capacidade de o agente econômico influenciar as variáveis de competição em um mercado relevante específico.

Agora, ainda que não se aprofunde a análise do poder econômico em determinado mercado relevante, este pode existir e estar atrelado à capacidade de influência em variáveis microeconômicas, em decisões políticas (*lato sensu*) e, até mesmo, em variáveis macroeconômicas. Poder econômico é um fenômeno complexo e real, não podendo os testes para sua verificação ficarem subordinados à verificação de participação (ou *share*) em dado mercado relevante.

Na prática, ao possuir poder econômico, o agente pode ou não exercer influência no comportamento em um dado mercado relevante. Contudo, não se pode afirmar, em termos de possibilidade e probabilidade, que o mero exercício de influência seja

---

[173] Nusdeo, 2002, p. 240-241.

suficiente a causar uma tendência positiva ou negativa naquele segmento mercadológico. Em outras palavras, não se pode avaliar a relevância de um agente econômico em um mercado simplesmente por seu porte, ou por seu faturamento.

O elemento fundamental a ser considerado é o exercício do poder econômico. Em outras palavras, a distinção está no abuso ou mau uso do poder econômico, tal e qual prescreve o texto constitucional, substrato de validade à LDC.

Já ao desfrutar de poder de mercado, ou seja, de poder econômico contextualizado em um mercado relevante, torna-se viável avaliar-se se é possível e até provável que um comportamento desse agente gere resultados positivos ou negativos à livre concorrência no segmento em análise.

Nesse sentido, recomenda-se a aferição da existência de poder de mercado, nos termos da técnica concorrencial, para então se iniciar a investigação das condutas eventualmente prejudiciais à livre concorrência ou mesmo se aferir a possibilidade e probabilidade de um arranjo estrutural resultar em problemas ao mercado e aos consumidores. E, assim, o primeiro ponto a ser observado na técnica antitruste é a participação de mercado, que representa o primeiro sinal de uma possível existência do poder de mercado.

Com a identificação de tal participação, passa-se à análise de outros elementos que possam respaldar a existência e a eficácia desse poder de mercado, como a existência de barreiras à entrada. Somente assim, identifica-se a real existência de dominância (posição privilegiada no mercado) passível ou não de contestação. Quando não houver possibilidade de contestação do poder de mercado, em face das barreiras à entrada e da rivalidade reforça-se a necessidade da intervenção da autoridade para aplicar a Lei Antitruste.

A capacidade de manter o poder de mercado por um período razoável é importante para os criadores da política antitruste. Estes devem avaliar os custos da limitação do poder de mercado contra o potencial ganho. Desse modo, quanto mais o poder de mercado for durável, maiores são os custos sociais e públicos para se livrarem dele[174].

O exercício do poder de mercado é o termo que generaliza e traduz expressões com significado difuso, como abuso de poder econômico, ou mesmo abuso de posição dominante. Este último conceito (abuso de posição dominante) é capaz de uniformizar a categorização jurídica de vários ilícitos antitruste e permite um tratamento juridicamente unificado da análise de atos de concentração econômica e condutas anticompetitivas.

Entretanto, enquanto o objetivo da análise estrutural é a prevenção de situações em que seja provável o exercício abusivo de poder de mercado, no controle de condutas, o objetivo normativo é tipicamente repressivo, pois trata de punir ou fazer cessar condutas de agentes detentores de poder de mercado, cujo efeito seja a produção da perda de bem-estar social[175].

---

[174] Hovenkamp, 1999, p. 78.
[175] Schuartz, 2001, p. 53.

Nessas duas hipóteses, a incompatibilidade jurídica, conforme o disposto na legislação antitruste, está justamente no efeito negativo sobre o bem-estar social associado ao exercício, provável ou efetivo, de poder de mercado. Em outras palavras, o repúdio à estrutura ou à conduta reside no reflexo do exercício abusivo de referida posição dominante. A inaceitabilidade jurídica, desse modo, recai sobre o abuso, ou mau uso do poder, e não sobre sua existência e muito menos seu mero (ou regular) exercício.

Ainda cabe ressaltar que, em ambos os casos, é a soma dos excedentes do produtor e do consumidor o método proposto (pela teoria econômica) para a qualificação e mensuração do efeito líquido sobre o bem-estar social causalmente imputado a determinado ato de concentração ou determinada conduta[176].

A partir dos estudos da citada nova Escola de Chicago, modificaram-se os critérios de análise de restrições verticais, bem como de outras matérias, de forma que os negócios passaram a ser analisados principalmente sob a ótica da eficiência alocativa, pois uma melhora na eficiência alocativa do mercado implicaria benefícios, mesmo no longo prazo, aos consumidores, sem aniquilar os incentivos ao investimento e à inovação[177].

Tal pensamento já reputava o bem-estar dos consumidores como o foco da política da concorrência, ainda que no longo prazo. Recentemente, porém, verifica-se nos Estados Unidos um fortalecimento dessa questão na jurisprudência, a qual passou a exigir que as empresas que submetem uma operação à análise antitruste sejam capazes de mensurar e demonstrar os benefícios resultantes de tal negócio jurídico aos consumidores. É o que se verifica no caso *St. Alphonsus Medical Center v. St. Luke's Health System*[178], por exemplo.

Referido caso diz respeito à aquisição do *Saltzer Medical Group* pelo *St. Luke's Health System*, impugnada, em novembro de 2012, por dois hospitais concorrentes (a saber: St. Alphonsus Medical Center e Treasure Valley Hospital). Em 2013, a FTC julgou que a operação acarretaria efeitos anticompetitivos e determinou ao St. Luke's a alienação do Saltzer (i.e., determinou o desinvestimento). As partes judicializaram a questão e, em fevereiro de 2015, o Tribunal de Apelação norte-americano do Nono Circuito confirmou a decisão da corte distrital.

A decisão proferida abrange, em sua discussão, uma gama de questões concorrenciais consideradas balizadoras, não apenas no mercado tratado no caso (a saber, o setor empresarial médico), mas em todas as operações, especialmente no sentido de minorar os riscos concorrenciais. Sistematicamente, os aspectos relevantes podem ser resumidos da seguinte forma: (1) devem ser evitadas defesas baseadas em eficiências genéricas; (2) o tamanho da operação não importa; (3) a implementação de programas de treinamento antitruste é importante; (4) o desinvestimento segue privilegiado como solução ("remédio"); e (5) operações de submissão não obrigatória podem ser questionadas pelo governo (norte-americano).

---

[176] Sobre essa questão e sua ilustração no gráfico de Williamson, veja-se: Schuartz, 2001, p. 54-56.
[177] Romero, 2006, p. 11-36.
[178] St. Alphonsus Medical Center, ET. AL. v. St. Luke's Health System, Ltd, et al. n. 14-35173 (2015).

O primeiro aspecto indica que a divulgação genérica, pelas empresas, dos ganhos de eficiência resultantes da operação não é suficiente. Os ganhos de eficiência devem ser, cumulativamente: (i) relacionados especificamente à operação e (ii) com probabilidade de mensuração no sentido de resultar em benefícios para os consumidores[179].

O segundo entendimento determina que não importa o tamanho da operação, isto é, negócios de todos os tamanhos estão sujeitos à avaliação antitruste. O terceiro aspecto traz uma recomendação para a implementação de programas internos de treinamento em defesa da concorrência (programas de *compliance antitruste*), com objetivo de reforçar a importância do cumprimento da legislação antitruste e assegurar que os documentos e registros empresariais reflitam o respeito à lei antitruste.

Com relação ao quarto aspecto, mencionado acima, apesar das autoridades considerarem alternativas de remédios para aprovação de operações, os desinvestimentos ainda são considerados como instrumentos mais adequados para resolver as preocupações anticoncorrenciais no controle de estruturas[180]. Para evitá-los, as empresas devem desenvolver fortes argumentos e demonstrações no sentido de que a operação tenderia a gerar mais benefícios do que efeitos nocivos ao mercado.

Por fim, mesmo as operações cuja submissão não seja obrigatória (em razão de não atingirem os critérios de notificação obrigatória do *size-of-person* e *size-of-transaction*) não estão isentas de sofrer uma análise concorrencial *a posteriori*. Ou seja, qualquer operação pode suscitar preocupações concorrenciais, independentemente de sua obrigatoriedade de notificação prévia. Assim, os agentes econômicos devem pautar suas estratégias e condutas em respeito à legislação antitruste, já que mesmo a operação não notificada poderá ser questionada. Aqueles que adotarem as melhores práticas certamente terão possibilidade de defender melhor a operação realizada perante as autoridades.

O precedente acima ilustra o rigor do Judiciário norte-americano no tocante à aplicação da legislação antitruste. Com a maturidade institucional adquirida, passaram os juízes a exigir das empresas argumentos sólidos para defender suas operações

---

[179] *"But even if we assume that the claimed efficiencies were merger-specific, the defense would nonetheless fail. At most, the district court concluded that St. Luke's might provide better service to patients after the merger. That is a laudable goal, but the Clayton Act does not excuse mergers that lessen competition or create monopolies simply because the merged entity can improve its operations. See Proctor & Gamble, 386 U.S. at 580. The district court did not clearly err in concluding that whatever else St. Luke's proved, it did not demonstrate that efficiencies resulting from the merger would have a positive effect on competition..* St. Alphonsus Medical Center, et. al. v. St. Luke's Health System, Ltd, et al. No. 14--35173 (2015), p. 29.

[180] *"(...) the district court did not abuse its discretion in choosing divestiture over St. Luke's' proposed "conduct remedy"– the establishment of separate bargaining groups to negotiate with insurers. Divestiture is "simple, relatively easy to administer, and sure,"* E. I. du Pont, 366 U.S. at 331, *while conduct remedies risk excessive government entanglement in the market, see U.S. Dep't of Justice, Antitrust Division Policy Guide to Merger Remedies § II n. 12 (2011) (noting that conduct remedies need to be "tailored as precisely as possible to the competitive harms associated with the merger to avoid unnecessary entanglements with the competitive process"). (...) Even assuming that the district court might have been within its discretion in opting for a conduct remedy, we find no abuse of discretion in its declining to do so. See ProMedica, 749 F.3d at 572-73 (holding that the FTC did not abuse its discretion in choosing divestiture over a proposed conduct remedy)."* St. Alphonsus Medical Center, et al. v. St. Luke's Health System, Ltd, et al. No. 14-35173 (2015), p. 32.

e demonstrar os benefícios aos consumidores e ao bem-estar social. Veja-se que isso é importante, independentemente de se tratar de uma operação pequena ou operações cuja notificação não é obrigatória.

Portanto, não basta às empresas demonstrarem às autoridades que suas operações não causarão efeitos nocivos à ordem econômica. Em um exercício voltado ao bem-estar social, os agentes econômicos devem evidenciar, da forma mais acurada possível, os benefícios potenciais da operação.

3 | ETAPAS DA ANÁLISE ANTITRUSTE

Para se analisar uma conduta ou uma operação de concentração empresarial, no prisma da Lei Antitruste, avalia-se a estrutura do mercado em foco, num misto de abordagem estrutural e comportamental.

No sentido da experiência internacional, o SBDC procura seguir etapas de análise que permitirão a identificação de um cenário passível ou não da intervenção do Estado, na formação de uma estrutura de mercado ou na restrição da liberdade econômica comportamental. A primeira etapa analisada é a definição do mercado relevante[181] no qual se analisa uma operação ou uma prática de possível infração à ordem econômica. Posteriormente, avalia-se a parcela de mercado envolvida no caso analisado, para então, se for o caso, avaliar-se a probabilidade de exercício de poder de mercado[182]. Somente ao final, em operações complexas, são avaliadas as eficiências econômicas (no caso de atos de concentração econômica).

As etapas de análise antitruste são usualmente percorridas no controle de estruturas, podendo ser sistematizadas em guias de análise[183], utilizados pelas autoridades e demais operadores do antitruste para a aplicação da lei aos casos concretos. Os guias de análise são instrumentais não vinculativos, mas, na prática, balizam a análise antitruste em grande parte dos casos[184].

---

[181] Entende-se mercado relevante como o universo físico-material onde se perpassa a prática da conduta ou condutas tidas como lesivas à livre concorrência.

[182] *"The term 'market power' refers to the ability of a firm (or a group of firms, acting jointly) to raise price above the competitive level without losing so many sales so rapidly that the price increase is unprofitable and must be rescinded."* Landes & Posner, 1981, p. 937.

[183] Tal como o guia para análise econômica de atos de concentração horizontal – Guia H – originalmente contido no anexo à Portaria Conjunta SEAE/SDE n. 50/2001, e o guia para análise da conduta de preços predatórios – anexo à Portaria SEAE/MF n. 70/2002, elaborados à época da vigência da Lei n. 8.884/94 e, mais recentemente, o Guia Para Análise da Consumação Prévia de Atos de Concentração Econômica elaborado nos termos da Lei n. 12.529/2011.

[184] Outros exemplos de guias na Europa e nos EUA respectivamente: i) Orientações sobre a aplicação do art. 101 do Tratado sobre o Funcionamento da União Europeia aos acordos de cooperação horizontal (2011); e ii) *Horizontal Merger Guidelines – U.S. Department of Justice and the FTC (2010)*. No Brasil, o percurso das etapas de análise contidas nos guias, principalmente no guia para análise econômica de atos de concentração horizontal (influenciado pelo *Horizontal merger guidelines* dos EUA, de 1992), pôde ser observado na grande maioria dos casos analisados sob a égide da Lei n. 8.884/94. Isso fica claro no controle de estruturas e, em certa medida, no controle de condutas – no caso das três primeiras etapas de análise (definição de mercado relevante, determinação da parcela de participação de mercado e avaliação da probabilidade do exercício de posição dominante).

Os conceitos e ferramentas presentes nos guias são de grande valia para a análise antitruste como um todo devendo ser observados pelos operadores do direito antitruste. Os guias de análise buscam promover um ambiente de segurança jurídica e diminuir custos de transação ao estabelecer parâmetros que muitas vezes não estão claros na legislação aplicável.

3.1 | Mercado relevante

A delimitação do mercado relevante é essencial para o estabelecimento de uma análise antitruste, sendo que, no Brasil, é pressuposto obrigatório de incidência da Lei Antitruste. Assim, para se iniciar uma investigação sobre condutas anticoncorrenciais, ou mesmo para avaliar os efeitos de uma operação de concentração empresarial, preliminarmente averigua-se a real dimensão do mercado afetado para se delimitar o universo (material e territorial) sobre o qual se estabelecerá a avaliação antitruste[185].

Para a delimitação do mercado relevante, podem ser utilizados alguns testes econômicos, entre os quais o teste do "monopolista hipotético". Esse teste delimita o mercado relevante como sendo o menor grupo de produtos e a menor área geográfica necessários para que um suposto monopolista esteja em condições de impor um "pequeno, porém significativo e não transitório", aumento de preços[186].

Especificamente, vale observar o disposto no Guia para Análise Econômica de Atos de Concentração Horizontal:

> (...) o teste do "monopolista hipotético" consiste em se considerar, para um conjunto de produtos e área específicos, começando com os bens produzidos e vendidos pelas empresas participantes da operação, e com a extensão territorial em que estas empresas atuam, qual seria o resultado final de um "pequeno, porém significativo e não transitório" aumento dos preços para um suposto monopolista destes bens nesta área. Se o resultado for tal que o suposto monopolista não considere o aumento de preços rentável, então a SEAE e a SDE acrescentarão à definição original de mercado relevante o produto que for o mais próximo substituto do produto da nova empresa criada e a região de onde provém a produção que for a melhor substituta da produção da empresa em questão. Esse exercício deve ser repetido sucessivamente até que seja identificado um grupo de produtos e um conjunto de localidades para os quais seja economicamente interessante, para um suposto monopolista, impor um "pequeno, porém significativo e não transitório aumento" dos preços. O primeiro grupo de produtos e localidades identificado segundo este procedimento será o menor grupo de produtos e localidades necessário para que um suposto monopolista esteja em condições de impor um "pequeno, porém significativo e não transitório" aumento dos preços, sendo este o mercado relevante delimitado. Em outras palavras, "o mercado relevante se constituirá do menor espaço econômico no qual seja factível a uma empresa, atuando de forma

---

[185] Nesse sentido, veja-se Forgioni, para quem mercado relevante "é aquele em que se travam as relações de concorrência ou atua o agente econômico cujo comportamento está sendo analisado" (2015, p. 212).

[186] Adota-se como referência de um "pequeno (...) preço" o aumento de 5%, 10% ou 15%, a juízo do técnico, por um período não inferior a um ano.

isolada, ou a um grupo de empresas, agindo de forma coordenada, exercer o poder de mercado"[187].

Na mesma linha, podem ser utilizados testes da elasticidade preço da demanda, como também da elasticidade cruzada preço da demanda, como se verá mais à frente com maior detalhamento.

A avaliação dos hábitos de consumo e das características da oferta, como apelos publicitários, público-alvo, peculiaridades dos locais da oferta e locais do consumo, podem ser muito úteis à definição do mercado relevante. Na prática, o mercado relevante é determinado segundo uma análise sob duas perspectivas diferentes, quais sejam: o mercado relevante geográfico e o mercado relevante do produto ou serviço; e em duas dimensões diferentes: a dimensão da oferta e a dimensão da demanda.

Seguindo essa linha, o mercado relevante delimita-se pelas suas fronteiras com os demais mercados, sob duas perspectivas principais: (i) a do produto, material ou substancial, considerando que cada bem ou serviço concorre apenas com produtos com os quais guardem alguma similaridade e pelos quais possam ser substituídos, ou seja, universo no qual se observe o fenômeno da substitutibilidade, seja pelo lado da oferta como pelo lado da demanda; e (ii) a geográfica, porque apenas podem concorrer produtos dentro de um espaço geográfico nos limites do qual a atividade da oferta seja economicamente vantajosa e ao qual tenham acesso os mesmos consumidores ou clientes[188].

O mercado relevante é definido em, no mínimo, duas perspectivas: (i) mercado relevante de produto; e (ii) mercado relevante geográfico. Uma vez determinado o mercado relevante, passa-se à avaliação da parcela de participação de mercado sob exame. Se a parcela de participação de mercado (*market share*) for elevada o bastante, então o primeiro elemento pressuposto da existência de poder de mercado pode ser estabelecido[189].

Uma alternativa de definição reside em identificar um mercado relevante como um agrupamento de vendas tal que, se essas fossem feitas por uma firma, esta teria o poder de aumentar preços acima do nível competitivo sem perder vendas o suficiente para lograr lucro com o incremento do preço[190].

Isso porque, considerando que referido agrupamento de vendas configura um mercado relevante, o fenômeno da substituição dos produtos nele inseridos por outros

---

[187] Brasil. Ministério da Fazenda. Secretaria de Acompanhamento Econômico. Portaria n. 50/2001. A versão atual do Guia H preserva a mesma orientação.

[188] Nusdeo, 2002, p. 29.

[189] "*The alternative method is to identify a 'relevant market', which is a market capable of being monopolized. The relevant market consists of two parts: 1) a relevant product market; and 2) a relevant geographic market. Once such a relevant market has been determined, the court then computes the defendant's share of that market. If the defendant's market share is high enough (...) then the first element of the monopolization offense has been established. A helpful alternative definition of a relevant market is this: A relevant market is some grouping of sales such that, if those sales were made by a single firm, that firm would have the power to raise prices above the competitive level without losing so many sales that the price increase would be unprofitable.*" Hovenkamp, 2000, p. 100.

[190] *Id., ibid.*, p. 100.

produtos (substitutos não próximos, i.e., situados em outro mercado relevante) somente se daria quando os preços dos primeiros estivessem consideravelmente acima dos seus custos marginais.

Levando em consideração a perspectiva do mercado relevante de produto, ou serviço, para a delimitação do respectivo conceito, deve-se atentar, como já mencionado, para os seguintes aspectos: a substitutibilidade pelo lado da demanda, a substitutibilidade pelo lado da oferta e a elasticidade preço da demanda, conceitos extraídos da teoria econômica, incorporados à definição jurídica do mercado relevante.

De acordo com a doutrina norte-americana, o mercado relevante de produto é o menor universo no qual a elasticidade da demanda e a elasticidade da oferta são suficientemente baixas, para que uma firma com 100% de mercado possa, lucrativamente, reduzir a produção e aumentar substancialmente o preço acima do nível competitivo[191].

Nesse contexto, a delimitação do mercado relevante leva em consideração a possibilidade de substituições do lado da procura (demanda), em que se avalia a possibilidade de os consumidores substituírem o produto em questão por outro em caso de um aumento significativo e não transitório de preços do primeiro. E do lado da oferta[192], avaliando-se a possibilidade de novos produtores, atuantes em mercados próximos (em termos geográficos ou de produtos contíguos), ingressarem no mercado no qual o preço daquele produto tenha sofrido um aumento significativo e não transitório. Ou, ainda, numa situação menos comum, considera-se a possibilidade dos consumidores se deslocarem às áreas geográficas vizinhas para adquirir os produtos ou serviços em questão[193].

Concernente à substitutibilidade pelo lado da demanda, deve-se verificar se o produto sob análise pode ser substituído por outros existentes no mercado. Relativamente à substitutibilidade pelo lado da oferta, observa-se se uma empresa pode, rapidamente (isto é, em menos de 2 ou 3 meses, aproximadamente), sem incorrer em riscos ou custos adicionais significativos[194], ofertar, em vez do produto A ("seu" produ-

---

[191] *"A relevant product market is the smallest product market for which 1) the elasticity of demand and 2) the elasticity of supply are sufficiently low that a firm with 100% of that market could profitably reduce output and increase price substantially above the competitive level."* Hovenkamp, 2000, p. 101.

[192] No Ato de Concentração n. 08012.002682/2006-61, por exemplo, as partes segmentaram o mercado de adesivos em "adesivos de consumo" e "adesivos industriais". Entretanto, a autoridade considerou a possibilidade de flexibilização dos processos produtivos (i.e., substitutibilidade pelo lado da oferta) o que poderia alargar o mercado relevante para "adesivos em geral". Entretanto, ao consultar os principais concorrentes, tal hipótese foi descartada em razão das demandas serem específicas e não haver correlação produtiva entre os itens. In Parecer n. 06214/2006/RJ. COGAM/SEAE/MF, p. 4-9.

[193] Nusdeo, 2002, p. 29.

[194] Por exemplo, uma fábrica que produz o refrigerante "A" pode, em princípio, produzir o refrigerante "B", pois os equipamentos necessários para a sua produção são praticamente os mesmos. Porém, os gastos de propaganda para o lançamento do novo produto, de distribuição, entre outros, envolveriam custo e tempo. Dessa forma não pode ser dito que há substitutibilidade pelo lado da oferta. Nesse caso, a empresa seria analisada nas condições de entrada.

to), o produto B (produto mais lucrativo). Nesse plano, um instrumento muito utilizado é o cálculo da elasticidade cruzada da demanda[195].

Conferindo sequência ao raciocínio, identificado o produto subjacente ao mercado relevante, deve-se identificar o território abrangido por esse mercado, ou seja, seu aspecto geográfico. Dessa forma, e por analogia, a Comissão Europeia, por exemplo, identifica o mercado geográfico como "território no qual as empresas interessadas intervêm na oferta e procura de produtos ou serviços, no qual as condições de concorrência são suficientemente homogêneas (...)"[196] Hovenkamp explica que o mercado relevante geográfico representa a parcela territorial onde uma firma pode aumentar seu preço sem que (i) um grande número de consumidores imediatamente se volte à fontes alternativas de fornecimento advindas de outras áreas (ou territórios); ou (ii) produtores de fora rapidamente preencham a área com produtos substitutos[197]. A melhor forma para avaliar a dimensão do mercado geográfico é observar o comportamento de preços durante um longo período[198].

Em ótica complementar, é propício identificar os agentes econômicos que se inserem ou possam se inserir na eventualidade de um aumento de preços nos universos material e territorial característicos do mercado relevante definido para uma dada

---

[195] A elasticidade cruzada da demanda relaciona a variação (%) no consumo de um produto com a variação percentual no preço de outro produto. É o caso dos produtos substitutos e dos produtos complementares (já vistos no estudo da demanda). Alguns produtos como leite e achocolatados (Nescau, Toddy, Quick e outros), carne de bovinos e carnes de suíno e frango possuem uma relação bastante forte. É possível também calcular a elasticidade cruzada entre dois produtos da mesma linha, por exemplo, entre duas marcas de sabão em pó. Para calcular a elasticidade cruzada utiliza-se as quantidades demandadas de um produto e os preços de outro:

$E_{A,B} = \{[Q_A / (Q_{A1} + Q_{A2})]/[Q_B / (P_{B1} + P_{B2})]\}$. Dependendo do valor obtido com o cálculo da elasticidade cruzada entre dois produtos, podemos classificá-los em:

Classificação   Característica
Substitutos $E_{A,B} > 0$
Independentes $E_{A,B}$] *
Complementares $E_{A,B} < 0$

* São considerados valores próximos a zero os menores que 0,1.
Pode-se dizer que a "elasticidade preço da demanda cruzada" é a medida do quanto varia a demanda por um bem em resposta a uma variação de preço de outro bem. Ou seja, é a razão entre proporções de variação, comumente expressas em porcentagem. Por exemplo, se um aumento de 30% no preço de combustíveis levar a uma queda de 10% na demanda por automóveis, diz-se que a elasticidade preço da demanda cruzada é igual a 10%/30%, ou 1/3. Cabe ressaltar que a elasticidade da demanda cruzada caracteriza-se por ser positiva quando avaliada entre bens substitutos, negativa entre bens complementares e zero entre bens independentes. Nesse sentido, ver: SEAE, Portaria n. 70/2002.

[196] No caso conhecido como Colgate/Kolynos, a Conselheira-Relatora menciona esse entendimento da CE adotando concepção análoga. Voto da ConselheiraRelatora, Lúcia Helena Salgado, nos autos do Ato de Concentração n. 27/95, de 18 de setembro de 1996, em que eram Requerentes K e S Aquisições Ltda. (subsidiária da Colgate-Palmolive Company, no Brasil) e Kolynos do Brasil S.A. (então Kolynos do Brasil Ltda.), p. 65.

[197] Hovenkamp, 2000, p. 106.

[198] Se o preço na Área A rápida e consistentemente aumenta e/ou diminui em resposta às mudanças de preços na Área B, então ambas as áreas deverão ser agrupadas dentro de um mesmo universo territorial. Id., ibid., p. 106.

investigação. Isso porque, sendo possível a entrada de firmas não atuantes (ou seja, potenciais entrantes), esta deverá ser considerada para o cálculo da possibilidade de exercício da posição dominante, vale dizer, os concorrentes potenciais deverão ser considerados inseridos no mercado relevante definido[199].

De acordo com o Documento de Trabalho do Departamento de Estudos Econômicos (DEE), do CADE, sobre a delimitação de mercado relevante pelo SBDC:

> Na definição do mercado relevante antitruste, limita-se o conjunto de empresas que geram forças competitivas frente a aumentos de preços pelas empresas em foco, ou seja, aquelas que participaram de um ato de concentração ou processo administrativo. Este mercado relevante apresenta dimensões de produto e espaço. (...) Dito de outra forma, a questão chave explorada na definição do mercado relevante está na pressão competitiva de produtos ou de produtores substitutos, diferenciados por características físicas e espaciais. Na eventualidade de um comportamento anticompetitivo de uma empresa ao obter maior poder de mercado, as rivais mais próximas (aquelas que estão no mercado relevante) serão aquelas que constrangerão tal iniciativa. Com isto, todo exercício de definição de mercado relevante passa pela avaliação do grau de substituição dos produtos em análise, seja pelo lado da demanda (como nos EUA) ou pela demanda e, em certo grau, oferta, como no caso da União Europeia e Grã-Bretanha [200].

As análises das autoridades têm apontado para a necessidade de se agregar à definição do mercado relevante uma análise dos efeitos anticompetitivos oriundos da classe de comportamento concorrencial investigada ou da estrutura analisada. Não pode, então, a autoridade se esquivar da tutela da concorrência, por mais que os mercados afetados, em uma microvisão, não apresentem, numa análise isolada, a estrutura ideal para o exercício abusivo do poder de mercado, notadamente, um elevado índice de *market share*. Trata-se, em síntese, de se definir o mercado relevante (sobretudo no aspecto geográfico) em razão do alcance dos efeitos das condutas investigadas ou das estruturas resultantes de operações empresariais analisadas.

Nesse sentido, devem ser observados os seguintes aspectos: (i) hábitos dos consumidores, i.e., se o consumidor está disposto a se afastar do local onde está para adquirir outro produto ou serviço similar ou idêntico; (ii) incidência de custos de transporte (custo do frete), i.e., diferença dos preços entre os produtos locais e aqueles que devem ser transportados pode ser tão alta que impede a relação de concorrência; (iii) características qualitativas do produto, tais como durabilidade, resistência etc., o que pode elevar o custo de seu transporte e, até mesmo, impedir sua realização; (iv) barreiras regulatórias de todos os gêneros, as quais podem recair sobre a produção ou comercialização, ocasionando distorções nas relações de concorrência, de um lado, ou impedir a geração de efeitos, de outro lado; e (v) existência de barreiras à entrada no mercado, ou seja, a permeabilidade do mercado ao ingresso de novos agentes econômicos, implicando, necessariamente, a delimitação geográfica do mercado[201].

---

[199] Proença, 2001, p. 127.
[200] CADE, DEE, 2010, p. 3-4.
[201] Forgioni, 2015, p. 216-218.

A prática do SBDC, nesse aspecto foi resumida pelo Departamento de Estudos Econômicos, a saber:

> A práxis no SBDC segue, dentro dos parâmetros de tempestividade, parcimônia e precisão de previsão, o uso qualitativo do TMH [Teste do Monopolista Hipotético], com ênfase muito forte nas características de produto e regras práticas para avaliação dos concorrentes. Isso impede, por possível falta de recursos e de obtenção de dados sistematizados, avaliação mais detalhada da efetiva substitutibilidade de produtos, rivalidade e parcela de entrada de produtores potenciais, como descrito na concepção original do mercado relevante para defesa da concorrência e descrito nos Guias Horizontais de vários países (Europa, EUA, França e outros). (...) Diante das inerentes dificuldades de aplicação do TMH e definição do mercado relevante, em casos onde há incertezas associadas com sua definição, é possível perceber no Guias de Análise internacionais e na prática de defesa da concorrência internacional um processo de direcionamento de análise de casos em defesa da concorrência para a efetiva e direta inferência sobre efeitos anticompetitivos ao invés da inferência analítica a partir de parcelas de mercado, ou seja, na discussão de *effects based approach* em contraste com o *object based approach*[202].

Portanto, mesmo não constando referida orientação em guias de análise (as quais, como o próprio nome indica, são "orientações" relacionadas aos procedimentos), as diferentes vertentes analíticas devem ser consideradas, sem que a definição do mercado relevante dependa de critérios engessados, pois o objetivo por trás da definição é a defesa da concorrência[203].

3.2 | Parcela substancial do mercado, poder de mercado e posição dominante

Definido o mercado relevante, cuja função é delimitar a circunstância fática envolvida na análise (ou seja, seu contexto), passa-se à verificação da parcela do mercado relevante detida pelo agente, ou agentes econômicos, cujas práticas (ou operações) são analisadas. Isso porque o cálculo da dimensão de suscetibilidade de exercício abusivo de posição dominante no mercado se fortalece, entre outros aspectos, com a aferição da participação relativa de mercado (*market share*) e sua incontestabilidade ante a existência de barreiras à entrada e ausência de rivalidade, como se verá logo mais.

A participação substancial de mercado (ou *market share*) guarda usual relação com o desempenho de posição dominante em determinado mercado relevante. Contudo, configura condição necessária, mas não suficiente, à sua viabilização.

Nesse sentido, os conceitos de posição dominante encontrados na Lei Antitruste e na doutrina brasileira se mostram uníssonos com as doutrinas e legislações de países

---

[202] CADE, DEE, 2010, p. 30.
[203] No mesmo sentido: CADE, DEE, 2010, p. 30.

com maior tradição antitruste[204]. Na Comunidade Europeia, por exemplo, o poder de mercado é visto "(...) como o poder que permite ao agente agir de forma independente e com indiferença com relação aos comportamentos dos demais agentes, em razão da ausência de concorrência"[205].

A questão a ser refletida é: quando o poder de mercado de um agente econômico passa a ser suficientemente grande a ponto de configurar possível "poder de monopólio" [206] ou de monopsônio? Veja-se "posição dominante" como uma construção jurídica indicadora da linha tênue que separa uma situação irrelevante à atenção estatal de uma situação que desperta cautela por parte do Estado já que potencialmente prejudicial à concorrência[207].

Como visto, a participação elevada no mercado relevante é condição necessária para identificar a possibilidade de se aferir poder no mercado, conforme interpretação do art. 36, § 2º, da Lei Antitruste[208]:

> § 2º Presume-se posição dominante sempre que uma empresa ou grupo de empresas for capaz de alterar unilateral ou coordenadamente as condições de mercado ou quando controlar 20% (vinte por cento) ou mais do mercado relevante, podendo este percentual ser alterado pelo Cade para setores específicos da economia.

Determina-se assim, por presunção legal relativa, que a participação equivalente a 20% (vinte por cento) em mercado relevante delineia, *a priori*, viável exercício de poder de mercado, sendo, portanto, comum que a análise estrutural se inicie com a avaliação do mercado relevante e da parcela de mercado de cada agente econômico submetido à análise antitruste. Esse método pode ser visto como o mais

---

[204] O art. 102 (antigo art. 82) proíbe o abuso de uma posição dominante, exigindo, efetivamente, tanto uma posição dominante (que vagamente corresponde à posse de poder de mercado significativo) e alguma forma de abuso. O Clayton Act § 7 considera que o efeito de uma fusão "pode diminuir substancialmente a concorrência, ou tende a criar um monopólio". Sob a metodologia padrão do Merger Guidelines dos EUA, envolve uma investigação para determinar se a concentração é susceptível de aumentar os preços de forma substancial.

[205] Amato, 1997, p. 107 (tradução livre). Kaplow explica que nos EUA: *"Market power is the most frequently arising issue in competition law, it being an important element or aspect of the inquiry under most substantive rules. In the United States, some degree of market power must be demonstrated under all but a subset of per se doctrines on price fixing and related matters"* (Kaplow, 2011, p. 4).

[206] No Caso *Cellophane*: "(...) monopoly power is the power to control prices or exclude competition." In: *United States v. E.I. du Pont de Nemours & Co*, 351 U.S. 377, 391 (1956).

[207] Hawk explica que *(...) economics does not provide the means to resolve the essentially legal question whether the market power of a firm is sufficiently great to constitute a "dominant position. or "monopoly power". Like relevant market definition, "dominant position. and "monopoly power" are legal constructs based on policy considerations which suggest where the line should be drawn between acceptable market power and suspect monopoly power"* (1990, p. 788-789).

[208] Art. 20, §§ 2º e 3º, da Lei n. 8.884/94: "§ 2º Ocorre posição dominante quando uma empresa ou grupo de empresas controla parcela substancial de mercado relevante, como fornecedor, intermediário, adquirente ou financiador de um produto, serviço ou tecnologia a ele relativa. § 3º A posição dominante a que se refere o parágrafo anterior é presumida quando a empresa ou o grupo de empresas controla 20% (vinte por cento) de mercado relevante, podendo este percentual ser alterado pelo CADE para setores específicos da economia".

utilizado pelas cortes e autoridades antitruste, na medida em que a participação de mercado é tida como um forte indício (necessário, embora insuficiente) da existência, ou não, de posição dominante[209].

A LDC brasileira adotou, assim, o critério de presunção, *iuris tantum*, de existência de posição dominante[210], ou de poder de mercado, em hipóteses nas quais o *market share* equivale ou excede 20% (vinte por cento) de participação detida no mercado relevante.

Embora a precisa existência de domínio de mercado não seja lastreada, como já mencionado, tão somente na participação de mercado, cuida-se de presunção para o início da apuração da posição de poder no mercado relevante. Em verdade, a existência de uma posição dominante é comprovada utilizando-se diversos fatores, dos quais nenhum é decisivo isoladamente, mas, sim, adquirem robustez quando combinados. O principal fator utilizado para estabelecer o possível domínio do mercado é o *market share* da empresa em referência[211].

Assim, diante de uma participação elevada no mercado relevante analisado, a crença na possibilidade de existência do poder de mercado passa a ser consistente. Com isso, permite-se o avanço na análise para verificar se é viável ao agente, detentor de elevada participação de mercado, atuar de forma independente e indiferente no mercado em análise[212].

A empresa com participação substancial de mercado não necessariamente detém poder de mercado. Tal conceito[213], de acordo com o CADE, está "baseado na capacidade de uma empresa aumentar preços sem perder seus clientes". E continua o Conselho: "somente a existência de posição dominante presumida em razão do *market share* não é fator suficiente para que a empresa tenha tal capacidade de aumento unilateral de preços".[214]

Relativamente à característica *iuris tantum* da presunção de 20% de participação no mercado relevante, observa-se que o poder de mercado, quando utilizado para qualificar condutas (em especial o abuso de posição dominante), refere-se basicamente a um critério para mensuração de sua eficácia, sendo válido afirmar, portanto, o

---

[209] Forgioni, 2015, p. 272-273.

[210] Lei n. 12.529/2011, art. 36, § 2º: "Art. 36. Constituem infração da ordem econômica, independentemente de culpa, os atos sob qualquer forma manifestados, que tenham por objeto ou possam produzir os seguintes efeitos, ainda que não sejam alcançados: (...) § 2º Presume-se posição dominante sempre que uma empresa ou grupo de empresas for capaz de alterar unilateral ou coordenadamente as condições de mercado ou quando controlar 20% (vinte por cento) ou mais do mercado relevante, podendo este percentual ser alterado pelo CADE para setores específicos da economia".

[211] "(a) 'Market shares'. *In practice the existence of a dominant position is proved using several factors, none of which will be decisive on its own. The main factor used to establish dominance is the market share of the undertaking concerned*". Dabbah, 2004.

[212] Forgioni, 2015, p. 273.

[213] Kaplow aponta as etapas prévias à definição da existência ou não de poder de mercado: "(...) *the dominant method of making market power inferences is the market definition / market share paradigm: First, a relevant market is defined; next, the market share of the defendant firm or firms is measured; last, a market power inference is made from the market share in the selected market*" (2011, p. 6).

[214] Guia Prático do CADE, 2007, p. 25.

caráter eminentemente variável do critério para sua avaliação. Assim, mesmo se baseando exclusivamente em uma porcentagem do mercado relevante, referido critério deve ser dotado de certa flexibilidade, que permita adaptá-lo a cada estrutura de mercado específica. Isso porque é possível a uma empresa com uma parcela de mercado relativamente pequena, à luz da presunção, ter dominância suficiente para irradiar efeitos relevantes se nenhum dos outros participantes for suficientemente grande para lhe apresentar rivalidade[215-216].

Contudo, por se tratar de uma exceção à regra da presunção legal, tal identificação de poder deve ser revestida de evidências suficientes para fundamentar uma restrição à liberdade de iniciativa do agente econômico cuja prática, ou operação empresarial, esteja sob exame da autoridade antitruste.

Apresentada a questão da participação de mercado igual ou superior a 20%, passa-se à outra etapa de análise estrutural: as barreiras à entrada e possibilidade de substituição (por exemplo, via importações). Dessa forma, a combinação desse elemento à verificação da participação de mercado volta-se a viabilizar a identificação de um contexto mercadológico revestido de predisposição ao exercício abusivo de posição dominante.

De acordo com o Guia H, uma vez definido o mercado relevante, pressupõe-se que uma empresa controla uma parcela substancial desse mercado quando for capaz de, ao restringir as quantidades ofertadas, provocar variações nos preços vigentes por um período razoável. Em outras palavras: são empresas detentoras do poder de mercado[217].

Para consolidar a identificação da posição dominante, ou seja, do exercício de poder de mercado do agente, é importante identificar a presença de barreiras à entrada e dificuldade ou impossibilidade de substituição (isto é, no caso de um aumento significativo e não transitório de preços por parte do agente com posição dominante, não há opção de oferta alternativa para o consumidor ou cliente).

As barreiras à entrada estão diretamente relacionadas à viabilização do chamado comportamento unilateral do agente dominante, o que, por sua vez, viabiliza o exercício abusivo de poder de mercado. A dificuldade ou impossibilidade de substituição está ligada a dificuldade ou impossibilidade de se contestar (relativizar) a posição dominante do agente econômico.

Ressalte-se que, no entendimento da OCDE, a maioria dos casos afeitos à defesa da concorrência está relacionada com a verificação de poder de mercado e, nessa verificação, as barreiras à entrada são necessárias ao exercício efetivo deste poder. Em alguns casos, o poder de mercado é criado por meio de concentrações empresariais (i.e., fusões ou acordos entre concorrentes). Em outros, o foco reside no abuso de um poder de mercado preexistente, tal como, por exemplo, aqueles decorrentes de acor-

---

[215] Salomão Filho, 2002, p. 130.
[216] Pearson, 1994, p. 310.
[217] Portaria Interministerial n. 50, de 1º-8-2001, da Secretaria de Acompanhamento Econômico do Ministério da Fazenda (SEAE/MF) e da Secretaria de Direito Econômico do Ministério da Justiça (SDE/MJ), art. 16.

dos verticais restritivos, de preços predatórios ou de acordos horizontais, como os cartéis. De fato, a maior parte das hipóteses de abusos de posição dominante decorre de tentativas de preservá-la ou expandi-la[218].

Vista de modo geral a importância da avaliação da presença de barreiras à entrada no segmento de mercado analisado, para a avaliação dos impactos relevantes à livre concorrência gerados por uma operação de concentração ou por uma conduta, passa-se a avaliar as etapas de análise das barreiras à entrada e, posteriormente, da rivalidade[219].

3.3 | Probabilidade de exercício do poder de mercado

3.3.1 | Barreiras à entrada

Considera-se barreira à entrada qualquer fator em um mercado que deixe um potencial competidor eficiente (i.e., um entrante) em desvantagem com relação aos agentes econômicos já estabelecidos no mercado. Entre os fatores considerados barreiras à entrada encontram-se: (a) custos fixos elevados; (b) custos afundados (ou irrecuperáveis); (c) barreiras legais ou regulatórias; (d) recursos de propriedade das empresas instaladas; (e) exigências consideráveis de economias de escala ou de escopo para o ingresso de um novo competidor; (f) grau de integração da cadeia produtiva; (g) fidelidade dos consumidores às marcas estabelecidas; (h) ameaça de reação dos competidores instalados; dentre outros.

A avaliação da presença de barreiras à entrada complementa a avaliação da existência de poder de mercado. Isso porque se há barreiras à entrada elevadas o suficiente no mercado, verifica-se que o exercício de poder de mercado é possível. Sendo possível seu exercício regular, seu abuso também o é, tornando-se factíveis os danos ao setor, como a imposição de disciplina aos rivais, ou a exclusão de concorrentes eficientes, ou ainda a limitação à entrada de novos agentes econômicos[220]. Todavia, se estas forem consideradas baixas, espera-se que não haja obstáculos à entrada de novos concorrentes no mercado, porquanto a mera detenção de parcela substancial de mercado não caracteriza a detenção de posição dominante.

---

[218] OCDE, 2003, p. 217.

[219] As etapas de análise das barreiras à entrada e da rivalidade concorrencial não foram alteradas com a nova lei e ficam claras, por exemplo, nas seguintes manifestações das autoridades antitruste em casos concretos: (1) Parecer n. 54/2015/CGAA2/SGA1/SG, no Ato de Concentração n. 08700.001437/2015-70, Requerentes: Dabi Atlante S/A Indústrias Médico Odontológica e Gnatus Equipamentos Médico-Odontológicos Ltda. Parecer no qual, diante da presença de barreiras à entrada e de baixa rivalidade, a Superintendência impugnou o ato de concentração perante o Tribunal do Cade; (2) Voto do Conselheiro Relator Márcio de Oliveira Júnior, em 02 de setembro de 2015, nos autos do Ato de Concentração 08700.009988/2014-09, Requerentes: Tigre S.A. – Tubos e Conexões e Condor Pinceis Ltda. Voto no qual se decidiu pela não aprovação da operação, com base na presença de rivalidade em apenas alguns dos mercados envolvidos, na probabilidade de exercício de poder de mercados e na ausência de eficiências quantificáveis, mensuráveis e repassáveis ao consumidor em cada um dos mercados relevantes considerados.

[220] "[t]o justify a finding that a defendant has the power to control prices, entry barriers must be significant – they must be capable of constraining the normal operation of the market to the extent that the problem is unlikely to be self-correcting." Rebel Oil v. Richfield Company, 51 F.3d 1421.

As barreiras à entrada diminuem efetivamente a possibilidade de concorrência, tornando o agente portador de poder de mercado apto a abusar de sua posição no caso de não haver rivalidade suficiente por parte dos seus concorrentes atuais no mercado. Isso, porque encontra-se inserido num contexto impenetrável por outros competidores capazes de lhe oferecer rivalidade, ou, noutros termos, contestar-lhe a posição privilegiada[221]. Mais que uma restrição à livre concorrência, situações como essa representam restrições à livre-iniciativa, objeto de tutela primária do direito concorrencial brasileiro (art. 1º da Lei Antitruste)[222].

Assim, tem-se as barreiras à entrada, em geral, definidas como o conjunto de circunstâncias que permeiam as atividades do mercado relevante, estabelecendo as condições de entrada do agente em determinado segmento da economia, em termos de custos, aprendizagem, tempo de adaptação, condições de desenvolvimento e retorno de investimentos[223].

Para a OCDE, o termo "barreiras à entrada" geralmente refere-se a condições ou comportamentos que restringem a mobilidade do capital para dentro e para fora do mercado, em resposta às realizações de lucros acima e abaixo do normal[224].

Observa-se, adicionalmente, a existência de dois tipos de barreiras à entrada que merecem atenção: (i) barreiras naturais, decorrentes da própria formação ou estrutura do mercado e da dimensão de seus participantes; e (ii) barreiras artificiais, aquelas criadas por comportamentos ou omissões dos agentes econômicos, objetivando preservar uma posição de privilégio competitivo no mercado[225].

Desse modo, devem-se identificar *in concreto* os obstáculos existentes à expansão ou introdução de empresas no setor. Inicialmente, destaque-se que são considerados custos irrecuperáveis ou afundados (*sunk-costs*) aqueles sem possibilidade de recuperação quando a empresa decide sair do mercado.

---

[221] No caso *Los Angeles Land Co. v. Brunswick*, 6 F.3d 1422 a Corte definiu barreiras à entrada como: *"(...) additional long-run costs that were not incurred by incumbent firms but must be incurred by new entrants,"* ou então *"factors in the market that deter entry while permitting incumbent firms to earn monopoly returns"* (p. 1427-1428). Trata-se de caso interessante no qual a Corte entendeu que Brunswick não detinha poder se mercado apesar de ser a única unidade de *bowling center* no mercado e deter 100% do mercado relevante. Os seguintes aspectos foram indicados fontes de barreiras à entrada: *"(1) legal license; (2) control over an essential or superior resource; (3) entrenched buyer preferences for established brands or company reputations; and (4) capital market evaluations imposing higher capital costs on new entrants."* (p. 1428).

[222] Salomão Filho, 2002, p. 163.

[223] *"The definition of barriers to entry usefully starts with the economic model of profits in the long run, which is a period of time long enough so that firms can adjust all aspects of their business, including investments in plant and equipment. If new entrants can enter a market with the same cost curves and facing the same prices as incumbents, then incumbents cannot persistently earn monopoly profits in the long run. To earn monopoly profits, the incumbent would have to have some economic advantage over potential entrants, since otherwise these profits would provide an incentive for firms to enter, and this entry would continue until prices fell enough so that firms expected to earn only a normal profit."* Culbertson; Weinstein, 2004, p. 2.

[224] OCDE, 2003, p. 219.

[225] Salomão Filho, 2002, p. 165.

A extensão dos *sunk-costs* depende principalmente: (i) do grau de especificidade do uso do capital; (ii) da existência de mercados para máquinas e equipamentos usados; (iii) da existência de mercado para o aluguel de bens de capital; e (iv) de volume de investimentos necessários para garantir a distribuição do produto (v.g., gastos com promoção, publicidade e formação da rede de distribuidores).

Para a completa compreensão do ambiente mercadológico, a entrada de um agente deve ser considerada viável. Para essa finalidade, avalia-se se a entrada é "tempestiva, provável e suficiente". Se preenchidos os três requisitos, considera-se como improvável o exercício de poder de mercado.

Segundo o Guia H (desde sua edição original com a Portaria Conjunta n. 50/2001)[226], uma entrada é tempestiva se puder ocorrer em um prazo de, aproximadamente, até 2 (dois) anos, considerando todas as etapas necessárias (i.e., planejamento, desenvolvimento, obtenção de licenças etc.), sendo que se entende como entrada "provável" aquela tida como lucrativa e viável. Por fim, a entrada será considerada "suficiente" quando permitir que todas as oportunidades de venda sejam adequadamente exploradas pelos entrantes em potencial[227].

A possibilidade de entrada de novos competidores no mercado é um fator que inibe o exercício de poder de mercado. Este será considerado improvável quando a entrada for "provável", "tempestiva" e "suficiente", de modo que, adotando o preconizado pela OCDE, deve-se indagar: se a entrada for bem-sucedida, quanto tempo isso levaria?[228].

Como dito linhas atrás, a entrada pode ser considerada provável quando for economicamente lucrativa a preços que permitam ao menos a remuneração adequada do capital investido e quando esses preços puderem ser assegurados pelo possível entrante. Os preços não poderão ser assegurados por este quando o incremento mínimo da oferta provocado pela empresa entrante for suficiente para causar uma redução dos preços do mercado. Assim, a entrada é provável quando as escalas mínimas viáveis são inferiores às oportunidades de venda no mercado a preços razoáveis.

Além disso, o potencial entrante deve avaliar se a remuneração adequada de capital equivaleria à rentabilidade que o volume de recursos investidos na entrada poderia obter em uma aplicação correspondente em outro setor da economia, ou mesmo no mercado financeiro, ajustada ao risco do setor no qual se vislumbra a entrada. O capital investido no setor equivale ao total de gastos realizados por uma empresa para se instalar no mercado, realizar um ciclo de produção e estar em condições de vender seu produto.

---

[226] Mesmo tendo a entrada em vigor da nova lei modificado a estrutura do SBDC e estabelecido inovações importantes, entende-se que referidas etapas de análise da Portaria Conjunta SEAE/SDE n. 50/2001 estão incorporadas na sistemática de análise do CADE.

[227] Cf. Portaria Conjunta SEAE/SDE n. 50/2001.

[228] Ela poderia levar seis meses, um ano, três anos ou mais para construir uma fábrica, treinar mão de obra e estabelecer uma rede de distribuição – os quais devem ser feitos antes de uma nova concorrência ser estabelecida pelo entrante. OCDE, 2003, p. 260.

Assim, unindo-se poder de mercado, presença de elevadas barreiras à entrada no mercado e ausência de rivalidade concorrencial, visualiza-se um contexto desfavorável à entrada no setor e favorável ao exercício abusivo do agente detentor de poder de mercado.

Neste ponto, a presunção de exercício abusivo (e não regular) do poder de mercado decorre pura e simplesmente de dois dos axiomas subjacentes à toda análise econômica, quais sejam, o de que os indivíduos reagem a estímulos e sempre procuram se comportar de modo a maximizar seus bem-estares individuais. Logo, nenhuma ideologia recai sobre essa presunção de provável comportamento abusivo, antes apenas a tendência de maximização dos lucros (i.e., do bem-estar da firma dominante) ante as condições estruturais do mercado propícias para tanto.

Na atual edição do Guia H, consta tabela elucidativa sobre a análise de probabilidade de entrada, a saber:

Tabela I – Exemplo de Análise de Probabilidade da Entrada

Oportunidade de Venda (OV)	Capacidade Ociosa (CO)	Opotunidade de Venda Residual (OVR = OV – CO)	Escala Mínima Viável (EMV)	Análise de Probabilidade de Entrada APE = OVR – EMV	Conclusão
100.000	40.000	60.000	50.000	60.000 – 50.000 > 0	Entrada provável
100.000	40.000	60.000	100.000	60.000 – 100.000 < 0	Entrada não provável

É importante frisar, mais uma vez, que a posição dominante não implica, automaticamente, infração à ordem econômica. Todavia, na medida em que esse exercício se dá dentro de um contexto no qual existem significativas barreiras à entrada capazes de dificultar o ingresso de outras empresas no setor e tendo em vista o agente econômico (ou agentes econômicos em conluio) apresentar condição de oferta a qual lhe confira uma posição de independência e indiferença no mercado, o abuso fica mais factível, se não provável. A sua prática abusiva, à sua vez, gera efeitos negativos à concorrência[229].

---

[229] Essa hipótese é descrita por Forgioni, 1997, p. 170: "A posição de independência e indiferença do agente econômico pode derivar de sua própria potência econômica (*deep pocket*), ou da potência econômica do grupo a que pertence. É o caso dos grandes conglomerados, com disponibilidade interna de recursos ou facilidade de captação de receitas financeiras ou até de empresas que, atuando em vários mercados relevantes, aproveitam o suporte econômico de uma atividade para impulsionar a outra.
Da mesma forma, a eventual capacidade ociosa do agente econômico pode significar um poder de mercado bastante elevado, por lhe possibilitar a resposta imediata a aumentos de procura, mais celeremente e incidindo em menores gastos que a concorrência. Em ocorrendo tal hipótese, a empresa impede a entrada de novos agentes econômicos no mercado ou o aumento da participação de seus concorrentes".

3.3.2 | Rivalidade

Se, durante a análise antitruste, ficar demonstrada a existência de barreiras à entrada suficientes a impedir o ingresso de novos *players* em face de um aumento significativo e não transitório de preços por parte do(s) agente(s) sob análise, passa-se à avaliação das condições de rivalidade existentes no mercado relevante. Isso porque, ainda que se depare com uma situação na qual haja parcela substancial de mercado detida pelos agentes econômicos analisados, ou as importações não sejam expressivas e a entrada não seja provável, tempestiva e suficiente, a concorrência ainda poderá ser preservada, por meio da rivalidade, em função da pressão competitiva exercida pelos concorrentes atuais dos *players* investigados.

Assim, se, de modo geral, houver concorrentes com potencial para fazer frente (com uma oferta mais eficiente em termos de preços, qualidade e quantidade) a um aumento significativo e não transitório de preços por parte dos agentes econômicos envolvidos no caso analisado, entende-se que não haverá necessidade de uma intervenção antitruste, seja via controle de estruturas, seja via controle de condutas. Diz-se, em outras palavras, que a tentativa de exercício de poder de mercado poderia ser contestada pelos concorrentes existentes no mercado, tornando o comportamento anticompetitivo improvável e, portanto, remotas as chances de um efeito líquido negativo à sociedade.

Nesse sentido, precisa ser avaliado, no caso concreto, se os agentes econômicos com potencial de rivalizar no mercado poderão, efetivamente, atender à demanda do mercado. Ou seja, a rivalidade precisa ser avaliada em termos concretos, inclusive considerando a capacidade das empresas concorrentes. Conforme pontuado, por exemplo, no caso Sadia/Perdigão[230]:

> (...) lógica, bastante óbvia, é de que, necessariamente, não há rivalidade o suficiente para obstar exercícios de poder de mercado caso os rivais atuantes não tiverem capacidade ociosa o suficiente para produzir mais e atender os compradores que, em razão de um aumento de preços por parte das firmas fusionadas, quiserem procurar um outro fornecedor. (2011, p. 147)

Em mercados de produtos diferenciados, a probabilidade de exercício de poder de mercado aumenta em função da dificuldade de os consumidores desviarem suas compras para os provedores de produtos substitutos. Essa dificuldade é tida como provável quando grande parte dos consumidores considera os produtos – ofertados

---

[230] "Do ponto de vista da efetividade da rivalidade, um fator crucial a ser avaliado é a disponibilidade de capacidade ociosa por parte dos concorrentes instalados. Trata-se de uma condição necessária para a constatação de rivalidade, já que, em não possuindo capacidade ociosa disponível em suas fábricas, os concorrentes das firmas requerentes simplesmente não serão capazes de atender os consumidores que desviem suas compras no caso de um aumento de preços por parte da firma fusionada". Ato de Concentração n. 08012.004423/2009-18. Perdigão S.A. e Sadia S.A. Conselheiro Relator Carlos Emmanuel Joppert Ragazzo, 2011, p. 149.

pelos *players* – investigados como primeira e segunda escolhas, não sendo as opções seguintes substitutos próximos[231].

A rivalidade não será considerada suficiente quando houver incentivos à colusão, ou à ação coordenada, no mercado. Os incentivos à colusão decorrem de características estruturais do mercado analisado, tais como: (a) existência de poucas empresas no mercado; (b) produtos e/ou as empresas homogêneos; (c) informações concorrencialmente relevantes disponíveis para os concorrentes; (d) as práticas comerciais no mercado analisado, embora legais, restringem a rivalidade entre as empresas; (e) condições de demanda estáveis, as quais acabam por tornar mais visíveis os desvios de condutas dos concorrentes; (f) custos marginais relativamente inelásticos (i.e., os custos fixos são relativamente baixos e as transações mais frequentes da empresa são na forma de pequenas quantidades); (g) estruturas verticalizadas, especialmente quando envolvem o controle de canais de distribuição e a simplificação do monitoramento dos preços de venda; e (h) agrupamentos societários (nas mais variadas formas, como de participações cruzadas etc.), na medida em que facilitem o intercâmbio de informações concorrencialmente relevantes[232].

A atual edição do Guia H, bem assim a jurisprudência do CADE, incorporaram alguns outros aspectos e propriedades a serem ponderados para a análise da rivalidade nos diversos mercados e dinâmicas competitivas existentes na economia. Atualmente, o ferramental analítico empregado pelo SBDC varia em função da identificação das propriedades do mercado objeto de análise. Isso é bem claro no caso de mercados de produtos diferenciados. Nessa hipótese, além do tradicional, avalia-se a existência de poder de portfólio, poder de compra (ou poder de monopsônio), poder compensatório. De maneira análoga, para mercados de inovação, atribui-se especial atenção às *maverick firms*[233].

---

[231] "O grau de substituição é menor quando as características técnicas dos produtos são bastante rígidas, quando a marca do produto é o principal fator de decisão do consumidor, ou quando as informações sobre as distintas combinações de preço e qualidade disponíveis no mercado são de difícil compreensão. (...) Note-se que quando as empresas concentradas controlam o primeiro e o segundo substitutos (e os demais não são substitutos próximos), um aumento de preços do principal produto, que desviaria a demanda para o produto dois, não diminui a receita total da empresa resultante da operação, embora muito provavelmente, diminuísse os lucros da empresa antes da operação". SEAE, Portaria n. 50/2001, p. 15.

[232] SEAE, Portaria Conjunta n. 50/2001, p. 16.

[233] "*Since Kwoka Jr. (1989) introduced the concept of maverick firms, it has attracted considerable attention from antitrust authorities. In terms of the recent literature, the concept of maverick firms is often associated with "anti-coordination effects" (Bromfield, 2016). Specifically, a maverick firm suppresses the market price through undermining other firms' coordination behavior, even if the market share of such a firm may not be notable enough to raise any anti-competitive concerns from the perspective of structural presumption. Baker (2002) states that the concept of maverick firms should be promoted to a core position in merger review, and a growing body of literature is pursuing this goal. However, a method for identifying maverick firms remains under development: No one has yet applied anti-coordination effects to the identification process.*" Cf. Zou, 2023.

3.3.3 | Eficiências econômicas

Na análise de um ato de concentração econômica, se percorridas as três etapas iniciais de análise (definição do mercado relevante, determinação da parcela de participação de mercado e avaliação da probabilidade de exercício de poder de mercado) e concluir-se pela probabilidade de exercício de poder de mercado, passa-se à avaliação das eficiências econômicas eventualmente geradas pelo negócio. Desse modo, pode-se, então, concluir pela necessidade de restringir-se ou não a liberdade dos agentes econômicos.

Em clara ponderação no estilo *trade-off*, nessa etapa de análise antitruste, avalia-se se as eficiências geradas pela operação superam seus efeitos restritivos da concorrência. Sendo positiva a resposta, presumem-se efeitos líquidos positivos, logo, não se deve operar qualquer imposição de restrição à liberdade dos agentes econômicos.

As eficiências econômicas podem ser entendidas, de modo geral, como ganhos de bem-estar econômico diretamente resultantes do ato de concentração empresarial que, de outro modo, não poderiam ser gerados. Para serem sopesados nesta etapa final de análise antitruste, entretanto, tais ganhos devem ser compartilhados com a sociedade e não apenas serem restritos às partes da operação. Se o incremento de bem-estar econômico puder ser obtido, em um período inferior a dois anos, por meio de alternativas factíveis e capazes de gerar menores riscos para a concorrência se comparadas à concentração empresarial, o CADE tende a não considerar como eficiência econômica decorrente da operação empresarial[234].

Em função da dificuldade de verificação e validação de eficiências alegadas em operações empresariais, o SBDC tende a considerar eficiências específicas cuja magnitude e possibilidade de ocorrência possam ser verificadas por meios razoáveis. Isto é, as eficiências específicas serão consideradas pelo SBDC no juízo de aceitação de uma operação se suas causas e momento de ocorrência forem razoavelmente demonstrados pelas partes. Algumas eficiências específicas são frequentemente alegadas e, mediante demonstração, aceitas pelo SBDC. Dentre estas, encontram-se: economias de escala, economias de escopo, introdução de novas tecnologias (que resultem em processos produtivos mais eficientes, menos custosos), apropriação de externalidades positivas ou eliminação de externalidades negativas[235] e, por fim, formação de poder de mercado compensatório[236].

Assim, identificada uma operação de concentração em que haja probabilidade de exercício de poder de mercado, as autoridades avaliarão as eficiências específicas geradas pelo negócio. Assim, num juízo de ponderação, analisarão se o efeito líquido da operação sobre o bem-estar econômico da sociedade é "positivo", e se foram obser-

---

[234] SEAE, Portaria Conjunta n. 50/2001, p. 16.

[235] "*Externalities come in many forms. (...) Generally, when there are negative externalities, unregulated competition results in too much of an activity being pursued. (...) as there is typically too much activity when there is a negative externality, there is typically too little activity when there is a positive externality*". Viscusi; Harrington; Vernon; 2005, p. 377.

[236] SEAE, Portaria Conjunta n. 50/2001, p. 17.

vados os limites estritamente necessários para se atingir os objetivos visados[237] (*vide* art. 88, § 6º, da Lei n. 12.529/2011)[238].

A título de informação, não se tem registro de uma operação de concentração empresarial que tenha sido aprovada pelo CADE com base em um resultado líquido positivo do juízo de ponderação entre eficiências e elevada concentração de mercado revestida de probabilidade de exercício de poder de mercado. Na grande maioria dos casos, senão em sua totalidade, quando uma operação enfrenta esse nível de análise no CADE, a decisão indica restrições ao negócio e, nos casos extremos, veto (ou rejeição total da operação).

Um ponto digno de destaque na metodologia utilizada pelo SBDC para a análise de eficiências é a verificação de que os benefícios decorrentes de uma operação empresarial devem ser "distribuídos equitativamente" entre seus participantes, de um lado, e os consumidores ou usuários finais, de outro. Nos termos da Lei Antitruste, parte relevante dos benefícios decorrentes de uma operação de concentração deve ser repassada aos consumidores (art. 88, § 6º, II). Seja nos termos da Lei n. 8.884/94, seja nos termos da atual Lei n. 12.529/2011, essa característica "distributiva" torna mais evidente a tese segundo a qual, no Brasil, a eficiência alocativa de mercado não se mostra suficiente para sustentar uma decisão de aprovação de uma operação. Esta, entretanto, deve ser observada em adição à eficiência distributiva, ou à habilidade que o negócio analisado tem para repartir os ganhos dele decorrentes com a sociedade (ou consumidores, nos termos da lei antitruste).

A perspectiva do juízo lógico de probabilidade adotada na análise de defesa da concorrência pode ser claramente vislumbrada no organograma subsequente. Trata-se de um instrumento de trabalho das autoridades antitruste brasileiras comumente utilizado nos processos administrativos de análise de concentração econômica e, em vezes, balizam investigações de condutas anticoncorrenciais.

Neles, pode-se notar as etapas percorridas para se aferir a existência (ou não) de possibilidade e, posteriormente, de probabilidade de geração de efeitos negativos ao mercado e à livre concorrência na investigação de uma operação de concentração empresarial ou de uma conduta. As etapas continuam válidas na análise do CADE, mesmo com a mudança institucional promovida com a entrada em vigor da Lei n. 12.529/2011.

Veja-se a seguir figura atualizada do Guia H contendo demonstração de todas as formas possíveis de análise.

---

[237] SEAE, Portaria Conjunta n. 50/2001, p. 18.
[238] SEAE, Portaria Conjunta n. 50/2001, p. 18.

Figura III — As etapas de análise econômica de atos de concentração horizontal

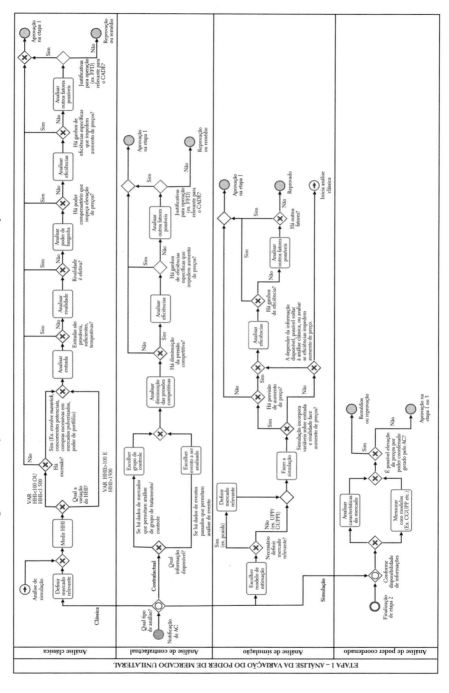

4 | CONTROLE DE ESTRUTURAS

4.1 | Hipóteses normativas de controle antitruste de operações empresariais

A Lei de Defesa da Concorrência (LDC) disciplina o controle prévio de estruturas principalmente com base em seus arts. 88 e 90, a saber:

> Art. 88. Serão submetidos ao Cade pelas partes envolvidas na operação os atos de concentração econômica em que, cumulativamente:
>
> I – pelo menos um dos grupos envolvidos na operação tenha registrado, no último balanço, faturamento bruto anual ou volume de negócios total no País, no ano anterior à operação, equivalente ou superior a R$ 400.000.000,00 (quatrocentos milhões de reais); e
>
> II – pelo menos um outro grupo envolvido na operação tenha registrado, no último balanço, faturamento bruto anual ou volume de negócios total no País, no ano anterior à operação, equivalente ou superior a R$ 30.000.000,00 (trinta milhões de reais).
>
> § 1º Os valores mencionados nos incisos I e II do *caput* deste artigo poderão ser adequados, simultânea ou independentemente, por indicação do Plenário do Cade, por portaria interministerial dos Ministros de Estado da Fazenda e da Justiça.
>
> § 2º O controle dos atos de concentração de que trata o *caput* deste artigo será prévio e realizado em, no máximo, 240 (duzentos e quarenta) dias, a contar do protocolo de petição ou de sua emenda.
>
> § 3º Os atos que se subsumirem ao disposto no *caput* deste artigo não podem ser consumados antes de apreciados, nos termos deste artigo e do procedimento previsto no Capítulo II do Título VI desta Lei, sob pena de nulidade, sendo ainda imposta multa pecuniária, de valor não inferior a R$ 60.000,00 (sessenta mil reais) nem superior a R$ 60.000.000,00 (sessenta milhões de reais), a ser aplicada nos termos da regulamentação, sem prejuízo da abertura de processo administrativo, nos termos do art. 69 desta Lei.
>
> § 4º Até a decisão final sobre a operação, deverão ser preservadas as condições de concorrência entre as empresas envolvidas, sob pena de aplicação das sanções previstas no § 3º deste artigo.
>
> § 5º Serão proibidos os atos de concentração que impliquem eliminação da concorrência em parte substancial de mercado relevante, que possam criar ou reforçar uma posição dominante ou que possam resultar na dominação de mercado relevante de bens ou serviços, ressalvado o disposto no § 6º deste artigo.
>
> § 6º Os atos a que se refere o § 5º deste artigo poderão ser autorizados, desde que sejam observados os limites estritamente necessários para atingir os seguintes objetivos:
>
> I – cumulada ou alternativamente:
>
> *a*) aumentar a produtividade ou a competitividade;
>
> *b*) melhorar a qualidade de bens ou serviços; ou
>
> *c*) propiciar a eficiência e o desenvolvimento tecnológico ou econômico; e
>
> II – sejam repassados aos consumidores parte relevante dos benefícios decorrentes.
>
> § 7º É facultado ao Cade, no prazo de 1 (um) ano a contar da respectiva data de consumação, requerer a submissão dos atos de concentração que não se enquadrem no disposto neste artigo.

§ 8º As mudanças de controle acionário de companhias abertas e os registros de fusão, sem prejuízo da obrigação das partes envolvidas, devem ser comunicados ao Cade pela Comissão de Valores Mobiliários – CVM e pelo Departamento Nacional do Registro do Comércio do Ministério do Desenvolvimento, Indústria e Comércio Exterior, respectivamente, no prazo de 5 (cinco) dias úteis para, se for o caso, ser examinados.

§ 9º O prazo mencionado no § 2º deste artigo somente poderá ser dilatado:
I – por até 60 (sessenta) dias, improrrogáveis, mediante requisição das partes envolvidas na operação; ou
II – por até 90 (noventa) dias, mediante decisão fundamentada do Tribunal, em que sejam especificados as razões para a extensão, o prazo da prorrogação, que será não renovável, e as providências cuja realização seja necessária para o julgamento do processo.
(...)
Art. 90. Para os efeitos do art. 88 desta Lei, realiza-se um ato de concentração quando:
I – 2 (duas) ou mais empresas anteriormente independentes se fundem;
II – 1 (uma) ou mais empresas adquirem, direta ou indiretamente, por compra ou permuta de ações, quotas, títulos ou valores mobiliários conversíveis em ações, ou ativos, tangíveis ou intangíveis, por via contratual ou por qualquer outro meio ou forma, o controle ou partes de uma ou outras empresas;
III – 1 (uma) ou mais empresas incorporam outra ou outras empresas; ou
IV – 2 (duas) ou mais empresas celebram contrato associativo, consórcio ou *joint venture*.
Parágrafo único. Não serão considerados atos de concentração, para os efeitos do disposto no art. 88 desta Lei, os descritos no inciso IV do *caput*, quando destinados às licitações promovidas pela administração pública direta ou indireta e aos contratos delas decorrentes.

Afora a mudança de paradigma e seus reflexos normativos em termos de incentivos, isto é, de um sistema de notificação posterior *(ex post)* – da lei anterior, Lei n. 8.884/94 –, para um sistema de notificação prévia *(ex ante)* – LDC, assevera-se que a matriz normativa basilar do controle de estruturas é bastante semelhante em ambos os diplomas legais brasileiros.

Os critérios cumulativos de notificação foram alterados pela Portaria Interministerial n. 994, de 30 de maio de 2012, do Ministério da Justiça e do Ministério da Fazenda a qual "[a]dequa, após indicação do Plenário do Conselho Administrativo de Defesa Econômica – CADE, os valores constantes do art. 88, I e II, da Lei n. 12.529, de 30 de novembro de 2011".

Com a sua entrada em vigor, temos até o presente momento os seguintes valores como critérios de notificação:

> Art. 1º Para os efeitos da submissão obrigatória de atos de concentração a analise do Conselho Administrativo de Defesa Econômica – CADE, conforme previsto no art. 88 da Lei n. 12.529 de 30 de novembro de 2011, os valores mínimos de faturamento bruto anual ou volume de negócios no país passam a ser de: I – R$ 750.000.000,00

(setecentos e cinquenta milhões de reais) para a hipótese prevista no inciso I do art. 88, da Lei n. 12.529, de 2011; e II – R$ 75.000.000,00 (setenta e cinco milhões de reais) para a hipótese prevista no inciso II do art. 88 da Lei n. 12.529 de 2011.

É certo que o movimento da economia brasileira teve peso importante na variação do número de atos de concentração realizados. Todavia, é também certo que o resultado quantitativo (isto é, no acervo médio de casos analisados por ano) decorrente do estabelecimento dessa nova regra de incidência para o controle de estruturas foi alterado significativamente.

Com relação à atualização dos valores do critério de notificação, Taufik[239] sugere que a atualização poderia ter sido atrelada ao PIB, possibilitando variações positivas (ou seja, majorando) ou negativas (i.e., minorando) dos valores mínimos de faturamento. É o que maior sentido faria para permanente atualização de valores da LDC. Nesse sentido:

> Nos Estados Unidos, vários parâmetros associados aos critérios de submissão são atualizados, anualmente, de acordo com a variação do PNB – para eles, mais representativo que o PIB em função de contemplar a renda líquida recebida do exterior (RLRE). Por fim (...) a delegação de competência legislativa ao Executivo não prescinde de que a portaria interministerial ou ministerial decorra de expressa ("indicação") provocação do CADE.

Com a entrada em vigor da Lei n. 12.529/2011, houve a eliminação do critério de incidência de *market share*. Referido critério estabelecia que toda operação cujo resultado implicasse concentração de 20% ou mais de um determinado mercado relevante deveria ser submetida ao CADE[240]. A eliminação mencionada merece reflexão. Mesmo ao argumentarmos a possível reprimenda aos abusos pela vertente repressiva da Lei Antitruste, devemos recordar que o direito concorrencial ainda é pouco conhecido no Brasil[241] se comparado, por exemplo, com o direito do consumidor.

---

[239] Taufik, 2012, p. 427. Referida recomendação também seguiria as melhores práticas recomendadas pela ICN: *"It also may be advisable to provide for periodic review of thresholds when a new merger review regime is adopted. For example, when thresholds are adopted for the first time, a competition authority could be compelled within a relatively short period of time to assess the effectiveness of the notification regime in order to determine whether adjustments to thresholds would be advisable. In addition, jurisdictions may consider mechanisms to facilitate the adjustment of notification thresholds, such as periodic adjustments based on a price index, or mechanisms to adjust notification values through simplified procedures and without legislative intervention.* (ICN, 2008, p. 15).

[240] De acordo com o § 3º do art. 54 da revogada Lei n. 8.884/94, eram casos de obrigatoriedade de submissão ao CADE os atos que implicassem "participação de empresa ou grupo de empresas resultante em vinte por cento de um mercado relevante". Outro enfraquecimento se deve à inaplicabilidade da lei para controle de concentrações de consórcios e associações para fins de licitações, como no caso de empreiteiras que se unem para realizar uma obra pública, os quais não mais serão analisados pelo CADE.

[241] Nesse sentido, vale dizer que mesmo reconhecendo o *market share* como o melhor critério para avaliar se uma operação gera potencial problema concorrencial, tanto a ICN como a OCDE já se manifestaram contrárias ao estabelecimento de *market share* como critério de incidências das leis antitruste para controle de estruturas: *"market share thresholds may be a better predictor than objective thresholds for whether a transaction is likely to raise competitive concerns. In practice, however, a man-*

Certamente a atuação do CADE e o trabalho que tem sido desenvolvido para a divulgação da cultura concorrencial já alcançou muitos objetivos. Entretanto, o direito antitruste ou concorrencial dificilmente é disciplina oferecida nas faculdades de Direito[242], e parte da comunidade jurídica pouco o conhece para acessar os mecanismos disponíveis (pensando-se nos pequenos mercados, ou municípios do interior do País).

Assim, aludida alteração legislativa pode ter "afrouxado" a tutela das estruturas e, assim, ter resultado na realização de grandes concentrações, ou até mesmo a criação de monopólios regionais, em razão da eliminação do critério participação de mercado. Ou seja, grandes concentrações empresariais que não atingem o faturamento mínimo restaram automaticamente permitidas, pois nem sequer foram avaliadas no controle prévio de estruturas. O tema ganhou novos contornos diante das grandes empresas de tecnologia e os movimentos de *killer acquisitions*, considerando que algumas empresas não atingem os critérios de faturamento e, logo, as operações deixam de ser notificadas.

No que diz respeito aos mercados locais (regionais), fizemos observação anterior nesse sentido, uma vez que agentes econômicos podem deter incontestável posição dominante em pequenas regiões, até mesmo em bairros e municípios[243], prejudicando o bem-estar social. Em adição, das pouquíssimas operações vetadas pelo CADE[244], desde a entrada em vigor da Lei n. 8.884/94, boa parte ficaria isenta do controle de estruturas com base na Lei n. 12.529/2011[245].

O argumento utilizado para promover a mudança legislativa foi eliminar a submissão obrigatória de operações sem potencial ofensivo. O CADE permanece com a

---

datory notification system based on market shares poses many difficulties and costs that all agencies interviewed on the topic concluded outweigh its potential benefits. Such a system injects costs and burdens into transactions, as well as considerable uncertainty and the possibility of substantial delays." (ICN, 2008, p. 4). Talvez referido entendimento faça mais sentido em jurisdições maduras no tocante à cultura da concorrência, como os EUA e países europeus.

[242] Pesquisa da FGV/SP, realizada em 2007, indica que apenas 3,08 % das Instituições Jurídicas de Ensino Superior ofertam conteúdos essenciais sobre defesa e promoção da concorrência, sendo que apenas 1,59% tratam o direito concorrencial como disciplina obrigatória (Carvalho, 2007, p. 77-78). Apesar de não encontrarmos dados mais recentes acreditamos que essa porcentagem não tenha aumentado muito nos últimos anos, de acordo com os dados públicos.

[243] Tais como "(...) supermercados, postos de combustíveis, drogarias, faculdades e universidades privadas, clínicas e hospitais". Domingues, Gaban, 2012.

[244] Não há dados oficiais, consolidados e disponíveis, reportando o total de atos de concentração julgados pelo CADE desde a entrada em vigor da Lei Antitruste (em outubro de 1994) até o presente momento. Segundo o melhor conhecimento dos autores deste livro e com base na avaliação da média anual de casos disponibilizadas pelo CADE, a autarquia analisou e julgou cerca de 12.000 atos de concentração de outubro de 1994 até novembro de 2015. Até o momento, e no mesmo período (1994-2015), tem-se notícia de 13 casos rejeitados (ou vetados) pelo CADE, o que corresponderia a menos de 0,1% do total de casos analisados e julgados.

[245] Por exemplo as reprovações em atos de concentração pelo CADE em de 2009 (AC 08012.008853/2008-28 – Unimed Santa Maria/Hospital de Caridade Dr. Astrogildo de Azevedo) e a de 2010 (AC 08012.002467/2008-22 – Polimix Concreto Ltda./Cimento Tupi S.A.)) não seriam casos de submissão obrigatória.

competência jurídica de analisar casos cuja submissão não é obrigatória, por meio de procedimento administrativo para apurações referentes a atos de concentração ("APAC"), conforme estabelece a § 7º do art. 88 da Lei n. 12.529, de 2011 e o art. 1º, III, da Resolução n. 13, de 23 de junho de 2015, embora essa previsão normativa tenha sido pouquíssimo exercida.

4.1.1 | Sanções por infrações a normas específicas do controle de estruturas

Com a entrada em vigor da Lei n. 12.529/2011 e, consequentemente, do sistema de controle prévio de atos de concentração, a principal infração dentro do contexto do controle de estruturas passou a ser a consumação prévia de operações de concentração econômica. A esse fenômeno a doutrina internacional deu a denominação – também adotada pela doutrina brasileira – de *gun jumping*. Tal situação seria equivalente a dizer que os agentes econômicos envolvidos "queimaram a largada". Ou seja, as partes deram início à consecução de medidas de fechamento do negócio ou de compartilhamento de informações concorrencialmente sensíveis antes da aprovação do CADE.

A LDC determina que nenhuma operação de concentração à qual incida o art. 88 poderá ser consumada antes de o CADE pronunciar-se nesse sentido, sob as penas da lei, inclusive multa, cujo montante – o qual pode variar de R$ 60 mil a R$ 60 milhões – será definido com base na condição econômica das partes e da operação.

Nos termos da LDC, todas as partes envolvidas – ligadas por vínculo de solidariedade – estão sujeitas a sanções[246]. Há, contudo, mudanças importantes (em comparação ao regime anterior) para dar tratamento mais rigoroso aos que infringirem as regras de notificação da operação. Destaquem-se as penalidades:

(i) multa de R$ 60 mil a R$ 60 milhões, pela consumação da operação antes da decisão do CADE;

(ii) instauração de processo por prática anticoncorrencial (com a possibilidade de imposição das sanções aplicáveis, principalmente as do art. 37, I e II);

(iii) nulidade do negócio jurídico.

O CADE, por meio do "Guia para Análise da Consumação Prévia de Atos de Concentração Econômica", indica meios de neutralização do ambiente de negociação entre concorrentes para minimizar os riscos e preocupações quanto ao compartilhamento de informações sensíveis entre as partes, tais como *clean teams* e *parlor rooms*, que serão abordados em tópico subsequente. Ademais, outra infração prevista

---

[246] Lei n. 12.529/2011, art. 33: "Serão solidariamente responsáveis as empresas ou entidades integrantes de grupo econômico, de fato ou de direito, quando pelo menos uma delas praticar infração à ordem econômica".

em caso de atos de concentração refere-se à recusa, omissão, enganosidade, falsidade ou retardamento injustificado de informações ou documentos (art. 62, da LDC)[247].

Uma vez traçado o panorama geral das infrações a normas específicas do controle de estrutura, passa-se à análise detalhada dos principais componentes desse cenário, considerando-se principalmente a jurisprudência do CADE.

4.1.1.1 | Enganosidade, recusa, omissão ou retardamento injustificado de informações

O oferecimento de informações falsas ou enganosas, ou mesmo o retardamento injustificado do fornecimento de informações ou documentos requeridos pelas autoridades ao longo de procedimento administrativo, são objeto de vedações expressas na Lei Antitruste desde outubro de 1994, quando da edição da Lei n. 8.884/94, e permanecem previstos na Lei n. 12.529/2011, a saber:

> Art. 40. A recusa, omissão ou retardamento injustificado de informação ou documentos solicitados pelo Cade ou pela Secretaria de Acompanhamento Econômico constitui infração punível com multa diária de R$ 5.000,00 (cinco mil reais), podendo ser aumentada em até 20 (vinte) vezes, se necessário para garantir sua eficácia, em razão da situação econômica do infrator.
> § 1º O montante fixado para a multa diária de que trata o *caput* deste artigo constará do documento que contiver a requisição da autoridade competente.
> § 2º Compete à autoridade requisitante a aplicação da multa prevista no *caput* deste artigo.
> § 3º Tratando-se de empresa estrangeira, responde solidariamente pelo pagamento da multa de que trata o *caput* sua filial, sucursal, escritório ou estabelecimento situado no País.
> (...)
> Art. 43. A enganosidade ou a falsidade de informações, de documentos ou de declarações prestadas por qualquer pessoa ao Cade ou à Secretaria de Acompanhamento Econômico será punível com multa pecuniária no valor de R$ 5.000,00 (cinco mil reais) a R$ 5.000.000,00 (cinco milhões de reais), de acordo com a gravidade dos fatos e a situação econômica do infrator, sem prejuízo das demais cominações legais cabíveis.
> (...)
> Art. 62. Em caso de recusa, omissão, enganosidade, falsidade ou retardamento injustificado, por parte dos requerentes, de informações ou documentos cuja apresentação for determinada pelo Cade, sem prejuízo das demais sanções cabíveis, poderá o pedido de aprovação do ato de concentração ser rejeitado por falta de provas, caso em que o requerente somente poderá realizar o ato mediante apresentação de novo pedido, nos termos do art. 53 desta Lei.

---

[247] Segundo a qual recusa, omissão, enganosidade, falsidade ou retardamento injustificado de informações ou documentos pelos requerentes ensejará, sem prejuízo de aplicação de outras sanções, a rejeição do pedido de aprovação do ato de concentração por falta de provas.

Embora tais hipóteses de vedação estejam em vigor desde 1994, pouquíssimos foram os casos em que o CADE aplicou tais dispositivos, tendo, em sua maioria e no regime anterior, versado sobre o retardamento injustificado de fornecimento de informações no procedimento de análise de atos de concentração. Na vigência da atual LDC, o CADE passou a – de fato – aplicar tais dispositivos. Todavia, até o presente momento, a jurisprudência do CADE tem revelado linha interpretativa tendente à diminuição da amplitude e da eficácia jurídica dos dispositivos acima. Isso porque, em grande parte dos casos, tais hipóteses normativas vêm sendo aplicadas de maneira restrita e quase uniforme para casos em que, visando resultado mais favorável para si em processos de análise de atos de concentração, as partes mentem ou omitem informações relevantes que alteram ou poderiam alterar o resultado da análise antitruste empreendida pelo CADE[248].

A crítica ora estabelecida sobre a interpretação e aplicação restritiva dos dispositivos normativos em comento decorre da reflexão de que, segundo a melhor técnica hermenêutica[249], o CADE deveria valer-se das vedações à enganosidade, ou falsidade em situações as mais variadas possíveis. Isto é, deve ser aplicada, sempre quando possível, a vedação à enganosidade, falsidade, omissões ou retardamentos injustificados que alterem ou tenham o potencial de alterar o regular curso de um procedimento administrativo antitruste, a bem da geração de normas de decisão mais adequadas em todo e qualquer procedimento administrativo previsto na LDC ou na regulamentação aplicável. Pondera-se, todavia, certa limitação jurídica encontrada por tais dispositivos em processos administrativos sancionadores em face do princípio constitucional de que ninguém é obrigado a produzir prova contra si mesmo[250]. Em sentido análogo,

---

[248] Lista-se os casos analisados a seguir: (i) Auto de Infração n. 08700.005450/2013-36, Autuadas: Anhanguera Educacional Ltda., NOVATEC Serviços Educacionais Ltda. e Instituto Grande ABC de Educação e Ensino S/C Ltda. (IGABC). Conselheiro Relator Eduardo Pontual Ribeiro. A decisão foi pela redução da multa para o valor de R$ 1.000.000,00 (um milhão de reais). Julgado em 04 de dezembro de 2013; (ii) Auto de Infração n. 08700.007907/2013-47, Autuadas: BR Malls Participações S.A. e Brookfield Brasil Shopping Centers Ltda. Conselheiro Relator Eduardo Pontual Ribeiro. Condenação ao pagamento de multa no valor de R$ 4 milhões. Julgado em 23 de outubro de 2013; (iii) Auto de Infração n. 08700.010047/2012-48, Autuadas: Azul S.A. e Trip Linhas Aéreas S.A. Conselheiro Relator Ricardo Machado Ruiz. Condenação ao pagamento de multa no valor de R$ 3,5 milhões. Julgado em 5 de junho de 2013.

[249] Entende-se que, por haver previsões distintas e em posições diferentes no texto legal, um grupo afeito à parte geral da Lei Antitruste (Sanções em Geral) e outra na parte especial de Controle de Estruturas, dispôs-se o legislador ordinário a disciplinar hipóteses distintas de aplicação e, logo, destinadas a acobertar toda e qualquer hipótese de comportamento processual duvidoso (como a falsidade ou enganosidade) ao longo dos diversos procedimentos previstos no diploma antitruste. Em outras palavras, não se observa no texto legal, nem tampouco no espírito da Lei Antitruste, uma tônica que favoreça apenas comportamento enganoso em processos de controle de estruturas. O que a Lei Antitruste ampliou, não pode ser restrito pelo CADE. Para maiores reflexões sobre esse raciocínio, veja-se Maximiliano, 2011.

[250] Na visão do STF "O direito à informação da faculdade de manter-se silente ganhou dignidade constitucional, porque instrumento insubstituível da eficácia real da vetusta garantia contra a autoincriminação que a persistência planetária dos abusos policiais não deixa perder atualidade". (HC 78.708-SP. Relator: Sepúlveda Pertence. Primeira Turma. Paciente: Alvaro Giometti. Coator: Tribunal de Justiça do Estado de São Paulo Data de Julgamento: 09-03-1999, publicado no DJe,

tem o CADE entendido que as regras de vedação à enganosidade e congêneres não se aplicam a situações nas quais representados em processos administrativos sancionadores, já tendo apresentado defesa administrativa, decidem-se por celebrar Termo de Compromisso de Cessação de Prática (TCC) com o CADE[251].

Nesse contexto, ainda carece o CADE de uma interpretação mais abrangente e coerente de tais institutos, a bem de preservar a eficácia jurídica a eles atribuída pelo legislador ordinário. A título de exemplo, tais normas merecem plena aplicação nos demais tipos de procedimentos administrativos previstos pela Lei Antitruste ou regulamentação aplicável, como Consultas, Processos Administrativos Sancionadores (por parte de quem acusa)[252], Apurações de Atos de Concentração, Autos de Infração, enfim, tantos quanto houver. Com essa linha, eleva-se o nível dos debates jurídicos no âmbito do CADE e, por via indireta, aumenta-se o bem-estar social, visto que se potencializam decisões mais justas e próximas à realidade dos fatos.

Seja como for, a atual *ratio decidendi* nesse tema pode ser observada no caso Rossi Residencial, em que o Plenário do CADE, por unanimidade e com base no art. 43 da LDC, manteve, em dezembro de 2013, multa imposta à Rossi Residencial S.A., no valor de R$ 2.000.000,00 (dois milhões de reais), em virtude de prestação de informações enganosas em ato de concentração. Na ocasião, a empresa teria afirmado categoricamente, em mais de uma oportunidade, não desenvolver atividades justamente na região brasileira que seria afetada pela operação (no caso concreto, a formação de uma *joint venture* entre Rossi Residencial S.A. e Norcon Sociedade Nordestina de Construções S.A.), quando isso – conforme ficou demonstrado nos autos do processo administrativo – não ilustrava a verdade dos fatos. Em momentos posteriores, por ocasião da resposta formulada a dois Ofícios enviados pelo CADE, ainda teria a em-

---

16-04-1999). No tocante à jurisprudência do CADE, "para o Representado, por exemplo, no legítimo exercício da ampla defesa e contraditório, são admitidos até mesmo arroubos argumentativos e omissão de situações que lhes sejam desfavoráveis. Defendo, pois, a não aplicabilidade do art. 43 da lei quando o fornecimento da informação possa representar confissão de conduta passível de enquadramento como infração à ordem econômica, em consonância com entendimento fixado pelo Tribunal Regional Federal da 1ª Região ao analisar multa aplicada pelo CADE no Caso do 'Cartel do Aço.'"(Voto do Relator no Processo Administrativo para Imposição de Sanções Processuais Incidentais n. 08700.006456/2014-01 (Inox-Tech), decidido pelo Plenário em julho de 2013, p. 10.

[251] Cf. CADE. Processo Administrativo n. 08012.001183/2009-08.

[252] Tem-se conhecimento de apenas um caso nesse sentido, quando o representante foi condenado por enganosidade (Processo Administrativo para Imposição de Sanções Processuais Incidentais n. 08700.006456/2014-01, decidido em 14-7-2015). A empresa Inox-Tech apresentou representação no CADE contra a Aperam Inox, alegando suposto abuso de posição dominante. Ato contínuo, a Inox-Tech denunciou a Superintendência-Geral do CADE ao Ministério Público Federal, alegando suposta conduta ilícita por a SG por não estar, em tese, respeitando os prazos processuais, além de não estar conferindo publicidade de seus atos. Em 6-8-2014, considerando que essas informações enviadas ao MPF eram falsas/enganosas, a Superintendência-Geral do CADE lavrou Auto de Infração em desfavor da Representante por infração processual incidental elencada pela Lei n. 12.529/2011 (art. 43), fixando multa de R$ 60.000,00 (0,01% do faturamento nos termos da lei antitruste). Já no Tribunal, em 14-07-2015 o CADE confirmou a multa no valor sugerido pela SG, vencida a ex-Conselheira Ana Frazão, para quem a conduta da autuada era atípica.

presa encaminhado dados divergentes das informações prestadas; nesse ponto, foi verificada, portanto, contradição capaz de gerar enganosidade[253].

O entendimento jurisprudencial que vem sendo firmado no âmbito do Tribunal Administrativo do CADE tende a reconhecer como dois os únicos elementos relevantes à caracterização da infração de enganosidade / falsidade, a saber: a própria qualidade enganosa ou falsa da informação e a prestação de referida informação falsa ou enganosa ao SBDC. O principal bem jurídico tutelado por essa infração é a higidez das informações prestadas ao SBDC – existe aí, portanto, um dever de cuidado autônomo em relação à intenção do agente e às consequências decorrentes dessa prestação (como a influência na escolha do rito processual adotado ou do resultado do julgamento final do Ato de Concentração)[254].

Segundo referido julgamento, a postura enganosa decorreu da não prestação de informações de forma clara, precisa e correta às autoridades antitruste brasileiras, em afronta a valores processuais como a eficácia do julgamento, a rapidez e higidez das decisões, a confiança plena das informações prestadas, essenciais à defesa da concorrência. Afirmou-se, ainda, que em virtude do princípio constitucional da eficiência da Administração Pública e do princípio administrativo do formalismo moderado, os possíveis vícios de um ato administrativo devem ser analisados em face do prejuízo sofrido pelo administrado e do alcance da finalidade pretendida, aspectos mitigadores do prevalecimento da simples inobservância das regras formais.

Com base nessa abordagem, o CADE entendeu que a lei não faz referência específica à forma do ato por meio do qual se aplica a multa prevista no art. 43 da LDC. Contudo, por sua vez, o Regimento Interno do CADE (RICADE), nos arts. 163 e ss., traz os requisitos (mais a respeito do conteúdo, do que da forma) para impor sanções processuais incidentais – no qual se inclui referida previsão legal. Destaca-se os seguintes requisitos: (i) determinação da lavratura do auto de infração pela autoridade competente, em apartado, juntamente com cópias dos documentos necessários à prova da infração – inaugurando, dessa forma, o processo administrativo para imposição de sanções processuais incidentais, cf. art. 163 e ss. do RICADE; e (ii) informações que obrigatoriamente devem constar expressamente no auto de infração sob pena de se viciar o ato administrativo (por exemplo, descrição objetiva da infração), tal como estabelecem os arts. 164 e 165 do RICADE.

---

[253] Não só a contradição nas informações prestadas é ensejadora de enganosidade ou falsidade, tal como previsto no art. 43, da LDC; também a prestação de informações incompletas pelas Requerentes – ora Autuadas no AI 08700.005450/2013-36 – foi conduta punível nos termos do art. 43 da LDC, aplicada enquanto enganosidade por omissão. Nesse sentido, excerto do Voto do Conselheiro Relator às fls. 613: "Entendo que neste ponto está configurada a enganosidade por omissão, uma vez que autuada não agiu com o cuidado necessário na prestação de informação de interesse do CADE para a análise do ato de concentração entre os grupos Anhanguera e Anchieta".

[254] Nesse sentido, tem-se o seguinte trecho do Voto do Conselheiro Relator Alessandro Octaviano Luis, às fls. 35: "Multas aplicadas pelo CADE por enganosidade/falsidade de informações prestadas no bojo de um processo gozam de total autonomia quanto ao resultado desse mesmo processo, no controle de estruturas, seja no controle de condutas".

Quanto ao momento de prestação das informações necessárias ao preenchimento do Formulário de Notificação do Ato de Concentração Econômica, esclareceu-se ser a ocasião na qual – ainda – inexiste qualquer definição do mercado relevante em relação à operação notificada pelo CADE. Essa definição ocorre somente com a decisão de mérito. Segundo a jurisprudência do CADE, são informações essenciais à formação da norma de decisão: (i) concentração de mercado, (ii) sobreposição horizontal, (iii) vertical, (iv) existência de atividade no mercado geográfico (prévia em relação à operação), (v) faturamento. Ainda que tais informações sejam públicas e de fácil acesso, não se deve impor o ônus à Administração de verificar cada uma das informações prestadas pelos administrados. Em nenhum momento a normativa que prevê a infração administrativa da enganosidade se pôs a falar de informações confidenciais enganosas[255].

Para o CADE, e para a Procuradoria Federal Especializada junto ao referido Conselho, as práticas de enganosidade ou falsidade apresentam caráter objetivo ou formal (isto é, não há necessidade de averiguar eventual obtenção de vantagem ou o potencial da prática em induzir a autoridade em erro) e instantâneo (i.e., eventual retratação, ainda que espontânea e tempestiva, quanto à informação enganosa não possui o condão de extinguir a penalidade). Esses aspectos encontram fundamento na confiança dirigida às "informações prestadas pelas Requerentes, sem dúvida alguma a fonte primeira e referencial da cognição sobre os mercados tutelados"[256]. Logo, a infração processual em razão da enganosidade ou da falsidade das informações, documentos ou declarações prestadas (art. 43, da LDC) é consumada na notificação da operação ao SBDC (i.e., consumação imediata), independentemente de o momento ser tempestivo e da espontaneidade na prestação das demais informações que chegarem aos autos. Esses elementos constam, na verdade, como balizadores do julgamento quando da aplicação da dosimetria da pena.

Tampouco deve-se falar em dolo ou culpa, nem mesmo em dano causado pela informação prestada. A análise da infração, frise-se, é objetiva. Essa é a regra utilizada no direito concorrencial, pois defende primordialmente direitos assegurados a nível constitucional. Nesse sentido, veja-se:

> A presunção legal de irrazoabilidade funciona como um mecanismo de desoneração da Administração Pública em defesa dos direitos constitucionais da sociedade, concretizando o mandamento de *eficiência* contido na Constituição Federal (art. 37).
> Da mesma forma, a infração processual tipificada no art. 43 da Lei n. 12.529/2011 traz presunção legal de irrazoabilidade na prestação de informações enganosas ou falsas ao CADE ou à SEAE. Não cabe, pois, perquirir a motivação dos agentes ou os danos causados pela ação no momento da verificação da tipificação da infração. Os únicos e

---

[255] Cf. Regimento Interno do CADE, art.87, § 5º: "Constatada falsidade, ou não fidedignidade, nas informações prestadas ou contidas nos documentos apresentados ao Cade, inclusive nas traduções, os responsáveis ficarão sujeitos às penalidades previstas neste Regimento Interno, sem prejuízo das demais cominações".

[256] Voto do Conselheiro Relator no Auto de Infração n. 08700.003083/2013-36. Autuada: Rossi Residencial S.A. Julgamento de mérito em 12 de março de 2014, p. 17.

específicos elementos relevantes para esse exercício cognitivo são a enganosidade/falsidade da informação e a sua prestação ao SBDC. Essa é a mais adequada formatação do sistema de julgamentos, pois traz, articuladamente, celeridade, higidez e segurança jurídica, aos requerentes, à Administração e aos participantes e usuários do mercado como um todo[257].

No que tange à dosimetria para aplicação das penas previstas na LDC e, logo, da pena de multa em decorrência da infração prevista em seu art. 43 (i.e., enganosidade/falsidade), são considerados os seguintes critérios (art. 45 da LDC): (i) gravidade da infração; (ii) boa-fé do infrator; (iii) vantagem auferida ou pretendida pelo infrator; (iv) consumação ou não da infração; (v) grau de lesão, ou perigo de lesão, à livre concorrência, à economia nacional, aos consumidores, ou a terceiros; (vi) efeitos econômicos negativos produzidos no mercado; (vii) *situação econômica do infrator*; e (viii) reincidência. Os critérios em destaque são assim também considerados pelo art. 43 da LDC, deles restando o entendimento ilustrado abaixo durante o julgamento do Auto de Infração no caso Rossi Residencial S.A.:

> Por essa razão (as informações enganosas terem sido prestadas no início da instrução), concordo com a observação da Conselheira Ana Frazão, no despacho instaurador do presente AI:
> "Dessa forma, infrações de enganosidade ou falsidade cometidas por Requerentes no âmbito de atos de concentração são por completo inadmissíveis e extremamente gravosas, particularmente quando realizadas na fase inicial do processo, uma vez que elas são capazes de induzir a autoridade antitruste em erro tanto com relação à decisão final de mérito quanto com relação ao rito de análise a ser seguido.
> Assim, dentre as inúmeras formas de enganosidade alcançadas pelo art. 43 da Lei n. 12.529/2011 nos diferentes processos que correm no CADE, tenho que aquelas cometidas por Requerentes no âmbito de atos de concentração são, invariavelmente, de elevadíssima gravidade, o que justifica a fixação de penas bastante superiores ao mínimo legal previsto no referido dispositivo"[258].

Vale ressaltar, por fim, que o CADE classifica, em regra, como solidária a responsabilidade dos indivíduos ou empresas Requerentes do procedimento de análise de atos de concentração. Isso se deve ao entendimento firmado, segundo o qual o dever de submeter um negócio jurídico ao CADE alcança todas as partes contratantes (nos termos do art. 88 da LDC). Tal posicionamento é verificável no voto do Conselheiro Relator no caso BR Malls/Brookfield, adotando, em seguimento, trecho do parecer da ProCADE como razão de decidir para essa matéria, a saber:

---

[257] Voto do Conselheiro Relator no Auto de Infração n. 08700.003083/2013-36. Autuada: Rossi Residencial S.A. Julgamento de mérito em 12 de março de 2014, p. 18-19.

[258] Voto do Conselheiro Relator no Auto de Infração n. 08700.003083/2013-36. Autuada: Rossi Residencial S.A. Julgamento de mérito em 12 de março de 2014, p. 34.

Entende a ProCADE que, consoante a análise do *caput* do art. 88 da Lei n. 12.529/2011, (...) indivisível a obrigação correspondente. Daí segue-se que:

"(...) a responsabilidade pela prestação de informações e esclarecimentos ao longo da análise dos atos de concentração também deve ser imputada a ambos os requerentes de forma indivisível, responsabilizando-se ambas as empresas que notificaram a operação por eventuais prestações falsas levadas ao conhecimento da autoridade antitruste".

No caso, a responsabilidade pela veracidade das informações encaminhadas ao CADE deve, para a ProCADE, ser suportada pela BR Malls e pela Brookfield. Eventuais conflitos patrimoniais entre as requerentes que notificaram o ato de concentração, decorrentes de informações enganosas, devem ser resolvidos no âmbito da esfera privada das partes contratantes, e não pelo ente público a quem foram dirigidas as informações enganosas.

O fato de as informações estarem relacionadas apenas a empresa BR Malls não afasta a eventual prática de enganosidade, já que nada impede que uma das partes preste informações enganosas a respeito de terceiros. Acresce que a Brookfield também assinou as informações tidas como enganosas juntamente com a BR Malls[259].

Encerrando-se o tópico das vedações a enganosidade, omissão, retardamento injustificado de prestação de informações ou fornecimento de documentos ao CADE, importa mencionar mais um aspecto decorrente da incipiência da aplicação desses institutos nos processos antitruste.

4.1.1.2 | Consumação Prévia de Atos de Concentração (*gun jumping*)

No sistema da Lei n. 8.884/94, i.e., no sistema de notificação *a posteriori*, as partes que realizassem uma operação empresarial abrangida pela Lei tinham de se preocupar, basicamente, com dois grandes riscos. O primeiro deles referia-se ao mérito da operação, isto é, se a operação geraria concentração excessiva a ponto de motivar uma decisão negativa do CADE (de imposição de severas restrições ou, no limite, de veto da operação). O segundo risco dizia respeito à intempestividade da notificação, tendo em vista que as operações deveriam ser notificadas em até 15 dias úteis da data de sua realização (a jurisprudência do CADE indicava a assinatura do primeiro documento vinculativo como marco temporal *a quo*). Nesse plano, muitas foram as multas aplicadas por referido Conselho no período de formação da jurisprudência, sob a vigência da antiga Lei, quanto ao entendimento sobre o que viria ser considerado o primeiro documento vinculativo da operação.

Com relação ao risco de mérito, as partes, embora contassem com a previsão legal de que a eficácia do negócio dependia da aprovação do CADE (Lei n. 8.884/94, art. 54, § 7º), usualmente aceleravam os atos de consumação da operação (como incorporação de ações, unificação de administrações, demissão de funcioná-

---

[259] Voto do Conselheiro Relator no Auto de Infração n. 08700.007907/2013-47. Autuadas: BR Malls Participações S.A. e Brookfield Brasil Shopping Centers Ltda. Julgado pelo Plenário em 23 de outubro de 2013, p. 9-10.

rios etc.). Isso acabava por criar uma situação irreversível (ou "fato consumado") a qual diminuía a eficácia de decisões futuras determinando restrições ou veto da operação por parte do CADE. Aproveitando-se desse cenário, os agentes econômicos, engajados em operações com riscos reais para a concorrência, alegavam que a "morosidade do SBDC" (fazendo alusão à conhecida "morosidade da Justiça") não poderia lhes prejudicar a liberdade de iniciativa e, via de consequência, a economia como um todo.

À vista disso, ainda no período de vigência da lei anterior, Lei n. 8.884/94, foram criados os institutos da Medida Cautelar e do Acordo de Preservação da Reversibilidade da Operação (APRO). Por meio destes, em operações com elevados riscos para a concorrência, os negócios eram paralisados de forma cautelar, impedindo-se a realização de atos de consumação antes que a operação fosse analisada e julgada pelo Conselho. Não obstante, o problema do "fato consumado" não fora completamente resolvido, principalmente em razão: (i) da flexibilização dos APROs e Medidas Cautelares por parte do CADE, ao longo da instrução dos casos; (ii) da dificuldade de monitoramento do cumprimento das obrigações fixadas nas Medidas Cautelares e nos APROs; e, via de consequência, (iii) do constante descumprimento de tais medidas por parte dos agentes econômicos.

Diante desses fatos e com o intuito de incorporar o modelo internacional (essencialmente, EUA e UE) para o controle de estruturas, a LDC implementou a análise prévia – ou sistema de controle prévio – de operações empresariais, que passou a vigorar em 29 de maio de 2012. No controle prévio, além do risco relativo ao mérito do negócio propriamente dito, isto é, de o CADE aprovar a operação com restrições ou de, no limite, rejeitar a operação, os agentes econômicos passaram a ter de enfrentar o risco de consumação prévia da operação, ou seja, antes da decisão do CADE. A consumação prematura e irregular de negócio jurídico sujeito à aprovação prévia de autoridade antitruste é internacionalmente conhecida como *"gun jumping"*.

Entende-se por *"gun jumping"* (ou *jumping the gun*) a prática de atos de consumação da operação antes da autoridade antitruste se pronunciar favoravelmente, ou não, à operação submetida à análise. A experiência internacional, base à jurisprudência no âmbito do SBDC, arrola algumas hipóteses ensejadoras de *gun jumping*. Dentre elas, estão as medidas irreversíveis, ou de difícil reversibilidade, como alocação de clientes, paralisação de comportamentos competitivos entre as partes (como *marketing*, aumento de produção, aumento de vendas etc.) – como expressão de verdadeiros pactos de não agressão –, compartilhamento de informações sobre preços, capacidade de produção e estratégias comerciais.

Nesse sentido, qualquer ação que altere os incentivos dos *players* para competir pode ensejar *gun jumping*. A jurisprudência conta com exemplos extremos de *gun jumping*, no direito estrangeiro, como a comercialização, antes da aprovação do ato de concentração, de produtos da empresa alvo do M&A (caso *Bertelsmann/Kirch/Premier*, 1998, UE); unificação do exercício de poder dentro das companhias, como deixar de realizar negócios e oferecer descontos em função da eventual operação (caso *Computer Associates/Platinum Technology*, 1999, EUA); compartilhamento de informações confidenciais (e.g., lista de clientes, preços, estratégias etc.) por razões diversas às perguntas de *due diligence* (caso *Gemstar/TV Guide*, 2003, EUA)[260].

Com mais de 10 anos de vigência da LDC, a jurisprudência do CADE estabeleceu bem a abrangência do conceito de "consumação". Esta abrange desde as situações mais óbvias, como os fechamentos de operações de M&A, às situações menos óbvias, como o compartilhamento de informações concorrencialmente sensíveis fora do contexto de efetivos protocolos antitruste.

A Lei e a jurisprudência são muito claras: *gun jumping* é uma infração processual. Para a aplicação dessa sanção processual pouco importa se a operação é analisada sob rito sumário ou ordinário. Ainda, pouco importa se resulta sobreposição horizontal ou integração vertical. Basta ser de submissão obrigatória para estarem as partes obrigadas a se acautelarem para não antecipar os efeitos da consumação antes da decisão de aprovação irrestrita do CADE.

Se hoje está muito claro o que pode e o que não pode ser feito para se evitar a autuação por *gun jumping*, no início de vigência da Lei, o tema causava grande insegurança. Nesse sentido, na época, o CADE publicou o "*Guia para análise da consumação prévia de atos de concentração econômica*". O Guia, de caráter orientativo e não vinculante, coletou boa parte da experiência internacional sobre o tema (leia-se, dos EUA e da EU) e ajudou a esclarecer qual seria a abrangência do conceito de "consumação" e de atos que antecipariam, na perspectiva antitruste, seus efeitos.

Além disso, também em alusão à experiência internacional, o Guia também colaborou em conscientizar o público local sobre as usuais alternativas contratuais (Protocolo Antitruste, *Clean Teams* etc.) empregadas nas operações de M&A em outras jurisdições para auxiliar as partes a mitigarem riscos de serem autuadas por *gun jumping*.

Todavia, talvez pela incipiência do momento de sua publicação (logo no início da vigência da Lei), o Guia gerou ambiguidades no tocante à regra de incidência da norma sancionatória do *gun jumping*. Isto é, se por um lado apresentou o amplo leque de situações que caracterizariam antecipação dos atos de consumação de operações de M&A, o Guia gerou ambiguidade ao afirmar que os fatores mitigadores como Protocolos Antitrustes e *Clean Teams* seriam recomendáveis apenas em operações grandes e complexas.

Ora, sendo o *gun jumping* uma infração processual, pouco ou nada importa a magnitude ou relevância concorrencial da operação de M&A para livrar as partes da sanção. Fosse procedente essa assertiva do Guia, *ad absurdum tantum*, todas as punições por *gun jumping* aplicadas pelo CADE em atos de concentração de procedimento sumário seriam nulas de pleno direito já que impostas em operações com pouca ou nenhuma relevância concorrencial[261].

---

[260] *USA v. GemstarTV Guide*, U.S. Dist Ct; DC; *Bertelsmann/Kirch/Premiere Case No IV/M.993*; e *USA v. Computer Associates and Platinum Technology Civil n. 01-02062 (GK)*.

[261] Nesse sentido, veja-se ACs n. 08700.005775/2013-19; 08700.008289/2013-52; 08700.008292/2013-76; 08700.002285/2014-41; e 08700.002655/2016-11.

Em verdade, falha o Guia nesse aspecto já que a irrelevância concorrencial de uma operação de M&A (isto é, resultante de baixa ou nenhuma concentração horizontal ou integração vertical) não caracteriza hipótese de não incidência da norma de *gun jumping* contida na Lei Antitruste[262].

Em julho de 2019 foi aprovada a Resolução n. 24/2019. Essa Resolução disciplina procedimentos administrativos para apuração de atos de concentração. Até a edição da referida Resolução, o CADE calculava a multa por *gun jumping* com base nas diretrizes gerais previstas na Lei Antitruste para a dosimetria das penas por infração à ordem econômica, quais sejam a boa-fé do infrator, situação econômica do infrator, efeitos econômicos negativos produzidos no mercado, grau de lesão à livre concorrência e reincidência. Até então, a autarquia havia imposto multas por *gun jumping* em 17 operações de M&A. Em dez delas, o valor desembolsado por infratores foi inferior a R$ 1 milhão; em outros seis casos, o valor das multas variou entre R$ 1 milhão e R$ 3 milhões; e a multa recorde foi de R$ 30 milhões.

Na vigência da Resolução n. 24/2019, a multa para os casos de *gun jumping* passou a ser calculada a partir de uma pena-base de R$ 60 mil, sendo majorada: (i) pelo decurso do prazo, no valor equivalente a 0,01% do valor da operação por dia de atraso, contado da data da consumação até a notificação do ato de concentração ou da emenda, caso houver; (ii) pela gravidade da conduta, em até 4% do valor da operação; e (iii) pela intencionalidade, em até 0,4% do faturamento médio dos grupos econômicos envolvidos, conforme a boa-fé do infrator.

Mesmo nesse contexto de abundante amostragem de "como" e "quando" as partes devem se acautelar com a não consumação prematura das operações de M&A, empresas ainda negligenciam os mandamentos legais e tomam desnecessário risco junto ao CADE. Exemplo disso parece ter sido a aplicação de multa em maio de 2022, no montante de R$ 60 milhões, conforme se passa a expor[263].

Em novembro de 2020, por exemplo, o CADE recebeu denúncia formulada pela Suez. Segundo a denúncia, o negócio jurídico não submetido à anuência prévia do CADE consistiu na aquisição, pela Veolia, de ações detidas pela Engie e representativas de 29,9% do capital social e votante da Suez[264].

Em sua resposta, a Engie, a fim de justificar a ausência de notificação prévia da operação, informou que, no momento da alienação da participação de 29,9% da Suez

---

[262] A ressalva quanto ao grau de segurança jurídica do Guia está presente na sua página 6, na qual se lê: "Deve-se destacar também que, por suas próprias características, eventual prática de *gun jumping* deve ser sempre analisada e verificada conforme as particularidades de cada caso, não sendo possível fazer generalizações em abstrato que sejam aplicáveis a todas as situações. Não obstante, os parâmetros abaixo podem ser utilizados como referências para agentes econômicos em suas negociações e avaliações de atos de concentração". Em suma, embora possua importância para aclarar algumas hipóteses, não possui força de precedente ou jurisprudência. Portanto, as partes devem tomar a devida cautela de analisar, em primeira mão, a lei antitruste, para que não sejam erroneamente induzidas a erro pelo Guia.

[263] Procedimento Administrativo para Apuração de Ato de Concentração n. 08700.005713/2020-36.

[264] Cumpre pontuar, por oportuno, que operação referente a aquisição do controle da empresa alvo apenas foi notificada em maio de 2021, ou seja, após a denúncia da Suez. Nesse sentido, o Ato de Concentração n. 08700.002455/2021-17.

para a Veolia, a Engie, como vendedora, assegurou que a Veolia, como adquirente, tivesse adotado as medidas necessárias para evitar qualquer consumação prematura da operação, através do compromisso da Veolia de (i) não exercer os direitos de voto inerentes à participação minoritária adquirida na Suez, e (ii) não ser representada no conselho da Suez até que todas as aprovações relevantes tenham sido obtidas.

A Veolia, por sua vez, argumentou que a aquisição da participação societária da Engie foi apenas o primeiro passo da proposta de aquisição, pela Veolia, do controle acionário sobre a Suez – não devendo, portanto, ser analisada como uma operação independente. Aduziu, portanto, que esta etapa integrava parte de uma oferta pública, de forma que a aquisição se inseriria em hipótese de isenção prevista no art. 107, §1º, do Regimento Interno do CADE (RICADE), que autoriza a realização de aquisições feitas por meio de ofertas públicas antes da aprovação final pelo CADE, desde que não houvesse exercício dos direitos políticos atrelados à participação adquirida.

A Veolia explicou, ainda, que mesmo que se considerassem as operações como independentes e, portanto, de notificação obrigatória, o negócio entabulado entre as partes seria comparável a uma aquisição feita no contexto de uma oferta pública e, consequentemente, a operação ainda se beneficiaria da isenção prevista no art. 107 do RICADE. Alegou, ao final, que independentemente da forma de análise da operação, a aquisição não resultaria em preocupações concorrenciais.

A despeito das justificativas apresentadas pelas representadas, a Superintendência Geral do CADE (SG) assinalou que as representadas assinaram contrato de compra e venda de ações no contexto da operação objeto de apuração, a qual – diferentemente do que ocorre nas aquisições de ações em bolsa e nas ofertas públicas de ações – foi deliberadamente implementada pelas partes antes de qualquer avaliação do CADE.

Nessa linha, aduziu a SG que, caso a aquisição inicial fizesse parte de uma pretendida operação mais abrangente (i.e., de aquisição de controle), a Veolia (i) teria apresentado, sucessivamente, a oferta unilateral de aquisição do controle (que só foi apresentada três meses depois da aquisição de 29,9% das ações da Suez) ou (ii) teria realizado pré-notificação da operação ao CADE, considerando o porte econômico das partes. Porém, no caso, somente houve a pré-notificação após a oferta de aquisição de controle pela Veolia.

Por tais razões, a SG considerou que a aquisição de 29,9% das ações da Suez não foi realizada como uma primeira etapa para aquisição do controle da Suez pela Veolia, uma vez que envolveu negócio jurídico independente, válido e que já possuía eficácia, mesmo sem o exercício de direitos políticos decorrentes dessas ações. Concluiu a SG, por fim, que a transferência de titularidade das ações da Suez à Veolia imediatamente após a celebração do contrato com a Engie já caracterizaria a consumação da operação com efeitos imediatos ao mercado, independentemente do exercício ou não dos direitos políticos por parte da Veolia.

Após estes desdobramentos, as partes em referido ato de concentração manifestaram seu interesse em realizar acordo com o CADE para encerramento do caso. Para tanto, a Veolia apresentou uma proposta de acordo, na qual se comprometeu a pagar R$ 60 milhões como contribuição pecuniária por ter consumado operação com a Engie sem autorização prévia da autarquia. Como visto, os R$ 60 milhões de reais correspondem ao valor máximo previsto na legislação para casos de *gun jumping*.

Na Sessão de 25 de maio de 2022, a conselheira relatora do caso, Lenisa Prado, reconheceu a configuração de *gun jumping* e votou pela homologação da proposta de acordo apresentada. O entendimento da relatora foi seguido pelo Tribunal, por unanimidade.

Todos estes pontos demonstram que o CADE procura maximizar a eficácia das regras de notificação prévia de operações de M&A de submissão obrigatória. E, para tanto, está empreendendo esforços para endurecer as sanções, em especial no caso de operações envolvendo valores elevados entre grupos econômicos de grande porte. Nesse tipo de caso, os critérios de dosimetria da Resolução n. 24/2019 provavelmente sujeitarão as partes a multas próximas ao máximo legal (R$ 60 milhões). Isso ainda que o caso em si não suscite qualquer preocupação concorrencial de mérito, isto é, seja passível de análise pelo rito sumário – exatamente como foi o caso da operação envolvendo a Veolia e a Engie, que foi aprovada sem restrições.

Desse modo, tem-se hoje mais clareza sobre quais seriam as principais hipóteses tidas como consumação prévia, bem como quais não configurariam tal infração, a saber:

(i) Troca de informações específicas entre os agentes econômicos envolvidos em um determinado ato de concentração, no qual se inserem exemplos como:

   a. custos das empresas envolvidas;

   b. nível de capacidade e planos de expansão;

   c. estratégias de *marketing*;

   d. precificação de produtos (preços e descontos);

   e. principais clientes e descontos assegurados;

   f. salários de funcionários;

   g. principais fornecedores e termos de contratos com eles celebrados;

   h. informações não públicas sobre marcas e patentes e Pesquisa e Desenvolvimento (P&D);

   i. planos de aquisições futuras;

   j. estratégias competitivas etc.

(ii) Definição de cláusulas contratuais que regem a relação entre agentes econômicos e impliquem a integração prematura das atividades das partes envolvidas, tais como:

   a. cláusula de anterioridade da data de vigência do contrato em relação à sua data de celebração, a qual implique alguma integração entre as partes;

   b. cláusula de não concorrência prévia;

   c. cláusula de pagamento antecipado integral ou parcial de contraprestação pelo objeto da operação, não reembolsável, com exceção de (c.i.) pagamento de um sinal típico de transações comerciais, (c.ii.) depósito em conta bloqueada (*escrow*), ou (c.iii.) cláusulas de *break-up fees* (pagamentos devidos caso a operação não seja consumada);

d. cláusulas capazes de permitir a ingerência direta de uma parte sobre aspectos estratégicos dos negócios da outra, tais como a submissão de decisões sobre preços, clientes, política comercial/vendas, planejamento, estratégias de *marketing* e outras decisões sensíveis (que não sejam mera proteção contra o desvio do curso normal dos negócios e, consequentemente, proteção do próprio valor do negócio alienado);

e. de forma mais genérica, quaisquer cláusulas que prevejam atividades impossíveis de serem revertidas em um momento posterior ou cuja reversão implique dispêndio de uma quantidade significativa de recursos por parte dos agentes envolvidos ou da autoridade etc.

(iii) Atividades das partes antes e durante a implementação do ato de concentração consumando, ainda que em parte, a operação:

a. transferência e/ou usufruto de ativos em geral (inclusive de valores mobiliários com direito a voto);

b. exercício de direito de voto ou de influência relevante sobre as atividades da contraparte (tais como a submissão de decisões sobre preços, clientes, política comercial/vendas, planejamento, estratégias de *marketing*, interrupção de investimentos, descontinuação de produtos e outras);

c. recebimento de lucros ou outros pagamentos vinculados ao desempenho da contraparte;

d. desenvolvimento de estratégicas conjuntas de vendas ou *marketing* de produtos que configurem unificação da gestão;

e. integração de força de vendas entre as partes;

f. licenciamento de uso de propriedade intelectual exclusiva à contraparte;

g. desenvolvimento conjunto de produtos;

h. indicação de membros em órgão de deliberação;

i. interrupção de investimentos etc.

Uma vez configurado quadro de consumação prévia de uma operação, além de multa elevada pela prática as Requerentes poderão sofrer investigação por prática de cartel ou por outras práticas anticompetitivas capituladas no art. 36 da LDC, quando a consumação prévia igualmente der ensejo à incidência de tal dispositivo legal. Por exemplo, em operações de concentração horizontal (realizadas entre concorrentes), o compartilhamento de informações como lista de clientes, preços etc. tem a possibilidade de alterar imediatamente os incentivos das partes para concorrer entre si. Nesse sentido, uma boa medida para evitar esse risco estaria refletida na seguinte questão: "o que você falaria ao seu concorrente, se não houvesse qualquer operação em andamento?".

4.1.1.3 | Prevenindo *gun jumping* em *Merger & Acquisitions (M&A)* – *clean teams, parlor rooms,* comitês executivos

Diretamente vinculado ao tema abordado supra, i.e., o risco de as partes incorrerem em *gun jumping*, presente em determinadas operações, a experiência internacional sobre o tema vem sendo reconhecida pelo CADE como mecanismos comportamentais e contratuais de se prevenir a incidência de *gun jumping* em processos negociais de M&A, *due diligences* e afins. Nestes, os agentes econômicos são obrigados a compartilhar informações a bem de uma negociação segura e saudável no plano civil e empresarial, que, ao mesmo tempo, expõem-lhes à incidência da LDC pela prática de consumação prévia de atos de concentração.

Tais mecanismos comportamentais e contratuais são conhecidos internacionalmente como *cleam teams* ou *parlor rooms*. Sem tradução ideal para o vernáculo, a ideia do *clean team* compreende a estruturação de uma equipe independente de profissionais que possa receber e compartilhar informações sensíveis sem comprometer o comportamento concorrencial e independente de grupos econômicos envolvidos em um processo de M&A e, assim, evitar exposição às pesadas sanções pela prática de *gun jumping*.

Em outras palavras, trata-se de mitigadores desse risco, se aplicados com técnica e retidão de propósito, quais sejam, neutralizar o ambiente no qual informações concorrencialmente sensíveis possam vir a circular e nos estritos limites do necessário para fins do processo de M&A. Vê-se, portanto, que se trata de procedimentos os quais, se adotados durante o relacionamento entre as empresas envolvidas em uma operação de M&A tida como de submissão obrigatória ao CADE, são capazes de diminuir o risco de consumação prévia dos atos de concentração econômica.

A troca de informações entre as empresas envolvidas em um M&A de submissão obrigatória ao CADE (i.e., um ato de concentração econômica) é necessária, pois sem ela não há possibilidade de uma operação de M&A prosperar. Sendo assim, é salutar que as partes recorram às ferramentas de mitigação de risco de *gun jumping* disponíveis na doutrina e na jurisprudência antitruste. A formação de ambientes de neutralidade voltados a preservar a independência das partes é crucial para mitigar a ocorrência de *gun jumping* por meio do compartilhamento de informações concorrencialmente sensíveis.

Operacionalmente, comitês independentes (ou *clean teams*) podem ser formados por funcionários, consultores independentes ou ambos, desde que nenhum deles tenha tido, ou venha a ter, contato com informações concorrencialmente sensíveis das partes envolvidas na operação.

O *clean team*, via de regra, possui a finalidade de ser o único elo de intercâmbio temperado de informações sensíveis entre os comitês executivos das partes de uma operação de M&A. O comitê executivo – usualmente composto por *Chief Executive Officers – CEOs, Chief Finantial Officers – CFOs*, membros de Conselhos de Administração (*Boardmembers*), ligados à política comercial das empresas – se encarrega de enviar, receber, reunir, analisar e tratar as informações concorrencialmente sensíveis a serem, após tratadas pelo *clean team*, compartilhadas com a contraparte no processo de M&A.

Comumente, cada uma das partes é dotada de um comitê executivo (ou de um grupo de executivos, em situações mais simples), os quais interagem com o *clean team*. Fica a cargo deste o acesso a informações sensíveis, bem como o seu adequado tratamento para serem compartilhadas entre comitês executivos. As informações devem ser classificadas como (i) pública, (ii) confidencial e (iii) concorrencialmente sensíveis, para que estas duas últimas sejam corretamente tratadas, nos termos de protocolos antitruste. A amplitude das competências do *clean team* é definida caso a caso e é diretamente proporcional à complexidade da operação, ao volume de informações concorrencialmente sensíveis envolvidas e, principalmente, ao tamanho do risco presente. O *clean team* pode, em casos de elevado risco, ser incumbido de elaborar relatórios sobre a viabilidade da operação de M&A, os quais serão compartilhados com o comitê executivo. Este, por sua vez, recebe os dados já com as informações tratadas para exame e pode solicitar esclarecimentos, dentro dos limites do protocolo antitruste.

Para maior segurança jurídica das empresas envolvidas nos M&As, é recomendável – além da elaboração de um termo de confidencialidade entre os membros dos comitês independentes – a formalização desses procedimentos por meio de um Protocolo Antitruste.

A experiência tem demonstrado, todavia, que é muito difícil estruturar-se o *clean team* ideal em uma operação de M&A, principalmente nas mais complexas. Nestas, as informações mais importantes e o potencial de sua avaliação na perspectiva negocial acabam se concentrando nos indivíduos mais importantes ligados às partes, como CEOs, CFOs, *Boardmembers* ou até mesmo Acionistas ou Quotistas. Por razões dessa natureza, é recomendável aos grupos econômicos se socorrerem de assessoria jurídica especializada para que possam, caso a caso, estruturar *clean teams* adequados e suficientes a mitigar o risco de *gun jumping* sem esvaziar ou prejudicar o negócio jurídico em si.

4.1.1.4 | Exceções à vedação de consumação prévia: oferta pública de ações (OPA) e aprovação precária

A LDC prevê duas exceções à vedação de consumação prévia de atos de concentração: a OPA[265] e a aprovação precária[266]. Na primeira hipótese (OPA), a LDC e regulamentação aplicável estabelecem, em síntese, que, em razão da natureza dessa

---

[265] A oferta pública de aquisição (OPA) de ações é um compromisso de adquirir uma quantidade de ações da companhia nos termos pactuados, garantindo que os acionistas fiquem em igualdade de direitos. A Instrução n. 361/2002 da Comissão de Valores Mobiliários (CVM) elencou os tipos de OPAs, a saber: a) ofertas públicas de aquisição de ações de companhia aberta; b) o registro das ofertas públicas de aquisição de ações para cancelamento do registro de companhia aberta; c) por aumento de participação de acionista controlador; d) por alienação de controle de companhia aberta; e) para aquisição de controle de companhia aberta quando envolver permuta por valores mobiliários; e f) de permuta por valores mobiliários. No tocante à defesa da concorrência, a Lei n. 12.529/2011 expôs que caberia ao CADE regulamentar a análise prévia de atos de concentração em operações de aquisição de ações por meio de oferta pública (art. 89, parágrafo único). A regulamentação veio por meio do RICADE, o qual assim dispôs: "[...] as operações de oferta pública de ações podem ser notificadas a partir da sua publicação e independem da aprovação prévia do CADE para sua consumação (art. 148, *caput*). Isso não vale para a oferta pública por alienação de controle, cuja consumação depende da aprovação prévia pelo CADE (§ 3º). Não obstante, fica proibido o exercício dos direitos políticos relativos à participação adquirida por meio da oferta pública até a aprovação da operação pelo CADE." (§ 1º).

[266] De acordo com a Lei n. 12.529/2011: "Art. 59. Após a manifestação do requerente, o Conselheiro Relator: § 1º O Conselheiro Relator poderá autorizar, conforme o caso, precária e liminarmente, a realização do ato de concentração econômica, impondo as condições que visem à preservação da reversibilidade da operação, quando assim recomendarem as condições do caso concreto".

Assim também se posicionou o RICADE: "Art. 155. O requerente de aprovação de ato de concentração econômica poderá solicitar, no momento da notificação ou após a impugnação pela Superin-

modalidade de concentração econômica, permite-se ao grupo econômico adquirente (ou responsável pela OPA) concretizar a subscrição das ações adquiridas e, portanto, efetuar o pagamento ao grupo econômico alienante, antes da aprovação do caso pelo CADE. Todavia, mesmo consumando a aquisição das ações, o grupo econômico adquirente fica vedado de exercer quaisquer direitos políticos naturalmente decorrentes da aquisição antes da decisão do CADE pela aprovação da operação.

Desde 1994, o CADE já se deparou diversas vezes com operações provenientes de ofertas públicas de ações. Durante a vigência da Lei n. 8.884/94 a autoridade antitruste pôde se manifestar em algumas ocasiões. Como exemplo, tem-se o caso Santander / RBS / Fortis e ABN Amro Bank[267], uma OPA de ações ordinárias do ABN por Santander / RBS / Fortis sob a égide da lei antitruste de 1994, mas foi apresentada previamente ao CADE. Trata-se de caso paradigmático por ter sido "o primeiro ato de concentração do sistema financeiro analisado pelo CADE"[268].

Já no regime da Lei n. 12.529/2011, em 2014 o CADE aprovou uma OPA envolvendo o Grupo Dasa e a Cromossomo Participações II[269]. Como a CP II era controlada por um grupo que já detinha participação minoritária, e com a operação passaria a controlar cerca de 70% da Dasa, a aprovação da operação foi condicionada à celebração de ACC.

Em outro caso, a Superintendência-geral do CADE decidiu sobre uma oferta pública voluntária de ações envolvendo o fundo Carlyle e o Fundo Brasil de Internacionalização de Empresas (FBIE), visando à aquisição de 100% do capital social da Tempo Participações[270]. Não se sabe se a OPA foi efetivamente realizada, mas a operação teve aval irrestrito da Superintendência-geral em setembro de 2015.

A segunda hipótese de exceção à vedação de aprovação prévia é a aprovação precária, prevista no § 1º do art. 59 da LDC, a saber: "O Conselheiro Relator poderá autorizar, conforme o caso, precária e liminarmente, a realização do ato de concen-

---

tendência-Geral, autorização precária e liminar para a realização do ato de concentração econômica, nos casos em que, cumulativamente:
I – não houver perigo de dano irreparável para as condições de concorrência no mercado;
II – as medidas cuja autorização for requerida forem integralmente reversíveis; e
III – o requerente lograr demonstrar a iminente ocorrência de prejuízos financeiros substanciais e irreversíveis para a empresa adquirida, caso a autorização precária para realização do ato de concentração não seja concedida.
Art. 156. A autorização precária e liminar para a realização do ato de concentração econômica conserva a sua eficácia até o fim do julgamento do mérito do ato de concentração ou até a sua revogação ou modificação pelo Tribunal, que poderá, a qualquer momento, rever a autorização, submetendo suas decisões ao referendo do Plenário do Tribunal na primeira sessão subsequente à sua prolação".

[267] Ato de Concentração n. 08012.010081/2007-11. Requerentes: Banco Santander Central Hispano SIA, Fortis N.V., Fortis S.A/N.V. e The Royal Bank of Scotland Group Plc. Julgado pelo Plenário em 12 de dezembro de 2007.

[268] Voto do Relator no Ato de Concentração n. 08012.010081/2007-11, p. 17.

[269] Ato de Concentração n. 08700.002372/2014-07. Requerentes: Cromossomo Participações II S/A e Diagnósticos da América S.A. Julgado pelo Plenário em julho de 2014.

[270] Ato de Concentração 08700.008541/2015-95. Requerentes: Carlyle South America Buyout Fund, Fundo Brasil de Internacionalização de Empresas – FIP II e Tempo Participações S/A. Julgado pelo Plenário em setembro de 2015.

tração econômica, impondo as condições que visem à preservação da reversibilidade da operação, quando assim recomendarem as condições do caso concreto".

Em dezembro de 2017, o CADE decidiu pela primeira vez autorizar precária e liminarmente a consumação antecipada da operação envolvendo a Excelence B. V. e a Rio de Janeiro Aeroportos[271].

4.2 | Atos de concentração econômica

As operações empresariais de *merger and acquisitions* (M&As) que alteram ou podem alterar a concorrência no mercado são, como já se viu nesta obra, denominadas pela LDC como atos de concentração econômica. Tecnicamente, podemos denominar ato de concentração o M&A de submissão obrigatória ao CADE. Agora, *merger and aquisition* (M&A) é uma expressão da língua inglesa cuja tradução literal seria "fusão e aquisição". Entretanto, no direito norte-americano, *merger* corresponderia ao instituto que aqui conhecemos como incorporação, previsto no art. 227 da LSA. Por outro lado, *acquisition* seria um gênero de operações societárias que envolvem transferência de propriedade ou controle societário[272]. Na prática, as pessoas que atuam ou estão diretamente envolvidas em processos de M&A utilizam essa sigla como um gênero de operações de investimento envolvendo participações societárias. Esses processos de M&A, que já se transformou em um mercado contendo agentes e empresas especializadas nessas atividades, movimentaram no Brasil cerca de R$ 595,56 bilhões em 2021[273-274].

---

[271] Ato de Concentração n. 08700.007756/2017-51. Requerentes: Excelence B. V. e a Rio de Janeiro Aeroportos. Julgado pelo Plenário em dezembro de 2017. Na operação, a Excelente adquiriu 60% das ações da Rio de Janeiro Aeroportos detidas pela Odebrecht, com o consequente controle de 100% das ações da empresa, controladora da concessionária do Aeroporto Internacional Antônio Carlos Jobim (Galeão). A Superintendência-Geral do Cade – SG/Cade havia recomendado a aprovação da operação sem restrições, em rito sumário, em 11 de dezembro de 2017. Em sua manifestação, opinou pelo deferimento do pedido de autorização precária e liminar, uma vez que foram atendidos os requisitos do art. 155 do Regimento Interno do Cade. O regimento do órgão estabelece que as autorizações precárias e liminares poderão ser concedidas quando não houver perigo de dano irreparável para as condições de concorrência no mercado; as medidas cuja autorização for requerida forem integralmente reversíveis; e o requerente demonstrar a iminente ocorrência de prejuízos financeiros substanciais e irreversíveis para a empresa adquirida. Em seu voto, o então conselheiro relator, Mauricio Oscar Bandeira Maia, considerou que os prejuízos financeiros pela demora da medida estavam demonstrados nos autos, uma vez que o prazo concedido pela ANAC para pagamento da primeira parcela pela concessão do Aeroporto do Galeão, no valor de R$ 1,167 bilhão, venceria em 20 de dezembro de 2017. Caso a operação não fosse realizada, a Concessionária Aeroportos não receberia a capitalização devida e necessária ao pagamento, o que poderia interromper as atividades no Aeroporto do Galeão. As partes teriam de aguardar o prazo de 15 dias para fechamento da operação, uma vez que seria possível a interposição de recursos a avocação do caso nesse período. Todavia, tal prazo seria encerrado após o limite fixado pela Anac, inviabilizando a operação e colocando em risco a continuidade das atividades no aeroporto do Galeão.

[272] Reed, Lajoux, Nesvold, p. 4.

[273] Veja o Relatório Anual do Transactional Track Record, 2023.

[274] Os autores agradecem a Guilherme dos Santos pelo auxílio com pesquisa e reflexões sobre a relação entre M&As e o regime jurídico antitruste.

Não existe um único tipo de operação de M&A, mas sim diversos desenhos possíveis, como fusão (art. 228 da LSA e art. 1.119 do CC), incorporação de ações (art. 252 da LSA), aquisição de participação societária, *joint venture*, cisão (art. 229 da LSA), incorporação (art. 227 da LSA e art. 1.116 do CC) e *drop down*. As operações de M&A não precisam estar tipificadas em uma legislação, pois se encontram dentro do ramo do direito privado onde vigora o princípio da licitude dos contratos atípicos (art. 425 do CC) e, especificamente no direito empresarial, o direito dos acionistas na livre circulação de suas ações[275].

Na perspectiva jurídica, assim, essas operações podem se revestir das mais variadas formas e modalidades societárias, como fusões, incorporações, *joint ventures*, cisões, aquisições de participação acionária (minoritária e/ou majoritária), consórcios, acordos de cooperação (para compra conjunta, venda conjunta, desenvolvimento de tecnologia, autorregulação etc.), industrialização por encomenda, alienação ou cessão de bens intangíveis como *know-how*, direitos de propriedade intelectual (como marca, desenho industrial e modelo de utilidade), lista de clientes, *swap agreements* etc. Podem, ainda, não ter forma, mas se realizar apenas no plano dos fatos, sendo igualmente suficientes para atrair a incidência da Lei Antitruste.

A LDC, portanto, não atribui muita importância à forma, ou modalidade, da operação empresarial para caracterizá-la como um ato de concentração econômica, mas, sim, ao fato do negócio ter em si a possibilidade de alterar as relações de concorrência no mercado em que é realizado. É fato, como se verá logo adiante, que para efeito da incidência da LDC no controle de estruturas, esse princípio era mais presente na lei anterior, Lei n. 8.884/94, do que na LDC. Aquela atrelava a incidência aos "atos, sob qualquer forma manifestados, que possam limitar ou de qualquer forma prejudicar a livre concorrência, ou resultar na dominação de mercados relevantes", além dos critérios objetivos do § 3º. A LDC, por sua vez, no art. 88, I e II, prevê a incidência apenas em razão do faturamento das partes. A própria jurisprudência do CADE acabou por privilegiar, na égide da Lei n. 8.884/94, a eleição de critérios objetivos (faturamento dos grupos empresariais envolvidos na operação) para determinar se uma operação deve ou não ser submetida ao SBDC para sua avaliação como ato de concentração econômica.

De acordo com a teoria econômica, incorporada pela LDC e pela jurisprudência do CADE, há basicamente três tipos de atos de concentração: (a) horizontais – realizados por agentes econômicos situados no mesmo nível de uma cadeia industrial e que, portanto, guardam entre si uma relação de concorrência; (b) verticais – realizados entre agentes econômicos situados em níveis distintos de uma mesma cadeia industrial, i.e., a montante (*upstream*) e a jusante (*downstream*); e (c) colaboração ou cooperação – realizados por agentes econômicos situados em mercados distintos, os quais não guardam entre si relações horizontais e/ou verticais.

A avaliação dos impactos concorrenciais das três modalidades de atos de concentração é realizada pelo SBDC por meio do percurso das etapas de análise antitruste abordadas, anteriormente, neste livro, a saber :

---

[275] Comparato, Salomão, 2020, p. 78.

(i) determinação do mercado relevante;
(ii) determinação da participação e controle de mercado;
(iii) probabilidade do exercício do poder de mercado; e
(iv) análise das eficiências produzidas pela operação.

A depender da modalidade de concentração (horizontal, vertical ou de colaboração), bem como em função do mercado envolvido (se de bens homogêneos, heterogêneos, se referente a setor maduro da economia, a mercados de inovação, a mercados com falhas e/ou com regulação setorial), atribui-se maior ou menor ênfase a uma ou outra etapa de análise. Ainda, realizam-se testes econômicos (e, em vezes, econométricos) complementares aos comumente utilizados: tudo para se avaliar, com a maior precisão possível, os efeitos do arranjo estrutural ao mercado e à livre concorrência.

Rememorando a seção anterior deste livro, a primeira etapa requer o estabelecimento do mercado relevante. Ao determiná-lo, utiliza-se (para mercados de produtos homogêneos) o "teste do monopolista hipotético". Para mercados de produtos heterogêneos, o teste de elasticidade cruzada preço da demanda é mais utilizado (bem como outros testes, além de pesquisa de mercado realizada pelas autoridades junto a clientes, fornecedores e concorrentes das empresas que notificaram o ato de concentração ao SBDC). Na etapa de análise antitruste subsequente, avalia-se a parcela de participação de mercado. Quando uma operação não gera concentração de mercado equivalente ou superior a 20%, o negócio normalmente é classificado como não prejudicial à concorrência e recebe "sinal verde" por parte das autoridades. Nesses casos, o procedimento de análise é interrompido nessa segunda etapa. Por outro lado, se a concentração de mercado ultrapassar o limite de 20%, a análise passa à terceira etapa (análise da probabilidade de exercício de poder de mercado).

Nesse ponto, é importante notar que uma operação cujo resultado seja a participação de mercado superior a 20% (a qual implica presunção de posição dominante) não configura necessariamente negócio jurídico deletério à concorrência. Na terceira etapa da análise, considera-se a presença de barreiras à entrada, estruturas de custo, integração vertical, diferenciação do produto etc. Se essas condições favorecerem o exercício unilateral (ou coordenado) de poder de mercado, as autoridades passarão, então, à etapa seguinte (eficiências econômicas). Nesta, as autoridades medirão o efeito líquido resultante da operação, procurando contrabalançar as possíveis eficiências econômicas decorrentes do ato de concentração (inovação, produção/eficiências de produtividade e eficiências alocativas) em face dos custos para a concorrência (ou em face da diminuição do nível de concorrência nos mercados afetados pela operação).

Aqui, consideram-se fatores como o índice de economias de escala e de escopo, custos fixos, níveis e custos médios de produção, introdução de tecnologia nova, apropriação de externalidades positivas e a eliminação (ou internalização) das externalidades negativas, apenas para citar como exemplos de benefícios possivelmente decorrentes um aumento na participação de mercado e, logo, aumento de poder de mercado e diminuição da concorrência. Caso o efeito líquido seja igual ou superior aos custos para a concorrência, as autoridades devem recomendar a aprovação da operação. Na prática, a aprovação nessa etapa é bem rara. Não se tem notícia – desde outubro de 1994 até o presente momento – de sequer uma operação aprovada nesta etapa de análise e em virtude de eficiências terem superado a diminuição da concorrência.

O Tribunal do CADE analisou algumas vezes atos de concentração cuja análise antitruste chegou na etapa das eficiências. Não foram muitos os casos, porém os poucos exemplares já são suficientes para indicar a tendência do Tribunal do CADE nesse aspecto. Um bom exemplo de como tem se posicionado o CADE é o caso Nestlé/Garoto. Em 2004, a fusão entre a Nestlé Brasil Ltda. e a Chocolates Garoto S.A. foi rejeitada pelo CADE. Nesse caso, estabeleceu-se um precedente que limitou bastante as eficiências demonstráveis ao ponto de, para serem consideradas suficientes para aprovar uma operação, terem de refletir uma redução dos preços dos produtos envolvidos na operação[276].

Decisões de veto são muito raras no âmbito do CADE. De acordo com a jurisprudência do CADE, decisões de rejeição (ou veto) de atos de concentração desde a entrada em vigor da Lei n. 8.884/94 representam menos de 1% de todos os casos analisados pelo Tribunal.

4.2.1 | Critérios de incidência da Lei Antitruste para controle de estruturas

4.2.1.1 | Regra matriz de incidência para controle de estruturas

As regras de incidência da Lei Antitruste para controle de estruturas partem do texto da própria LDC, porém igualmente abrangem normas infralegais (Resoluções do CADE e Portarias Interministeriais do Ministério da Justiça e do Ministério da Fazenda). É o conjunto dessas normas que deve ser entendido como a regra matriz de incidência[277] da Lei Antitruste para o controle de estruturas. No regime anterior (Lei n. 8.884/94), a regra matriz de incidência da LDC era composta por dois fatores estabelecidos com peso equivalente pelo legislador ordinário: o faturamento de um dos grupos econômicos envolvidos na operação e a participação de mercado resultante da operação[278]. No atual regime (Lei n. 12.529/2011), a LDC traz, como regra matriz de

---

[276] Ato de Concentração n. 08012.001697/2002-89. Requerentes: Nestlé Brasil Ltda. / Chocolates Garoto S.A. Julgado pelo Plenário em outubro de 2004. Foi judicializado e teve seu desfecho em junho de 2023 com um acordo judicial entre as partes, em que se permitiu a consumação da operação.

[277] Por analogia, veja-se o conceito de regra matriz de incidência para o Direito Tributário. "A norma tributária em sentido estrito, reiteramos, é a que define a incidência fiscal. Sua construção é obra do cientista do Direito e se apresenta, de final, com a compostura própria dos juízos hipotético-condicionais. Haverá uma hipótese, suposto ou antecedente, a que se conjuga um mandamento, uma consequência ou estatuição. A forma associativa é a cópula deôntica, o dever-ser que caracteriza a imputação jurídico-normativa. Assim, para obter-se o vulto abstrato da regra-matriz é mister isolar as proposições em si, como formas de estrutura sintática; suspender o vetor semântico da norma para as situações objetivas (tecidas por fatos e por comportamentos do mundo); ao mesmo tempo em que se desconsidera os atos psicológicos de querer e de pensar a norma" (Barros Carvalho, 2011, p. 298).

[278] No sistema da Lei n. 8.884/94 havia um duplo critério de incidência o qual, se satisfeito (quer em um ato de concentração horizontal ou vertical), suscitava a submissão obrigatória, exigindo que as partes apresentassem a operação ao SBDC. Os critérios eram receita e participação de mercado, mais especificamente quando uma das partes (ou grupos econômicos) envolvidas tivesse registrado uma receita bruta

incidência, o critério do faturamento dos grupos econômicos envolvidos na operação, deixando para o plano infralegal outros subcritérios, os quais deverão apenas ser analisados se, e somente se, atendido o critério do faturamento dos grupos envolvidos na operação.

O critério do faturamento é verificado quando um dos grupos econômicos envolvidos na operação tenha registrado, no último balanço (que compreenda o exercício fiscal), faturamento bruto ou volume de negócios total no País, equivalente ou superior a R$ 750 milhões. Ainda, verifica-se quando o outro grupo econômico envolvido na operação (isto é, parte da operação) tenha registrado, no último balanço, faturamento bruto anual ou volume de negócios total no País equivalente ou superior a R$ 75 milhões[279]. Os demais critérios (subcritérios de incidência) serão logo mais abordados. Tem-se atualmente, portanto, critério legal bastante objetivo para delimitar quais operações de concentração econômica são – ou não – de submissão, prévia e obrigatória, ao SBDC.

De forma similar à objetivação das regras de incidência da LDC, o atual regime da Lei n. 12.529/2011 objetivou os prazos para a análise prévia de atos de concentração. Segundo a LDC, a análise de um ato de concentração deve respeitar o prazo máximo de 240 dias (art. 88, § 2º). A única possibilidade de suspensão desse prazo é em virtude de redução acentuada de *quórum*, não contemplando o mínimo exigido (art. 6, § 5º)[280]. Tampouco há interrupção de prazos na LDC. Entretanto, há possibilidade de dilação desses 240 dias de prazo em até 60 dias a pedido das partes (art. 88, § 9º, I), ou em até 90 dias (art. 88, § 9º, II), em função de decisão fundamentada das autoridades antitruste por conta da complexidade do caso. Nesse sentido, e por apreço à completude, vale ressaltar que a LDC não prevê possibilidade de aprovação tácita da operação em função do decurso de prazo; contudo, o desrespeito aos prazos nela fixados ensejam a abertura de processo contra os funcionários causadores do atraso (art. 82)[281-282].

---

equivalente ou superior a R$ 400 milhões no ano anterior à realização da operação e/ou a participação de mercado resultante derivada da operação excedesse a 20% em algum dos mercados relevantes.

[279] Os critérios de faturamento previsto no art. 88 da LDC, tal como autorizado em seu § 1º (a saber, " Os valores mencionados nos incisos I e II do *caput* deste artigo poderão ser adequados, simultânea ou independentemente, por indicação do Plenário do Cade, por portaria interministerial dos Ministros de Estado da Fazenda e da Justiça"), foram ajustados pela Portaria Interministerial n. 994, de 30 de maio de 2012.

[280] "Art. 6º O Tribunal Administrativo, órgão judicante, tem como membros um Presidente e seis Conselheiros escolhidos dentre cidadãos com mais de 30 (trinta) anos de idade, de notório saber jurídico ou econômico e reputação ilibada, nomeados pelo Presidente da República, depois de aprovados pelo Senado Federal. (...)§ 5º Se, nas hipóteses previstas no § 4º deste artigo, ou no caso de encerramento de mandato dos Conselheiros, a composição do Tribunal ficar reduzida a número inferior ao estabelecido no § 1º do art. 9º desta Lei, considerar-se-ão automaticamente suspensos os prazos previstos nesta Lei, e suspensa a tramitação de processos, continuando-se a contagem imediatamente após a recomposição do *quorum*."

[281] "Art. 82. O descumprimento dos prazos fixados neste Capítulo pelos membros do Cade, assim como por seus servidores, sem justificativa devidamente comprovada nos autos, poderá resultar na apuração da respectiva responsabilidade administrativa, civil e criminal."

[282] A Lei n. 8.884/94, em seu art. 54, § 4º, estabelecia que todos os *players* cujos contratos atendiam ao duplo critério (i.e., de receita e/ou participação de mercado) eram obrigados a notificar a operação ao SBDC. A notificação podia ser feita: (i) antes da assinatura ou celebração dos respectivos acordos

4.2.1.2 | Hipóteses de concentração econômica e isenção antitruste

Verificada concentração econômica nos termos da LDC e preenchido o critério objetivo de faturamento, as partes envolvidas no negócio estarão, em princípio, obrigadas a submeter a operação à análise prévia do CADE. Por mais que se entenda inexistir qualquer tipo de preocupação concorrencial, ainda assim a notificação será, em princípio, obrigatória. A LDC não traz um conceito geral sobre "concentração" para fins de não incidência do controle de estruturas[283]. Na mesma linha do regime anterior (Lei n. 8.884/94), o art. 90 da LDC traz rol exemplificativo de tipos de operações que configurariam a realização de um ato de concentração, a saber:

- Fusão entre duas ou mais empresas anteriormente independentes;
- Aquisição de controle ou parte de empresa(s), direta ou indireta, através de compra ou permuta de ações, quotas, títulos ou valores mobiliários conversíveis em ações, ou ativos, tangíveis ou intangíveis, por via contratual ou por qualquer outro meio ou forma, por uma ou mais empresas;
- Aquisição, direta ou indireta, através de compra ou permuta de ações por uma ou mais empresas;
- Incorporação de empresa(s) por outra(s) empresa(s);
- Celebração de contrato associativo, consórcio ou *joint venture* por duas ou mais empresas.

Inovação da LDC foi definir a primeira isenção antitruste para controle de estruturas ("Art. 90, parágrafo único. Não serão considerados atos de concentração, para os efeitos do disposto no art. 88 desta Lei, os descritos no inciso IV do *caput*, quando destinados às licitações promovidas pela administração pública direta ou indireta e aos contratos delas decorrentes")[284].

Nesse particular, o CADE se posicionou, em abril de 2014, na Consulta formulada pelo Instituto Brasileiro de Petróleo, Gás e Biocombustíveis (IBP)[285]. A Consulente alegou a incidência da isenção prevista no art. 90 da LDC nos casos de cessão de direitos e obrigações que apenas alterasse a titularidade do contrato de concessão,

---

contratuais; ou (ii) no prazo de 15 dias úteis a partir da realização da operação (a jurisprudência do CADE referia-se à assinatura do primeiro documento vinculativo). Uma vez apresentada a referida notificação, o § 6º do art. 54 exigia às autoridades a análise do caso que, ao final, seria julgado pelo CADE. Havia previsão de prazos para as autoridades realizarem a referida análise: 30 dias para SEAE/MF e SDE/MJ, respectivamente, e 60 dias para o CADE. Todos esses prazos fixados para as autoridades se suspendiam quando eram emitidos ofícios às partes ou a terceiros, visando instruir o processo de análise da operação. Apenas no caso do CADE, se transcorridos mais de 60 dias, a operação era aprovada tacitamente (art. 54, § 7º).

[283] Já a antiga Lei n. 8.884/94, em seu art. 54, trazia um conceito geral que era bastante amplo, referindo-se a "qualquer forma de concentração de mercado" e incluía em seu escopo acordos entre cooperativas, contratos, arranjos informais e outros arranjos.

[284] Embora tenham ficado de fora do controle de estruturas, as associações ou consórcios para fins de licitação continuam abrangidas pelo controle de condutas (art. 36 da LDC).

[285] Consulta n. 08700.000207/2014-02. Consulente: Instituto Brasileiro de Petróleo, Gás e Biocombustíveis. Julgado pelo CADE em abril de 2014.

pois seria um contrato decorrente do contrato de concessão[286]. Diferentemente, o Tribunal compreendeu que os direitos e obrigações resultantes de um contrato de concessão podem ser equiparados tanto a contratos associativos, quanto à aquisição de ativos concorrencialmente sensíveis, ambos casos de notificação obrigatória[287]. Fora dessas hipóteses, seria aplicável a isenção da Lei n. 12.529/2011.

4.2.1.3 | Regra geral para a definição antitruste de grupo econômico

A questão da definição de grupo econômico sempre foi – e, em alguma medida, continua a ser – de grande dificuldade conceitual e prática para fins de aplicação do Direito Antitruste. Essa dificuldade gera impactos, especialmente à segurança jurídica para aqueles envolvidos em operações submetidas ao controle de estruturas, ou, principalmente, para setores da economia tradicionalmente não alcançados pela Lei Antitruste, porém, provocados para tanto pelo CADE nesses pouco mais de 10 anos de vigência da LDC, por exemplo, instituições financeiras e empresas do ramo de petróleo e gás.

Conforme art. 4º, da Resolução do CADE n. 2, de 2012, são consideradas partes da operação, além das entidades diretamente envolvidas, seus respectivos grupos econômicos. Para fins de cálculo do faturamento nos termos do § 1º, são consideradas pertencentes ao mesmo grupo econômico: (i) as empresas que estejam sob controle comum, interno ou externo; e (ii) as empresas nas quais qualquer das empresas do inciso I seja titular direta ou indiretamente, de pelo menos 20% do capital social ou votante.

Sobre a questão dos grupos econômicos, estabelece o § 3º do art. 4º, da Resolução do CADE n. 2, de 2012, o seguinte:

> A definição de grupo econômico deste artigo aplica-se apenas para fins de cálculo do faturamento com vistas à determinação do atendimento dos critérios objetivos fixados no art. 88 da Lei n. 12.529/2011, e não vincula decisões do Cade com relação à solicitação de informações e à análise de mérito dos casos concretos.

É importante destacar que a regra geral para a definição antitruste de grupo econômico foi elaborada pelo CADE especialmente para atribuir objetividade e potencializar a aplicabilidade do critério de incidência do faturamento, previsto na LDC. Portanto, para outras finalidades da LDC ou da regulamentação aplicável, é imperioso atentar-se para regras especiais sobre grupo econômico.

Segundo a jurisprudência do CADE, alguns requisitos básicos devem ser considerados para, com base na LDC, entendermos tratar-se de um grupo econômico. Um deles, especialmente no tocante ao direito societário e trabalhista, é a existência de personalidade própria das sociedades participantes. De outro lado, também deve ser

---

[286] Voto-vista na Consulta 08700.000207/2014-02, p. 2.
[287] Voto-vista na Consulta 08700.000207/2014-02, p. 19.

considerada a conexão entre as sociedades envolvidas[288]. Esse último elemento se desdobra em dois exercícios necessários: i) a identificação do ponto mínimo de conexão e, ii) a delimitação do objeto da conexão. De acordo com o CADE, o ponto de conexão e o elo mais importante a configurar um grupo econômico segundo a LDC seria a existência de uma unidade decisória central[289], isto é, um núcleo que possibilite orientações gerais centrais sobre as sociedades controladas[290]. Ao final, importa, para a análise antitruste, verificar se essa orientação central pode impactar a formulação da estratégia competitiva[291].

Uma noção semelhante foi acatada numa operação analisada na vigência da Lei n. 12.529/2011 envolvendo ICE Inversiones e ISCP[292]. Nas palavras do Conselheiro Relator,

> [e]sta definição do grupo econômico traz um conjunto de elementos que, quando presentes nas relações entre empresas consideradas independentes (mesmo sem participação acionária), pode colocar empresas supostamente concorrentes como parte de um mesmo grupo econômico do ponto de vista concorrencial, mesmo que isto não ocorra quando observando as empresas do ponto de vista societário. Este conjunto de elementos apresentados acima cria e/ou subsidia uma "orientação concorrencial central" que é referência para o comportamento individual de cada empresa que faz parte do grupo econômico[293].

No mesmo sentido, há precedente julgado em 2012, envolvendo o Hospital Fluminense e o Grupo FMG[294], o qual consolidou a compreensão adotada pelo CADE. Para o relator, os vínculos societários da operação não seriam suficientes para configurar um grupo econômico no sentido societário, mas, para o antitruste, no caso concreto, não caberia a hipótese de sociedades distintas[295]. Dito de outra forma, ao CADE importa verificar se as empresas podem agir coordenadamente no mercado relevante da operação, isto é, o centro decisório comum seria um parâmetro, dentre outros, para configurar a possibilidade de redução da concorrência no mercado a partir da concretização da operação apresentada[296].

---

[288] Voto do Relator no Ato de Concentração n. 08700.005448/2010-14, p. 24.

[289] Portanto, no "caso dos investimentos ativos, na análise dos efeitos no mercado, a autoridade concorrencial deve tender a considerá-los como um único grupo econômico, ainda que, na ausência de controle, havendo apenas influência relevante. Se no caso concreto não se constatasse influência relevante, o investimento seria considerado passivo, implicando em investimento financeiro, sem interferência direta na gestão da empresa investida" (Voto do Relator no Ato de Concentração n. 08012.009198/2011-21. Requerentes: CSN e UNIMINAS. Decidido pelo CADE em abril de 2014, p. 34.)

[290] Voto do Relator no Ato de Concentração n. 08700.005448/2010-14, p. 25.

[291] Voto do Relator no Ato de Concentração n. 08700.005448/2010-14, p. 26.

[292] Decisão do Plenário no Ato de Concentração n. 08700.011105/2012-51. Requerentes: ISCP – Sociedade Educacional S.A. e ICE Inversiones Brazil, S.L. Julgado pelo CADE em abril de 2013.

[293] Voto do Relator no Ato de Concentração n. 08700.011105/2012-51, p. 18.

[294] Processo Administrativo n. 08012.006653/2010-55 (Hospital Fluminense/FMG Empreendimentos). Decidido pelo CADE em agosto de 2012.

[295] Voto do Relator no Ato de Concentração n. 08012.006653/2010-55, p. 10.

[296] Voto do Relator no Ato de Concentração n. 08012.006653/2010-55, p. 12.

Portanto, a soma das participações das sociedades envolvidas não configura requisito essencial para se supor a existência de grupo econômico na perspectiva concorrencial. De fato, o ponto crucial não decorre de uma definição formal de grupo econômico na acepção clássica. A ausência desse elemento não isenta a operação do controle antitruste, porque o CADE tem considerado, antes das estruturas societárias, os possíveis reflexos concorrenciais[297].

4.2.1.4 | Teoria dos efeitos ou aplicação extraterritorial da LDC

Ao se falar na "teoria dos efeitos" em matéria antitruste, adentra-se especificamente ao campo da jurisdição extraterritorial. A legislação nacional, desde a lei anterior, Lei n. 8.884/94, adotou expressamente o princípio da extraterritorialidade e da teoria dos efeitos. Com isso, no controle de estruturas, em regra, os atos de concentração econômica realizados no território brasileiro devem ser obrigatoriamente submetidos ao SBDC sempre quando forem satisfeitos os critérios de incidência. Não obstante, ainda que os atos tenham sido totalmente praticados fora do território nacional, porém venham ou possam vir a produzir efeitos no Brasil, existe a possibilidade do CADE exercer jurisdição fora do território brasileiro com base na teoria dos efeitos.

A regra da aplicação extraterritorial da Lei Antitruste, em vigor desde 1994, permaneceu intacta no atual regime da LDC, conforme se observa no art. 2º: "Aplica-se esta Lei, sem prejuízo de convenções e tratados de que seja signatário o Brasil, às práticas cometidas no todo ou em parte no território nacional ou que nele produzam ou possam produzir efeitos". Embora seja clara a dicção desse dispositivo normativo, bastante difícil é precisar o que seria suficiente, no universo real e objetivo, a configurar efeitos reais e, muito mais difícil, efeitos potenciais.

Aliás, a discussão sobre a aplicação da teoria dos efeitos não é recente no contexto internacional. Em 1909, por exemplo os EUA enfrentaram o caso *American Banana Co. vs. United Fruit Co.*, no qual a Suprema Corte dos EUA precisou avaliar a questão da extraterritorialidade. Entretanto, foram rejeitados os efeitos extraterritoriais alegados[298]. O caso *United States vs. Alcoa*, em 1947, é o exemplo de aplicação da teoria dos efeitos classicamente citado pela doutrina[299].

No Brasil, restou também à jurisprudência o papel de estabelecer, caso a caso, as hipóteses de efeitos reais e de efeitos potenciais necessárias e suficientes a atrair a incidência da Lei Antitruste. Em 2003 tivemos um bom exemplo de enfrentamento dessa questão quando o CADE indicou o seguinte:

> A Lei Antitruste nacional optou pelo princípio da territorialidade dos efeitos, ou territorialidade objetiva, para definir sua competência em face de operações ou comportamen-

---

[297] Voto do Relator no Ato de Concentração n. 08012.006653/2010-55, p. 6.

[298] *"The prohibitions of the Sherman Anti-Trust Law of July 2, 1890, c. 647. 26 Stat. 209, do not extend to acts done in foreign countries even though done by citizens of the United States and injuriously affecting other citizens of the United States"*. Cf. American Banana Co. v. United Fruit Co., 213 U.S. 347 (1909), p. 213. Para estudo sobre o tema da extraterritorialidade da aplicação da LDC, veja-se Luvizotto, 2014.

[299] United States v. Alcoa, 148 F.2d 416 (2d Cir. 1945).

tos que, mesmo ocorridos no Exterior, possam produzir efeitos no mercado nacional. Portanto, diferentemente do que dispõe o art. 20 da Lei n. 8.884/94 ("(...) atos sob qualquer forma manifestados, que tenham por objeto ou possam produzir os seguintes efeitos (...)") ou os §§ 3º e 4º art. 54 do mesmo diploma – que delimitam critérios objetivos para a identificação dos atos realizados e admitem a apresentação prévia dos atos, ou seja, independentemente de qualquer espécie de efeitos – o art. 2º da Lei Antitruste aplica-se, exclusivamente, às práticas que, mesmo quando cometidas fora do território nacional, nele produzam ou possam produzir efeitos econômicos. De modo singelo: sem efeitos no Brasil, ainda que potenciais, a Lei n. 8.884/94 é inaplicável a práticas ocorridas no Exterior[300].

Em janeiro de 2007 o CADE julgou ato de concentração envolvendo acordo para compra e venda de ações entre *Eaton Industries Manufacturing G.m.b.H* e *Borg Warner Transmission Systems Inc.*[301]. A SDE considerou desnecessária a notificação obrigatória da operação, pois "não se deu entre empresas Brasileiras e o produto não era comercializado no Brasil". Entretanto, o CADE entendeu que "a opinião da SDE foi baseada em avaliação parcial do art. 2º (Lei n. 8.884/94)". O caso trouxe à baila a compreensão segundo a qual, ao lado do requisito portador dos limiares referentes ao volume de negócios das requerentes, em casos envolvendo o exercício da jurisdição extraterritorial, há requisito adicional para a incidência da legislação antitruste, qual seja: os efeitos, reais ou potenciais, no território nacional.

Nesse sentido, o CADE afirmou que os "efeitos" previstos no art. 2º não devem ser entendidos como quaisquer efeitos, mas é essencial a relação direta (atual ou potencial) com o território brasileiro. Relação direta e expressiva, segundo esse precedente. Ou seja, o CADE estabeleceu expressamente que se justifica a notificação obrigatória de operação realizada no exterior quando esta, ao menos em potencial, possa produzir não quaisquer efeitos, mas efeitos anticompetitivos no Brasil. Diante disso, o Tribunal concluiu pela exigência de análise complexa do exame final a respeito da aplicabilidade extraterritorial da legislação antitruste brasileira. Por vezes não basta informação acerca da presença efetiva das Requerentes no território nacional (i.e., dados fáticos, como bens de produção ou volume de exportações).

Assim, deve-se ter como plausível a delimitação geográfica do mercado relevante incluindo o Brasil ao lado de territórios nos quais as Requerentes operam e a partir dos quais poderiam vender seus produtos ao Brasil. No caso *Eaton Industries Manufacturing G.m.b.H* e *Borg Warner Transmission Systems Inc.* foi constatada a presença de tal requisito, consequentemente a operação foi conhecida, considerada como de notificação obrigatória e aprovada sem restrições.

Por meio de seus precedentes, o CADE passou a revelar tendência em classificar a análise dos efeitos extraterritoriais como questão essencialmente de mérito – em oposição ao critério objetivo de faturamento, cujo exame, realizado em caráter preli-

---

[300] Voto no Ato de Concentração n. 08012.009254/02-36, de 13-8-2003. Requerentes: The Carlyle Group e Qinetiq Group Plc. *DOU* 30-10-2003, Seção 1, p. 137.

[301] Ato de Concentração n. 08012.009358/2006-74. Requerentes: Borg Warner Transmission Systems Inc. e Eaton Industries Manufacturing G.M.B.H. Relator: Conselheiro Luis Fernando Schuartz. Decisão proferida em 17-1-2007.

minar, tem o condão de afastar a incidência da LDC. Na hipótese de ausência de efeitos reais ou potenciais, pode o Tribunal decidir-se por não conhecer o ato de concentração, ou, em outras palavras, exarar decisão declaratória de não incidência da LDC[302].

Em março de 2009, o CADE julgou a fusão realizada fora do Brasil entre as duas empresas americanas E. I. *DuPont de Nemours Company* e *Chemtura Corporation*. Na ocasião, o Tribunal conheceu a operação, considerando-a como de notificação obrigatória em função de ter verificado que o faturamento fora alcançado pelos grupos econômicos envolvidos no negócio. O mercado relevante geográfico foi definido como global. Em virtude da definição do mercado geográfico, entendeu o CADE pela possível produção de potenciais efeitos no Brasil. No mérito, por não verificar efeitos prejudiciais ao mercado Brasileiro, o CADE aprovou a operação sem restrições e aplicou às Requerentes multa por notificação intempestiva[303].

Por muito tempo o CADE manifestou-se no mesmo sentido. Em junho de 2011, o Conselho julgou o caso envolvendo *Schneider Eletric Holdings, Inc.* e *SWP Holdings, Inc.* Não obstante as partes tenham alegado que a operação não produziria nenhum efeito no Brasil, o Tribunal considerou o caso como hipótese de notificação obrigatória tendo o alcance dos parâmetros legais de faturamento pelas empresas[304]. Não se falou em definição de mercado relevante ou se adentrou o mérito do caso.

Em abril de 2013, já sob a égide do atual regime (Lei n. 12.529/2011), o CADE julgou o caso *Robert Bosch GmbH, ZF Friedrichshafen AG e Knorr-Bremse Systeme für Commercial Vehicle GmbH*. Nesse caso, a Superintendência-Geral do CADE decidiu monocraticamente pelo não conhecimento da operação, pois julgou que tal operação poderia não surtir efeitos no Brasil. Mesmo as partes tendo preenchido o critério de faturamento no Brasil, o que em muitos casos era considerado como fator determinante para notificação, a Superintendência-Geral concluiu pela não obrigatoriedade de notificação da operação em razão da inexistência de potenciais efeitos anticoncorrenciais no mercado nacional, especialmente porque a empresa-alvo não ofertava quaisquer produtos ou serviços no Brasil[305].

Veja-se, entretanto, que em janeiro de 2014, a SG analisou operação envolvendo *Thyssenkrupp Ag* ("TK") e *Outokumpu Oyj* ("OTK"). Na ocasião, as empresas alegaram que a operação não deveria ser conhecida, pois os potenciais efeitos produzidos no Brasil seriam insignificantes. Não obstante esse argumento, a SG conheceu da

---

[302] Quando o CADE "conhece" da operação, permite a abertura do processo administrativo por meio do qual a operação será analisada. Desse modo, a decisão pelo conhecimento da operação afirma a competência do próprio CADE para analisar a operação, que é, portanto, considerada como de submissão obrigatória.

[303] Ato de Concentração n. 08012.001312/2008-79. Requerentes: E. I. DuPont de Nemours and Company, Du Pont do Brasil S.A., Chemtura Corporation e Chemtura Indústria Química do Brasil Ltda. Julgado pelo CADE em março de 2009.

[304] Ato de Concentração n. 08012.003505/2011-60. Requerentes: Schneider Eletric Holdings, Inc. e SWP Holdings. Julgado pelo CADE em junho de 2011.

[305] Ato de Concentração n. 08700.001204/2013-13. Requerentes: Robert Bosch GmbH, ZF Friedrichshafen AG e Knorr-Bremse Systeme für Commercial Vehicle GmbH. Parecer Técnico n. 35, da Superintendência-Geral do CADE, em 4-4-2013.

operação ao depreender que "as Requerentes pretendiam aplicar o teste dos efeitos como uma etapa preliminar no procedimento de análise de atos de concentração", sendo, na visão da SG, contraditório. Isso porque o entendimento proferido foi no sentido de afirmar a aplicação do teste dos efeitos somente após o CADE realizar uma análise de mérito da operação. Logo, se este fosse aplicado de pronto, resultando no não conhecimento da operação, não haveria como avaliar os efeitos – os quais, justamente são o objeto do teste. Sendo assim, ao confirmar a tendência revelada em janeiro de 2007 (caso *Eaton Industries Manufacturing G.m.b.H / Borg Warner Transmission Systems Inc.*), o CADE expressamente declarou que o teste dos efeitos não deve ser avaliado em sede preliminar – tal como se faz com o critério de faturamento –, mas, sim, deve decorrer de uma análise de mérito[306].

Em janeiro de 2014, a SG também decidiu operação envolvendo *Robert Bosch GmbH* e *Siemens AG*, ocasião na qual declarou que a questão do teste dos efeitos é matéria controvertida na jurisprudência do CADE, com decisões em sentidos opostos. A operação, realizada no exterior, compreendia aquisição de participação acionaria pela *Robert Bosch GmbH* (*"Bosch"*) em *joint venture* estruturada com *Siemens AG* (*"Siemens"*)[307]. Com a operação, Bosch passaria a deter 100% das ações de referida JV. A SG não conheceu da operação sob o argumento de que não implicaria efeitos, reais ou potenciais, no Brasil, pois a *joint venture* não estava em atividade no País. Para tanto, foi aplicado, em determinado momento da análise, o teste dos efeitos. De acordo com os fundamentos da decisão, restou claro que os principais argumentos utilizados pela SG para sustentar a ausência de efeitos reais ou potenciais no Brasil foram: (i) a ausência de atividades econômicas da empresa alvo da operação (a *joint venture*) no Brasil; e (ii) a definição do mercado relevante geográfico como nacional.

Essas duas decisões de janeiro de 2014 acabaram por sacramentar o atual posicionamento do CADE no tocante à qualificação de efeitos reais ou potenciais para aplicação do juízo de extraterritorialidade (ou teoria dos efeitos). Nesse sentido, em junho de 2015, a SG analisou e decidiu monocraticamente operação envolvendo *Bosch China Investment Ltd.* e *Midea Heating & Ventilating Company*, a qual igualmente resultou na formação de uma *joint venture* e não foi conhecida pelos mesmos fundamentos dos casos decididos em janeiro de 2014[308].

Nesse contexto, esta é a orientação jurisprudencial atualmente predominante do CADE sobre operações realizadas fora do Brasil, cujos grupos econômicos preenchem o critério do faturamento no Brasil, porém não implicam efeitos reais ou potenciais ao mercado brasileiro. Segundo tal entendimento, não configuram hipótese de notificação obrigatória quando as seguintes hipóteses são observadas cumulativamente:

---

[306] Ato de Concentração n. 08700.011324/2013-10. Requerentes: Thyssenkrupp AG e Outokumpu Oyj. Parecer Técnico n. 14, da Superintendência-Geral do CADE, em 10-1-2014.

[307] Ato de Concentração n. 08700.008819/2014-43. Requerentes: Robert Bosch GmbH e Siemens AG. Parecer Técnico n. 390, da Superintendência-Geral do CADE, em 19-11-2014.

[308] Ato de Concentração n. 08700.004891/201582. Requerentes: Bosch China Investment e HeFei Midea Heating & Ventilation Equipment Co. Parecer Técnico n. 218, da Superintendência-Geral do CADE, em 18-6-2015.

(i) O critério de faturamento é alcançado;

(ii) A empresa parte (ou alvo) na operação não desenvolve atividades no Brasil (nem possui qualquer receita, de qualquer tipo, vinculada ao mercado relevante); e

(iii) O mercado relevante envolvido na operação já tenha sido definido como nacional pelo CADE.

No tocante à dimensão geográfica do mercado relevante, o racional de decidir do CADE permite-nos algumas conclusões. Assim, sendo o mercado relevante considerado nacional, é razoável supor que operação efetivada em outras jurisdições não implicará efeitos, reais ou potenciais, no Brasil se, em nenhuma medida, comercialize-se ou se desenvolva negócios no País. Por outro lado, sendo o mercado relevante global, presume-se efeitos no Brasil[309].

Quando a operação envolve a formação de uma *joint venture*, para o fim de determinar a ausência – ou não – de efeitos no Brasil, a Superintendência-Geral do CADE leva em consideração o faturamento e o volume de negócios da *joint venture* e das partes no Brasil. Demais disso, a SG observa o fato de alguma das empresas ostentar qualquer tipo de rendimento derivado da comercialização de produtos no mercado brasileiro, seja por meio de vendas, *royalties* ou qualquer outra forma.

Por fim, mesmo contando com bom nível de clareza na jurisprudência sobre quais seriam os parâmetros para se considerar uma operação realizada no exterior como hipótese de submissão prévia e obrigatória ao CADE, pondera-se que os precedentes, no Brasil, são dotados de menor força cogente se comparados a países de cultura *common law*. Além disso, como se verá ainda neste livro, há forte deferência da Justiça Federal às decisões do CADE, notadamente quanto ao seu mérito. Sendo assim, é sempre recomendável uma análise caso a caso e cuidadosa no processo de tomada de decisões por parte dos grupos econômicos pela submissão ou não de atos de concentração ao CADE, com base no juízo de extraterritorialidade.

4.2.1.5 | Regras especiais de incidência para operações envolvendo fundos de investimento

Originariamente, antes das alterações promovidas pela Resolução n. 9, de 1º de outubro de 2014[310], a Resolução do CADE n. 2/2012 determinava que, no caso de fundos de investimento, o grupo econômico devia ser entendido segundo a então redação do § 2º do art. 4º:

> "(I) os fundos que estejam sob a mesma gestão; (II) o gestor; (III) os cotistas que detenham direta ou indiretamente mais de 20% das cotas de pelo menos um dos fundos do

---

[309] Nesse sentido: Ato de Concentração n. 08012.008405/2008-24. Requerentes: Indústrias Romi S/A e Sandretto Industrie S.R.L IN A.S.

[310] O conteúdo da Resolução n. 9/2014 teve por base as discussões da Consulta Pública n. 1/2014 acerca da minuta de resolução sobre a definição de grupo econômico aplicável a fundos de investimento.

inciso I; e (IV) as empresas integrantes do portfólio dos fundos em que a participação direta ou indiretamente detida pelo fundo seja igual ou superior a 20% (vinte por cento) do capital social ou votante".

Como o critério especial originalmente forjado para regular a incidência da LDC em operações envolvendo fundos de investimento resultou numa avalanche de casos notificados ao CADE, em sua maioria sem o menor potencial de prejuízo à concorrência, o CADE, por pressão da comunidade, reviu os critérios e redefiniu-os. De acordo com a nova redação do § 2º do art. 4º da Resolução n. 2/2012, o grupo econômico de fundo de investimento é integrado, para fins de cálculo do faturamento que trata o art. 4º, cumulativamente pelo:

> (I) o grupo econômico de cada cotista que detenha direta ou indiretamente participação igual ou superior a 50% das cotas fundo envolvido na operação via participação individual ou por meio de qualquer tipo de acordo de cotistas; e (II) as empresas controladas pelo fundo envolvido na operação e as empresas nas quais o referido fundo detenha direta ou indiretamente participação igual ou superior a 20% (vinte por cento) do capital social ou votante[311].

Embora recente (2014), a regra especial de incidência aplicável a fundos de investimento guarda estreita relação com as ideias de influência relevante e influência dominante, discutidas pelo CADE desde os anos 2000 e, portanto, bastantes amadurecidas na jurisprudência[312]. Nesse sentido, no labor de se interpretar essa parte específica dirigida a fundos de investimento, recomenda-se ter em mente os testes de influência relevante e/ou dominante, a bem de se minimizar os riscos de uma decisão em desacordo com a *ratio decidendi* do CADE.

4.2.1.6 | Regras especiais de incidência para operações envolvendo contratos associativos

Desde a promulgação da LDC, a definição legal de contratos associativos tem sido objeto de intensas e acaloradas discussões. As razões para tanto são diversas e per-

---

[311] A redação final atribuída, via Resolução n. 9/2014, ao art. 4º, § 2º, da Resolução do CADE n. 2/2014 é distinta daquela da minuta apresentada à Consulta pública, em cujo conteúdo o grupo econômico de fundo de investimento seria entendido como: "(I) o grupo econômico de cada cotista que detenha direta ou indiretamente mais de 20% das cotas fundo envolvido na operação; (II) as sociedades controladas pelo fundo envolvido na operação e as empresas nas quais o referido fundo detenha direta ou indiretamente participação igual ou superior a 20% (vinte por cento) do capital social ou votante; e (III) as sociedades controladas pelos fundos que estejam sob a mesma gestão do fundo envolvido na operação e as empresas nas quais esses fundos detenham direta ou indiretamente participação igual ou superior a 20% (vinte por cento) do capital social ou votante".

[312] Cf. Ato de Concentração n. 08012.010293/2004-48 (Flynet S.A / Ideiasnet S.A.). Julgado pelo CADE em fevereiro de 2006; Ato de Concentração n. 53500.012487/2007-1 (Telecom Italia-TIM / Telefónica-Vivo). Julgado pelo CADE em abril de 2010; Ato de Concentração n. 08012.006653/2010-55 (FMG Empreendimentos Hospitalares S/A / Hospital Fluminense.). Julgado pelo CADE em agosto de 2012; Ato de Concentração n. 08700.011105/2012-51 (ICE Inversiones Brazil / ISCP – Sociedade Educacional S.A.). Julgado pelo CADE em abril de 2013.

passam desde a definição do que viria a ser contrato associativo – pois fora originariamente introduzido no ordenamento jurídico Brasileiro pela Lei n. 12.529/2011 –, ao resultado amplíssimo do alcance dessa regra especial de incidência no imenso e variado universo de arranjos contratuais e negociais entre agentes econômicos. Contudo, em 29 de outubro de 2014, foi promulgada a Resolução do CADE n. 10, a qual disciplina as hipóteses de notificação da celebração de contrato associativo, tendo por base discussão travada quando da Consulta Pública n. 03/2014.

A Resolução do CADE n. 10/2014 procurou pacificar a celeuma e estabelecer critérios objetivos sobre os contratos associativos e as hipóteses de sua notificação obrigatória ao CADE (tal como previsto no art. 90, inciso IV, da LDC). De acordo com o art. 2º de referida Resolução, observados os critérios de faturamento previstos no art. 88, da LDC, devem ser considerados contratos associativos quaisquer contratos com duração superior a dois anos nos quais houver cooperação horizontal, cooperação vertical ou compartilhamento de risco que acarretem, entre as partes contratantes (isto é, entidades diretamente envolvidas no negócio jurídico notificado ao CADE e respectivos grupo econômicos), relação de interdependência. Na hipótese de o contrato associativo apresentar duração inferior a dois anos, mas, mediante renovação, alcançar ou ultrapassar o período de dois anos, então deveria obrigatoriamente ser notificado ao CADE.

Para os fins do art. 2º da Resolução n. 10/2014, presumia-se haver cooperação horizontal ou vertical ou compartilhamento de risco que acarretem relação de interdependência:

> I – nos contratos em que as partes estiverem horizontalmente relacionadas no objeto do contrato sempre que a soma de suas participações no mercado relevante afetado pelo contrato for igual ou superior a vinte por cento (20%); ou II – nos contratos em que as partes contratantes estiverem verticalmente relacionadas no objeto do contrato, sempre que pelo menos uma delas detiver trinta por cento (30%) ou mais dos mercados relevantes afetados pelo contrato, desde que preenchida pelo menos uma das seguintes condições: a) o contrato estabeleça o compartilhamento de receitas ou prejuízos entre as partes; b) do contrato decorra relação de exclusividade.

Da entrada em vigor da Resolução n. 10/2014 até a sua revogação, em outubro de 2016, o CADE já se manifestou algumas vezes e, assim, agregou maior clareza e previsibilidade em como tende a conduzir a concretização dessa regra especial de incidência dirigida aos contratos associativos. Em abril de 2015, Guarani S.A., Noble Brasil S.A. e Bunge Alimentos S.A. notificaram ao CADE uma operação envolvendo a aquisição conjunta de insumos e serviços visando a produzir açúcar e etanol[313]. Como nenhuma das partes tinha participação superior a 20% nos mercados afetados, a SG, após preceder a um exame aprofundado do mérito da operação e em diferentes cenários de proposta de análise antitruste, decidiu pelo não conhecimento da operação.

---

[313] Ato de Concentração n. 08700.002887/2015-80. Requerentes: Guarani S.A, Noble Brasil S.A. e Bunge Alimentos S.A. Decidido pela Superintendência-geral em abril de 2015.

O mesmo passo foi seguido pela autarquia na operação de ingresso da Avianca na Star Alliance[314]. A operação foi apresentada, mas considerando a ausência de sobreposição horizontal ou vertical, a SG decidiu pelo não conhecimento, em junho de 2015. Ainda no mesmo sentido, em julho de 2015 o CADE não conheceu de uma operação envolvendo o fornecimento de pesticidas da Syngenta à Monsanto[315]. Em que pese a existência de integração vertical superior a 30% em mais de um dos mercados envolvidos, o CADE considerou a ausência de compartilhamento de receitas/prejuízos para decidir também pelo não conhecimento.

Em setembro de 2015, novamente o CADE se manifestou, dessa vez no bojo de uma Consulta por Conectcar e Sem Parar[316]. A Consulta versou sobre um contrato envolvendo a prestação de serviço de leitura de etiquetas eletrônicas por radiofrequência. O Tribunal do CADE reconheceu que a Consulta cumpriu os requisitos legais, porém, decidiu de maneira semelhante à SG nos demais atos de concentração notificados em razão da Resolução n. 10/2014. Ou seja, entendeu o Tribunal pela não caracterização da operação como contrato associativo, pontuando os possíveis efeitos pró-concorrenciais por uma cooperação nos termos do contrato.

Além dos casos nos quais decidiu pelo não conhecimento das operações, o CADE analisou até outubro de 2016 mais de 60 contratos associativos, tendo conhecido grande parte deles e aprovado sem restrições[317].

Em outubro de 2016, o Tribunal do CADE homologou a Resolução n. 17, a qual revogou a Resolução n. 10/2014 e fixou novas regras especiais de incidência para os contratos associativos. Segundo a Resolução n. 17/2016, atualmente vigente, são considerados associativos quaisquer contratos com duração igual ou superior a 2 (dois) anos que estabeleçam empreendimento comum para exploração de atividade econômica. Para que esta regra se aplique, os contratos em questão devem, ao mesmo tempo, preencher as seguintes condições: estabelecer o compartilhamento dos riscos e resultados da atividade econômica que constitua o seu objeto; e que as partes contratantes sejam concorrentes no mercado relevante objeto do contrato.

A Resolução considera como atividade econômica a aquisição ou a oferta de bens ou serviços no mercado, ainda que sem propósito lucrativo – nesta hipótese, a atividade deve poder, pelo menos em tese, ser explorada por empresa com o propósito de lucro. A norma define como sendo partes contratantes aquelas diretamente envolvidas no negócio jurídico notificado e os respectivos grupos econômicos. Contratos

---

[314] Ato de Concentração n. 08700.005118/2015-33. Requerentes: Oceanair Linhas Aéreas S.A. e Star Alliance Services GmbH. Decidido pela Superintendência-geral em junho de 2015.

[315] Ato de Concentração n. 08700.006240/2015-27. Requerentes: Monsanto do Brasil Ltda. e Syngenta Proteção de Cultivos Ltda. Decidido pelo Superintendência-geral em julho de 2015.

[316] Consulta n. 08700.007192/2015-94. Consulentes: Centro de Gestão de Meios de Pagamentos S.A. e Conectcar Soluções de Mobilidade Eletrônica S.A. Decidido pelo Plenário em setembro de 2015.

[317] Nesse sentido, por exemplo, veja-se Ato de Concentração 08700.010731/2015-72 (Partes: Laboratórios Pfizer Ltda. e Bristol-Myers Squibb Farmacêutica Ltda.; Data de julgamento: 11-11-2015); Ato de Concentração 08700.009764/2015-70 (Partes: Alumbra Produtos Elétricos e Eletrônicos Ltda., LPS Distribuidora de Materiais Elétricos Ltda., Braft do Brasil Importação e Exportação Ltda.; data de julgamento: 8-10-2015); Ato de Concentração 08700.006310/2015-47 (Partes: Pfizer Inc., Astrazeneca AB; data de julgamento: 14-7-2015).

celebrados antes de sua entrada em vigor e cujo prazo de duração seja de dois anos ou mais devem ser submetidos à avaliação do CADE caso sejam considerados contratos associativos. A regra também excluiu os arranjos verticais do conceito de contrato associativo para efeitos de incidência da LDC.

4.3 | Procedimentos de análise dos atos de concentração (sumário, ordinário e complexo)

O processo administrativo de análise de atos de concentração, no Brasil, apresenta apenas duas classificações nos termos da LDC e regulamentação aplicável: o procedimento sumário, aplicável às operações mais simples das quais resultem baixa ou nula concentração econômica; e o procedimento ordinário, aplicável a operações mais complexas e que resultem em concentração econômica significativa. As partes de uma operação a qual configure hipótese de notificação obrigatória podem escolher como encaminham o caso para análise do CADE, isto é, podem sugerir a adoção do procedimento sumário, ou do procedimento ordinário. A SG e/ou o Tribunal do CADE têm competência para exigir ajustes no procedimento.

O procedimento sumário compreende análise antitruste mais célere e superficial e é cabível nas hipóteses de operações das quais não resultem sobreposições, quer horizontais ou verticais, ou, se resultarem em sobreposições, que estas sejam mínimas e sem potencial de prejuízo à concorrência. A notificação de uma operação ao CADE pelo procedimento sumário deve contemplar informações e documentos requeridos no Anexo II, da Resolução CADE n. 33/2022, documento este denominado "Formulário Procedimento Sumário"[318].

O procedimento ordinário compreende análise antitruste mais profunda e é cabível nas hipóteses de operações das quais resultem concentrações econômicas significativas, quer horizontais ou verticais, sendo assim necessária uma avaliação antitruste mais cuidadosa. A notificação de uma operação ao CADE pelo procedimento ordinário deve contemplar informações e documentos requeridos no Anexo I, da Resolução CADE n. 33/2022, documento este denominado "Formulário Procedimento Não Sumário" ou "Formulário Completo".

Com a evolução institucional do SBDC, os tempos de análise de atos de concentração têm decrescido, seja sob rito sumário, seja sob rito ordinário. Atualmente, e para casos cujas Partes prestam devidamente as informações e fornecem os documentos requeridos pelos Formulários, o CADE tem levado em média 45 dias para analisar e aprovar operações submetidas pelo Formulário Procedimento Sumário. Para a análise e aprovação de operações submetidas pelo Formulário Procedimento Não Sumário, por sua vez, o CADE tem levado de 60 a 120 dias.

É importante destacar que, no tocante ao prazo, além do tempo transcorrido desde a formalização da notificação do ato de concentração junto ao CADE até a publicação da decisão da SG no *Diário Oficial da União*, as partes de uma operação deverão aguardar 15 dias adicionais para consumarem o negócio. Tal prazo deve ser contado em dias

---

[318] CADE, 2022.

corridos e a partir da publicação da decisão da SG no DOU, nos termos do art. 122 do RICADE. Trata-se do prazo para avocação do caso pelo Tribunal do CADE[319].

As operações notificadas obrigatoriamente ao CADE devem ser aprovadas nas seguintes hipóteses:

- quando há uma ausência de controle de uma participação significativa do mercado;
- apesar da participação de mercado significativa, for improvável que o agente econômico exerça tal controle; e
- apesar do exercício do controle, o efeito final da operação for positivo ao mercado e ao bem-estar do consumidor.

Em casos de operações mais difíceis e com resultado de elevada concentração econômica, a SG pode declarar, em decisão fundamentada, a operação como complexa. Essa hipótese, mais rara de se verificar na jurisprudência, aplica-se aos casos limítrofes com riscos prováveis de prejuízos à concorrência.

Normalmente, as operações declaradas complexas pela SG acabam por ela sendo impugnadas perante o Tribunal do CADE[320]. Tratam-se de operações nas quais se adentram aos aspectos mais profundos da análise antitruste.

---

[319] Cf. art. 65, II e art. 67, §§ 1º e 2º, da Lei n. 12.529/2011. A avocação é medida excepcionalíssima na LDC, possuindo o CADE pouquíssimos precedentes nesse sentido.

[320] LDC: "Art. 53. O pedido de aprovação dos atos de concentração econômica a que se refere o art. 88 desta Lei deverá ser endereçado ao Cade e instruído com as informações e documentos indispensáveis à instauração do processo administrativo, definidos em resolução do Cade, além do comprovante de recolhimento da taxa respectiva. § 1º Ao verificar que a petição não preenche os requisitos exigidos no *caput* deste artigo ou apresenta defeitos e irregularidades capazes de dificultar o julgamento de mérito, a Superintendência-Geral determinará, uma única vez, que os requerentes a emendem, sob pena de arquivamento. § 2º Após o protocolo da apresentação do ato de concentração, ou de sua emenda, a Superintendência-Geral fará publicar edital, indicando o nome dos requerentes, a natureza da operação e os setores econômicos envolvidos. Art. 54. Após cumpridas as providências indicadas no art. 53, a Superintendência-Geral: I – conhecerá diretamente do pedido, proferindo decisão terminativa, quando o processo dispensar novas diligências ou nos casos de menor potencial ofensivo à concorrência, assim definidos em resolução do Cade; ou II – determinará a realização da instrução complementar, especificando as diligências a serem produzidas. Art. 55. Concluída a instrução complementar determinada na forma do inciso II do *caput* do art. 54 desta Lei, a Superintendência-Geral deverá manifestar-se sobre seu satisfatório cumprimento, recebendo-a como adequada ao exame de mérito ou determinando que seja refeita, por estar incompleta. Art. 56. A Superintendência-Geral poderá, por meio de decisão fundamentada, declarar a operação como complexa e determinar a realização de nova instrução complementar, especificando as diligências a serem produzidas. Parágrafo único. Declarada a operação como complexa, poderá a Superintendência-Geral requerer ao Tribunal a prorrogação do prazo de que trata o § 2º do art. 88 desta Lei. Art. 57. Concluídas as instruções complementares de que tratam o inciso II do art. 54 e o art. 56 desta Lei, a Superintendência-Geral: I – proferirá decisão aprovando o ato sem restrições; II – oferecerá impugnação perante o Tribunal, caso entenda que o ato deva ser rejeitado, aprovado com restrições ou que não existam elementos conclusivos quanto aos seus efeitos no mercado. Parágrafo único. Na impugnação do ato perante o Tribunal, deverão ser demonstrados, de forma circunstanciada, o potencial lesivo do ato à concorrência e as razões pelas quais não deve ser aprovado integralmente ou rejeitado".

4.4 | Intervenção de terceiros interessados e impugnações

A LDC[321] e regulamentação (RICADE[322]) aplicável preveem a intervenção de terceiros nos processos de análise de atos de concentração. Nos termos dessa legislação, é permitida intervenção de terceiro cujos interesses possam ser afetados com a decisão do CADE. O pedido de intervenção deve ocorrer no prazo de 15 dias da publicação do edital da operação no DOU. O terceiro que almeja ser admitido como interessado deve apresentar todos os documentos e argumentos necessários para comprovação de suas alegações, podendo ocorrer dilação uma única vez, por prazo igual, unicamente em decorrência da necessidade de apresentação dos documentos e pareceres necessários à demonstração do interesse.

Contudo, em caso de ato de concentração em trâmite sob o procedimento sumário, poderá haver decisão antes do fim do prazo do pedido de intervenção de terceiro, sem nenhum prejuízo para o processo. Isso porque caberá fazer a solicitação junto ao Presidente do Tribunal. Nesse sentido, decidiu o CADE em abril de 2014, no caso Empresa Brasileira de Correios e Telégrafos – ECT e Banco do Brasil S.A.[323], no qual houve a admissão de terceiro interessado (ANEPEI – Associação Nacional dos Entregadores de Pequenas Encomendas e Impressos) que apresentou impugnação à operação[324].

Da decisão final de mérito sobre o ato de concentração econômica caberá impugnação. De acordo com a regulamentação aplicável, somente pode impugnar aquele que houver sido formalmente admitido como terceiro interessado[325]. As

---

[321] "Art. 235. A Superintendência-Geral ou o Conselheiro Relator poderá nos termos do art. 121 deste Regimento Interno admitir a intervenção no processo administrativo de: I – terceiros titulares de direitos ou interesses que possam ser afetados pela decisão a ser adotada; (...) Art. 65. No prazo de 15 (quinze) dias contado a partir da publicação da decisão da Superintendência-Geral que aprovar o ato de concentração, na forma do inciso I do *caput* do art. 54 e do inciso I do *caput* do art. 57 desta Lei: I – caberá recurso da decisão ao Tribunal, que poderá ser interposto por terceiros interessados ou, em se tratando de mercado regulado, pela respectiva agência reguladora;".

[322] "Art. 195. O Conselheiro-Relator ou o Superintendente-Geral poderá, nos termos do art. 181 deste Regimento Interno, admitir a intervenção de: I – terceiros titulares de direitos ou interesses que possam ser afetados pela decisão a ser adotada; ou II – legitimados à propositura de ação civil pública pelos incisos III e IV do art. 82 da Lei n. 8.078, de 11 de março de 1990. § 1º A intervenção poderá ser admitida apenas após o término dos prazos previstos no art. 181, § 3º, e no art. 182, § 4º, deste Regimento Interno e terá caráter consultivo quanto aos termos da proposta. § 2º Os requerentes poderão se pronunciar a respeito de eventuais manifestações apresentadas nos termos do § 1º. § 3º O Conselheiro-Relator poderá, a seu juízo de conveniência e oportunidade, conceder prazo de 10 (dez) dias aos requerentes para apresentar emendas à proposta, em caso de manifestação de terceiros."

[323] Ato de Concentração n. 08700.001945/2014-77. Requerentes: Empresa Brasileira de Correios e Telégrafos e Banco do Brasil. Julgado pelo CADE em abril de 2014.

[324] Voto na Relatora no Ato de Concentração n. 08700.001945/2014-77, p. 9.

[325] De acordo com o RICADE: "Art. 122. No prazo de 15 (quinze) dias contados a partir da publicação da decisão da Superintendência-Geral que aprovar o ato de concentração: I – caberá recurso da decisão ao Tribunal, que poderá ser interposto por terceiros interessados habilitados no processo, nos termos do art. 118, ou, em se tratando de mercado regulado, pela respectiva agência reguladora; [...] Art. 124, parágrafo único. Os terceiros interessados habilitados no processo, nos termos do art. 118, poderão oferecer suas alegações a respeito da impugnação no mesmo prazo do *caput*, a ser contado da data de impugnação da Superintendência-Geral".

Requerentes poderão oferecer petição de oposição à impugnação, no prazo de 30 dias, a qual deve trazer as razões de fato e de direito, bem como provas, estudos e pareceres que a justifique, corroborando o pedido realizado no momento da submissão do ato de concentração (art. 124 do RICADE).

4.5 | Avocações

A atual LDC inovou no ordenamento jurídico pátrio e criou o instituto da avocação, pelo Tribunal do CADE, de casos decididos monocraticamente pela SG. Antes mesmo de regulamentada, a avocação foi utilizada em três casos. O primeiro caso envolvia o grupo *Laureate Education* e a *Anhembi Morumbi* (administrada pela ISCP), quando o grupo pretendia elevar sua participação na empresa de 51% para 100%[326]. A Superintendência-geral do CADE aprovou a aprovação, mas o então Conselheiro Alessandro Octaviani apresentou ao Plenário um pedido de avocação em fevereiro de 2013. Dois meses depois, o Plenário aprovou a operação sem restrições, em que pese a multa por enganosidade aplicada em junho de 2013.

O segundo caso cuidou de um contrato de licenciamento entre Monsanto de Brasil e Embrapa (Empresa Brasileira de Pesquisa Agropecuária)[327]. A SG decidiu por não reconhecer a operação, porém, o então presidente do CADE, Vinícius de Carvalho, apresentou pedido de avocação. Poucas semanas depois, a operação foi aprovada sem restrições, em agosto de 2013. Também à época, outro contrato de licenciamento envolvendo a Monsanto, dessa vez com a Bayer S.A.[328], igualmente recebeu um parecer pela SG pelo não conhecimento da operação. No mesmo sentido, em julho de 2013 o então Conselheiro Eduardo Pontual teve seu pedido de avocação acolhido pelo Plenário, o qual finalmente decidiu por aprovar a operação com restrições em janeiro de 2014. Embora avocadas, tais operações acabaram por ser aprovadas sem restrições pelo Tribunal do CADE.

Por meio da Consulta Pública n. 2/2014, foram levadas propostas de Emendas Regimentais (RICADE – Resolução do CADE n. 1/2012) com relação a procedimentos aplicáveis à avocação ou recurso contra a decisão de aprovação de ato de concentração pela Superintendência-Geral. O resultado desse diálogo institucional pode ser visto nas Resoluções n. 7 e 8/2014, que alteraram o RICADE trazendo os procedimentos a ser seguidos pelo Tribunal do CADE ou por terceiros interessados para formalizar a avocação. Atualmente, o tema é disciplinado pelo RICADE, com redação conferida pela Resolução CADE n. 22/2019.

Quando houver avocação, esta necessariamente ocorrerá por meio de despacho de Conselheiro (art. 122, § 2º, do RICADE) com os respectivos fundamentos, no prazo 15 dias, contados a partir da publicação da decisão da Superintendência-Geral

---

[326] Ato de Concentração n. 08700.011105/2012-51. Requerentes: ISCP – Sociedade Educacional S.A. e ICE Inversiones Brazil, S.L. Julgado pelo CADE em abril de 2013.

[327] Ato de Concentração n. 08012.004808/2000-01. Requerentes: Monsanto e Embrapa. Julgado pelo CADE em agosto de 2013.

[328] Ato de Concentração n. 08700.004957/2013-72. Requerentes: Monsanto e Bayer. Julgado pelo CADE em janeiro de 2014.

na qual seja aprovado o ato de concentração. Desse modo, o Conselheiro que tiver proferido o despacho ficará prevento para os demais atos subsequentes. Com isso, proferido o despacho de avocação, a Superintendência-Geral deverá ser cientificada para, em seguida, remeter o ato de concentração ao Plenário do Tribunal (§ 3º). Na sessão de julgamento imediatamente posterior à prolação do despacho de avocação, este também deverá ser submetido ao Plenário do Tribunal (§ 4º).

Quanto ao despacho de avocação, o Plenário do Tribunal poderá se posicionar pela confirmação da decisão da SG no sentido da aprovação do ato de concentração; ou pela manutenção do despacho de avocação, com possibilidade de solicitação de instrução complementar. Na hipótese de manutenção do despacho, será feito sorteio para distribuição ao Conselheiro Relator. Durante o processamento do despacho, o ato de concentração econômica e sua respectiva execução ficarão suspensos até a decisão do Tribunal do CADE sobre a questão.

4.6 | Decisões e Acordos em Atos de Concentração (ACCs)

A decisão do CADE (seja da SG ou do Tribunal) está normatizada na LDC da seguinte forma:

> Art. 61. No julgamento do pedido de aprovação do ato de concentração econômica, o Tribunal poderá aprová-lo integralmente, rejeitá-lo ou aprová-lo parcialmente, caso em que determinará as restrições que deverão ser observadas como condição para a validade e eficácia do ato.
> § 1º O Tribunal determinará as restrições cabíveis no sentido de mitigar os eventuais efeitos nocivos do ato de concentração sobre os mercados relevantes afetados.
> § 2º As restrições mencionadas no § 1º deste artigo incluem:
> I – a venda de ativos ou de um conjunto de ativos que constitua uma atividade empresarial;
> II – a cisão de sociedade;
> III – a alienação de controle societário;
> IV – a separação contábil ou jurídica de atividades;
> V – o licenciamento compulsório de direitos de propriedade intelectual; e
> VI – qualquer outro ato ou providência necessários para a eliminação dos efeitos nocivos à ordem econômica.
> § 3º Julgado o processo no mérito, o ato não poderá ser novamente apresentado nem revisto no âmbito do Poder Executivo.

Em suma, pode o CADE decidir de três formas: pela aprovação incondicional, pela imposição de restrições (ou adoção de remédios), ou pela rejeição (ou veto) da operação de concentração econômica. Na hipótese de aprovação com restrições, o CADE pode adotar "remédios" estruturais (como venda de ativos tangíveis e intangíveis) e/ou comportamentais (como a imposição de obrigações de não discriminar preços, de fornecer relatórios ao CADE etc.). Nos casos de imposição de remédios, é comum que o CADE firme com as Requerentes Termo de Compromisso de Desempenho (TCD), como condição à aprovação da operação. Do TCD constarão as obrigações estruturais e comportamentais assumidas pelas partes para, apenas depois de concretizadas, a operação adquirir eficácia definitiva. Mais recentemente, como se verá adiante, as decisões de aprovações com restrições vêm sendo concebidas no contexto de Acordos em Atos de Concentração (ACCs).

Cabral, ao realizar uma análise da evolução da prática do CADE em termos de aplicação de remédios em atos de concentração no período de 1994-2013, constatou, dentre os avanços importantes na prática do CADE: (i) tendência de maior utilização de soluções negociadas em relação às imposições unilaterais de restrições, entendida pela autora como uma característica positiva, pois medidas adotadas pela via negocial tendem a ter maior sucesso e rapidez em sua implementação; e (ii) mudança de perfil dos acordos: evoluiu-se de um cenário de aplicação de TCDs destinados, em geral, a garantir a efetivação das eficiências alegadas pelas requerentes, para TCDs capazes de tratar mais propriamente de mitigar os efeitos anticompetitivos decorrentes dos atos de concentração. Dentre os tipos de remédios aplicados pelo CADE, a partir de 2005 – de uma forma mais consistente – foram tomadas decisões que aliam medidas estruturais e comportamentais[329]. Isso indica que, mesmo a quantidade de remédios comportamentais tendo superado a de soluções estruturais, os primeiros têm sido utilizados muitas vezes em conjunto com medidas estruturais, de maneira a aprimorá-las[330].

Nos casos submetidos à análise do CADE nos quais é constatada possibilidade de geração de efeitos negativos à concorrência, as Requerentes têm a prerrogativa de, antes mesmo do julgamento final de mérito, buscar Acordo em Ato de Concentração (ACC), o qual é celebrado diretamente com o CADE. Por meio do ACC, busca-se firmar antecipadamente um remédio já previsto na Comunicação de Objeções de modo a viabilizar a aprovação da operação por meio da mitigação dos potenciais efeitos negativos que dela poderiam decorrer.

Esse requerimento deve ocorrer, em qualquer momento, desde a data da notificação feita originariamente ao CADE até o trigésimo dia contado a partir da elaboração da Comunicação de Objeções pela Superintendência-Geral. Contudo, o CADE é dotado de discricionariedade para decidir acerca do pedido de ACC. Na Sessão do Tribunal do CADE para decisão final do pedido de ACC, Superintendência-Geral, Economista-Chefe, Procurador Federal junto ao CADE, terceiros interessados (se autorizados, segundo juízo discricionário, pelo Tribunal do CADE) e partes podem apresentar as razões finais de forma oral. O Tribunal do CADE deverá, então, decidir acerca da aprovação da operação, ou pela sua rejeição total ou parcial[331].

O CADE realizou seu primeiro Acordo em Ato de Concentração em operações que suscitaram preocupações concorrenciais, como uma condição para o julgamento, já sob a vigência da LDC (Lei n. 12.529/2011). O primeiro caso trata da aquisição da Mach pela Syniverse, julgado em maio de 2013. Durante a análise, a Superintendência-Geral entendeu que a operação poderia resultar em alta concentração nos mercados de dados GSM e de *Near Real Time Roaming Data Exchange*

---

[329] Com aos remédios comportamentais, em especial, chama a atenção a utilização de remédios com restrição de liberdade de precificar, de decidir sobre quantidades ofertadas/capacidade, e de suspensão de marcas. Tais remédios tem efetividade controversa.

[330] Cabral, 2014, p. 75-78.

[331] Franceschini; Gaban; Amorim, 2014, p. 200.

(NRTRDE), os quais tratam de serviços em tecnologia disponibilizados pelas empresas de telecomunicação móvel quanto à cobrança de *roaming*. Para mitigar os potenciais anticompetitivos, Mach e Syniverse propuseram celebrar ACC, segundo o qual se obrigariam a remover quaisquer efeitos negativos à concorrência decorrentes da operação[332].

Em outro caso analisado pelo CADE em maio de 2013, envolvendo Ahlstrom Corporation e Munksjö AB[333], reconheceu-se a existência de alta concentração no mercado de papel decorativo pré-impregnado (PRIP), utilizados em móveis de ambientes internos (v. g., cozinhas, escritórios, quartos), bem como no mercado de bases para abrasivos de papel pesado, com aplicação em produtos de revestimento abrasivo para desgastar ou polir materiais em diversos setores industriais. Além da já alta concentração no mercado, não havia perspectiva de entrada de novos concorrentes no setor ou de número de empresas suficientes para concorrer nesse mercado. Diante disso, a venda de uma unidade de produção da empresa Ahlstrom foi condição imposta para a realização da operação.

Nesses pouco mais de 10 anos de vigência da LDC, grande maioria (senão a totalidade) dos atos de concentração impugnados pela SG e não vetados pelo Tribunal foram objeto de ACCs entre as requerentes e o CADE. Nesse sentido, além das decisões de aprovação com restrições darem lugar aos ACCs, passou-se a utilizar de uma ferramenta comumente utilizada nos EUA para acordos em casos envolvendo a Lei Anticorrupção dos EUA, a *Foreign Corrupt Practices Act* (FCPA), qual seja, o monitor, ou *trustee*.

4.6.1 | Monitores independentes ou *Trustees*

Em 1977, foi promulgado nos EUA o FCPA, Lei Anticorrupção norte-americana com foco em combater suborno generalizado de funcionários estrangeiros por empresas norte-americanas. O USDoJ e a *Securities and Exchange Commission* (SEC) dos EUA compartilham a responsabilidade de fazer cumprir o FCPA. O USDoJ se concentra principalmente em investigar e processar infrações penais antissuborno e contábeis contidas no FCPA, enquanto a SEC se encarrega da persecução civil do FCPA contra emissores de valores mobiliários nos Estados Unidos e aqueles que agem em seu nome. Após níveis de aplicação relativamente modestos por muitos anos, a atividade de aplicação aumentou de forma constante e significativa ao longo dos anos 2000 e atingiu seu ápice em 2016[334].

Ao estilo das Leis Antitruste, como a LDC, o FCPA tem alcance extraterritorial. As autoridades dos EUA podem investigar e punir partes (pessoas físicas e pessoas jurídicas) não americanas com base em suposta prática de atos de corrup-

---

[332] Ato de Concentração n. 08700.001824/2013-44. Requerentes: Syniverse Holdings e WP Roaming. Julgado pelo CADE em maio de 2013.

[333] Ato de Concentração n. 08700.009882/2012-35. Requerentes: Ahlstrom Corporation e Munksjö AB. Julgado pelo CADE em maio de 2013.

[334] Stanford Law School, 2023.

ção que possuam apenas um nexo limitado com os EUA. Em toda sua história de vigência, isto é, desde 1977 até a presente data, entidades e indivíduos baseados nos EUA estiveram majoritariamente envolvidos nas acusações de FCPA movidas pelas autoridades norte-americanas. Entretanto, nos últimos anos, as autoridades norte-americanas têm majoritariamente processado e punido empresas e pessoas físicas não americanas por infrações à FCPA[335].

As dez multas mais elevadas aplicadas em acordos de FCPA envolveram grupos econômicos não americanos, tendo a maior delas (USD 3,557 bilhões) envolvido um grupo econômico brasileiro[336].

Ao celebrar acordos no âmbito do FCPA, as autoridades contam com alternativas para estabelecer o pacote punitivo ideal em cada caso. Além das sanções principais, como elevadas multas (com descontos médios de 23% a 29%) e, para pessoas físicas, períodos de reclusão (média de 29 meses de reclusão), as autoridades norte-americanas também podem exigir que as partes do acordo indiquem um monitor independente de compliance (ou de conformidade) com o FCPA. O monitor não deve ter qualquer ligação com as partes, seus acionistas ou quotistas, seus executivos ou diretores. O monitor deverá ser incumbido de avaliar objetivamente a conformidade da empresa e de seus colaboradores com o FCPA, bem assim com as obrigações pactuadas nos respectivos acordos, tudo para mitigar o risco de retorno às práticas de corrupção. Um monitor independente eficiente também pode ajudar as partes a desenvolver e implementar um programa de conformidade eficaz, fornecendo uma avaliação externa do programa e fazendo recomendações para seu aprimoramento[337].

As autoridades dos EUA exigiram a nomeação de monitores como parte da resolução de grande parte das investigações do FCPA envolvendo uma série de supostas formas de suborno estrangeiro. A frequência dos monitoramentos FCPA mudou ao longo do tempo e o número de acordos FCPA que incluíram um monitor caiu significativamente nos últimos anos. No entanto, à luz da orientação recente do USDoJ, muitos profissionais esperam um aumento no número de monitores FCPA nos próximos anos[338].

O monitor de compliance do FCPA é, *a priori*, uma ferramenta que resolve dois problemas complexos atinentes a qualquer solução comportamental presente em decisões ou acordos: o custo elevado e a assimetria de informação. Ao passar para as partes de um acordo o ônus de custear o monitor independente como condição para celebrarem um acordo de FCPA, o Estado tira de si esse problema, já que qualquer monitoramento mobiliza recursos para o futuro e possui uma curva de custos crescentes à medida que seu objeto é complexo e o tempo da solução comportamental é longo. Além disso, quanto mais complexo é o objeto da solução

---

[335] Goldin, Levine, 2022.
[336] Stanford Law School, 2023.
[337] Stanford Law School, 2023.
[338] Goldin, Levine, 2022.

comportamental, mais assimétrico é o conhecimento das autoridades estatais para, por si, avaliarem seu cumprimento ao longo do tempo.

Se para caso envolvendo prática de corrupção custos de monitoramento e expertise pesam, quanto mais para casos envolvendo antitruste. Provavelmente por esse acaso, as autoridades antitruste passaram a exigir a nomeação de monitores antitruste, mais conhecidos como *trustees*, nas decisões de desinvestimento em controle de estruturas.

Na década de 1990, nos EUA, o FTC costumava nomear monitores de desinvestimento para os casos complexos de aprovações com restrições de operações, ou mesmo para temas envolvendo transferência de tecnologia na indústria farmacêutica. Entretanto, por razões diversas, havia pouca confiança entre as partes e os monitores independentes, ou *trustees*, de modo que a avaliação sobre o resultado dessa ferramenta era ambígua. Com o passar do tempo, a utilização dos monitores independentes para as decisões em controle de estruturas foi sendo aprimorada e mais utilizada nos EUA[339].

No Brasil, o instituto passou a ser utilização em 2014, já na vigência da LDC, no ACC envolvendo a aquisição global do Grupo Lafarge, pelo Grupo Holcim. No ato de concentração submetido ao CADE figuraram como requerentes a Holcim Ltda. e a Lafarge S.A. A operação foi aprovada nos termos do ACC que, em suma, envolveu remédio estrutural de desinvestimento de plantas de cimento, contratos de distribuição e plantas de concretagem[340].

Em janeiro de 2015, o instituto foi utilizado e ampliado no ACC envolvendo *Continental Akfiengesellschaft (Continental)* e *Veyance Technologies, Inc. (Veyance)*. Nesse caso, além da função de monitorar o desinvestimento, o *trustee* nomeado teria mandato para fazê-lo (tal como um banco de investimento), bem como seria dotado de poderes de administração sobre os negócios objeto do acordo de desinvestimento. Segundo a própria decisão, haveria três *trustees* ou monitores independentes, o supervisor nomeado (*trustee* de monitoramento), o mandatário de desinvestimento (*trustee* de desinvestimento) e os administradores independentes (*operating trustees*, ou *trustee* administrador)[341]. Essa decisão estabeleceu o paradigma do monitor independente antitruste brasileiro, mais conhecido pela comunidade antitruste como *trustee*.

Em 2016, a ICN publicou um guia de remédios (*Merger Remedies Guide*)[342], em que sistematizou as formas e as cautelas básicas para a utilização dessa ferramenta, isto é, dos *trustees*. Segundo o guia, diante de uma decisão de restrições (sejam elas estruturais ou comportamentais), a autoridade antitruste pode nomear

---

[339] FTC, 2023.

[340] Ato de Concentração n. 08700.007621/2014-42. Requerentes: Holcim Ltda. e Lafarge S.A. Julgado pelo CADE em dezembro de 2014.

[341] Ato de Concentração n. 08700.004185/201 4-50. Requerentes: Continental Akfiengesellschaft (Continental) e Veyance Technologies, Inc. (Veyance). Julgado pelo CADE em janeiro de 2015.

[342] ICN, 2016.

ou aprovar a nomeação de um *trustee* para servir à autoridade e ser custeado pelas partes durante a fase de implementação dos remédios impostos (ou acordados). O *trustee* tem a função de maximizar a efetividade da decisão[343].

O monitor independente pode ser nomeado como *trustee* de monitoramento para facilitar o monitoramento contínuo de compromissos comportamentais, incluindo determinações contínuas ou provisórias. Esta função pode incluir a interpretação da aplicação de compromissos, fornecendo opiniões não vinculativas à autoridade antitruste sobre a implementação ou eficácia da obrigação imposta, bem como apresentando relatórios periódicos sobre o progresso da implementação do remédio definido para o caso. O *trustee* de monitoramento também pode ser útil para supervisionar certos aspectos em um remédio de desinvestimento, como a preservação dos negócios ou ativos a serem alienados. Indivíduos ou empresas com experiência em auditoria, análise financeira, como empresas de contabilidade ou bancos de investimento, são normalmente os mais indicados para servirem como *trustees* de monitoramento[344].

Quando o remédio é estrutural e envolve um processo de desinvestimento, um monitor independente que atua como *trustee* de desinvestimento (ou de alienação) pode ser nomeado para conduzir e supervisionar o processo de alienação se as partes do ato de concentração não conseguirem fazê-lo a contento dentro do prazo estabelecido pela decisão da autoridade antitruste. Nessa função, o *trustee* pode ficar responsável por emitir opiniões não vinculativas sobre a adequação ou não de um comprador para os ativos objeto da decisão de desinvestimento. Indivíduos ou empresas com experiência em análise financeira e venda de ativos, como bancos de investimento ou firmas de contabilidade, são normalmente selecionados como *trustees* de desinvestimentos[345].

Quando um remédio envolve processo de desinvestimento após o fechamento de uma fusão, o monitor independente pode ser nomeado como *trustee* administrador ou *trustee* administrador *ad hoc* pode ser nomeado para gerenciar as operações diárias do(s) negócio(s) a ser(em) alienado(s) de modo a manter a independência e competitividade da empresa incorporada e preservar a eficácia do remédio. A função desse *trustee* é procurar, tanto quanto possível, preservar o curso regular dos negócios (*due course of business*) até que o remédio estrutural seja plenamente cumprido. O *trustee* administrador *ad hoc* exigirá os poderes executivos, competências e capacidade necessários para o desempenho desta função[346].

Em maio de 2020, o Departamento de Estudos Econômicos (DEE), do CADE, publicou o Documento de Trabalho n.002/2020, intitulado Remédios Antitruste no CADE: uma análise da jurisprudência. Nesse documento, o DEE procurou esquadrinhar a utilização de remédios pelo CADE na vigência da atual

---

[343] ICN, 2016, p. 24-26.
[344] *Id.*, *ibid.*, p. 25.
[345] *Id.*, *ibid.*, p. 26.
[346] *Id.*, *ibid.*, p. 26.

LDC. Os ACCs e os *trustees* mereceram cuidado especial, dada sua constante e majoritária utilização nas hipóteses de impugnação dos atos de concentração ao Tribunal do CADE nesses pouco mais de 10 anos de vigência da LDC, a saber:

> A presente pesquisa mostra que a previsão de *trustees* em ACCs é uma tendência nos últimos anos. Dos 36 casos analisados, 17 instituíram *trustees*, com as possíveis funções: monitoramento dos compromissos previstos no ACC, viabilização do processo de venda do negócio a ser desinvestido e preservação do negócio objeto de desinvestimento... Trata-se da contratação pelas requerentes de terceiros(s) para participar da implementação e monitoramento do remédio. Os *trustees* respondem diretamente ao Cade por meio de mandatos especificados no ACC ou por decisão do Tribunal. No entanto, ele não está autorizado a decidir em nome do Cade. O *trustee* deve ter conhecimento do negócio parte do remédio e são remunerados pelas requerentes do AC (...) pode-se afirmar que a adoção de *trustees* tem se tornado mais constante a partir de 2015, como condição para a celebração de ACCs, o que tem contribuído, entre outros benefícios, para a diminuição dos custos administrativos arcados pelo Cade em relação ao monitoramento do cumprimento dos ACCs. Nota-se que nos anos de 2017 e 2018 a previsão de *trustees* abarca em torno de 80% dos casos (...)[347]

Os monitores independentes surgem, assim, para sanar dois grandes desafios, quais sejam o custo de monitoramento e a assimetria de informação. Entretanto, é de suma importância que as autoridades, na adoção dessa ferramenta, ponderem a sua real necessidade caso a caso e, sobretudo, acautelem-se quanto aos possíveis conflitos de interesse existentes.

Ao atuar como *longa-manus* da autoridade antitruste, o *trustee* (seja qual for sua função específica, isto é, de monitorar, de vender, ou de administrar) deve se submeter aos mais elevados padrões éticos, não podendo, jamais, possuir qualquer espécie de relação (seja ela direta ou indireta) com as partes e seus grupos econômicos, bem assim com as partes e respectivos grupos econômicos de potenciais adquirentes ou beneficiários dos remédios estruturais ou comportamentais.

Além disso, deve a autoridade antitruste ser muito rigorosa na avaliação da expertise do *trustee* para cada uma das funções em que seja possível sua atribuição, tudo com o fim de dar ao instituto sua verdadeira destinação e, assim, evitar seu mau uso ou o desvio de sua finalidade.

5 | CONTROLE DE CONDUTAS

5.1 | Hipóteses normativas de infrações antitruste

De modo semelhante à Lei n. 8.884/94[348], a Lei n. 12.529, publicada em 30-11-2011 e em vigor desde maio de 2012, preservou o enfoque híbrido de atuação (condutas e estruturas) e tipificou as infrações à ordem econômica da seguinte forma:

---

[347] Sakowski, 2023.
[348] Como referido anteriormente, a Lei n. 8.884/94, em seus arts. 20 e 21, previa as infrações à ordem econômica.

Art. 36. Constituem infração da ordem econômica, independentemente de culpa, os atos sob qualquer forma manifestados, que tenham por objeto ou possam produzir os seguintes efeitos, ainda que não sejam alcançados:
I – limitar, falsear ou de qualquer forma prejudicar a livre concorrência ou a livre-iniciativa;
II – dominar mercado relevante de bens ou serviços;
III – aumentar arbitrariamente os lucros; e
IV – exercer de forma abusiva posição dominante.

§ 1º A conquista de mercado resultante de processo natural fundado na maior eficiência de agente econômico em relação a seus competidores não caracteriza o ilícito previsto no inciso II do *caput* deste artigo.

§ 2º Presume-se posição dominante sempre que uma empresa ou grupo de empresas for capaz de alterar unilateral ou coordenadamente as condições de mercado ou quando controlar 20% (vinte por cento) ou mais do mercado relevante, podendo este percentual ser alterado pelo Cade para setores específicos da economia.

§ 3º As seguintes condutas, além de outras, na medida em que configurem hipótese revista no *caput* deste artigo e seus incisos, caracterizam infração da ordem econômica:
I – acordar, combinar, manipular ou ajustar com concorrente, sob qualquer forma:
a) os preços de bens ou serviços ofertados individualmente;
b) a produção ou a comercialização de uma quantidade restrita ou limitada de bens ou a prestação de um número, volume ou frequência restrita ou limitada de serviços;
c) a divisão de partes ou segmentos de um mercado atual ou potencial de bens ou serviços, mediante, dentre outros, a distribuição de clientes, fornecedores, regiões ou períodos;
d) preços, condições, vantagens ou abstenção em licitação pública;
II – promover, obter ou influenciar a adoção de conduta comercial uniforme ou concertada entre concorrentes;
III – limitar ou impedir o acesso de novas empresas ao mercado;
IV – criar dificuldades à constituição, ao funcionamento ou ao desenvolvimento de empresa concorrente ou de fornecedor, adquirente ou financiador de bens ou serviços;
V – impedir o acesso de concorrente às fontes de insumo, matérias-primas, equipamentos ou tecnologia, bem como aos canais de distribuição;
VI – exigir ou conceder exclusividade para divulgação de publicidade nos meios de comunicação de massa;
VII – utilizar meios enganosos para provocar a oscilação de preços de terceiros;
VIII – regular mercados de bens ou serviços, estabelecendo acordos para limitar ou controlar a pesquisa e o desenvolvimento tecnológico, a produção de bens ou prestação de serviços, ou para dificultar investimentos destinados à produção de bens ou serviços ou à sua distribuição;
IX – impor, no comércio de bens ou serviços, a distribuidores, varejistas e representantes preços de revenda, descontos, condições de pagamento, quantidades mínimas ou máximas, margem de lucro ou quaisquer outras condições de comercialização relativas a negócios destes com terceiros;
X – discriminar adquirentes ou fornecedores de bens ou serviços por meio da fixação diferenciada de preços, ou de condições operacionais de venda ou prestação de serviços;
XI – recusar a venda de bens ou a prestação de serviços, dentro das condições de pagamento normais aos usos e costumes comerciais;

XII – dificultar ou romper a continuidade ou desenvolvimento de relações comerciais de prazo indeterminado em razão de recusa da outra parte em submeter-se a cláusulas e condições comerciais injustificáveis ou anticoncorrenciais;

XIII – destruir, inutilizar ou açambarcar matérias-primas, produtos intermediários ou acabados, assim como destruir, inutilizar ou dificultar a operação de equipamentos destinados a produzi-los, distribuí-los ou transportá-los;

XIV – açambarcar ou impedir a exploração de direitos de propriedade industrial ou intelectual ou de tecnologia;

XV – vender mercadoria ou prestar serviços injustificadamente abaixo do preço de custo;

XVI – reter bens de produção ou de consumo, exceto para garantir a cobertura dos custos de produção;

XVII – cessar parcial ou totalmente as atividades da empresa sem justa causa comprovada;

XVIII – subordinar a venda de um bem à aquisição de outro ou à utilização de um serviço, ou subordinar a prestação de um serviço à utilização de outro ou à aquisição de um bem;

XIX – exercer ou explorar abusivamente direitos de propriedade industrial, intelectual, tecnologia ou marca.

Nesse contexto, se um comportamento não restringe a livre concorrência (de forma efetiva ou potencial), não atrai a incidência do art. 36 da LDC. Consequentemente, não haverá conduta anticoncorrencial. A jurisprudência do CADE caminha majoritariamente nesse mesmo sentido, à medida que usualmente aplica o seguinte teste para aferir a ilegalidade de uma conduta na esfera antitruste:

(i) Primeiro, é necessário mostrar que a conduta, por meio da qual a infração à concorrência se daria, de fato ocorreu e pode ser imputada à representada.

(ii) Segundo, para que a prática empresarial possa configurar uma conduta anti-competitiva é necessário que a representada possua condições para realizar a alegada conduta infrativa, ou seja, que possua posição dominante que possa ser utilizada de modo a restringir a concorrência.

(iii) Finalmente, uma vez tendo sido constatada a ação por meio da qual haveria restrições à concorrência por uma determinada empresa e detendo esta poder de mercado, é necessário mostrar que tal conduta pode gerar efeitos deletérios à concorrência e que não esteja associada a ganhos de eficiência suficientes para contrabalançar os prejuízos de eventual redução da concorrência[349].

Assim, embora a Lei Antitruste (art. 36, § 3º) apresente um rol exemplificativo de práticas, estas somente poderão ser consideradas infrações antitruste se preenchidos os requisitos do art. 36 (*caput*, incisos e § 2º, da Lei n. 12.529/2011)[350].

---

[349] *CPI dos Medicamentos da Câmara dos Deputados v. Virtus Indústria e Comércio Ltda.* – julgado pelo CADE em junho de 2008. In: Voto do Conselheiro Relator, Paulo Furquim de Azevedo, no Processo Administrativo n. 08012.000980/2000-23.

[350] Correspondente aos requisitos do art. 20 (*caput*, incisos e §§ 2º e 3º, da Lei n. 8.884/94).

As práticas aqui estudadas neste livro são apenas uma amostra das principais condutas de abuso de posição dominante usualmente enfrentadas pelo SBDC. Além dessas práticas, pode haver (e, de fato, há) outras que, com menos frequência, e não menor importância, são objeto de investigação e repressão por parte das autoridades antitruste[351].

5.1.1 | Sanções por infrações à Lei Antitruste

No Brasil, embora as infrações à Lei de Defesa da Concorrência muitas vezes caracterizem infrações a outras leis, como os crimes contra a ordem econômica (Lei n. 8.137/90), o Código de Defesa do Consumidor (Lei n. 8.078/90) e a Lei de Licitações (Lei n. 8.666/93), as sanções pecuniárias mais significativas estão previstas no diploma antitruste.

A LDC preservou boa parte das hipóteses de sanção e sistemática da Lei n. 8.884/94[352], tendo trazido, contudo, algumas alterações importantes, como a possível redução da principal sanção pecuniária pela prática anticoncorrencial (art. 37, I e III) e o aumento de outras sanções pecuniárias (e. g., art. 37, II):

> Art. 37. A prática de infração da ordem econômica sujeita os responsáveis às seguintes penas:
> I – no caso de empresa, multa de 0,1% (um décimo por cento) a 20% (vinte por cento) do valor do faturamento bruto da empresa, grupo ou conglomerado obtido, no último exercício anterior à instauração do processo administrativo, no ramo de atividade empresarial em que ocorreu a infração, a qual nunca será inferior à vantagem auferida, quando for possível sua estimação;
> II – no caso das demais pessoas físicas ou jurídicas de direito público ou privado, bem como quaisquer associações de entidades ou pessoas constituídas de fato ou de direito, ainda que temporariamente, com ou sem personalidade jurídica, que não exerçam atividade empresarial, não sendo possível utilizar-se o critério do valor do faturamento bruto, a multa será entre R$ 50.000,00 (cinquenta mil reais) e R$ 2.000.000.000,00 (dois bilhões de reais);
> III – no caso de administrador, direta ou indiretamente responsável pela infração cometida, quando comprovada a sua culpa ou dolo, multa de 1% (um por cento) a 20% (vinte por cento) daquela aplicada à empresa, no caso previsto no inciso I do *caput* deste artigo, ou às pessoas jurídicas ou entidades, nos casos previstos no inciso II do *caput* deste artigo.
> § 1º Em caso de reincidência, as multas cominadas serão aplicadas em dobro.
> § 2º No cálculo do valor da multa de que trata o inciso I do *caput* deste artigo, o Cade poderá considerar o faturamento total da empresa ou grupo de empresas, quando não dispuser do valor do faturamento no ramo de atividade empresarial em que ocorreu a

---

[351] Um bom exemplo é a prática de abuso de direito de propriedade intelectual, reconhecida como tacitamente existente na vigência da Lei n. 8.884/94 (caso Autopeças e caso Shop Time, ambos julgados em dezembro de 2010); e explicitamente prevista na LDC, art. 36, § 3º, XIX – exercer ou explorar abusivamente direitos de propriedade industrial, intelectual, tecnologia ou marca.

[352] Arts. 23 a 27 da Lei n. 8.884/94.

infração, definido pelo Cade, ou quando este for apresentado de forma incompleta e/ou não demonstrado de forma inequívoca e idônea.

Art. 38. Sem prejuízo das penas cominadas no art. 37 desta Lei, quando assim exigir a gravidade dos fatos ou o interesse público geral, poderão ser impostas as seguintes penas, isolada ou cumulativamente:

I – a publicação, em meia página e a expensas do infrator, em jornal indicado na decisão, de extrato da decisão condenatória, por 2 (dois) dias seguidos, de 1 (uma) a 3 (três) semanas consecutivas;

II – a proibição de contratar com instituições financeiras oficiais e participar de licitação tendo por objeto aquisições, alienações, realização de obras e serviços, concessão de serviços públicos, na administração pública federal, estadual, municipal e do Distrito Federal, bem como em entidades da administração indireta, por prazo não inferior a 5 (cinco) anos;

III – a inscrição do infrator no Cadastro Nacional de Defesa do Consumidor;

IV – a recomendação aos órgãos públicos competentes para que:

a) seja concedida licença compulsória de direito de propriedade intelectual de titularidade do infrator, quando a infração estiver relacionada ao uso desse direito;

b) não seja concedido ao infrator parcelamento de tributos federais por ele devidos ou para que sejam cancelados, no todo ou em parte, incentivos fiscais ou subsídios públicos;

V – a cisão de sociedade, transferência de controle societário, venda de ativos ou cessação parcial de atividade;

VI – a proibição de exercer o comércio em nome próprio ou como representante de pessoa jurídica, pelo prazo de até 5 (cinco) anos; e

VII – qualquer outro ato ou providência necessários para a eliminação dos efeitos nocivos à ordem econômica.

Art. 39. Pela continuidade de atos ou situações que configurem infração da ordem econômica, após decisão do Tribunal determinando sua cessação, bem como pelo não cumprimento de obrigações de fazer ou não fazer impostas, ou pelo descumprimento de medida preventiva ou termo de compromisso de cessação previstos nesta Lei, o responsável fica sujeito a multa diária fixada em valor de R$ 5.000,00 (cinco mil reais), podendo ser aumentada em até 50 (cinquenta) vezes, se assim recomendar a situação econômica do infrator e a gravidade da infração.

Art. 40. A recusa, omissão ou retardamento injustificado de informação ou documentos solicitados pelo Cade ou pela Secretaria de Acompanhamento Econômico constitui infração punível com multa diária de R$ 5.000,00 (cinco mil reais), podendo ser aumentada em até 20 (vinte) vezes, se necessário para garantir sua eficácia, em razão da situação econômica do infrator.

§ 1º O montante fixado para a multa diária de que trata o *caput* deste artigo constará do documento que contiver a requisição da autoridade competente.

§ 2º Compete à autoridade requisitante a aplicação da multa prevista no *caput* deste artigo.

§ 3º Tratando-se de empresa estrangeira, responde solidariamente pelo pagamento da multa de que trata o *caput* sua filial, sucursal, escritório ou estabelecimento situado no País.

Art. 41. A falta injustificada do representado ou de terceiros, quando intimados para prestar esclarecimentos, no curso de inquérito ou processo administrativo, sujeitará o faltante à multa de R$ 500,00 (quinhentos reais) a R$ 15.000,00 (quinze mil reais) para cada falta, aplicada conforme sua situação econômica.

Parágrafo único. A multa a que se refere o *caput* deste artigo será aplicada mediante auto de infração pela autoridade competente.

Art. 42. Impedir, obstruir ou de qualquer outra forma dificultar a realização de inspeção autorizada pelo Plenário do Tribunal, pelo Conselheiro Relator ou pela Superintendência-Geral no curso de procedimento preparatório, inquérito administrativo, processo administrativo ou qualquer outro procedimento sujeitará o inspecionado ao pagamento de multa de R$ 20.000,00 (vinte mil reais) a R$ 400.000,00 (quatrocentos mil reais), conforme a situação econômica do infrator, mediante a lavratura de auto de infração pelo órgão competente.

Art. 43. A enganosidade ou a falsidade de informações, de documentos ou de declarações prestadas por qualquer pessoa ao Cade ou à Secretaria de Acompanhamento Econômico será punível com multa pecuniária no valor de R$ 5.000,00 (cinco mil reais) a R$ 5.000.000,00 (cinco milhões de reais), de acordo com a gravidade dos fatos e a situação econômica do infrator, sem prejuízo das demais cominações legais cabíveis.

Art. 44. Aquele que prestar serviços ao Cade ou a Seae, a qualquer título, e que der causa, mesmo que por mera culpa, à disseminação indevida de informação acerca de empresa, coberta por sigilo, será punível com multa pecuniária de R$ 1.000,00 (mil reais) a R$ 20.000,00 (vinte mil reais), sem prejuízo de abertura de outros procedimentos cabíveis.

§ 1º Se o autor da disseminação indevida estiver servindo o Cade em virtude de mandato, ou na qualidade de Procurador Federal ou Economista-Chefe, a multa será em dobro.

§ 2º O Regulamento definirá o procedimento para que uma informação seja tida como sigilosa, no âmbito do Cade e da Seae.

Art. 45. Na aplicação das penas estabelecidas nesta Lei, levar-se-á em consideração:

I – a gravidade da infração;

II – a boa-fé do infrator;

III – a vantagem auferida ou pretendida pelo infrator;

IV – a consumação ou não da infração;

V – o grau de lesão, ou perigo de lesão, à livre concorrência, à economia nacional, aos consumidores, ou a terceiros;

VI – os efeitos econômicos negativos produzidos no mercado;

VII – a situação econômica do infrator; e

VIII – a reincidência.

A teoria considera que as sanções pecuniárias (i.e., multas) são instrumentos importantes para a prevenção de infrações à Lei Antitruste[353]. Conforme explica Wils, as multas podem contribuir para a prevenção de três formas: (i) efeito dissuasor (*deterrent effect*[354]), criando uma ameaça crível ao agente econômico de que pode ser processado e multado, fator de peso considerável no equilíbrio dos custos e benefícios esperados; (ii) efeito moral, pois fortalece, no ambiente, a mensagem sobre a violação

---

[353] Wils, 2006, p. 11.

[354] *"The idea of deterrence is to create a credible threat of penalties which weighs sufficiently in the balance of expected costs and benefits to deter calculating companies from committing antitrust violations. Deterrence through the use of fines will work if, and only if, from the perspective of the company contemplating whether or not to commit a violation, the expected fine exceeds the expected gain from the violation."* Wils, 2006, p. 12.

e reforça a importância de ser um "cumpridor da lei"; (iii) efeito de custo de manutenção, isto é, em razão das políticas de leniência e de outras circunstâncias agravantes, as quais afetam o montante da multa aplicada. Assim, o custo para a criação e funcionamento de um cartel, por exemplo, podem se tornar elevados demais a ponto da prática não compensar em termos de retornos econômicos[355].

O art. 38 da LDC trata das penalidades não pecuniárias. Conforme assevera Lafayete Josué Petter, as sanções não pecuniárias também geram efeito dissuasório por afetar diretamente a imagem das empresas. Esta não é quantificável, ou seja, "as penalidades não pecuniárias podem, em muitas situações, ser mais temidas pelo agente infrator do que as penalidades pecuniárias. É que aquelas incidem sobre a imagem e na atuação da empresa enquanto que estas, em tese, podem ser repassadas aos consumidores, via oneração de preço."[356]

Petter indica que o art. 38 traz algumas possibilidades restritivas as quais geram efeitos não desprezíveis aos agentes econômicos. O autor os separa da seguinte forma: (i) no âmbito da patrimonialidade: na titularidade da empresa – cisão de sociedade, transferência de controle acionário; (ii) no âmbito da liberdade: cessação parcial de atividade; (iii) no âmbito contratual: venda de ativos[357]. Em linha com esse raciocínio encontram-se as penas do art. 38, II, tidas como verdadeiras "penas de morte" para empresas que operam majoritariamente com a administração pública.

As receitas obtidas por meio de multas normalmente (e não apenas no Brasil) fazem parte do orçamento público (no caso brasileiro, seguem para o Fundo de Defesa de Direitos Difusos – FDD). Ou seja, as multas não têm a finalidade de reparar diretamente as vítimas das infrações antitruste, fato que, em caso de aplicação de multas elevadas, poderia servir como alegação de enriquecimento ilícito. As multas elevadas, em regra, contribuem para a busca da justiça corretiva por meio da compensação de forma abstrata e indireta.

A aplicação de sanções e das multas em geral devem seguir os parâmetros legais, assim como os princípios norteadores do processo administrativo[358] para que se evite a judicialização das decisões do CADE com possibilidade de reforma[359].

---

[355] Wils, 2006, p. 11-12. Wills, entretanto indica caso europeu no qual houve a redução da pena aplicada: Decision 2003/675/EC de 30 de outubro de 2002 no caso COMP/35.587 Nintendo [2003] OJ L255/33, parágrafo 440 e 441.

[356] Petter, 2014, p. 367-368. Veja-se também: Athayde, Costa, Domingues et al.

[357] *Id., ibid.*, p. 368.

[358] De acordo com Valladares (2013, p. 46) a dosimetria da pena de multa em cartéis no Brasil ainda é "abstrata" e "subjetiva", isto é: "A *ausência de parâmetros engendra alguns problemas nefastos. Pode--se citar, en passant, arbitrariedade e abstração do processo de fixação da multa e seu próprio papel dissuasório. Este se refere a um patamar de multa, a multa ótima, que ao mesmo tempo em que se reveste de caráter punitivo e sancionatório capazes de dissuadir o cometimento de uma nova infração e reparar o dano, não o ultrapassa. Evita-se, sob esse prisma, uma perda de investimentos decorrente da insegurança e da ausência de princípios como proporcionalidade e razoabilidade do magistrado e do conselheiro*". Em sentido complementar: Boson, 2012, p. 75: "(...) *a falta de capacidade do Conselho de justificar suas decisões no que tange à dosimetria das penas (...) pode resultar em reversão das mesmas no âmbito do Poder Judiciário.*"

[359] Conforme o Parecer ProCADE "(...) *as decisões do Cade, como todo ato administrativo, estão sujeitas à revisão pelo Poder Judiciário no que tange ao controle de legalidade, finalidade, razoabilidade e*

5.2 | Responsabilidade na Lei Antitruste

A Lei Antitruste traz um amplo espectro de legitimação passiva, isto é, prevê uma abrangente possibilidade de responsabilização de agentes econômicos por condutas anticoncorrenciais, ou ilícitos concorrenciais de modo geral. Segundo o art. 31 da LDC, a legislação antitruste aplica-se:

> (...) às pessoas físicas ou jurídicas de direito público ou privado, bem como a quaisquer associações de entidades ou pessoas, constituídas de fato ou de direito, ainda que temporariamente, com ou sem personalidade jurídica, mesmo que exerçam atividade sob regime de monopólio legal.

Pelo art. 32 da LDC, fixa-se que "as diversas formas de infração da ordem econômica implicam a responsabilidade da empresa e a responsabilidade individual de seus dirigentes ou administradores, solidariamente".

O art. 33 da LDC[360] acrescenta uma inovação na parte final do dispositivo: "Serão solidariamente responsáveis as empresas ou entidades integrantes de grupo econômico, de fato ou de direito, quando pelo menos uma delas praticar infração à ordem econômica".

A responsabilidade solidária não deve ser vista como algo trivial, nem tampouco de simples aplicação no processo de concretização normativa – principalmente quando uma decisão de restrições de direitos imposta pelo CADE (como aplicação de sanção por infração à ordem econômica) é judicializada. Isto é, entende-se que o CADE tem a prerrogativa de iniciar investigação contra empresas diversas de um mesmo grupo econômico com base no dispositivo de solidariedade do art. 33 da LDC. Todavia, somente em face dos indivíduos ou pessoas jurídicas contra os quais houve regular processo administrativo e fundamentada condenação, pode o CADE pleitear a execução judicial de sua decisão restritiva de direitos.

De acordo com precedente do Supremo Tribunal Federal (STF)[361], em caso de responsabilidade solidária, as entidades responsáveis e, portanto, passíveis de cobrança, apenas seriam aquelas incluídas como rés no processo administrativo, pois de outro modo, o seu direito constitucional de defesa seria ameaçado. Em outras palavras, a responsabilidade solidária deve resultar de um processo administrativo anterior, com a sua posterior persecução num processo de cobrança judicial (que segue as mesmas regras que a cobrança de tributos).

---

proporcionalidade. Nesse sentido, não parece ser boa política pública manter, de forma empedernida, uma decisão eivada dos vícios de legalidade, finalidade, razoabilidade e proporcionalidade, já que estará fadada à ineficácia, por inexequível judicialmente, em detrimento do interesse coletivo" (Pedidos de Revisão n. 08700.003868/2005-37 e n. 08012.002127/2002-14, no Processo Administrativo n. 08012.002127/2002-14, p. 2).

[360] O art. 17 da Lei n. 8.884/94 previa que "serão solidariamente responsáveis as empresas ou entidades integrantes de grupo econômico, de fato ou de direito, que praticarem infração da ordem econômica".

[361] STF. Agravo Regimental no Recurso Extraordinário 608.426 Paraná, Segunda Turma, Relator: Joaquim Barbosa; *DJe* 24-10-2011.

Raciocínio semelhante foi exposto pelo Superior Tribunal de Justiça (STJ), em agosto de 2014[362]. Nessa oportunidade, o Tribunal anulou a decisão da Controladoria-Geral da União (CGU) adotada no caso Delta Construções, com base no fato de que o órgão administrativo não concedeu à empresa ré a possibilidade de defender-se plenamente. Em outras palavras, isso significa o que, na visão do STJ, considera-se responsabilidade solidária das empresas de um mesmo grupo, ficando claro que esta não é automática. Para tanto, os direitos constitucionais de defesa na esfera administrativa devem ser devidamente satisfeitos, tal como na esfera judicial. A desconsideração da personalidade jurídica também é contemplada pelos dois diplomas legais – art. 18 da Lei n. 8.884/94 e art. 34, *caput* e parágrafo único, da LDC:

> A personalidade jurídica do responsável por infração da ordem econômica poderá ser desconsiderada quando houver da parte deste abuso de direito, excesso de poder, infração da lei, fato ou ato ilícito ou violação dos estatutos ou contrato social. A desconsideração também será efetivada quando houver falência, estado de insolvência, encerramento ou inatividade da pessoa jurídica provocados por má administração.

Por fim, há previsão expressa de que outras sanções, previstas por outros diplomas legais, permanecem aplicáveis quando uma infração à Lei Antitruste também constitua infração a outras normas jurídicas. Segundo o art. 35 da LDC: "A repressão das infrações da ordem econômica não exclui a punição de outros ilícitos previstos em lei".

O CADE, em diversas ocasiões, interpretou esses dispositivos, afirmando serem responsáveis por condutas anticoncorrenciais: (i) cooperativas (de modo geral)[363]; (ii) federações e confederações[364]; (iii) associações comerciais, associações profissionais, sindicatos, organizações sem fins lucrativos etc.[365]; (iv) fundações[366]; e, inclusive (v)

---

[362] STJ. Mandado de Segurança 20.703-DF. S1 – Primeira Seção. Min. Rel. Ari Pargendler. *DJe* 21-8-2014.

[363] Processo Administrativo n. 08012.005459/2002-42, julgado em dezembro de 2004 (*Procuradoria da República do Município de Bauru/SP v. Unimed de Jaú/SP – Cooperativa de Trabalho Médico*); Processo Administrativo n. 08012.001447/2002-49, julgado em outubro de 2004 (*Ministério Público do Estado de São Paulo v. Unimed de Franca – Cooperativa de Trabalho Médico*).

[364] Averiguação Preliminar n. 08012.003380/1999-57, julgada em janeiro de 2008 (*Conselho Regional de Farmácia do Estado de São Paulo – CRF/SP v. UNIMED Intrafederativa – Federação do Nordeste Paulista et al.*); Averiguação Preliminar n. 08012.006637/2005-03, julgada em setembro de 2008 (*Conselho Regional de Farmácia de Minas Gerais v. Unimed Minas/ Federação Interfederativa das Cooperativas de Trabalho Médico do Estado de Minas Gerais*).

[365] Processo Administrativo n. 08000.024581/1994-77, julgado em dezembro de 2004 (*SDE/MJ v. Sindicato do Comércio Varejista de Derivados de Petróleo do DF et al.*).

[366] Averiguação Preliminar n. 08012.005052/2001-34, julgada em julho de 2008 (SDE/MJ v. Fundação Ruben Berta et al.), na qual se buscou apurar suposta conduta anticoncorrencial consistente na possível "discriminação realizada pela Varig em detrimento do sistema Sabre no mercado de Sistemas de Reservas de Passagem por Computador, dificultando, assim, o funcionamento e o desenvolvimento de empresas concorrentes". O caso foi arquivado em função da ocorrência de prescrição intercorrente.

autoridades de governo e empresas estatais[367] (empresas públicas e sociedades de economia mista)[368].

Pessoas físicas que tenham influenciado a adoção de condutas anticoncorrenciais por parte de pessoas jurídicas também são alcançadas pela responsabilidade da Lei Antitruste. Esse mesmo raciocínio pode ser aplicado à relação entre empresas subsidiárias e empresas matrizes. Estas são solidariamente responsáveis por condutas anticoncorrenciais nas hipóteses: (i) da "ordem" ou "orientação" advir de uma entidade e da conduta ser de fato levada a efeito por outra entidade (a depender de prova do envolvimento da subsidiária no caso da infração ser praticada pela matriz)[369]; e (ii) da conduta ser levada a efeito pela subsidiária, mesmo sem a participação direta da matriz nas práticas anticoncorrenciais[370].

A prática de condutas anticoncorrenciais por parte de agentes públicos (ou agentes políticos) também já fora objeto de análise do CADE. O tribunal administrativo considerou tais entidades aptas a figurar no polo passivo de investigações, porém, sancionadas apenas pelo Poder Judiciário. Esse entendimento fica claro no caso SDE/MJ v. Sindicato dos Condutores de Veículos Rodoviários de Brasília – SINDICAVIR/DF et al. (decidido em janeiro de 2000). Em tal processo, o Governo do Distrito Federal – GDF – foi investigado por se envolver na prática de condutas anticoncorrenciais quando do exercício de suas competências regulatórias garantidas pela Constituição Federal de 1988 (i.e., atos do Poder Executivo estadual). Contudo, embora o CADE tenha se considerado competente para investigar um ente da Administração

---

[367] "(...) insofar competitors are concerned, a special exception should bem made for state-owned enterprise or SOEs. SOEs claim some of the biggest companies in the world, oeverflow with cash, and account for over one-third of the emerging world's direct foreign investment between 2003 and 2010, as well as having made an even higher proportion of the emerging world's most spectacular acquistions. The ability of SOEs to call on huge strategic investments from hteir governments puts private companies at a severe disavantage. (...) insofar as American law is concerned, it is still an open question as to whether SOEs should be protected from antitrust lawsuits under applicable sovereign immunity doctrines. However, we respectfully submit that such doctrines should not shield SOEs when they partcipate in the market as if they were private companies." (Varanini, 2015, p. 272.). Veja-se também: Aproskie; Hendriksz; Kolobe; 2014, p. 1-13.

[368] Averiguação Preliminar n. 08012.007897/2005-98, julgada em julho de 2008 (Refinaria de Petróleo de Manguinhos S.A. and Refinaria de Petróleo Ipiranga S.A v. Petróleo Brasileiro S.A. – Petrobras). Nesse caso, a "Refinaria de Petróleo de Manguinhos S/A protocolou representação com pedido de medida preventiva em desfavor da Petróleo Brasileiro S/A – Petrobras, em função de suposta prática anticoncorrencial consubstanciada em discriminação de adquirentes do produto petróleo bruto causando prejuízos à concorrência no mercado de refino de petróleo no Brasil, além da prática de supostos preços predatórios no mercado nacional de petróleo e derivados" (conforme voto do Conselheiro Relator, Luis Carlos Prado). O caso arquivado por falta de indícios das práticas imputadas à Petrobras.

[369] Nesse sentido, veja-se decisão no Processo Administrativo n. 08012.004599/1999-18 – SDE/MJ ex officio v. F. Hoffmann – La Roche Ltd. et al. (mais conhecido como o cartel das vitaminas). Fixação de preços e divisão de mercados para o mercado mundial de vitaminas (início em maio de 1999, decisão em abril de 2007).

[370] No julgamento dos Embargos de Declaração n. 08700.003200/2006-32 (Petrobras Distribuidora S.A. et al.), o CADE decidiu que os acionistas controladores podem ser responsáveis pelas condutas de seus subsidiários, mesmo não tendo participado diretamente dos comportamentos anticoncorrenciais.

Pública (no caso, do Poder Executivo estadual), limitou-se a exercer seu papel de advocacia da concorrência (i.e., recomendando a tal ente público uma mudança comportamental). O CADE, na oportunidade, alegou não ter competência para sancionar o GDF, o que seria reservado ao Poder Judiciário, após devidamente provocado pelas instituições legitimadas, como é o caso do Ministério Público e da Advocacia Geral da União[371].

As condutas anticoncorrenciais, para efeito de análise, podem ser divididas em dois grandes grupos: (i) unilaterais, ou executadas individualmente pelos agentes econômicos; e (ii) colusivas ou coordenadas, ou executadas conjuntamente (ou coletivamente) pelos agentes econômicos. As primeiras são mais conhecidas pela doutrina e jurisprudência (nacional e internacionalmente) como casos de abuso de posição dominante (*abuse of dominant position*), e as segundas como casos de cartéis ou colusões. Embora essa divisão seja aceita nacional e internacionalmente para efeitos de análise, nada impede que, em um mesmo caso concreto, alguém se depare com os dois tipos de condutas. Respeitando essa divisão e a premissa segundo a qual somente se consideram anticoncorrenciais nos termos da Lei Antitruste aquelas condutas perpetradas por agente econômico (ou agentes econômicos, no caso dos cartéis) que possuam poder de mercado, passa-se a analisar as principais modalidades existentes.

5.3 | Abuso de posição dominante

De acordo com a doutrina e jurisprudência (nacional e internacional)[372], o abuso de posição dominante é conduta unilateral que visa (ou tem por resultado) a eliminação da concorrência.

O abuso de posição dominante pode ser subdividido em dois grandes grupos: (i) condutas unilaterais horizontais, ou realizadas no mesmo nível (ou elo) de uma cadeia industrial (ou cadeia de produção); e (ii) condutas unilaterais verticais, ou realizadas entre diferentes níveis (ou elos) de uma cadeia industrial. As primeiras pressupõem a existência de uma relação de concorrência entre o agente econômico que pratica infração e os agentes econômicos afetados pela prática. A segunda modalidade, por sua vez, pressupõe a existência de uma relação fornecedor-cliente entre o agente econômico infrator e aqueles afetados pela prática.

Contudo, apesar de haver certo consenso quanto à divisão entre horizontais e verticais, o seu rol não é exaustivo e há casos nos quais é comum a ocorrência de duas ou mais modalidades conjuntamente. Assim, para não se adentrar numa miríade de

---

[371] Processo Administrativo n. 08012.005769/1998-92, julgado em janeiro de 2000 (SDE/MJ v. Sindicato dos Condutores de Veículos Rodoviários de Brasília – SINDICAVIR/DF e seus membros). No mesmo sentido, ver: Averiguação Preliminar n. 08012.007704/2004-18, julgada em julho de 2010 (*Antônio Luís Guimarães de Álvares Otero* v. *Qualix Serviços Ambientais Ltda. et al.*), envolvendo a Secretaria Municipal de Serviços e Obras do Município de São Paulo, a Prefeitura e o Prefeito do Município de São Paulo.

[372] "*The abuse of dominant market position is an area of application of competition law where economic analysis plays a central role.*" Galindo, 2007, p. 6.

classificações, a qual poderia mais confundir que contribuir, passa-se a abordar as principais modalidades de condutas de abuso de posição dominante.

5.3.1 | Aumento abusivo de preços (preço abusivo ou excessivo)

Além de ter sido prevista na Lei n. 8.884/94, em seu art. 21, XXIV, que tipificava como infração à ordem econômica "impor preços excessivos, ou aumentar sem justa causa o preço do bem ou serviço", a prática de aumento abusivo de preços (o preço abusivo) está prevista no rol das práticas abusivas nas relações de consumo. Segundo o Código de Defesa do Consumidor, seria abusiva a prática de: *"elevar sem justa causa o preço de produtos ou serviços"* (art. 39, X, da Lei n. 8.078/90). Várias investigações foram abertas ao longo dos mais de 17 anos da vigência desse dispositivo legal. *"Em nenhum caso, no entanto, houve condenação"*[373].

De acordo com a jurisprudência consolidada do CADE, a prática de preços abusivos no âmbito antitruste é sobremodo restrita. Isto é, o aumento abusivo (ou arbitrário) de preços – também conhecido como aumento excessivo (ou simplesmente, como preços excessivos) – somente pode ser considerado ilícito quando: (a) decorre de outra conduta ilícita, como a prática de cartéis ou qualquer modalidade de abuso de posição dominante – sendo esta condição necessária para a prática de qualquer ilícito de natureza concorrencial[374]; ou (b) excepcionalmente, quando resultante de uma conduta autônoma com o propósito específico de excluir concorrentes do mercado – tipicamente em uma relação vertical entre eles distintos de uma mesma cadeia industrial na qual o fornecedor discrimina seus clientes praticando preços de mercado para uns e preços muito altos (proibitivos, ou infinitos) para outros[375].

No caso Sindicato da Indústria Mecânica, Metalúrgico e Material Elétrico de Ipatinga/MG v. White Martins S.A. et al., julgado em dezembro de 2009, o CADE delimitou bem a discussão em torno do tema:

> Abuso de preços como sinônimo de preço excessivo pode ser classificado segundo economistas e a prática antitruste em duas categorias: (1) práticas exclusionárias e (2) práticas exploratórias. Na primeira categoria encontram-se tipicamente condutas, em

---

[373] Sindicato da Indústria Mecânica, Metalúrgico e Material Elétrico de Ipatinga/MG v. White Martins S.A. et al. – julgado pelo CADE em dezembro de 2009. In: Voto do Conselheiro Relator, Carlos Ragazzo, na Averiguação Preliminar n. 08012.000295/1998-92.

[374] CPI dos Medicamentos da Câmara dos Deputados v. Laboratórios Pfizer Ltda. – julgado pelo CADE em junho de 2008. In: Voto do Conselheiro Relator, Luis Carlos Prado, no Processo Administrativo n. 08012.000966/2000-01. No mesmo sentido, voto vogal da Presidente do CADE no Processo Administrativo n. 08012.007514/2000-79, a saber *"preço excessivo seria mais propriamente uma consequência de infrações cometidas pelo agente econômico que pretende alcançar e exercer o poder de mercado, do que uma infração em si"* (destaque no texto original).

[375] Videolar v. Koninklijke Philips Electronics N.V. – julgado pelo CADE em abril de 2009. In: Voto do Conselheiro Relator, Paulo Furquim de Azevedo, na Averiguação Preliminar n. 08012.005181/2006-37. No mesmo sentido, ver CPI dos Medicamentos da Câmara dos Deputados v. Virtus Indústria e Comércio Ltda. – julgado pelo CADE em junho de 2008. In: Voto do Conselheiro Relator, Paulo Furquim de Azevedo, no Processo Administrativo n. 08012.000980/2000-23.

estruturas de mercado verticalizadas, de preços excessivos, estabelecidos por firmas a montante, que levam ao aumento dos custos das empresas rivais a jusante ocasionando o fechamento completo (equivalente a recusa de vendas) ou parcial do mercado (*price--squeeze*) em favor da subsidiária jusante da empresa verticalizada. Nesses casos, autoridades antitruste possuem referência relativamente clara para determinar abusividade visto que é necessário caracterizar aumentos dos custos das empresas rivais a jusante. Na segunda categoria encontram-se práticas exploratórias, aquelas em que o objetivo da firma consiste em extrair diretamente o excedente do consumidor através de preços elevados. Nessa categoria incluem-se apenas aquelas condutas em que o preço de forma isolada constitui a prática potencialmente anticompetitiva. Aqui residem os objetos passíveis de controle direto de preços[376].

Embora o CADE tenha mantido a posição pela não intervenção antitruste, delineou algumas diretrizes para futuros casos, sinalizando que pode reexaminar o tema se alguns requisitos forem preenchidos:

> Para tanto, sugere regras para que a autoridade antitruste determine em quais casos de preços excessivos exploratórios deverá agir: (i) em mercados regulados, recomenda-se que a autoridade antitruste abstenha-se em analisar o caso, tendo em vista que o regulador está mais preparado para evitar abuso de preços; (ii) em mercados não regulados, deve-se adotar *safe harbours* elevados para evitar o custo de falsas condenações; (iii) é mister analisar se o produto é fruto de investimentos em P&D, pois mercados com elevados investimentos em P&D não devem ser objetos de análise de preço excessivo exploratório devido ao elevado risco de desestímulo a investimentos e a dificuldade ainda maior de calcular custos; (iv) deve-se verificar se a firma acusada desfruta de posição de monopólio ou quase monopólio; (v) apenas mercados com elevadas barreiras à entrada elevadas devem ser analisados; (vi) o suposto preço deve passar em todos os testes (...) para ser considerado excessivo; e (vii) são preferíveis medidas que não envolvam controle direto de preços[377].

Regra geral, por fim, o aumento excessivo, puro e simplesmente considerado, não constitui infração à ordem econômica, mas reflete processo natural de mercado. Nesse sentido, a LDC excluiu do rol exemplificativo do art. 36, § 3º, a hipótese de preços excessivos contida no art. 21, XXIV, da Lei n. 8.884/94, o que pode ser interpretado como elemento adicional quanto à fragilidade da existência dessa modalidade de infração como ilícito antitruste.

5.3.2 | Discriminação

A Lei Antitruste em seu art. 36, § 3º, X[378], prevê explicitamente a conduta de discriminação: "discriminar adquirentes ou fornecedores de bens ou serviços por meio da fixação diferenciada de preços, ou de condições operacionais de venda ou prestação de serviços". Como se pode notar pela própria linguagem do dispositivo,

---

[376] Voto vista do Presidente do CADE, p. 346.
[377] Voto vista do Presidente do CADE, p. 348-349.
[378] Correspondente ao art. 21, XII, da Lei n. 8.884/94.

a discriminação apresenta-se essencialmente como uma conduta levada a efeito em uma relação vertical de mercado (i.e., entre cliente e fornecedor, e *vice-versa*). A discriminação, ainda, está diretamente relacionada ao princípio da isonomia (ou da igualdade), pelo qual, segundo o consagrado princípio geral do direito, entende-se que, regra geral, deve-se dispensar tratamento igual aos iguais e desigual aos desiguais.

Como conduta anticoncorrencial, a discriminação usualmente envolve a fixação de preços (ou outras condições contratuais como prazos para pagamento, descontos, acesso, exclusividade etc.) distintos para situações equivalentes, criando vantagens comparativas artificiais entre os diferentes *players* situados no mercado-alvo. Essa conduta foi bastante debatida no CADE em casos envolvendo, por exemplo, a relação de produtores e seus distribuidores.

Pode-se considerar assente, tanto na jurisprudência como na doutrina (nacional e internacional[379]), que estruturas de mercado ou cadeias industriais com *players* integrados verticalmente concorrendo com *players* não integrados verticalmente são contextos favoráveis à prática de discriminação de rivais. O SBDC, por diversas ocasiões, analisou situações do gênero e referendou esse raciocínio[380].

O CADE tem jurisprudência consolidada no tocante à conduta de discriminação, em suas mais variadas frentes, a partir da qual ficam claros os critérios gerais levados em consideração no julgamento da prática.

Para o Conselho, para se configurar ilícito antitruste de discriminação, é necessário que: (a) os agentes econômicos infratores detenham posição dominante nos mercados envolvidos; (b) não haja racionalidade econômica no tratamento desigual dis-

---

[379] Vejam-se os seguintes casos americanos: i) *Dunlap v Colorado Springs Cablevision Inc.*, 855 P.ed 6 (Colo. App. 1992); ii) *Chalmers v Toyota Motor Sales, USA, Inc.*, 1996-2 CCH Trade Cas. 71,656 (Ark. Sup 1996); iii) *U.S.A. Petroleum Co. v. Atlantic Richfiels Co.*, 1984-1 CCH Trade Cas. 65,880 (C.D. Cal. 1983); iv) *Arlo Essex v. Getty Oil Co.*, 1983-2 CCH Trade Cas. 65,621 (Mo. App, 1983); entre outros. Sobre o tema: Lifland, 2005, p. 5-42. Taufik menciona nota da Alemanha em documento da OCDE: "(...) o Bundeskartellamt concluiu que a prática adotada pelo Deutsche Post AG violou a lei concorrencial alemã e europeia. Como dominante, o representado não deve tratar os provedores de serviços postais alimentando as cartas de um grande cliente diferentemente, sem justificativas ...". (OCDE: 2007, apud. Taufick, 2012, p. 223). Vigdor e Schmelzer explicam: *"Price discrimination can be illegal if it causes injury at any level of the distribution chain. "Primary line" injury, for example, can arise where a seller sells to a favored customer or customers at a price below cost and the seller recoups its losses after its competition is eliminated. This is the same as a predatory pricing standard. "Secondary line" injury, by contrast, can arise where a seller offers a lower price to a buyer that eliminates competition between the preferred buyer and the buyer's competitors. Courts will infer an injury to competition in a secondary line case where there is a price difference over time, there are low margins, and there is keen competition between the favored and disfavored buyers."* (2013, p. 4).

[380] Nesse sentido, ver Atos de Concentração envolvendo aquisição de empresas prestadoras de serviços de concretagem e produtoras de pedras por empresas produtoras de cimento: Atos de Concentração n. 08012.007686/2008-06 (CCB – Cimpor Cimentos do Brasil Ltda./Polimix Concreto Ltda.), julgado pelo CADE em novembro de 2008; Ato de Concentração n. 08012.014612/2007-37, julgado pelo CADE em outubro de 2008, dentre outros.

pensado a partes diferentes; e (c) seja demonstrado o dano (atual ou potencial) à concorrência decorrente da prática.

No caso Labo Cine do Brasil Ltda. v. Eastman Kodak Company – Latin American Region, julgado em julho de 2006, o CADE estabeleceu o conceito geral da prática de discriminação:

> (...) preços diferenciados de insumos comercializados por apenas uma empresa para um mercado no qual atuam apenas dois concorrentes criaria uma situação na qual a empresa que obtivesse os insumos a preços mais baixos dominaria facilmente o mercado, o que poderia nos trazer indícios de infração à ordem econômica, mesmo que haja justificativa plausível da vendedora dos insumos para a diferenciação de preços[381].

No caso Auto Posto Esmeraldas Ltda. v. Esso Brasileira de Petróleo Ltda., julgado pelo CADE em dezembro de 2008, a relação entre a racionalidade econômica eventualmente por trás da discriminação, a existência de poder de mercado e os efeitos negativos é mais explorada, deixando-se claro que a discriminação, regra geral, não ensejaria ilícito antitruste:

> (...) a prática de preços diferenciados não constitui por si só, segundo o direito antitruste brasileiro, uma infração à ordem econômica. Para que se possa afirmar o caráter ilícito dessa conduta, é necessário que se verifique certas condições. A primeira é que o agente imputado detenha posição dominante. Em seguida, deve-se observar se a conduta praticadas tende a produzir efeitos anticompetitivos, como a exclusão de rivais, a elevação de custos (*profit-squeeze*), alavancagem ou fechamento de mercado etc. Por fim, a diferenciação de preços não pode ser justificada a partir de práticas comerciais legítimas e comprovadamente neutras do ponto de vista concorrencial.
>
> (...) se o contrato de distribuição garantia certos benefícios à representante em contraprestação pela observância da obrigação de exclusividade, uma vez resolvido esse contrato, seja de maneira amigável ou conflituosa, não é de se esperar a preservação de condições de negociação unilateralmente vantajosas[382].

No caso Dry Color Especialidades Químicas Ltda. v. Colormatrix América do Sul Ltda., julgado pelo CADE em janeiro de 2010, a utilização do princípio da isonomia fica evidente:

> (...) o eventual fato de serem cobrados preços distintos para cada uma das categorias de clientes é absolutamente previsível e justificável pelas próprias diferenças entre fornecimento para uns e para outros. É até intuitivo que o processo de homologação implique custos maiores para os fornecedores e, consequentemente, leve-os a cobrar mais dos clientes que a exigem.

---

[381] Labo Cine do Brasil Ltda. v. Eastman Kodak Company – Latin American Region – julgada pelo CADE em julho de 2006. In: Voto vista do Conselheiro Luis Carlos Prado, na Averiguação Preliminar n. 08012.006717/2000-46.

[382] Autoposto Esmeraldas Ltda. v. Esso Brasileira de Petróleo Ltda., julgado pelo CADE em dezembro de 2008. In: Voto do Conselheiro Relator, Olavo Chinaglia, fl. 567, na Averiguação Preliminar n. 08012.007692/1999-11.

(...) A discriminação pressupõe a cobrança de preços diferentes para clientes em situações iguais, ou de preços iguais em condições diferentes. Se os preços são diversos porque os clientes estão em posições diferentes, não há que se falar em discriminação[383].

Os parâmetros gerais utilizados pelo CADE para definir se um caso de discriminação pode ou não ser caracterizado como ilícito concorrencial também aplicam-se aos contratos de fornecimento, às políticas de distribuição seletiva e as parcerias, de modo geral[384]. Nesse ponto, há uma relação da conduta de discriminação com a conduta de recusa de venda ou recusa de contratar, estudadas mais adiante neste livro.

5.3.3 | Preços predatórios

A LDC (art. 36, § 3º, XV[385] – vender mercadoria ou prestar serviços injustificadamente abaixo do preço de custo) veda a prática de preços predatórios[386]. Tal prática, além da previsão legal, recebeu tratamento no plano infralegal por meio da Portaria SEAE/MF n. 70/2002, a qual estabeleceu o *Guia de análise econômica da prática de preços predatórios*.

A infração antitruste de preços predatórios pode ser entendida como a prática de preços abaixo do custo de produção[387], por um período significativo de tempo e com o objetivo de excluir rivais do mercado (ou discipliná-los) para que, num segundo momento, as perdas incorridas com a prática possam ser recuperadas por meio da

---

[383] Dry Color Especialidades Químicas Ltda. v. Colormatrix América do Sul Ltda., julgado pelo CADE em janeiro de 2010. In: Voto do Conselheiro Relator, Olavo Chinaglia, fl. 687, na Averiguação Preliminar n. 08012.001952/2008-89.

[384] Nesse sentido, ver: Averiguação Preliminar n. 08012.006274/2009-21, julgada pelo CADE em abril de 2010 (Roberto Marinho Paredes v. Ambev Brasil Bebidas Ltda.). Nesse caso, Segundo parecer da SDE/MJ (fl. 16), adotado pelo CADE como parte das razões de decidir: "(...) É totalmente razoável que a Representada busque aumentar a eficiência da sua rede de distribuição, seja reduzindo o número de distribuidores, seja determinando quais produtos de seu portfólio sejam comercializados. Cabe ressaltar que uma maior eficiência da rede de distribuição pode trazer benefícios à concorrência e ao consumidor final, sendo que eventuais prejuízos impostos aos distribuidores devem ser sanados na esfera privada. (...) No tocante a prática de diferenciação de preços aos distribuidores, verifica-se que esta não é um ilícito antitruste *per se* e, portanto, deve ser analisada pela regra da razão, sopesando-se seus possíveis efeitos anticompetitivos com eventuais eficiências".

[385] Correspondente, na Lei n. 8.884/94, ao art. 21, XVIII – "vender injustificadamente mercadoria abaixo do preço de custo".

[386] *Predatory pricing law is perhaps the most susceptible of all antitrust theories to strategic use because it involves an effort to punish the lowering of prices-the very behavior that ordinarily counts as a virtue* (Crane, 2005, p. 8).

[387] Segundo a jurisprudência do CADE, o custo variável médio tende a ser o mais utilizado na análise dessas práticas. Havendo, por outro lado, outros conceitos de custos que também podem servir de referência para a avaliação da conduta, como o custo total médio e o custo evitável médio. Nesse sentido, ver: Averiguação Preliminar n. 08012.007897/2005-98 (Refinaria de Petróleo Manguinhos S.A. e Refinaria de Petróleo Ipiranga S.A. v. Petróleo Brasileiro S.A. – Petrobras); Processo Administrativo n. 08012.000668/1998-06 (SINPROFAR v. SESI); Processo Administrativo n. 08012.003578/2000-18 (Rodobens Administração e Promoções Ltda. v. Mercedes-Benz do Brasil S.A. et al.); Processo Administrativo n. 08012.006358/1997-42 (Becton Dickinson v. Labnew Indústria e Comércio Ltda.), dentre outros.

elevação dos preços a níveis supracompetitivos, tal como se a empresa infratora desfrutasse de uma situação de monopólio.

A prática de preços predatórios aumenta, invariavelmente, o bem-estar do consumidor no curto prazo[388], contudo, no longo prazo o efeito é contrário. Isso porque os preços inicialmente mais baixos devem sofrer significativa elevação de modo a permitir ao predador recuperar as perdas incorridas e lograr êxito com a estratégia de predação[389].

Dessa forma, para diferenciar-se uma estratégia de predação de uma estratégia de competição com preços baixos em função de maior eficiência, é necessário demonstrar-se que: (a) a empresa infratora tem poder no mercado relevante no qual se passa a prática[390]; (b) a estratégia de preços praticada não é sustentável no longo prazo, sendo inferior a algum tipo de custo a ser definido; (c) tal estratégia tem por objetivo excluir uma empresa do mercado ou discipliná-la, tendo como efeito a redução do nível de competição do mercado (i.e., não havendo racionalidade econômica ou justificativas plausíveis – como descontos promocionais, estratégia de entrada/ingresso no mercado etc. – para a política de preços inferiores ao nível de custo; (d) a estratégia de preços deve ser lucrativa no longo prazo, ou seja, as perdas incorridas no curto e médio prazos devem ser recuperadas, no longo prazo, pelo preço supracompetitivo a ser praticado após a exclusão (ou disciplina) dos rivais do mercado[391]; e (e) o resultado da prática implique a redução do bem-estar do consumidor[392].

---

[388] Conforme explica Crane: "(...) *any prohibition on predatory pricing-no matter how carefully crafted- will cause some firms to forgo socially beneficial price cuts because of risk aversion, adjudicatory uncertainty, and the devilishly tempting opportunity for rivals to abuse a liability rule condemning excessively low prices. Predatory pricing law is, inescapably, a "damned if you do, damned if you don't" enterprise. This observation is not unique to predatory pricing law. Many antitrust liability rules inescapably create disincentives to engage in socially beneficial behavior and provide opportunities for rent--seeking rivals to abuse the legal system to stymie efficient competition. Predatory pricing provides a particularly compelling example of this phenomenon because the benefits of price reduction to consumers are so immediate and obvious and the potential for abuse so correspondingly great*" (2005, p. 65).

[389] "Uma conduta anticoncorrencial baseada na prática de preços predatórios é aquela na qual uma empresa passa a cobrar preços injustificavelmente baixos pelos seus produtos e/ou serviços por um período suficiente para forçar a saída dos competidores do mercado e, mais tarde, auferir lucros extraordinários decorrentes do aumento de preços. A prática de preços predatórios, desta forma, verifica-se quando um concorrente, por um período temporal considerável, reduz o preço de venda de seu produto abaixo do seu custo, incorrendo em perdas no curto prazo, objetivando eliminar rivais do mercado, ou possíveis entrantes, para, posteriormente, quando os rivais saírem do mercado, elevar os preços novamente, obtendo ganhos no longo prazo". Voto do Conselheiro Relator, Luis Fernando Rigato Vasconcellos, no Processo Administrativo n. 08000.018277/1995-62 (SDE/MJ v. Novo Nordisk Farmacêutica do Brasil Ltda.), julgado pelo CADE em fevereiro de 2006, fls. 1726–1728.

[390] Segundo a Portaria SEAE/MF n. 70/2002, a metodologia de análise antitruste (da definição do mercado relevante à avaliação da possibilidade de exercício de poder de mercado) é a mesma contida na Portaria Conjunta SEAE/SDE n. 50/2001 (*Guia para análise econômica de atos de concentração horizontal*).

[391] "(...) Ou seja, que considerando os preços baixos e altos praticados ao longo de um período de tempo, o fluxo de caixa esperado trazido a valor presente, por alguma taxa de desconto, torne tal estratégia racional." Voto do Conselheiro Relator (fl. 2355), Luis Carlos Prado, na Averiguação Preliminar n. 08012.007897/2005-98.

[392] *Id., ibid.*, fl. 2355.

Objeto de muita discussão, principalmente em função da dificuldade de se demonstrar que os preços praticados foram inferiores ao custo de produção, bem como as implicações da elevação futura dos preços a níveis supracompetitivos em perdas de bem-estar ao invés de estimular entradas no mercado, a prática de preços predatórios já foi objeto de muitas investigações no âmbito do SBDC. O CADE, contudo, manifestou na maioria das vezes um posicionamento cético com relação à existência da prática e sua relação com perda de bem-estar dos consumidores. Tal posicionamento pode ser observado, por exemplo, no breve trecho da decisão no caso Refinaria de Petróleo Manguinhos S.A. e Refinaria de Petróleo Ipiranga S.A. v. Petróleo Brasileiro S.A. – Petrobras, julgado pelo CADE em julho de 2008:

> 7 – (...) Tal prática só é caracterizada e for possível demonstrar que o objetivo dos preços baixos praticados por uma empresa é expulsar ou disciplinar um rival para posteriormente aumentar os preços e recuperar os custos incorridos.
> (...)
> 10 – Observe-se que reprimir uma dura concorrência de empresa eficiente, impedindo que esta repasse aos consumidores os ganhos decorrentes do incremento de produtividade é uma estratégia que vai na direção contrária da própria criação da legislação antitruste.
> 11 – Além disso, supor que a existência de um conceito metafísico como preço justo, ou mesmo calcular um preço de equilíbrio estático, que seria aquele que o empresário racional deveria perseguir, não é nem bom uso da teoria econômica nem dos princípios do direito antitruste[393].

A prática de preços predatórios é muito difícil de ser isoladamente configurada como infração à Lei Antitruste. Todavia, embora não haja vasta jurisprudência nacional a respeito, os preços abaixo do custo, se combinados com outras práticas capazes de prejudicar a concorrência, podem ensejar a incidência de outro dispositivo do controle de condutas, qual seja, a criação de dificuldades ao rival (LDC, art. 36, § 3º, IV[394]: criar dificuldades à constituição, ao funcionamento ou ao desenvolvimento de empresa concorrente ou de fornecedor, adquirente ou financiador de bens ou serviços)[395].

5.3.4 | Políticas promocionais

Usualmente, a prática de preços predatórios é associada às políticas de descontos ou às políticas promocionais[396]. Por essa razão, o embasamento para os casos envolvendo promoções é semelhante ao de tal prática (LDC, art. 36, § 3º, XV), a qual cos-

---

[393] Refinaria de Petróleo Manguinhos S.A. e Refinaria de Petróleo Ipiranga S.A. v. Petróleo Brasileiro S.A. – Petrobras, julgado pelo CADE em julho de 2008. In: Voto do Conselheiro Relator, Luis Carlos Prado, fls.2354-2355, na Averiguação Preliminar n. 08012.007897/2005-98.

[394] Correspondente, na Lei n. 8.884/94, ao art. 21, V.

[395] Nesse sentido, ver: SDE/MJ v. Novo Nordisk Farmacêutica do Brasil Ltda., julgado pelo CADE em fevereiro de 2006.

[396] "DOJ enforcement action concluding that exclusive dealing could be shown using the defendant's discount structure". Cf. United States v. United Reg'l Health Care Sys., Civ. No. 7:11-cv-00030 (N.D. Tex. Sept. 29 2011).

tuma ser acompanhada da criação de dificuldades aos rivais (LDC, art. 36, § 3º, IV). Tal como a base legal para a configuração da prática, a metodologia de análise utilizada pelo CADE para avaliar políticas promocionais é a mesma utilizada para a prática de preços predatórios.

Assim, o CADE já uniformizou sua jurisprudência no sentido de reconhecer o oferecimento de preços e tarifas promocionais, limitadas no tempo e a determinado objeto (i.e., com oferta mais restrita em relação à oferta geral do *player* no mercado em que atua), como ação não caracterizadora de prática de preços predatórios, pois não tem por objetivo nem efeito a exclusão de concorrentes do mercado[397].

No caso *Telemar Norte Leste S.A.* v. *Telesp Celular S.A. (Vivo) et al.*, julgado em janeiro de 2007, o CADE situa bem a questão:

> (...) a representada participou de uma promoção que durou apenas sete dias. Trata-se de uma oferta de curto prazo, executada quando da criação do mercado de chamadas de longa distância a partir de celulares. É o caso clássico de promoção para entrada no mercado. Não há nenhuma perspectiva de que algum concorrente seja expulso do mercado apenas devido a uma promoção passageira. (...) do ponto de vista da legislação antitruste não há restrição legal em si a que empresas do mesmo grupo econômico promovam publicidade conjunta. Não há caracterização de 'venda casada' ou de 'preço predatório' no caso em tela, uma vez que a associação entre as duas marcas não foi acompanhada de restrições no mercado relevante que pudessem constranger os usuários das empresas concorrentes a abandonarem suas servidoras em proveito das representadas. O desconto de 50% foi de duração muito curta – uma semana – para caracterizar uma restrição ilícita à concorrência[398].

É importante lembrar que, como se passa com a análise de outras condutas anticoncorrenciais, para a configuração de uma política promocional anticoncorrencial é necessário percorrer as etapas da análise antitruste e concluir-se pela probabilidade do exercício de poder de mercado. Isso, em outras palavras, torna praticamente sem risco antitruste a prática de promoções por parte de empresas entrantes no mercado, ou, se já atuantes, com menos de 20% de *market share*[399].

5.3.5 | Venda casada

Além de estar prevista no rol de infrações à Lei Antitruste (art. 36, § 3º, XVIII[400]: "subordinar a venda de um bem à aquisição de outro ou à utilização de um serviço, ou

---

[397] Nesse sentido, ver: Averiguação Preliminar n. 08012.008717/2005-95 (SDE/MJ v. Varig S.A.); Averiguação Preliminar n. 08001.006298/2004-03 (Departamento de Aviação Civil do Ministério da Defesa v. Gol Linhas Aéreas S.A.); Processo Administrativo n. 53500.013140/2005 (ABRANET, Universo Online S.A. et al. v. Telemar Norte Leste S.A. et al.).

[398] Voto do Conselheiro Relator, Abraham Benzaquem Sicsú, na Averiguação Preliminar n. 53500.004242/2004.

[399] Nesse sentido, ver Averiguação Preliminar n. 08001.006298/2004-03 (Departamento de Aviação Civil do Ministério da Defesa v. Gol Linhas Aéreas S.A.), julgada pelo CADE em fevereiro de 2006.

[400] Correspondente, na Lei n. 8.884/94, ao art. 21, XXIII.

subordinar a prestação de um serviço à utilização de outro ou à aquisição de um bem"), a venda casada também constitui infração a outras leis (Lei n. 8.137/90 – art. 5º, II – "subordinar a venda de bem ou a utilização de serviço à aquisição de outro bem, ou ao uso de determinado serviço"; Lei n. 8.078/90 – Código de Defesa do Consumidor – art. 39, I – "condicionar o fornecimento de produto ou de serviço ao fornecimento de outro produto ou serviço, bem como, sem justa causa, a limites quantitativos").

Na perspectiva antitruste, a conduta deve ser analisada sob a ótica de uma relação vertical de mercado, sendo necessário ao infrator deter posição dominante em pelo menos um dos mercados envolvidos na prática[401]. Isto é, para a caracterização da infração antitruste, deve-se demonstrar a transferência, pelo *player*, de seu poder de mercado sobre um dado produto ou serviço, para outro mercado, por meio da exigência de que o primeiro só possa ser adquirido, ou contratado, mediante a aquisição, ou contratação, do segundo.

Em outras palavras, o efeito anticoncorrencial da venda casada está relacionado à "alavancagem" (ou "*leverage*") de poder de mercado de um produto para outro. Como resultado, os consumidores experimentariam um aumento dos preços para a aquisição do produto-alvo da venda casada (pois teriam de arcar com o custo de aquisição de dois produtos), quando, simultaneamente, ocorre um "bloqueio" do mesmo segmento alvo (em geral, de distribuição e nos mercados pós-venda) para concorrentes efetivos e potenciais.

Além da elevação dos preços aos consumidores e da criação de barreiras à entrada para concorrentes, a venda casada também pode representar meio de burlar limites de taxa de retorno e preço em mercados regulados "na medida em que a empresa seja capaz de incrementar o preço total pela inclusão obrigatória de um novo produto ou serviço ao 'pacote'". Apesar de possível, a configuração da venda casada como infração antitruste deve passar pelo crivo da regra da razão (ou avaliação dos efeitos líquidos dela decorrentes), pois – não raras vezes – pode gerar mais benefícios, em termos de bem-estar social, do que prejuízos.

Nesse contexto, o CADE já pôde se manifestar por diversas ocasiões sobre a prática de venda casada como modalidade de abuso de posição dominante, como no caso Antonio Carlos de Moura Campos v. Fiscatur Agência de Turismo Ltda. et al., julgado em maio de 2005:

---

[401] "(...) *in view of their potential efficiencies, many economists believe that, in general, tying and bundling are more likely to be procompetitive than anticompetitive*". DOJ, p. 103. A questão não é trivial mesmo em sistemas mais maduros como nos EUA: "...*recent Ninth Circuit case suggests that courts are not quick to condemn tying contracts. In March 2012, for example, the Ninth Circuit affirmed the dismissal of a consumer class action alleging agreements between television programmers and cable distributors requiring that high-demand cable channels and low-demand be sold to consumers in a single package. In Brantley v. NBC Universal, Inc.,10 the plaintiffs alleged that these programmer-distributor agreements harmed consumers by forcing them to pay higher prices for the package of cable television channels than they would pay for separate channels. The Ninth Circuit held that these allegations were insufficient to show competitive injury to the market for the tied product (e.g., low-demand channels), particularly where the agreements did not prevent other programmers from marketing low-demand channels separately. Moreover, the Ninth Circuit rejected plaintiffs' suggestion that increased consumer prices alone can be the basis for antitrust liability, pointing in particular to the Supreme Court's holding in Leegin that minimum resale price maintenance can have procompetitive benefits.*" (Vigdor; Schmelzer, 2013, p. 3.)

> (...) de fato, ocorria a vinculação da inscrição na maratona à venda da passagem aérea, mas como essa era uma exigência da empresa organizadora da maratona nos EUA e uma condição para oferta daquela modalidade de inscrição no território nacional, não entendo configurada a prática de venda casada, e mesmo que fosse, **não vejo comprovada infração à ordem econômica**. Vale dizer, que países que não possuem agências credenciadas pelo NYRRC para venda de pacotes, tem seus atletas prejudicados por não poderem dispor dessa modalidade de inscrição. Dessa forma, não vejo como imputar às representadas a prática de ilícito concorrencial pela vinculação da inscrição à venda de passagens aéreas[402] (destaque no texto original).

É interessante notar que, embora não haja – nos termos da LDC – a necessidade de se demonstrar a falta de justificativa da venda casada, o CADE costuma utilizar a justificativa plausível da venda casada para afastar a configuração da infração antitruste. Em outras palavras, na aplicação da regra da razão sobre os casos de venda casada, o CADE atribui valor importante ao fundamento econômico ou jurídico da oferta conjunta de produtos ou serviços. Isso pode ser observado no caso acima, bem como no caso Associação dos Produtores e Distribuidores de Insumos Reprográficos – PRODIR v. Xerox do Brasil S.A., julgado em agosto de 2006:

> (...) não se pode imputar à Representada infração quanto ao fato de ser vencedora do processo licitatório, uma vez que se limitou a atender às condições previstas no edital, tal como os demais licitantes. Segundo entendimento expressado pelo Tribunal de Contas da União na Decisão 389/95, "cabe ao administrador, utilizando-se do poder discricionário que lhe compete escolher os serviços que mais se adéquem às necessidades do órgão ou entidade que dirige". Se não foram observados os critérios supracitados de eficiência econômica, ou respeitados os princípios da livre concorrência, é assunto que deve ser resolvido no âmbito da Administração, uma vez que não há, repita-se, nenhuma ilicitude comprovada no comportamento da representada quanto a isso, que se limitou a atender as condições previstas no edital de licitação[403].

Nos EUA, a Suprema Corte Americana chegou a considerar, no passado, cláusulas *tying* como ilegais *per se*[404]. Entretanto, há algum tempo tem-se utilizado a regra da razão com a consequente avaliação dos efeitos competitivos. Regra geral, esse tipo de cláusula apenas é ilegal quando restringe a concorrência sem a identificação de benefícios aos consumidores[405].

Em 2010, além de traçar os elementos de configuração da venda casada, o CADE também reforçou o entendimento de aplicação da regra da razão. De acordo com o Cade, configura-se venda casada diante da existência de: "[...] *a)* [...] *dois produtos e/*

---

[402] Voto do Conselheiro Relator, Luiz Alberto Esteves Scaloppe, no Processo Administrativo n. 08000.016489/1997-21, fl. 172.

[403] Voto do Conselheiro Relator, Luis Fernando Rigato Vasconcellos, no Processo Administrativo n. 08000.024919/1995-62, fl. 688.

[404] Veja-se: Morton Salt Co. v. G. S. Suppiger Co., 314 U.S. 488; e United States v. Loew's Inc. 371 U. S. 38.

[405] Tal como ocorreu no caso United States v. Microsoft Corporation, 253 F.3d 34, em que se discutiu o *tying* entre o navegador Internet Explorer e sistema operacional Windows.

ou serviços separados; b) [...] *algum elemento de coerção; c)* [...] *posição dominante no mercado principal ou condicionado*"[406]. Com isso, a autoridade busca identificar efeitos anticoncorrenciais no mercado principal ou naquele que é o secundário (ou condicionado).

Dessa forma, para a caracterização da prática de venda casada como infração antitruste, é necessário, além da vinculação da aquisição de um bem ou serviço a outro, não existirem justificativas plausíveis, ou racionalidade econômica, que fundamente tal procedimento[407].

5.3.6 | Exclusividade

A contratação em regime de exclusividade sempre foi um tema muito debatido no âmbito do SBDC, seja no controle de estruturas, ou no controle de condutas. A exclusividade pode abranger diversas situações, como contratos de distribuição, contratos de fornecimento, colaboração entre agentes econômicos para compra ou para aquisição de bens etc. No âmbito do controle de estruturas, os acordos de exclusividade podem estar sujeitos à análise como integrações verticais e, dessa forma, ao controle *ex ante* se preenchidos os critérios de incidência da Lei Antitruste.

No âmbito do controle de condutas, a exclusividade pode caracterizar abuso de posição dominante, ensejando a incidência de Lei Antitruste (art. 36, § 3º, III, IV, V, VI, X, XIV e XIX). Embora haja diversas formas de um acordo de exclusividade ser prejudicial à concorrência e, portanto, despertar a incidência da Lei Antitruste, especificamente, há apenas uma hipótese de abuso de posição dominante decorrente de uma contratação com exclusividade, nos termos da LDC (art. 36, § 3º, VI): "exigir ou conceder exclusividade para divulgação de publicidade nos meios de comunicação de massa".

Seja como for, de modo geral, os acordos de exclusividade são vistos como uma espécie de restrição vertical em vezes salutar à garantia de certos pontos em uma relação econômica, como por exemplo: (a) reputação do fabricante, do produto, ou da marca; (b) redução do oportunismo (*free-riding*); (c) manutenção do nível de qualidade, de segurança; e, via de consequência, (d) redução dos riscos ligados à responsabilidade civil.

No caso Associação Neo TV et al. *v.* Globosat Programadora Ltda. et al., julgado em maio de 2006, o CADE entendeu que:

> (...) os direitos de exclusividade não constituem, *a priori*, uma infração à ordem econômica. Trata-se de um mecanismo legítimo de diferenciação, com ampla utilização em todo o mundo. Entretanto, o domínio sobre parte substancial desses direitos de exclu-

---

[406] Averiguação Preliminar n. 08700.005025/2007-07 (Aceco Produtos para Escritório e Informática Ltda.), Conselheiro Relator Ricardo Machado Ruiz em seu voto, p. 12, julgado em 23 jun. de 2010.

[407] Nesse sentido, veja-se: *United States v. Jerrold Elecs. Corp.*, 187 F. Supp. 545, 557-58 (E.D. Pa. 1960).

sividade poderia impedir as oportunidades de diferenciação de concorrentes, o que constituiria uma conduta anticompetitiva[408].

Na relação com distribuidores, as mesmas premissas podem ser aplicadas, havendo, em mercados competitivos, um argumento de racionalidade econômica adicional: a exclusividade, embora possa restringir a concorrência intramarcas, aumenta, por outro lado, a concorrência intermarcas[409]. Assim, beneficia-se o consumidor com produtos de melhor qualidade, melhores preços e com variedade de oferta.

O CADE já se manifestou diversas vezes sobre o tema, como por exemplo no caso Distribuição de Bebidas Oásis de Cabo Frio Ltda. v. Companhia Cervejaria Brahma, julgado em junho de 1999:

> No mercado de distribuição de cerveja e refrigerante, os acordos de exclusividade são feitos para evitar condutas oportunistas do distribuidor. Para tanto, tem-se tornado comum o acordo entre fabricante e distribuidor, em que se pactuam, entre outras cláusulas, a exclusividade de venda, a fixação de preços, e divisão de território, restrições a clientes ou obrigações quanto à prestação de certos serviços. Para o distribuidor esses acordos proporcionam, no mais das vezes, o retorno dos investimentos, uma vez que reduzem a competição intramarca.
>
> No pacto de exclusividade para a distribuição e revenda, o fabricante indica apenas um distribuidor ou revendedor para uma certa região, área ou zona. Esses acordos podem, em geral, gerar polêmica ao restringir a concorrência entre distribuidores ou revendedores de uma mesma marca, mas podem, por outro lado, conduzir a uma maior concorrência no mercado em que existem outros produtos que disputam a preferência do consumidor, na medida em que o distribuidor ou revendedor exclusivo adota táticas mais agressivas de marketing e de maior eficiência na distribuição ou revenda. (...) pode-se afirmar que a exclusividade característica destes mercados não caracteriza *"per se"* um ilícito, uma vez que a análise das eficiências líquidas podem indicar um resultado positivo para o mercado.
>
> Os efeitos anticoncorrenciais de exclusividade na distribuição ou revenda são marcantes em mercados onde o fabricante é monopolista de produto ou serviço, de maneira que a distribuição exclusiva poderá ser um instrumento de manutenção e extensão de seu poder de mercado e afastamento de concorrentes potenciais. (...) Não cabe ao CADE, entretanto, avaliar a existência de descumprimento de relação contratual entre as partes que não gere como consequência um prejuízo à ordem econômica e à defesa da concorrência, ou mesmo a existência de exercício abusivo de uma prerrogativa

---

[408] Voto do Conselheiro Relator, Paulo Furquim de Azevedo, no Processo Administrativo n. 08012.003048/2001-31.

[409] Sobre esse aspecto Vigdor e Schmelzer explicam: *"Antitrust law is evolving in the area of exclusive dealing. Exclusive dealing involves one company agreeing to buy or sell all or almost all of its products from another company. Properly employed, exclusive dealing can promote interbrand competition, align manufacturer and distributor incentives, and prevent free-riding by business partners. But exclusive dealing can also reduce competition by foreclosing rivals from the market, preventing or inhibiting entry, raising rivals' costs, or denying rivals access to important resources or minimum sales levels needed to compete. As a general matter, the courts have typically required plaintiffs to show that exclusive dealing agreements were not short term and had harmed consumers. Recent DOJ and FTC enforcement suggests a more aggressive approach to exclusive dealing."* (2013, p. 2).

contratual, como o é o direito conferido à representada de fixar os preços de revenda, se este não vier a interferir nas relações da concorrência no mercado[410].

No controle de estruturas, a contratação com exclusividade, ou a exigência de exclusividade em certas relações comerciais verticais pode gerar efeitos de fechamento de mercado, razão pela qual a autoridade antitruste deve intervir no sentido de restringir a liberdade dos *players* com a finalidade de evitar prováveis abusos. No caso Sadia/Perdigão, julgado em julho de 2011, por exemplo, o CADE impusera uma obrigação comportamental de não exigir exclusividade nos contratos celebrados com os pontos de venda (grande rede varejista, i.e., supermercados) como condição à aprovação da operação. Isso porque, entendendo-se de maneira contrária, resultar-se-ia na ampliação do poder de portfólio de marcas e produtos da empresa resultante da fusão (BR Foods) e, portanto, prejuízos à concorrência[411].

Em 2017, o Tribunal do CADE celebrou acordo (ACC) com Bayer/Monsanto pelo qual determinou-se significativo desinvestimento como condição para a aprovação de referido ato de concentração. Um dos principais fundamentos de decidir do CADE fora a formação, como resultado da operação, de poder de portfólio sobremodo elevado. No mesmo sentido decidiram as autoridades dos EUA (USDoJ) e da UE (DGComp)[412].

5.3.7 | Políticas de bônus, descontos e programas de fidelidade

De modo geral, políticas de bônus, descontos[413] e programas de fidelidade são vistos pelo SBDC como práticas regulares de mercado, desde que não culminem efeitos semelhantes aos atingidos por típicas práticas de abuso de posição dominante. Isto é, quando praticados por agentes econômicos com poder de mercado, tais políticas podem resultar em restrições à concorrência como exclusividade de acesso a pon-

---

[410] Voto do Conselheiro Relator, Rui Santa Cruz, no Processo Administrativo n. 08000.000146/1996-55, fls. 493-494.

[411] Nesse sentido, ver voto do Conselheiro Relator, Carlos Ragazzo, no Ato de Concentração n. 08012.004423/2009-18.

[412] Ato de Concentração n. 08700.001097/2017-49, Requerentes Monsanto Company e Bayer Aktiengesellschaft, decidido em fevereiro de 2018.

[413] Há um debate interessante nos EUA sobre descontos com base na aquisição de uma determinada quantidade, chamado de "market share discounts". De acordo com Westrich, por exemplo "(...) *a company might offer a 20% discount for buying 90% of all purchases from the seller. There is a relative dearth of case law addressing market share discounts, and the little law there is does not establish clear rules. The principal legal issue regarding market share discounts is whether they should be analyzed under pricing law or the law applying to exclusive dealing and similar exclusionary contracts. The leading decision analyzing market share discounts is Concord Boat Corp. v. Brunswick Corp. Brunswick offered a 3% discount to boat builders who bought 80% of their engines from it; 2% for 70% of all purchases; and 1% for 60% of purchases. The court upheld the legality of the market share discounts in question but declined to hold – as the defendant had asked it to – that market share discounts are necessarily legal if they are above cost.*"(2010, p. 8). Conforme estabelecido na decisão *Concord Boat Corp. v. Brunswick Corp. Brunswick* : *"The programs did not require the boat builders to commit to Brunswick for any specified period of time. They were free to walk away from the discounts at anytime"*.

tos de venda ou a insumos essenciais a uma dada atividade econômica, aumento do custo de rivais ou mesmo criação de barreiras artificiais à entrada de novos concorrentes nos mercados.

É nesse contexto que o CADE, o qual não conta com grande repertório jurisprudencial sobre o tema, já se manifestou, apontando a possível caracterização de ilícitos antitruste por políticas de descontos[414], bônus ou mesmo de fidelidade. A caracterização de tais ilícitos pode ser observada quando essas ações tiverem por objetivo ou efeito (ainda que de forma indireta ou potencial) a criação de dificuldades, incentivos, ou mesmo a exclusão de rivais do mercado.

É o que, por exemplo, foi identificado pelo CADE no caso Primo Schincariol Indústria de Cervejas e Refrigerantes v. Companhia de Bebidas das Américas – AMBEV, julgado em julho de 2009 e mais conhecido como caso Ambev "Tô Contigo"[415].

Nesse caso, a AMBEV criou um programa de fidelidade para revendedores ("Programa Tô Contigo"), por meio do qual concedia descontos de *"bundle-above cost"* àqueles clientes que aumentassem significativamente suas compras de produtos da referida companhia. Em princípio, tratava-se de uma espécie de "compartilhamento" dos ganhos/eficiência da escala da AMBEV em comercializar volumes maiores de seus produtos para os mesmos clientes, os quais, em sua maioria, caracterizavam-se por bares, restaurantes etc. (típicos pontos de venda nos mercados de atuação da AMBEV).

Especificamente, o sistema de descontos da companhia para os clientes comerciais consistia em prêmios equivalentes a descontos no preço de uma caixa de cerveja. Os clientes acumulavam pontos baseados no volume de caixas compradas (e. g., uma caixa de garrafas de 600 ml equivalia a um ponto). Pontos eram eventualmente trocados por prêmios a qualquer momento dentro do período de um ano. Os prêmios eram bônus de até 3% de suas compras normais. O maior número de pontos era de 600 por mês, com a condição de que clientes acumulassem pelo menos 5 pontos por mês. O "Tô Contigo" não previa obrigação de exclusividade formal, mas, na prática, os clientes eram informados pela AMBEV sobre a dificuldade ou impossibilidade de clientes não exclusivos preencherem os requisitos necessários aos descontos e, portanto, aos prêmios. A AMBEV monitorava a operação do programa como um todo.

---

[414] *"Loyalty discounts come in many different forms. For example, a company might offer discounts or rebates expressly conditioned on exclusivity. Or a company might offer its customers simple volume discounts if they reach pre-established volume thresholds. Another common form of loyalty discount is a market share discount, which conditions the receipt of a discount or rebate on a customer buying a certain percentage of its needs (the "market share") from the seller. Although the rest of this outline discusses these different categories separately, many loyalty programs do not fit clearly into any particular category and may involve elements of each. To a large extent, each loyalty discount program needs to be analyzed on its own merits. But there are legal risks associated with different types of customer loyalty programs for firms with monopoly power or large market shares in any of the businesses covered by the discount program. A firm considering a loyalty or discount program will want to structure the program so as to minimize antitrust risks. The structure and terms of the program may affect the substantive legal rule that would be applied in determining the program's legality under the antitrust laws"* (Westrich, 2010, p. 2).

[415] Processo Administrativo n. 08012.003805/2004-10 (Primo Schincariol Indústria de Cervejas e Refrigerantes v. Companhia de Bebidas das Américas – AMBEV), julgado em julho de 2009.

Ao analisar o caso, o CADE entendeu que o programa "Tô Contigo", principalmente em função do poder de mercado detido pela AMBEV e pelo fato de se transferir aos pontos de venda verdadeiro gargalo (*"bottle neck"*) do nível da distribuição na cadeia industrial de bebidas, promovia uma exclusividade de fato entre si e os revendedores. Isso porque os pontos de vendas possuem capacidade de armazenamento limitada a qual, em razão os incentivos financeiros gerados pelo programa "Tô Contigo", passou a ser saturada pelos produtos da AMBEV, deixando pouco ou nenhum espaço para produtos rivais. Essa exclusividade de fato acabou por preservar, e até aumentar, a parcela do mercado detida pela AMBEV. Simultaneamente, também aumentou os custos dos rivais, em função do desincentivo dos bares e restaurantes em optar por produtos concorrentes (ainda que mais eficientes em relação aos produtos da AMBEV).

Em outras palavras, a AMBEV, por intermédio de seu programa "Tô Contigo", acabou por transferir seu poder de mercado na produção de bebidas para o nível da distribuição e comercialização no varejo (i.e., aos consumidores). Reconhecendo a natureza anticoncorrencial do *"Tô Contigo"*, o CADE impôs multa à AMBEV de R$ 352.693.696,58, representando 2% do faturamento da empresa, no ano anterior ao início das investigações[416].

5.3.8 | Estrangulamento de preços ou de margens de lucro (*price-squeeze or margin-squeeze*)

Condutas voltadas a criar dificuldades ou a aumentar os custos dos rivais podem ser materializadas nos preços ou em outras variáveis concorrenciais. O *price-squeeze*[417] caracteriza-se pela prática de preços por um agente econômico verticalmente integrado ou não, havendo divergência de preços e custo de acesso ao produto ou serviço objeto da precificação anticoncorrencial. Em outras palavras, a prática de *price--squeeze*, intimamente relacionada à prática de preços discriminatórios, subsídios cruzados e aumento dos custos de rivais (LDC, art. 36, 3º, IV, X e XII), surge quando um *player* situado no nível a montante de uma cadeia industrial fornece um insumo essencial para seus "clientes-concorrentes" (não integrados verticalmente) no nível a jusante da mesma cadeia industrial. Contudo, o preço para tal insumo praticado aos concorrentes é injustificadamente superior ao seu custo marginal e, simultaneamente, o preço para o mesmo insumo praticado aos consumidores (usuários finais do produto) é inferior ao custo marginal.

A prática de *price-squeeze* pressupõe, portanto: (a) posição dominante do infrator no nível a montante da cadeia industrial; (b) não atrelamento do preço ao custo do insumo comercializado no nível a jusante da cadeia industrial; (c) prática de preços do insumo aos concorrentes superior ao custo marginal; e (d) a prática de preços, do

---

[416] Para mais detalhes sobre o caso, ver: arquivo de áudio da 448ª Sessão Ordinária de Julgamento do CADE, de 22-7-2009.

[417] O termo *"price-squeeze"* não apresenta tradução para o português, porém, já foi referido como *"prática de estrangulamento das margens dos concorrentes"* em parecer da SDE/MJ, no Processo Administrativo n. 08012.008501/2007-91 (*Easytone Telecomunicações Ltda. et al. v. Americel S.A. et al.*).

mesmo insumo aos consumidores, inferior ao custo marginal[418]. Essa prática, para ser factível, requer que não haja produtos substitutos ao objeto da prática no mercado.

Embora já tenha enfrentado o tema, o CADE não tem vasta experiência com relação à prática de *price-squeeze*[419]. Contudo, em alguns casos, já pode situar bem a questão, como é o exemplo do caso Refinaria de Petróleo de Manguinhos S.A. e Refinaria de Petróleo Ipiranga S.A., julgado em julho de 2008:

> (...) o *price squeeze* caracteriza-se como uma estratégia anticompetitiva, adotada por uma firma integrada, que torna-se factível quando há qualquer divergência entre preços e custos de acesso. A possibilidade para o *price-squeeze* surge quando (i) uma firma integrada fornece um "insumo essencial" para seus competidores não integrados e quando (ii) o preço marginal de acesso a esse recurso, cobrado pela firma integrada, é estabelecido num nível acima do custo marginal verdadeiro[420].

No caso Bérkel Chaoas Acrílicas Ltda. v. Unigel Química S.A. et al., julgado em abril de 2007, a dificuldade de se julgar o custo da empresa acusada, fica evidente:

> (...) é importante observar que uma empresa concorrente pode ter custos significativamente mais altos que a Resabrás, de modo que o preço cobrado pelo MMA efetivamente impossibilite a participação desta empresa no mercado. Mas seria absurdo condenar as representadas com base neste fundamento. O órgão de defesa da concorrência estaria, nesta hipótese, compelindo o fornecedor a oferecer preços mais baixos apenas para sustentar uma estrutura de custos elevados *downstream*.
>
> Não se afasta, desta forma, a possibilidade que a pratica de *price-squeeze* pelas representadas venha posteriormente a ser verificada e considerada ilícita. No entanto, com base nos elementos observados nos autos, não se faz possível a condenação das representadas[421].

Nos casos Embratel – Empresa Brasileira de Comunicações e Intelig Telecomunicações Ltda. v. Telesp, julgados conjuntamente em setembro de 2005, o CADE realizou um maior aprofundamento sobre aspectos e teorias econômicas envolvidas na prática de *price-squeeze*. Nessa oportunidade, o CADE expôs que os órgãos do

---

[418] "*The Court found that in order to establish harm from the margin squeeze accusation, it must be shown that the incubent's retail price was predatory as defined by the standards of Brooke* Groupe. (Brooke Group Ltd. v. Brown & Williamson Tobacco Corp., 509 U.S. 209 (1993)." Cf. Jullien; Rey; Saavedra, 2013, p. 7. "*Contrary to the US, recent court rulings in Europe have characterized margin squeeze as independent antitrust doctrine. Three cases in the telecommunications sector concerning former national monopolies have set the tone for european case law: Deutsche Telekom in 2003 (upheld by the CFI and the ECJ in 2008 and 2010 respectively), Telefonica in 2007 (confirmed by the GC in 2012 and currently on appeal on the ECJ), and the guidance provided by the ECJ to the the Stockholm District Court in TeliaSonera*". Id., ibid., p. 8. Veja-se: *Konkurrensverket v TeliaSonera Sverige AB, Case C-52/09 (2011).*

[419] Franceschini; Gaban; Amorim, 2014, p. 149.

[420] Voto do Conselheiro Relator, Luis Carlos Prado, na Averiguação Preliminar n. 08012.007897/2005-98.

[421] Voto do Conselheiro Relator, Abraham Benzaquem Sicsú, no Processo Administrativo n. 08012.008088/2003-31, fl.1666.

SBDC utilizam a experiência internacional[422], particularmente o texto de Stephen King e Rodney Maddock *"Imputation Rules and a Vertical Price Squeeze"* onde:

(...) os autores identificam duas formas principais de avaliar condutas de *price-squeeze* tomando-se como base o preço final cobrado pela empresa que supostamente estaria praticando a conduta anticompetitiva. A primeira delas é a partir da receita (*revenue imputation test*), em que a receita da firma que estaria praticando a conduta é comparada a seus custos totais. A segunda análise é do ponto de vista marginal e baseia-se no preço unitário (*marginal imputation test*), comparando o preço final do produto com o custo marginal da empresa. Pelo exame proposto por King e Maddock, a empresa estaria praticando *price-squeeze* se a receita obtida por meio do preço final do produto não fosse capaz de cobrir seus custos totais, inclusive os custos do insumo do qual a empresa estaria usando para praticar a conduta mencionada[423].

Em casos mais recentes envolvendo a prática de *price-squeeze*, como, por exemplo, *Easytone Telecomunicações Ltda. et al. v. Americel S.A. et al.*, houve preocupação com a prática excludente em razão de seus resultados (i.e., custos maiores dos rivais em razão dos valores cobrados)[424]. Entretanto, em setembro de 2013, o Plenário do CADE acompanhou o teor do parecer da ProCADE para arquivar o processo administrativo por ausência de infração à ordem econômica. Nas palavras da relatora, ex-Conselheira Ana Frazão, "o price squeeze é *uma conduta cuja comprovação exige um juízo aprofundado sobre os impactos anticompetitivos da prática no mercado*"[425], não cabendo se falar numa condenação por alegações genéricas sobre os preços cobrados. O CADE julgou desnecessário analisar a fundo a racionalidade econômica da conduta potencialmente capaz de gerar efeitos anticompetitivos, já que a instrução promovida pela extinta SDE não foi suficiente para configurar a prática como exclusionária[426].

5.3.9 | Recusa de venda ou recusa de contratar

A recusa de venda ou recusa de contratar é uma prática anticoncorrencial prevista em grande parte das jurisdições que adotam alguma Política Antitruste. O Brasil segue a prática internacional, prevendo a conduta na Lei Antitruste (art. 36, § 3º, XI e XII: "recusar a venda de bens ou a prestação de serviços, dentro das condições de pa-

---

[422] *Margin squeeze* foi reconhecido pela primeira vez nos EUA como uma infração em 1945, no caso *Alcoa – United States v Aluminum Co of Am, 148 F 2d 416 (2d Cir 1945)*. Em 2004, a Suprema Corte voltou a analisar a teoria antitruste de *price squeeze* no caso *Verizon Communications, Inc. v. Law Offices of Curtis V. Trinko, 540 U.S. 398 (2004)*, decidido em 2009.

[423] Voto do Conselheiro Relator, Roberto Pfeiffer, nos Processos Administrativos n. 53500.001821/2002, 53500.001823/2002 e 53500.001824/2002, fl.1737.

[424] "1. A presente nota técnica tem como objetivo recomendar ao CADE a condenação de Vivo S.A. (Vivo), Tim Brasil Serviços e Participações S.A. (Tim), Americel S.A. e Claro S.A. (Claro), por infringirem o art. 20, incisos I, III e IV, c/c art. 21, inciso V, todos da Lei n. 8.884/94, por praticar conduta excludente por meio dos valores cobrados para o VU-M.

[425] Voto da Conselheira-Relatora no Processo Administrativo n. 08012.008501/2007-91, p. 49.

[426] Voto da Conselheira-Relatora no Processo Administrativo n. 08012.008501/2007-91, p. 51-52.

gamento normais aos usos e costumes comerciais; dificultar ou romper a continuidade ou desenvolvimento de relações comerciais de prazo indeterminado em razão de recusa da outra parte em submeter-se a cláusulas e condições comerciais injustificáveis ou anticoncorrenciais", respectivamente).

De modo geral, presume-se que a recusa de contratar é prática regular de mercado, integrante da liberdade de iniciativa dos *players*. Contudo, quando se passa em uma estrutura verticalizada envolvendo agente econômico detentor de posição dominante, a recusa de contratar ou de vender pode gerar efeitos anticoncorrenciais. Isso porque, presume-se que um *player*, com posição dominante no nível *upstream*, fornecedor de insumos para uma empresa no mercado *downstream*, a ele verticalmente integrada, tem incentivos para discriminar seus rivais (não integrados) no mercado *downstream*.

Assim, a ilicitude da prática de recusa de contratar depende, basicamente, de três requisitos: (a) o fornecedor deter poder de mercado no nível a montante da cadeia industrial; (b) não haver justificativas objetivas plausíveis (que reflitam racionalidade econômica aceitável) para a recusa; e (c) a recusa dever ser efetivamente capaz de prejudicar ou eliminar a concorrência no mercado a jusante.

Nesse sentido, entendeu o CADE no caso *Instituto Radiológico Bento Gonçalves – RS v. Sociedade Dr. Bartholomeu Tacchini*, julgado pelo CADE em julho de 2009:

> De modo sumarizado, uma das formas potencialmente ilícitas de recusa de contratar ocorre quanto um agente *upstream*, detentor de posição dominante, recusa-se a fornecer insumos a um competidor *downstream*, de tal modo a eliminar a concorrência no mercado a jusante. A essência da norma concorrencial que condena esse ilícito, vale dizer, não é a proteção da firma dependente de insumos por parte de um fornecedor dominante, mas sim "a manutenção da concorrência no mercado *downstream*".
> (...) suposto fechamento de mercado causado pela recusa de credenciamento da Representante, por parte da Representada, encontra justificativa razoável no aumento de eficiência com redução de custos, o que não caracteriza indício de conduta anticoncorrencial.
> (...) a jurisprudência brasileira, formada com o julgamento da AP n. 159/88 e ratificada recentemente no PA n. 42/92 admite a recusa de venda desde que não configurada a tentativa de dominação de mercado ou eliminação da concorrência, haja vista que se faz necessário considerar razoabilidade da conduta do agente econômico do ponto de vista de sua estratégia comercial[427].

Na análise da prática de recusa de contratar[428], afora a verificação de poder de mercado por parte do agente econômico investigado – condição de incidência da Lei Antitruste –, o CADE tem atribuído especial importância à justificativa para a recusa, isto é, ao fundamento jurídico ou econômico que sustente a negativa de contratar. Dessa forma, adentrar o debate dos fundamentos racionais para recusar a contratação ou a venda de algo a alguém tem se mostrado estratégia de defesa eficaz por parte de

---

[427] Voto do Conselheiro Relator, Carlos Ragazzo, na Averiguação Preliminar n. 08012.006899/2003-06, fl. 1335-1336.
[428] Sobre recusa de contratar, veja-se Gonçalves, 2008, p. 114-117.

players acusados de recusa de venda. A verificação do dano (potencial ou atual) da recusa tem sido deixada para segundo plano pelo CADE[429].

5.3.10 | Fixação ou imposição de preço de revenda

A caracterização da prática de fixação de preços de revenda como infração antitruste não é uma unanimidade em várias jurisdições (como EUA e UE). Isso ocorre principalmente em razão do fato de se tratar de uma prática vertical tipicamente intramarca. Assim, havendo concorrência efetiva intermarcas, i.e., não havendo posição dominante por parte de quem fixa os preços aos seus revendedores, a prática acaba por ser intuitivamente pertinente ao domínio estritamente privado das relações (i.e., alheia ao antitruste).

Isso porque, em última análise, não há racionalidade econômica para que um agente de mercado não detentor de posição dominante utilize-se da prática para elevar seus preços aos consumidores. Pois, se a imposição de preços aos revendedores indicar um preço sobremodo elevado, isso pode ser interpretado pelo mercado como uma oportunidade de ampliação da oferta competitiva pelos rivais atuais, logo, uma oportunidade de ingresso no mercado pelos rivais potenciais.

---

[429] Nesse sentido, ver: Processo Administrativo n. 08000.022487/1997-81 (Messer Griesheim do Brasil Ltda. et al. v. White Martins S.A. et al.), julgado pelo CADE em julho de 2004; Processo Administrativo n. 08012.000172/1998-42 (Power-Tech Teleinformática Ltda. v. Damovo do Brasil S.A, que sucedeu Matel Technologia de Informatica Ltda – MATEC, originalmente denunciada pela prática), julgado pelo CADE em março de 2003; Processo Administrativo n. 08012.003805/2004-10 (Primo Schincariol Ind. Cervejas e Refrigerantes v. Companhia de Bebidas das Américas – AMBEV), julgado pelo CADE em julho de 2009. Para estudo aprofundado sobre o tema "recusa de contratar", ver: Gonçalves, 2010, p. 234-236: "Observamos que: (i) há poucas decisões enfrentando o problema da recusa de contratar quanto ao mérito em mercados especificamente regulados. Além do caso DirecTV (...), a recusa indireta chegou a ser abordada tangencialmente no setor de telefonia, porém, acabou sendo objeto de compromissos de cessação entre as empresas investigadas e a ANATEL, posteriormente homologados pelo CADE; (ii) até 2000, prevalece a adoção de pressupostos liberais (tanto para a identificação quanto para o sancionamento do poder de mercado), havendo claro receio de limitar a liberdade dos agentes; (iii) nos casos após 2000, as autoridades identificaram a existência de poder de mercado em Amex vs Visa, DirecTV vs Globo, Messer vs White Martins, Philip Morris vs Souza Cruz, Power-tech vs Matec, Shopping Jardim Sul vs Shopping Iguatemi, Neo TV vs Globo, Schincariol vs Ambev e o caso dos terminais portuários; (iv) a Lei n. 8.884/94 não privilegia indevidamente o balanço concorrencial ao tratar de controle de condutas em geral, e da recusa de contratar em especial. Em algumas decisões condenatórias ou casos encerrados com acordo, as autoridades adotaram a premissa de que a conduta analisada não apresentava um 'balanço positivo' entre efeitos anticompetitivos e eficiências compensatórias (nesse sentido, Philip Morris vs Souza Cruz e Microsoft). Em outros casos (v. g., Messer vs White Martins, Power-tech vs Matec e Schin vs AMBEV), a ausência de justificativas objetivas para a recusa (ou para a exclusividade ensejadora da recusa), patente nos votos condutores, teve preferência sobre o balanço concorrencial; (v) em alguns casos, as autoridades acataram a premissa de que os objetivos buscados pelos agentes econômicos ao adotar práticas restritivas podem ser inferidos a partir dos efeitos das práticas, ainda que potenciais; (vi) entre 2000 e 2009, as autoridades acolheram soluções consensuais em casos importantes de restrições verticais (Souza Cruz, Helibrás e NeoTV vs Globo), mas levaram a julgamento um número maior (DirecTv vs Globo, Microsoft, shoppings, Gradiente e Schincariol vs AMBEV). Do total de quinze casos explorados acima, três resultaram em compromisso de cessação, quatro em arquivamento e oito em condenação".

Nessa linha, a imposição de preços de revenda, ou fixação de preços de revenda, insere-se na Lei Antitruste (art. 36, § 3º, IX: "impor, no comércio de bens ou serviços, a distribuidores, varejistas e representantes preços de revenda, descontos, condições de pagamento, quantidades mínimas ou máximas, margem de lucro ou quaisquer outras condições de comercialização relativas a negócios destes com terceiros").

Em uma interpretação literal do dispositivo, apenas a imposição de preços (ou de outras variáveis concorrenciais) poderia caracterizar o ilícito, enquanto uma mera sugestão não seria suficiente para prejudicar a concorrência. A imposição pode ser expressa (mediante contrato ou qualquer forma de comunicado indicando o preço imposto e a sanção pelo descumprimento), ou implícita, isto é, decorrente de um comportamento do fornecedor, ou, por exemplo, de programas de bônus, descontos etc., os quais culminem com o estímulo à adoção, quase peremptória, do preço sugerido sob pena de sanções. Em complemento, não apenas os preços estariam abrangidos pela hipótese de incidência do dispositivo, mas, também, outras variáveis concorrenciais, tornando-a ampla o bastante para cobrir uma série de modalidades de relações comerciais entre fabricante, ou fornecedor, e revendedor.

Para a caracterização da conduta como ilícito antitruste é necessário analisar, no mínimo, quatro requisitos: (i) se o agente fabricante, ou ofertante, é detentor do poder de mercado; (ii) se há racionalidade econômica que sustente a imposição; (iii) se há efetivamente "coerção", i.e., se o descumprimento por parte do revendedor sujeita-o a sanções ou retaliações por parte do fornecedor; e (iv) se a prática se passa em mercado cuja estrutura favorece a colusão.

O CADE já se pronunciou algumas vezes sobre o tema, usualmente considerando os quatro requisitos para analisar a caracterização da infração antitruste. Contudo, na maioria dos casos foi atribuído maior peso ao primeiro e ao terceiro requisitos, i.e., existência de poder de mercado por parte do *player upstream* e de efetiva "coerção" aplicada sobre os preços (ou outras variáveis concorrenciais) impostos ao *player downstream*.

O caso Leopoldo Ubiratam Carreiro Pagotto v. Sindicato das Empresas de Artes Fotográficas no Estado de São Paulo, julgado pelo CADE em novembro de 2009, reflete bem a questão. Nesse caso, foi questionado se a tabela de preços elaborada pelo Sindicato geraria resultados anticoncorrenciais em termos de fixação de preços de revenda e colusão no mercado de prestação de serviços fotográficos profissionais. O CADE, contudo, entendeu que a infração antitruste não restou configurada:

> (...) a prática não ocasiona efeitos anticompetitivos. Essa posição é sustentada em duas premissas: 1) o mercado não apresenta condições estruturais favoráveis à realização da prática; 2) não há mecanismo suficiente de coerção para assegurar a adoção da tabela pelos filiados ao SEAFESP[430].
> [A SDE/MJ] identificou que o grande número de estabelecimentos no Estado de São Paulo traria expressiva pulverização do mercado e inexistência de barreiras à entrada,

---

[430] Voto do Conselheiro Relator, Fernando Furlan, na Averiguação Preliminar n. 08012.005994/2004-65, fl. 964.

fatores que, se não impedem, dificultam a ocorrência de condutas coordenadas entre concorrentes.
(...)
[As condições de validade de tabelas de preços seriam] (i) a tabela deve ser produzida como pesquisa de mercado ou mera sugestão de preços aos afiliados, sem retaliação aos que praticarem preços distintos dos da tabela; (ii) a entidade de classe deve ser agente sem poderes suficientes para influenciar e induzir a adoção de tabela de preços entre concorrentes, em detrimento do livre mercado e dos consumidores; e (iii) o mercado deve ser pulverizado e competitivo, com alto grau de concorrência entre as empresas atuantes no mercado e baixas barreiras à entrada de novos competidores (apartes incluídos no texto original)[431].

O tema foi igualmente explorado no caso Advocacia Geral da União v. Adidas Brasil Ltda. et al., julgado em dezembro de 2009:

[Apesar da existência de tabelas de preços impostos pelos fornecedores], o conjunto probatório não reuniu evidências concretas de que a sugestão de preços pelos fornecedores de calçados pudesse produzir efeitos anticompetitivos no mercado em questão. De fato, em primeiro lugar, não há informações de qualquer tipo de mecanismo formal ou informal de detecção e punição de agentes que desconsiderarem os valores sugeridos. Em segundo lugar (...) nenhum fornecedor possui, isoladamente, participação de mercado superior a 20% e, portanto, existe baixa probabilidade de exercício anticompetitivo unilateral. Por fim, também não foram apresentadas evidências de condutas concertadas entre as representadas para definição da sugestão de preços. (aparte incluído no texto original)[432].

O paradigma de análise da prática de fixação ou imposição de preço de revenda foi alcançado pelo Tribunal do CADE no caso PROCON/SP v. SKF do Brasil Ltda. Em janeiro de 2013, o CADE pela primeira vez condenou uma empresa por fixação de preço de revenda. O processo teve início em 2001, e tinha como objeto a investigação de um acordo firmado entre a SKY e a SKF do Brasil Ltda. para fixação de um preço mínimo de revenda para suas respectivas redes de distribuição. O mercado relevante sob a ótica do produto compreendeu os produtos objeto deste acordo, quais eram: rolamentos, retentores, graxas, lubrificantes, ferramentas em geral e equipamentos de monitoramento.

A decisão foi controversa e dividiu o Tribunal do CADE em duas linhas de pensamento: uma para arquivar o caso, e outra para condenar a SKF. A última prevaleceu. O excerto abaixo resume bem essas duas posições:

Após longa instrução, devidamente sumariada no relatório de fls. 583-597 (autos públicos), o processo foi incluído na pauta da 455a Sessão Ordinária de Julgamento do CADE, realizada em 11 de novembro de 2009. Na ocasião, o Conselheiro Relator,

---

[431] Voto vista do Conselheiro Relator, Carlos Ragazzo, na Averiguação Preliminar n. 08012.005994/2004-65, fl. 853.

[432] Voto do Conselheiro Relator, Fernando Furlan, na Averiguação Preliminar n. 08012.008443/2007-04, fl. 307.

César Costa Alves de Mattos, votou pelo arquivamento do processo, acompanhando, portanto, o parecer da Secretaria de Direito Econômico do Ministério da Justiça (SDE). Assim procedeu por entender, em resumo, (i) que "os efeitos d[a] RPM [fixação de preço de revenda, no acrônimo em inglês'] sobre o bem-estar são considerados ambíguos" (fis. 614), (ii) que, via de regra, o interesse do agente a montante (o produtor) é o de reduzir a margem do agente a jusante (o distribuidor) e não o inverso, mitigando assim o problema da chamada "dupla marginalização", não havendo portanto incentivos ou racionalidade para que ele queira reduzir os níveis de competição na rede de distribuição com propósitos puramente anticompetitivos (fis. 619), (iii) que, portanto, a conduta só pode ser explicada, em mercados com razoável competição intermarca, por outras eficiências que a caracterizem, sendo a mais importante a redução do efeito carona no serviço ou na publicidade entre os varejistas, ou, alternativamente, (iv) "como instrumento de facilitação de cartéis, seja no mercado a jusante, seja a montante" (fis. 635), mas apenas em mercados propensos à colusão na dimensão intermarcas, (v) que a conduta, no Brasil, não pode ser tratada de forma *per se* (fis. 635) e (vi) que, no caso concreto, apesar de não haver nenhuma prova da presença, mesmo em tese, de eficiências, também não haveria prova do "intuito de promover a coordenação *upstream* ou *downstream*", nem "de que os *mark ups* tenham sido, efetivamente, seguidos ou impostos" (ou seja, de que a ameaça de coação da SKF sobre os distribuidores se tenha tornado real), o que ensejaria, por si só, o arquivamento (fis. 637).

3. Após o voto do relator, o então Conselheiro Vinicius Marques de Carvalho pediu vista dos autos e, ao trazê-los de volta à mesa para julgamento, abriu divergência e votou pela condenação da Representada.

4. A condenação da Representada fundou-se, nesse voto divergente, em múltiplos fundamentos autônomos, dos quais destaco os seguintes: (i) seria, no presente caso, "incontroverso que houve fixação de preços de revenda" (fi. 2 do voto em sua versão confidencial), (ii) a fixação de preços de revenda seria conduta específica e expressamente repudiada pelo art. 21, XI, da então vigente Lei n. 8.884/94 (fl. 6), (iii) a coação, no caso, estaria provada a partir da "ameaça clara e explícita de desfiliação do revendedor da rede da SKF" (fis. 11), (iv) várias jurisdições antitruste estrangeiras considerariam a fixação de preços de revenda como uma conduta altamente suspeita, contrariando portanto a posição do relator, que considerou, no mais das vezes, "inexistir racionalidade econômica na conduta" (fl. 32), (v) haveria, no caso, evidências societárias, econômicas e históricas de colusão na indústria a que pertence a requerida (fl. 50), havendo, portanto, fortes indícios de que ela coloque riscos para o bem-estar geral, (vi) nesse contexto, "caberia à SKF o ônus probatório da inexistência de risco anticompetitivo de aludida prática" (fl. 34), sendo irrelevante, nos termos da lei brasileira, a efetiva consolidação desse risco em prejuízo concretamente ocorrido para o bem-estar do consumidor (fl. 65). Em resumo, segundo esse voto divergente, "assumindo o *standard* europeu, da ilicitude pelo objeto", a SKF não se teria desincumbido do "ônus de demonstrar as eficiências de sua conduta" (fl. 66), justificando-se por isso sua condenação.

Após mais de 12 anos de investigação, o CADE entendeu que "para a fixação de um preço de revenda ser lícito, a empresa tem que comprovar eficiência econômica", decidindo pela condenação com base no regime antigo (Lei n. 8884/94). A prática durou sete meses (entre 2000 e 2001) e ao representado foi aplicada multa no montante de 1% sobre seu faturamento bruto no ano anterior ao do início da investigação.

5.3.11 | Abuso do direito de petição (*sham litigation*)

Embora não prevista expressamente na LDC, a prática de abuso do direito de ação (ou petição) com efeitos anticoncorrenciais passou a ser investigada e punida pelo CADE. Conforme se observa na jurisprudência internacional, o prejuízo decorre dos custos de defesa (judicial e/ou administrativos) do agente econômico afetado, assim como da criação de barreiras artificiais das quais resultam atraso ou impedimento à entrada de um concorrente no mercado.

O debate em torno dessa prática reside na identificação da infração antitruste, uma vez que o direito de petição é uma garantia constitucional. A configuração do *sham litigation* deve estar compatibilizada com a estrutura do nosso ordenamento jurídico. Isto é, a prática deve restar configurada de modo a não reduzir a eficácia do direito constitucional fundamental de petição[433].

Nos EUA o *sham litigation* é uma exceção ao direito de petição:

> Nos Estados Unidos da América, a *sham litigation* constitui uma exceção à doutrina Noerr-Pennington, que estabelece a imunidade antitruste do direito constitucional de petição. Referida exceção estabelece ser inexistente o direito de petição se a própria petição for uma fraude – "*sham*" – ou seja, se a petição não tiver por objetivo conseguir do Estado uma resposta favorável, mas, sim, somente atrapalhar, intimidar ou suprimir um concorrente.
>
> Os critérios objetivos para a caracterização da *sham litigation* e, consequentemente, para a não aplicação da doutrina *Noerr-Pennington* foram estabelecidos pela Suprema Corte dos EUA no caso *Professional Real Estate Investors, Inc. v. Columbia Pictures Industries, Inc. et al.*, no âmbito do qual se desenvolveu o chamado Teste PRE, que requer a existência de dois requisitos para a configuração da *sham litigation*: (i) a ação ou petição não deve objetivamente ter fundamentos, de maneira que nenhum litigante razoável possa esperar sucesso em seu mérito; e, demonstrada a ausência de fundamentos, e (ii) a motivação subjetiva do litigante deve permitir verificar se a ação ou petição camufla uma tentativa de interferir diretamente nas relações negociais de um concorrente[434].

A identificação da conduta como abuso de posição dominante não é trivial[435]. O Plenário do CADE ficou dividido, por exemplo, no caso SEVA Engenharia Eletrônica S.A. v. Siemens VDO Automotive Ltda., decidido em agosto de 2010, quando

---

[433] Inglez de Souza, 2010, p. 290.

[434] Vinhas, 2014, p. 199-200.

[435] "A Comissão Europeia estabeleceu, no Caso Belgacom, que, para ser considerada um abuso de posição dominante, e, consequentemente, uma infração anticoncorrencial, a ação judicial deve (i) não ser razoavelmente considerada como destinada a invocar os direitos ali sustentados, servindo apenas para perseguir a parte contrária, e (ii) ser concebida no âmbito de um plano que tenciona eliminar a concorrência." (Vinhas, 2014, p. 200)

parte dos Conselheiros[436-437] votou pela condenação por litigância predatória, seguindo os pareceres anteriores da SDE[438] e ProCADE. No entanto, a maioria decidiu pelo arquivamento do caso. De acordo com o CADE:

> (...) para qualificação de uma demanda como incursa em pressupostos de *sham litigation*: (a) detenção de poder de mercado, (b) expectativa razoável de vitória versus ação objetivamente infundada, (c) ocultação de interesse contrário à concorrência, (d) custo da demanda proporcionalmente maior e mais danoso para quem detém menos capacidade financeira, (e) utilização da demanda como ferramenta para macular a imagem de empresa perante o mercado, (f) intenção de criar barreiras artificiais à entrada ou excluir competidores do mercado, (g) prejuízo da atividade de competidores pelo aumento de custo, prejuízo à produção ou dano similar, (h) influência de ações governamentais no sentido de prejudicar concorrentes[439].

No mesmo ano, o Plenário decidiu o caso *Comissão de Defesa do Consumidor, Meio Ambiente e Minorias da Câmara de Deputados v. Box 3 Vídeo e Publicidade Ltda. e Léo Produções Publicidade* (conhecido como o caso *Shop Time*)[440]. No referido caso, foi debatido em que medida o ajuizamento de ação, com base em direitos autorais inexistentes ou muito frágeis, registrados na Biblioteca Nacional, poderia ca-

---

[436] "(...) a simples existência da ação pode representar, por exemplo, um novo elemento de risco perante terceiros, podendo vir a embaraçar a condução de negócios da empresa em diferentes áreas, como, por exemplo, na obtenção de crédito. A utilização maliciosa de expedientes judiciais também pode levar à prolação de decisões altamente prejudiciais ao ambiente competitivo. A distorção dos fatos, a apresentação de alegações inverídicas e outras condutas caracterizadoras da má-fé processual podem dar azo a decisões judiciais que impeçam ou dificultem a atuação de concorrentes e atentem, em última instância, contra os princípios da liberdade de iniciativa e de concorrência. Vê-se, dessa forma, que o uso abusivo e oportunista do processo judicial é capaz de afetar de diferentes formas a concorrência no mercado, constituindo estratégia predatória plausível de ser utilizada para fins anticompetitivos. Diante desse quadro, e sendo certo que o ordenamento jurídico brasileiro repele de maneira inequívoca o abuso de um direito por seu titular em diferentes campos, não há motivo para se supor que o exercício anormal e indevido de direito de ação esteja isento da aplicação das leis da concorrência. In: Processo Administrativo N. 08012.004484/2005-51, voto-vista do Conselheiro Olavo Zago Chinaglia, p. 6-7. Sobre o caso, veja-se: Oliveira, 2013, p. 27-38.

[437] "Propõe-se, portanto, que sejam confrontadas as mencionadas normas que disciplinam os direitos fundamentais de petição, com as normas que disciplinam o tipo 'abuso de direito' e a prática de *sham litigation*, bem como as normas infraconstitucionais que regulamentam o exercício desses direitos de petição no caso concreto. Caso a configuração das referidas normas não seja respeitada no caso específico, pode a prática inserir-se no tipo abuso de direito e deixar de acobertar-se pelo guarda-chuva da isenção antitruste". In: Processo Administrativo N. 08012.004484/2005-51, voto-vista do Conselheiro Cesar Costa Alves de Mattos, p. 9-10.

[438] (...) para se caracterizar o ilícito de "exercício abusivo de direito de ação com efeito concorrencial" (*sham litigation*) é necessário demonstrar: (i) que a ação proposta é, por completo, carecedora de embasamento, sendo certo que nenhum litigante razoável poderia, de forma realista, esperar que sua pretensão fosse deferida; e (ii) que a ação proposta mascara um instrumento anticompetitivo, ou seja, constitui uma tentativa de interferência direta na relação comercial com um concorrente por meio do uso do aparelho judiciário/administrativo. In: Processo Administrativo N. 08012.004484/2005-51, Parecer SDE, p. 47.

[439] Processo Administrativo N. 08012.004484/2005-51, voto-vista do Conselheiro Presidente Arthur Badin, 2010, p. 15.

[440] Processo Administrativo N. 08012.004283/2000-40, decidido em dezembro de 2010.

racterizar abuso do direito (ou litigância predatória), resultando em efeitos semelhantes ao típico abuso de posição dominante. No caso em questão "(...) as empresas Representadas intentaram uma série de ações judiciais com pedidos de liminares, visando tirar do ar os programas de vendas das denunciantes, com base em um direito autoral inexistente ou em justificativas pífias"[441].

Após longa fase de instrução, em razão do grande número de processos judiciais, o CADE concluiu pela inexistência de qualquer fundamento legal para tantos processos. A intenção por trás das batalhas legais iniciadas pelas Requerentes, e travadas contra uma série de *players*, era criar uma barreira à entrada nos mercados envolvidos, de forma contrária à Lei Antitruste. Em dezembro de 2010, por unanimidade, o CADE condenou a Box 3 Vídeo e Publicidade Ltda. a pagar uma multa no valor de R$ 1.774.312,66 e publicar uma declaração descritiva da decisão desfavorável, com a tipificação da conduta, nos termos do art. 20 e 21, IV a V, da antiga Lei n. 8.884/94.

Em junho de 2015, o CADE estabeleceu o paradigma do tema da *sham litigation* ao julgar processo administrativo decorrente de representação promovida pela Associação Brasileira das Indústrias de Medicamentos Genéricos – Pró Genéricos em face das representadas Eli Lilly do Brasil Ltda. e *Eli Lilly and Company* a fim de apurar a prática de *sham litigation*. De acordo com o voto da Conselheira Relatora, que basicamente acompanhou a integralidade o posicionamento da SG, as representadas teriam praticado infrações à ordem econômica ao criarem barreiras artificiais à concorrência por meio do ajuizamento de uma pluralidade de ações em face de diversas instituições públicas, como INPI e ANVISA, em diferentes foros. Segundo o voto, as ações foram ajuizadas a fim de obter proteção judicial à exclusividade de comercialização do medicamento cloridrato de genicitabina, dificultando a atividade de seus concorrentes e, portanto, incorrendo na prática de *sham litigation* ou abuso do direito de petição.

Segundo tal decisão:

> "*Sham litigation* consiste, em linhas gerais, no abuso do direito de petição com finalidade anticompetitiva. (...) A possibilidade de causar efeitos lesivos à concorrência a partir de demandas levadas ao Poder Público não se resume ao Poder Judiciário, mas também alcança as instâncias decisórias administrativas, frente às quais é possível, também, apresentar ações fraudulentas."[442]

Assim, as representadas foram condenadas pelo CADE a pagar multa fixada no valor de R$ 36.679.586,16 (trinta e seis milhões seiscentos e setenta e nove mil quinhentos e oitenta e seis reais e dezesseis centavos)[443].

---

[441] Relatório do Conselheiro Relator, p. 1849. In: Processo Administrativo N. 08012.004283/2000-40, julgado em dezembro de 2010 (*Comissão de Defesa do Consumidor, Meio Ambiente e Minorias da Câmara de Deputados v. Box 3 Vídeo e Publicidade Ltda. e Léo Produções Publicidade*).

[442] Ibidem.

[443] Processo Administrativo n. 08012.011508/2007-91, Representante: Associação Brasileira das Indústrias de Medicamentos Genéricos – Pró Genéricos, Representadas: Eli Lilly do Brasil Ltda. e Eli Lilly and Company. Julgado em 24-7-2015. Os autores agradecem a colaboração de Bruno Droghetti Magalhães Santos pelo auxílio com o desenvolvimento do estudo desse caso.

Ao analisar a litigância predatória como conduta anticompetitiva no âmbito desse caso, a SG, em primeiro lugar, buscou retomar a doutrina *Noerr – Pennington* nos Estados Unidos. Tal doutrina, iniciada a partir dos casos *Eastern R. Presidents Conference v. Noerr Motor Freight Inc. (Noerr)* e *United Mine Workers of America v. Pennington (Pennington)*, trata-se, como se viu no início deste tópico, do reconhecimento pela Suprema Corte Norte-Americana de que o direito de petição não é absoluto e pode gerar responsabilidade antitruste em determinados caso.

Em um segundo momento, voltando-se para o ordenamento jurídico pátrio, a SG observou que o próprio direito brasileiro já estabelece limites aos direitos constitucionais de petição e de acesso ao Poder Judiciário (art. 5º, XXXIV e XXXV). Tais limites apareciam expressos no art. 17, inciso III, do Código de Processo Civil de 1973 (correspondente ao art. 80, III, do CPC/2015), segundo o qual não é permitido "usar do processo para conseguir objetivo ilegal", e ainda, no art. 4º da Lei n. 9.784/99 que regulamenta o processo administrativo, impondo como deveres ao administrado ao tratar com a Administração Pública os de proceder com lealdade, urbanidade e boa-fé, bem como não agir de modo temerário.

Depois de estabelecer suas bases jurídicas no direito comparado e no ordenamento nacional para explicar a razão pela qual o abuso do direito de petição pode configurar conduta anticompetitiva, a SG voltou-se novamente para o direito norte-americano, com o intuito de verificar os casos nos quais a jurisprudência norte-americana distinguiu o litígio simulado (*sham litigation*) de um processo genuíno. Nesse sentido, a SG utilizou como fundamentação jurídica por analogia quatro testes de *sham litigation*, originários da jurisprudência dos Estados Unidos, a saber: (a) PRE; (b) POSCO; (c) Litígios Fraudulentos; e (d) Acordos Judiciais e Outras Ações. Resume-se abaixo os critérios de cada teste para a configuração da prática de litigância predatória.

(a) Teste PRE – uma única ação que esconde ou simula intenção exclusionária: é derivado do caso *Professional Real Estate Investor (PRE), inc., et al. v. Columbia Pictures Industries, inc., et al.*, tem por fim a análise de ocorrência de *sham litigation* em um único processo. Nesse sentido, seriam de dois tipos os processos possivelmente classificados como litigância predatória: (a.1) aqueles que pretendem um provimento jurisdicional positivo à sua demanda, embora, para tanto, apresentem demandas nas quais haja carência das condições da ação, ou informações relevantes omitidas ou ainda nas quais se observa o *venire contra factum proprium*; e (a.2) aqueles que pretendem tão somente prejudicar o concorrente ao causar-lhe danos colaterais à imagem ou aumento de custos processuais. Passa-se a explicar brevemente estes tipos de ações.

PRE (a.1) – Ocorre quando a parte ajuíza expedientes objetivamente sem fundamento, com intuito e resultado *potencialmente* anticompetitivo, sob condição de haver indício de que, do ponto de vista subjetivo, tais expedientes tenham tido a intenção de influenciar no negócio de um concorrente do mercado. Assim, a *sham litigation*, nesse caso, pode ser configurada quando se combinam ao menos duas variantes: quando falta no processo uma das condições da ação (possibilidade jurídica do pedido, interesse de agir e legitimidade da parte), ou quando a parte requerente omite uma informação relevante no pleito judicial, ou ainda quando ocorre um *veni-*

re contra factum proprium, aliada ao desgaste da imagem da empresa acionada em virtude de uma causa sem chance de sucesso. Diferentemente da doutrina norte--americana[444], a SG entendeu que, nesses casos, em virtude da possibilidade de o autor apresentar argumentos contraditórios ou omitir informações ser uma das variáveis para verificação de ocorrência da prática de litigância predatória, é possível o requerente sair vencedor da ação no Judiciário, em alguns casos.

PRE (a.2) – Estas ações, diferentemente das primeiras, têm por intenção tão somente prejudicar o concorrente, causando-lhe danos colaterais à imagem ou aumento de custos processuais. Desse modo, em geral, essas ações estão sabidamente fadadas ao fracasso. Assim, nesses casos, a SG entende que, para se identificar a *sham litigation*, é necessário o insucesso do autor na lide.

(b) Teste POSCO – diversas ações que escondem ou simulam intenção exclusionária. Tal teste baseia-se na decisão norte-americana do caso *USS-POSCO Industries v. Costa Building & Construction Trade Council*. O teste POSCO tem por finalidade verificar a existência de litigância predatória em um conjunto de ações ajuizadas de maneira sistemática e reiterada, com baixa probabilidade de provimento favorável e das quais resultem danos colaterais aos rivais por meio da geração de custos processuais ou, ainda, retirando-os do mercado, temporariamente ou não, resultando efeitos anticoncorrenciais no setor. No teste POSCO, o que passa a ser avaliado não é somente a estratégia adotada no mérito de uma única ação para causar danos aos seus rivais por meio de um juízo de mérito ou um dano colateral à imagem ou amento de custo de litigar. Antes, trata-se de avaliar a existência de uma ação política configurada na instauração de litígios, mesmo que estes venham a ter provimento favorável, na hipótese em que houver uma finalidade de prejudicar o concorrente[445].

(c) Litigância fraudulenta: diferentemente das propostas anteriores, na litigância fraudulenta, o requerente da ação atua positivamente, fornecendo informações sabidamente *falsas ao Judiciário ou a órgãos administrativos com o intuito de obter para si um monopólio ou garantir algum grau de elevação do seu poder de mercado*. Aqui, especificamente, foi no caso *California Transport v. Trucking Unlimited* que o Judiciário norte-americano passou a considerar tal prática ilícita perante o direito antitruste norte-americano. Nessa decisão, fixou-se o entendimento segundo o qual no âmbito político é admissível que em alguma medida as partes se valham de estratégias antiéticas para defender discricionariamente posicionamentos ideológicos os quais aumentariam seus poderes de mercado, direcionando políticas estatais. Contudo, servir-se do direito de petição para tanto é inadmissível e ilícito. Nesse sentido, no caso *Walker Process Equipment, Inc. v. Food Machinery and Chemical Corp*, decidiu-se que a obtenção de patente por meios fraudulentos, bem como a sua utilização de forma equivocada com a intenção de monopolizar mercados, pode gerar responsabilização antitruste.

---

[444] De acordo com a doutrina norte-americana, é necessário também que o autor não seja vitorioso em seu litígio para a configuração da *sham litigation*.
[445] Silva; Zucoloto, 2014.

(d) Acordos judiciais e outras ações: nessa hipótese, considera-se a possibilidade de haver, dentro de um processo judicial, um acordo entre partes o qual acabe por restringir a possibilidade de concorrência, por meio do estabelecimento de cláusulas de exclusividade e não concorrência, fixação de preços de revenda etc. Adicionalmente, entendeu a SG que "há uma miríade de ações, atinentes a simulações, fraudes e outros expedientes judiciais que podem dar azo à responsabilidade antitruste"[446].

A partir da descrição das formas predatórias de se litigar relacionadas pelo CADE em sua metodologia de análise, pode-se compor o seguinte quadro:

Tabela II – Testes para *sham litigation*

Tipo de lide	Intenção imediata da lide	Estratégia utilizada para atingir sua finalidade
PRE (A1)	Prejudicar rival mediante uma ação judicial objetivamente sem fundamento, quer por meio do provimento do pedido (o que pode ocorrer se a requerente omitir informações relevantes), quer por meio de danos colaterais à imagem do concorrente e aumento de custo de litigar.	Proposição de requerimento com carência de ação e/ou omissão de informação relevante durante o pleito e/ou utilização de argumentos contraditórios à sua própria margem de atuação (*venire contra factum proprium*).
PRE (A2)	Prejudicar rival mediante uma ação judicial objetivamente sem fundamento, exclusivamente por meio de danos colaterais à imagem do concorrente e aumento de custo de litigar.	Ajuizamento de ação manifestamente improcedente, unicamente com o intuito de aumentar os custos do rival e causar danos à sua imagem.
POSCO	Obstacularizar o funcionamento de empresas concorrentes, quer por meio do provimento de seus pedidos judiciais e consequente retirada do rival do mercado, ainda que temporariamente, quer por meio do aumento de custo de litigar de seus rivais.	Ajuizamento de série de ações de forma reiterada e sistemática, razoáveis ou não.
Litigância fraudulenta	Obtenção de monopólio indevido ou garantir algum grau de aumento de poder de mercado.	Atuação positiva do peticionário perante o Judiciário ou órgãos administrativos, informando fatos sabidamente falsos, com o intuito de atingir sua finalidade, prejudicando, assim, a concorrência.
Acordos judiciais e outras ações	Retirada de concorrente do mercado ou mudança de sua conduta em troca de compensação específica.	Celebração de acordos judiciais ou outras ações judiciais que visem à implementação de práticas anticompetitivas clássicas.

---

[446] Processo Administrativo n. 08012.011508/2007-91. Nota Técnica/SG/CADE n. 241. p. 26.

O Tribunal do CADE acatou por unanimidade o voto da Conselheira-Relatora no caso Pró-Genéricos v. Eli Lilly *et al.*, o qual, à sua vez, reproduziu integralmente a recomendação da SG. Estabelecido o paradigma, o CADE se deparou com uma série de casos importantes, em vezes até maiores na perspectiva do impacto para o bem-estar social, como por exemplo o caso Sindicato das Empresas de Transporte de Carga de São Paulo e Região (SETCESP) v. Empresa Brasileira de Correios e Telégrafos (ECT).

O processo administrativo foi instaurado em novembro de 2013 devido à representação do SETCESP para investigar as seguintes condutas anticompetitivas praticadas pela ECT: (i) litigância abusiva anticompetitiva (*"sham litigation"*), (ii) restrição pura à concorrência (*"naked restraint"*) e (iii) discriminação de preços e condições de contratação.

Segundo o SETCESP, o STF já havia decidido há tempo, nos autos da ADPF 46, bem como nos Recursos Extraordinários de n. 601.392 e 627.051, ambos com Repercussão Geral, que a atividade econômica praticada pelas empresas de prestação de serviços de coleta, remessa e outras correspondências não se enquadra na previsão do art. 21, X, da CF, atinente à prestação de serviços postais, este sim de monopólio da ECT. Não obstante, ainda assim, a ECT perpetuou comportamento malicioso em prejuízo da concorrência.

Na análise da SG, as ações judiciais e extrajudiciais propostas ilegalmente pela ECT foram divididas em quatro temas: em face de concorrentes, para que eles se abstenham de prestar o serviço de entregas de cartões magnéticos e talões de cheque, bem como em face de clientes não concorrentes, para que deixem de contratar este serviço de concorrentes da ECT (Tema A); em face de órgãos públicos que fazem licitação para prestação de serviços de motofrete, bem como de vencedores deste tipo de certame, com vistas a anular o respectivo ato administrativo, no todo ou em parte (Tema B); em face de concessionárias de serviço público de leitura de hidrômetro ou medidor de consumo de luz em conjunto com a emissão imediata da fatura da respectiva conta (contas de água e luz), ou em face de entes públicos que fazem licitação para contratar este serviço (Tema C); em face de entes públicos que realizam, por meios próprios, a entrega de documento ou fatura para a cobrança de tributos (ex.: taxas e impostos) (Tema D).

Em abril de 2017, a SG opinou pela condenação da ECT por ter incorrido em todas as hipóteses de *sham litigation* à luz dos testes da *noerr-pennington* alegadas pelo SETCESP. Em tal caso, a ECT é acusada de praticar supostas condutas anticompetitivas consistentes em tratamento discriminatório e abuso massivo do direito de petição para imposição de serviços não compreendidos no monopólio legal, tipificadas no art. 36, incisos I, II e IV e § 3º, incisos III, IV, V e X da Lei de Defesa da Concorrência[447]. Em janeiro de 2019, o processo administrativo foi suspenso em razão de TCC celebrado entre a ECT e o CADE.

---

[447] Cf.: Processo Administrativo n. 08700.009588/2013-04, instaurado em janeiro de 2016 e suspenso em janeiro de 2019 em virtude de TCC celebrado pela ECT com o CADE.

5.4 | Acordos entre concorrentes

Como já mencionado, os acordos (*lato sensu*) entre os agentes econômicos concorrentes geralmente são analisados pelas legislações antitruste[448], de modo que há acordos aceitáveis, isto é, geradores de resultado líquido positivo ao mercado, e outros acordos prejudiciais à livre concorrência.

Como se afirmou anteriormente, em relação ao controle de condutas, o CADE tem manifestado, na prática, uma tendência histórica de tratar os acordos entre concorrentes como verdadeiros ilícitos *per se* – embora não se admita a existência de ilícitos *per se* no Brasil, em matéria concorrencial. Não obstante tal afirmação, acredita-se, preliminarmente, com base na inteligência da Lei Antitruste, que tais acordos devem ser analisados sob o crivo da regra da razão, isto é, mediante a utilização do arcabouço teórico e metodológico até aqui exposto, presente na teoria econômica e jurídica relacionadas à matéria. Somente assim, aferir-se-á sua aceitabilidade ou não sob o ponto de vista antitruste.

Recentemente, entretanto, o Tribunal do CADE parece ter alterado seu posicionamento histórico pela presunção de ilicitude para os acordos entre concorrentes. Em 2018, houve algumas decisões importantes nesse sentido, a partir das quais o Tribunal passou a dividir os acordos entre concorrentes em dois grupos: i) carteis *hard core* ou clássicos e ii) *soft* carteis ou arranjos entre concorrentes que não podem ser inseridos no conceito de carteis *hard core*. Nessas decisões, menos importantes são as classificações (serão abordadas mais à frente neste livro) e mais importante é a mensagem de qual estratégia de aplicação normativa seria adotada em cada caso, a saber: os casos de cartéis clássicos devem ser analisados como ilícitos por objeto (ou por esquema de aplicação normativa similar à regra *per se*), ao passo que os casos envolvendo arranjos não equiparáveis aos carteis clássicos devem ser tratados como ilícitos por efeitos (ou pelo esquema similar à regra da razão).

Na prática, nos casos de ilícitos por objeto, não se torna necessária a demonstração dos efeitos para incidência normativa e a estruturação de juízo de condenação. Já nos casos de ilícitos por efeitos, é imprescindível a demonstração dos efeitos líquidos negativos (atuais ou potenciais) derivados do arranjo para incidência normativa e estabelecimento de juízo de condenação.

Como já explicitado no início deste livro, não há compatibilidade do modelo de decisão "ilícito por objeto" com o ordenamento jurídico brasileiro. Sendo assim, embora tenha tratado o CADE, nessas decisões específicas, de atribuir essa denominação às condutas objeto de investigação, não se esquivou de assim decidir sem antes percorrer o devido processo legal e comprovar a autoria e demonstrou (no caso de condenação) os efeitos prováveis das práticas tidas por ilegais.

Os acordos restritivos à concorrência são divididos em acordos verticais e horizontais. Os primeiros são aqueles celebrados entre agentes econômicos atuantes em um mesmo mercado relevante (no mesmo nível de uma cadeia industrial), apresentando direta relação de concorrência. Já os acordos verticais disciplinam relações en-

---

[448] A palavra "acordo" é usada no seu sentido mais amplo, compreendendo as expressões: "decisão de associação de empresas", "prática concertada", previstas nas hipóteses legais (art. 36 da LDC).

tre agentes econômicos cujas atividades são desenvolvidas em mercados relevantes diversos (em níveis diversos de uma cadeia industrial de produção, de matéria-prima, de fornecimento e distribuição)[449].

Esses acordos podem ser explícitos ou implícitos e podem limitar a capacidade dos concorrentes de agirem independentemente. Os acordos abrangem uma gama diversa de condutas: desde *joint ventures* até cartéis de fixação de preços. É a distinção entre os tipos de acordos, nas análises em casos concretos, que permite uma maior e mais unívoca elucidação dos diversos efeitos eventualmente produzidos sobre a concorrência.

Para uma correta análise dos efeitos que serão produzidos pelos acordos (verticais e horizontais), os mercados atingidos devem ser individualizados com exatidão, com a devida identificação das posições ocupadas pelos agentes econômicos em cada um deles[450]. Assim, verifica-se a ocorrência, ou não, de abuso de poder econômico. Os cartéis, em sua maioria, estão predominantemente inseridos no universo dos acordos horizontais (entre agentes econômicos situados em um mesmo mercado relevante) que, de modo geral, restringem e prejudicam a livre concorrência.

Vale notar, igualmente, que é possível arranjos mais complexos entre concorrentes abrangerem mais de um nível de uma mesma cadeia industrial. Isso, de fato, transcenderia uma simples relação horizontal e abrangeria também relação vertical.

Diante do grande número de cartéis verificados na década de 1990, aumentaram as preocupações em torno desse tema. Isso porque os juristas e economistas perceberam que as perdas geradas por esses acordos, sobretudo os internacionais do tipo *hard core* (puros acordos de fixação de preços e/ou divisão de mercados), causavam prejuízos de milhões de dólares por ano.

Portanto, para uma análise da conduta tipificada como cartel *hard core*, foram trazidos elementos que permitem a identificação desses acordos, tanto em âmbito internacional como nacional.

5.4.1 | Acordos anticoncorrenciais

De acordo com a OCDE, os acordos entre concorrentes podem simplesmente eliminar a concorrência, restringindo indevidamente a produção e elevando os preços. Contudo, tais acordos podem também, ao mesmo tempo, atender a alguns objetivos pró-competitivos[451].

Geralmente, os acordos horizontais ilícitos neutralizam a concorrência entre os agentes econômicos atuantes no mesmo mercado relevante. Esses agentes econômicos, com vistas a justificar a uniformização de suas condutas comerciais, assumem o pressuposto segundo o qual, sem a concorrência, mesmo lícita, poderão auferir lucros

---

[449] Forgioni, 1998, p. 324.
[450] Forgioni, 1998, p. 324.
[451] OCDE, 2003, p. 62.

maiores, tornando suas atividades econômicas mais rentáveis do que seriam num ambiente repleto de rivalidade.

Ora, embora represente um caminho possível ao benefício de alguns agentes econômicos privados, trata-se de argumento insuficiente à aceitação desses acordos, quando restritivos à concorrência, por parte do sistema do discurso jurídico-positivo, pois que avessos aos interesses da coletividade.

Nessa linha, presume-se que a livre concorrência gera constantes incentivos à melhoria dos padrões de eficiências nos mercados (por exemplo, com o aumento da qualidade dos produtos e serviços, com a necessidade de investimentos em tecnologia etc.). Tais incentivos contribuem para a higidez da livre concorrência e para a geração de benefícios à coletividade, notadamente representada pelos consumidores[452].

Os órgãos de defesa da concorrência precisam saber distinguir, dentre esses acordos, os que reduzem a concorrência dos que a promovem, ou pelo menos distinguir os acordos neutros, em termos de efeitos à concorrência, daqueles prejudiciais. Isso porque uma atuação muito restritiva por parte do Estado pode inviabilizar arranjos comportamentais benéficos à concorrência e até mesmo, via de consequência, inviabilizar mercados com dinâmicas revestidas de certas peculiaridades, como é o caso de mercados oligopolizados, plasmados de poder de monopólio ou poder de monopsônio[453]. Nessa linha, a aglutinação dos agentes mais fracos para viabilizar os negócios, a geração e distribuição de eficiências pode ser necessária[454].

Os acordos horizontais ilícitos são comumente chamados de restrições "flagrantes" ao comércio. São tidos como acordos perniciosos, porque normalmente não geram nenhum benefício econômico ou social e reduzem a concorrência no mercado. Observa-se, inclusive, que os cartéis também podem englobar relações verticais entre agentes econômicos, gerando, na mesma intensidade das relações horizontais, uniformização de variáveis concorrenciais em detrimento da livre concorrência.

A coordenação de decisões entre duas ou mais empresas que envolvam preços, quantidades ofertadas ou adquiridas, qualidade dos produtos, localizações da venda dos mesmos, entre outras variáveis, pode configurar cartel[455]. Dentre os acordos horizontais, a maioria dos países considera o cartel como a mais grave ofensa à concorrência e, por essa razão, esse tipo de acordo também caracteriza infração penal.

5.4.1.1 | Conceito e tipos

Em sentido amplo, cartel representa a restrição e até a eliminação da concorrência entre um conjunto de empresas, com a finalidade de auferir lucros maiores. A

---

[452] Forgioni, 1998, p. 325.

[453] O monopólio é considerado como a estrutura do mercado caracterizado por um só vendedor, ao passo que monopsônio é uma estrutura de mercado caracterizado por um só comprador. Nesse sentido, ver Oliveira, 2001, p. 218.

[454] OCDE, 2003, p. 62.

[455] Leal, 2001, p. 47. Note-se que o *Sherman Act 15 U.S.C* § 1º tratou da formação de cartéis.

estrutura de oferta vigente é fixada e as participações do mercado são mantidas. Com a ação coordenada, cada empresa tem condições de praticar preços e conseguir lucros maiores[456].

De acordo com a cartilha "a defesa da concorrência no mercado de combustíveis ANP/SDE", os cartéis podem ser definidos como:

> (...) um acordo horizontal, formal ou não, entre concorrentes que atuam no mesmo mercado relevante geográfico e material, que tenha por objetivo uniformizar as variáveis econômicas inerentes às suas atividades, como preços, quantidades, condições de pagamento etc., de maneira a regular ou neutralizar a concorrência[457].

Em outras palavras, o cartel, conluio ou atuação comercial uniforme é um acordo empresarial cujo objetivo é elevar os preços ao comprador (quando realizado entre vendedores – cartel de venda) ou reduzir ao máximo os preços dos vendedores de insumos (quando realizados entre compradores – cartel de compra). Tal objetivo é alcançado, pelos cartéis, por meio da redução da concorrência, aproximando o resultado do mercado, em aspectos de lucratividade, ao que se poderia alcançar em uma situação de monopólio ou de monopsônio[458].

O cartel tem um efeito direto sobre o bem-estar econômico à medida que, elevando compulsoriamente os preços ao comprador ou reduzindo compulsoriamente os preços dos vendedores, transfere renda da sociedade para seus integrantes, numa situação semelhante ao monopólio.

Em paralelo ao conceito geral de cartel, tem-se a ideia de cartel *hard core*, ou cartel clássico. Tal acordo configura-se como prática ou arranjo comportamental realizado entre empresas concorrentes com objetivo de fixar preços, dividir mercados de bens ou serviços por intermédio da alocação de clientes, provedores, delimitação geográfica ou de linhas de produção. Ainda no conceito de cartel clássico inserem-se acordos com escopo de restringir a produção ou delimitar a produção por meio da fixação de cotas. Por outro lado, no conceito de cartel clássico, não se incluem outros tipos de acordos, como arranjos para produção, aumento de eficiências ou propósitos de autorregulação setorial desde que passíveis de aceitação legal ou expressamente aceitos pela legislação (e.g., contratos para compartilhamento de ativos para redução de custos, *joint ventures*, consórcios, códigos de autorregulação setorial calcados na premissa do *the level playing field* etc.).

---

[456] Segundo Leal: "Uma empresa qualquer pode ser entendida como um conjunto de 'recursos', materiais e humanos, aplicados e organizados de forma a gerar os maiores lucros possíveis, conquistar a preferência e a lealdade do maior número possível de consumidores e, consequentemente, a maior participação em seu mercado de atuação. Numa palavra, uma empresa representa certo montante de capital, materializado em certa atividade específica, buscando sua maior e perene valorização". Leal, 2001, p. 58.

[457] Cartilha de cartéis. A defesa da concorrência no mercado de combustíveis ANP/SDE, 2004, p. 11.

[458] Santacruz, 2003, p. 415. Cabe aqui uma observação: a situação de poder de mercado aqui trazida equipara-se tanto a uma situação de monopólio, ou seja, quando o cartel se define entre os vendedores de bens, quanto a uma situação de monopsônio, quanto o cartel se define entre os compradores de bens. Desse modo, para efeitos didáticos e elucidativos, utilizar-se-á a comparação do cartel àquela atingida em situações de monopólio.

De acordo com a jurisprudência do CADE sobre o tema:

> O delito previsto na legislação de defesa da concorrência considerado mais grave e que é apenado de forma mais severa na totalidade dos países que possuem esse instrumento legal é o Cartel Clássico ou Integral. Este é definido como acordos secretos entre competidores, com alguma forma de institucionalidade, com objetivo de fixar preços e condições de venda, dividir consumidores, definir nível de produção ou impedir a entrada de novas empresas no mercado[459].

O CADE, a partir do julgamento do caso do cartel das britas, em julho de 2005, tem reconhecido duas espécies de cartéis. A primeira espécie envolve os clássicos, ou *hard core*, revestidos de alguma forma de institucionalidade (i.e., com mecanismos de coordenação institucionalizada como reuniões periódicas, manuais de operação, princípios de comportamento etc.), com objetivo de fixar preços e condições de venda, dividir consumidores, definir o nível de produção ou impedir a entrada de novas empresas no mercado. Sua ação não decorre de uma situação eventual de coordenação, mas da construção de mecanismos quase permanentes para alcançar seus objetivos. A segunda espécie, por sua vez, engloba os difusos, não permanentes, os quais, embora se assemelhem aos cartéis clássicos (*hard core*) no tocante aos objetivos do arranjo (i.e., fixação de preços, divisão de mercado etc.), têm caráter eventual e não institucionalizado. Para o CADE, esse seria o exemplo de um grupo de empresas que decide se reunir para coordenar aumento de preços muitas vezes decorrente de evento externo que as afetou simultaneamente[460].

Em 2018, surgiu no plenário do CADE nova proposta de dicotomia, agora separando os cartéis *hard core* (ou clássicos) dos demais tipos de acordos entre concorrentes, denominados *soft* cartéis. A proposta subjacente a essa discussão seria a de atribuir tratamento de ilícito *per se* (ou reconhecer como ilícito por objeto) os cartéis *hard*

---

[459] De acordo com o Conselheiro Relator, em nota: "Este conceito é normalmente chamado na literatura de língua inglesa como Hard Core cartel. Adapto este conceito à realidade brasileira, distinguindo-o do que chamo de Cartel difuso, que será definido em seguida. A importância desse tipo de comportamento anticompetitivo pode ser observada em toda legislação antitruste desde os primeiros instrumentos legais nos EUA e no Canadá na última década do século XIX. Cartéis foram considerados o pior delito antitruste quando os países europeus introduziram legislação de defesa da concorrência na década 1950 e, também, foram tratados de forma similar nas legislações antitruste latino-americanas e asiáticas que surgiram a partir da década de 1980. Ver sobre a evolução da legislação antitruste e da importância dada a alguns de seus delitos o artigo de Joan-Ramon Boreel, Choosing Among American, European, or no antitrust at all, Universita de Barcelona, fevereiro 2005. Processo Administrativo n. 08012,002127/02-14. Representante SDE *ex officio*. Representados SINDIPEDRAS e outros. Voto do Conselheiro Relator Luiz Carlos Delorme Prado, de 13 de julho de 2005, p. 05.

[460] Ver voto do Conselheiro Relator, Luiz Carlos Thadeu Delorme Prado, no Processo Administrativo n. 08012.002127/02-04, o Processo Administrativo n. 08012.00677/1999-70 – mais conhecido como "cartel da ponte aérea", bem como o cartel envolvendo jornais comercializados por bancas de jornal no Rio de Janeiro. Na mesma linha, ver voto do Conselheiro Relator, Luiz Carlos Thadeu Delorme Prado, no Processo Administrativo n. 08012.000099/2003-73, envolvendo os seguintes Representados: Auto Moto Escola Detroit, Auto Moto Escola Manhattan, Auto Escola Indaiá e outros.

core, ao passo de se atribuir tratamento de regra da razão (ou ilícito por efeitos) aos *soft* cartéis.

Razões diversas talvez tenham sustentado que o CADE empreendesse a dicotomia entre cartel clássico *v.* cartel difuso, entre as quais a dosimetria da sanção em razão da relevância dos efeitos para a sociedade. Contudo, não se entende como cientificamente sustentável a classificação dicotômica do cartel proposta em 2005 pelo CADE. Isso porque tanto o cartel clássico quanto o cartel difuso se referem a fenômenos sobremodo semelhantes no tocante ao mérito, porém, distintos, talvez, apenas em relação aos efeitos para a sociedade.

Assim, antes de criar classificação a sustentar menor sanção, a Lei Antitruste já dispõe de mecanismos legais para atribuição de sanção (distinta) a semelhantes fenômenos em razão do grau da relevância de seus efeitos para a sociedade. Fato é que, seja como for, na hipótese do CADE entender tratar-se o caso concreto de hipótese de "cartel difuso", este poderá receber tratamento mais benéfico, em termos de sanção, se comparado com o tratamento eventualmente dispensado ao "cartel clássico".

Por outro lado, parece haver mais sentido em sugerir-se uma distinção entre os *hard core cartels* (ou cartéis clássicos) dos demais tipos de arranjos entre concorrentes (*soft cartels*), notadamente se tal estratégia de aplicação normativa considerar o manejo das provas de envolvimento no conluio, a culpabilidade dos agentes envolvidos, *vis-à-vis* a demonstração de seus prováveis efeitos para os cartéis clássicos e da regra da razão (ou de ilicitude por efeitos), aliada à demonstração de culpabilidade dos agentes envolvidos distinta do padrão e da intensidade verificados nas hipóteses de cartéis clássicos, para os demais tipos de acordos entre concorrentes (em que, possivelmente, uma avaliação de poder compensatório poder legitimar um acordo dessa natureza).

Outro tipo de cartel identificado pela jurisprudência do CADE é o *hub-and--spoke*. Segundo os precedentes, trata-se de uma modalidade de colusão em que um distribuidor de determinado produto opera como ponto focal (isto é, *hub*) para o compartilhamento de informações comercialmente sensíveis com as empresas responsáveis pelas vendas finais do referido produto ("*spoke*"). Neste tipo de arranjo colusivo, o distribuidor obtém informação comercialmente sensível de determinado revendedor (v.g., informações sobre clientes potenciais e valores de propostas do revendedor a ser apresentadas) – fase 1 – e os repassa para sua cadeia de revendedores – fase 2 –, tornando desnecessário que estes se comuniquem entre si para atuarem de forma coordenada – fase 3. Cabe igualmente ao distribuidor monitorar o acordo[461].

De qualquer modo, os cartéis, em síntese, são arranjos comportamentais que podem abranger tanto relações horizontais quanto verticais de mercado, os quais artificialmente alteram variáveis relevantes à competição com vistas a restringir e até eliminar a concorrência. A título exemplificativo, não taxativo e não excludente, o cartel pode abarcar acordos sobre preços (e. g., aumento de preços), condutas para excluir rivais (e. g., boicotes, aumento de custos dos rivais) e até sobre regras de concorrência (e. g., divisão de clientes, de fornecedores, de distribuidores e para fraudar licitações ou concorrências privadas) para o mercado em que atua.

---

[461] Nesse sentido, ver Processo Administrativo n. 08012.007043/2010-79.

No tocante específico a concorrências públicas, ou licitações, segundo a "Cartilha de Combate a Cartéis em Licitações – guia prático para pregoeiros e membros de comissões de licitação", o cartel pode abarcar:

> (a) fixação de preços, na qual há um acordo firmado entre concorrentes para aumentar ou fixar preços e impedir que as propostas fiquem abaixo de um "preço-base"; (b) direcionamento privado da licitação, em que há definição de quem irá vencer determinado certame ou uma série de processos licitatórios, bem como as condições nas quais essas licitações serão adjudicadas; (c) divisão de mercado, representada pela divisão de um conjunto de entre membros do cartel, que, assim, deixam de concorrer entre si em cada uma delas. Por exemplo, as empresas A, B e C fazem um acordo pelo qual a empresa A apenas participa de licitações na região Nordeste, a empresa B na região Sul e a empresa C na região Sudeste; (d) supressão de propostas, modalidade na qual concorrentes que eram esperados na licitação não comparecem ou, comparecendo, retiram a proposta formulada, com intuito de favorecer um determinado licitante, previamente escolhido; (e) apresentação de propostas "pró-forma", caracterizada quando alguns concorrentes formulam propostas com preços muito altos para serem aceitos ou entregam propostas com vícios reconhecidamente desclassificatórios. O objetivo dessa conduta é, em regra, direcionar a licitação para um concorrente em especial; (f) rodízio, acordo pelo qual os concorrentes alternam-se entre os vencedores de uma licitação específica[462] (...); (g) subcontratação, pela qual concorrentes não participam das licitações ou desistem das suas propostas, a fim de serem subcontratados pelos vencedores. O vencedor da licitação a um preço supracompetitivo divide o sobrepreço com o subcontratado[463].

É importante destacar que essa modalidade de cartel, além de poder estar acobertada pela hipótese de crime[464], previsto na Lei n. 8.137/90, também pode configurar crime com base na Lei de Licitações (Lei n. 8.666/93), restando ao sujeito ativo de tal ilícito sanções de todos os diplomas legais aplicáveis.

A comunidade internacional já está sensível à temática. Em sua recomendação de 2012 a OCDE apresentou como Anexo "Diretrizes para Combate ao Cartel em Licitações", que aponta os seguintes exemplos de modalidades mais comuns de manipulação de licitações[465]:

- *Cover bidding*: simulação, pelos licitantes em conluio, de uma efetiva concorrência, por meio de pelo menos um dos seguintes arranjos: (1) concorrente se compromete a apresentar uma proposta maior do que o lance do vencedor designado; (2) concorrente apresenta uma proposta demasiadamente elevada para ser aceita; ou (3) concorrente apresenta uma proposta com condições especiais sabidamente inaceitáveis para o comprador;

---

[462] Ou também, quando ofertam apenas parte do total demandado pelo Poder Público, mesmo tendo a possibilidade de ofertar o total, a fim de que outras empresas (participantes do acordo) possam ofertar o restante.

[463] In: Cartilha de Combate a Cartéis em Licitações – guia prático para pregoeiros e membros de comissões de licitação (2008).

[464] De acordo com Fear (2006, p. 1): *"The general narrative about cartels may not be a story of rise and fall, but rise, boom, collapse, revitalization, gradual decline, and then criminalization."*

[465] OCDE, 2012, p. 5-6.

- *Bid suppression*: esquema por meio do qual uma ou mais empresas acordam abster-se ou então combinam a retirada da proposta previamente submetida, para que a licitação seja adjudicada ao vencedor designado pelo conluio;
- *Bid rotation*: nos esquemas de rotação as empresas participam da licitação, mas acordam um revezamento entre os ganhadores de cada licitação;
- *Market allocation*: alocação de mercado na qual os concorrentes concordam dividi-lo de forma a não concorrerem para determinados clientes ou em certas áreas geográficas.

A identificação acima se coaduna às práticas identificadas pelo CADE. A OCDE enumerou as características específicas da indústria e/ou do produto que promovem a facilitação do conluio em determinado setor econômico, apesar de não ser necessária a presença de todas para a configuração da prática[466]:

- Pequeno número de empresas concorrentes;
- Pouca ou nenhuma entrada de competidores no mercado;
- Condições de mercado (fluxo de oferta e demanda) constantes;
- Associações industriais, quando usadas para fins ilegais e anticoncorrenciais;
- Ocorrência de licitações repetitivas (i.e., facilita a alocação de contratos e a retaliação entre os competidores em conluio);
- Produtos ou serviços idênticos ou simples (i.e., decorrente da facilidade da estrutura comum de preços);
- Poucos ou nenhum produto ou serviço substitutos aos oferecidos pelos licitantes em conluio;
- Pouca ou nenhuma mudança tecnológica ou inovação no produto ou serviço.

O cartel, reduzindo a concorrência entre as empresas, acaba reduzindo também a pressão para melhorar a qualidade dos produtos, os custos de produção, e a introdução de inovações[467]. Via de consequência, o cartel é considerado como infração à ordem econômica em todos os países que aplicam as leis de defesa da concorrência.

A avaliação sobre a conveniência ou não de determinada empresa aderir a um cartel depende da sua competitividade. Para tanto, há uma gama variada e complexa de fatores de caráter econômico e empresarial que determina qual é a força competitiva da empresa, tais como o montante de capital reunido, suas formas concretas de aplicação e o próprio histórico empresarial[468].

Cabe dizer, em linhas gerais, que normalmente a formação de cartéis é facilitada em mercados concentrados e com produtos homogêneos, nos quais poucas empresas respondem por boa parte das vendas ou das compras. Geralmente, quanto maior a duração do cartel, maiores os danos aos consumidores[469].

---

[466] OCDE, 2012, p. 7-8.
[467] Santacruz, 2003, p. 416.
[468] Leal, 2001, p. 58.
[469] *Id., ibid.*, p. 48-49.

Conforme mencionado anteriormente, o mercado, com a prática cartelizadora, passa a ter um comportamento semelhante ao monopólio. A condição de maximização, geralmente utilizada nos conluios, leva em consideração a soma dos lucros de todas as empresas, resultando na redução da quantidade total demandada e no aumento dos preços e lucros totais. Isso implica a apropriação das empresas participantes do excedente do consumidor, que passa a ter seu bem-estar reduzido[470].

Esse ajuste ou acordo entre empresas não se restringe às empresas concorrentes entre si (formação igualitária, i.e., horizontal), mas inclui em seu conceito os acordos entre empresas fornecedoras e clientes entre si (formação hierárquica, i.e., vertical)[471].

Desse modo, essa cooperação empresarial é caracterizada pela uniformização de certos comportamentos ou pela realização de certa atividade conjunta, sem interferir na autonomia de cada empresa, que permanece substancialmente independente naqueles aspectos da atividade não sujeitos ao acordo[472].

Contudo, apesar de o conluio aparentemente tornar os negócios mais fáceis para seus participantes em comparação a uma situação de mercado competitivo, ele não necessariamente os faz mais lucrativos. Isso porque, se a empresa apresentar uma força competitiva interna capaz de sobrepujar as rivais, pode ser mais rentável optar pela disputa por maiores fatias de mercado, num comportamento de rivalidade concorrencial diante de seus concorrentes, na constante busca por maiores lucros.

As combinações "artificiais" são observadas na teoria econômica há muito tempo como decorrentes de "encontros" e "reuniões" entre competidores. Já dizia Smith que embora as leis não possam impedir as pessoas de se reunirem, também não devem fazer nada no sentido de facilitá-las e muito menos torná-las necessárias[473]. De fato, é complicado evitar encontros e reuniões envolvendo os participantes de cartéis por meio de leis que, ao mesmo tempo, respeitem o espírito de liberdade e justiça. O tema não é simples. De um lado, a Constituição Federal de 1988 garante a livre associação (exceto para fins paramilitares)[474], de outro, a jurisprudência do CADE indica que muitos acordos são feitos dentro de associações.

No Brasil, em nosso histórico recente, a Lei n. 8.884 de 1994 trazia a tradicional definição de cartel, prevendo em seu art. 21, I, como infração à ordem econômica "(...) fixar ou praticar, em acordo com concorrente, sob qualquer forma, preços e condições de venda de bens e prestação de serviços".

Nesses termos, era imperioso observar se o contexto que reveste a conduta investigada propiciava-lhe ou não relevância sob o ponto de vista antitruste, vale dizer, se estavam presentes elementos indicadores do poder de mercado e se havia possibilida-

---

[470] Santacruz, 2003, p. 418.
[471] Barbieri Filho, 1984, p. 142.
[472] Salomão Filho, 1998, p. 227.
[473] Smith, 1988, p. 109.
[474] Constituição Federal. *"Art. 5º Todos são iguais perante a lei, sem distinção de qualquer natureza, garantindo-se aos brasileiros e aos estrangeiros residentes no País a inviolabilidade do direito à vida, à liberdade, à igualdade, à segurança e à propriedade, nos termos seguintes: (...) XVII – é plena a liberdade de associação para fins lícitos, vedada a de caráter paramilitar;"*

de de seu exercício de forma incontestável. Porque, se um acordo não restringisse a livre concorrência e não acarretasse a incidência de qualquer inciso do art. 20 da Lei n. 8.884/94, não se poderia então falar em cartel, uma vez que a associação não traria efeito anticompetitivo.

Esse mesmo raciocínio aplicava-se aos casos de condutas individuais, isto é, aos casos de abuso de posição dominante. Ora, de acordo com a própria terminologia uniformizada pela doutrina e jurisprudência (nacional e internacional – "abuso de posição dominante" ou *"abuse of dominant position"*), para que haja ilícito antitruste (precisamente decorrente no termo "abuso"), é necessário haver "posição dominante". É justamente nesse sentido que se colocavam os termos do art. 20 (mais explicitamente em seus §§ 2º e 3º).

Na mesma linha, coloca-se a Lei n. 12.529/2011, cujo art. 36 (*caput*, incisos e § 2º) pode ser equiparado ao art. 20 (*caput*, incisos e §§ 2º e 3º) da Lei n. 8.884/94. Da mesma forma, o disposto no art. 36, § 3º, corresponde ao disposto no art. 21, *caput* e incisos, da Lei n. 8.884/94. Assim, caracteriza-se como ilícito antitruste todo comportamento que, em primeiro plano, subsuma-se às hipóteses do art. 36 (*caput*, incisos e § 2º), e, posteriormente, possa estar abrangido pelas condutas listadas no art. 36, § 3º, pois esse rol é exemplificativo. Isto é, uma conduta pode ser tida como anticoncorrencial nos termos da Lei Antitruste se estiver subsumida ao art. 36 (*caput*, incisos e § 2º), e não encontrar correspondente no § 3º do mesmo dispositivo legal.

No Brasil, os ilícitos antitruste podem constituir infração administrativa e criminal, como é o caso do cartel. Este configura-se como um ilícito de natureza administrativa e de natureza penal que deve ser apurado por meio do devido processo administrativo, no âmbito da Lei Antitruste, e por processo penal, no âmbito da Lei n. 8.137/90, estando os agentes econômicos sujeitos à imposição de multas pecuniárias e a penas de reclusão, respectivamente. Além de caracterizar crimes e infrações administrativas, há possibilidade de se operar a persecução civil dos danos contra os infratores da Lei Antitruste.

Ressalte-se que este livro adota uma abordagem material (ou substancial) do antitruste, a partir da qual se deve aplicar a regra da razão para análise dos casos concretos. Contudo, para se decidir pela condenação de agentes privados, por práticas anticoncorrenciais, é necessária a prova de seu envolvimento e a verificação (ou demonstração com evidências) de que a ação ou omissão cometida gerou resultado concreto ou, no mínimo, muito provável. Isto é, deve haver um nexo causal entre essa ação e o resultado lesivo ou entre a ação e o possível resultado lesivo para a configuração do ilícito e, via de consequência, para a decisão de condenação.

Nessa linha, importa ressaltar também que não será conferida ênfase ao processo administrativo, regido pela LDC, mas, sim, à lógica responsável por edificar o raciocínio do controle antitruste no Brasil, como atendimento ao ditame constitucional da livre concorrência.

Assim, caso as evidências indiquem a possibilidade e a probabilidade da geração de efeitos positivos ao mercado, não é indicado que a prática investigada seja objeto de condenação, sob pena de se acabar com incentivos a um arranjo pró-concorrencial e pró-mercado. Em sentido oposto, caso as evidências indiquem para a possibilidade e, majoritariamente, para a probabilidade de geração de efeitos prejudiciais ao mercado, é indicada à adoção de uma medida restritiva ou, no mínimo, neutralizadora da prática investigada.

Acredita-se, assim, que um inexorável e necessário labor investigativo em torno das evidências jurídicas, econômicas (teoria econômica) e pragmáticas (decorrentes do ponto de união entre a teoria econômica e o contexto particular do mercado analisado) deve ser realizado para se aferir, com base na regra da razão, se a prática investigada é condenável ou aceitável do ponto de vista concorrencial.

Não se defende aqui que um cartel *hard core* (e. g., de fixação de preços) possa surtir resultados positivos à sociedade. Isso, todavia pode acontecer com os *soft cartels*. Acordos entre concorrentes revestidos de racionalidade (e desprovidos do exclusivo objetivo de eliminar a concorrência) podem resultar efeitos líquidos positivos à economia como um todo. Esse fato não deve ser ignorado a bem de uma inclusão de todos os tipos de arranjos entre concorrentes na "vala comum" do conceito genérico de cartel contido na dogmática antitruste, e, sendo assim, serem tratados como hipóteses certas de restrições prejudiciais à livre concorrência, merecedoras de sanção por parte do Estado.

No tocante aos efeitos, a Lei Antitruste (LDC, art. 36, *caput*) traz o seguinte enunciado: "(...) ou possam produzir os seguintes efeitos (...)". Esse dispositivo pode ser interpretado (e já foi objeto de semelhante interpretação) como sugerindo que a mera possibilidade de geração de efeitos negativos ao mercado e à livre concorrência já ensejaria a ocorrência da infração. Todavia, não é assim que deve ser interpretado, segundo a corrente predominante da doutrina e da jurisprudência.

Fosse a mera possibilidade suficiente a configurar infração, qualquer arranjo envolvendo agentes com poder de mercado estaria fadado à condenação.

Sendo assim, antes de ser abordado em sua estrita literalidade, o enunciado contido no *caput* do art. 36 da LDC deve sofrer a calibração necessária tendo em vista a consecução das finalidades do diploma antitruste. Isto é, deve ser interpretado numa perspectiva dinâmica que não se restringe ao universo das possibilidades, mas se estende ao universo das probabilidades, sobre o qual deve ser construída a norma de decisão.

Em outras palavras, quando se fala em "(...) ou possam produzir os seguintes efeitos (...)" deve-se entender que está se falando, numa perspectiva dinâmica, em probabilidade majoritária de ocorrência e não mera possibilidade lógica de ocorrência, sob pena de se verter à desordem todo o mecanismo de raciocínio que edifica a lógica do antitruste acolhida pela legislação aplicável, nos termos da Constituição de 1988.

5.4.1.2 | Cartel como crime

Em conformidade com as melhores práticas internacionais em matéria antitruste[475], o Brasil adota tríplice regime jurídico em prol da efetividade de sua Políti-

---

[475] Sobre a criminalização do cartel na Europa, veja-se Whelan, 2014.

ca de Defesa da Concorrência: combate condutas anticoncorrenciais, como cartéis, nas esferas administrativa, penal e civil. Sendo assim, no Brasil, além de infração administrativa, o cartel também configura crime, passível de investigação e punição pelo regular processo penal. Uma vez configurada a prática, os infratores estão sujeitos a, respectivamente, penas pecuniárias e penas de reclusão, nos termos da Lei n. 8.137/90 (Lei de Crimes Contra a Ordem Econômica e Financeira). A tipificação penal do cartel alcança apenas pessoas físicas, ou seja, não há possibilidade de se processar e, portanto, punir criminalmente pessoas jurídicas pela prática de tal ilícito, nos termos do art. 4º, incisos I e II da Lei n. 8.137/90 (Crimes Contra a Ordem Econômica), *in verbis*:

> Art. 4º Constitui crime contra a ordem econômica:
>
> I – abusar do poder econômico, dominando o mercado ou eliminando, total ou parcialmente, a concorrência mediante qualquer forma de ajuste ou acordo de empresas;
>
> II – formar acordo, convênio, ajuste ou aliança entre ofertantes, visando:
>
> a) à fixação artificial de preços ou quantidades vendidas ou produzidas;
>
> b) ao controle regionalizado do mercado por empresa ou grupo de empresas;
>
> c) ao controle, em detrimento da concorrência, de rede de distribuição ou de fornecedores.
>
> Pena – reclusão, de 2 (dois) a 5 (cinco) anos e multa.

Nos termos da Constituição Federal de 1988, a restrição à liberdade somente é observada em razão de uma violação à norma penal, com apenas uma hipótese de prisão civil. Ou seja, a prisão em razão da prática de cartel é essencialmente uma sanção penal. As multas aplicáveis, nesse caso, podem ter natureza penal (i.e., art. 4º da Lei n. 8.137/90, mencionado acima) e/ou administrativa (Lei n. 12.529/2011).

Veja-se que a restrição à liberdade (direito fundamental) decorre, em regra, de sanção penal, sendo exclusivamente aplicada às pessoas físicas participantes do conluio. Portanto, o crime de cartel diferencia-se da aplicação da sanção penal aos crimes ambientais, por exemplo. Nesse sentido, cumpre recordar que, no Brasil, nos termos da Lei n. 9.605/98, sanções penais (i.e., multa, restrições de direitos e prestação de serviços à comunidade) podem ser aplicadas à pessoa jurídica nos crimes contra o meio ambiente.

A possibilidade da prática de cartel ser investigada e condenada criminalmente traz um peso diferenciado para a conduta em questão, inclusive no sentido do *deterrence*[476].

---

[476] Recentemente houve um debate interessante na Europa provocado por advogados e empresas no sentido de se discutir, devido ao aumento das sanções antitruste impostas pela Comissão Europeia nos últimos anos, a "natureza criminal" de tais sanções. Ainda, pelo quadro institucional e processual atual na Comissão Europeia, com posterior revisão judicial pelos tribunais da UE, tais sanções não seriam compatíveis com a Convenção Europeia dos Direitos do Homem (para a proteção dos direitos do homem e das liberdades fundamentais). Entretanto, Wils assevera em seu estudo que o aumento das multas impostas pela CE "(...) *is irrelevant for the assessment of the compatibility with the European Convention on Human Rights of the current institutional and procedural framework in which fines are imposed by the European Commission, with subsequent judicial review by the EU Courts. What counts for the qualification as "criminal" under Article 6 ECHR is the maximum potential penalty for*

Como bem afirma Reale Junior existe um caráter "moral" de reprovação social da sanção penal, o qual não é encontrado na esfera administrativa[477].

Por uma série de fatores, já se nota razoável amadurecimento nesse tema. Tais fatores podem abranger desde o aumento da complexidade e sofisticação das organizações criminosas, ao amadurecimento institucional do SBDC – o qual passou a atuar de forma coordenada com instituições importantes como o Ministério Público Federal e a Polícia Federal – ou mesmo pelo aprendizado decorrente do aumento da cooperação internacional (sobretudo com as autoridades norte-americanas).

Atualmente, no Brasil, não é mais possível definir uma estratégia de defesa por prática de cartel considerando-se apenas e de forma isolada, uma única esfera de aplicação legal (administrativa, penal ou civil). A frequente atuação coordenada entre diferentes autoridades públicas amplia inevitavelmente o rol de competências jurídicas para a persecução (*lato sensu*) e, logo, o âmbito de incidência das diversas leis aplicáveis a um mesmo conjunto de fatos. Esse raciocínio se verifica em toda e qualquer hipótese de prática de cartel e se potencializa sobremaneira quando se trata de prática de cartel em licitação ou concorrência pública.

5.4.1.3 | Condições para existência do cartel

Como previamente colocado, cartel é a união de duas ou mais empresas em torno da obtenção de maiores lucros por meio de medidas anticompetitivas. Desse modo, cada empresa deve contribuir de alguma maneira para a prática (por exemplo, com restrição das quantidades ofertadas ao mercado) e assim conquistar o aumento dos lucros até então obtidos dentro de um mercado concorrencialmente saudável.

Entretanto, o aumento do preço acima do nível competitivo, sob certas condições, passa a ser um grande incentivo para que algum (ou alguns) dos participantes do cartel passem a adotar comportamentos oportunistas de "burla" ou "fraude" do acordo[478]. Nesse contexto, para esse comportamento oportunista ser factível, o cartel possivelmente não deve dispor de mecanismos de retaliação eficazes[479].

---

which the relevant law provides, and this maximum (10 % of the undertaking's total turnover in the preceding business year) has remained unaltered since 1962, (...) However, inside the wider autonomous ECHR category of "criminal", the case-law of the European Court of Human Rights distinguishes between the "hard core of criminal law", and "cases not strictly belonging to the traditional categories of the criminal law", which "differ from the hard core of criminal law. The European Commission's antitrust fining powers belong to the latter category." (Wils, 2010, p. 31.)

[477] Reale Junior, 1999, p. 124.

[478] Esse comportamento é chamado em inglês de "cheating". Assim, a empresa se mantém formalmente no cartel, mas ao mesmo tempo aproveita o aumento de preço para vender maiores quantidades do que as previstas ou passíveis de dar sustentação ao aumento de preços. Cf. Leal, 2001, p. 51.

[479] Leal, 2001, p. 53. De acordo com esse autor, as seguintes características podem facilitar a cartelização: "i) quanto menor o número de empresas envolvidas (ou mais precisamente, quanto mais concentrado o mercado em questão); ii) quanto maior a disponibilidade de informações públicas ou confiáveis sobre os preços praticados (ou quantidades comercializadas); iii) quanto menores as flutuações autônomas de preços; e iv) quanto maior a semelhança e a concentração das vendas em poucos canais de distribuição". Leal, 2001, p. 54. Veja-se também: Scherer, 1980, p. 172-173.

Existem também outros mecanismos internos a essa operação que possibilitam o favorecimento do acordo, dentre os quais se destacam: a cláusula da nação mais favorecida (*MFN – most favored nation*[480]) e o estabelecimento de *triggering prices* (preços de referência ou preços de sinalização).

O termo "cláusula da nação mais favorecida" é originariamente empregado nas relações internacionais do comércio na Organização Mundial do Comércio (OMC). A criação dessa cláusula demonstra a necessidade de abolir as discriminações ocasionadas pela concessão de preferências comerciais geralmente prejudiciais aos países de menor representatividade econômica e comercial[481].

Entretanto, no caso dos cartéis *hard core*, essa denominação é usada para contratos firmados entre a empresa cartelizada e o cliente nos quais se estabeleça que o preço de venda não será superior ao praticado para qualquer outro cliente. Ou seja, em determinados contratos de venda, aplica-se essa cláusula por força de acordo de empresas concorrentes, criando um mecanismo importante de garantia para a observância dos termos do acordo. Trata-se de uma espécie de tratamento isonômico aos membros ou participantes do conluio.

Desse modo, quando se trata de produtos ou serviços comercializados por meio de contrato de longo prazo, cada participante do cartel pode assegurar a utilização desse dispositivo contratual como garantia ao cliente de que o preço praticado não excederá o de qualquer outro cliente. Garante-se, ainda, a extensão de qualquer redução verificada ao "cliente mais favorecido", leia-se ao cliente contemplado com preços inferiores aos definidos pelo cartel[482].

Os preços de referência, ou seja, os *triggering prices*, funcionam do seguinte modo: toda empresa participante do cartel dispõe coordenadamente de informações sobre o preço de mercado e das demais empresas do cartel por meio de preços fixados por um determinado agente, o qual serve de sinal aos demais do nível ótimo à maxi-

---

[480] A União europeia voltou a analisar com mais detalhe os efeitos da cláusula MNF recentemente: "Antitrust enforcement in the European Union has recently focused on Most Favoured Nation (MFN) clauses. Also outside of Europe, there is an increasing interest in the competitive relevance of these clauses, including most recently in China. The recent investigations by competition authorities throughout the European Union have already resulted in a number of prohibition or commitment decisions, with several investigations still under way. However, the competition law assessment of MFN clauses is only gradually taking shape" (Vandenborre; Frese, 2014, p. 588). Os autores explicam que, apesar de terem se tornado foco de análise, as cláusulas NMF podem ser consideradas pró-competitiva ou anticompetitivas: "Both the current EU legal framework and case practice reflect that apart from these circumstances MFN clauses in and of themselves are largely unproblematic and—under particular circumstances—may even be considered pro-competitive. MFN clauses are problematic where they reinforce a horizontal agreement in the upstream or downstream market segment, or where they are used to reinforce upstream resale price maintenance. Absent these circumstances, MFN clauses in and of themselves should not be viewed as anti-competitive unless the parties involved benefit from significant market positions and/or the use of the clauses is widespread, and the clauses are effectively monitored and applied so as to create a price floor." (*Id., ibid.*, p. 593).

[481] A Cláusula da Nação Mais Favorecida está disposta no art. 1º do Acordo Geral, que foi adotado pela OMC em 1994.

[482] Segundo Leal, há uma presunção segundo a qual a vigilância da utilização dessa cláusula, em contrato, seja mais fácil do que a obtenção da informação sobre o preço, contudo, isso não ocorre necessariamente. Leal, 2001, p. 55.

mização dos lucros. Os *triggering prices* são, assim, considerados mecanismos eficientes de sinalização dos níveis de preços aos agentes em conluio, de modo que, via de consequência, podem ser também considerados eficientes instrumentos para a obtenção de informações por parte dos agentes paricipantes do acordo, pelo fato de independerem de informações de terceiros e, aparentemente, passarem despercebidos à fiscalização das autoridades de concorrência.

Dessa maneira, as empresas disponibilizam informações sobre o preço de mercado de forma que todas ganham. Ocorre a punição do oportunista (*free-riding*) com a dissolução do acordo, gerando o retorno ao nível normal de preços anterior.

De acordo com a teoria econômica, o resultado da atuação de em um cartel seria a redução da quantidade total demandada, com o consequente aumento de preços e, logo, dos lucros totais dos membros do conluio. Essa situação clássica é descrita por Lande e Marvel como cartel de tipo 1[483]. A outra forma clássica de cartel, o de tipo 2, é aquele cuja finalidade é impor dificuldades para a atuação dos concorrentes, incluindo todas as ações tomadas pelos competidores, em conjunto, com a intenção de expulsar do mercado ou enfraquecer empresas não participantes do acordo[484]. Já o terceiro tipo (o de tipo 3) seria caracterizado pela colusão para manipular as regras de competição em uma substituição imperfeita ao modelo descrito no tipo 1. Referido modelo tomaria atitudes para a indústria se tornar melhor aos membros do cartel, mas não imita o modelo de monopólio como na combinação clássica descrita em casos de cartéis tipo 1. Veja-se que o comportamento do cartel tipo 1 equipara-se ao comportamento de um monopolista. Todavia, no tipo 3, os participantes apenas redesenham a rivalidade de modo que os membros ainda permanecem com certo grau de concorrência, ou seja, o cartel tipo 3 não envolve um acordo direto, ou definição de valor final do produto, ou uma divisão de mercado[485], podendo ser comparado ao chamado "cartel difuso" definido pela jurisprudência do CADE. Os efeitos líquidos negativos ao bem-estar do cartel tipo 3 são mais difíceis de serem caracterizados e, presumivelmente, mais brandos se comparados aos efeitos do cartel de tipo 1.

---

[483] *"Type I collusion leads to a well-known set of welfare effects. Since a Type I cartel directly raises prices, it causes a loss of societal wealth termed allocative inefficiency. These higher prices also cause wealth to be transferred from consumers to the cartel and/or to be dissipated in the form of rent-seeking behavior. From society's perspective, costs to the cartel of holding itself together or of disciplining cheaters also are welfare reducing."*Lande; Marvel, 2000, p. 63.

[484] Sobre este assunto, veja-se: Lande; Marvel, 2000, p. 7-13.

[485] Veja-se caso indicado como cartel tipo 3 *Massachusetts Bd. of Registration in Optometry, 110 F.T.C.* 549 (1988). Conforme Lande e Marvel *"Massachusetts Board of Registration in Optometry, the Federal Trade Commission challenged restrictions banning truthful advertising by optometrists and the advertising of affiliations between optometrists and optical retailers These restrictions prevented optometrists from permitting optical establishments to advertise truthfully optometrists' "names or the availability of their services" (i.e., that the optician has available, or is affiliated with, an optometrist). Optometrists were also prevented from advertising that they offered discounts from their normal fees. The Commission found evidence that these restrictions deprived consumers of valuable pricing information and made it significantly more difficult for consumers to find out when optometrists were located adjacent to opticians or to engage in "one-stop shopping" if they so desired".* (2000, p. 40-41)

Todos os acordos entre concorrentes, mesmo bem-sucedidos, são muito instáveis. Na grande maioria dos casos (i.e., estruturas de oferta com *players* assimétricos), a elevação dos preços proporcionada pelo cartel, ao mesmo tempo que proporciona uma restrição da oferta, induz parcela de seus participantes a comercializarem seus produtos com menor margem de lucro em comparação ao que experimentariam se rivalizassem com a parcela do cartel composta pelos *players* com maior participação de mercado. Desse modo, a lógica econômica subjacente ao cartel é em regra a mesma que incentiva o seu rompimento.

Importa ressaltar, nesse ponto, que o raciocínio acima é pouco aplicável aos cartéis de crise[486], estruturados em situações de depressão econômica nas quais os agentes se organizam para vencer a situação de crise em dado sistema econômico. Também possui aplicação mais restrita aos cartéis de exportação[487], edificados visando a atingir mercados situados em territórios nacionais diversos daquele onde se encontra a sede das empresas cartelizadoras.

5.4.1.4 | Valoração das provas

Como já colocado no início deste livro, a matriz constitucional brasileira impõe ao CADE e, no caso da infração penal, ao Ministério Público, que a valoração das provas do conluio deve se dar por meio do sistema de persuasão racional, segundo o qual o julgador deve apreciá-las caso a caso para formar seu convencimento sobre a veracidade dos fatos no tocante à autoria atendo-se àquelas que julgar mais convin-

---

[486] No Brasil o CADE chegou a identificar numa operação de Ato de Concentração, objeto de veto do Conselho, um suposto "cartel de crise". (Cf. Relatório do Conselheiro Relator, João Bosco Leopoldino da Fonseca. Ato de Concentração n. 08012.002315/99-50). Nesse mesmo caso foram utilizados como fundamento da hipótese de cartel de crise os seguintes casos: da Espanha (decisões do Tribunal de Defesa da Concorrência da Espanha – Resoluções 312/92, 322/93, 324/92 e 376/96); dos EUA (decisões da Suprema Corte – Appalachian Co. v. US 1933, Soccony-Vacuum v. US 1940); e da União Europeia (Decisões 72/22/CEE 1971, 92/204/CEE 1962) Cf. Relatório do Conselheiro Relator, João Bosco Leopoldino da Fonseca. Ato de Concentração n. 08012.002315/99-50, p. 83-92. A OCDE voltou a debater os cartéis de crise com maior pormenor em 2011. De acordo com mencionada organização: *"The term crisis cartel has been used in two ways: to a cartel between private firms that is not approved by the state or to an agreement between firms that a government body sanctions during a period of economic distress. The first type of crisis cartel may contravene the competition law of the jurisdiction in question, while the second type of crisis cartel may well require an exemption from that law.*(...) Widespread toleration of crisis cartels would go against two decades of tougher enforcement against cartels in both developing *and industrialised countries. If the policymaking community were to accept that there are circumstances under which crisis cartels could be justified, then this would mark a significant point of departure from prevailing views on cartel enforcement.* OCDE, 2011, p. 8.

[487] "A análise realizada voltou-se à prática dos cartéis de exportação, que são isenções antitruste em grande parte das jurisdições e que podem prejudicar o processo de desenvolvimento. Os cartéis de exportação podem gerar distorções ao comércio internacional, especialmente aos países menos desenvolvidos ou em desenvolvimento que não possuem *expertise* para lidar com essas condutas. Esse tema tem sido pouco debatido até mesmo por tratar-se de conduta com muitas particularidades e que conta, muitas vezes, com o apoio governamental. (...) Os cartéis de exportação podem ser formados por produtores de um único país ou podem ser cartéis internacionais formados por produtores de diversos países, mas com um mercado-alvo que não é mercado doméstico dos membros desse tipo de cartel." Domingues, 2010, p. 1.

centes[488]. Não é juridicamente possível, no Brasil, estabelecer-se juízo de condenação com base exclusivamente em presunções de dominância, bem como, e principalmente, de autoria (ou de participação na conduta investigada). Seja no âmbito do CADE, seja no âmbito do Poder Judiciário, a decisão deve ser de arquivamento ou de absolvição diante de uma dúvida razoável no tocante à autoria da prática de cartel.

Nesse sentido, o CADE tem trabalhado com vários tipos de provas admitidas em processo, como as provas documentais (contratos, atas de assembleias, acordos de acionistas), as provas testemunhais (colhidas nas audiências de instrução por meio de requisição de seus membros), e as provas obtidas em inspeções[489] e, sobretudo, as provas colhidas em ações de busca e apreensão. A maior parte das provas colhidas decorre de indícios, os quais, analisados sob a ótica econômica, levam à existência de uma conduta restritiva da concorrência[490].

Desse modo, a análise econômica (ou análise das estruturas do mercado envolvido) pode ser utilizada para a identificação das características que demonstram uma predisposição do mercado para realizar uma fixação de preços. Tal método também pode ser utilizado para indicar quais seriam as provas capazes de apontar a cartelização de determinado mercado[491]. Entretanto, tal arsenal analítico é insuficiente, por si só, a sustentar qualquer decisão condenatória.

Considera-se questionável, do ponto de vista jurídico, a teoria de acusação de prática de cartel clássico sem a existência de racionalidade econômica, isto é, racionalidade pró conluio para tanto e em detrimento de outros agentes econômicos ou do consumidor. Ao se aferir a racionalidade econômica da prática investigada, é importante avaliar não só o contido na teoria econômica, mas, também, as particularidades, i.e., a real dinâmica do mercado analisado, para se aferir se há evidências capazes de demonstrar que a prática investigada apresenta possibilidade e, majoritariamente, probabilidade de geração de efeitos negativos do ponto de vista concor-

---

[488] Santacruz, 2003, p. 417.

[489] A preferência das autoridades de concorrência tem sido para as buscas e apreensões ao invés da inspeção. A inspeção é recordada em especial no caso AMBEV "Tô Contigo" no qual a obtenção de provas também se deu por meio de inspeção realizada na empresa. Cabe destacar que, para a inspeção ter validade no Brasil, também deverá seguir os princípios de direito administrativo. Nesse sentido, a Lei n. 9.784/99, reguladora do processo administrativo no âmbito da Administração Pública Federal, deve ser respeitada. A LDC, em seu art. 13, VI, c, preservou a possibilidade de inspeção, mas, agora, de competência da Superintendência-Geral (SG). Não está claro se a parte sujeita à inspeção receberá notificação com antecedência de 24 horas da ocorrência da inspeção ou se essa pode ocorrer sem notificação à parte. Isso não está previsto em lei e pode suscitar debates no âmbito do Poder Judiciário. No plano do direito comparado, o Regulamento (CE) n. 1/2003 estabelece que a Comissão pode proceder a todas as inspeções necessárias junto às empresas e associações de empresas. Os agentes da Comissão são investidos dos poderes de inspecionar os livros, bem como qualquer outra documentação profissional; tirar cópias ou extratos dos documentos controlados; solicitar informações a qualquer representante ou membro do pessoal da empresa ou da associação de empresas e registrar as suas respostas (arts. 20 e 21 da Regulação n. 1/2003 da CE.) Nas Regras sobre Práticas do FTC (Rules of Practice) que descrevem como este é organizado e como ele conduz uma investigação e seus procedimentos, existe um parágrafo específico (o § 3.37) acerca da produção de documentos em uma inspeção.

[490] Santacruz, 2003, p. 417.

[491] Fonseca, 1998, p. 96.

rencial. Assim, só é válida a prova econômica do cartel quando o reajuste de preço, ou de outras variáveis (visto que pode ser um cartel de divisão de mercados, ou de licitações, por exemplo), não apresentar nenhuma razão econômica, salvo única e exclusivamente a eliminação da concorrência. Ou seja, se a licitude da prática não puder ser demonstrada e defendida pela teoria econômica, dificilmente será aceita pela LDC.

Trata-se, portanto, de um debate de evidências, isto é, de um lado, as autoridades, que suspeitam do comportamento de um grupo de agentes econômicos, trabalham para a verificação de evidências de modo a indicar a aceitabilidade ou não do comportamento investigado. De outro lado, os agentes econômicos trabalham para a demonstração de evidências da aceitabilidade de sua conduta do ponto de vista econômico-racional e, quando possível, da impossibilidade lógica da conduta investigada gerar efeitos negativos ao mercado e à livre concorrência.

No Brasil, e de acordo com a jurisprudência do CADE, o cartel clássico é qualificado como ilícito formal (ou de mera conduta). Isto é, é dotado de antijuridicidade, independentemente do seu resultado ou tipo de conluio. Nesse plano, a investigação (*lato sensu*) deve trazer à autoridade antitruste elementos plausíveis da prática que afetou, ou teve potencial de afetar, o ambiente competitivo. Isto é, se houve um acordo anticompetitivo, mas ele não produziu efeitos no mercado, ainda assim opera-se a incidência da Lei Antitruste sujeitando os infratores às cominações legais. Segundo o CADE, a produção ou não de efeitos deverá ser considerada no juízo de dosimetria das sanções, quando da elaboração da norma de decisão.

5.4.1.5 | Poder de mercado

A viabilidade e a manutenção de um cartel dependem fortemente da avaliação e reavaliação que cada empresa envolvida faz de sua competitividade relativa e, também, da simetria ou assimetria de poder de mercado em comparação aos demais concorrentes[492]. Isto é, o grau de semelhança de estrutura de produção, participação de mercado, capacidade ociosa, *know-how*, enfim, de homogeneidade de estrutura fabril, pode contribuir para a ação coordenada dos agentes econômicos.

É fundamental a avaliação do poder de mercado na análise antitruste do cartel ou das colusões de modo geral. O art. 36, da LDC, determina que só se configura infração à ordem econômica caso estejam presentes as condições ali expostas e especificamente a presença de posição dominante incontestável.

Para que o cartel tenha existência econômica efetiva, como um acordo capaz de resultar em preços maiores, as empresas participantes do conluio devem deter poder de, ao atuar coordenadamente, aumentar o preço. Ressalte-se que os cartéis constituídos por poucas empresas, as quais apresentam elevada participação no mercado, têm menores custos de administração e de monitoramento.

Entretanto, uma empresa, individualmente, enfrenta sérios problemas ao aumentar o preço de venda de seu produto ou serviço, pois os consumidores podem

---

[492] Leal, 2001, p. 58.

substituir esse produto pelo produto dos demais concorrentes. Por outro lado, qualquer empresa participante de um conluio que tente elevar os preços está ciente do risco de não ser seguida pelas rivais, resultando em perda de vendas e tornando o aumento de preços não rentável[493].

Rememorando as etapas da análise antitruste, para se avaliar o poder de mercado, é preciso passar pela definição do mercado relevante (geográfico e de produto). A delimitação do mercado relevante implica a análise desses dois aspectos que são complementares e indissociáveis.

O mercado relevante geográfico é o espaço físico da concorrência, e para sua delimitação geralmente se levam em consideração: (i) os hábitos dos consumidores; (ii) a incidência de custos de transporte; (iii) as características do produto, (iv) os incentivos fiscais e administrativos de autoridades locais; e (v) a existência de barreiras à entrada de novos agentes econômicos no mercado.

O mercado relevante de produto (material) é aquele no qual o agente econômico enfrenta a concorrência tendo como base o bem ou serviço ofertado. A necessidade do consumidor pelo produto é considerada para verificar se ele está disposto a substituí-lo por outro. Havendo resposta afirmativa, esses produtos farão parte do mesmo mercado relevante material[494]. Aqui vale mais uma vez a menção ao cálculo da elasticidade-preço da demanda, como, também, ao cálculo da elasticidade cruzada da demanda, instrumentos eficazes de aferição da substitutibilidade pelo lado da demanda, imprescindível à delimitação do mercado relevante.

Essa questão foi bem estudada no caso entre Usiminas e Cosipa, um dos primeiros grandes casos de cartel clássico investigado e punido pelo CADE. Nesse caso, as investigadas defenderam a tese de mercado geográfico internacional. Desse modo, foi defendido que as empresas nacionais não seriam detentoras de posição dominante e de poder de mercado e, assim, não poderiam abusar da posição dominante ou do poder de mercado. Logo, elas não poderiam infringir a ordem econômica.

Nesse processo, a Secretaria de Acompanhamento Econômico do Ministério da Fazenda (SEAE/MF) definiu o mercado relevante geográfico como sendo nacional, a saber:

> (...) uma vez que: i) as condições de concorrência seriam homogêneas em todo o território nacional; ii) as importações seriam pouco significativas (cerca de 4,2% em relação ao consumo aparente de 1997); iii) apesar de ser um mercado de *commodities*, comercializadas geralmente a preços de oportunidade, os elevados custos de internação propiciaram às usinas nacionais poder para fixar preços; iv) as empresas investigadas poderiam aumentar os preços de seus produtos, e, ainda assim, os consumidores continuariam adquirindo os produtos no mercado interno (teste do monopolista hipotético)[495].

---

[493] Leal, 2001, p. 56.
[494] Sobre essa questão veja-se: Forgioni, 1998, p. 207-216.
[495] Santacruz, 2003, p. 419.

A definição da SEAE/MF foi aceita pelo CADE, o qual concluiu, de forma taxativa, que os mercados nacional e internacional de aços planos não são os mesmos. Dessa maneira, nesse caso, o CADE entendeu pela incapacidade do mercado e a concorrência internacional de contestar o abuso da posição dominante e a formação de cartel no mercado brasileiro[496].

Adicionalmente, o CADE entendeu que não era importante o fato de os consumidores se beneficiarem da redução de preços do setor, no período de abertura comercial caracterizado pela necessidade de redução de custos em toda a economia brasileira[497]. Assim, se houve uma redução de preços dos produtos finais, por força da concorrência com o produto importado, os preços de seus insumos também deveriam cair. Contudo, com o cartel, as autoridades consideraram que os preços foram fixados acima do normal em um mercado livre[498].

Baseado nesse caso, Santacruz estabeleceu a correlação do exercício de poder de mercado com o mercado oligopolizado:

> As teorias de Organização Industrial consideram que nos mercados oligopolizados tanto as decisões estratégicas (longo prazo) quanto as de política comercial (curto prazo) são interdependentes e as empresas não podem deixar de reconhecer esse fato. Consequentemente, as empresas em oligopólio apoiam-se em comportamentos que, considerando a reação dos seus rivais, aproximam os resultados obtidos pela empresa individualmente e pelo mercado como um todo daqueles alcançados no monopólio[499].

Essa coordenação oligopolista é possível graças: ao imediato conhecimento das ações dos concorrentes; à repetição das ações no mercado por meio da criação de rotinas; ao reconhecimento da rigidez dos preços em oligopólio, de acordo com as pequenas alterações de demanda e de custos; à expectativa de que reduções de preços serão prontamente contraditadas[500]. Chama-se a atenção para o importante papel representado pelas associações e sindicatos patronais como possíveis órgãos facilitadores da prática de cartel.

No Brasil, em especial, já foi evidenciado que as recomendações de sindicatos influenciam o comportamento de seus membros, conforme se observa abaixo, em nota técnica elaborada pela SEAE/MF, na análise dos cartéis de combustíveis:

---

[496] *Id., ibid.*, p. 420.
[497] *Id., ibid.*, p. 421.
[498] Cabe ressaltar que em dezembro de 2001, o CADE aplicou uma multa adicional de R$ 3,5 milhões à Cosipa e a Usiminas, pois considerou que as empresas haviam intencionalmente armado uma falsa representação na qual não teriam participado do encontro na SEAE/MF em 1997. Ambas alegaram a ausência no encontro e, mais tarde, durante o julgamento, mais especificamente durante o testemunho de uma terceira parte, ficou claro que elas haviam participado. As empresas também apelaram sobre essa questão, mas, enquanto isso, as firmas foram obrigadas a pagar a multa antes da decisão. Sobre esse caso veja-se: Araújo, 2002, p. 9.
[499] Santacruz, 2003, 421.
[500] *Id., ibid.*, p. 422.

É fato notório que há vários sindicatos que desvirtuam suas funções institucionais, contribuindo fortemente para a proliferação de condutas anticompetitivas ou mesmo as praticando diretamente, ao tomar atitudes visando a uniformizar práticas comerciais[501].

Essa preocupação inclusive gerou a elaboração, por parte da SDE/MJ, da Cartilha de Combate a Cartéis em Sindicatos e Associações, na qual a Secretaria considerou que há riscos de violação da livre concorrência, por meio da coleta e disseminação de informações, quanto mais concentrado for o setor da economia. Nesse contexto, a SDE/MJ deixa claro os potenciais problemas de ordem concorrencial gerados por reuniões entre concorrentes em sedes de sindicatos e associações. Sugere, então, que não sejam objeto de tais fóruns discussões sobre "temas concorrencialmente sensíveis como preços, política de descontos, custos, clientes, alocação de mercado, participações em licitações, dados de produção, entre outros"[502].

Outro modo de se manter a disciplina da indústria na fixação de preços é o uso de normas práticas, que envolvem uma variante do princípio da determinação do preço pelo custo total, no qual a margem de lucro é mantida independentemente das variações da demanda[503].

No caso de todas as empresas no mercado usarem essa fórmula, a possibilidade de redução de preços abaixo daqueles que garantam a taxa de retorno de capital desejável é reduzida e o comportamento dos rivais passa a ser mais previsível. Assim, essa forma de cooperação resolve o problema da fixação do preço, mas não o problema de reajuste deste. O preço depende de acordos explícitos (cartéis) ou tácitos (liderança de preços), sendo ponto central o estabelecimento de um sistema de comunicação que permita aos agentes econômicos coordenar comportamentos em prol da maximização de seus interesses individuais.

5.4.1.6 | Liderança por preços (*price leadership*)

Essas formas de cooperação oligopolística necessitam de um líder de preços ou de um processo de liderança a fim de indicar, de forma exata, qual o ponto central que não deverá ser ultrapassado. Em uma estrutura de mercado oligopolizada, os processos de fixação de preços podem ocorrer por meio de vários mecanismos, mas o

---

[501] Nota técnica n. 46/2004/COGDC-DF/SEAE/MF e, no mesmo sentido, Parecer n. 190/2003 COGDC-DF/SEAE/MF.

[502] In: Cartilha de Combate a Cartéis em Sindicatos e Associações – Coleção SDE/DPDE n. 03/2009. Nessa Cartilha, e. g., a SDE/MJ recomenda que: "(...) os sindicatos e as associações tenham agendas públicas de reuniões, com temas claros. Além disso, devem ser elaboradas atas de tais reuniões que abordem a totalidade da discussão. É recomendável ainda que os sindicatos arquivem tais documentos com o intuito de demonstrar a licitude das discussões. Por fim, recomenda-se fortemente que os representantes de cada empresa nas reuniões não sejam funcionários do Departamento Comercial ou de Vendas da empresa e que os dirigentes do sindicato ou associação sejam independentes, afastando-se da direção empresarial".

[503] Santacruz, 2003, p. 422.

processo de reajuste de preços se dará sempre baseado em acordos explícitos (cartéis) ou tácitos, estes últimos na forma da liderança de preços[504].

É essencial a essas empresas a formação de um sistema de comunicação que lhes permita coordenar comportamentos. Para tanto, os conflitos instalados durante esse processo não podem ser resolvidos por meio da guerra de preços, mas, sim, através de ajustes decorrentes de variações nas condições de custos e demandas, minimizando a possibilidade de agressões desnecessárias entre as empresas participantes[505].

Portanto, é regra geral que, em mercados oligopolizados, cria-se um comportamento capaz de evitar a competição por preços e a colusão torna-se mais factível devido ao mais eficiente contexto de comunicação no qual se encontram os agentes econômicos. Diz-se regra geral, contudo, pois pode haver casos em que os agentes econômicos expliquem e fundamentem eventual comportamento paralelo questionado pelas autoridades antitruste, de modo a fazer cessar a investigação e até mesmo afastar a condenação por intermédio da demonstração de evidências da racionalidade econômica da conduta.

Por meio da liderança de preços, as mudanças destes são anunciadas pela empresa líder, que geralmente é a detentora da posição dominante no mercado, e as demais empresas seguem suas decisões de reajustes. Esses acordos são chamados de *price leadership*[506]. Os acordos de *price leadership* têm preocupado os teóricos e autoridades, pois nem sempre essa prática configura um ato colusivo e implica a responsabilização de todos os agentes econômicos que praticam preços uniformes, ou aumento de preços uniformes[507].

Assim, nos casos típicos de lideranças de preços, o agente detentor da posição dominante é quem tem o poder de determinar às demais empresas que sigam os preços, e, para tanto, pode instituir medidas de coerção e de intimidação. Entretanto, pode não existir mecanismo de coerção e, assim, nesse caso, a sujeição é natural, pela própria estrutura do mercado.

Na prática, quanto mais poder econômico detém o *player* líder do mercado, menor é a necessidade da existência de mecanismos de intimidação ou de punição. Em outras palavras, embora seja possível o exercício de efetiva intimidação, é sobremodo difícil demonstrar-se ou provar-se que uma empresa líder de mercado exerce intimidação às demais concorrentes.

Existem, portanto, três tipos de lideranças de preços: (a) liderança da empresa dominante; (b) liderança colusiva; e (c) liderança barométrica. A liderança colusiva (b) ocorre nos oligopólios formados por empresas de tamanho e posições equivalentes, onde todas têm o interesse comum de cooperar em vez de adotar um comportamento absolutamente independente[508]. Isto é, empresas que poderiam comportar-se de forma

---

[504] Santacruz, 2003, p. 422.
[505] Id., ibid., p. 423.
[506] Veja-se um dos primeiros estudos sobre o tema: Comer, 1940.
[507] Forgioni, 1998, p. 337.
[508] Santacruz, 2003, p. 423.

independente, mas visando a maximizar seus resultados, optam por atuar coordenadamente com as demais empresas do mercado relevante.

É o tamanho da empresa no mercado (participação de mercado) que geralmente distingue quem é líder de preços. Porém, outros fatores desempenham um papel nessa definição, como as circunstâncias históricas, ou o fato de a empresa líder ter sido a pioneira na introdução de um novo produto. A empresa com custos menores também pode ter essa responsabilidade na medida em que tem menor incentivo para seguir as empresas de custos mais altos[509].

Independentemente da motivação para que determinada empresa seja a líder dos preços, tal liderança deve ser seguida unanimemente para essa coordenação resultar no melhor desempenho para os vendedores no mercado. Dessa forma, esse processo de comunicação deve ser claro o bastante para não trazer dúvidas aos participantes.

Com as alterações nas condições de demanda ou de custos, o processo de reajuste de preços se dá por meio de critérios já identificados e aceitos por todos. Há o risco de uma empresa reajustar sua tabela de preços, mas as demais não seguirem esse reajuste, justamente com o intuito de obter fatias de mercado da rival. Contudo, o maior risco está no fato de o medo promover inércia e ausência de reajuste, comprometendo as margens de lucro das empresas[510].

A decisão da Suprema Corte dos EUA no caso *Tobacco*, de 1946[511], foi muito interessante, pois deu um novo significado para o *price leadership* em mercados oligopolizados, fenômeno que deveria ser considerado *"beyond reasonable doubt"* (acima de dúvida razoável) para implicar as partes investigadas[512]. Outro caso ilustrativo envolveu a indústria de latas de conservas nos EUA. Nesse caso, após um aumento de 6% em seus preços por parte da empresa líder de mercado, seu principal concorrente reajustou seus preços em 3%. Tendo a empresa líder do mercado interpretado o reajuste de preços em 3% como o início de uma guerra de preços, aplicou uma redução aos seus preços, acirrando a concorrência. Consequentemente, em 1959, a indústria como um todo registrou preços 10% inferiores ao do ano anterior[513].

---

[509] *Id., ibid.*, p. 424.

[510] *Id., ibid.*, p. 424.

[511] *American Tobacco Co. v United States*, 328 US 781 (1946).

[512] Markham explica que a decisão *"(...) constitutes a reversal of the stand taken by the Court in the U.S. Steel and International Harvester cases, where the Court ruled that the acceptance of a price leader by the rest of the industry did not constitute a violation of the Sherman Act by the price leader. If we accept the full meaning of what the court has really said, that parallel pricing, whether implemented by an agreement or not, is now illegal, pricing policies prevailing in markets where sellers are few will henceforth be subjected to a much closer examination than they have been in the past"*. Ver Markham, 1951. Reavaliando a conduta, Rotemberg e Saloner discordam da posição de Easterbrook (1981), que entendia que o *price leadership* era impossível e se colocam favoravelmente a Markham (1951): *"we show that collusive price leadership is certainly possible; Markham's view can be given coherent foundations. We also give conditions under which one would expect collusive price leadership to arise and study its theoretical properties. In particular we are concerned with its effect on price rigidity and welfare"* (1990, p. 95)

[513] O mercado de latas de conserva representa um duopólio no qual as duas maiores empresas (American Can e Continental Can) estavam aparentemente engajadas em um conluio: *"The Department of Justice charged in 1946 that identity of prices and terms between American and Continental in Califor-*

Para reduzir os riscos de falhas de comunicação, o líder anuncia as mudanças somente em resposta às alterações significativas nas condições de custo e demanda[514]. Geralmente, o líder tenta preparar o espírito dos concorrentes para a necessidade do reajuste, usando de todos os meios para isso, inclusive entrevistas em jornais e revistas. Em geral, procura anunciar preços que reflitam não só o seu desejo particular, mas o desejo de toda a indústria.

A liderança barométrica (c) se confunde com a liderança colusiva, sendo difícil diferenciá-las. A diferenciação se dá, geralmente, com base em critérios de conduta e desempenho. Chama-se de colusiva, no domínio de desempenho a conduta, a liderança que facilita a obtenção de preços monopolísticos. A liderança barométrica, por sua vez, não atua nesse sentido, vale dizer, não resulta em preços sobremodo superiores aos praticados em um ambiente revestido de rivalidade concorrencial[515].

Trata-se de uma diferenciação tendo em vista os resultados da conduta avaliada, sendo que não se observa a liderança, mas avaliam-se seus resultados e sua aceitabilidade do ponto de vista concorrencial. Em outros termos, avalia-se a racionalidade econômica que viabiliza o resultado e a ação de liderança.

É muito producente abordar a *price leadership* sob o enfoque da teoria dos jogos[516]. Isso porque esta oferece instrumental capaz de decodificar as principais espécies de racionalidade embutidas em algumas classes dessa modalidade de conduta, das quais pode-se extrair significados de aceitação ou não do ponto de vista concorrencial.

O efeito da liderança colusiva e da barométrica no oligopólio geralmente é o estabelecimento de preços mais altos do que seriam na sua ausência, por meio dos sinais emitidos pelo líder. Estes indicam o preço maximizador de lucros e o ponto de convergência que evita a queda dos lucros, quando é necessária a redução das vendas[517].

Contudo, na liderança colusiva, os preços assemelham-se aos realizáveis em uma situação de monopólio e não se notam, no contexto do mercado, atitudes que reflitam qualquer rivalidade concorrencial. Entretanto, os acordos tácitos de liderança de preços não são *per se* (como se verá) enquadrados como infração à ordem econômica.

5.4.1.7 | Paralelismo de conduta e *plus factor*

Nos EUA, a relação entre cooperação oligopolista e aplicação da lei antitruste tem como base a chamada *conscious parallelism doctrine*. Essa doutrina lida com o comportamento oligopolista, cuja ação reduz a competição, além de cuidar do padrão de provas necessário para condenar um cartel, quando existem somente evidências

---

nia markets was due to direct collusion 'at secret meetings held at irregular intervals' rather than to price leadership". Ver: *United States v. Am. Can Co.*, Cr. 30323-S, *paragraph* 20 1946.
[514] Santacruz, 2003, p. 425.
[515] *Id., ibid.*, p. 425.
[516] Gottheil, 2012, p. 290-291.
[517] Santacruz, 2003, p. 425.

circunstanciais (ou indícios), mas nenhuma evidência direta de acordo explícito entre os concorrentes[518].

Avalia-se se um processo de liderança de preços, resultado de uma coordenação no mercado na forma tácita de acordo implicando paralelismo de conduta, é uma infração à ordem econômica na forma de cartel, ou resulta de comportamento econômico racional e razoável[519].

Entretanto, o paralelismo consciente, em si, não é considerado ilícito em vários ordenamentos jurídicos, como se pode observar em alguns casos julgados nos EUA, na UE e também no Brasil. Para tanto, não deve existir qualquer indício ou prova, evidência, que aponte aspectos de conluio, v. g., reuniões entre concorrentes, com finalidades anticoncorrenciais, aumentos de preços concomitantes[520].

Considera-se necessário ter um cuidado especial com o uso dessa doutrina, pois está claro que mercados com a estrutura de oligopólio propiciam a coordenação de decisões por parte de seus *players*, no sentido de um aumento de preços acima do nível competitivo e uma redução da oferta abaixo desse nível, tendo em vista a maximização conjunta dos lucros. Logo, esta não seria condição suficiente para presumir a existência de coordenação[521].

Nos EUA, historicamente, considera-se necessário algum tipo de prova material de cartel, não admitindo apenas evidências de paralelismo de conduta. Contudo, em 1946, no caso *American Tobacco Co.*, isso foi modificado, pois, apesar do USDoJ não ter obtido qualquer evidência de encontros, mensagens ou acordo explícito entre os produtores, os indícios foram considerados como "provas" suficientes à condenação dos envolvidos, com base no paralelismo de preços[522].

Desse modo, a Suprema Corte dos EUA condenou as empresas por formação de cartel, passando a considerar que, quando os vendedores apresentam o mesmo objetivo em um arranjo ilegal, justifica-se a conclusão pela existência de uma conspiração (cartel) naquele mercado[523].

---

[518] *Id., ibid.*, p. 426.

[519] *Id., ibid.*, p. 426.

[520] Nesse sentido verificar o resultado do julgamento pelo CADE no voto do Conselheiro Relator no Recurso Voluntário à decisão de arquivamento na Averiguação Preliminar n. 08012.006844/00-45, de 1º de fevereiro de 2007, Representante: Câmara Municipal da Estância de Bragança Paulista; Representada: Postos de Combustíveis de Bragança Paulista. No mesmo sentido, ver decisão da maioria e voto divergente da Presidente do CADE no Processo Administrativo n. 08012.000677/1999-70, cujas Representadas foram Viação Aérea Rio Grandense S.A. (VARIG), Viação Aérea de São Paulo S.A. (VASP), Transportes Aéreos Regionais S.A. (TAM) e seus respectivos Administradores, e as Representantes foram SDE/MJ *ex officio* e SEAE/MF *ex officio*.

[521] Schuartz, 2001, p. 63.

[522] "(...) *no formal agreement is necessary to constitute an unlawful conspiracy....Where the circumstances are such as to warrant a jury in finding that the conspirators had a unity of purpose or a common design and understanding or a meeting of minds in an unlawful arrangement, the conclusion that a conspiracy is established is justified.*" United States v. American Tobacco Co., 221 US. 106, 184 (1946).

[523] No mesmo sentido foi a decisão no caso *United States v. Container Corp. of America*, 393 U.S. 333 (1969) na qual também não houve acordo identificado.

Essa decisão causou muita controvérsia, mas foi fundamental para as investigações subsequentes de cartel nos EUA. Entretanto, a maior parte dos estudiosos entendeu que, nesse caso, apesar das escassas evidências, houve coordenação pelo fato de as empresas terem se comportado por quase duas décadas de maneira inconsistente com as condições econômicas[524].

Esse entendimento trouxe à tona uma reflexão bastante controversa, pois, nessa situação, a empresa deveria, após a análise das condições de mercado e da estratégia de seus adversários, atuar de forma diversa deles, ainda que contra seus interesses de maximização de resultados, para não ser condenada por formação de cartel. Assim, essa ação seria totalmente irracional do ponto de vista econômico, pois, caso o único caminho para a obtenção de resultados positivos seja o caminho tomado pelos concorrentes, para não ser condenado, o agente econômico deveria abdicar dos resultados positivos[525].

Em 1954, na decisão proferida numa acusação de cartel envolvendo distribuidores de filmes (*Theatre Enterprises, Inc. v. Paramount Film Distributing Corp.*), formou-se o entendimento ainda vigente sobre esse tema. Nesse caso, a Suprema Corte dos EUA considerou que o fator mais relevante é a tomada, pelas empresas, de decisões independentes ou com base em acordos. Ainda, apontou-se o comportamento empresarial como um indício admissível. Contudo, o paralelismo de conduta não é conclusivo (isto é, não é suficiente) na tipificação de um acordo contrário à lei.

De qualquer modo, a ação paralela de mercado não é sempre legal. Ela reveste-se de legalidade apenas quando reflete condições de oferta e demanda, de custos ou outras condições do mercado[526]. Em outra decisão da Suprema Corte dos Estados Unidos, no caso do mercado de colheitadeiras, temos que:

> (...) o máximo que pode ser dito é que muitos dos competidores estão acostumados, de maneira independente e como matéria de rotina empresarial, a seguir aproximadamente os preços pelos quais vendem suas máquinas (...). O fato dos competidores, no exercício do seu próprio julgamento, seguir os preços de outro produtor, não estabelece qualquer supressão de competição nem mostra qualquer dominação sinistra[527].

Esse precedente permanece válido nos EUA, e a liderança de preços não é considerada ilegal, salvo quando o líder tentar coagir os demais concorrentes no mercado. Também é considerada ilegal quando houver alguma evidência de acordo, com a utilização da liderança de preços baseada em um sistema ilícito de fixação de preços.

O predomínio dos oligopólios nos comentários dos estudiosos interessados nessa análise, assim como na prevenção e repressão de cartéis, deve-se ao fato de a estrutura poder, em alguns casos, por si própria, levar à adoção de comportamentos paralelos

---

[524] Santacruz, 2003, p. 426.
[525] *Id., ibid.*, p. 426.
[526] *Id., ibid.*, p. 427.
[527] Santacruz, 2003, p. 427.

com efeitos econômicos idênticos ao que se verificaria com a existência de um acordo explícito de preços[528].

Atualmente, no Brasil, nos EUA[529], na União Europeia, por exemplo, só fica caracterizada a violação da lei de defesa da concorrência se existir algo além do comportamento paralelo (isto é, o *plus factor*). Logo, a prática é considerada legal se a teoria econômica consegue explicar (produzir evidências sobre) o reajuste de preços de uma indústria ou se ela for racional do ponto de vista econômico, e, via de consequência, jurídico (ausentes indícios ou provas diretas da autoria de colusão).

Isso ficou bem ilustrado em 1992, no julgamento do CADE que tratava dos indícios de prática concertada entre fornecedores de selos de alumínio em licitação realizada pela Fundação para o Remédio Popular (FURP). Na oportunidade, a Conselheira Relatora decidiu o seguinte:

> É bem verdade que não é fácil a prova de conluio. Não se pode esperar, todavia, que venha documentalmente comprovado o acordo ilícito, informal pactuado à margem da lei. Mas, como bem realçado pelo Procurador do CADE, é indispensável que para o fato não haja outra explicação. E essa explicação pode ser buscada não apenas no campo jurídico, como também na teoria econômica, disciplina ancilar do direito da concorrência (...). No caso dos autos, a conduta paralela das indiciadas explica-se por sua causa econômica[530].

Outro caso envolveu a Associação Brasileira da Indústria de Panificação (ABIP) e a Associação Brasileira de Supermercados (ABRAS), no qual a Conselheira-Relatora afirmou que:

> (...) Cabe ainda observar que a mera existência de paralelismo de ações entre concorrentes não é suficiente à comprovação de prática concertada, tampouco que tal prática venha sendo orquestrada pela entidade representativa[531].

Aqui, vale a observação de que o CADE deixou de condenar as empresas acusadas de prática de cartel, pois entendeu haver nos autos evidências suficientes para justificar o comportamento paralelo verificado por razões de caráter econômico, logo,

---

[528] Schuartz, 2001, p. 125.

[529] *Plus factors* podem incluir evidência demonstrando que os agentes econômicos: (1) agiram contrariamente aos seus interesses econômicos ao seguir os preços paralelos e (2) foram motivados a entrar em acordo de coordenação de preços, conforme visto nos casos: *Blomkest Fertilizer Inc. v. Potash Corp. of Saskatchewan*, 203 F.3d 1028, 1032 (8th Cir. 2000); *Jacob Blinder & Sons Inc. v Gerber Products Co.* (In Re Baby Food Antitrust litigation), 166 F.3d 112, 122 (3th Cir. 1999); *Petruzzi's IGA Supermarkets*, 998 F.2d. at 1243; *In re Medical X-Ray Film Antitrust Litigation*, 946 F. Supp. at 217-218.

[530] Franceschini, 1999, p. 981.

[531] Voto da Conselheira-Relatora, Lúcia Helena Salgado e Silva, no Processo Administrativo n. 0800.020787/96-62, julgado em 22-10-1997, p. 8.

de racionalidade econômica. Assim afastou-se ilicitude da prática e tornou-a aceitável do ponto de vista concorrencial.

Os limites da licitude da prática estão localizados no ponto além do qual é válido inferir que as partes envolvidas estão realizando algo mais além de simplesmente observar os seus comportamentos dentro de determinado mercado relevante, e reagir a essas observações. Assim, "(...) é a eliminação da incerteza que é inerente aos processos competitivos, resultante de ações e reações interpretáveis como 'processo de negociação e troca de garantias', que faz supor 'algo mais' que a mera interdependência oligopolística"[532].

Toda a doutrina antitruste referente aos cartéis é cheia de referências às dificuldades de distinguir os cartéis de comportamentos coletivos paralelos. Mesmo assim, deve haver um esforço de distinção. Não basta a constatação de paralelismo de conduta no mercado para a demonstração da prova econômica do cartel, pois se houver explicação pela teoria econômica para o comportamento paralelo é necessário existir algum tipo de comprovação adicional, alguma prova material, alguma evidência excepcional para tornar o comportamento reprovável[533]. Há quem defenda que a única exceção (reconhecimento de inaceitabilidade jurídica da conduta) é o caso de aumento de preços praticado por empresas detentoras de posição dominante no mercado relevante, sem qualquer racionalidade econômica[534].

Nesse sentido, surgiu o denominado paralelismo *plus*, ou seja, uma previsão doutrinária e jurisprudencial, adotada inclusive no Brasil, a qual incorpora o raciocínio *supra*: um comportamento paralelo é necessário, mas não suficiente, para caracterizar um ilícito de formação de cartel do ponto de vista antitruste. É fundamental, então, identificar-se um *plus* em termos de evidência, vale dizer, um indício forte ou uma prova de que houve evento colusivo ensejador da resultante comportamental paralela.

É o que procurou realizar a SEAE/MF em sua representação que deu origem ao caso do cartel entre empesas de transporte aéreo de passageiros[535].

A referida representação, já adotada pela SDE/MJ, foi acolhida pelo CADE, o qual decidiu condenar a prática paralela identificada no mercado relevante pertinente à mencionada investigação. Para tanto, o CADE fundamentou que, afastadas as hipóteses possíveis, alegadas ou não pelas partes (como estrutura de custos similares entre empresas, fenômeno da liderança de preços etc.), concluiu-se pela caracterização da conduta concertada, diante da ocorrência de um *plus*, ou seja, algum outro

---

[532] Possas, 2002, p. 127-128.

[533] *"Parallel conduct cannot be regarded as furnishing proof of concertation unless concertation constitutes the only plausible explanation for such conduct."* Ver: EU. *Cases C-89/85, C-104/85, C-114/85, C-116/85, C-117/85 and C-125/85 to C-129/85*, A. Ahlström Osakeyhtiö e.a. (Woodpulp II) [1993] ECR I-1307, at para. 71.

[534] Santacruz, 2003, p. 428-429.

[535] Nota Técnica n. 0006/2000 – SEAE/COGDC-DF), que ensejou a instauração do Processo Administrativo n. 08012.000677/1999-70, em face das empresas Viação Aérea Rio-Grandense S.A. (VARIG), Viação Aérea de São Paulo S.A. (VASP), Transportes Aéreos Regionais S.A. (TAM), Transbrasil Linhas Aéreas e seus respectivos administradores.

elemento concreto de prova, como uma reunião ou comunicação entre as empresas, que poderia ter sido utilizado como mecanismo de coordenação do cartel[536].

Apesar desse ilustrativo precedente trazido à tona, a jurisprudência do CADE e da Justiça Federal se desenvolveu no sentido de exigir mais que apenas um evento para caracterizar a ocorrência de prática de cartel. Isso porque a realização de uma reunião, por si só, não reflete em regra seu conteúdo, qual seja: o de fixação de preços em forma de conluio. Uma vez mais, chama-se a atenção para o fato de, com base no princípio constitucional da presunção da inocência, a decisão de condenação de um agente privado basear-se, obrigatoriamente, em juízo comprobatório de seu envolvimento na prática tida como inaceitável segundo a Lei Antitruste. Assim, a condenação não pode se basear somente em juízo de possibilidade e probabilidade, o que sustentaria apenas uma decisão de restrição de liberdade de iniciativa visando o futuro.

Em suma, tem-se como *plus* necessário à suficiência da atribuição de inaceitabilidade à conduta de paralelismo evidências de encontros com finalidades ilícitas entre as empresas ou outras formas de comunicação direta entre os alegados participantes da conduta (como, por exemplo, e-mails).

5.4.1.8 | Cartéis internacionais

Os cartéis internacionais são acordos ou ajustes entre empresas, não necessariamente concorrentes, cujo objetivo é alterar artificialmente as condições do mercado com relação a certos bens ou serviços, e restringir ou eliminar a concorrência em âmbito internacional e até mundial[537].

Existe uma rede variada de organizações que podem ser descritas como cartéis internacionais, portanto, é muito importante fazer-se uma distinção entre os três tipos classificados: i) os cartéis *hard core*, criados por produtores privados de pelo menos dois países, os quais cooperam no controle de preços ou dividem mercados no mundo; ii) os cartéis privados de exportação, não ligados ao Estado, cujos produtores são de um mesmo país e fixam preços ou dividem o mercado de exportação, mas não em seu mercado interno; iii) os cartéis de exportação do Estado[538].

Os cartéis internacionais de exportação são associações de empresas que cooperam no mercado e distribuem seus produtos para os mercados estrangeiros. Geralmente, as leis de concorrência de praticamente todos os países não punem esse tipo de cartel, sendo essa conduta em geral isenta pelas autoridades locais[539]. Há menção

---

[536] Voto do Conselheiro Thompson Almeida Andrade no Processo Administrativo n. 08012.00 0677/1999-70. No mesmo sentido, ver Voto do Conselheiro Roberto Augusto Castellanos Pfeiffer nos autos desse mesmo Processo Administrativo e do Processo Administrativo n. 08012.006539/97-97, instaurado em face da Padaria Nova Pilar, Pães e Doces Marcelo, Padaria Carvalho, Panificadora São Judas Tadeu, União Pães e Doces e outros.

[537] Martinez, 2003, p. 176.

[538] Evenett; Levenstein; Suslow, 2003, p. 1222-1223.

[539] O Relatório da OCDE de 1999 sobre cartéis *hard core* faz a seguinte menção: "(...) não requerem maior ação nesta área a revisão pelas autoridades antitruste das exclusões dos cartéis de exportação em

sobre os cartéis de exportação em relatórios apresentados pela OCDE e pela Divisão Antitruste do USDoJ. Em referidos documentos, evidencia-se que as autoridades antitruste norte-americanas não entendem os cartéis de exportação como organizações capazes de afetar os consumidores ou os produtores nacionais[540].

Em algumas jurisdições, essa exceção é explícita, motivada pelo desejo de aumentar a exportação nacional e dar às empresas nacionais vantagens competitivas sobre as empresas estabelecidas em outros países. Na maioria dos casos, entretanto, essa exceção está implícita nas legislações antitruste, as quais cobrem apenas as atividades que afetam o mercado nacional[541].

No Brasil, a literatura especializada ainda não traz uma definição unificada do que é cartel internacional. Entretanto, a divisão antitruste do USDoJ, após discussões, determinou, em 1997, alguns critérios para essa definição, os quais passaram a ser utilizados em grande medida e por analogia como parâmetros para a identificação, processamento e punição de referidas práticas em várias jurisdições, como o Brasil. Desse modo, para efeitos estatísticos, uma questão (desde condutas ilícitas até atos de concentração) será considerada internacional se envolver potenciais impactos competitivos no mercado interno dos EUA ou nas suas relações de comércio exterior, preenchendo pelo menos um dos seguintes critérios: i) pelo menos uma das partes envolvidas não ser nacional dos EUA; ii) pelo menos uma das partes envolvidas não estar situada nos EUA; iii) a conduta considerada ilegal pela lei americana ter sido praticada fora de seu território; e iv) para análise do caso ou investigação ser necessária a cooperação com autoridades antitruste estrangeiras[542].

O cartel internacional pode, então, ser investigado e condenado no local onde seus efeitos são percebidos, mesmo se os atos de execução da infração tenham sido realizados em território distinto e estrangeiro. Por exemplo: se empresas japonesas combinam preços no Japão e comercializam produtos objeto do conluio no mercado brasileiro, isto é, produtos com sobrepreço decorrente do cartel, referidas empresas são passíveis de investigação e condenação pelas autoridades brasileiras, como o

---

conexão com os programas prioritários que buscam trazer maior ação efetiva contra os cartéis *hard core*". OCDE, 2000, p. 28.

[540] "(...) os EUA em particular alegam que os cartéis de exportação teriam efeitos pró-competitivos ao facilitar a entrada de novos concorrentes estrangeiros no mercado "alvo". Contudo, é preciso questionar se uma abordagem excessivamente generosa de apoio aos cartéis de exportação não tem como resultado o desenvolvimento do aumento das posições dominantes ou outras de estruturas anticompetitivas dentro do mercado "alvo", afetando principalmente os consumidores do mercado de exportação. Veja-se, que como todos os cartéis, os cartéis de exportação têm outros efeitos tipicamente negativos, tais como o atraso do progresso técnico e o aumento dos custos para os consumidores" In. Domingues, 2010, p. 203. Veja-se também: OCDE, 1998, p. 10.

[541] Presume-se que a atividade exportadora não afeta o mercado nacional, sendo, portanto, uma exceção. Vários países abrem algumas exceções em suas leis nacionais sobre cartéis e condutas que poderiam ser consideradas violadoras dentro do mercado nacional. Por isso, países como o Japão e os EUA requerem o registro de cartéis internacionais de exportação em suas agências governamentais para que possam receber a autorização. Entretanto, na maioria dos casos, nenhum registro é requerido, e então há informações muito limitadas sobre o número e sobre a atividade dessas associações de cartéis de exportação. Sobre esse assunto veja-se: Domingues, 2010 e Evenett, Levenstein; Suslow, 2003, p. 1230-1232.

[542] *International Competition Policy Advisory Comittee Final Report*, 2000, *passim*.

CADE. Isso por força do art. 2º da LDC, o qual determina a aplicação da teoria dos efeitos, reconhecida pela primeira vez no caso *United States v. Alcoa* [543].

O caso *United States v. American Tobacco*, de 1907, é considerado o primeiro caso de cartel internacional punido[544]. Foram investigados, no total, mais de 90 empresas e indivíduos com a conclusão de que havia um acordo entre as empresas de cigarro norte-americanas e britânicas, as quais dividiam o mercado mundial desse produto[545].

Essa forma de organização e de atuação das empresas só se difundiu, englobando praticamente todos os setores importantes da economia, após a Primeira Guerra Mundial (1914-18), como consequência do adensamento da concentração capitalista. Desse modo, o avanço da concentração no interior de cada país representou o primeiro passo para a formação de cartéis internacionais[546].

Estima-se que, entre 1929 e 1937, os cartéis internacionais controlavam cerca de 40% do mercado mundial. Apenas a partir dos anos 1940, as autoridades antitruste, principalmente a norte-americana, começaram a investigar os cartéis com atuação mundial, como os atuantes no mercado de alumínio, de lâmpadas incandescentes, de *nylon*, de titânio, de equipamentos militares e de instrumentos para aeronaves[547].

Entretanto, nas décadas subsequentes, houve uma queda no combate aos cartéis internacionais. Apenas nos anos 1990, com a crescente abertura dos mercados, o combate aos cartéis internacionais voltou a ser realizado com maior empenho por parte dos órgãos antitruste, uma vez que estes passaram a ter maior nível de sofisticação.

Foi exemplo dessa sofisticação a atuação do cartel das vitaminas, considerado um dos maiores cartéis internacionais já punidos. Esse cartel dividiu o mercado mundial em regiões de atuação para cada uma das empresas, fixando preços de uma série de vitaminas entre 1990 e 1999. Ele tinha um sistema rigoroso de controle da aplicação de seus acordos por meio de acertos de condutas realizados em reuniões regulares[548].

Por fim, numa dessas reuniões, no Havaí, o USDoJ com a cooperação do *Federal Bureau of Investigation* (FBI) conseguiu obter provas para punir o comportamento

---

[543] No caso *United States v. Alcoa*, 148 F.2d 416 (2d Cir. 1945), em 1947 a teoria dos efeitos foi confirmada pela Suprema Corte Americana. Seguiu-se o mesmo entendimento, 15 anos depois, na decisão do caso *Continental Ore Co. vs. Union Carbide & Carbon Corp*. Na União Europeia o Tribunal de Justiça da CE acompanhou o entendimento do caso Alcoa ao dirimir o caso *Imperial Chemical Industries vs. Commission (Dyestuffs)* em 1972, no qual as sociedades controladoras, situadas na Suíça (país da conduta), foram responsabilizadas por atos de subsidiária local, em razão de pertencerem ao mesmo grupo econômico, pelos efeitos da conduta no mercado comum europeu.

[544] *United States v. American Tobaco Co.*, 221 US. 106, 184 (1911).

[545] Em 1909, no caso *American Banana Co. vs. United Fruit Co.*, a Suprema Corte dos EUA analisou os supostos efeitos extraterritoriais alegados pela *American Banana*, mas rejeitou os pedidos da empresa. Em 1927, no caso *United States Sales Corporation et al.*, foi dada uma nova interpretação à questão, o que fomentou a aceitação da extraterritorialidade na jurisprudência norte-americana.

[546] Bandeira, 1979, p. 156.

[547] Martinez, 2003, p. 177.

[548] XXI Relatório sobre política da concorrência, 2001. Veja-se também: First, 2001, p. 711-734.

anticompetitivo dessas empresas, com a condenação dos executivos à prisão, além da aplicação de multas que, somadas, ultrapassaram o montante de US$ 1 bilhão de dólares. A Comissão Europeia puniu os envolvidos nesse cartel com multas que, somadas, chegaram ao montante de EUR 855,23 milhões de euros[549].

O *Cartel Report* de 2000 da OCDE registrou que um importante passo no fortalecimento da luta contra os cartéis nacionais e internacionais é a divulgação ao público dos danos causados, eventualmente, pelos mesmos[550]. O mesmo Relatório salientou a importância das sanções contra cartéis, reconhecendo o impedimento da propagação dessas condutas como o propósito principal das sanções[551]. As autoridades antitruste tendem a aplicar penas mais rigorosas para os casos de cartéis internacionais não só no sentido de reprimir essas condutas, como também para demonstrar o papel educativo das sanções.

Ao longo das últimas três décadas, as sanções impostas contra cartéis investigados pela Divisão Antitruste do USDoJ experimentaram um aumento exponencial. Tal crescimento é atribuído a vários fatores, incluindo aumentos nas penas máximas pelo crime de formação de cartel, a realocação de recursos da Divisão para casos de cartéis internacionais envolvendo grandes volumes de comércio e a mudança de percepção, por parte de juízes norte-americanos, da gravidade dos crimes de cartéis. Esses fatores surgiram nos anos 1990 e motivaram recorde de sanções. Vale observar que a aplicação de sanções severas foi mantida no século XXI[552].

Nos EUA, em 1974, as hipóteses criminais de descumprimento do *Sherman Act* tornaram-se crime qualificado (crime doloso e grave) com pena máxima de três anos de reclusão e multas máximas de USD 1 milhão para empresas e USD 100 mil para pessoas físicas. A pena máxima de reclusão para o crime de cartel permaneceu inalterada por três décadas, mas as multas experimentaram um aumento por duas ocasiões no período de 1974 a 2004. A multa máxima para pessoas físicas pelas hipóteses criminais de descumprimento do *Sherman Act* foi aumentada para USD 250 mil, em 1984, enquanto a multa máxima para pessoas jurídicas permaneceu no patamar de USD 1 milhão[553].

Em 1990, o *Sherman Act* foi emendado e as multas máximas pelas hipóteses criminais de descumprimento do diploma, para pessoas jurídicas (empresas) e pessoas físicas, foram aumentadas para USD 10 milhões e USD 350 mil, respectivamente. Em complemento, desde 1984, podiam ser impostas sanções superiores ao limite máximo legal com fundamento no 18 U.S.C § 3571(d), o qual prevê uma multa equivalente a até duas vezes o ganho obtido ou até duas vezes a perda causada pelo cartel. Sensível à ameaça oferecida pelos cartéis aos consumidores e ao mercado norte-americano como um todo, o Congresso norte-americano aumentou significativamente as penas máximas pela hipótese criminal de violação do *Sherman Act*.

---

[549] XXI Relatório sobre política da concorrência, 2001.
[550] OCDE, 1998, p. 13.
[551] *Id., ibid.*, p. 19-20.
[552] Hammond, 2010, p. 4.
[553] *Id., ibid.*, p. 4-5.

Assim, a multa máxima para pessoas jurídicas passou para USD 100 milhões, a multa máxima para pessoas físicas passou para USD 1 milhão, e a pena de reclusão foi elevada para até 10 anos[554].

Figura IV – Multas criminais a empresas por década (milhões de USD)

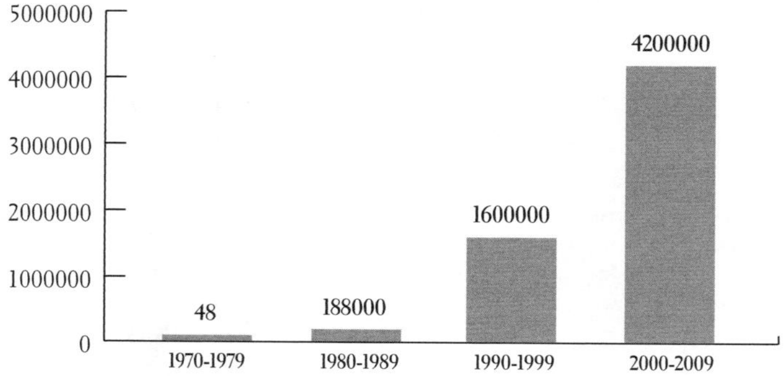

Década	Valor
1970-1979	48
1980-1989	188000
1990-1999	1600000
2000-2009	4200000

Fonte: Hammond, 2010.

Observa-se, assim, que ao longo das últimas duas décadas, nos EUA, as sanções passaram a ser mais severas (sejam elas multas ou penas de reclusão). Por exemplo, em 1991, a média em termos de valor de multas impostas às pessoas jurídicas foi de pouco menos de USD 320 mil, sendo que a maior multa até então imposta a uma pessoa jurídica foi de USD 2 milhões. Durante os anos 1990, o montante das multas aplicadas a pessoas jurídicas aumentou significativamente, alcançando, em 1996, nova ordem de grandeza quando a empresa Archer Daniels Midland Company (ADM) pagou USD 100 milhões pelo seu envolvimento em dois cartéis internacionais relacionados aos setores alimentícios e aditivos industriais (i.e., lisinas e ácido cítrico, respectivamente).

Em 1998, *UCAR International* pagou multa de USD 110 milhões pela sua participação no cartel de eletrodos de grafite. Em 1999, SGL foi multada no valor de USD 135 milhões pelo seu envolvimento no mesmo cartel (eletrodos de grafite). As multas recorde rapidamente emergiram. Em maio de 1999, quando o cartel mundial das vitaminas foi desvendado, a empresa F. *Hoffmann-La Roche Ltd.* concordou em assumir seu envolvimento na prática e a pagar a multa criminal recorde de USD 500 milhões por liderar o conluio. Ao mesmo tempo, *BASF AG* também concordou em pagar multa no valor de USD 225 milhões pelo papel desempenhado no mesmo cartel[555].

A tendência de recrudescimento foi mantida a partir da década de 2000: mais de USD 1,6 bilhão em multas criminais foram aplicadas às empresas envolvidas no cartel de transporte aéreo. Em relação ao cartel dos monitores de cristal líquido, mais de USD 860 milhões em multas criminais aplicadas às empresas envolvidas em tal ilícito.

---

[554] Hammond, 2010, p. 4-6.
[555] *Id., ibid.*, p. 6.

Também mais de USD 730 milhões em multas criminais aplicadas às empresas envolvidas no cartel das memórias DRAM, dentre outros[556]. A divisão antitruste do Departamento de Justiça (DOJ) registrou USD 2.853 bilhões em multas criminais no ano fiscal de 2015. O total no ano fiscal de 2015 (outubro 2014-setembro 2015) é maior que o dobro do recorde anterior do DOJ e mais de três vezes maior se comparado à multa total de 2014. Abaixo é possível avaliar o resultado da aplicação das multas pelo USDoJ a partir de 2010:

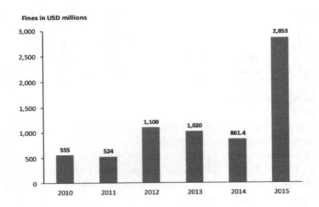

Figura V – Multas criminais antitruste aplicadas pelo USDoJ
(em milhões de USD[557]) – 2010-2015

Outras jurisdições, notadamente a UE, também têm registrado aumento nas multas impostas nas últimas duas décadas. Antes dos anos 1990, as maiores multas impostas na Europa totalizaram EUR 60 milhões e foram aplicadas a 23 empresas do setor petroquímico pelo envolvimento em cartel de fixação de preços na indústria plástica. Em 2006, a Comissão Europeia impôs mais de EUR 1 bilhão em multas a empresas envolvidas na prática de cartéis, tendo alcançado, em 2007, o patamar de EUR 3 bilhões. Em dezembro 2012, a Comissão impôs a maior multa até o momento de EUR 1,409 bilhão no mercado de tubos de monitor de TV e computador por prática de cartel[558].

Existe também uma tendência de aumentar a pena de prisão às pessoas físicas nos EUA. Na UE, onde são aplicadas somente penas de caráter administrativo, o valor das multas vem aumentando sensivelmente (conforme se pode observar nos quadros a seguir).

---

[556] Hammond, 2010, p. 7.
[557] Allen Overy, 2015.
[558] Hammond, 2010, p. 7.

Tabela III – Multas impostas (não ajustada por julgamentos dos Tribunais)
– período 2018 – nov. 2022

Ano	Montante em €
2018	800 748 000
2019	1 484 877 000
2020	288 080 000
2021	1 746 254 000
2022	188 594 000
Total	4 508 553 000

Fonte: Estatísticas de Cartéis na Comunidade Europeia.

Tabela IV – CE – As dez multas mais altas por caso (desde 1969 até 2015)

Ano	Nome do Caso	Montante em €
2016/2017	Caminhões	3 807 022 000
2019/2020	Mercado de Câmbio	1 413 274 000
2012	Tubos de TV e monitores de computadores	1 409 588 000
2013/2016/2021	Derivados de taxas de juro em euros (EIRD)	1 308 172 000
2008	Vidro de carro (carglass)	1 185 500 000
2014	Rolamento para automóveis (automotive bearings)	953 306 000
2021	Redução de emissão de poluentes de carros	875 189 000
2007	Elevadores e escadas rolantes (elevators and escalators)	832 422 250
2001	Vitaminas (vitamins)	790 515 000
2010/2017	Frete aéreo	739 642 616

Fonte: Estatísticas de Cartéis na Comunidade Europeia.

Tabela V – CE – As dez multas mais altas por empresa (desde 1969 até 2021)

Ano	Empresa	Caso	Montante em €
2016	Daimler	Caminhões	1 008 766 000
2017	Scania	Caminhões	880 523 000
2016	DAF	Caminhões	752 679 000
2008	Saint Gobain	Vidro de carro (carglass)	715 000 000
2012	Philips	Tubos de TV e monitores de computadores	705 296 000 (391 940 000 solidariamente com a LG Electronics)
2012	LG Electronics	Tubos de TV e monitores de computadores	687 537 000 (391 940 000 solidariamente com a Philips)
2016	Volvo/Renault Trucks	Caminhões	670 448 000

Ano	Empresa	Caso	Montante em €
2021	VW Group	Redução de emissão de poluentes de carros	502 362 000
2016	IVECO	Caminhões	494 606 000
2013	Deutsche Bank AG	*Euro interest rate derivatives (EIRD)*	465 861 000

Fonte: Estatísticas de Cartéis na Comunidade Europeia.

Segundo as autoridades de defesa da concorrência norte-americanas, tanto multas maiores às pessoas jurídicas e físicas como penas de reclusão mais elevadas são elementos importantes para o combate aos cartéis. Sobre o recrudescimento no tocante ao aumento das penas restritivas de liberdade, vale observar os quadros a seguir[559].

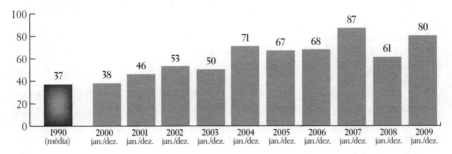

Figura VI – EUA – Condenações a penas de reclusão por envolvimento em cartéis (%)

Essa estratégia de combate aos cartéis vem sendo observada em outras jurisdições[560], como é o caso do Brasil, onde, com a LDC (art. 116), elimina-se a possibilidade de

---

[559] Hammond, 2010, p. 8.

[560] *"The Antitrust Division has long emphasized that the most effective way to deter and punish cartel activity is to hold culpable individuals accountable by seeking jail sentences. That view is now gathering momentum around the world. In 2008, three executives were sentenced to lengthy jail terms in the United Kingdom for their participation in the marine hose conspiracy, marking the first jail sentences for a cartel offense under the 2002 Enterprise Act. In August 2008, the UK's Office of Fair Trading continued its criminal prosecutions of individuals under the Enterprise Act when it announced charges against four British Airways executives in its investigation of price fixing of passenger fuel surcharges. The Australian Parliament introduced a criminal cartel offence effective July 24, 2009. Other jurisdictions such as Chile, the Czech Republic, Greece, Mexico, the Netherlands, New Zealand, Russia and South Africa have also recently adopted, or are considering, legislation that will criminalise cartel offenses. In addition, there have been major domestic criminal cartel prosecutions in a number of jurisdictions around the world. For instance, since making the prosecution of hard core cartels a top priority in Brazil in 2003, competition enforcers in Brazil have cooperated closely with State and Federal Public Prosecutor's Offices and the Federal Police to combat cartel conduct and to date more than 100 executives are facing criminal proceedings, at least ten executives have been sentenced to serve jail time, and another 19 executives have been sentenced to pay criminal fines for their participation in cartel conduct. Similarly, competition enforcers in Denmark, Ireland, Israel, Japan, and Korea have teamed with public prosecutors to bring criminal charges against cartel offenders."* Hammond, 2010, p. 10.

suspensão condicional do processo criminal. Na prática, há orientação por parte da SG aos Ministérios Públicos (Estaduais e Federal) para que no oferecimento das denúncias criminais, proponham o concurso material de crimes, isto é, formação de cartel com associação criminosa (Código Penal, art. 288) e/ou fraude à licitação (quando a prática estiver relacionada com contratações com o poder público – campo de incidência da Lei n. 8.666/93). Assim, impede-se uma série de benefícios processuais bem como são viabilizadas penas máximas maiores aos acusados. No Brasil, ainda, as sanções administrativas (multas) experimentaram um aumento significativo de 2012 a 2016. De 2017 em diante, todavia, observa-se gradual decréscimo. Em 2022, o montante coletado é semelhante ao patamar de 2012, veja-se:

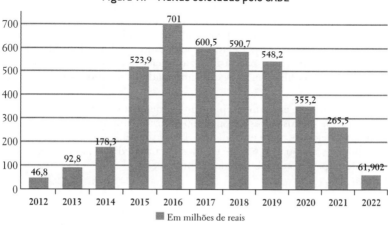

Figura VII – Multas coletadas pelo CADE

Fonte: CADE – Relatório de Gestão de 2022.

Tendo em vista a aceitabilidade dos cartéis de exportação, sendo de fato uma exceção, este livro dará ênfase aos cartéis internacionais do tipo *hard core*, uma vez que não estão autorizados pelas autoridades antitruste e não apresentam nenhum tipo de aceitabilidade.

5.4.1.9 | Cartéis internacionais *hard core*

Como já foi apontado, existem várias espécies de cartéis – cartéis de fixação de preços, de divisão de mercado etc. Ou seja, aqueles acordos entre concorrentes para a determinação dos preços de venda, ou delimitação territorial, constituem apenas uma dentre as várias espécies de cartéis, sendo considerada a espécie mais típica.

Entre os cartéis internacionais os cartéis *hard core* (ou clássicos) são os grandes "vilões" do direito da concorrência, considerados ilícitos antitruste e também crimes, em vários ordenamentos[561].

---

[561] Possas, 2002, p. 120. No Brasil está regulado na Lei n. 8.137/90.

Para a OCDE, o cartel *hard core* é:

> (...) um acordo anticoncorrencial, uma prática concertada anticoncorrencial ou arranjo anticoncorrencial realizado por competidores para fixar preços, fraudar licitações (*collusive tenders*), estabelecer restrições de produção ou cotas, ou partir ou dividir mercados, alocando os clientes, provedores, territórios, ou linhas de comércio[562].

Essa categoria não inclui acordos, práticas concertadas, ou arranjos: (i) relacionados razoavelmente à autorização legal de redução de custo ou produção – aumentando eficiências; (ii) excluídos diretamente ou indiretamente da cobertura da própria lei do país Membro da OCDE; (iii) autorizados conforme essas leis[563].

De acordo com as recomendações da OCDE, todas as exclusões e autorizações de casos caracterizados como cartéis *hard core* devem ser transparentes e revisadas periodicamente a fim de se verificar sua real necessidade para alcançar os objetivos das políticas de concorrência perseguidos pelos países. A OCDE ainda estabeleceu que seus Membros deveriam prover à Organização notificação anual de qualquer exclusão nova ou estendida, ou categoria autorizada de acordos e práticas concertadas[564].

Existe um interesse comum em prevenir os mercados contra os cartéis *hard core*. A OCDE entende que os países devem cooperar mutuamente para conseguir implementar suas legislações contra esses ilícitos. Dessa maneira, procedimentos e instituições com poderes adequados são necessários para remediar a atuação *hard core*, incluindo poderes para obter documentos e informações.

Schuartz assevera que:

> (...) as condutas *hardcore* são apenas a ponta do *iceberg* que representa o conjunto dos possíveis ilícitos antitruste, e sua relativa proeminência no imaginário de empresários e advogados deve-se em grande parte a sua superior visibilidade. Abaixo da superfície, porém, se esconde uma miríade de comportamentos e estratégias possivelmente anticompetitivos cujo perigo é, justamente, o de não aparecerem enquanto tais para aqueles que os praticam *in the ordinary course of business*[565].

Geralmente, os cartéis *hard core* são tratados como atos ilícitos *per se*. Isso significa ser a prova da existência do cartel, em regra, suficiente para a conclusão de que se trata de uma conduta de efeito negativo sobre o bem-estar social, justamente por haver uma ausência de ganhos de eficiência distributiva com a fixação de preços.

Em 1998, a OCDE publicou uma recomendação sobre uma ação efetiva contra os cartéis *hard core* (*Cartel Recommendation*). Definiram, em seu preâmbulo, esses ilícitos como as mais graves infrações às leis antitruste. Isso porque tais práticas prejudicam os consumidores em diversos países, aumentando os preços e restringindo a

---

[562] OCDE, 1998, p. 2.
[563] *Id., ibid.*, p. 2.
[564] *Id., ibid.*, p. 3.
[565] Schuartz, 2001, p. 129.

oferta, tornando as mercadorias e serviços completamente impossíveis para compra de alguns consumidores (exclusão social da demanda), ou aumentando os valores de forma desnecessária para outros[566].

O Comitê de Concorrência da OCDE preparou, em 2001, um relatório sobre os programas de leniência para combater os cartéis *hard core*, o qual identificou a grande dificuldade de detectar e punir esses cartéis. Já em 2002, o mesmo Comitê lançou um relatório sobre a natureza e o impacto dos cartéis *hard core* e as sanções existentes nas leis antitruste nacionais.

Portanto, existe de fato uma consciência generalizada da ilicitude que acompanha esses atos, como fica claro em diversas jurisdições. Adota-se, portanto, a premissa segundo a qual a prova da existência do acordo é suficiente para a conclusão no sentido de haver perda do bem-estar[567].

Em outras palavras, se agentes racionalmente decidem participar de um acordo dessa natureza e detêm o poder de mercado, então, presume-se que esse poder de mercado gera perda de bem-estar. Isso porque, sem dúvida, na maioria das vezes (senão na totalidade), ocorre aumento de preços em um nível superior ao competitivo e uma diminuição da oferta em um nível igualmente superior ao competitivo[568].

O problema maior não está na aplicação da regra *per se*, mas sim na dificuldade de se provar de fato o acordo. Essa dificuldade é muito mais frequente em meio a agentes econômicos atuantes em mercados com estrutura de oligopólio. Isso porque, não raras vezes, agentes econômicos apresentam certo grau natural de paralelismo em mercados oligopolizados. Sendo assim, os recursos na persecução dos cartéis *hard core* ou clássicos acabam centralizando-se na obtenção da prova de sua ocorrência, no *plus factor*, sendo insuficiente a demonstração de sua racionalidade ilícita.

Considera-se que a luta contra os cartéis *hard core* é importante numa perspectiva internacional, pois a distorção causada no comércio mundial implica perda do poder de mercado de agentes econômicos, os quais poderiam ser independentes em países cujos mercados deveriam ser competitivos. Além disso, eles geralmente atuam em segredo, sendo importante que as evidências de sua atuação possam ser deslocadas para diferentes países.

Por essa razão, vários órgãos de defesa da concorrência instituíram programas de leniência. Tais programas voltam-se a encorajar os infratores a revelarem os segredos relativos aos cartéis dos quais fazem parte, e a confessar a infração, indicando os demais participantes[569].

---

[566] OCDE, 1998, p. 75.
[567] Possas, 2002, p. 121.
[568] *Id., ibid.*, p. 121.
[569] Isso configura um exemplo do dilema dos prisioneiros, tratado na Teoria dos Jogos. Assim, em uma situação de equilíbrio entre jogadores, a estratégia de cada um deles é a melhor resposta para a estratégia do outro. O cartel só alcançará estabilidade se o jogo for infinito. Dessa forma, o acordo de leniência desestabiliza o jogo, estabelecendo um limite para ele. Sobre a Teoria dos Jogos veja-se: Fuente, 2000, p. 1-9, e Viscusi; Vernon; Harrington Jr., 1995, p. 100-102.

5.4.1.10 | Prevalência, formação e identificação

De acordo com a experiência nacional e internacional do combate aos cartéis, as condições para que um cartel *hard core* seja eficaz em seu objetivo de elevar os lucros dos participantes são: (a) pequeno número de empresas; (b) produto razoavelmente homogêneo; (c) elevadas barreiras à entrada; (d) baixo custo de monitoramento do cartel; (e) ausência de estímulos à deserção; (f) estruturas de custos semelhantes; (g) tecnologia de produção madura; (h) estabilidade nas participações de mercado; (i) regras que garantam a distribuição equitativa dos benefícios obtidos[570].

Uma das condições para a formação do cartel é a existência do poder de mercado por parte das empresas envolvidas. Um mercado que apresente uma estrutura concorrencial com elevado número de competidores e com baixas barreiras à entrada dificilmente seria alvo de cartel, pois o risco associado à prática (principalmente o de detecção) não poderia ser compensado em termos de preços e lucros mais elevados.

Havendo elevada concorrência potencial e/ou efetiva, a racionalidade econômica tende a ser fraca ou até inexistente para a prática de cartel. Isso porque não existe expectativa factível de lucros extraordinários decorrentes do falseamento da concorrência, sendo, portanto, necessário avaliar sempre se as empresas envolvidas detêm poder de mercado, na forma da Lei Antitruste[571].

Existem inúmeras referências que envolvem o tratamento teórico dos cartéis e a análise do fenômeno da cooperação oligopolística. Assim, há um interesse predominante tanto teórico quanto prático em situações nas quais a investigação de um cartel ocorre no contexto de um oligopólio, e isso se explica pelos seguintes fatores:

> (...) em primeiro lugar, ao fato de que os acordos explícitos de constituição de cartéis são extremamente raros; dado o já mencionado alto grau de difusão da consciência da ilicitude desse tipo de prática, acordos de formação de cartéis não se deixam explicitar, mas assumem um modo tácito de existência, isto é, a forma de colusão. Isto posto, é natural que as atenções (e os recursos públicos) se concentrem nos casos em que seja elevada a expectativa da ocorrência de comportamentos colusivos. Oligopólios, como já exposto, satisfazem essa condição melhor que quaisquer outras estruturas do mercado[572].

Entretanto, apesar de existir essa propensão dos oligopólios de coordenarem suas decisões no sentido de aumentar preços e reduzir ofertas, isso não é suficiente para caracterizar o cartel.

O oligopólio representa um cenário privilegiado para a coordenação estratégica, mas, acima de tudo, pela suposição de que para cada oligopolista individual (sob certas circunstâncias estruturais) o incentivo de participar de um cartel é superior, em regra, ao incentivo para burlar o esquema de coordenação[573].

---

[570] Santacruz, 2003, p. 418-419.
[571] *Id., ibid.*, p. 419.
[572] Schuartz, 2001, p. 122-123.
[573] *Id., ibid.*, p. 123.

Nessa linha, vale destacar, mais uma vez, que as principais condições capazes de incentivar a constituição de um cartel (nacional e internacional) são: (i) capacidade de aumentar os preços acima do nível competitivo sem promover um aumento substancial na competitividade por parte das empresas não participantes; (ii) existência de sanção jurídica pequena em comparação aos ganhos econômicos previstos com a sua efetivação; (iii) baixos custos econômicos com a implementação e monitoramento do acordo de cartel em comparação aos ganhos[574].

A formação dos cartéis tem muitos pontos dignos de destaque, e alguns já estão devidamente aqui arrolados. No que concerne às características estruturais do mercado, há um elevado grau de concentração do lado da oferta, pulverização do lado da demanda (ou o inverso, há um elevado grau de concentração no lado da demanda e uma pulverização no lado da oferta), homogeneidade dos produtos, nível elevado de barreiras à entrada, e transparência e facilidade de acesso às informações futuras sobre preços.

A formação de cartéis altera o padrão comportamental dos agentes nele envolvidos, os quais passam a desfrutar de estabilidade em suas posições no mercado (seus *market shares*); uma estrutura mais rígida de preços; além da existência de mecanismos facilitadores para a manutenção desse *status quo*. Esses mecanismos usualmente envolvem: (a) difusão de informativos, análises de mercado etc., que contenham dados sensíveis do ponto de vista concorrencial; (b) viabilização de encontros periódicos entre os concorrentes, nos quais haja possibilidade de troca de informações; (c) implementação de acordos verticais de imposição ou sugestão de preços de revenda[575].

As experiências internacional e nacional contam com centenas de casos de cartéis *hard core* dos mais variados tipos, tamanhos e tempo de existência.

Os maiores grupos econômicos mundiais já foram envolvidos, em alguma medida, em investigações por prática de cartel. Estima-se que o prejuízo da ação desses cartéis nos anos 1990 ultrapassou US$ 30 bilhões[576]. Nos anos 1990, diversos cartéis internacionais foram identificados. Em 1999, o USDoJ identificou mais de 100 pontos, no mundo inteiro, nos quais constataram-se encontros entre participantes de tais práticas ilícitas internacionais.

Pesquisas sobre o tempo de formação dos cartéis *hard core* nos anos 1990 sugerem que estes emergiram frequentemente após um período de declínio de preços. No entanto, esses declínios geralmente não são associados às flutuações macroeconômicas[577]. Evidências de fontes industriais (ou de mercado) sugerem sua origem com o resultado da competição crescente e da integração dos mercados[578].

---

[574] Schuartz, 2001, p. 124.
[575] *Id., ibid.*, p. 128.
[576] Evenett; Levenstein; Suslow, 2003, p. 1224.
[577] *Id., ibid.*, p. 1226.
[578] Levenstein e Suslow chegaram a uma conclusão semelhante fazendo uma análise diferente. Os casos estudados frequentemente relatavam a formação de cartel durante um período de queda de preços, mas esse fato nem sempre era (ou normalmente estava) associado com queda da demanda. Cf. Levenstein; Suslow, 2002, p. 24.

De acordo com a experiência norte-americana (USDoJ) e europeia (CE), a duração média de cartéis na década de 1990 era de seis anos. Entretanto alguns dos cartéis analisados duraram duas décadas antes da intervenção dos órgãos antitruste, outros duraram menos de um ano. Vinte e quatro dos quarenta cartéis analisados duraram, pelo menos, quatro anos, período longo o bastante, certamente, para oferecer impacto significativo aos consumidores[579].

Como estratégia para sobreviver no mercado, as empresas cartelizadoras geralmente constroem barreiras à entrada por meio de diversos instrumentos como, por exemplo, restrições verticais, uso de um agente comum, *joint ventures* e atos de concentração durante e depois de concretizada a colusão.

As restrições tecnológicas também são usadas para manter o poder de mercado dos cartéis internacionais. Um exemplo clássico disso ocorreu no cartel de eletrodos de grafite, no qual os membros deliberadamente acordaram em restringir os acessos dos competidores não participantes do cartel à tecnologia de produção de certo tipo de eletrodo de grafite[580].

Existem ainda casos específicos de evidências da utilização de alianças estratégicas (*corporate alliances* ou mesmo a criação de sociedades empresárias ou *joint ventures* para tanto) para limitar ou controlar a entrada de novos competidores. Um exemplo clássico ocorreu no mercado de *Oil Country Tubular Goods* (OCTG), que são tubos de aço sem costura (tubos de sondas submarinas) utilizados na indústria de petróleo e derivados, para a extração, drenagem do petróleo, óleos e gases.

Em dezembro de 1999, a CE condenou por fixação de preços quatro empresas de aço da Europa e quatro do Japão, mesmo diante do fato de nenhuma evidência ter sido encontrada capaz de indicar o bloqueio da entrada (ou potencial entrada) no mercado de OCTG. Entretanto, houve divisão de mercado e cada membro pôde aproveitar-se de pelo menos uma das três alianças internacionais que se formaram[581].

As empresas Mannesmann e Vallorec, mais os membros do cartel da Alemanha e França, formaram uma *joint venture* para transferir toda a produção de OCTG. Eles se engajaram na *joint venture* de tubos de aço com a empresa Corus, conhecida tam-

---

[579] Evenett; Levenstein; Suslow, 2003, p. 1226.

[580] *Japanese subsidiary charged with International conspiracy to fix prices for graphite electrodes in the US, 2001.* Quase todos os grandes produtores mundiais de eletrodos de grafite confessaram-se culpados na participação desse cartel que teve 5 anos de duração (1992-1997). Nos Estados Unidos, seis empresas foram condenadas ao pagamento de multas que excedem US$ 300 milhões. Pessoas físicas foram condenadas e sentenciadas ao pagamento de multas de até US$ 10 milhões e a cumprir penas de prisão variadas de 9 a 15 meses. O cartel afetou mais de US$ 1,7 bilhões de dólares no comércio e aumentou o preço de eletrodos de grafite nos Estados Unidos de US$ 0,95/lb em 1992 para US$ 1,56/lb em 1997 – um aumento de quase 60%. Mundialmente, o cartel resultou em aumentos de preço de aproximadamente US$ 2.000 por tonelada métrica para o valor de US$ 3.200 – US$ 3.500 em vários mercados. Veja-se: OCDE, 2000, p. 13.

[581] Evenett; Levenstein; Suslow, 2001, p. 1229. Conforme Acórdão de 25-1- 2007 – Processo C-411/04, p. 994: " O acordo incluía, no total, três vertentes, sendo a primeira representada pelas regras fundamentais relativas ao respeito dos mercados nacionais, a que se aludiu supra, as quais constituem a infração (...), a segunda constituída pela fixação dos preços para os concursos públicos [i.e., licitações/ concorrências públicas] e de preços mínimos para os «mercados especiais» («special markets») e a terceira consistia na repartição dos outros mercados mundiais, com exceção do Canadá e dos Estados Unidos da América, através de chaves de repartição («sharing keys»)."

bém como British Steel, outra participante que saiu do mercado de OCTG[582]. As atividades do cartel foram consideradas efetivas na limitação da entrada de produtores de países em desenvolvimento.

Em vários mercados da indústria química algumas empresas foram incumbidas de acomodar a entrada de empresas chinesas, desde o fim do cartel. Mas tal estratégia foi realizada por meio de *joint ventures* entre os participantes do ilícito e os competidores chineses. Esses arranjos garantiram aos produtores chineses o acesso ao mercado mundial, mas a um custo para a concorrência[583].

Contudo, tanto os novos produtores como os já estabelecidos podem ter motivos legítimos para aumentar seu bem-estar com a formação de *joint ventures*, como o compartilhamento de tecnologia, de experiência com o mercado local, ou de capital[584]. Dessa maneira, a formação de *joint ventures* e as fusões em setores industriais oligopolizados, conhecidos por terem histórico internacional de fixação de preços, devem ser cuidadosamente estudadas pelas autoridades, pois podem envolver formas estratégicas para legitimar uma série de condutas anticompetitivas.

Essas são apenas algumas evidências de ações anticompetitivas praticadas pelos cartéis internacionais contemporâneos para criar barreiras à entrada por meio de fusões e *joint ventures*, e que buscam manipular certos instrumentos de políticas governamentais, como tarifas e medidas *antidumping*, durante e depois do acordo. Ou seja, após um período significativo da ação do cartel, é possível que os demais agentes de mercado vejam-se enfraquecidos e, ao invés de encerrarem suas atividades, acabem sendo incorporados por meio de fusões, incorporações ou aquisições de ativos por parte dos membros do cartel. Tais agentes podem ser antigos concorrentes (relação horizontal) das empresas envolvidas no ilícito, ou seus dependentes para a aquisição de insumos ou escoamento de produção.

No tocante às consequências dos cartéis para a economia de um país, haveria pelo menos duas principais. A primeira seria a perda de peso morto (*dead weight loss*), resultado da diminuição do consumo do produto ao preço de cartel, ou mesmo das perdas experimentadas pela economia como um todo pela ação deste. A outra consequência, ainda maior, é resultado do pagamento do produto com sobrepreço de cartel, ou seja, paga-se mais pela mesma quantidade[585].

---

[582] Evenett; Levenstein; Suslow, 2001, p. 1229.

[583] *Id., ibid.*, p. 1230.

[584] Efeitos de bem-estar se sobrepondo aos possíveis efeitos restritivos podem ser observados no Ato de Concentração n. 08012.010174/2008-19. A ProCADE emitiu parecer recomendando a aprovação da operação sem a imposição de qualquer restrição, pois entendeu pela inexistência de posição dominante por parte dos *players* envolvidos no caso, pois o mercado de cana-de-açúcar e derivados é composto por diversos *players*, inexistindo concentração de mercado. Diante desses fatos, a ProCADE concluiu que não havia possibilidade de a operação prejudicar o ambiente concorrencial, não podendo, portanto, as cláusulas do consórcio ser consideradas infrações à Lei Antitruste. Na linha da ProCADE, o Conselheiro Relator votou pela aprovação da operação sem restrições, na Sessão realizada em 29 de abril de 2009, porém, houve pedido de vista por parte do Presidente do CADE. Voltando o caso a julgamento, o CADE o aprovou, por unanimidade, sem restrições. A decisão foi publicada, em 3 de julho de 2009, no *DOU*.

[585] OCDE, 2003, p. 76.

A OCDE reconhece que os meios econômicos não são os únicos para determinar os danos causados por um cartel. Existem problemas sociais e patrimoniais os quais são também pertinentes. Em suma, é difícil ser indiferente aos efeitos totais dos cartéis para os consumidores.

Os consumidores pagam um preço alto como resultado de um acordo, geralmente secreto, entre agentes econômicos que sabem, ou deveriam saber, sobre a ilicitude de suas condutas. Essas circunstâncias, mais os consensos internacionais sobre o propósito da lei antitruste de proteger os consumidores, levam quase todos estudiosos da matéria a considerem a transferência de riquezas como um dos principais danos gerados pelos cartéis.

Num ambiente permeado pela ação de um cartel, o resultado pode ser a redução da pressão para controlar custos e inovar. Esse dano para eficiência produtiva e dinâmica[586] é tão grande quanto para eficiência alocativa, sendo mais difícil de mensurar[587].

A mensuração de quaisquer dos danos descritos acima é difícil. Os operadores do antitruste tendem a focalizar o cálculo no ganho ilegal usufruído pelos operadores do cartel, justamente porque esse ganho é mais plausível de ser detectado e calculado por meio de fórmulas econômicas e econométricas. Há outra razão igualmente importante em se concentrar esse cálculo nos ganhos, a relacionada às sanções: uma penalidade financeira ótima levaria em conta o ganho da conduta ilegal[588].

Essa discussão sobre uma "sanção ótima" tem a função de assegurar que os operadores dos cartéis não tenham como esperar qualquer tipo de lucro com essa conduta. Ou seja, eles perderiam todo e qualquer lucro com a sanção aplicada, independentemente dos ganhos auferidos inicialmente.

Como complemento às sanções impostas pelas autoridades de defesa da concorrência aos cartéis condenados encontram-se as ações privadas de reparação civil dos danos sofridos pelas vítimas dos cartéis. Assim, mostra-se fundamental que, nos casos de danos causados à sociedade pelos cartéis, as autoridades os identifiquem visando a viabilizar o preenchimento das condições da ação civil de reparação por parte das vítimas. A mensuração, quando possível, contribui e muito para o cálculo do *quantum* das reparações.

O ganho auferido nos acordos de cartel pode variar significativamente de caso a caso. Além disso, como já foi discutido, a perda de bem-estar para os consumidores e para o mercado é muito maior se comparado ao valor percebido pelo cartel. Logo, essa perda, representada pelo dano total gerado pelos cartéis, realmente é significativa.

Os casos recentes de cartéis *hard core* sugerem dimensões do problema muito maiores do que se imaginava. Assim, permanece difícil de se quantificar em valores

---

[586] Cabe ressaltar que do ponto de vista dinâmico, é importante se considerar o efeito das políticas antitruste sobre o processo de inovação. Sobre essa questão, veja-se: Farina; Azevedo; Saes, 1997, p. 139-144.

[587] OCDE, 2003, p. 76.

[588] *Id., ibid.*, p. 77.

monetários todas as perdas decorrentes da prática, mas são, certamente, muito relevantes, podendo ultrapassar bilhões de dólares por ano[589].

Por conta destes fatos, a OCDE tem insistentemente apontado a importância da implementação de programas mais agressivos contra cartéis. Apenas com o real entendimento pelas autoridades da extensão do dano causados por essas condutas é que serão adotadas as políticas punitivas apropriadas.

Por isso o recente aumento das investigações de cartéis internacionais tem sido importante, assim como a cooperação entre autoridades, tanto numa perspectiva jurídica quanto econômica, para incentivar o aperfeiçoamento dos regimes de busca por evidências e de aplicação de sanções[590]. Estas análises permitem motivar a discussão sobre a inadequação dos sistemas nacionais de combate aos cartéis em várias jurisdições do mundo. Ao mesmo tempo, a troca de experiências tem sido valiosa para o aprimoramento institucional ao redor do mundo.

5.4.2 | Colaboração entre concorrentes

A literatura antitruste, principalmente a norte-americana, costuma fazer a distinção entre *naked restraints* (restrições nuas ou puras) e *ancillary restraints* (restrições auxiliares/acessórias). A primeira teria como propósito certo o aumento dos preços e a diminuição da oferta, enquanto a segunda teria o propósito de baixar os preços e aumentar a oferta, por meio de um arranjo comportamental visando a aumentar as eficiências econômicas[591].

A principal vantagem desse critério para a avaliação das condutas está na questão probatória. Desse modo, o caráter "nu" (*naked*) puro ou não de uma medida pode ser observado a partir da análise das suas condições de racionalidade, aqui usada como sinônimo de lucratividade.

Assim, uma restrição é considerada pura quando a sua lucratividade é condicionada pela detenção conjunta (dos envolvidos) de poder de mercado. Vale dizer, a única razão para sua prática é a exclusão de rivais e a redução/eliminação da rivalidade entre os concorrentes dela participantes.

Ela será auxiliar quando, independentemente de os agentes envolvidos deterem ou não poder de mercado, lucrativa será em termos de ampliação das eficiências por parte daqueles que a adotam, sem, contudo, representar um meio para a exclusão de rivais e/ou mecanismo de uniformização de suas condutas[592].

Pelo fato de haver uma gama de práticas anticoncorrenciais muito extensa, existem muitas estratégias e comportamentos que têm potencial anticompetitivo, cujo perigo é de não parecerem, *a priori*, como tais. Os acordos de colaboração entre concorrentes são permitidos, em sua maioria, apesar de terem muitas características semelhantes aos acordos do tipo *hard core*. Hoje em dia esses acordos são vistos

---

[589] OCDE, 2003, p. 81.
[590] Evenett, Levenstein; Suslow, 2003, p. 1234.
[591] Hovenkamp, 1999, p. 68.
[592] *Id., ibid.*, p. 193.

como neutros e benignos do ponto de vista concorrencial e, algumas vezes, até mesmo pró-competitivos[593].

Bork já defendia que, não obstante os cartéis ainda figurarem no centro da política antitruste, a fixação de preços e a divisão de mercados, em certas circunstâncias, podem ser benéficas. Assim, a lei deveria determinar que a divisão de mercados e a fixação preços (além das outras práticas restritivas à concorrência) apenas são ilícitas *per se* quando estas são nuas, ou seja, apenas quando os efeitos dos acordos clara e diretamente restringem a produção e a concorrência[594].

Essa questão foi trabalhada principalmente no tocante ao ganho de eficiências e de bem-estar. O FTC e o USDoJ elaboraram o *Antitrust guidelines for collaborations among competitors* (2000), em cujo preâmbulo ficou expresso que, em certas circunstâncias, ao invés de competirem nos mercados, os competidores necessitavam colaborar, e essas colaborações, muitas vezes, poderiam ser pró-competitivas[595]. Esse mesmo guia ressaltou que a preocupação exagerada das leis antitruste com os acordos entre concorrentes pode retardar o desenvolvimento de colaborações pró-competitivas. Ainda, de acordo com o guia, o aumento das variedades de colaboração entre competidores, assim como a sua utilização necessita de uma compreensão das autoridades antitruste, visando à aferição de sua aceitabilidade[596].

Assim, no concernente à identificação dos possíveis efeitos anticompetitivos ligados à cooperação entre concorrentes, deve ser verificado se o acordo analisado aumenta a probabilidade ou facilita o exercício de poder de mercado sob a forma de um aumento de preços. Deve ser observado, ainda, se a colaboração facilita uma redução da quantidade ofertada, ou afeta a qualidade de bens ou serviços e o ritmo das inovações abaixo dos níveis, os quais prevaleceriam na ausência do acordo[597].

Note-se que a análise desses efeitos não está limitada ao mercado no qual as partes do acordo concorrem, mas também aos mercados *upstream* e *downstream*, os quais poderão ser afetados de certo modo. Entende-se por *upstream*, *foremarket* ou mercado a montante o contexto de um agente econômico em uma dada cadeia industrial, isto é, sua situação de detentor do insumo ao longo da cadeia industrial. De forma complementar, podemos entender por *downstream*, *aftermarket* ou mercado a jusante, o contexto de um agente econômico em uma dada cadeia industrial, ou seja, sua situação de demandante do insumo advindo do mercado a montante[598].

---

[593] Schuartz, 2001, p. 68.
[594] Bork, 1993, p. 263.
[595] *US Antitrust Guidelines for Collaborations Among Competitors*, 2000, p. 1.
[596] *Id., ibid.*, p. 2-3.
[597] *Id., ibid.*, p. 10.
[598] Dentro de uma estrutura normativa de concorrência, os contratos realizados entre empresas ascendentes e descendentes ("upstream and downstream firms – foward and backward integration") devem ser monitorados, porque, apesar de não representarem uma típica concentração vertical, podem gerar distorções no mercado e, principalmente, no preço competitivo. Cf. Feres, 2002, p. 71-95. Ainda, segundo Gaban: "As restrições verticais à livre concorrência podem ser notadas, sobretudo, em contextos de indústria verticalizada em que agentes econômicos situados na posição a jusante ("downstream", ou no "aftermarket") do mercado dependam, para o desenvolvimento de sua atividade,

Os argumentos que procuram justificar os possíveis casos de eficiências geradas pelos acordos de cooperação costumam invocar economias de escala, de custo de transação, economias de escopo, inovações em produtos e processos produtivos etc. Essas eficiências podem ocorrer de modo relativo a qualquer atividade da empresa, tais como produção, distribuição, marketing, publicidade e P&D[599].

Na Comissão Europeia, por exemplo, os acordos como os de fixação de preço ou divisão de mercado são qualificados como infrações por objeto (ou *per se*), de acordo com o art. 101(1), do TFUE (antigo art. 81(1), do Tratado de Roma), entretanto, por meio de pedido de exceção, com base no art. 101(3), referidos acordos podem ser considerados exceções de "interesse público".

As empresas, para tanto, precisam demonstrar que o acordo melhora a produção e a distribuição dos produtos ou serviços em questão e/ou promove progresso técnico, econômico. Por consequência os consumidores devem obter significativos benefícios.

Além disso, de acordo com as condições, as restrições à concorrência não devem ultrapassar o estritamente necessário e não podem, outrossim, pedir exceção para parte substancial do mercado em questão. Veja-se, portanto, que os cartéis *hard core* não estão aptos a se beneficiar dessas exceções[600].

O problema central nesse caso é o de definir se, diante de referidas práticas, deveriam as autoridades antitruste creditar suficiência à comprovação da geração de eficiências para lhes conferir aceitabilidade concorrencial, ou se também é necessário mostrar, de modo concreto, o seu potencial de conversão em benefícios aos consumidores.

Para quem entende ser suficiente a demonstração da conduta investigada como fonte potencial de eficiências, o interesse se esgota nas prováveis reduções de custos e/ou incrementos da taxa ou ritmo das inovações. Para os que insistem no caráter necessário, mas não suficiente desse potencial, as principais variáveis observadas são preço, qualidade e/ou diversidade de bens e serviços ofertados (efeitos sobre os custos têm, aqui, uma função apenas instrumental) – isto é, variáveis relacionadas a ganhos imediatos para o consumidor[601].

Se não se pode aceitar a conduta de certo produtor a qual gere transferência de renda dos consumidores aos produtores, por meio da detenção do poder de mercado e de seu mau uso (abuso), o mesmo vale para o conjunto de produtores (ou compradores) em conluio. Assim, a conduta desse produtor (ou desse conjunto de produtores), a qual transfere a renda do consumidor em seu benefício em razão de abuso não deveria ser permitida, pois ela beneficia ainda mais o produtor-comprador por meio das reduções de custos.

O ônus de provar ou demonstrar a razoabilidade econômica, e, via de consequência, jurídica da conduta deve depender e variar conforme a detecção de con-

---

de insumo, ou elemento essencial, de propriedade de agente econômico situado na posição a montante ("upstream", ou simplesmente no "foremarket") do mercado" (Gaban, 2004, p. 2).

[599] Schuartz, 2001, p. 70.
[600] *Bureau de la Concurrence*, 2001, p. 45.
[601] Schuartz, 2001, p. 70.

texto favorável/provável ao exercício abusivo de posição dominante nos termos da Lei Antitruste.

Dessa maneira, se o grau de rivalidade for alto o suficiente entre as empresas participantes do mercado e forem suficientemente baixos os níveis de barreiras para os entrantes potenciais, prevalece a presunção de que as eficiências geradas serão repartidas, em um período curto, com os consumidores[602].

Um acordo poderá ser considerado pró-competitivo se: i) for necessário, isto é, as partes devem estar cooperando numa atividade econômica ao invés de usarem o acordo para eliminar a rivalidade; ii) for capaz de aumentar a efetividade dessa cooperação em não mais que o necessário para esse propósito; e, iii) as partes não demonstrarem um propósito primário ou intenção/*ratio* de restringir a produção e outras variáveis do processo competitivo[603].

Percebe-se a existência de uma linha tênue que separa esses acordos dos acordos restritivos do tipo *hard core*. A preocupação com os acordos geradores de restrições à concorrência tem crescido sobremaneira e, consequentemente, algumas organizações internacionais passaram a se dedicar ao estudo dos melhores meios (*best practices*) de implementar políticas antitruste nos países nos quais ainda não há uma cultura de concorrência.

5.4.2.1 | Influências europeia e norte-americana

Em 14 de dezembro de 2010, após um período de 10 anos, a EC publicou seu primeiro *Guidelines* (revisado) sobre a aplicabilidade do art. 101, do TFUE, para acordos horizontais de cooperação. A maioria das alterações foi positiva.

Na UE, o TFUE dispõe de uma estrutura geral para a análise de acordos sob o enfoque concorrencial, e, em última medida, aplica um teste de dois estágios (*two stage test*), considerando: (a) se o acordo tem por objeto ("object restriction") ou efeito ("effect restriction") restringir a concorrência dentro do significado do art. 101; e, em caso positivo, (b) se as partes do acordo podem demonstrar que as condições do art. 101(3) são preenchidas, principalmente se o acordo gera eficiências a ser compartilhadas com os consumidores, bem como se os efeitos anticoncorrenciais não se sobrepõem aos ganhos decorrentes do acordo, podendo ser considerados como o "preço mínimo" a ser pago para viabilizar as eficiências atingidas.

O Guia EU de 2010 é um avanço no sentido de conduzir a legislação antitruste rumo à promoção de inovação na Europa. Parte do Guia se baseia na jurisprudência da CJE, demonstrando o comprometimento da UE com o desenvolvimento de suas normas com base nas tendências e necessidades da sociedade.

A análise de acordos de colaboração entre concorrentes realizada nos EUA, de acordo com os termos do *Scherman Act* (1890), se fundamenta no estado hipotético de concorrência com a existência do acordo. Isto é, reconhecem que pode haver ra-

---

[602] *Antitrust Guidelines for Collaborations Among Competitors*, 2000, p. 25.
[603] Bork, 1993, p. 264-279.

zões pró-competitivas para tal colaboração. Conforme explicado pela Suprema Corte dos EUA.

> (...) tem sido dito que a lei antitruste na União Europeia tende a proteger os concorrentes no mercado, ainda que às expensas da eficiência do mercado e dos consumidores[604]. (...) a legislação norte-americana destina-se não à restrição de condutas que são competitivas, ainda que de maneira agressiva, mas contra condutas que, deslealmente, tendem a destruir a concorrência propriamente dita[605].

A legislação de cada jurisdição apresenta diferenças e semelhanças específicas, aqui analisadas em termos de *standards* sobre a legalidade do compartilhamento de informações, pesquisa e desenvolvimento e condições comerciais gerais.

5.4.2.2 | Compartilhamento de informações

O conceito de legalidade no compartilhamento de informações entre concorrentes, dentro do guia, não é inédito. Continua-se a fazer distinção entre a troca de informações envolvendo a intenção das empresas acerca de condutas futuras sobre preços e quantidades, o que é considerado anticoncorrencial por objeto ("anticompetitive by object"), de outras informações, as quais devem ser analisadas caso a caso, determinando-se seus efeitos. Os pontos-chave para a análise são: (a) o tipo de informação, o quão estratégica é a informação objeto de compartilhamento[606]; (b) a idade dos dados/informações[607], considerando, assim, menos problemático o compartilhamento quanto mais antiga for a informação; (c) a frequência da troca de informações[608], considerando-se que, em mercados revestidos de contratos de longo prazo, trocas menos frequentes podem indicar um comportamento colusivo, enquanto um compartilhamento de informações mais frequente, em mercados menos estáveis, indicaria tal comportamento; (d) se a informação é pública ou não, entretanto, a interpretação de informação pública feita pelo guia é bem restrita[609], isto é, analisa-se o custo de coleta dos dados/informação e se isso desincentivaria as empresas a fazê-lo ou não; (e) a abran-

---

[604] "(...) it has been said that competition law in the European Union tends to protect the competitors in the marketplace, even at the expense of market efficiencies and consumers" (Cseres, 2005, p. 291-293).

[605] "the [US] law directs itself not against conduct which is competitive, even severely so, but against conduct which unfairly tends to destroy competition itself." Ver: Spectrum Sports, Inc. v. McQuillan', 506 U.S. 447, 458 (Supreme Court 1993). Conforme já explorado neste livro, ao invés de um teste de dois estágios, o direito dos EUA se baseia na regra da razão e na regra *per se* para embasar sua análise sobre acordos entre concorrentes. A regra *per se* é aplicada apenas para restrições que: (a) produzam claros efeitos anticoncorrenciais; e (b) não gerem nenhum resultado positivo para a sociedade. Alega-se que isso, basicamente, eliminaria a necessidade de se analisar a razoabilidade de restrições enquadradas em ambas as classes acima. Por sua vez, a regra da razão requer uma análise sobre a medida na qual a colaboração diminui a concorrência, exigindo dos envolvidos no acordo que este: (a) envolve um aumento de eficiências para uma atividade econômica; (b) é razoavelmente relacionado à integração; e (c) é razoavelmente necessário para viabilizar a geração de resultados pró-competitivos.

[606] Parágrafos 61, 72 e 73 do *EU Guidelines*.

[607] Parágrafo 90 do *EU Guidelines*.

[608] Parágrafo 91 do *EU Guidelines*.

[609] Parágrafos 92-94 do *EU Guidelines*.

gência do mercado contida na informação compartilhada[610]; e (f) o mercado propriamente dito, sendo os mercados mais concentrados, estáveis e transparentes portadores de maior preocupação[611]. Em suma, recomenda-se às autoridades, advogados e empresas a aplicação do guia caso a caso[612].

No direito norte-americano, o compartilhamento de informações é analisado sob a regra da razão[613], com as Cortes considerando certos fatores para determinar se as justificativas pró-competitivas se sobrepõem a qualquer efeito anticoncorrencial decorrente do acordo. As considerações são similares àquelas contidas no guia da UE, como a natureza, idade das informações e a estrutura do mercado. Todavia, os EUA adotam uma abordagem sensivelmente mais prática, se comparada com a da UE, com seu foco sobre a probabilidade de a troca de informações levar a uma fixação de preços (um cartel).

Entretanto, de forma oposta à UE, o USDoJ e o FTC estabeleceram, ao longo dos anos, uma "safety zone" (zona de segurança) que isentam algumas trocas de informação de ações antitruste[614]. Esta deve respeitar os seguintes requisitos para ser enquadrada na "safety zone":

> "(a) o questionário deve ser administrado por um terceiro (e. g., um comprador, agência governamental, consultor de saúde, instituição de ensino, ou associação comercial); (b) a informação fornecida deve ser baseada em dados com mais de três meses de existência; e (c) deve haver pelo menos 5 fornecedores de informações, nas quais cada estatística é baseada, nenhum fornecedor individual de informação deve representar mais que 25% do volume considerado na estatística, e toda informação disseminada é suficientemente agregada a ponto de não permitir aos receptores identificar os preços cobrados ou compensações pagas por qualquer fornecedor individual[615].

No Brasil, embora não haja um guia para análise de acordos de colaboração entre concorrentes, as autoridades adotam padrões similares aos adotados tanto pela UE quanto pelos EUA. Em outras palavras, os *standards* adotados no Brasil sobre o tema aproximam-se mais do estilo Europeu, no qual uma análise caso a caso é recomendada para se avaliar os riscos envolvidos em casos concretos[616].

---

[610] Parágrafo 87 do *EU Guidelines*.

[611] Parágrafos 78-82 do *EU Guidelines*.

[612] Mobley, 2010, p. 2-3.

[613] *United States v United States Gypsum Co.*, 438 U.S. 422, 441 n. 16 (1978).

[614] Observe-se que, embora o *Statements of Enforcement Policy* relacione especificamente a indústria de assistência à saúde (*health care industry*), as autoridades têm deixado clara a aplicação dos princípios de forma geral.

[615] "*(a) the survey is managed by a third party (e. g., a purchaser, government agency, health care consultant, academic institution, or trade association); (b) the information provided by survey participants is based on data more than 3 months old; and (c) there are at least five providers reporting data upon which each disseminated statistic is based, no individual provider's data represents more than 25 percent on a weighted basis of that statistic, and any information disseminated is sufficiently aggregated such that it would not allow recipients to identify the prices charged or compensation paid by any particular provider.*" Statement 6ª, DOJ and FTC Enforcement Policy on Provider Participation in Exchanges of Price and Cost Information (1996).

[616] No Brasil, a troca ou compartilhamento de informações é um tópico mais explorado no controle de estruturas, no qual o CADE tem adotado uma abordagem bastante conservadora. Isso pode ser observado no Ato de Concentração n. 08012.004907/2010-09, aprovado em 15 de dezembro 2010, envolvendo CPLPAR Holding S.A., CPA Trading S.A e Cattalini Terminais Marítimos Ltda., por exemplo, no qual foi colocado: "tal estrutura (JV) pode aumentar o risco de colusão, do negócio em si – de pro-

Essa linha pode ser observada na Cartilha de Combate a Cartéis em Sindicatos e Associações[617]. Esta procura estabelecer orientações de melhores práticas do que pode ou não ser admitido em termos de troca de informação em associações e sindicatos. Em suma, vale observar breves trechos do documento.

Troca de informações e discussões que provavelmente serão consideradas lícitas:

(i) legislação ou alteração legislativa;
(ii) problemas relacionados à importação ou exportação, como barreiras tarifárias e não tarifárias;
(iii) pesquisa em segurança do trabalho, equipamentos de segurança, assuntos de interesse da indústria em geral, como questões ambientais com reflexos para toda a indústria;
(iv) opiniões sobre tendências econômicas e públicas;
(v) políticas públicas associadas à indústria e assuntos trabalhistas; e
(vi) ações setoriais de defesa comercial (*antidumping*, salvaguardas etc.)[618].

Segundo o documento da extinta SDE/MJ, quanto mais concentrado for um setor da economia, maior o risco de a coleta e a disseminação de informação serem consideradas anticoncorrenciais. Caso seja imprescindível a coleta e disseminação de informações por parte de tais entidades, recomenda-se:

(a) coletar apenas dados "históricos". A coleta de informações históricas sobre preços é menos sujeita a levantar preocupações concorrenciais do que dados de preços atuais e futuros. Geralmente, dados com mais de um ano de idade são considerados históricos, podendo haver exceção, a depender da dinâmica de cada mercado;

(b) disseminar a informação apenas de forma agregada. Quanto mais agregada é a informação, menor o risco de efeitos anticoncorrenciais. As informações não devem permitir a identificação de dados de empresas individuais;

(c) adotar mecanismo confidencial de coleta das informações sensíveis sob responsabilidade de auditoria externa e independente (*black box*). A identificação das empresas participantes e de seus dados deve ser mantida sob absoluto sigilo pela empresa de auditoria, que deverá obrigar-se a observar a confidencialidade por meio de um contrato;

(d) não coagir associados a fornecer informações comercialmente sensíveis ao sindicato e à associação;

(e) disponibilizar as estatísticas oriundas da coleta de dados ao público (a um valor monetário razoável, se aplicável), ou seja, a membros e a não membros do sindicato ou da associação[619].

---

dutos e territórios, dentre outras variáveis concorrenciais". E, posteriormente: "Tal risco potencial pode ser aumentado se tal estrutura permitir ou falhar em evitar uma redução no custo interno de comunicação – e coordenação, facilitando a troca de informações concorrencialmente relevantes. Assim, é importante analisar se o acordo previne, motiva ou é neutro com relação a tal tipo de troca de informações no íntimo da *joint venture*" (tradução livre). Gaban, Franceschini, Amorim, 2017, p. 106-107.

[617] Coleção SDE/DPDE n. 03/2009.
[618] Coleção SDE/DPDE n. 03/2009, p. 13.
[619] *Id., ibid.*, p. 14.

No tocante às reuniões no âmbito de tais entidades associativas, a SDE/MJ recomenda que:

(a) os sindicatos e as associações tenham agendas públicas de reuniões, com temas claros;
(b) devem ser elaboradas atas de tais reuniões que abordem a totalidade da discussão;
(c) os sindicatos arquivem tais documentos com o intuito de demonstrar a licitude das discussões;
(d) os representantes de cada empresa nas reuniões não sejam funcionários do Departamento Comercial ou do de Vendas da empresa e que os dirigentes do sindicato ou associação sejam independentes, afastando-se da direção empresarial;
(e) caso uma empresa esteja participando de uma reunião em um sindicato/associação e para sua surpresa os demais começarem a tratar de temas concorrencialmente sensíveis, ele deve se retirar da reunião, fazendo constar em ata o motivo de sua saída e denunciando o ocorrido à SDE (ainda que de forma anônima)[620].

Por fim, o documento da SDE/MJ estabelece literalmente as Melhores Práticas:

Tabela VI – Melhores práticas para troca de informações (SDE/MJ)

Faça	Não Faça
Adote um programa para assegurar o cumprimento da legislação antitruste (compliance) pelos associados.	Não permita a troca de informações comercialmente sensíveis entre concorrentes.
Adote um sistema de regras rígidas para a coleta e a consolidação de dados de mercado, a cargo de auditoria independente.	Não participe de encontros em associações e sindicatos sem antes se certificar de que o encontro tratará apenas de temas lícitos.
Todas as compilações de dados devem estar disponíveis ao público, ainda que a um preço razoável.	Nunca envie às reuniões representantes do Setor Comercial/de Vendas.
Publique agendas e atas das reuniões.	Não adote critérios de padronização e certificação que tenham potencial lesivo ao mercado.
Adote critérios claros de adesão e exclusão de membros.	
Os dirigentes dos sindicatos devem preferencialmente ser independentes, afastando-se da gestão empresarial.	

Fonte: Coleção SDE/DPDE n. 03/2009, p. 22.

As orientações da SDE/MJ podem ser estendidas a trocas de informação entre concorrentes no âmbito de uma colaboração mediante a criação de uma terceira entidade (e. g., uma empresa) ou de uma organização setorial para análise de mercado, de crédito ou elaboração de estatísticas.

Afora o risco de infração à Lei Antitruste no âmbito do controle de condutas, o compartilhamento de informações pode ser classificado pelo CADE como um ato de concentração de submissão obrigatória. Nesse aspecto, o Tribunal Administrativo tem

---

[620] Coleção SDE/DPDE n. 03/2009, p. 15.

adotado uma postura bastante conservadora, somando, por exemplo, *market shares* (como se, de fato, concentração horizontal houvesse) em função de compartilhamento de informações – mesmo não existindo acordo formal para tanto. Isso pode ser notado em casos de participação acionária cruzada, *joint ventures* cooperativas, e participações minoritárias em empresas concorrentes[621]. Nessas ocasiões, o CADE costuma impor remédios estruturais e (de forma não muito frequente) comportamentais, com vistas a mitigar os riscos que potencializam a ocorrência de condutas anticoncorrenciais.

5.4.2.3 | Pesquisa e desenvolvimento (P&D)

As chamadas "Safety zones" não foram deixadas de lado no *2010 EU Guidelines*. Referido guia estendeu as *block exemptions* (isenções em bloco)[622], criando uma zona mais abrangente e definida de segurança dentro da análise do P&D. As novas *block exemptions* passam a abranger: (a) P&D que foi pago, por exemplo, P&D desenvolvido por uma empresa e custeado por outra; (b) P&D conjunto, com ambas/todas as empresas explorando os resultados; (c) restrições, sem limite de tempo, de vendas ativas (o ofertante empreende esforços para alcançar o cliente) para territórios alocados exclusivamente para a outra parte; e (d) licenciamento exclusivo garantindo para um *player* o direito de produzir e de distribuir os bens contratados. Fixação de preço, limitação de oferta, restrições em vendas passivas (o ofertante não empreende esforços para alcançar o cliente – este é o responsável pela procura do produto) etc. ainda constituem infrações ao artigo 101, do TFUE, e não são protegidos por qualquer isenção antitruste[623].

Não obstante, é pouco provável que acordos de compra conjunta entre *players* cujos *market shares*, combinados, representam menos de 15% dos mercados relevantes gerem preocupações concorrenciais. Isso é observado especialmente quando: "(a) o comprador atua em diferentes mercados de venda; (b) os *players* não possuem poder de mercado nos mercados de venda; e (c) os *players* não compartilham grande proporção de seus custos variáveis no mercado a jusante *(downstream market)*"[624].

---

[621] Nesse sentido, ver: Atos de Concentração, julgados em agosto de 2007, n. 08012.010192/2004-97 (Suzano Sul Papel e Celulose/Ripasa S/A Papel e Celulose) e no Ato de Concentração n. 08012.010195/2004-19 (Votorantim Celulose e Papel/Ripasa S/A Papel e Celulose). Ver também: Ato de Concentração n. 08012.01196/2005-53, julgado em dezembro de 2008 (*joint venture* entre Air Liquide Brasil Ltda. e White Martins Gases Industriais Ltda.).

[622] Acionado na aplicação do Article 101(3) do TFUE.

[623] "Em muitos países, os governos decidem isentar diversas empresas e associações da política de concorrência. Isto acontece por diversos motivos, e inclui isenções em matéria de: promoção de exportações; empresas reguladas; cooperativas agrícolas; organizações de pequenas e médias empresas." Cf. OCDE, 2011, p. 81. No mesmo Guia a OCDE destaca que: "(...) a isenção das normas nacionais de concorrência tem-se intensificado em numerosos sectores, como a produção de energia e serviços públicos, transportes, comunicações e agricultura. Estas isenções podem reduzir o desempenho econômico ao permitir que se verifiquem práticas anticoncorrenciais como abusos de posição dominante e comportamentos colusivos". *Id., ibid.*, p. 84.

[624] *"(a) the purchasers are active on different selling markets; (b) the parties do not have market power on the selling market; and (c) the parties do not share a large proportion of their variable costs in a downstream market."* Ver: Sher; Sicalides, 2011, p. 6.

Nos EUA, decisões nessa área se baseiam nos US Guidelines, na Business Review Letters e no estudo de casos, o que, em suma, exige uma análise da estrutura do mercado, dos *players*, das regras sob as quais o acordo opera e o escopo das atividades abrangidas. Isso acaba, portanto, ampliando o limite de *market share* dos compradores (i.e., pode ser superior ao limite Europeu), e diminuindo o limite ao *market share* do preço de venda *downstream*, representado pelos custos compartilhados (*pooled costs*).

No tocante aos acordos de especialização, o *EU Guidelines* continua a garantir isenção para acordos entre concorrentes cujos *market shares* combinados não superem 20%. Entretanto, isso é agora aplicável tanto para o mercado a montante (*upstream*) quanto para o mercado a jusante (*downstream*). Os *Guidelines* esclarecem a aplicação da zona de isenção apenas para aqueles acordos que impliquem: uma obrigação de compra exclusiva; uma obrigação de fornecimento exclusivo; ou situações nas quais as partes distribuirão conjuntamente o produto final (ao invés de fazê-lo independentemente)[625].

Os *US Guidelines* adotam uma semelhante abordagem geral, prevendo uma zona de isenção antitruste para colaborações em P&D, que não constituem ilícito *per se*, em mercados de inovação. Além dessa isenção, o *National Cooperative Research and Production Act* prevê outras proteções normativas. Acordos enquadrados nas hipóteses dessa norma[626] não são considerados ilícitos *per se*, podendo apenas ser responsabilizados em ações de *actual damages in antitrust* (danos reais em antitruste), ao invés de *treble damages*.

5.4.2.4 | Condições comerciais gerais

Acordos envolvendo determinação conjunta de preços (fixação de preços) ou alocação/divisão de clientes ("joint-customer facing activity") são os mais desafiadores na esfera antitruste. São também os mais prováveis a atrair restrições tanto das normas dos EUA quanto das normas da UE. Os *EU Guidelines* são claros em determinar que, mesmo nos casos cujos *players* envolvidos detenham menos de 25% de *market share* (sendo, portanto, tecnicamente aptos a requerer isenção de P&D), restrições de objeto ("object restrictions") podem ser aplicadas para os acordos com objetivo de fixar preços e dividir clientes. As normas dos EUA também proíbem tais acordos. Entretanto, as condições de tais avenças são analisadas de uma forma ligeiramente diferenciada, considerando se eles restringem de forma não razoável o comércio, aumentando os preços, restringindo a oferta ou reduzindo a qualidade dos produtos[627].

O *EU Guidelines*, de forma a adaptar-se à dinâmica da sociedade com relação à livre concorrência, traz uma mudança importante na forma de uma nova avaliação da importância de fatores não factuais em termos de efeitos[628]. Em outras palavras, avalia-

---

[625] Mobley, 2010, p. 5.

[626] Dois ou mais *players* envolvidos em análises teóricas ou experimentais, desenvolvimento ou testes ou engenharia, pesquisa/investigação científica ou técnica, produção, troca/compartilhamento de informação de produção ou pesquisa ou testes de produtos.

[627] Sher; Sicalides, 2011, p. 5.

[628] "Object restrictions" ainda são estritamente aplicadas.

-se o que ocorreria com o mercado se não existissem o acordo ou as restrições ao acordo[629].

Essa mudança reflete bastante a jurisprudência antecedente às *EU Guidelines*, bem como permite analisar de que modo o acordo de colaboração é necessário para viabilizar às partes entrarem nos mercados umas das outras[630]. Tendo em mente o objetivo final da UE de promover inovação na Europa, esse novo incentivo, somado à maior assistência prática, torna-se vital.

5.4.2.5 | Outros aspectos gerais

O produto final dos *EU Guidelines* indica um modelo próximo da abordagem antitruste do tema nos EUA. Deve-se atentar que cada jurisdição deve adaptar suas políticas e *guidelines* para suas próprias condições e objetivos, respectivamente.

Pode-se dizer que a maior diferença entre os dois modelos (EUA e UE) seria a tendência dos EUA em adotar uma abordagem mais prática na aplicação dos *guidelines*, questionando imediatamente "o que ocorreria com o mercado se o acordo não fosse aprovado". Na UE, essa questão é colocada apenas no segundo estágio do já mencionado "two-stage test".

Basicamente, ambos os regimes se preocupam com a probabilidade de um acordo afetar negativamente a concorrência, a inovação e o progresso (desenvolvimento). Conforme já estudado neste livro, o Brasil, até o momento, não tem *guidelines* para o tema de colaboração entre concorrentes. Todavia, é possível observar alguma influência, tanto dos EUA quanto da UE, em termos de tipos e padrões de condutas a serem considerados ilegais.

---

[629] Sher; Sicalides, 2011, p. 2.
[630] Parágrafos 237-238.

Parte III
PROMOÇÃO INTERNACIONAL DO ANTITRUSTE/ DEFESA DA CONCORRÊNCIA

6 | A VOCAÇÃO INTERNACIONAL DO DIREITO ANTITRUSTE

Há quase um século, refinam-se os debates sobre o alcance e a incidência do direito antitruste. Nos Estados Unidos da América, a vocação internacional do direito antitruste foi evidenciada no caso *United States vs. Alcoa*[1], quando houve a aplicação da lei concorrencial nos contratos de empresas que se situavam fora do território dos EUA. Em que pese a extraterritorialidade, entendeu-se que os efeitos em território nacional atraiam a incidência da lei.

Ao longo das últimas duas décadas, especialmente no caso de combate aos cartéis, observa-se crescente pacificação quanto ao entendimento nacional e internacional de que é mais importante a identificação dos efeitos do que a identificação do local dos acordos para a incidência da lei antitruste. Ou seja, ainda que um conluio entre concorrentes ocorra fora do Brasil, diante de efeitos sentidos em território nacional, a Lei Antitruste pode ser aplicável com as consequentes sanções administrativas do CADE (Conselho Administrativo de Defesa Econômica).

A definição do mercado relevante também tem um peso considerável na aplicação extraterritorial da lei antitruste. Nesse sentido, se o mercado relevante de um cartel é internacional, a incidência de outras legislações pode ocorrer. Portanto, nos casos de cartéis internacionais, a conduta pode ser investigada e sancionada por diferentes jurisdições onde o cartel teve seus efeitos identificados.

Na década de 90, houve um crescimento vertiginoso dos debates em torno do combate aos cartéis, maximizado por meio do trabalho e disseminação das melhores práticas internacionais presentes nas Recomendações da OCDE. A agenda de combate internacional aos cartéis foi reforçada por meio da criação da *International Competition Network* (ICN).

O tema foi ganhando popularidade, no final da década de 90, tal como explicamos nesse livro, por meio dos estudos que apontavam diversos efeitos deletérios ao desenvolvimento econômico e ao *consumer welfare* dos cartéis internacionais "hard-core".

Com a popularização dos acordos de leniência, testemunhamos grandes investigações e operações motivadas pelas delações de participantes de acordos. A alteração

---

[1] O caso também foi importante na definição do mercado relevante para análise de participação de mercado e na determinação das circunstâncias de monopolização com base na seção 2 do Sherman Antitrust Act. U.S. Court of Appeals for the Second Circuit - 148 F.2d 416 (2d Cir. 1945) March 12, 1945.

da lei antitruste brasileira e os aprimoramentos decorrentes das investigações fomentaram buscas e apreensões, autorizadas judicialmente, de grande repercussão. Nesse sentido, em casos de cartel, há uma relação direta do padrão probatório na esfera administrativa com a aplicação de sanções administrativas no Brasil.

Diante dos efeitos negativos dos cartéis, debates sobre as melhores práticas para se combater condutas anticompetitivas têm grande apelo internacional. A vocação internacional do antitruste também ficou marcada nas reuniões interministeriais na famigerada Rodada de Doha ("Rodada do Desenvolvimento"). As chamadas "questões" ou temas de Cingapura debateram a possibilidade de Acordo dentro da Organização Mundial do Comércio (OMC) para tratar dos cartéis internacionais diante das distorções geradas no comércio internacional[2].

A proposta de nova agenda na OMC não avançou, especialmente com as mudanças das prioridades dos líderes globais e problemas inerentes às questões agrícolas somadas à pandemia de coronavírus. As diferenças institucionais dos membros da OMC não deram espaço para que a Rodada de Doha atingisse seus objetivos, reduzindo o espaço para se pensar em novos temas como regras multilaterais relacionadas ao direito antitruste e sua interface com o comércio internacional[3].

No que diz respeito às operações e desenhos societários, a vocação internacional do direito antitruste voltou a ter destaque no Brasil em 2022. A 1ª Turma do Superior Tribunal de Justiça (STJ) deu provimento ao recurso especial ajuizado pelo CADE, diante de uma discussão sobre a incidência da lei antitruste aos negócios internacionais realizados fora do Brasil. A extraterritorialidade da aplicação da lei é uma realidade consolidada, atraindo a interpretação do art. 2º da Lei Antitruste ao tratar da aplicação da lei às práticas cometidas no todo ou em parte no território brasileiro "[...] *ou ainda, quando essas práticas produzem ou possam vir a produzir efeitos no território brasileiro*"[4].

Em um mundo cada vez mais global, o ônus de provar a "não incidência", diante de atos *"que possam produzir efeitos"*, torna-se desafiador. Vivemos, na década de 90, a efetiva aplicação da nossa legislação concorrencial, especialmente para atos de concentração, sendo que, nos últimos 20 anos, o processo de internacionalização das empresas nacionais também criou grandes grupos econômicos e *players* internacionais. O contrário também é visto e a lei, ao tratar de concentrações, inclui desenhos societários mais sofisticados no rol de atos de concentração (como as *joint ventures* para desenvolvimento de produtos voltados para P&D).

---

[2] Nesse contexto, veja-se: Domingues, 2020, p. 381-404.

[3] Cf. Domingues, 2018.

[4] Cf. BRASIL. STJ. RECURSO ESPECIAL N. 1.975.739 - DF (2021/0379537-4), de 15 de dezembro de 2022 (data do julgamento). No caso levado ao STJ, a Ministra Relatora (Regina Helena Costa) deu enfoque à relação entre potenciais concorrentes, diante do desenvolvimento de nova tecnologia no exterior envolvendo um mercado relevante global (internacional). Sendo assim, pouca importância se deu ao fato da operação "ser ou não ser" realizada, ou firmada, em território nacional. No mesmo sentido Forgioni: como é logo de perceber, o critério dos efeitos acaba por estender a jurisdição de um país sobre atos que não se verificaram em seu território e sobre pessoas ali não residentes ou sediadas. Determina-se, assim, a produção de efeitos da lei fora do território do Estado que a emanou. Daí a expressão "efeitos extraterritoriais das leis antitruste" (Forgioni, 2022, p. 445-447).

A falta de observância da lei e ausência de notificação das operações ao CADE, dentro dos critérios da legislação, por décadas, resultou na aprovação de diversos atos de concentração com aplicação de multas por intempestividade, hoje substituídas pela multa por *gun jumping*. Isso porque, se até maio de 2011 as partes requerentes de um ato de concentração tinham 15 dias úteis para a notificação do primeiro documento vinculativo, a entrada em vigor da Lei n. 12.529/2011 consolidou a mudança da notificação prévia, antes de qualquer ato de consumação entre as partes. A ausência de notificação de atos realizados fora do Brasil, mas que geram efeitos em território nacional pode configurar *gun jumping*, com base nos critérios objetivos da lei (i.e., critérios de faturamento da empresa e/ou de seu grupo econômico). Sendo assim, quando há dúvidas, diante dos critérios de faturamento da lei antitruste, recomenda-se a notificação do ato de concentração à autoridade concorrencial.

No plano internacional, a concorrência ampliou o seu espaço de discussão. Isso ocorre pelo fato de existirem infrações à ordem econômica cujos efeitos negativos atingem vários países ao mesmo tempo, como é o caso dos cartéis internacionais *hard core*[5]. Dessa maneira, centros de discussão para o intercâmbio de ideias e informações são sempre positivos.

Pode-se dizer que existe consenso segundo o qual as condutas anticompetitivas incidentes diretamente sobre o comércio internacional e o investimento devem ser declaradas ilegais em cada Estado-parte de um acordo internacional, cabendo a estes decretar ou emendar sua lei nacional para fazer valer tal premissa.

Nessa linha de raciocínio, vislumbram-se proibições nos seguintes campos: (i) cartéis internacionais que fixem preços ou dividam mercados; (ii) boicotes, com o objetivo de excluir produtos estrangeiros; e (iii) qualquer atividade com o propósito de excluir empresas estrangeiras e negar acesso aos mercados. Isso poderia ser assegurado, por exemplo, através de um acordo geral entre os países atuantes no comércio internacional, sendo promovido pelas entidades internacionais econômicas, por meio de organizações como a OMC e a OCDE[6]. Entretanto, o controle de condutas com reflexos internacionais ainda não é realizado de forma global.

Assim, é importante abordar os principais meios existentes na atualidade para a concretização do intercâmbio de experiências e informações entre as agências de direito da concorrência, inclusive no tocante ao combate aos cartéis internacionais denominados *hard core*.

---

[5] Conforme já mencionado, veja-se: OCDE, 1998, p. 2. Nesse sentido, consultar o *Antitrust Guidelines for Collaborations Among Competitors*, preparado pela Federal Trade Commission e o U.S. Department of Justice. *In verbis*: "*Agreements of a type that always or almost always tends to raise price or to reduce output are per se illegal. The Agencies challenge such agreements, once identified, as per se illegal. Types of agreements that have been held per se illegal include agreements among competitors to fix prices or output, rig bids, or share or divide markets by allocating customers, suppliers, territories, or lines of commerce. The courts conclusively presume such agreements, once identified, to be illegal, without inquiring into their claimed business purposes, anticompetitive harms, procompetitive benefits, or overall competitive effects. The Department of Justice prosecutes participants in hard-core cartel agreements criminally*".

[6] Matsushita, 2002, p. 474.

O Brasil já vem utilizando as experiências adquiridas em virtude das trocas com outras autoridades antitruste visando adotar as medidas capazes de produzir resultados positivos internamente. Contudo, há algumas adaptações necessárias e pertinentes a se fazer.

No campo dedicado ao combate às práticas contra a ordem econômica, incluindo os cartéis internacionais de fixação de preços e divisão de mercados, merecem destaque os esforços realizados por foros multilaterais como a OCDE, a UNCTAD, a ICN e a OMC (esta última com menos ênfase), que estão preocupados com a propagação de uma cultura geral de defesa da concorrência.

Os estudos recentes apontam que a política e a legislação de defesa da concorrência podem contribuir para a erradicação da pobreza, por meio da aplicação de seus princípios em cinco áreas de atuação internacional. São elas: (i) a reforma dos setores público e privado de infraestrutura, particularmente no contexto de economias em desenvolvimento e em transição; (ii) o papel complementar de aplicação da lei da concorrência atrelado à liberalização nos mercados de contratos públicos; (iii) as várias dimensões relacionadas à política de concorrência e os objetivos de saúde pública; (iv) o endereçamento de possíveis práticas de monopsônio (comprador único) em cadeias de fornecimento internacionais com potencial para afetar a capacidade dos produtores de países em desenvolvimento; e (v) medidas para solucionar a resistência de cartéis internacionais que, apesar do impressionante número de processos abertos pelas autoridades de concorrência, ao longo da última década, continuam a impor custos elevados em economias em desenvolvimento[7].

De acordo com Anderson e Müller, num contexto global seriam necessários: (i) o engajamento ampliado e a ação conjunta das autoridades com outros braços do governo, cujas atividades impactam a concorrência (incluindo não só autoridades regulatórias, mas também ministérios de comércio) e (ii) novas formas de cooperação internacional. Os mesmo autores indicam outros atributos de uma "abordagem holística" da política de concorrência: (a) expansão de atividades educacionais e de *advocacy* relacionadas às reformas da política de concorrência, em particular, o cultivo de "instituições de aprendizagem" que preconizem medidas adequadas em contextos nacionais específicos; (b) explícita abordagem das necessidades dos cidadãos de sociedades mais desprovidas em relação às suas capacidades como produtores, além de consumidores finais; e (c) a utilização de todo o espectro de medidas pelos governos para aumentar a concorrência e melhorar o desempenho do mercados. Isso pode incluir reformas estruturais, por meio da aprovação de legislação e/ou normas, assim como iniciativas internacionais adequadas facilitadoras da ação coletiva, além de abordar as lacunas ainda percebidas[8].

Desse modo, para uma melhor compreensão do tema, passa-se a apresentar um panorama resumido do que existe em termos de acordos e fóruns de discussão, principalmente os multilaterais, para a promoção do direito da concorrência. Sem dúvida

---

[7] Anderson; Müller, 2013, p. 3.
[8] Anderson; Müller, 2013, p. 24-25.

é importante trazer esse panorama para, então, ser verificado o modo como o Brasil tem utilizado a experiência internacional para implementar a sua política de defesa da concorrência.

6.1 | OCDE

A OCDE – Organização para Cooperação e Desenvolvimento Econômico – é uma organização internacional, com sede em Paris, cuja finalidade primordial é a discussão, o desenvolvimento e o fomento de políticas econômicas e sociais de interesse de seus países-membros.

Fundada em 1961, a OCDE auxilia os membros e os não membros a lidar com os problemas que abrangem tanto temas econômicos e sociais de macroeconomia, como também educação, ciência e desenvolvimento[9].

Um dos pontos de destaque da política da OCDE, no concernente à defesa da concorrência, refere-se ao fato de ela ter aberto a discussão aos outros países que não pertencem aos seus quadros, ou seja, os não membros da organização. Esse é um importante meio de globalizar os debates e tentar conjugar os interesses comuns a todos os países envolvidos.

Um dos comitês da OCDE é o Comitê de Direito e Política de Concorrência (CDPC), cuja função ultrapassa a simples análise das políticas de concorrência, uma vez que procura auxiliar os diversos países na obtenção de informações e no desenvolvimento de melhores práticas. Assim, esse Comitê é o responsável pela promoção das discussões sobre o tema, sendo apoiado pela divisão *Competiton Law and Policy* (CLP).

Desde 1967, a OCDE promove um trabalho de recomendação aos seus membros, para a elaboração de normas voltadas ao controle de práticas e negócios potencialmente restritivos à concorrência. Os seus guias funcionam como modelos no antitruste, os quais geralmente sofrem adaptação nas legislações, não só dos países-membros, como também dos demais países que ainda não são membros. Servem, portanto, como impulso à implementação da política concorrencial e como auxílio à cooperação entre as agências nacionais de defesa da concorrência.

Na última década, a organização passou a priorizar o auxílio técnico aos países em desenvolvimento, aos novos países com economia de mercado e, simultaneamente, os países-membros procuraram comparar experiências e elaborar respostas aos problemas comuns. Desse modo, o trabalho da OCDE, no tocante à política e legislação de defesa da concorrência, incentiva os governos a combaterem práticas anticoncorrenciais e a promover reformas econômicas direcionadas para o mercado.

O CDPC procura identificar práticas recomendáveis de aplicação voluntária, principalmente ligadas às ações efetivas contra condutas anticompetitivas. E, concomitantemente, procura desenvolver a convergência entre as políticas de concorrên-

---

[9] Nesse sentido, veja-se o recente relatório da OCDE, denominado "Relatórios Econômicos da OCDE – Brasil" (2015), que traz ampla perspectiva de análise.

cia. Em sua composição, encontram-se especialistas dos países-membros e observadores de países não membros.

A concorrência não pode mais ser pensada apenas em nível local, ou seja, em nível nacional. A aproximação e o intercâmbio entre as autoridades é um desafio necessário. A concorrência pensada de forma global também representa força complementar aos processos em andamento, nas diversas nações. Isso ocorre para que, contando com informações transcendentes aos limites nacionais, as autoridades possam obter um mapeamento eficiente das condutas anticoncorrenciais perpassadas no plano internacional, irradiantes de efeitos negativos às diversas economias nacionais.

A OCDE incentiva fortemente a solução coordenada em matéria antitruste. Desempenha, assim, uma função importante na tentativa de encontrar os melhores meios de suporte para a eficácia das leis nacionais de seus países-membros, especialmente quando estes não conseguem confrontar as atividades anticompetitivas realizadas fora de seus territórios[10].

Nesse sentido, o papel da OCDE é muito relevante[11], principalmente no incentivo para a adoção de várias recomendações importantes sobre política e legislação de concorrência. Entretanto, este livro confere ênfase especialmente aos documentos seminais da OCDE sobre os cartéis *hard core*, a partir dos quais já se pode ter uma boa ideia da forma e substância das contribuições de organismos multilaterais e não governamentais para o desenvolvimento do antitruste no mundo. Assim, primeiramente far-se-á uma breve explicação sobre a natureza dessas recomendações para então adentrar o seu conteúdo específico.

6.1.1 | Considerações sobre as *soft laws*

Antes de prosseguir com a análise das Recomendações da OCDE, é necessário se fazer um breve estudo sobre a sua natureza, a qual configura um caso de *soft law*. Cabe desde já ressaltar que nos foros de negociações multilaterais, locais onde de fato emergiram as *soft laws*, os Estados nunca estiveram realmente preocupados com a roupagem jurídica de suas decisões em comum, mas, sim, com a resolução das questões de forma rápida e eficiente.

Observa-se que o aparecimento da *soft law* tem relação direta com o aumento da atuação da diplomacia multilateral em seus três subtipos: (i) nas relações internacionais realizadas em congressos e conferências internacionais; (ii) nas relações internacionais realizadas no interior das organizações intergovernamentais; e (iii) em reuniões periódicas previstas em tratados e convenções internacionais ou acordadas *ad hoc*[12].

Deu-se a partir dos anos 1960, com a emergência de novos temas no Direito Internacional, a formação de normas de *soft law*. Essa expressão não tem uma tradução

---

[10] Carvalho, 2001, p. 172.
[11] Sobre o Direito da Concorrência na OCDE, veja-se também: Jenny, 2001, p. 31-70.
[12] Soares, 2002, p. 129.

precisa em português e alguns costumam considerá-la como "atos concertados não convencionais"[13].

Como *soft law*, o cumprimento da norma é meramente recomendado aos Estados. É exatamente o que ocorre com relação às Recomendações da OCDE, pois os Membros não são obrigados a adotá-las: não há sanções. Trata-se, então, de um adimplemento natural, ou seja, não há cogência ou força impositiva que implique a adoção dessa classe de normas, mas, sim, uma conveniência política por parte dos Estados nacionais. Estes, em vista de seus respectivos projetos de desenvolvimento, passam a incorporar tais normas em sua plêiade comportamental e, até mesmo, em seus respectivos ordenamentos jurídicos.

Eis algumas das denominações destinadas a identificar a *soft law*: *non-binding agreements*, *gentlemen's agreements*, códigos de conduta, memorandos, declaração conjunta, declaração de princípios, ata final, assim como alguns compromissos estatais durante algumas negociações[14].

Nos acordos *non-binding*, as obrigações ali contidas envolvem incitativas não compulsórias (ou acordos não vinculantes), para as partes contratantes implementarem em suas legislações nacionais. Vale dizer que, mesmo no Brasil, nós podemos identificar essas obrigações não vinculantes quando analisamos alguns guias de melhores práticas, por exemplo.

Contudo, pode haver uma determinação que solicite a cada parte o fornecimento das evidências à outra e a troca das informações no tocante à execução e à implementação das leis de concorrência, mas, no entanto, deixa a execução final a critério de cada parte[15]. Nesse sentido, Guzmán entende que a natureza não vinculante das práticas recomendadas, a qual deixa os países livres para as adotar (ou não), ainda assim motivaria uma certa obrigação para criação de normas, assim como para sua difusão e, na prática, isso pressionaria os países a adotarem as mesmas[16].

Diferentemente da *soft law*, a chamada *hard law* requer às partes contratantes a observância aos termos do acordo. Em um acordo imperativo, os participantes são requisitados a observar os seus termos e a modificar suas leis nacionais, adequando-as

---

[13] Soares considera que existe uma restrição mental nossa ao empregarmos o adjetivo convencional para algo referente exclusivamente a acordo de vontade, seja contrato, seja tratado internacional. Soares, 2002, p. 136.

[14] Abbott, Snidal, 2000, *passim*.

[15] Em uma visão mais crítica, de acordo com Ian Brownlie: "(...) muitos dos exemplos tidos como de *soft law* não são nem exemplos de lei, nem de não lei, nem de *lex lata*, nem de *lex ferenda*; são, simplesmente, evidência do que o direito é ou pode ser sobre uma determinada matéria. (...) – Creio que uma forma mais interessante de olhar as chamadas *soft laws* é olhar para a sua real importância; o fato de que certas disposições informais, coisas que não são lei propriamente dita, obviamente são significantes em termos de comportamento político entre Estados, e são, geralmente, reconhecidas por tomadores de decisão como detentores de um importante efeito catalítico. Por disposições informais, refiro-me a qualquer coisa que possa provocar a adoção dos elementos normativos como regras legais por tomadores de decisão com autoridade". Veja-se: Brownlie, 1988, p. 69-70 (tradução livre).

[16] Guzmán, 2011, p. 195.

aos mandamentos do acordo, caso seja necessário, pelos menos em um mínimo de exigências fundamentais[17].

Existem vantagens e desvantagens tanto nas *soft laws* quanto nas *hard laws*. Todavia, levando em consideração a existência reduzida de consenso entre os países quanto aos objetivos, às formas e ao processo de implementação das leis de concorrência, acredita-se que será difícil estabelecer um acordo multilateral capaz, legalmente, de compelir as partes a submeter suas leis nacionais às normas internacionais.

Veja-se que o nível de amadurecimento institucional dos países é essencial do ponto de vista de criação de regras vinculantes. Assim, as *soft laws* apresentam-se como caminho viável, pois não é necessário aos países renegociarem seus acordos internacionais, ou buscarem aprovação interna para alterações, ações fundamentais em um acordo formal[18].

Portanto, a natureza de *soft law* não retira a importância das Recomendações da OCDE na efetiva colaboração, na formação e na implementação de normas jurídicas concorrenciais. Sem dúvida, os materiais produzidos nas reuniões da OCDE, seus Comitês e grupos de estudo, dão uma boa base para o fortalecimento de políticas e leis antitruste para todos os países, inclusive para o Brasil.

6.1.2 | Recomendações da OCDE

Como já mencionado, desde 1967 a OCDE desenvolveu um trabalho de recomendação aos seus membros para a elaboração e aplicação das regras de concorrência. Entre as primeiras recomendações, encontra-se a de 1971, na qual a organização já estimulava os países-membros a vigiarem as condutas comerciais com efeitos restritivos à livre concorrência[19].

Ficou clara nessa Recomendação também a necessidade de um controle maior dos movimentos dos preços nos setores-chave das economias dos países-membros encontrados em contextos de monopólios ou oligopólios, procurando reduzir a política de preços, por meio de ações judiciais ou administrativas.

Poucos anos depois, a Recomendação do CDPC, de 1978, reconheceu que as legislações antitruste dos países encontravam grandes dificuldades para enfrentar as condutas anticoncorrenciais, especialmente na busca de provas e quando os agentes localizavam-se no exterior. Esse documento ressaltava o caráter negativo dos efeitos gerados por tais práticas sobre todo o comércio internacional. Por isso, algumas medidas deveriam ser tomadas, tais como a edição de legislações nacionais, a coo-

---

[17] Matsushita, 2002, p. 468.

[18] Guzman completa o raciocínio: *"In soft law antitrust, broad principles in antitrust allow for each country to adopt the language and theoretical underpinnings behind it in a manner that can be more easily incorporated within the existing legal and political traditions. This flexibility allows for 'fit' within an existing tradition and is not a pure transplant across legal systems that might not apply in the new setting similar to the way it does it its original setting"*. Cf. Guzman, 2011, p. 196.

[19] OCDE. Recommendation of the council concerning action against inflation in the field of Competition Policy – 14 dez. 1971 – C(71)205(Final).

peração internacional e o desenvolvimento de regras em conformidade com o direito internacional[20].

A Recomendação editada em 1979 versou sobre a política de concorrência e os setores isentos ou regulados. Essa Recomendação traduziu um convite da OCDE para que os Estados-membros procedessem a uma reavaliação geral das normativas relacionadas à isenção de condutas abusivas anticoncorrenciais[21].

Em 1986, outra Recomendação do CDPC teve o intuito de lidar de modo mais fácil com os problemas de concorrência e de políticas comerciais. Esse documento deixou clara a existência de um efeito negativo provocado pelas práticas anticompetitivas e apontou que a aplicação efetiva da política de concorrência tem, sim, um papel fundamental na promoção do comércio. Referida Recomendação incentivou também a troca de informações sobre cartéis de exportação, controle de limitação de exportação, cartéis de importação e cooperação com as autoridades de outros países em qualquer investigação de possíveis efeitos anticompetitivos[22].

A Recomendação seguinte foi a de 1995, considerada bastante elucidativa na questão da extraterritorialidade da legislação antitruste[23]. Isso porque detalhou as formas de busca de informações entre os países-membros da OCDE, além de sugerir meios de conciliação em caso de existência de conflitos de interesse[24].

Esse documento teve o propósito de esclarecer os procedimentos recomendados pelo CDPC, fortalecer a cooperação e minimizar conflitos na execução das leis antitruste. Em caso de diferenças entre os países-membros durante o processo de investigação, o CDPC poderia ser acionado e o seu presidente deveria ser informado do conflito, para, então, promover uma conciliação[25].

Há um apêndice nessa Recomendação no qual foram enumerados princípios para os processos de notificação, troca de informação, cooperação em investigações, consulta e conciliação nas condutas em que efeitos restritivos ao comércio internacional são identificados. Essa Recomendação, em especial, ressaltou a dimensão internacional da tutela da livre concorrência[26].

---

[20] OCDE. Recommendation of the council concerning action against restrictive business practices affecting international trade including those involving multinational enterprises – 20 jul. 1978 – C(78)133 (Final).

[21] OCDE. Recommendation of the council on competition policy and exempted or regulated sectors – C(79)155(Final).

[22] OCDE. Recommendation of the Council for Co-operation between Member Countries in Areas of Potential Conflict between Competition and Trade Policies – 23 out. 1986 – C(86)65(final).

[23] De acordo com Carvalho: "Segundo o princípio da extraterritorialidade, o âmbito de aplicação da lei não está restrito às fronteiras nacionais, mas inclui também qualquer atividade econômica ocorrida no exterior cujos efeitos alterem as condições de concorrência no mercado doméstico". Carvalho, 2001, p. 104.

[24] OCDE. Recommendation of the Council concerning Co-operation between Member Countries on Anticompetitive Practices affecting International Trade – 28 jul. 1995 – C(95)130(final).

[25] *Id., ibid.*

[26] Dal Ri Júnior, 2003, p. 653.

A Recomendação de 1998 merece destaque. Além de reconhecer os benefícios das informações compartilhadas (mesmo diante da confidencialidade), ela faz inúmeras colocações sobre os cartéis *hard-core*. Como já fora mencionado, essas práticas são consideradas pela OCDE como flagrantes violações antitruste, realizadas por competidores para fixar preços, controlar a oferta, estabelecer restrições de produção ou cotas, compartilhar ou dividir mercados, alocando os clientes, fornecedores, territórios, ou linhas de comércio[27].

Esse documento, em sua primeira parte, aponta para a importância de uma convergência entre as normas dos países-membros na proibição e luta contra os cartéis, enquanto a segunda parte trata da cooperação internacional e do princípio da *comitas gentium*[28].

A cooperação é apontada nesse documento como um meio de fortalecimento do combate às práticas anticompetitivas. Exemplo da necessidade de cooperação ocorre quando uma prática anticompetitiva é realizada em um país, mas reflete seus efeitos em outro, prejudicando os consumidores. Nesse caso, o compartilhamento de informações passa a ser imprescindível para as investigações.

A ideia foi a de criar, dentro do CDPC, um arquivo útil como fórum de consultas sobre como os países-membros atuam no combate aos cartéis, assim como para avaliar as experiências dos mesmos na implementação da Recomendação de 1998.

A Recomendação de 2001 tratou da separação estrutural nas indústrias reguladas. Ressaltou-se que, quando se enfrenta uma situação na qual uma firma regulada está ou estará no futuro operando simultaneamente em uma atividade não competitiva e numa atividade complementar potencialmente competitiva, os países-membros devem balancear cuidadosamente os benefícios e os custos das medidas estruturais contra os benefícios e os custos das medidas comportamentais[29].

Os benefícios e os custos analisados devem ser aqueles reconhecidos pelas agências e autoridades de concorrência, baseados nos princípios definidos pelo país-membro. Esse balanço pode ocorrer especialmente no contexto de privatização, liberalização ou reforma regulatória[30]. Foi previsto o mecanismo para a avaliação das

---

[27] OCDE. Recommendation of the Council concerning Effective Action Against *Hard core* Cartels.

[28] O *comitas gentium* é um conceito que traduz os costumes não obrigatórios, as chamadas "cortesias", dos quais não decorrem consequências jurídicas. Conforme Roxburgh *"In their intercourse with one another, States do observe not only legally binding rules and such rules as have the character of usages, but also rules of politeness, convenience, and goodwill. Such rules of international conduct are not rules of law, but of comity"* (2005, p. 24). Essas regras de cortesia não se confundem com regras morais. (*Id., ibid.*)

[29] Os benefícios e custos a serem balanceados incluem os efeitos na concorrência, os efeitos na qualidade e no custo da regulação, os custos de transação das modificações estruturais e os benefícios públicos e econômicos da integração vertical, com base nas características econômicas do país que está sob análise. In: OCDE. Recommendation of the Council concerning Structural Separation in Regulated Industries. Veja-se também: Recommendation of the Council concerning Structural Separation in Regulated Industries.

[30] Para o propósito dessa Recomendação foram trazidos os conceitos de: firma, firma regulada, atividade competitiva, atividade não competitiva e complementar.

experiências, a ser concretizado pelos países-membros, para a implementação da Recomendação, a ser enviada em forma de Relatório para o Conselho.

Dentre as Recomendações apontadas aqui, a de 1998, que trata especificamente dos meios de ação efetiva contra os cartéis do tipo *hard core* é muito importante. A adoção, pelo Brasil, do programa de leniência foi influenciada, dentre outros fatores, pela Recomendação de 1998, passando a leniência a ser instrumento efetivo no combate aos cartéis, a ser analisado mais adiante.

> Dentre as mais recentes, a Recomendação da OCDE de 2009, sobre Avaliação da Concorrência, destaca os seguintes pontos: (i) Identificação de políticas públicas existentes ou proposta que limitem a concorrência, para desenvolver critérios específicos e transparentes[31] (ii) revisão de políticas públicas que restringem indevidamente a concorrência[32]; (iii) marco institucional[33].

Em 2011 foi publicado o Relatório sobre Experiências de Separação Estrutural, isto é, sobre as medidas estruturais como remédio (i.e., solução) concorrencial. Os remédios estruturais não estão disponíveis em todos os países-membros da OCDE. Da mesma forma, as condições se diferem, ou seja: ao mesmo tempo que podem se caracterizar como remédio estrutural, diante de uma violação concorrencial, também podem ser mero instrumento de preservação da estrutura de mercado competitivo, independentemente de identificação de uma infração concorrencial (a qual seria, de acordo com a organização, uma "Separação Estrutural Objetiva")[34]. No atual regime da UE, os remédios estruturais estão disponíveis para as autoridades de concorrência dos Estados-Membros da UE apenas na medida em que estejam previstos na legislação nacional[35].

---

[31] "(...) a OCDE recomenda que os governos devem introduzir um processo adequado para identificar as políticas públicas que restrinjam indevidamente a concorrência e desenvolver critérios específicos e transparentes, incluindo a preparação de dispositivos de monitoramento" (OCDE, 2009, p. 2).

[32] "(...) (1) Os governos devem introduzir um processo apropriado para a revisão das políticas públicas existentes ou propostas que restrinjam indevidamente a concorrência e desenvolver critérios específicos e transparentes para a avaliação de alternativas adequadas; (2) os governos devem adotar a alternativa mais favorável à concorrência em consonância com os objectivos de interesse público visados e levando em consideração os benefícios e os custos de implementação" (tradução livre) OCDE, 2009, p. 3.

[33] "(...) 1. *Competition assessment should be incorporated in the review of public policies in the most efficient and effective manner consistent with institutional and resource constraints. 2. Competition bodies or officials with expertise in competition should be associated with the process of competition assessment. 3. Competition assessment of proposed public policies should be integrated in the policy making process at an early stage*" (OCDE, 2009, p. 3).

[34] OCDE, 2011, p. 16.

[35] Exemplo do que ocorre na UE: "*note that the revised EU competition law regime introduced by Regulation 1/2003[22] made the application of the EU competition provisions by national competition authorities and national courts compulsory, irrespective of national sector regulation, to the extent that the conduct "may affect trade between Member States".[23] Based on Article 5 of Regulation 1/2003 this does, however, not extend to procedural law, so that structural remedies are available to competition authorities in EU Member States only to the extent that they are foreseen under national law.[24] Moreover, further sector-specific powers may in the future be introduced at the domestic level as EU Member States implement EU Directives relating to the sectors under consideration*" (OCDE, 2011, p. 16).

O Relatório de 2011 reflete o amadurecimento institucional alcançado, em pouco tempo, pelo debate relacionado à política antitruste. Existe clara recomendação para, numa situação ambígua (isto é, na qual uma empresa atue, ou possa operar, simultaneamente, em uma atividade anticompetitiva e numa atividade potencialmente competitiva), os Membros sopesem os custos e benefícios das medidas estruturais e os custos e benefícios de medidas comportamentais. Cabe dizer que a própria autoridade indica quais são esses custos e benefícios:

> Os benefícios e custos a serem balanceados incluem os efeitos na concorrência, efeitos na qualidade e custo da regulação, efeitos nos incentivos às empresas para investir, os custos de transição de modificações estruturais e os benefícios econômicos e públicos da integração vertical, com base nas características econômicas da indústria no país sob revisão.
>
> Os benefícios e custos a serem balanceados devem ser aqueles reconhecidos pela(s) agência(s) relevante(s), inclusive a autoridade da concorrência, com base em princípios definidos pelos Estados-Membros. Este equilíbrio deve ocorrer especialmente no contexto da privatização, liberalização ou reforma regulatória[36].

No tocante às condutas anticoncorrencias, os contratos públicos passaram a ter maior atenção. A OCDE por meio da Recomendação de Combate à Cartéis em Licitações Públicas de 2012, indica claramente a importância de se assegurar aos funcionários públicos responsáveis pela adjudicação de contratos públicos, em todos os níveis de governo, o conhecimento sobre os indícios, comportamentos suspeitos e os padrões de apresentação de oferta que possam ser considerados incomuns (i.e., aqueles com sinais de colusão). Por meio dessa identificação é possível a investigação de atividades suspeitas pela autoridade pública responsável[37].

Mais especificamente, os Membros devem encorajar as Autoridades da Concorrência a:

1. Associar-se com agências de contratação pública para produzir material impresso ou eletrônico sobre indicadores de fraude e conspiração para distribuir aos responsáveis por gerenciar e/ou facilitar a concessão de fundos públicos;
2. Oferecer suporte às agências de contratação pública para capacitar os funcionários da contratação, auditores e investigadores de todos os níveis de governo, sobre técnicas de identificação de comportamentos suspeitos e padrões de licitação incomuns indicadores de conluio; e
3. Estabelecer um relacionamento contínuo com agências de contratação pública de tal forma que, caso os mecanismos preventivos não possam proteger os fundos públicos de conluio, essas agências relatem a suspeita de tal prática às autoridades de concorrência (entre outras autoridades competentes) e tenham a certeza do auxílio prestado pelas autoridades de concorrência para investigar qualquer conduta anticompetitiva[38].

---

[36] OCDE, 2011, p. 120-121.
[37] OCDE, 2012, p. 3-4.
[38] OCDE, 2012, p. 3-4.

A Recomendação da OCDE, de 16 de setembro de 2014, intitulada Recomendação do Conselho da OCDE sobre a cooperação Internacional no contexto de investigações e processos em matéria de concorrência[39], merece destaque por reconhecer as cooperações como importante instrumento persecutório e de concretização do *enforcement* concorrencial.

O compromisso por uma cooperação internacional eficaz entre as autoridades de concorrência foi enfatizado por meio da adoção de medidas adequadas para minimizar os obstáculos e restrições diretas ou indiretas[40]. As consultas e a cortesia internacional foram abordadas entre os países, especialmente quando há uma investigação ou procedimento conduzido fora de sua jurisdição, isto é, sob diferente tutela concorrencial, que possa prejudicar seus interesses[41].

A OCDE segue recomendando o apoio entre as autoridades de forma voluntária na atividade de aplicação da lei. Isso pode ser concretizado – se for adequado e praticável – por meio do fornecimento de uma assistência mútua nas investigações, levando-se em conta os recursos disponíveis e as prioridades de cada um[42].

6.2 | UNCTAD

O termo UNCTAD corresponde à sigla em inglês para Conferência das Nações Unidas para Comércio e Desenvolvimento e é o órgão do sistema das Nações Unidas que busca discutir e promover o desenvolvimento econômico por meio do incremento ao comércio mundial. Trata-se de um foro intergovernamental, estabelecido em 1964, com o objetivo de dar auxílio técnico aos países em desenvolvimento para estes se integrarem ao sistema de comércio internacional.

Portanto, os principais objetivos da UNCTAD são: (i) apoiar os países em desenvolvimento (emergentes) a maximizar os benefícios das oportunidades oriundas do comércio e do investimento internacional, para atingir suas metas de desenvolvimento, e (ii) auxiliar os países em desenvolvimento a se integrarem, de modo equitativo, na economia mundial.

A UNCTAD está gradualmente envolvendo a sociedade civil em seu processo de deliberação governamental. Com esse fim, criou parcerias visando iniciativas conjuntas com as ONGs[43], instituições do meio acadêmico, parlamentares e representantes do mundo dos negócios. As ONGs tiveram uma participação ativa na X UNCTAD, realizada em Bangkok, em 2000, e conseguiram legitimar a participação da sociedade civil nos mecanismos de deliberação das organizações internacionais.

---

[39] OCDE. Recommendation of the OECD Council concerning International Co-operation on Competition Investigations and Proceedings. 2014.
[40] OCDE, 2014, p. 4.
[41] OCDE, 2014, p. 4.
[42] OCDE, 2014, p. 10.
[43] Nos termos do parágrafo 7 da Resolução n. 1.296 (XLIV) do Conselho Econômico e Social (ECOSOC), de 23 de maio de 1968), as ONGs são definidas como "organizações internacionais que não foram criadas pela via de acordos intergovernamentais". In: Oliveira, 2002, p. 19.

A título de exemplo, na UNCTAD XI, realizada em São Paulo, entre 13 e 18 de junho de 2004, foi adotado o "Consenso de São Paulo" (São Paulo Consensus)[44]. Este contém observações sobre cada subtema em que foram encontrados problemas e com os quais a UNCTAD acredita poder contribuir. No Consenso de São Paulo foi destacada a boa governança em cada país e no nível internacional como essencial para sustentar o crescimento e o desenvolvimento. Para melhorar a infraestrutura, sustentar o crescimento econômico, erradicar a pobreza e criar empregos são necessárias políticas econômicas e instituições democráticas sólidas responsáveis pelas necessidades da população[45].

Os fatores básicos precisam ser complementados por políticas de todos os níveis para promover o investimento, construir capacidades locais e integração eficaz dos países em desenvolvimento no mundo[46].

6.2.1 | A concorrência na UNCTAD

A partir de 1979 que as Nações Unidas convocaram uma Conferência com o fim de analisar as práticas comerciais restritivas à livre concorrência internacional. Esse foi o ponto de partida do envolvimento da UNCTAD com os temas da concorrência e do comércio internacional.

A Conferência das Nações Unidas sobre as Práticas Comerciais Restritivas, convocada pela Assembleia Geral, em virtude da Resolução n. 33/153, de 20 de dezembro de 1978, teve seu primeiro período de trabalho compreendido entre 19 de novembro e 8 de dezembro de 1979. O segundo período desenvolveu-se de 8 a 22 de abril de 1980 e teve convocação da Assembleia Geral[47], por meio da Decisão n. 34/447, de 19 de dezembro de 1979[48].

A XXXV Assembleia Geral da ONU, realizada em 5 de dezembro de 1980, adotou por consenso a Resolução n. 35/63, chamada de *Conjunto de princípios y normas*

---

[44] ONU. UNCTAD. São Paulo Consensus – *TD/410*.

[45] *Id., ibid.*, p. 6.

[46] Um desafio crucial é fortalecer a eficácia, coerência e consistência de políticas macroeconômicas. O papel da UNCTAD, no meio desse cenário, é o de: (i) identificar as necessidades específicas e as medidas que elevam a interdependência entre comércio, finança, investimento, tecnologia e políticas macroeconômicas do ponto de vista do seu efeito no desenvolvimento; (ii) contribuir para uma melhor compreensão da coerência entre as regras econômicas internacionais, práticas e processos de um lado, e políticas nacionais e estratégias de desenvolvimento de outro; (iii) apoiar os países em desenvolvimento no tocante aos seus esforços para formular estratégias de desenvolvimento adaptadas aos desafios da globalização. Cf. *id., ibid.*, p. 7.

[47] "A Assembleia Geral, onde todos os Estados estão representados, tem sido descrita como a instituição mais próxima de um Parlamento de Nações e apresenta-se como uma forma única de 'diplomacia parlamentar'. Todos os problemas do mundo são ali apresentados e o voto da Assembleia constitui um bom barômetro da opinião mundial. Na Assembleia Geral, todos os países podem debater as suas divergências e alcançar acordos sobre como resolver os problemas mais importantes. As decisões, embora constituam recomendações a que os Estados-membros não estão juridicamente vinculados, representam a autoridade moral da comunidade das nações." ONU. UNCTAD. General Assembly Resolutions.

[48] Dal Ri Júnior, 2003, p. 642, nota 37.

equitativas convenidos multilateralmente para el control de las prácticas comerciales restrictivas, ou Código de Conduta sobre Práticas Comerciais Restritivas da ONU (CPR), resultado das discussões dos diversos grupos de estudo[49]. Essa Resolução teve como objetivo geral a criação de um ambiente, dentro da comunidade internacional, no qual houvesse a possibilidade de se aprovar um corpo de princípios e normas multilaterais em matéria de práticas comerciais restritivas.

Cabe ressaltar que, na UNCTAD, as negociações sobre o controle do poder econômico foram marcadas pela projeção das legislações nacionais no plano internacional. Os norte-americanos pretendiam a adoção de uma harmonização legislativa, enquanto os países em desenvolvimento procuravam incluir na definição de práticas comerciais restritivas uma referência expressa aos seus efeitos nocivos para o desenvolvimento econômico.

Essa Conferência teve um resultado muito importante, porque, após essa reunião, a UNCTAD passou a ter efetivamente um empenho maior na discussão sobre a concorrência. Ocorreram outras conferências diplomáticas em 1985, 1990, 1995 e 2000, 2005, 2010, 2015 para rever o CPR. Após a adoção do CPR, a cada 05 anos é realizada uma conferência com a finalidade de revisão. Trata-se de ocasião para que os responsáveis pelas políticas antitruste, autoridades de concorrência, e dirigentes responsáveis de países desenvolvidos e em desenvolvimento (incluindo os países menos desenvolvidos) e economias em transição estabeleçam contato direto e façam *network* para cooperações voluntárias e para a troca de melhores práticas.

Os objetivos das normas contidas no CPR são: (i) manter os benefícios da liberalização econômica, especialmente para o comércio dos países em desenvolvimento; (ii) maior eficiência do comércio internacional nos países em desenvolvimento, por meio da proteção da concorrência, controle da concentração de capitais e desenvolvimento[50]; (iii) promover o bem-estar dos consumidores; (iv) eliminar as desvantagens para o comércio e obstáculos ao desenvolvimento eventualmente produzidos pelas práticas comerciais restritivas; (v) criar um conjunto de normas e princípios acordados multilateralmente com o fim de controlar práticas comerciais restritivas para adoção internacional.

Conforme previsão, essas normas deveriam ser universais, aplicáveis a todos os países e empresas. No entanto, elas não se aplicam às práticas comerciais restritivas decorrentes de acordos governamentais.

Os princípios contidos no corpo da Resolução n. 35/63 foram divididos em três categorias: (i) os princípios equitativos acordados em âmbito multilateral para o controle das práticas comerciais restritivas; (ii) os princípios e normas aplicáveis às empresas, inclusive as transnacionais; e (iii) os princípios e normas que os Estados devem seguir em âmbito nacional, regional e sub-regional[51].

---

[49] Esse instrumento foi originado de um longo processo de discussões iniciado em 1947, quando houve a tentativa de criação da Organização Internacional do Comércio (OIC).

[50] O termo "desenvolvimento" é constantemente expresso nas documentações da UNCTAD, muitas vezes de forma vaga. Sobre o conceito de desenvolvimento sob uma ótica mais humana, veja-se: Sen, 2000, *passim*.

[51] Dal Ri Júnior, 2003, p. 644-645. Veja-se também: Carvalho, 2001, p. 163.

A colaboração internacional foi enfatizada como um meio de reforço e melhora do controle das práticas comerciais restritivas à concorrência, mediante comunicação permanente com a UNCTAD[52] e divulgação através de publicações da evolução, e das medidas adotadas em relação ao controle das práticas anticompetitivas. Logo, a ideia é que a UNCTAD funcione como órgão de consulta, capacitação, desenvolvimento e cultura da concorrência.

A concorrência foi tema na Conferência da UNCTAD realizada em Bangkok, de 12 a 19 de fevereiro de 2000[53]. O Relatório final dessa conferência proporcionou uma reflexão importante sobre o papel das empresas multinacionais no comércio internacional, assim como acerca do impacto de possíveis fusões entre as mesmas e condutas comerciais restritivas à concorrência. A maior preocupação expressa pelo documento refere-se ao fato de as condutas restritivas não impedirem ou invalidarem a obtenção de benefícios alcançados com a liberalização das barreiras tarifárias e não tarifárias existentes no comércio mundial. Em especial, havia uma preocupação maior com as que diretamente afetam o comércio e o desenvolvimento dos países em desenvolvimento[54].

Percebe-se que, para a UNCTAD, a liberalização do comércio e dos investimentos, dentro e fora da OMC, funciona como um incentivo para a globalização, o qual, juntamente com os progressos tecnológicos, permitiria a aplicação de estratégias mundiais pelas empresas multinacionais. Infere-se, então, que essas medidas se voltam a controlar e a combater as práticas restritivas ao comércio, com maior eficiência, inclusive com o controle da concentração do poder econômico.

A UNCTAD tem como meta realizar um estudo profundo sobre o impacto que teriam no desenvolvimento os possíveis acordos internacionais sobre concorrência. Nesse sentido, deve-se estudar de forma clara e objetiva, com base em casos concretos, a relação entre concorrência e competitividade[55].

Houve uma quarta Conferência da ONU para efetuar uma revisão do CPR, realizada em setembro de 2000, em Genebra. Nessa conferência, as delegações reafirmaram o papel fundamental desempenhado pela lei e pela política da concorrência para o fomento do desenvolvimento econômico[56]. Mais uma vez, a UNCTAD procurou promover a cooperação entre os Estados em todos os níveis (tanto regional como multilateral) para reforçar o controle de fusões e de práticas anticoncorrenciais como os cartéis. Contudo, não ocorreram resultados relevantes.

---

[52] Essa comunicação permanente versa sobre as medidas com as finalidades propostas pelo CPR.
[53] ONU. UNCTAD. Report of the United Nations conference on trade and development on its tenth session UNCTAD TD/390.
[54] ONU. UNCTAD TD/390, 21 set. 2000.
[55] Id., ibid. Na reunião ocorrida em novembro de 2004 (Genebra), um dos temas discutidos primordialmente foi a coleta de evidências e temas de cooperação em investigações de cartéis clássicos. Veja-se: CADE. Conferência das Nações Unidas sobre Comércio e Desenvolvimento, 2008, p. 2.
[56] Nessa Conferência foi recomendado à Assembleia Geral da ONU convocar uma quinta conferência de revisão para 2005. Veja-se: ONU. UNCTAD. Fourth United Nations Conference to review all aspects of the set of multilaterally agreed equitable principles and rules for the control of restrictive business practices. TD/RBP/CONF.5/15-4.

Os pontos principais que deveriam continuar sob a análise pelo grupo de especialistas de direito e política de concorrência na UNCTAD são: criação de capacidades institucionais; promoção da concorrência e educação do público; estudos sobre a concorrência, competitividade e desenvolvimento; contribuições para os possíveis acordos internacionais sobre concorrência[57].

Essa criação de "capacidades institucionais" pela UNCTAD está dentro da assistência técnica de assessoramento aos países-membros[58]. As instituições são estruturas modeladoras do funcionamento do processo econômico como um todo e por isso são um fator indispensável para o desenvolvimento.

Para a divulgação de uma "cultura da concorrência", o encontro denominado Expert Meeting on Competition Law and Policy da UNCTAD procura implementar medidas de auxílio, tais como: publicação de documentos com as localidades das agências de concorrência, manual de legislação de concorrência e comentários sobre a legislação de alguns países[59].

A UNCTAD, com a colaboração de outras organizações internacionais, como o Banco Mundial, o Programa das Nações Unidas para o Desenvolvimento (PNUD), e a OMC, organizou reuniões regionais que versaram sobre o tema de direito e política de concorrência. O ponto de partida dessas reuniões foi o conteúdo exposto nos parágrafos 23 e 24 da Declaração de Doha[60], relativas à interação entre concorrência e comércio internacional. Essa foi uma tentativa de dar, aos países em desenvolvimento e menos desenvolvidos, uma assistência para que eles avaliassem os prováveis efeitos de uma cooperação multilateral em matéria de defesa da concorrência[61].

De acordo com a Declaração da XII UNCTAD, realizada em Acra, capital da República do Gana, esforços devem ser feitos para prevenir e desmembrar estruturas e práticas anticompetitivas para promover responsabilidade e punir agentes, em âmbito nacional e internacional. Assim, são possibilitadas vantagens da liberalização comercial aos produtores, empresas e consumidores de países em desenvolvimento. Isso deveria ser complementado pela promoção de uma cultura de concorrência e aumento de competição. Países em desenvolvimento foram encorajados a considerar, como matéria de importância, o estabelecimento de leis e padrões de concorrência

---

[57] Carvalho, 2001, p. 166. Veja-se, também: ONU. UNCTAD. *Fourth United Nations Conference to review all aspects of the set of multilaterally agreed equitable principles and rules for the control of restrictive business practices.* TD/RBP/CONF. 5/15-4, §§ 16-19.

[58] Sobre a abordagem institucionalista, não se pode deixar de mencionar o trabalho e os conceitos desenvolvidos por Douglass North, o qual considera que a função principal das instituições na sociedade é reduzir a incerteza estabelecida numa estrutura estável da interação humana, não necessariamente eficiente. É importante apontar que a estabilidade das instituições de modo algum contradiz ao fato de elas encontrarem-se em mudança permanente. Veja-se: North, 2001, *passim*.

[59] A Expert Meeting on Competition Law and Policy Ad hoc, realizada em outubro de 2006, teve como temas principais: i) A relação entre a lei e a política de concorrência com os subsídios; e ii) a análise da cooperação e os mecanismos de solução de controvérsias relacionados com a política de concorrência nos acordos regionais de comércio, levando-se em consideração as matérias particulares que dizem respeito aos pequenos países em desenvolvimento.

[60] Sobre a declaração de Doha, veja-se: OMC. *The Doha Declaration explained.*

[61] OMC. WT/WGTCP/W/197.

mais adaptados às suas necessidades de desenvolvimento, complementadas por assistência técnica e financeira para construção de capacidades, levando em consideração objetivos políticos e limitações de capacidade[62].

Dentre as iniciativas dignas de destaque, temos o "Modelo de Lei Concorrencial – Os possíveis elementos substantivos para uma lei da concorrência, comentários e abordagens alternativas nas legislações existentes"[63]. O modelo deveria servir como inspiração, podendo sofrer adaptações, conforme sugestões dos membros e organizações.

A UNCTAD continua a ser um fórum importante para discussão de tópicos concorrenciais em nível multilateral, mantendo estreitas ligações com redes existentes de autoridades concorrenciais para promover o uso de legislação e políticas de concorrência como ferramentas para o alcance de competitividade nacional e internacional. O trabalho da UNCTAD leva em consideração a condição dos países em desenvolvimento[64].

Com base nos documentos da UNCTAD, verifica-se o dever de manter e ampliar a ajuda aos países interessados em desenvolver um marco regulatório e institucional interno de uma política da concorrência.

Contudo, nota-se que essas iniciativas enfrentam um problema sério, pois o campo de atuação da instituição está vinculado ao quadro das Nações Unidas, e os temas incluídos no corpo da Resolução da ONU limitam-se ao estabelecido, a cada cinco anos, em um plano de trabalho. Portanto, há um desafio para a UNCTAD acompanhar as modificações da economia mundial em matéria de concorrência.

Como fórum de discussão, em nível multilateral, a UNCTAD busca a promoção de políticas de defesa da concorrência como ferramentas para proporcionar competi-

---

[62] ONU. UNCTAD/IAOS/2008/2, 2008, p. 35.

[63] UNCTAD, TD/RBP/CONF.5/7/Rev.3. *"As directed by the seventh session, (TD/RBP/Conf.5/7) has been prepared on the basis of the written comments on the Model Law received from member States in 2006 and 2007. It constitutes a revised version of the 2004 version of the Model Law on Competition, (TD/RBP/Conf.5/7/Rev.2, Sales No. 04.II.D.26), specifically Part II entitled "Draft commentaries to possible elements for a competition law of a Model Law or Laws". However, some comments which were received did not request specific changes to Part II but raised general issues or made suggestions about how to proceed with future revision of the Model Law."*(UNCTAD, website).

[64] Consequentemente, a tomada de futuras ações pela UNCTAD tem foco: (a) no preparo e implementação de leis, políticas concorrenciais nacionais e regionais, medidas apropriadas para as necessidades de desenvolvimento de países em desenvolvimento e do bem-estar de seus consumidores; (b) nas pesquisas e deliberações relacionadas às práticas anticompetitivas em diferentes setores, seus efeitos no bem-estar do consumidor, em mercados globais, em mercados dos países em desenvolvimento em particular e mecanismos para solucionar tais efeitos; (c) no exame de todas as questões relacionadas à interface entre concorrência, privatização, inovação e seus impactos no comércio e desenvolvimento, inclusive em nível regional; (d) no auxílio a cooperações regionais e cooperações Sul-Sul em políticas concorrenciais; (e) no auxílio aos países em desenvolvimento na formulação e implementação de legislação concorrencial; (f) nos *peer reviews* voluntários de política concorrencial na UNCTAD, os quais deveriam ser estendidos a grupos maiores de países em desenvolvimento e suas organizações econômicas regionais; e (g) na facilitação das trocas de experiências e melhores práticas em construção de capacidades em diferentes regiões, incluindo programas como o de assistência técnica em políticas de concorrência e proteção do consumidor na América Latina (Compal). ONU. UNCTAD/IAOS/2008/2, 2008, p. 36 e 47.

tividade nacional e internacional, considerando que muitos países ainda não têm adequadas instituições[65].

Observa-se que a UNCTAD tem se preocupado com a promoção de ideias menos custosas de executar no sentido de divulgar uma cultura geral de concorrência e promover uma harmonização normativa, além de auxiliar no desenvolvimento de capacidades institucionais.

6.2.2 | Estratégias da UNCTAD para estimular a cultura concorrencial

Destaca-se a atuação da UNCTAD no que diz respeito à criação de estratégias de comunicação, adotadas pelas autoridades de concorrência, como instrumento para a eficácia das políticas adotadas pelas agências[66]. Esse foi o tema apresentado na 14ª Sessão do Grupo Intergovernamental de Especialistas, o qual tratou, de uma forma geral, dos seguintes aspectos: (1) defesa da concorrência; (2) papel dos meios de comunicação na defesa da concorrência; e (3) levantamento da UNCTAD sobre o uso de estratégias de comunicação de mídia para a defesa da concorrência[67].

A defesa da concorrência na UNCTAD significa a promoção dos princípios concorrenciais nas discussões políticas e processos de regulação. As autoridades deveriam então: (i) promover um ambiente competitivo entre entidades governamentais; (ii) aumentar a consciência pública sobre os benefícios da concorrência para a sociedade como um todo (isto é, sobre como a política pode promover e proteger consumidores e empresas)[68].

---

[65] Em relatório publicado em 2009, os objetivos das atividades de cooperação da UNCTAD foram, uma vez mais, destacados: [Atividades de cooperação técnica da UNCTAD] objetivam auxiliar países em desenvolvimento – incluindo os países menos desenvolvidos (*least developed countries* – LDCs) e economias em transição – na formulação e revisão de políticas e leis antitruste, e implementação de leis antitruste com: (a) construção de capacidade institucional nacional; (b) promoção da criação de disciplinas de antitruste nas universidades; (c) suporte à cooperação regional em política antitruste; e (d) suporte a países e grupos regionais para melhor formular as modalidades e formas de cooperação regional em questões antitruste que sustentam/apoiem o comércio, investimentos e desenvolvimento. ONU. UNCTAD. Summary of countries' requests and UNCTAD technical assistance in 2008. TD/B/C.I/CLP/5, 2009, p. 3-4.

[66] Trata-se de ponto já defendido pela OCDE: "*It is important that competition agencies in all countries engage in competition advocacy, but the discussions above suggest that it is especially critical for those in developing countries to do so. There are certain events that occur in the formative stages of a market economy, including privatisation and regulatory reform, which will significantly impact how the new economy develops. It is better to accomplish these changes properly at the outset than to try to amend them later, and the participation of the competition agency as an advocate for competition has obvious value to that end. Further, most developing countries lack suitable competition cultures, and it is important for the agency to begin the process of building one. These circumstances suggest that competition agencies in developing countries should be relatively more active in competition advocacy than their counterparts in developed countries. At the same time, however, they may lack the foundation for doing so – they may not yet have acquired the independence, the resources and the credibility necessary for effective advocacy.*"(OCDE. Competition Advocacy: challenges for Developing Countries, p. 10).

[67] UNCTAD. Session of Intergovernmental Group of Experts. 14. 2014, Geneva. Communication strategies of competition authorities as a tool for agency effectiveness.

[68] Alguns exemplos de atividades: (a) observações escritas à legislatura, ministérios, tribunais, reguladores do setor, ou municípios; (b) discursos a associações profissionais; (c) conferências, (d) publicação de artigos em jornais; ou (e) elaboração de uma estratégia articulada para a mídia.

O uso de estratégias de comunicação, por meio da mídia, é uma ferramenta a ser considerada pelas autoridades de Concorrência, uma vez que exercem influência sobre os tomadores de decisões (via pressão da opinião pública)[69]. Destacam-se os três papéis dos meios de comunicação na defesa da concorrência: (i) conscientização: explicar o papel da autoridade em linguagem simples; fornecer maneiras equitativas de relatar violações e buscar reparação; angariar apoio político (...); (ii) influência sobre o comportamento dos agentes que negociam, por meio: a) da compreensão do direito concorrencial; b) do conhecimento das categorias de violações e regimes de leniência; c) do incentivo a medidas preventivas de *compliance* e acordos de leniência; e (iii) influência sobre os formuladores de políticas, por meio de melhores debates democráticos sobre a política: a) amplificação das vozes não ouvidas pelos formuladores de políticas; e b) redução dos obstáculos limitadores da defesa da concorrência, como a restrição à liberdade de imprensa[70-71].

A cooperação informal entre agências da concorrência é estabelecida por meio de dois tipos de cooperação: (1) cooperação informal geral, e (2) cooperação informal em casos específicos.

A cooperação informal geral ocorre em conferências, reuniões bilaterais e outras formas de intercâmbio de conhecimentos e informações, que podem ser compartilhadas entre os especialistas no curso de suas deliberações. Além disso, o desenvolvimento de capacidades e a cooperação de assistência técnica pode fornecer uma plataforma na qual os países beneficiários se reúnam e promovam os objetivos comuns.

A UNCTAD, a OCDE e a ICN estão envolvidas nesse tipo de cooperação informal por meio de suas contribuições para reuniões multilaterais, regionais e bilaterais. A cooperação informal, em casos específicos, pode incluir a discussão de estratégias de investigação, informações de mercado e avaliações testemunhais. Referida estratégia implica compartilhar orientações com a finalidade de comparar as abordagens das autoridades para casos comuns. Isso pode auxiliar as autoridades de concorrência, em especial as mais jovens, a agilizar uma estratégia investigativa[72].

Vale mencionar a utilidade da cooperação informal como uma atividade fundamental na atuação de qualquer agência de concorrência. Isso porque se trata de uma ferramenta extremamente útil para um trabalho conjunto, no sentido de ajudar as

---

[69] UNCTAD, 2014, p. 3-5.

[70] Id., ibid., p. 6-8.

[71] Foram pesquisadas 43 agências pela UNCTAD no sentido de se analisar como o uso da mídia beneficia a atuação das mesmas. As conclusões apresentadas evidenciam que as estratégias de comunicação de mídia para a defesa da concorrência são uma ferramenta poderosa para as autoridades por ter impactos estratégicos relevantes, tais como: (a) melhor custo-benefício, (b) potencial de dissuasão, (c) mobilização de apoio político (pró-concorrência através de pressão sobre os tomadores de decisão), (d) utilização de um quarto poder, qual seja, a cultura de concorrência na sociedade através da participação democrática na aplicação da lei e da política concorrencial. Cf. UNCTAD, 2014, p. 9-13.

[72] UNCTAD. Relatório TD/B/C.I/CLP/29. Informal cooperation among competition agencies in specific cases. Jun. 2014. Disponível em: http://unctad.org/meetings/en/SessionalDocuments/ciclpd29_en.pdf. Acesso em: 5-12-2015, p. 6.

agências a resolver casos individuais de forma mais prática, e para efetivamente evitar riscos, como o de diferentes abordagens, que levam a uma situação desigual (i.e., a jurisdição mais restritiva acaba por definir as regras para todas as jurisdições). Cooperação informal também fornece uma melhor compreensão das políticas e práticas dos países em cooperação, promovendo uma convergência em torno das melhores práticas[73].

A Declaração de Lima (cooperação informal entre vizinhos – Colômbia, Chile e Peru) é um exemplo de cooperação informal entre as jovens agências da concorrência. Esse tipo de cooperação informal, além de colaborar com o conhecimento das leis, também auxilia nas práticas e casos que envolvem mais de uma jurisdição[74].

As melhores práticas, no sentido de fortalecer a cooperação informal entre as agências de concorrência, podem ser resumidas, com base nesse Relatório da UNCTAD, do seguinte modo: (1) promoção de uma melhor compreensão – entre as agências da concorrência – das leis, critérios de avaliação e concepção de soluções e sanções, de modo a promover a transparência nos procedimentos e processos; (2) construção de capacidades humanas e de técnicas nas jovens agências de concorrência para fazer cumprir as metas; (3) desenvolvimento de diretrizes e melhores práticas para os acordos de cooperação; (4) inclusão de disposições nas legislações nacionais que garantam a cooperação e o intercâmbio de informações; (5) estabelecimento e implementação de salvaguardas claras para o devido processo e proteção de informações confidenciais[75].

6.3 | OMC

A história do sistema multilateral de comércio remonta ao encontro de Bretton Woods, ocorrido no final da Segunda Guerra Mundial, momento no qual os países vencedores buscaram instituir órgãos reguladores da economia internacional. Foi nesse encontro que houve consenso sobre a necessidade de criação de um Fundo Monetário Internacional (FMI), de um banco financiador da reconstrução europeia e seu desenvolvimento (BIRD e Banco Mundial) e, por fim, de uma organização internacional para regulamentar os fluxos comerciais (Organização Internacional do Comércio – OIC)[76].

O BIRD e o FMI foram criados, mas a OIC não, por conta de uma divergência da política interna norte-americana. A formação dessa organização, sem a participação dos EUA, era impraticável naquele período, e, assim, foi aprovado, em 1947, o Acordo Geral sobre Tarifas e Comércio (GATT): um conjunto de normas dire-

---

[73] UNCTAD, 2014, p. 13.
[74] Id., ibid., p. 14-15.
[75] UNCTAD, 2014, p. 16.
[76] Barral, 2002, p. 12.

cionadas, primeiramente, para a redução das tarifas alfandegárias no comércio internacional[77].

Entretanto, mesmo não havendo a criação de uma organização internacional, o GATT servia como um amplo foro de negociações. Os seus principais pilares eram a Cláusula da Nação Mais Favorecida (NMF)[78] e o princípio do Tratamento Nacional.

No GATT 1947, o propósito da Cláusula NMF foi fazer desaparecer as restrições ao livre-comércio, diminuindo as barreiras alfandegárias e as medidas de proteção aos mercados. Para tanto, foi introduzido o método das rodadas multilaterais periódicas de negociações, objetivando eliminar ou reduzir os obstáculos ao comércio internacional e, ao mesmo tempo, fiscalizar o cumprimento dos direitos e obrigações decorrentes das transações mundiais.

O princípio da não discriminação tem a finalidade de proteger o livre-comércio, estando instrumentalizado pela Cláusula NMF. A criação dessa cláusula demonstra a necessidade de se abolir as discriminações ocasionadas pela concessão de preferências comerciais que geralmente prejudicam os países de menor representatividade econômica e comercial.

Nesse contexto, as reduções tarifárias passaram a ser negociadas em longas rodadas periódicas. Foram estabelecidos vários acordos comerciais, em oito rodadas de negociações multilaterais no âmbito do GATT, das quais a mais abrangente foi a oitava, chamada de Rodada Uruguai, iniciada em 1986 e finalizada em 1993. No entanto, os acordos foram firmados em Marraqueche, no Marrocos, em abril de 1994. O acordo de Marraqueche criou a Organização Mundial do Comércio (OMC) com o início de suas atividades em 1º de janeiro de 1995.

A OMC é uma organização internacional cujas funções principais são facilitar a aplicação das regras de comércio internacional, acordadas internacionalmente entre seus Membros, e servir de foro para negociações de novas regras ou temas relacionados ao comércio. Ela é dotada também de um sistema de solução de controvérsias em matéria de comércio internacional. Periodicamente é procedida uma revisão das políticas comerciais de cada um dos atuais 162 Membros[79].

O objetivo definido para a OMC é garantir o cumprimento das normas reguladoras do comércio internacional. Nesse contexto, procura-se assegurar que referidas normas sejam estáveis, transparentes e equitativas. Na estrutura jurídica criada a partir da OMC, a Conferência Ministerial é o órgão de cúpula, que, por consenso, toma as decisões mais importantes para a Organização[80].

---

[77] Id., ibid., p. 13.

[78] Artigo I do GATT determina que, no comércio mundial, não deve haver discriminação. Todas as partes contratantes devem conceder a todas as demais partes o tratamento o concedido a um país em especial. Portanto, nenhum país pode conceder a outro vantagens comerciais especiais, nem discriminar um país em especial.

[79] Sobre o que é a Organização Mundial do Comércio e o seu número de membros, veja-se: Understanging the WTO: the organization. WTO (*website*).

[80] Acordo Constitutivo da OMC, art. IV.

Pela agenda de Doha[81], as negociações envolveriam três tipos de temas: os temas cujas regras poderão ser revisadas ou alargadas (serviços, agricultura, barreiras tarifárias, comércio e meio ambiente, regras de implementação, propriedade intelectual, defesa comercial e reforma do sistema de solução de controvérsias da OMC); a proposta de inclusão de regras sobre matérias ainda não regulamentadas pelo sistema multilateral do comércio, denominadas "questões de Cingapura" (regras sobre investimentos, políticas de concorrência, transparência nas compras governamentais e facilitação ao comércio); e as questões decorrentes dos principais acordos da OMC (regras para pequenas economias, comércio e transferência de tecnologia, relação entre comércio e dívida externa, e a relação entre propriedade intelectual e saúde pública)[82].

Em setembro de 2003, os Membros da OMC reuniram-se em Cancún (México) para avaliar o andamento das negociações iniciadas em Doha, em novembro de 2001; todavia, nada foi decidido[83]. Em Hong Kong, a 6ª Conferência Ministerial ocorreu entre 13 e 18 de dezembro de 2005, mas também resultou no insucesso no tocante à tentativa de obtenção de consenso[84].

Oficialmente, na 5ª Conferência Ministerial de Cancún, o fracasso das negociações se deu em torno das chamadas "questões de Cingapura". O travamento das negociações partiu da CE que queria discutir esses temas e teve a objeção de quase 90 países, em sua maioria africanos.

Há preocupação com a inclusão de novos temas e a criação de regras multilaterais concorrenciais deixou de ser um tema dentro da OMC, por motivos diversos.

6.3.1 | A concorrência na OMC

Um acordo sobre concorrência em âmbito multilateral originariamente foi proposto no Capítulo V da Carta de Havana, mas nunca veio a existir. Por muito tempo, houve uma grande discussão sobre a necessidade de criação de um conjunto multilateral de regras de concorrência no âmbito da OMC[85].

Em 1996, durante reunião ministerial da OMC em Cingapura, a concorrência recebeu uma especial atenção com a criação de um grupo de trabalho – *Working Group on the Interaction between Trade and Competition Policy* (WGTCP)[86] – para

---

[81] Cabe ressaltar que a agenda de Doha também previu prazos para, em cada um dos temas submetidos a negociação, manifestações dos Membros. Entretanto, até julho de 2008, nenhum prazo foi cumprido, e não houve conclusão.

[82] Barral, 2003, sem página.

[83] Sobre Cancún veja-se: OMC. Draft Cancún Ministerial Text – second revision.

[84] OMC. The Sixth WTO Ministerial Conference – Hong Kong.

[85] Sobre essa questão ver: Andrade, 2001, p. 295-324; Carvalho, 2001, p. 172-185 e Domingues, 2010, p. 85-94.

[86] OMC. WT/MIN(96)/DEC, par. 20: "*Having regard to the existing WTO provisions on matters related to investment and competition policy and the built-in agenda in these areas, including under the TRIMs Agreement, and on the understanding that the work undertaken shall not prejudge whether negotiations will be initiated in the future, we also agree to: establish a working group to examine the rela-*

discutir e estudar as interações entre o comércio e a política de concorrência. Após a formação do WGTCP, a organização passou a receber comunicações dos Membros e de organizações internacionais. Cabe salientar que estas últimas atuam na qualidade de observadoras, como: a UNCTAD; a OCDE, o Banco Mundial, o FMI e a Cooperação Econômica da Ásia – Pacífico (APEC)[87].

A atividade sobre a interação entre a política comercial e a política de concorrência produziu relatórios referentes aos encontros realizados em 1997, 1998, 1999, 2000 e 2001[88]. Em novembro de 2001, na Declaração Ministerial da Conferência de Doha, foram fixados objetivos mais concretos a serem trabalhados pelo Grupo de Trabalho até 2003, e os parágrafos 23, 24 e 25 da Declaração dedicaram-se à interação entre comércio e política de concorrência.

Esperava-se que, na Conferência Ministerial de Cancún e de Hong Kong, os Membros estivessem munidos de elementos para decidir se o tema concorrência faria parte ou não da agenda de negociação da OMC. Entretanto, diante do insucesso dessa Conferência, nada ficou definido sobre o tema.

6.3.2 | Propostas de atuação do passado

Na Declaração Ministerial de Doha, ficou definido que uma das atribuições do WGTCP seria, até a 5ª Reunião Ministerial, trabalhar para a formação de cláusulas sobre cartéis *hard core*. Desse modo, apesar de o texto ser vago em algumas questões, ele apresentou consenso em algumas matérias, como é o caso da preocupação em conter a atuação dos cartéis internacionais *hard core*[89].

Durante os anos 1990, a atuação dos cartéis internacionais envolveu um grande número de indústrias (eletrodos de grafite, vitaminas, ácido cítrico, tubos de aço, lisina e bromo). Os países em desenvolvimento, importadores de muitos produtos – e lesados em bilhões de dólares –, foram obrigados a lutar individualmente contra esses

---

tionship between trade and investment; and establish a working group to study issues raised Members relating to the interaction between trade and competition policy, including anti-competitive practices, in order to identify any areas that may merit further consideration in the WTO framework. These groups shall draw upon each other's work if necessary and draw upon and be without prejudice to the work in UNCTAD and other appropriate intergovernmental fora. As regards UNCTAD, we welcome the work under way as provided for in the Mindrand Declaration and the contribution it can make to the understanding of issues. In the conduct of the work of the working groups, we encourage cooperation with above organizations to make the best use of available resources and to ensure that the development dimension is taken fully into account. The General Council will keep the work of each body under review, and will determine after two years how the work of each body should proceed. It is clearly understood that future negotiations, if any, regarding multilateral disciplines in these areas, will take place only after an explicit consensus decision is taken among WTO Members regarding such negotiations."

[87] Andrade, 2003, p. 242-243.

[88] Esses documentos são, respectivamente: OMC. WT/WGCP/1; WT/WGTCP/2; WT/WGTCP/3; WT/WGTCP/4; WT/WGTCP/5.

[89] OMC. TRADE AND COMPETITION POLICY. Dealing with cartels and other anti-competitive practices – Cancún WTO Ministerial 2003: Briefing notes, 2003, p. 2.

cartéis, pois era crítico o tratamento efetivo desse fenômeno em uma cooperação internacional[90].

Como se sabe, os efeitos desses cartéis são capazes de alcançar vários países em um só momento o que motivava a discussão do tema em âmbito multilateral[91].

Nesse contexto, os Membros desenvolvidos e vários Membros em desenvolvimento pareciam unidos contra os cartéis *hard core* como razão para o estabelecimento de uma normatização da OMC nessa área. Tais normas apoiariam a implementação de políticas adicionais de concorrência pelos Membros, as quais aumentariam a contribuição global da política da concorrência no sistema multilateral de comércio[92].

Para as economias em desenvolvimento, a inclusão do tema concorrência na OMC sempre foi vista com bastante apreensão em razão dos custos de implementação de uma política concorrencial para suas economias. No entanto, alguns especialistas em políticas comerciais afirmavam ser tal apreensão excessiva, apenas justificável pelos países de menor desenvolvimento[93].

Vale observar também que os objetivos das políticas de cada país variam consideravelmente, isto é, alguns países são muito relutantes em ceder qualquer tipo de soberania nessa área. Assim, Krol explica que não é simples apontar uma autoridade internacional capaz de impor procedimentos convergentes ou vinculantes e regras materiais de direito da concorrência[94].

Portanto, em nível internacional, especialmente considerando o grau de convergência atual, a viabilidade de obter regras harmonizadas já era questionável[95] há mais de 15 anos (e segue como tal), para não se afirmar categoricamente que seria algo impossível. Não existe, até o momento, perspectiva de reavivamento do tema na OMC.

Todavia, a abordagem multilateral de fortalecimento de uma legislação contra cartéis, ainda que não abarque todos os temas de direito antitruste, parece ser positiva numa perspectiva global, pois poderá reduzir práticas negativas ao comércio adotadas em vários países simultaneamente[96].

Seria importante a adoção de uma aproximação às modalidades de cooperação voluntária, tal como tem sido feito pelo trabalho da UNCTAD, conforme já vimos neste livro. Segundo Evenett, nas reuniões da OMC, esses países podem inclusive defender a notificação de cartéis para um órgão centralizado, o que evitaria custos

---

[90] *Id., ibid.*, p. 3.
[91] O Grupo de Trabalho (WGTCP) fez também a distinção do conceito de cartel hardcore dos conceitos de cartel de exportação e de importação. Sobre essa questão, ver: OMC. WT/WGTCP/191 – Disposiciones sobre los Cárteles Intrínsecamente Nocivos, p. 4.
[92] OMC. TRADE AND COMPETITION POLICY. Dealing with cartels and other anti-competitive practices – Cancún WTO Ministerial 2003: Briefing notes, 2003, p. 3.
[93] Evenett, 2003, p. 35.
[94] Kroll, 2007, p. 118.
[95] Hoekman; Mavroidis, 2003, p. 6.
[96] Nottage, 2003, p. 23-47.

maiores na implementação de agências, economizaria tempo necessário para a formalização de acordos bilaterais de cooperação, e promoveria a criação de uma central de registro sobre atividades envolvendo cartéis internacionais[97].

As negociações com os países menos desenvolvidos devem levar em consideração as diferenças e as dificuldades de implementação enfrentadas por eles, em virtude de seu estágio de desenvolvimento e dos seus sistemas jurídicos. Também é muito importante o respeito à diferença cultural, para o avanço em favor de maior concorrência.

Esses temas são politicamente sensíveis. Portanto, a análise, na OMC, do desenvolvimento relacionado à política de concorrência (e seus resultados) deve levar em consideração pelo menos dois aspectos: (i) compreensão de "se" e "como" a concorrência contribui para o desenvolvimento econômico; e (ii) a possível abordagem para o "tratamento social e diferenciado"[98] estabelecido dentro da OMC, num contexto de regras de antitruste complementares que possam ser desenvolvidas no futuro[99].

A teoria econômica tem enfatizado que a política antitruste é essencial para o desenvolvimento econômico. Isso ocorre especialmente quando a legislação antitruste é estabelecida para combater cartéis e arranjos que prejudicam o crescimento econômico, bem como para controlar concentrações horizontais capazes de afetar negativamente o mercado[100].

É notório que a política de concorrência apresenta, como um de seus principais objetivos, a eliminação de abusos específicos como os decorrentes da prática de cartéis, de abuso de posição dominante, de concentrações econômicas com possibilidade de prejudicar o bem-estar social. Sem dúvidas, podem existir exemplos das chamadas "economias milagrosas", as quais se desenvolvem apesar de não contarem com uma lei antitruste atualizada[101]. Contudo, a experiência sedimentada pela OCDE e pela UNCTAD, bem como por outros estudos e foruns multilaterais[102], sugere que essa não é uma regra.

O multilateralismo poderia ser um objetivo para um acordo sobre política de concorrência. As tentativas empenhadas são válidas, entretanto, as divergências oca-

---

[97] Evenett, 2003, p. 40-43.

[98] A cláusula de habilitação, oficialmente conhecida como "*decision on the differential and more favourable treatment, reciprocity and greater participation from developing countries*", passou a ser adotado em 1979 e estimula os países desenvolvidos a dar tratamento diferenciado e mais favorável aos países em desenvolvimento. A cláusula de habilitação é a base legal da OMC para o Sistema Geral de Preferências (Generalized Preference System – SPG). Dentro do SPG, os países desenvolvidos não oferecem tratamento preferencial recíproco (tal como igualdade tarifária ou tarifas reduzidas sobre importações) para produtos advindos de países em desenvolvimento. Os países que conferem esse tratamento original definem unilateralmente quais países e produtos são incluídos em seus projetos. A *cláusula de habilitação* é também a base legal para acordos regionais entre países em desenvolvimento e o *Global Preferece System* (SGPC), no qual certos países em desenvolvimento trocam concessões comerciais. Sobre o tema, ver Hoekman, Martin e Braga, 2006, p. 3-4.

[99] Kroll, 2007, p. 171.

[100] Porter, 1993b, p. 110 e s.

[101] Bhattacharjea, 2006, p. 316.

[102] Cf. Evenett, 2003a e Gifford, Kudrle, 2008. Ver também: Morgan, 2005.

sionadas principalmente pelas diferenças econômicas, culturais e de desenvolvimento não têm permitido avanço nas discussões mais sensíveis. Talvez, no futuro, com o avanço na abertura das economias e com uma maior harmonização das legislações, um acordo multilateral sobre política de concorrência e sobre as questões comentadas possa ser viabilizado.

6.4 | Rede Internacional de Concorrência (ICN)

Em fevereiro de 2000 lançou-se, pela primeira vez, a ideia de criar um fórum global especializado em concorrência, por meio do Relatório do Comitê de Aconselhamento de Política de Concorrência Internacional dos EUA. Essa ideia foi endossada, em setembro de 2000, pela Direção Geral para concorrência da Comissão Europeia, e, em fevereiro de 2001, por cerca de quarenta profissionais reconhecidos na área de concorrência de todo mundo[103].

Portanto, em outubro de 2001, foi criado um fórum independente, especializado em concorrência: a Rede Internacional de Concorrência (*International Competition Network* – ICN)[104]. Os Membros da ICN são agências atuantes na defesa da concorrência seriamente envolvidas na implementação das leis de concorrência, tendo aderido ao *Memorandum on the Establishment and Operation of the International Competition Network*, ou são membros da *Interim Steering Group*. Apenas os Membros participam das decisões necessárias para a organização e operação da ICN.

Quando da sua criação, a ICN dispunha apenas de uma rede virtual, eletrônica, de profissionais de concorrência de todo o mundo, mas por meio do *Memorandum on the Establishment and Operation of the International Competition Network* ela passou a ter uma leve estrutura institucional. É importante salientar que, no caso de uma única jurisdição apresentar mais de uma agência responsável pela defesa da concorrência, cada uma delas poderá ser um Membro da ICN[105].

A ICN por meio do aumento da convergência e cooperação, tenta promover uma rede mais eficiente. Acredita-se que a consistência na implementação política e eliminação de ônus processuais desnecessários, ou repetidos, poderão beneficiar consumidores e os negócios em todo o mundo.

Busca-se orientações e contribuições dos setores privados e das ONGs preocupadas com a aplicação das leis antitruste ("consultores não governamentais"). A cooperação poderá ocorrer estreitamente com os seguintes tipos de entidades: (a) organizações internacionais, como a OCDE, OMC e UNCTAD; (b) associações industriais e

---

[103] Oliveira, Rodas, 2004, p. 414.
[104] A ICN foi formada, a princípio, por autoridades dos seguintes países: Austrália, Canadá, União Europeia, França, Alemanha, Israel, Itália, Japão, Coreia, México, África do Sul, Reino Unido, EUA e Zâmbia.
[105] ICN. Operational Framework – last revision: 1 October, 2004, p. 1.

de consumidores; (c) associações e profissionais de direito antitruste; e (d) membros da comunidade acadêmica[106].

O grupo diretor da ICN é composto por representantes de agências antitruste de países desenvolvidos e em desenvolvimento comprometidos em seguir seus objetivos. Cada membro do grupo diretor servirá durante um período de dois anos e poderá ser selecionado para períodos adicionais. As autoridades organizadoras das conferências anuais e encontros participam do grupo diretor numa base *ad hoc* durante o tempo que estiverem dando suporte logístico à ICN[107].

Outra função do grupo diretor refere-se à indicação dos grupos de trabalho, assim como a recomendação de material apropriado para prosseguir com os respectivos planos. Qualquer membro que deseje contribuir com os trabalhos dos grupos poderá fazê-lo. Os grupos de trabalho podem incluir conselheiros não governamentais, mas serão conduzidos por representantes das agências antitruste[108].

As agendas de encontros e conferências ficam sob responsabilidade do grupo diretor, cabendo-lhe decidir quando será apropriado convidar certos conselheiros não governamentais para conferências e encontros. Anualmente o grupo diretor escolhe um membro para agir como presidente[109].

O suporte logístico dos encontros e conferências é providenciado pelo membro da ICN que os acolher em seu país. Após as conferências, todos os membros do conselho diretor reúnem-se e discutem os avanços dos grupos de trabalho e os projetos desenvolvidos. Os grupos de trabalho produzem relatórios com objetivo de apontar os diversos pontos de vista dos membros. Atualmente, existem diversos grupos de trabalho, mas os primeiros grupos foram o de aplicação antitruste em setores regulados e o de concentração e implementação de política de concorrência e de capacidade estrutural.

O primeiro grupo teve a sua atividade concentrada nas práticas restritivas à concorrência. Portanto, é nesse grupo que se estuda a identificação de comportamento de cartel, além de abuso de posição dominante e casos de monopólio. Entretanto, essa análise é realizada apenas em setores regulados, procurando apontar algumas medidas possíveis em benefício dos consumidores. O segundo grupo direcionava-se à identificação de elementos para contribuir na formação de estruturas eficientes nos países em desenvolvimento e economias em transição[110].

A primeira Conferência Anual da ICN foi em Nápoles, na Itália, em 2002, onde foram estabelecidos dois grupos de trabalho sobre defesa da concorrência e sobre

---

[106] ICN. Memorandum on the Establishment and Operation of the International Competition Network, p. 2.

[107] *Id., ibid.*, p. 3-4.

[108] *Id., ibid.*, p. 4.

[109] Entre as responsabilidades do presidente estão: (a) presidir os encontros do grupo diretor e copresidir as conferências da ICN em conjunto com o líder do país da agência que recepcionará os eventos; (b) empreender os deveres necessários de secretariado; (c) manter a lista de contatos e circular versões atualizadas de tempo em tempo; e (d) agir como referência de informações nas operações da ICN.

[110] Oliveira, Rodas, 2004, p. 416.

concentração em contextos multijurisdicionais[111]. O primeiro enfocou a problemática de implementação de uma cultura concorrencial, tanto internacional, como no âmbito interno, principalmente dos países em desenvolvimento. O segundo subdividiu-se em três subgrupos: sobre procedimentos de notificação, sobre análise de concentração e seus critérios, e sobre técnicas de investigação[112].

A segunda conferência anual foi realizada em Mérida, no México, onde os seguintes temas foram abordados pelos grupos de trabalho: (i) o desenvolvimento de um banco de dados; (ii) a compilação de um modelo de regras sobre defesa da concorrência e de estudos sobre a experiência dos membros na referida defesa; e (iii) o desenvolvimento de técnicas práticas. Nessa conferência, mais uma vez enfatizou-se a assistência a ser dada aos países em desenvolvimento e às economias de transição, especialmente no que concerne à legislação e política de concorrência, à identificação dos desafios na implementação de políticas concorrenciais, e à capacitação técnica.

A terceira conferência anual foi realizada em Seul, na Coreia, em abril de 2004. Nessa conferência, avanços foram alcançados no estabelecimento de princípios-guia nas matérias relativas às concentrações de empresas. Finalmente, foi feita a menção sobre a necessidade de criação de um Grupo de Trabalho que cuidasse especificamente dos cartéis.

Em 2005, a quarta conferência foi sediada na Alemanha, entre 6 e 8 de junho de 2005. Na oportunidade, foram discutidos, no Grupo de Trabalho específico sobre cartel, os seguintes pontos: (i) as necessidades e benefícios de se lutar contra os cartéis; (ii) a necessidade de se criar princípios-guia, e/ou práticas recomendadas; (iii) o foco das técnicas de investigação; (iv) a substituição dos *workshops* de cartéis internacionais.

Durante 2006, a quinta conferência foi sediada na África do Sul, na qual foi desenvolvido um projeto piloto para partilhar experiências entre as agências de maior experiência com as de menor experiência[113]. Ainda nessa mesma conferência, foi estabelecido o grupo de trabalho sobre serviços de telecomunicações, pelo período de um ano. O ponto de destaque desse último encontro da ICN foi a finalização do *Merger guidelines workbook*[114], desenhado para representar uma importante fonte para a análise dos efeitos concorrenciais dos atos de concentração.

A sexta conferência foi realizada em 2007 na cidade de Moscou, na Rússia, onde foram discutidos diversos temas relevantes para promoção da defesa da concorrência. A sétima conferência anual foi realizada em abril de 2008. Destaca-se a nomeação do CADE como Membro Diretor da ICN. Assim, entre 2007 e 2009, o Grupo Diretor da ICN contou diretamente com a participação do Brasil. Vale observar que o CADE sempre manteve uma participação de destaque na ICN, porquanto atuou como coor-

---

[111] ICN. Report on the costs and burdens of multijurisdictional merger review, p. 2-23.

[112] Sobre essas questões, veja-se: ICN. Guiding principles for merger notification and review, p. 1; e ICN. Notification and procedures subgroup 2004-2005 work plan, p. 1-3.

[113] Sobre esse projeto piloto desenvolvido na Conferência da África do Sul, ver Relatório da Conferência.

[114] ICN. Merger Guidelines Workbook.

denador do 9º Grupo de Trabalho sobre Implementação de Política de Defesa da Concorrência (*Competition Policy Implementation Working Group*).

Durante a sétima conferência anual, em Kyoto, um tópico importante discutido foi a metodologia de fixação de multas nas jurisdições da ICN. O foco em multas ocorreu em razão do "debate ativo entre autoridades antitruste e acadêmicos sobre o nível apropriado das multas (bem como de outras sanções) para gerar efeito dissuasório (*deterrence*) (...)", além disso "várias autoridades antitruste notaram que suas políticas de sanções para casos de cartéis atendem a diversos objetivos (*deterrence*, retribuição, recuperação dos lucros extraordinários)". Em suma, o documento traz discussões sobre a metodologia de fixação da multa básica (ou, multa-base), fatores mitigantes (atenuantes) ou agravantes, dentre outros pontos[115].

Na oitava conferência anual realizada em Zurich, Suíça, em junho de 2009, destacaram-se resultados para fortalecer a aplicação das leis e políticas antitruste no mercado global, de modo que a ICN buscou auxiliar seus membros a entender melhor suas diferenças e permitir a construção de melhores práticas com base numa análise mais profunda de tais diferenças[116].

No que diz respeito ao Brasil, de acordo com o relatório da ICN,

> (...) a persecução de *hard core* cartéis tem sido prioridade no Brasil desde 2003, quando a SDE começou a utilizar as ferramentas aprimoradas para tanto (...) e o CADE começou a impor multas altas às companhias e aos executivos considerados responsáveis por condutas de cartel. A SDE tornou a luta contra cartel sua prioridade número 1 (...) o que rendeu resultados impressionantes[117].

A nona conferência anual teve lugar em Istambul, Turquia, em abril de 2010. A conferência incluiu "*break out sessions*" dedicadas ao planejamento da segunda década da ICN. Membros participantes foram convidados a dar um *feedback* sobre o desempenho da ICN. Durante a conferência, o *Working Group* de Cartéis realizou uma avaliação das conquistas mais significativas do controle de cartéis. O resultado da avaliação demonstrou o seguinte dado (entre 2000 e 2010): dos 46 países que responderam, 43 aumentaram as penalidades e 35 países aumentaram seus poderes investigativos. A adoção e/ou alteração dos Programas de Leniência também foram considerados fatores importantes para medir os resultados[118].

---

[115] ICN. Setting of fines for cartels in ICN jurisdictions. International Competition Network Cartels Working Group Subgroup 1 – general framework, p. 5: "(...) *decided to focus on fines, as opposed to other types of sanctions, because all jurisdictions which prohibit cartels have fines (...) there is an active debate among competition enforcers and academics about the appropriate level of fines (and other sanctions) necessary in order to achieve deterrence* (...) *Several competition authorities noted that their fining policy in cartel cases pursues multiple goals (deterrence, retribution, recovery of excess cartel profits)*".

[116] ICN. Summary of ICN Work Product Presented at the 8th Annual ICN Conference Zurich, Switzerland June 2009, p. 1.

[117] ICN. Summary of ICN Work Product Presented at the 8th Annual ICN Conference Zurich, Switzerland June 2009, p. 11.

[118] ICN. Trends and Developments in Cartel Enforcement Presented at the 9th Annual ICN Conference in Istanbul, Turkey April 29, 2010.

A décima conferência foi realizada em Haia, Holanda, em maio de 2011, e contou com 500 participantes de várias partes do mundo, os quais discutiram os futuros parâmetros do trabalho da ICN. Os participantes também compartilharam informações sobre legislações da concorrência, e táticas para lidar com infrações contra a ordem econômica, especialmente quando tais ações produzirem efeitos transnacionais[119].

Foi apresentado, na Conferência Anual da ICN de 2012, o capítulo sobre cooperação internacional e compartilhamento de informações do Manual de Aplicação Anticartel da ICN. Neste, há a previsão de algumas ferramentas para essa finalidade, quais sejam: (i) compartilhamento informal de informações (que pode ser bilateral ou multilateral); (ii) compartilhamento formal de informações[120]; (iii) relacionamento entre agências por meio de organizações internacionais (por exemplo, ICN e OCDE); e (iv) assistência técnica (por meio, por exemplo, de missões de curta duração; seminários nacionais, regionais e internacionais; estudos acadêmicos etc.)[121].

Apesar de potencialmente muito benéfica para as autoridades da concorrência, cooperação internacional e troca de informações no processo de investigação de cartel importam muitos desafios às agências. Dentre eles, são observados: intercâmbio de informações confidenciais; definições diferentes de informações confidenciais; regimes civil e administrativo em contraposição a regimes criminais; limitações de recursos; obstáculos institucionais; enquadramento jurídico; e falta de coordenação[122].

As conclusões são no sentido de que as agências de concorrência deverão continuar a apoiar e a promover a cooperação e o compartilhamento de informações, incentivando os mecanismos formais e informais. E, ainda, apesar de listar muitos dos métodos usados para compartilhar informações e cooperar internacionalmente, não se trata de um rol exaustivo, pois a comunidade anticartel continua a desenvolver ferramentas e mecanismos inovadores de cooperação internacional e compartilhamento de informações[123].

Na 12ª Conferência Anual da ICN, em 2013, na Polônia (*The Role of Economists and Economic Evidence in Merger Analysis*), os efeitos de uma concentração foram avaliados sob a perspectiva da teoria econômica. Observa-se aqui o amadurecimento das discussões no tocante aos aspectos teóricos e técnicos. Primeiro, é essencial se ter uma boa compreensão de como a concorrência está funcionando em determinado mercado. De fato, as indústrias variam em relação à facilidade de entrada, à presença de limitações de capacidade, à diferenciação do produto, às negociações com os clientes, grau de inovação ou à presença de efeitos de rede. Ou seja, embora as participações de mercado ou outros elementos possam fornecer um ponto de partida para

---

[119] ICN. ICN website.
[120] Acordos de Cooperação Estado a Estado, Modalidades de cooperação de Agência a Agência, Tratados assistência jurídica mútua, Acordos de livre comércio, Acordos de Parceria Econômica e Acordos Comerciais Regionais, Memorandos de entendimentos e Disposições nacionais.
[121] ICN. Cartel Working Group. Anti-Cartel Enforcement Manual. Chapter on International Cooperation and Information Sharing. 2012. 2015. p. 9-11.
[122] ICN, 2012, p. 14-15.
[123] ICN, 2012, p. 18.

a análise, estas não são ricas o bastante para identificar todas as diferenças[124]. Já vimos neste livro que o *market share* pode ser um indicador da existência de poder de mercado, mas não é suficiente à sua constatação.

Portanto, no processo de análise da operação deve-se identificar os principais parâmetros da concorrência no mercado. Por exemplo, deve-se questionar se: as empresas competem por meio de preço, qualidade, capacidade e/ou inovação? Como a competição influencia a teoria econômica subjacente a qualquer análise?

Se as empresas competem, sobretudo em preços, modelos baseados na concorrência de Bertrand[125] podem ser mais apropriados na análise, enquanto os baseados na Concorrência de Cournot[126] podem ser mais apropriados se a concorrência se dá na capacidade. Ao longo dos anos, os economistas desenvolveram literalmente centenas de variações dessas formas de concorrência, mas os resultados dependem das premissas adotadas. Dessa forma, esses modelos teóricos precisam ser tratados com cuidado, muito mais como "guias", isto é, como parte do quadro de análise que compreende dados econômicos e teoria, sem dissociar da realidade mercadológica[127].

Anexo a esse documento, constam breves estudos de casos ocorridos em diversos países, dentre os quais estão os casos brasileiros[128].

---

[124] ICN. Merger Working Group. The Role of Economists and Economic Evidence in Merger Analysis. Updated Chapter 4 of the ICN Investigative Techniques Handbook for Merger Review, 2013, p. 10.

[125] Competição de Bertrand é um modelo econômico de concorrência imperfeita. "(N)o modelo de Bertrand de oligopólio, as empresas escolhem independentemente os preços (e não as quantidades), a fim de maximizar os lucros. (...) O equilíbrio resultante é um equilíbrio de Nash dos preços, referido como um equilíbrio Bertrand (Nash). Quando a indústria é simétrica, ou seja, compreendendo empresas de igual tamanho e custos idênticos, e os custos são constantes e o produto homogêneo, o equilíbrio Bertrand é tal que cada uma das séries de preços firmes é igual ao custo marginal, e o resultado é Pareto eficiente. Este resultado é válido independentemente do número de empresas em contraste com o equilíbrio de Cournot, onde o desvio de eficiência de Pareto aumenta à medida que o número de empresas diminui. No entanto, quando os produtos são diferenciados até mesmo os resultados do modelo de Bertrand nos preços que excedem o custo marginal, e a diferença aumenta à medida que os produtos se tornam mais diferenciados. Isso mostra o quão diferentes são os modelos teóricos de concorrência, e como são sensivelmente dependentes de suas suposições subjacentes". ICN, 2013, p. 53.

[126] "(...) o modelo de Cournot de oligopólio assume que as empresas rivais produzem um produto homogêneo e cada um tenta maximizar os lucros, escolhendo quanto produzir. (...) O pressuposto básico de Cournot é que cada empresa escolhe a sua quantidade, tomando como dada a quantidade de seus rivais. O equilíbrio resultante é um equilíbrio de Nash em quantidades, chamado de equilíbrio de Cournot (Nash). (...) pode ser demonstrado que o preço não será, na maioria dos casos, igual os custos marginais e a eficiência de Pareto não é alcançada. Além disso, o grau em que o preço de cada empresa excede o custo marginal é diretamente proporcional à quota de mercado da empresa e inversamente proporcional à elasticidade da demanda do mercado. Se o oligopólio é simétrico, ou seja, todas as empresas têm produtos e condições de custo idênticos, então o grau a que o preço excede o custo marginal é inversamente proporcional ao número de empresas. Assim, como o número de empresas aumenta, o equilíbrio se aproxima do que seria uma concorrência perfeita". ICN, 2013, p. 55.

[127] ICN, 2013, p. 10.

[128] Casos notificados ao CADE: TAM-LAN (Processo n. 08012.009497/2010-84) e a aquisição da Mate Leão pela Coca-Cola (Processo n. 08012.001383/2007-91), in ICN, 2013, p. 62-63.

Ainda, em 2015, a ICN apresentou capítulo com o objetivo fornecer às agências de concorrência as ferramentas para o desenvolvimento de relações com entidades públicas. A finalidade seria assegurar uma concorrência livre e justa em processos de licitação pública. Essas ferramentas destinam-se a facilitar a eficácia dos contratos públicos, bem como a melhorar o ambiente competitivo. Portanto, nesse tema, a ICN tratou de questões relacionadas à organização dos processos de adjudicação de contratos, de forma competitiva, incluindo sinais de licitações fraudulentas, comportamento, formas legítimas e ilegítimas de cooperação entre os licitantes, programas de leniência entre outros tópicos[129].

Obviamente, ao longo dos últimos anos, os debates foram ainda mais sofisticados e os relatórios de trabalho são todos públicos nas páginas da ICN. Talvez por não ser diretamente vinculada aos governos, a ICN comprovou ser a entidade multilateral mais disciplinada e frequente na realização de suas conferências anuais, bem como de encontros pontuais e programas de curto prazo para treinamento de autoridades antitruste.

Em outras palavras, a ICN é único órgão global dedicado exclusivamente à aplicação das leis antitruste e seus membros representam autoridades nacionais de defesa de concorrência. Os membros dos diversos grupos de trabalho da ICN trabalham juntos em grande parte pela Internet, telefone, *teleseminars* e *webinars*. Conferências e workshops anuais oferecem oportunidades para discutir projetos de grupos de trabalho e suas implicações para a fiscalização. A ICN não exerce nenhuma função normativa. Quando a ICN chega a um consenso sobre as recomendações, ou "melhores práticas", decorrentes dos projetos, as autoridades de concorrência nacionais decidem se e como implementar as recomendações, por meio de acordos unilaterais, bilaterais ou multilaterais, conforme apropriado.

Tem sido esse o principal fórum de intercâmbio de experiências e desenvolvimento conjunto da defesa da concorrência no plano multilateral.

6.4.1 | A ICN e os cartéis

Seria impraticável procurar esgotar, neste livro, todas as frentes nas quais a ICN tem motivado o debate entre seus membros, no sentido de se proporem melhores práticas. Nesse sentido, optou-se aqui por trazer elementos sobre o início dos debates em razão de um tema com maior convergência internacional: o combate aos cartéis *hard core* (cartéis clássicos).

Na conferência de Mérida, México[130], em junho de 2003, discutiu-se sobre a criação de um grupo de trabalho que cuidasse dos cartéis, pois, até aquele momento, a ênfase dos trabalhos da ICN estava concentrada na análise estrutural, principalmente nas concentrações de empresas. Entretanto, foi em Seul o marco da criação de um Grupo de Trabalho dedicado especificamente aos cartéis. A criação de

---

[129] ICN. Cartel Working Group. 2015, p. 4.
[130] ICN. CAPACITY BUILDING AND TECHNICAL ASSISTANCE – Building credible competition authorities in developing and transition economies. In Second Annual ICN Conference, Mérida, Mexico (June 23-25, 2003). Workgroup Competition policy implementation.

uma estrutura anticartel emergiu como parte central dos objetivos da maioria dos membros da ICN e, nesse contexto, a expansão da cooperação entre os membros tornou-se fundamental.

Como os mercados são cada vez mais globais, as autoridades de defesa da concorrência estão enfrentando atividades anticoncorrenciais transfronteiriças, operadas por agentes econômicos multinacionais[131]. O documento produzido em Seul foi muito assertivo ao afirmar que o ponto central da implementação da política antitruste é a batalha contra os cartéis *hard core*. Nesse sentido, a criação de um grupo de trabalho sobre cartéis teve como escopo melhorar os meios de combate a essa prática, tanto nacional quanto internacionalmente, com a conjugação de esforços de todos os membros da ICN e cooperação entre todas as agências dotadas de diferentes níveis de experiência[132].

O Grupo de Trabalho sobre cartéis passou a operar imediatamente após a conferência de Seul. Nas discussões preparatórias, houve consenso, entre os membros, de que o grupo de trabalho sobre cartel deveria ter dois subgrupos. A estrutura proposta refletia basicamente dois objetivos fundamentais do Grupo de Trabalho: (i) o desenvolvimento de um fórum por meio do qual se promoveria uma discussão sobre a necessidade e os benefícios em se lutar contra os cartéis[133] (ii) a definição sobre os instrumentos mais efetivos de sanção para combate aos cartéis.

A ICN, desde o início de suas atividades, entendia que a proximidade entre as agências enviaria uma mensagem ao mundo dos negócios, e ao público em geral, na qual se mostrariam as agências concorrenciais cooperando e unindo forças para intensificar a luta contra os cartéis[134]. O primeiro subgrupo objetivava a construção de princípios-guia e/ou práticas recomendadas sobre transparência, não discriminação, efetividade dos procedimentos de sanção e instituições, assim como cooperação na luta contra cartéis. Cabe destacar que a ICN, nesse caso, adotou previamente, com sucesso, alguns dos princípios derivados de trabalhos realizados em outros fóruns de cooperação. A própria ICN defende a ideia segundo a qual seu progresso poderia gerar efeitos positivos para os outros fóruns[135].

O segundo subgrupo foi criado com o objetivo de ajudar as agências de concorrência a melhorar as suas técnicas para a efetividade da ação anticartéis, com a iden-

---

[131] ICN. Cartels Working Group, p. 1. (i) se concordavam com a criação de um grupo de trabalho sobre cartéis; (ii) o que deveria ser retirado ou adicionado à minuta; (iii) se teriam interesse (as agências, ou autoridades, no caso) de participar de um ou de ambos os subgrupos propostos pelo grupo de trabalho sobre cartéis. O termo globalização passou a ser considerado "lugar comum", especialmente quando se fala sobre a ampliação de mercados. Entretanto, ele é utilizado inúmeras vezes nos documentos da ICN. Sobre esse conceito veja-se: Stiglitz, 2002, *passim*.

[132] ICN. Cartels Working Group, p. 1.

[133] A finalidade é de se obter um consenso internacional sobre a justificativa de intervenção, incluindo os benefícios resultantes de uma ação anticartel. O primeiro subgrupo tem a finalidade de intercambiar ideias sobre conceitos básicos relacionados à necessidade e aos benefícios da luta empreendida contra os cartéis.

[134] *Id., ibid.*, p. 1.

[135] *Id., ibid.*, p. 2.

tificação e a troca de técnicas investigativas entre as agências, as quais, indubitavelmente, apresentam diferentes níveis de experiência[136].

Os países em desenvolvimento são geralmente os que mais sofrem prejuízos com os cartéis internacionais. Por conseguinte, os membros do Grupo Diretor do ICN estão comprometidos a empreender todos os esforços necessários para envolver tais países.

O grupo não contempla a inclusão de membros do setor privado, porém fornece informações para o público, especialmente no tocante à direção e aos resultados de seu trabalho, reservando-se ao direito de não distribuir, além dos membros da ICN, qualquer informação sensível ou capaz de afetar adversamente a efetividade da implementação das políticas de concorrência.

A Alemanha sediou a quarta conferência, entre 6 e 8 de junho de 2005, avançando no Grupo de Trabalho específico sobre cartel. Os documentos de discussão e troca de experiências indicaram, por exemplo, que a inspeção já era reconhecida pela maior parte dos países/agências como instrumento de coleta de provas, especialmente no tocante à prática de cartel[137].

No documento ficou clara a necessidade da autorização demonstrando "elementos razoáveis para acreditar" (*reasonable grounds to believe*) ou "causa provável" (*probable cause*) da ocorrência (ou iminência de) de uma ofensa, dano, infração, ou contravenção. Ainda, dentre outras premissas, deve-se demonstrar a existência de gravações ou outros elementos que irão fornecer evidência da infração ou contravenção[138].

Na Conferência de 2006, na África do Sul, foi desenvolvido um projeto piloto para partilhar experiências entre as agências de maior experiência com as menos experientes[139]. Entre os temas centrais que dominaram a discussão, destacaram-se: (i) política de implementação; (ii) assistência técnica; e (iii) melhores práticas e cooperação para lidar com atos de concentração e cartéis. O ponto de destaque foi a finalização do *Merger Guidelines Workbook*[140], o qual se tornou uma importante fonte para a análise dos efeitos concorrenciais dos atos de concentração.

---

[136] Esse subgrupo seria responsável pelo estudo de várias técnicas específicas de investigação, as quais podem aumentar a efetividade do combate aos cartéis, tais como: (i) as provas típicas; (ii) os pedidos compulsórios; (iii) as inspeções surpresa; (iv) as técnicas de observação; (v) a habilidade em inquirir; (vi) a proteção contra a destruição de evidências; (vii) a leniência; e (viii) a cooperação, incluindo a troca de informação. *Id., ibid.*, p. 2-3. Outro papel desse subgrupo seria o de organizar o *workshop* anual sobre cartéis. Seriam feitas propostas sobre o conteúdo do *workshop*, com o desenvolvimento de um plano multianual. Acredita-se que isso poderia aumentar a coerência e a qualidade dos *workshops* anuais e assegurar que os mesmos respondam às necessidades de seus membros. Está claro na minuta que o anfitrião desse *workshop* anual teria sempre um papel proeminente na organização do evento, e nesse sentido, os progressos gerados no primeiro subgrupo podem influenciar o planejamento do *workshop* a ser executado no segundo subgrupo.

[137] *Id., ibid.*, p. 11. Desse modo, a técnica de investigação escolhida deverá ser proporcional aos resultados esperados e, ainda, as buscas deverão ser realizadas apenas nos casos em que a agência já tenha fortes evidências da conduta.

[138] *Id., ibid.*, p. 12.

[139] ICN, 2005.

[140] ICN, 2016.

Na Conferência realizada em 2007, na Rússia, houve destaque ao tema da fixação de multas. O Grupo entrou em questões práticas relacionadas àquelas já impostas aos cartéis e passou a analisar o mérito dos casos[141]. Dessa conferência resultou um documento específico sobre o combate aos cartéis, o *"ICN anti-cartel enforcement manual Chapter 4 on cartel case initiation"*. Os seus principais pontos foram distribuídos em três frentes: (i) aumento da capacidade investigativa para a detecção de cartéis, i.e., aprimoramento dos vários métodos os quais as autoridades de defesa da concorrência poderiam utilizar para detectar evidências de cartéis de modo a robustecer a abertura de uma investigação (no caso do Brasil, um processo administrativo); (ii) seleção dos casos de cartéis que deveriam ser priorizados e fortalecimento da investigação[142]; e (iii) priorização de múltiplos elementos (*"multi enforcement matters"*) para reforçar as investigações com a melhor utilização dos recursos disponíveis (v.g., com o aprimoramento de ferramentas e abordagens que as autoridades antitruste possam utilizar nas fases preliminares de investigações)[143].

A conferência realizada em 2008, em Kyoto, no Japão, resultou em dois documentos específicos sobre cartéis que versaram sobre: (a) acordos em investigações de cartéis; e (b) fixação de multas. No primeiro documento, foram analisados os diferentes tipos de acordos em cada jurisdição, ou sistema jurídico, dos países-membros da ICN e realizou-se troca de experiências relacionadas aos diversos acordos firmados em cada país como reforço ao combate aos cartéis. O documento está dividido nos seguintes tópicos: (i) tipos de sistemas para acordos em investigações de cartéis; (ii) a relação dos acordos em investigações de cartéis com os acordos de leniência; (iii) os princípios-chave para induzir acordos em investigações de cartéis; (iv) os benefícios de acordos em investigações de cartéis; (v) principais questões surgidas durante as negociações de acordos em investigações de cartéis; (vi) principais aspectos dos acordos; e (vii) outros tipos de sistemas de acordos em investigações de cartéis.

Em síntese, as conclusões apontam que os acordos em investigações de cartéis podem promover enormes benefícios ao Estado, aos membros dos cartéis que firmam colaboração com as autoridades, ao Poder Judiciário, às vítimas dos cartéis e à sociedade como um todo. Houve destaque para soluções processuais transparentes, proporcionais, certas e rápidas, de modo a ser vantajoso cooperar para a realização célere de um acordo com as autoridades[144].

No segundo documento, foram analisadas as diferentes formas de imposição de sanções em face dos procedimentos adotados nas diversas jurisdições abrangidas pela ICN. Temas como "a filosofia da sanção", os princípios e metodologias adotados pelos países-membros da ICN também foram analisados. Decidiu-se focar na multa (para empresas e indivíduos), espécie de sanção mais encontrada nos diferentes países-

---

[141] O Enforcement Techniques Subgroup inseriu dois novos capítulos ao manual: (i) estratégia investigativa (análise dos instrumentos de investigação, questões sobre um caso específico); e (ii) estudos detalhados sobre questões práticas.

[142] E critérios incluindo abrangência dos aspectos objetivos e subjetivos envolvidos no caso, por exemplo, podem servir de parâmetros a uma seleção e priorização.

[143] ICN, 2008.

[144] ICN, 2008.

-membros da ICN, notadamente pelo fato de, em alguns casos, ser a única espécie de sanção contra cartéis, independentemente de ser caracterizada como de natureza civil, administrativa e criminal. Tal foco na multa também se justifica por esta caracterizar-se como a sanção revestida de metodologia mais complexa, em comparação, por exemplo, com a sanção criminal de reclusão[145].

Dos encontros realizados, em 2009, na Suíça (Zurich) e, em 2010, no Japão (Yokohama), destacaram-se o manual anticartel da ICN sobre inspeção e busca e apreensão[146], e o *anti-cartel enforcement* da ICN sobre a elaboração e implementação de políticas de leniência efetivas[147].

Informações públicas das condenações na indústria de mangueiras marítimas foram relevantes para discutir questões mais amplas de cooperação internacional e utilização de sanções penais, bem como a execução paralela em diferentes jurisdições. A SDE (então ativa) e a Australian Competition and Consumer Comission (ACCC) se esforçaram para demonstrar a importância da atuação conjunta das autoridades de defesa da concorrência[148]. Evidenciou-se o trabalho da SDE empregado na publicização dos efeitos nocivos dos cartéis como medida educativa, além de treinamentos e iniciativas de sensibilização com o escopo de construir apoio popular aos seus esforços na imputação penal aos agentes envolvidos em cartel.

Com relação ao encontro de 2010 que produziu o *"ICN Anti-cartel enforcement manual chapter 4 – cartel case initiation"*, os pontos centrais foram distribuídos em três frentes: (i) modos de detectar cartéis – voltado a explorar vários métodos que podem ser utilizados por autoridades antitruste para detectar cartéis e fundamentar suficientemente eventual investigação (no Brasil, essa investigação poderia ser equiparada ao Processo Administrativo, nos termos da Lei n. 8.884/94, e ao Processo Administrativo para Imposição de Sanções Administrativas por Infrações à Ordem Econômica, nos termos da LDC); (ii) fase anterior à investigação de cartel (propria-

---

[145] ICN, 2008.

[146] O documento prioriza a identificação das melhores práticas relacionadas à organização, logística e condução da apreensão de documentos. Apresenta as vantagens desse procedimento que, funcionando como elemento surpresa, proporciona acesso imediato a documentos essenciais. Acompanha um anexo dedicado às práticas recorrentes e efetivas das diversas agências.

[147] O documento de atualização do capítulo sobre procedimentos de busca e apreensão, foi publicado originalmente com base em informações coletadas em 2004 e atualizado através de questionário realizado em fevereiro de 2009. O de leniência trabalhou em documento originado em 2004, em encontro específico sobre o tema – 2004 *ICN leniency workshop*. Foi revisto em 2006 e agora em 2009. Considera as diferenças nos programas de leniência de cada jurisdição e evidencia a relevância da divulgação de informações para prevenir os cartéis e incentivar os programas. Também traz um anexo compilando as melhores práticas adotadas pela maioria dos membros, com a finalidade de tornar mais efetiva a medida.

[148] A experiência brasileira foi indicada em relação a esforços contra os cartéis *hard core* e imposição de multa recorde, além da crescente cooperação entre autoridades de diversas instituições. Nesse sentido, a parceria com o MPF ampliou a capacidade de aplicar diferentes instrumentos de investigação e a gama de recursos disponíveis. Já experiência australiana foi denotada com a transição para o modelo de persecução criminal e sanções penais (a partir de julho de 2009), assim como o estabelecimento de uma base sólida para uma cooperação bem-sucedida com seus procuradores, tendo celebrado, inclusive, um Memorando de Entendimento e realizado treinamentos elaborados em conjunto com o Procurador Federal da Austrália (Commonwealth Director of Public Prosecutions).

mente dita) – voltada a apresentar uma ampla gama de metodologias e ferramentas utilizadas pelas autoridades antitruste nessa fase preliminar (que, no Brasil, poderia ser equiparada à Averiguação Preliminar e ao Procedimento Administrativo, nos termos da Lei n. 8.884/94; e ao Inquérito Administrativo para Apuração de Infrações à Ordem Econômica e ao Procedimento Preparatório de Inquérito Administrativo para Apuração de Infrações à Ordem Econômica, nos termos da LDC); e (iii) decisão de iniciar uma investigação completa – voltada a apresentar alguns dos fatores capazes de auxiliar uma autoridade antitruste a escolher os "melhores" casos de cartel a serem investigados, e como os casos podem ser priorizados, melhor utilizados os recursos públicos disponíveis, por exemplo, com o melhoramento de ferramentas e metodologias, as quais as autoridades podem se valer nas fases preliminares à investigação[149].

Naquela época, a ICN já considerava vantajosa a reunião de provas digitais, uma ferramenta poderosa para as agências de concorrência em sua luta contra os cartéis. Tal medida pode ser usada individual ou concomitantemente aos métodos mais tradicionais de coleta de provas. Isso deveria ser uma prática normal e regular em investigações de cartéis. Os dados digitais em casos de cartel podem assumir muitas formas, como, por exemplo, e-mails confirmando a coordenação por parte dos concorrentes ou a recuperação de registros excluídos demonstrando manipulação de propostas[150].

Ter um elevado nível de transparência auxilia uma agência de concorrência a continuar consistente no tocante aos seus procedimentos de coleta de evidências digitais. Por outro lado, ser menos transparentes permite às agências certa "flexibilidade" no processo de coleta de evidências digitais. Desse modo, a ICN entende que as agências de concorrência devem considerar esses fatores ao determinar o nível de transparência dos seus procedimentos e o fluxo de trabalho para a coleta de evidências digitais[151]. No Brasil, vemos com ressalvas essas indicações em razão dos princípios constitucionais e de processo capazes de sujeitar uma decisão do CADE à reforma judicial.

O objetivo para o período 2015-2018 foi o avanço das medidas de combate aos cartéis (independentemente do nível de experiência ou recursos disponíveis), no sentido de se defender uma maior cooperação entre os membros.

Seus trabalhos também estiveram voltados à cooperação internacional, troca de experiências e à harmonização das políticas de concorrência, advocacia da concorrência. Todavia, isso não deixa de ser importante, pois existem diferenças gritantes entre os graus de experiência e de especialidade de seus membros.

Vale a pena observar o relatório (2011-2020) que sintetizou mudanças na aplicação de mecanismos de combate a carteis e analisou o progresso em termos de mudanças significativas na legislação, nos programas de leniência e nas políticas sancionatórias. O relatório destacou os novos poderes investigativos, a forma de coleta de evidências digitais, os programas de conformidade, o *design* institucional e as campanhas de conscientização de cartéis[152].

---

[149] ICN, 2010, p. 1.
[150] ICN, 2010, p. 7.
[151] *Id., ibid.*, p. 30-31.
[152] ICN, 2020, p. 1-232.

Durante a pandemia de coronavírus, a ICN produziu uma declaração reconhecendo os desafios das agências antitruste do mundo e no contexto exepcional entendeu que poderia haver uma cooperação temporária entre os concorrentes, para manutenção do fornecimento e distribuição de produtos e serviços escassos, especialmente aqueles que envolvem saúde e segurança dos consumidores[153].

A 21ª conferência anual da ICN ocorreu em Berlim, organizada pelo *Bundeskartellamt*, reunindo mais de 350 participantes de mais de 80 jurisdições. Em 2022, houve foco nas discussões envolvendo mercados digitais, reflexões sobre a pandemia em razão dos desafios para a recuperação dos mercados e das economias. Há especial atenção das autoridades nas discussões sobre *killer acquisitions*, instrumentos regulatórios (diante das dinâmicas próprias dos mercados digitais) e sobre o ferramental econômico diante dos volumes de dados. O amadurecimento dos debates pode ser verificado nas manifestações sobre o padrão de prova e experiências de cooperação transfronteiriças entre agências.

Merece especial destaque a percepção interdisciplinar do direito concorrencial crescente dentro da ICN e o crescimento do interesse das autoridades nos temas de "fronteira". Além de temas envolvendo interseção da concorrência, proteção do consumidor e privacidade de dados, e dos destaques aos mercados afetados pela pandemia, tem crescido o interesse nos debates em torno de sustentabilidade e concorrência e política de concorrência (inclusivas) e gênero, por exemplo.

6.4.2 | Recomendações às práticas preventivas e ao *Compliance* Antitruste

A detecção, investigação e repressão de comportamentos de condutas anticoncorrenciais são prioridade para todas as agências de concorrência, mas cartéis são, normalmente, mais complexos, em razão de configurarem uma prática realizada para não ser descoberta. É importante, nesse sentido, a aplicação eficaz da legislação antitruste, assim como um trabalho ativo para prevenir os comportamentos que favorecem a prática de cartel.

Promoção dos Programas de *Compliance* é, portanto, uma importante ferramenta para as agências de concorrência na luta contra os cartéis, reconhecida pela ICN[154]. Isso porque, uma empresa com uma cultura de *compliance* eficaz pode não só prevenir os comportamentos de cartel, mas também pode atingir os seguintes resultados (que não são exaustivos e podem variar entre jurisdições): (1) detecção precoce e cessação de infrações, podendo resultar num Acordo de Leniência (com os benefícios da imunidade); (2) reconhecimento da empresa como "ética"; e (3) conscientização entre os funcionários sobre fornecedores ou concorrentes que violam a lei e possivelmente causam danos ao negócio[155].

---

[153] ICN, 2020.
[154] ICN, 2012, p. 19.
[155] ICN, 2012, p. 19-20.

Importante, portanto, às agências de concorrência a promoção das práticas preventivas apontando todos os benefícios legais, econômicos e para a reputação da empresa de uma cultura de *Compliance*. Isso certamente colabora para redução de combinações entre concorrentes assim como favorece a detecção de práticas cartelizadoras de forma mais célere[156].

Atividades de sensibilização (*outreach*) podem ser destinadas às partes interessadas, públicas ou privadas, para melhorar o combate aos cartéis, pois estas estão diretamente focadas na prevenção, detecção e dissuasão das condutas. Tais atividades podem estabelecer e melhorar as relações entre a agência de concorrência e os principais agentes econômicos interessados, que podem influenciar e, ainda, educar as partes acerca dos vários tipos de prática de cartel e as formas de detectá-los e eliminá-los.

Eis que os esforços de divulgação devem ser adaptados aos objetivos e prioridades das agências[157]. Nesse sentido, o caso brasileiro dos Gibis do "Cartel da Limonada", da Turma da Mônica, ou seja, direcionados principalmente às crianças, adolescentes e seus pais, foi trazido como exemplo de divulgação da cultura concorrencial. Referido gibi foi distribuído, gratuitamente, nos principais aeroportos brasileiros durante a Semana Nacional de Combate a Cartéis, em outubro de 2009, e enviado às escolas públicas de todo o Brasil[158].

Ainda no tocante ao Brasil e às abordagens para aumentar a conscientização sobre Cartel, o Manual da ICN relata que, nos últimos anos, o Brasil tem focado seus esforços de sensibilização nacional por meio de múltiplas atividades decorrentes do estabelecimento de um Dia Anual de Combate a Cartéis. Durante a campanha, são distribuídos folhetos e materiais informativos, assim como anúncios em revistas. Da mesma forma foram enviados cartões postais aos principais executivos de 1.000 empresas no país[159]. Os principais objetivos da iniciativa foram prevenir o envolvimento de empresas em atividades de cartel e promover a conscientização da natureza perniciosa de tais comportamentos, incluindo seus efeitos sobre a vida dos consumidores[160].

Outra importante recomendação da ICN diz respeito às práticas sobre avaliação da concorrência[161]. Define-se "avaliação da concorrência" quando, a pedido de um dos formuladores de políticas, uma agência da concorrência ou outro órgão do governo avalia os efeitos concorrenciais de uma política proposta ou existente.

Por meio dessa avaliação, as autoridades podem instar os responsáveis políticos a considerar provável impacto da política de concorrência, identificar justificativas para quaisquer restrições à concorrência e avaliar se alternativas menos restritivas alcançariam metas de política pública. Ao oferecer perícia a respeito do custo potencial de restrições à concorrência, as autoridades da concorrência podem conscientizar os to-

---

[156] *Id., ibid.*, p. 20.
[157] ICN, 2012, p. 17.
[158] *Id., ibid.*, p. 28.
[159] A mensagem era simples: "As empresas que participam em cartéis ficam sujas", acompanhada por imagens de um homem de negócios em um terno sujo de lama.
[160] ICN, 2012, p. 4-7.
[161] ICN. Recommended Practices on Competition Assessment. p. 1.

madores de decisões políticas e colocar a concorrência ao lado de outros objetivos de política pública[162].

Essas práticas recomendadas pela ICN, embora destinadas a orientar as agências no processo de avaliação da concorrência, também reconhecem que outros órgãos governamentais podem realizar trabalhos de avaliação[163].

7 | NOS PLANOS BILATERAL, REGIONAL: A EXPERIÊNCIA BRASILEIRA

Desde a última década do século XX, a preocupação com a concorrência deu lugar à proliferação de acordos bilaterais entre as autoridades antitruste de todo o mundo. Em sua maioria, esses acordos destinam-se a auxiliar a instrução e o julgamento de atos de concentração; entretanto, nos últimos anos, as condutas passaram a ganhar preponderância na aplicação desses acordos.

O crescimento do número de acordos de cooperação tem sido incentivado especialmente pelas Recomendações da OCDE e pela UNCTAD[164]. Isso porque facilitam o alcance de conclusões semelhantes por diferentes jurisdições em alguns casos e com menor custo para a obtenção de informações pertinentes.

Conforme já mencionado, existem diferentes tipos de acordos entre as agências de concorrência ou entre os países: os acordos bilaterais, os regionais, e os multilaterais (sendo os últimos ainda não concretizados em matéria de direito antitruste). Por meio dos acordos bilaterais, em alguns casos o Brasil já obteve efetivamente a cooperação de outras agências, com resultados positivos.

Os acordos bilaterais e regionais são os únicos de política da concorrência efetivamente existentes atualmente[165]. Nesse sentido, o acordo que obteve maior sucesso foi o acordo regional da CE. De qualquer modo, o Tratado de Roma, responsável pela criação da CE ("EC *Treaty*"), tem ligação com as leis de concorrência nacional de seus Estados-membros, ao contrário do que geralmente ocorre em um acordo de cooperação internacional na esfera concorrencial[166].

Cabe esclarecer que o acordo da CE tem um caráter diferenciado pelo fato de ser um sistema supranacional[167], ou seja, não é um simples acordo regional. A suprana-

---

[162] *Id., ibid.*, p. 1-2.

[163] *Id., ibid.*, p. 2.

[164] No caso da UNCTAD, até mesmo os acordos informais são incentivados.

[165] Como pôde ser analisado, existem algumas propostas de acordos multilaterais, contudo nenhum foi firmado. O que existe em âmbito multilateral são organizações e fóruns de discussão com papel relevante, mas que não produziram (e nem estão próximos de efetivamente produzir) um acordo multilateral sobre a defesa da concorrência em âmbito global.

[166] Sobre o direito da concorrência no direito comunitário europeu, veja-se: Campello, 2001, p. 103-269.

[167] Os estudiosos do direito da integração costumam indicar que a primeira vez na qual se ouviu falar em supranacionalidade foi em 1950, na Declaração de Schuman. A supranacionalidade foi mencionada em tal declaração com o fim de definir as características de uma "Alta Autoridade", posteriormente adotada pelo CECA e pela Comunidade Europeia de Defesa, sendo que o seu uso terminológico foi efetivamente firmado no Sistema de Integração econômica comunitária.

cionalidade tem forte ligação com a transferência do exercício da soberania, implicando a criação de um poder efetivo. Os três elementos considerados essenciais são: i) a transferência de competência; ii) o exercício independente dessas competências; e iii) a aplicabilidade direta do ordenamento comunitário aos seus destinatários[168].

Portanto, a supranacionalidade na CE é considerada um mecanismo autônomo. Vale lembrar que a sua criação depende de força de tratado e terá execução sempre quando os instrumentos constitutivos assim determinarem, ou seja, uma categoria essencialmente jurídica. A CE, como um todo, deveria ser vista como uma jurisdição, pois esse é o interesse da obrigatoriedade das leis de concorrência estabelecidas.

Vale observar que outros acordos regionais também incluíram questões de concorrência, tais como a APEC (Asia-Pacific Economic Cooperation) e o MERCOSUL (Mercado Comum do Sul). Este último, por contar com a participação brasileira, será objeto de considerações à frente.

Não obstante os acordos regionais firmados, os acordos bilaterais têm se mostrado mais eficientes por uma série de razões. Em primeiro lugar, é muito mais fácil para duas partes conseguirem um acordo do que muitas partes ao mesmo tempo e com diferentes interesses. Segundo, um acordo bilateral tende a ser mais eficaz, uma vez que trata dos assuntos de fato importantes para as duas partes. Terceiro, existe a crença segundo a qual a proliferação de acordos bilaterais criará uma rede entre esses acordos e poderá facilitar o caminho para acordos plurilaterais ou multilaterais, por meio do acúmulo de experiências com cooperação internacional na matéria de direito da concorrência, criando um espírito de cooperação entre os funcionários das agências. À luz dessa experiência, acredita-se que os acordos bilaterais em matéria de concorrência deveriam ser promovidos apesar de suas inerentes limitações[169].

Como se sabe, não existe atualmente nenhum acordo multilateral/plurilateral sobre a matéria de concorrência. Para que um acordo desse tipo obtenha sucesso, Matsushita defende a importância do número de seus membros permanecer pequeno. Defende, ainda, que estes tenham suficientes interesses em comum e, por fim, a adesão como membro de forma voluntária[170]. Seja como for, essa não é uma opinião unânime.

A voluntariedade é uma das características que torna os acordos bilaterais de cooperação (em matéria de concorrência) não obrigatórios (*non-binding*) por natureza. Os efeitos desses acordos são um tanto limitados pelo fato de as partes não estarem

---

[168] Esse é um conceito que "se envolve com uma matriz de interessante e peculiar especificidade, ao dotar um ordenamento jurídico comunitário de incomum mecanismo, ou melhor, de um artifício, o artifício da supranacionalidade, sobre o qual se articulam as relações entre as instituições e o direito comunitário". Ainda segundo Oliveira, 1999, p. 70-71: "a complexidade que deriva da categoria de supranacionalidade vincula-se a dois substratos: a) na falta de outro modelo de aferimento, a supranacionalidade apenas pode ser analisada sob o ângulo estrito do ordenamento normativo da Comunidade Europeia, submetido a um processo de mudanças e transformações dinâmicas; b) a ausência de um conceito de supranacionalidade uniforme, permite distintas apreciações interpretativas de seu alcance jurídico e político".

[169] Matsushita, 2002, p. 467.

[170] *Id., ibid.*, p. 467.

obrigadas legalmente a executar os seus mandamentos e terem muito espaço para a discricionariedade.

A maior parte dos Estados, prefere manter ao máximo a soberania em relação às matérias de direito de concorrência, uma vez que a política de concorrência é sensível, com objetivos de política pública específicos[171].

Há consideráveis interesses divergentes relacionados à política de concorrência entre países industrializados e países em desenvolvimento, pois estes últimos enfrentam ainda muita dificuldade para investigar condutas internacionais. No contexto amplo de desenvolvimento, entende-se que não se pode fechar os olhos para a criação de oportunidades aos países em desenvolvimento e menos desenvolvidos e outras economias frágeis. Como esses países carecem de instituições sólidas ou de instrumentos de investigação para punir práticas internacionais de direito da concorrência, entende-se adequado avaliar alternativas em âmbito multilateral para suprir essa falha. Nesse contexto, tornam-se importantes papéis desempenhados por entidades como a UNCTAD.

Há mais de 25 anos Hoekman já entendia, numa perspectiva pura de política da concorrência, que uma convergência material de leis é uma ilusão política perigosa do ponto de vista da política nacional de concorrência. Estamos ainda distantes de um processo geral de "profunda integração", em termos de adoção de um regime regulatório comum[172], em qualquer esfera (regional ou multilateral), mas o nível de cooperação (formal e informal) evoluiu substancialmente nas últimas décadas.

7.1 | Acordos de cooperação

Como resultado da internacionalização dos mercados, os interesses econômicos dos países estão sendo crescentemente ameaçados por causa das condutas anticompetitivas ocorridas no exterior. Da mesma forma, existem diversas operações empresariais de efeitos globais.

Nesse sentido, mesmo se não houver limites jurisdicionais do poder da autoridade de concorrência de cada país, as questões ligadas aos problemas de capacidade investigativa e de eficiência econômica já motivam a cooperação entre essas autoridades na investigação e busca de remédios para as condutas anticompetitivas com efeitos extraterritoriais.

Mais do que em outras áreas de política pública, a defesa da concorrência torna necessário o intercâmbio técnico intenso, ainda mais diante da natureza aberta dos tipos de infração à ordem econômica. Como bem salienta Oliveira, para um país adotar práticas convergentes com o resto do mundo, é fundamental a promoção de intercâmbio entre as diversas agências. Desse modo, as atividades de cooperação técnica assumem um papel fundamental[173].

---

[171] Nesse mesmo sentido, veja-se Kroll, 2007, p. 117-118.
[172] Hoekman, 1998.
[173] Oliveira, 2001, p. 40.

Os acordos de cooperação frequentemente têm o seguinte conteúdo: mútua notificação das investigações iniciadas em cada país; possibilidade de visita, no curso das investigações, de funcionários de uma agência a outra; possibilidade de solicitação ao outro país signatário para este iniciar a investigação das condutas ocorridas em seu território, ainda quando os efeitos destas somente sejam sentidos no país solicitante; previsão de assistência recíproca para localização de testemunhas, coleta de evidências e depoimentos no território do outro signatário; e previsão de encontros regulares das autoridades, a fim de discutir a evolução destas políticas e permitir a troca de informações[174].

Independentemente de quão próximos os países cooperam entre si na aplicação das leis de concorrência, existe um limite para a efetividade dessa cooperação se houver uma divergência substancial entre as legislações de defesa da concorrência dos países envolvidos. Ou seja, a cooperação pode ser obstruída se houver uma inconsistência nas regras (principalmente normas de direito material) entre diferentes países. Dessa maneira, a convergência ou harmonização das leis de direito material viabiliza uma relação de cooperação efetiva entre os países.

Os acordos de cooperação são considerados, na literatura internacional, como "*soft agreements*" uma vez que não apresentam a mesma forma obrigacional de uma lei ou de um tratado internacional. Os acordos, em geral, refletem o trabalho mútuo das agências ou das autoridades signatárias além de representar a intenção dos signatários de promover a relação com a outra parte, assim como evitar conflitos na aplicação extraterritorial da lei antitruste[175].

7.1.1 | Cortesia positiva e cortesia negativa

O fundamento principal dos acordos bilaterais de cooperação é o chamado princípio da cortesia positiva (*positive comity*). Esse princípio significa que a cortesia se fará presente sempre quando dois países signatários de um acordo de cooperação decidirem aplicar, de forma recíproca, as normas de extraterritorialidade encontradas em sua legislação interna[176].

Nesse contexto, a cortesia positiva significa que uma parte do acordo invoca, por meio de requisição da outra, sua lei nacional de defesa da concorrência para combater as práticas anticompetitivas existentes dentro da sua jurisdição quando estas afetarem adversamente a outra parte. Esse é um modo de controlar as atividades anticompetitivas prejudiciais, sem recorrer à aplicação extraterritorial de sua lei de concorrência podendo, se o fizesse, resultar em um conflito de jurisdição.

---

[174] Martinez, 2003, p. 188.

[175] Muitos acordos de cooperação emergiram do desejo de se evitar conflitos resultantes da aplicação extraterritorial da lei antitruste. De acordo com o autor: "As relatios among antitrust authorities improved, global business increased, and cooperation became an effective enforcement tool, ACAs became a way to memorialize inter-agency relationships and establish protocols for cooperation (ABA, 2004, p. 6).

[176] Veja-se: Cooper, 2001, p. 382-384;

Cortesia positiva é um dispositivo para promover a cooperação internacional na aplicação das leis de concorrência. Ela é eficaz quando consegue proibir ou controlar a conduta anticompetitiva realizada além das fronteiras de um país. Quando, por exemplo, um cartel ou um boicote exclui a exportação de um produto de um país a outro, mas o *situs* da conduta está localizado onde o país afetado não tem a jurisdição, este pode invocar tais princípios da cortesia positiva. As leis de concorrência podem ter a aplicação extraterritorial[177], mas geralmente essa aplicação não é tão eficaz quanto se espera.

A cortesia positiva foi estabelecida no *Friendship, Commerce, and Navigation Treaty*, firmado entre EUA e Alemanha, em 1954, mas já havia, nesse sentido, recomendações pelo GATT e pela OCDE. Foi no acordo de cooperação firmado entre Comunidade Europeia e EUA, em 1991, a sua primeira aparição em matéria antitruste[178]. Zanettin considera que houve uma incorporação da cortesia positiva de "segunda geração" no acordo bilateral de cooperação em questões concorrenciais entre os EUA e a CE em 1991[179].

A aplicação da cortesia não é simples. Foi inclusive por conta dessa dificuldade que a União Europeia e os EUA, em 1998, negociaram um novo acordo detalhado para explicitar o seu modo de aplicação. Isso ocorreu especialmente como consequência dos problemas que os mesmos enfrentaram quando o acordo foi invocado pela primeira vez[180].

Percebeu-se, assim, a necessidade da voluntariedade de sua implementação, da confiança entre os Estados, e, ainda, a necessidade da ilegalidade da conduta tanto no Estado requerente quanto no requerido. Outro fator de igual importância é a celeridade à resposta da solicitação.

Um caso interessante no qual a cortesia positiva teve um bom funcionamento foi o *United States v. Nippon Paper Industries*[181]. As autoridades norte-americanas e canadenses atuaram em conjunto em suas investigações do cartel japonês pelo qual diversas fábricas fixaram o preço do papel de fax que seria vendido nos EUA e no Canadá. Essa cooperação próxima resultou em uma bem-sucedida sanção criminal aplicada pelas leis de concorrência desses dois países[182].

Entretanto, como já foi mencionado, a efetividade da cortesia positiva é frequentemente limitada. Veja-se que uma aproximação tem chances de ser efetiva apenas quando os efeitos anticompetitivos afetam não apenas a jurisdição do país requerente, mas, também, do país requerido. Isto é, quando há uma semelhança de disposições jurídicas entre os países que se utilizam do princípio. Se a conduta afeta apenas o país requerente (i.e., é tida como ilícito apenas nesse país), o país requerido não tem mo-

---

[177] *United States v. Aluminum Co. of America*, 148 F.2d 416 (2d Cir. 1945).

[178] Sobre os princípios de cortesia positiva, veja-se também: EUA e CE. Acordo entre Comunidades Europeias e o governo dos Estados Unidos da América relativo aos princípios de cortesia na aplicação dos respectivos direitos de concorrência. Veja-se também Zanettin, 2002, p. 185.

[179] Zanettin, 2002, p. 186.

[180] Oliveira, Rodas, 2004, p. 386.

[181] 109 F.3d 1 (1st Cir. 1997).

[182] Matsushita, 2002, p. 470.

tivo para intervir e proibir a conduta, pois este a permite dentro da sua jurisdição (e às vezes até a incentiva).

Esse problema é mais visível nos cartéis de exportação. Por exemplo, um cartel de exportação pode estar livre da aplicação das leis antitruste nos EUA, em virtude do *Webb-Pomerene Act*[183], e no Japão, por meio da lei de procedimentos de importação e exportação[184]. Os cartéis de exportação também são permitidos em outras jurisdições. Isto é, não há ilicitude nas legislações para tais práticas[185].

Apesar de sua eficácia muitas vezes limitada, a cortesia positiva é um conceito muito útil. Nota-se que ela é mais efetiva quando os conteúdos das leis de concorrência dos países participantes estão em harmonia. Com vista a uma possível cortesia positiva, podem as partes serem levadas a acelerar a eventual harmonização da maior parte (ou toda) das suas respectivas legislações antitruste.

A cortesia negativa faz parte também de um grande número de acordos bilaterais. Com a cortesia negativa, uma parte do acordo bilateral deixa de aplicar a sua lei de concorrência para a conduta de uma empresa se essa aplicação colidir com a política governamental da outra parte[186]. Assim, um Estado, quando aplica a sua lei concorrencial, levará em consideração os interesses de outro Estado apenas quando não existir incompatibilidade com os seus próprios interesses.

Existem alguns casos nos EUA nos quais as cortes adotaram o princípio da regra da razão, sugerindo o exame de vários fatores a considerar, quando um país decide aplicar sua lei nacional de concorrência e concluir sobre se essa aplicação potencialmente terá implicações internacionais[187].

Um grande número de acordos bilaterais tem incorporado disposições para cooperação em investigações. Geralmente, essas disposições indicam que uma parte deve se esforçar para fornecer as evidências para a outra, quando requisitadas, sem tornar obrigatória a disposição da informação.

A questão que se coloca é quando a revelação de evidências e de informações pode ser considerada obrigatória, e quando elas podem envolver confidencialidade. Em muitas jurisdições, a divulgação de informação confidencial, obtida em uma investigação, a alguém no exterior, incluindo um governo estrangeiro, é contrária ao princípio da confidencialidade das leis do Estado[188].

Sob esse enfoque, os acordos são divididos em primeira e segunda geração. Os que, em princípio, não permitem o acesso das autoridades concorrenciais às informa-

---

[183] Webb Pomerene Act, 15 U.S.C. §§ 61-66 (1994).

[184] Matsushita, 2002, p. 471.

[185] Sobre cartéis de exportação: Domingues, 2015, p. 369-392.

[186] Assim, por exemplo, se um país invoca a sua lei de concorrência para proibir uma fusão, e esta é fortemente promovida pelo governo de um outro país, essa aplicação será contrária à política do primeiro país. Nessa situação, o princípio da cortesia negativa sugere que o primeiro país se abstenha de aplicar sua lei de concorrência para aquela fusão em respeito à política governamental do segundo país.

[187] Veja-se: Mannington Mills, Inc. v. Congoleum Corp., 595 F.2d 1287 (3d Cir. 1979); Timberlane Lumber Co. v. Bank of America, 549 F.2d 597 (9th Cir. 1976).

[188] Matsushita, 2002, p. 472.

ções confidenciais, salvo se houver a anuência da parte interessada, são os chamados de primeira geração. No entanto, se esta aceita, o faz, em regra, limitadamente[189].

Os acordos de segunda geração possibilitam a disponibilização de informações confidenciais, mas não são celebrados com frequência, justamente porque encontram obstáculos nos princípios de proteção do interesse nacional ou na legislação proibitiva. Esses acordos pressupõem maior maturidade e comprometimento das agências com a causa concorrencial em nível internacional[190].

Acredita-se ser melhor, por consequência, os países satisfazerem-se com um acordo internacional capaz de permitir o fornecimento voluntário das evidências e informações, do que com uma obrigação imperativa nesse sentido, a qual, em verdade, é pouco factível, ao menos atualmente[191].

Com fulcro no *International Antitrust Enforcement Assistance Act* (IAEAA)[192], os EUA criaram uma proposta para investigar as condutas que ocorrem nos EUA e afetam adversamente a jurisdição de um outro país. A ideia é transferir a evidência obtida, incluindo a confidencial, ao país nessa condição, para que este execute e aplique um direito semelhante na investigação.

A política subjacente à IAEAA potencializaria a eficácia das leis nacionais de concorrência contra condutas anticompetitivas as quais ultrapassem as divisas nacionais. Ressalte-se que os interesses norte-americanos permanecerão protegidos nesses acordos. Atualmente, a maioria dos acordos de cooperação ainda são os de primeira geração.

Em 13 de janeiro de 2017, o DOJ e o FTC divulgaram novas Diretrizes Antitruste para execução e cooperação internacional, atualizando as Diretrizes que estavam em vigor desde abril de 1995. Nesse documento, houve não apenas uma atualização da linguagem, como também destaques à jurisprudência e alguns exemplos ilustrativos.

7.2 | Direito Antitruste no MERCOSUL

No início do século XXI, as relações econômicas e políticas entre os países da América Latina foram marcadas por uma complexa rede de interdependência muito mais profunda e sofisticada se comparada a qualquer uma existente no passado. Desde 1980, e em especial durante a década de 1990[193], eles desenvolveram uma mudan-

---

[189] Oliveira, Rodas, 2004, p. 385.

[190] *Id., ibid.*, p. 385.

[191] Zanettin explica que existem dois modelos de cortesia positiva: I) o modelo do acordo EUA-CE e ii) o modelo que requer a outro Estado o aumento do *enforcement* da sua legislação antitruste, não em casos específicos, mas de forma geral. O segundo modelo é o menos descrito na literatura acadêmica, mas segundo Zanettin pode ser exemplificado no acordo denominado "Structural Impediment Initiative between the United States and Japan. (Zanettin, 2004, p. 192-198).

[192] International Antitrust Enforcement Assistance Act (IAEAA) of 1994, 15 U.S.C. §§ 6201-6212 (1994).

[193] Durante os anos 1990, os países da América assinaram quatorze acordos de comércio e integração, incluindo os dois acordos de associações que o MERCOSUL assinou com a Bolívia e o Chile.

ça fundamental em suas políticas, evidenciada por alto grau de integração regional em busca de crescimento econômico[194].

Os primeiros passos tomados nessa direção, pela maioria dos países, incluíram uma liberalização comercial unilateral e uma reorientação nos acordos sub-regionais de comércio. Isso foi chamado pela Comissão Econômica da América Latina e Caribe de "regionalismo aberto"[195].

O Tratado de Assunção, assinado em 26 de março de 1991, ao criar o MERCOSUL, fez referência à elaboração de normas comunitárias, oriundas de um poder legislativo comum e de aplicação geral em todos os países integrados. Assim, para se atingir essa meta, tem-se como pré-requisito a coordenação das políticas internas de seus Estados-partes: primeiramente Brasil, Argentina, Paraguai e Uruguai e mais recentemente a Venezuela (2012).

Ao contrário do Tratado de Roma, que instituiu a CE sob a égide de um direito supranacional, o Tratado de Assunção não tratou especificamente de regras comunitárias sobre concorrência no mercado comum, delegando essa tarefa aos Estados-partes[196]. O art. 1º do Tratado de Assunção determinou o objetivo geral a ser alcançado por seus Estados-partes como sendo a integração, por meio da constituição de um mercado comum com livre circulação de bens e serviços.

Cientes dessa omissão do Tratado, estas foram sendo supridas pela lógica da construção do mercado comum. Os Estados-partes passaram a pensar em estabelecer essas normas, pois as viram como imprescindíveis para assegurar as condições adequadas de concorrência e consolidar a união aduaneira[197].

Nesse sentido, o art. 4º do Tratado de Assunção[198] determina aos Estados-partes a coordenação paralela de suas respectivas políticas nacionais com o objetivo de elaborar normas comuns sobre concorrência comercial.

---

[194] Domingues, 2004, p. 240.

[195] Salazar-Xirinachs; Robert, 2002, p. 305.

[196] Cabe ressaltar que o objetivo do MERCOSUL é a instituição de um mercado comum. Existem três graus de integração regional: as zonas de livre-comércio, as uniões aduaneiras e o mercado comum. O Art. XXIV do GATT traz a definição de zona de livre-comércio e de união aduaneira. Cabe dizer que, em relação à zona de livre-comércio, a união aduaneira atinge um passo a mais, pois engloba a livre circulação de bens, tanto dos Estados nela compreendidos, quanto dos importados de terceiros países, desde que estejam legalizados devidamente. Dessa forma, diferentemente da zona de livre-comércio, a união aduaneira põe fim à imposição dos certificados para a circulação de produtos dentro do bloco. Caso o produto seja de fora da zona, para ingressar na mesma, deverá incidir sobre ele uma tarifa externa comum. A união aduaneira obriga as partes a adotarem uma política de comércio externo coordenada, inclusive com a harmonização das regras e instrumentos de comércio. Ela representa um grau abaixo de integração existente no mercado comum, pois este incorpora, além dos elementos da união aduaneira, medidas para promover o movimento livre dos fatores de produção. Veja-se: Thorstensen, 2001, p. 237, e Salazar-Xirinachs, Robert, 2002, p. 32-45.

[197] Prado, 1999, p. 230.

[198] "Art. 4º Nas relações com terceiros países, os Estados-Partes assegurarão condições equitativas de comércio. Para tal fim, aplicarão suas legislações nacionais, para inibir importações cujos preços estejam influenciados por subsídios, dumping ou qualquer prática desleal. Paralelamente, os Estados-Partes coordenarão suas respectivas políticas nacionais com o objetivo de elaborar normas comuns sobre concorrência comercial."

Tendo em vista essa necessidade, foi assinada a Decisão 21/94[199] do Conselho do Mercado Comum do MERCOSUL, que aprovou medidas gerais de harmonização para a defesa da concorrência. Com base nessa decisão foi elaborado o Protocolo de Defesa da Concorrência, conhecido por Protocolo de Fortaleza, assinado em 17 de dezembro de 1996, na cidade de Fortaleza, no Brasil.

De acordo com o art. 1º do referido Protocolo, o seu objetivo é defender a concorrência no âmbito do MERCOSUL. Nos termos do dispositivo, suas regras serão aplicadas aos atos praticados por pessoas físicas ou jurídicas de direito público ou privado, ou outras entidades cujo objeto seja produzir, ou efetivamente produzam, efeitos sobre a concorrência no MERCOSUL, e que afetem o comércio entre os Estados-partes.

Atualmente, ainda resta um longo caminho a ser percorrido para se lograr um sistema eficaz de defesa da concorrência no âmbito do MERCOSUL, existindo alguns problemas principais que não dependem exclusivamente da harmonização dos textos legais. Oliveira destacou cinco problemas principais ainda válidos:

> (...) em primeiro lugar falta a chamada "cultura da concorrência"; em segundo lugar, o setores públicos e privados encontram-se desaparelhados para fazer valer determinações legais; em terceiro lugar, persistem fortes assimetrias no Mercosul com relação ao grau de desenvolvimento institucional da defesa da concorrência; em quarto lugar, como na União Europeia, será necessário delimitar com rigor as áreas de competência dos órgãos nacionais de cada país (uma vez que existam) e de instâncias do Mercosul; e em quinto lugar, uma vez definido adequadamente aquilo que representa um caso do Mercosul, cumpre chegar a uma decisão técnica e previsível, residindo neste ponto grande dificuldade, pois o Protocolo de Fortaleza estabelece como instância deliberativa uma Comissão de Defesa da Concorrência com representantes dos governos dos quatro países-membros, havendo sempre referendo pela Comissão de Comércio[200].

No contexto comercial em que vivemos, o fortalecimento de instituições de economia de mercado, a transparência e estabilidade de regras assumem particular relevância a fim de estimular o investidor global. Isso porque a promoção da defesa da concorrência representa ingrediente indispensável no fortalecimento das instituições de mercado na região.

Contudo, o Protocolo de Fortaleza não conseguiu atingir esse objetivo num primeiro momento, pois introduziu regras que deveriam ser comuns, mas sem o desenvolvimento prévio da jurisprudência e da cultura da concorrência entre os Estados-partes.

Com o escopo de atingir esse objetivo, os países integrantes do MERCOSUL assumiram o compromisso de harmonizar suas legislações para o fortalecimento do processo de integração. Contudo, isso se torna um grande entrave quando as relações

---

[199] A concorrência também foi tratada nas decisões do Conselho do Mercado Comum, 20/94, 2/97, anexas ao Protocolo de Defesa da Concorrência no Mercosul, e a 28/00, que inclui a defesa da concorrência como uma das prioridades na agenda de relançamento do Mercosul.

[200] Oliveira, 2001, p. 45.

comerciais são estabelecidas entre países em desenvolvimento, como são os Estados do cone sul.

Mesmo tendo sido assinado em 17 de dezembro de 1996 e promulgado no Brasil em 19 de setembro de 2000, o Protocolo de Fortaleza não entrou em vigor porque não fora incorporado por todos os países-membros do Mercosul. O Programa de Trabalhos do Mercosul para o período de 2004-2006 previu a entrada em vigor do Protocolo de Fortaleza a partir de 2005, contudo, o modelo para o controle antitruste desenvolvido para o Mercosul, por meio do referido Protocolo, permaneceu sem aplicação prática. De fato, sempre existiram críticas ao Protocolo de Fortaleza, em especial ao modelo procedimental adotado, ainda mais porque dois dos quatro Estados-partes que o assinaram à época nem sequer tinham um sistema ou órgão responsável pela aplicação do direito antitruste. Da forma como foi instituído, o procedimento do Protocolo é complexo e de difícil operacionalização.

Vale mencionar que o Conselho do Mercado Comum publicou a decisão MERCOSUL/CMC/DEC 43, de 2010, a qual aprova o texto do "Acordo de Defesa da Concorrência do Mercosul" e revoga as Decisões CMC 18, de 1996 e 02/97, referentes respectivamente ao Protocolo de Fortaleza e a um anexo do Protocolo sobre multas[201].

Essa decisão pretendia alterar substancialmente o modelo anterior do Protocolo de Fortaleza e possibilitar também a aplicação de duas decisões anteriores: (i) MERCOSUL/CMC/DEC 4, de 2004, que aprovou o "Entendimento sobre Cooperação entre as Autoridades de Defesa da Concorrência dos Estados Partes do Mercosul para Aplicação de suas Leis Nacionais de Concorrência"; e (ii) MERCOSUL/CMC/DEC 15, de 2006, responsável por aprovar o "Entendimento sobre Cooperação entre as Autoridades de Defesa de Concorrência dos Estados Partes do Mercosul para o Controle de Concentrações Econômicas de Âmbito Regional". Contudo, essas decisões ainda não foram integradas no ordenamento do Paraguai. Assim, ainda não houve evolução nesse tema, apesar da decisão MERCOSUL/CMC/DEC 43, 2010, tendo havido apenas o estabelecimento de parâmetros e obrigações dos Estados-Partes para a cooperação.

Não está claro como os cartéis *hard core* serão tratados pelo MERCOSUL, nesse novo sistema. Segundo o modelo do Protocolo de Fortaleza, as autoridades antitruste

---

[201] Como substituto ao Protocolo de Fortaleza (ou Protocolo de Defesa da Concorrência do Mercosul), o Brasil assinou, em Foz do Iguaçu, em 16 de dezembro de 2010, juntamente com os Governos da República Argentina, da República do Paraguai e da República Oriental do Uruguai, o texto do Acordo de Defesa da Concorrência do MERCOSUL. O Poder Executivo Federal, por meio da Mensagem de Acordos, Convênios, Tratados e Atos internacionais n. 547/2012 enviou, em 07 de dezembro de 2012, para apreciação do Congresso Nacional, sendo transformado no Projeto de Decreto Legislativo n. 7/2015. O texto do Decreto Legislativo, já apreciado por todas as comissões designadas para análise e parecer, encontra-se pronto para inclusão na pauta de votação do plenário do Congresso Nacional desde julho de 2015. Veja-se, portanto, que o presente acordo ainda não foi internalizado pelo Brasil, e este procedimento é requisito necessário para a entrada em vigor do Acordo de Defesa da Concorrência do MERCOSUL, nos termos do seu art. 30: "O presente Acordo entrará em vigor trinta dias depois da última comunicação do cumprimento dos trâmites internos necessários para sua entrada em vigência".

nacionais teriam competência para iniciar procedimentos previstos pelo Protocolo e para encaminhar uma análise técnica para o Comitê de Defesa da Concorrência.

Este, então, instauraria uma investigação preliminar ou arquivaria o caso, *ad referendum* do Conselho do Mercado Comum (CMC)[202]. Após a conclusão das investigações em âmbito nacional, a autoridade de concorrência nacional encaminharia um parecer sobre o caso e, então, o Comitê teria competência para definir qual teria sido a modalidade de infração cometida e as sanções aplicáveis. Tais sanções poderiam ser impostas pelo CMC, por meio de resolução, e serem aplicadas (executadas) pela autoridade antitruste nacional do Estado-membro onde se localizasse o domicílio do infrator[203].

Todavia, se não houvesse consenso no CMC, o caso seria decidido discricionariamente, por meio de resolução, pelo Grupo do Mercado Comum (GMC). Se houvesse divergência ainda no âmbito do GMC, a parte interessada poderia apelar para o Órgão de Solução de Controvérsias do MERCOSUL[204]. Contudo, na prática, nunca houve aplicação desse procedimento.

Atualmente, as autoridades de Concorrência ou de Defesa da Concorrência no MERCOSUL são:

(i) Argentina – la Comisión Nacional de Defensa de la Competencia (CNDC) ou, no momento de sua conformação, el Tribunal Nacional de Defesa de la Competencia (TNDC);

(ii) Brasil – Conselho Administrativo de Defesa Econômica (CADE);

(iii) Paraguai – La Comisión Nacional de Competencia (CONACOM);

(iv) Uruguai – la Dirección General de Comercio del Ministerio de Economía y Finanzas;

(v) Venezuela – Superintencencia Antimonopólio.

Houve a assinatura do "Entendimento sobre cooperação entre as autoridades de defesa da concorrência dos estados-partes do Mercosul para a aplicação de suas leis nacionais de concorrência" (MERCOSUL/CMC/DEC n. 04/04) em vigor desde 2009. Esse acordo estabelece que, com a ressalva de questões de confidencialidade, cada Parte deverá notificar a outra, na forma prevista pelo art. II e pelo art. XI, sobre as atividades de aplicação especificadas, identificando a natureza das práticas sujeitas à investigação e os instrumentos legais pertinentes.

De acordo com esse documento (MERCOSUL/CMC/DEC n. 04/04), as atividades de aplicação a serem notificadas serão aquelas que: (a) forem relevantes para as atividades de outra Parte na aplicação de suas respectivas leis; (b) envolvam Práticas Anticompetitivas, diferentes de fusões e aquisições, realizadas em todo ou em parte substancial do território de outra Parte; (c) envolvam fusões ou aquisições nas quais uma ou mais partes da transação, ou uma empresa que controle uma ou mais partes

---

[202] Protocolo de Fortaleza, arts. 10 e 11.
[203] Protocolo de Fortaleza, arts. 18 e 20.
[204] Protocolo de Fortaleza, arts. 21 e 31.

da transação, seja constituída ou organizada segundo as leis de outra Parte; (d) envolvam condutas supostamente exigidas, recomendadas ou aprovadas por outra Parte; (e) envolvam medidas legais as quais explicitamente exijam ou proíbam determinada conduta no território de outra Parte ou sejam, de alguma maneira, aplicadas à conduta em território de outra Parte; ou (f) envolvam a busca de informações localizadas no território de outra Parte[205].

Com relação à necessidade de cooperação técnica, o entendimento estabelecido pelo art. VII determina o seguinte:

> As Partes entendem que é de interesse recíproco que suas Autoridades de Concorrência trabalhem conjuntamente em atividades de cooperação técnica relacionadas com a Aplicação de sua Legislação de Concorrência. Essas atividades incluirão, dentro de um esquema razoável, recursos disponíveis por parte das Autoridades de Concorrência, o intercâmbio de informações conforme o Artigo III deste Entendimento; o intercâmbio de funcionários das Autoridades de Concorrência para fins de seu treinamento na Autoridade de Concorrência de outras Partes; a participação de pessoal das Autoridades de Concorrência como conferencistas ou consultores em cursos de treinamento relativos à legislação de concorrência organizados ou patrocinados por suas Autoridades de Concorrência; e qualquer outra forma de cooperação técnica que a Autoridade de Concorrência das Partes acorde que sejam apropriadas aos fins deste Entendimento (tradução livre).

Contudo, o próprio art. X do mesmo documento estabelece: "(e)ste entendimento não impede que uma Parte adote ou se abstenha de adotar qualquer medida que esteja em conformidade com sua legislação vigente, nem exige modificação de qualquer legislação". Ou seja, pode-se dizer que se trata, mais uma vez, de uma *soft law* dentro do contexto do MERCOSUL. Na prática, não se têm observado resultados efetivos decorrentes desse documento e o Brasil ainda é o grande destaque em termos de *antitrust enforcement*.

Tudo indica que a tutela antitruste no MERCOSUL levará muito tempo para adotar as mudanças necessárias para garantir a operação prevista[206].

7.3 | Experiência brasileira com cooperação no combate aos cartéis *hard core*

Dentre as formas de aplicação da Lei Antitruste, o combate aos cartéis estabeleceu-se como prioridade pelas autoridades brasileiras, e tem tido razoável destaque na imprensa nos últimos anos. O interesse é compreensível, pois a prática é extremamente prejudicial à livre concorrência, que é um dos princípios fundamentais das economias de mercado.

---

[205] MERCOSUL. Entendimento sobre cooperação entre as autoridades de defesa da concorrência dos Estados Partes do Mercosul para a aplicação de suas leis nacionais de concorrência (MERCOSUL/CMC/DEC. n. 4/04), art. II, 2.

[206] Para um breve apanhado do ambiente de concorrência no Mercosul, ver Araújo Junior, 2001, *passim*.

O Brasil tem feito uso frequente da cooperação internacional como fonte de obtenção de evidências para a persecução de cartéis e outros ilícitos relacionados, como corrupção. Algumas dessas informações baseavam-se em acordos já preestabelecidos de cooperação, mas outras baseavam-se apenas em relações informais entre os funcionários das agências.

O SBDC recebeu significativo suporte das agências dos EUA e do Canadá em importantes investigações. Esses casos ilustram as diferentes formas de ajuda oferecidas de acordo com as circunstâncias particulares de cada caso, assim como o nível de cooperação já institucionalizado entre o Brasil e os países que ofereceram ajuda[207].

Os EUA e o Brasil são signatários de um acordo formal de cooperação[208], e, em investigações de cartéis *hard core*, a divisão antitruste do Departamento de Justiça norte-americano trabalhou em conjunto com as extintas SEAE/MF e a SDE/MJ no caso do cartel das lisinas. Houve também uma colaboração e até o treinamento pessoal no caso do suposto cartel do papel higiênico[209]. Nesse suposto caso de cartel, as agências brasileiras também se beneficiaram da cooperação do USDoJ e do FBI para preparar as investigações, mesmo não se tratando de um cartel internacional.

Outro caso interessante de cooperação no Brasil, ocorreu durante a investigação do cartel internacional *hard core* de vitaminas. A maior parte da informação recebida do estrangeiro foi disponibilizada pelo Canadá, embora os dois países ainda não tivessem firmado um acordo de cooperação.

O caso da lisina é um famoso cartel internacional. Entre 1992 e 1995 os maiores produtores de lisina do mundo formaram um cartel *hard core* e passaram a fixar os preços dos produtos e as quantidades a serem vendidas. Além disso, estipularam a parte do mercado de cada firma nos diferentes continentes do globo: América do Norte; América Latina; Europa e África; e Ásia e Oceania[210]. Nos EUA, essas empresas foram processadas e consideradas culpadas pela fixação de preços e divisão de mercado. O resultado foi a punição de cinco empresas e a imposição de multas extremamente altas[211]. Na Europa também houve a condenação por fixação de preços e divisão do mercado[212].

---

[207] Araújo, 2002, p. 4.

[208] Brasil e EUA. Agreement between the Government of Federal Republic of Brazil and the Government of the United States of America regarding the cooperation between competition authorities in the Enforcement of Competition Laws. Este acordo foi assinado em 26 de outubro de 1999 e em 27 de junho de 2002 foi admitido por meio do Decreto n. 154.

[209] Araújo, 2002, p. 5.

[210] As empresas denunciadas como participantes deste cartel foram: a Archer Daniels Midland Co. (ADM), nos EUA; a Ajinomoto Co. Inc. e a Kyowa Hakko Kogyo Co. Ltd., no Japão; a Miwon Food Co. Ltd., a Sewon America Inc. e a Cheil Jedang Ltd., na Coreia, e a Eurolysine S.A., na França. Veja-se: Araújo, 2002, p. 3.

[211] ADM foi multada em US$ 70 milhões (mais um adicional de US$ 30 milhões por participar numa outra conspiração no mercado de ácido cítrico); Ajinomoto e Kyowa foram multadas em US$ 10 milhões cada; Cheil Jedang em US$ 1,25 milhão; e Sewon America em US$ 328 mil. Em setembro de 1998, o júri de Chicago condenou à prisão o vice-presidente anterior da ADM e dois altos executivos altos da companhia.

[212] Na Europa, a Ajinomoto e a Sewon receberam 30% de redução da multa imposta, por conta de sua colaboração nas investigações. A multa da ADM foi reduzida em 10%, mesmo sem ter colaborado

No Brasil, as investigações preliminares tiveram início em 1999. No *International Cartels Workshop*, realizado em Washington – DC, em 1999, os representantes brasileiros tiveram acesso aos detalhes da investigação promovida pelo Departamento de Justiça dos EUA (USDoJ). Como nesse caso as partes já tinham sido julgadas, toda a informação relativa ao processo e a punição resultante eram públicas. Assim, o foro para discussão oferecido pelo seminário promoveu um ambiente benéfico para a troca de teorias e iniciativas sobre o caso. Veja-se que a existência desses encontros para trocas de experiência é, de fato, importante para o intercâmbio de informações entre as agências sobre condutas ilícitas com possíveis efeitos em diversas jurisdições, seguindo, inclusive, as recomendações da OCDE, UNCTAD e ICN.

No caso das lisinas, o USDoJ forneceu à SEAE/MF os registros do processo e todos os dados relevantes baseados nos quais a SEAE/MF emitiu uma nota técnica recomendando à SDE/MJ medidas contra as empresas. Ou seja, houve abertura do correspondente processo administrativo[213] para investigar a prática no Brasil.

Tal processo foi instaurado em face das empresas subsidiárias nacionais dos produtores internacionais de lisinas. Após a apresentação das defesas, o processo tramitou lentamente para a superação das questões preliminares, que se centraram em vícios formais da fase de Averiguação Preliminar, quando da realização de medidas de instrução processual por parte da SDE/MJ e SEAE/MF, como tomada de depoimentos pessoais e juntada de documentos extraídos do site do USDoJ.

Durante toda a investigação, a SDE/MJ e a SEAE/MF trabalharam juntamente com o USDoJ. Com base em evidências, a SEAE/MF concluiu que o acordo de fixação de preços e a divisão de mercado foram negativos para o Brasil. Foi proferido parecer pela SEAE/MF, em 2000, encaminhado à SDE/MJ para prosseguimento das investigações. O processo administrativo foi instaurado no mesmo ano (2000), e, em 30 de dezembro de 2009, a SDE emitiu Parecer sugerindo o arquivamento do processo, por insuficiência de indícios de infração contra a ordem econômica. De acordo com a SDE, as provas colhidas e juntadas nos autos do processo referiram-se apenas às empresas estrangeiras (matrizes), que tiveram participação direta e exclusiva no cartel. Contudo, não haveria indícios de participação das suas subsidiárias, as quais foram as únicas incluídas como Representadas no processo. Além disso, a Secretaria reconheceu a prescrição da pretensão punitiva do Estado, de acordo com o art. 1º da Lei n. 9.873/99, pois, entre o período da prática do cartel (de junho de 1992 a junho de 1995) e a sua manifestação (dezembro de 2009), teriam transcorrido mais de quatorze anos.

Após os autos serem encaminhados ao CADE, para julgamento, em 14 de março de 2012, o Conselheiro Relator proferiu voto, no qual entendeu pela prescrição intercorrente e, consequentemente, pelo arquivamento do processo. Na mesma data, o Plenário do CADE, nos termos do voto do Conselheiro Relator e por unanimidade, determinou o arquivamento do processo, em face da ocorrência de prescrição intercorrente.

---

nas investigações, pois a empresa não contestou as alegações apresentadas pela Comissão para a decisão do caso.

[213] Araújo, 2002, p. 6.

O Cartel das vitaminas também foi amplamente discutido e investigado internacionalmente. Trata-se de investigação de cartel que abordava condutas diversas: (i) fixação de preços entre concorrentes; (ii) influência na adoção de conduta comercial concertada; e (iii) divisão dos mercados por meio de acordos de limitação de produção e imposição de preço no mercado de vitaminas. Os fatos ensejadores do início das investigações foram coletados a partir de reportagens veiculadas pelos jornais "O Globo" e "Gazeta Mercantil" de 21-5-1999, os quais noticiaram a aplicação de multa no valor de US$ 775 milhões pelo USDoJ. Tais notícias levaram a SDE/MJ a instaurar Averiguação Preliminar, a fim de verificar a prática de formação de cartel pelas empresas Basf Aktiengesellschaft, Aventis Animal Nutrition (atual denominação de Rhône-Poulenc Animal Nutrition), e F. Hoffmann – La Roche Ltd.

Mesmo após a instauração do processo administrativo por parte da SDE/MJ, a SEAE continuou coletando informações dos possíveis efeitos lesivos do cartel internacional para a economia brasileira. A SEAE/MF coletou informações adicionais, como o montante de vitaminas A, E e Betacaroteno exportadas ao Brasil durante o período no qual o cartel estava ativo. No final de 2002, a SEAE/MF emitiu parecer no caso, concluindo que o mercado brasileiro foi efetivamente afetado pelo cartel internacional[214].

Esse caso evidenciou uma grande cooperação internacional. As autoridades brasileiras valeram-se de extenso material probatório compartilhado pelas autoridades internacionais, as quais auxiliaram o SBDC no decorrer das investigações. Entre os documentos compartilhados, foi juntada cópia da decisão da Comissão Europeia sobre o cartel que condenou as Representadas (e outras), além de cópia das diversas transações penais realizadas pelo USDoJ, nas quais as empresas reconheceram a culpa, individualmente, pela formação de cartel no segmento vitamínico. As autoridades internacionais tinham evidências suficientes da existência do cartel, as quais foram utilizadas pelo SBDC para a comprovação da prática no processo administrativo.

Uma vez identificado o cartel internacional, a análise do caso foi direcionada para a verificação de efeitos no Brasil.

A SEAE/MF e a SDE/MJ apuraram que os responsáveis pela administração dessas empresas no mercado de vitaminas da América Latina reuniram-se em São Paulo, de duas a quatro vezes por ano, para trocar informações sobre preços e quantidades de venda desses produtos. Essas reuniões tinham o propósito de monitorar as atividades do cartel internacional dentro dos mercados latino-americano e brasileiro. Consta nos autos depoimento de representante da BASF, admitindo ter participado em reunião com os concorrentes em São Paulo, no final de 1997.

Em junho de 2005, a SDE/MJ concluiu que as informações contidas nos autos já seriam suficientes para demonstrar efeitos danosos ao mercado brasileiro ocasionados pelo cartel, recomendando a condenação das Representadas, bem como a imposição de multas por infração à ordem econômica.

Em abril de 2007, o Plenário do CADE, por maioria, negou provimento ao Recurso de Ofício e manteve o arquivamento do processo somente com relação às subsidiarias nacionais das Representadas e os seus dirigentes. Condenou, contudo, ape-

---

[214] Araújo, 2002, p. 7.

nas as pessoas jurídicas estrangeiras ao pagamento de multa que, no caso da Representada F. Hoffmann – La Roche Ltd., no valor de R$ 12.112.558,32. A Representada Basf Aktiengesellschaft foi condenada ao pagamento de multa no valor de R$ 4.726.362,37, e no caso da Representada Aventis Animal Nutrition (atual denominação de *Rhône-Poulenc Animal Nutrition*), a sanção alcançou o valor de R$ 847.125,19, nos termos do voto do Relator[215].

Outro caso interessante que envolveu cooperação foi a investigação do suposto cartel do papel higiênico. Em julho de 2001, a SEAE/MF e a Unidade Brasileira de Proteção ao Consumidor de São Paulo (PROCON/SP) iniciaram uma investigação, em conjunto, das três maiores empresas brasileiras de papel higiênico: a Klabin, a Santher e a Melhoramentos[216].

Apesar de se tratar de um caso nacional, as agências brasileiras também se beneficiaram da cooperação do USDoJ e do FBI para preparar as investigações. Em abril de 2002, o *Chief Attorney for the Chicago Unit. – Mr. Marvin Price e a Supervisory Special Agent – Ms. Vida Bottom* vieram para São Paulo dividir suas experiências com a SEAE/MF, a SDE/MJ e alguns representantes do PROCON[217].

---

[215] Trata-se de Processo Administrativo instaurado pela SDE/MJ, em virtude de representação feita pelo Conselho Regional de Farmácias do Distrito Federal – CRF/DF, em 1º-9-1999, contra diversas empresas farmacêuticas pela conduta de formação de cartel. Tal representação ocorreu em razão dos indícios de tentativa de promover ação coordenada no sentido de delimitar a atuação dos distribuidores de medicamentos no Brasil e de prejudicar a introdução de medicamentos genéricos no mercado brasileiro.
Na análise de mérito, a SDE/MJ considerou o mercado relevante como o de medicamentos em geral, tendo em vista que, *in casu*, a Lei n. 9.787/99 (Lei dos Genéricos) provocaria uma mudança na estrutura de mercado em geral, a qual viria a contrariar os interesses das empresas que comercializavam, à época, medicamentos definidos legalmente como medicamentos de referência. Assim, em virtude do interesse comum das Representadas de impedir a entrada dos genéricos, o mercado relevante – dimensão material – foi definido como o de medicamentos em geral. Já quanto ao âmbito geográfico, a Secretaria definiu como sendo nacional, pois as condutas anticompetitivas imputadas às Representadas abrangeriam todo o território nacional. Quanto à análise de posição dominante, a SDE/MJ observou que as Representadas detinham, à época, participação conjunta de aproximadamente 47,04% no mercado de medicamentos, excluindo-se o montante adquirido pelo setor público, hospitais e clínicas. Dessa forma, além do elevado poder econômico, as Representadas seriam detentoras de poder suficiente para impedir a entrada de novos competidores, possibilitando a restrição da concorrência efetiva e/ou potencial. Para a SDE/MF, ficou claramente demonstrado a intenção do grupo em buscar uma conduta uniforme quanto à distribuição e ao enfrentamento da questão dos genéricos e não simplesmente a realização de um encontro de confraternização.
Em 23-2-2005, em posição contrária à SDE/MJ e à ProCADE, o Conselheiro Relator, Sr. Ricardo Villas Bôas Cueva, votou pelo arquivamento do processo, com base na ausência de provas suficientes para a caracterização da ilicitude dos fatos e, portanto, concedeu às Representadas o benefício da dúvida (em respeito ao princípio constitucional do *in dubio pro reo*). Contudo, o Conselheiro Luís Fernando Rigato Vasconcellos, em 13-10-2005, elaborou Voto vista no qual entendeu – em consonância com os Pareceres da SDE/MJ e ProCADE – pela condenação das Representadas, como incursas no art. 20, I, II e IV, c/c o art. 21, I, IV, V e XIII, da Lei n. 8.884/94. Esse entendimento foi seguido pelo Plenário do CADE, o qual, por maioria, em 13-10-2005, condenou as Representadas, nos termos do Voto vista.

[216] Essas empresas, concomitantemente reduziram o tamanho do papel higiênico. Com menos de um mês, entre junho e julho de 2001, as três empresas modificaram a medida tradicional dos rolos, de 40 m para 30 m, sem informar os consumidores ou reduzir os preços.

[217] Araujo, 2002, p. 8.

Dessa forma, além de uma contribuição direta para o caso dos papéis higiênicos, ainda se pode discutir mais sobre os aspectos de combate aos cartéis, desenvolvendo um paralelo entre o sistema brasileiro e o norte-americano.

A investigação preliminar foi finalizada em junho de 2002, e a SDE/MJ considerou que um processo contra as três empresas por cartel era apropriado. A SEAE/MF ainda recomendou ao PROCON adotar outras medidas cabíveis nos termos da legislação consumerista específica[218].

Contudo, passada a fase instrutória (já em sede de processo administrativo), a SDE/MJ concluiu: (a) pela insubsistência de indícios de ocorrência de conduta concertada entre as Representadas; (b) que o mercado em questão seria caracterizado por ser um oligopólio diferenciado, no qual a estratégia *"follow the leader"* é típica, justificando algumas condutas praticadas/alegadas pelas Representadas; e (c) as Representadas adotaram estratégias de precificação diferenciada. Recomendou-se, assim, o arquivamento do processo.

Dessa forma, em fevereiro de 2011, o Plenário do CADE, seguindo o entendimento do Conselheiro Relator, determinou o arquivamento do Processo Administrativo em Sessão Plenária, negando provimento ao recurso de ofício.

Com o amadurecimento institucional, a cooperação internacional passou de uma fonte de informações e melhores práticas para uma ferramenta eficaz na persecução simultânea de cartéis internacionais *hard core*. O primeiro grande caso que se tem notícia foi a investigação do suposto cartel de compressores. À época, a SDE/MJ, a Polícia Federal e o Grupo de Atuação Especial de Repressão à Formação de Cartéis e à Lavagem de Dinheiro e de Recuperação de Ativos (GEDEC), órgão do Ministério Público do Estado de São Paulo, deflagraram, em 17 de fevereiro de 2009, a denominada "Operação Grau Zero", contra um suposto cartel de compressores (equipamentos utilizados no resfriamento de aparelhos como geladeira, ar-condicionado e bebedouro). A operação teve início no último trimestre de 2008 por iniciativa do Departamento de Proteção e Defesa Econômica (DPDE).

---

[218] *Id., ibid.*, p. 9. Trata-se de Processo Administrativo instaurado pela SDE/MJ para apurar denúncia de cartel envolvendo as empresas Cia. Melhoramentos Papéis Ltda., Klabin Kimberly S.A. e Santher Fábrica de Papéis Santa Terezinha S.A. no mercado brasileiro de produção de papel higiênico. Em resumo, os fatos ensejadores do início das investigações, tanto na esfera do consumidor como na concorrencial, foram coletados a partir de reportagens divulgadas na mídia, em agosto de 2001, sobre a redução da metragem dos rolos de Papel Higiênico (de 40 metros para 30 metros) realizada pelas três maiores empresas do ramo no país, na mesma época. Assim, levantou-se a hipótese de ocorrência de cartel entre as Representadas, dadas as similaridades das condutas adotadas pelas três companhias. O Departamento de Proteção e Defesa ao Consumidor (DPDC) instaurou Procedimento Administrativo para verificar as denúncias de danos ao mercado consumidor pela referida redução (metragem do papel higiênico), culminando, ao final, no Termo de Ajustamento de Conduta pela Klabin. No referido Termo, a Klabin comprometeu-se a manter no mercado, por no mínimo três meses, rolos de 40 metros dos produtos que tiveram a sua metragem alterada. Interessante notar que, após as investigações, os indícios demonstraram exatamente o alegado pelas Representadas durante todo o processo administrativo. Ou seja, as empresas se valeram de uma estratégia *"follow the leader"* (paralelismo de conduta), a qual – pelo fato de um agente econômico "seguir" ou "copiar" a conduta da empresa com posição dominante no mercado – não é sancionada pelas normas de defesa da concorrência.

Além das empresas, a operação Grau Zero teve como alvos os executivos que supostamente teriam participado de reuniões e trocado correspondências para combinar preços e dividir o mercado.

No momento do levantamento de evidências pelas autoridades, as suspeitas também recaíram sobre empresas fora do país, o que resultou em outra parceria inédita e em um trabalho simultâneo com o Departamento de Justiça dos Estados Unidos e a autoridade de defesa da concorrência da Comissão Europeia. Essa foi a primeira ação conjunta e simultânea das autoridades brasileiras com autoridades estrangeiras para combate aos cartéis. Outros documentos e equipamentos também foram apreendidos na Alemanha, Dinamarca, Estados Unidos e Itália.

A leniência teve um papel crucial para que a investigação pudesse alcançar uma ação conjunta. As investigações iniciaram-se com a assinatura de um Acordo de Leniência (com a anuência do GEDEC) entre a SDE/MJ e uma empresa do mercado investigado a qual delatou o suposto envolvimento das demais. Conforme dados disponibilizados pela SDE/MJ, o mercado de compressores movimentava no Brasil cerca de 10 milhões de unidades/ano e era responsável, à época da abertura de investigação, por exemplo, por 35% do valor de uma geladeira.

Parte IV
FRONTEIRAS DO ANTITRUSTE

8 | ANTITRUSTE, DIREITO PREMIAL E ANTICORRUPÇÃO

Essencialmente voltado a regular os limites entre liberdades de agentes dotados de poder econômico, o Direito Antitruste, desde sua origem, enfrenta desafios importantes no tocante à sua eficácia, ou efetividade[1]. Como se analisou neste livro, poucos não foram os desafios no plano do controle de estruturas (em que opera-se sob juízo de possibilidade e probabilidade no processo de concretização normativa) no qual diferentes escolas de pensamento econômico-jurídico emergiram e acabaram por influenciar as linhas decisórias de diversos operadores desse ramo do direito em várias jurisdições.

No controle de condutas, opera-se o juízo probatório com foco em se decidir pela condenação ou absolvição. Nessa seara, o grande desafio foi acessar provas de infrações a bem de permitir o seu devido processamento e a punição dos envolvidos em práticas anticoncorrenciais, como os cartéis, que podem ser entendidos como arranjos comportamentais secretos e sofisticados[2].

É especialmente para acessar o núcleo dos cartéis que, como resultado da influência internacional, o Direito Premial[3] foi incorporado ao Direito Antitruste Brasileiro com a introdução do Programa de Leniência na Lei Antitruste Brasileira.

8.1 | Colaborações premiadas no Direito Antitruste

8.1.1 | Acordos de leniência: histórico

O Direito Antitruste brasileiro apresenta duas modalidades de instrumentos de colaboração premiada: o acordo de leniência e o termo de compromisso de cessação

---

[1] "O problema da eficácia de uma norma é o problema de ser ou não seguida de pelas pessoas a quem é dirigida (os chamados destinatários da norma jurídica) e, no caso de violação, ser imposta através de meios coercitivos pela autoridade que a evocou. Que uma norma exista como norma jurídica não implica que seja também constantemente seguida." Bobbio Norberto. Teoria da Norma Jurídica. Trad. Fernando Pavan Baptista e Ariani Bueno Sudatti. São Paulo: EDIPRO, p. 47, 2001.

[2] Em fevereiro de 2000, com base nas propostas escritas e na discussão oral entre os representantes de autoridades antitruste de diversos países-membros da OCDE, foi atribuído destaque ao grande desafio no combate aos cartéis *hard core*: penetrar em sua cúpula secreta.

[3] "Neste novo cenário de especialização do Sistema de Justiça Criminal brasileiro, a atuação do criminalista substitui-se gradativamente por uma perspectiva de prevenção e gerenciamento do risco penal, no que se convencionou chamar "Justiça Penal Colaborativa." Saad-Diniz, Eduardo (org.) Modernas técnicas de investigação e justiça penal colaborativa / Eduardo Saad-Diniz, Fabio Casas, Rodrigo de Souza Costa (organizadores) – São Paulo: LiberArs, p. 12, 2015.

de prática (TCC) aplicável a investigações por prática de cartel. Os acordos de leniência são instrumentos de defesa da concorrência bastante divulgados e debatidos nos documentos da OCDE como meios de verificação e obtenção de provas da formação de cartéis *hard core*.

A palavra leniência, do latim *lenitate*, significa brandura, suavidade[4]. Esse termo para o direito da concorrência significa a aplicação de uma sanção ou obrigação mais branda, com menor severidade, concedida em decorrência de uma cooperação voluntária e plena que ajude na investigação da formação de cartéis *hard core*.

Desse modo, para encorajar um participante de um cartel a confessar e indicar os demais participantes em primeira mão, oferecer mais evidências sobre as reuniões e comunicações clandestinas, a leniência é um importante instrumento: as autoridades podem prometer uma multa menor, uma pena mais branda, ou até o perdão completo[5]. O acordo de leniência deve ser visto como um elemento adicional à tradicional lógica funcional da sanção, no prisma do sistema jurídico, a qual caracteriza um incentivo negativo à ação ilícita (ou avessa à norma dispositiva) por parte dos agentes privados.

Considerando-se o enfoque bidimensional da prática de cartéis no Brasil (criminal e administrativo), a leniência poderá inclusive adquirir a forma de concessão de imunidade criminal[6]. A leniência perante os órgãos de defesa da concorrência também, no geral, promove a redução e até isenção das multas no âmbito dos processos administrativos.

O Brasil sofreu influência dos EUA no estabelecimento de seu Programa de Leniência. Nesse plano, vale observar um pouco da evolução do instituto naquele país. A primeira experiência de leniência nos EUA ocorreu em um programa realizado em 1978. Nesse programa os infratores que confessassem a prática ilícita antes do início das investigações pela autoridade antitruste poderiam receber o perdão judicial no âmbito criminal.

A concessão do perdão dependia sempre do governo americano, que tinha discricionariedade de aceitar ou não o pedido de leniência. Em razão desse grau de incerteza, este programa não obteve sucesso, tendo havido pouca procura e, assim, não resultando a identificação de nenhum cartel internacional[7].

---

[4] Ferreira, 1999, p. 1200.

[5] OCDE, 2003, p. 7.

[6] É necessário destacar, entretanto, que há, no Brasil, um debate sobre a constitucionalidade do acordo de leniência na perspectiva de seus efeitos na esfera criminal. Isso porque é celebrado por autoridade administrativa (i.e., pelo CADE) sem a intervenção da autoridade judicial, a quem é restrito o exercício da jurisdição em matéria criminal, ainda que com a participação do Ministério Público (Federal e/ou Estadual, a quem é atribuída a titularidade da ação penal pública). Isso ainda deverá ser objeto de debates e decisão, em última instância, por parte do Supremo Tribunal Federal (STF), a quem cabe a função de guardar a Constituição. Contudo, é assente na esfera administrativa, a aptidão do acordo de leniência a isentar de sanção o agente privado que regularmente dele se utilize.

[7] Sobral, 2001, p. 138.

Em 1993, o programa de leniência antitruste dos EUA foi revisto, tendo sido reformatado para Programa de Leniência Corporativa ou *Amnesty Program*, que consolidou os critérios para a isenção de penalidades. Com o aumento da previsibilidade dos benefícios, o número de denúncias se multiplicou para mais de 20 por ano naquele país. De 1997 a 2008, as multas aplicadas ultrapassaram US$ 3 bilhões[8]. Na investigação nos EUA do cartel de vitaminas, a cooperação de um dos participantes do programa de leniência conduziu diretamente aos culpados e as multas foram de US$ 500 milhões e US$ 225 milhões contra duas outras empresas envolvidas no cartel[9].

Desde sua criação, o Programa de Leniência antitruste dos EUA passou a ser considerado como o mais eficaz instrumento para descobrir e combater os cartéis *hard core*. Esse programa está fundado em outras formas de abordagem da investigação e punição a essas práticas: (i) a concessão imediata de leniência caso não haja conhecimento de investigação prévia; (ii) a possibilidade de concessão de leniência mesmo após o início do processo investigatório; e (iii) quando da assinatura do acordo, todos os executivos, diretores e funcionários que participam da cooperação ficam protegidos contra futuros processos criminais.

Foi implementado, nesse mesmo período, pelo Departamento de Justiça dos EUA (USDoJ), um programa de leniência para pessoas físicas, que se apresentem individual e espontaneamente, isto é, sem fazer parte da delação decidida institucionalmente por alguma pessoa jurídica.

No Brasil, a introdução da leniência ocorreu com a edição da Medida Provisória n. 2.055, de 11-8-2000, regulamentada pela Portaria do Ministério da Justiça n. 849, de 22-9-2000, e agora pela Portaria do Ministério da Justiça n. 4, de 5-1-2006. Esse documento previa a celebração de acordos de leniência entre a União, através da SDE/MJ, para aqueles que colaborassem com o processo de investigação realizado pela SDE/MJ. Logo, o Brasil ficou diante de uma nova realidade, criada com base nos documentos da OCDE, e na experiência norte-americana.

A Lei n. 10.149, de 21-12-2000, oriunda da Medida Provisória n. 2.055-4, trouxe uma proposta que permitia à União celebrar, por meio da SDE/MJ, acordo de leniência com a extinção da punição[10] ou a redução de um a dois terços da penalidade aplicável. A Medida Provisória n. 2.655 garantiu a extensão do programa de leniência à esfera penal. Assim, preenchidos os requisitos, o cumprimento do acordo extinguiria a punibilidade criminal das infrações à ordem econômica.

De acordo com o dispositivo contido no art. 4º da Lei n. 8.137, de 27-12-1990, formar acordo, convênio, ajuste ou aliança entre ofertantes visando à fixação artificial de preços ou quantidades vendidas ou produzidas, ao controle regionalizado do mer-

---

[8] Conforme Cartilha de Combate a Cartéis em Sindicatos e Associações – Coleção SDE/DPDE n. 03/2009. Segundo esse mesmo documento, "(...) a Comissão Europeia aplicou, de 1990 a 2008, multas por formação de cartel que excederam € 13 bilhões, e os Estados Unidos, de 1997 a 2008, aplicaram multas que superam US$ 3 bilhões, além de outras sanções criminais".

[9] OCDE, 2003, p. 7.

[10] Nesse sentido veja-se: Ramos, 2000.

cado por empresa ou grupo de empresas, ou ainda, ao controle, em detrimento da concorrência, de rede de distribuição ou de fornecedores, constituem crime contra a ordem econômica, cuja pena é de reclusão, de 2 a 5 anos e multa.

Diante dessa disposição, para ser válida a renúncia da ação penal, gerada pela celebração de acordo administrativo – acordo de leniência –, o Ministério Público, detentor da competência privativa de promover ação civil pública, deveria então dele participar[11].

Na mesma linha, em atenção à esfera penal (muito sensível às pessoas físicas envolvidas no acordo de leniência), o Ministério Público deve ser instado a participar da elaboração e assinatura do acordo, juntamente com as partes e com a SG. Essa participação do parquet visa a atribuir eficácia ao instrumento e garantir a isenção ou diminuição de penas àqueles que colaborarem efetivamente com as investigações.

O Programa de Leniência Brasileiro inovou de forma arrojada no ordenamento jurídico pátrio. Nesse plano, desde o início de sua vigência, há pontos sensíveis capazes de expor a riscos os beneficiários de acordos de leniência no tocante à imunidade em matéria penal. O primeiro ponto repousa na dúvida sobre a suficiência da assinatura de um membro do Ministério Público a impedir que outro membro do mesmo órgão ministerial venha, posteriormente, ingressar com ação penal contra os lenientes. E o segundo ponto repousa na dúvida acerca de qual órgão ministerial (Estadual ou Federal) seria competente para ingressar com ação penal contra o crime de cartel e, consequentemente, qual deles deveria participar da elaboração e assinatura do acordo de leniência.

Ainda não há posicionamento jurisprudencial unânime sobre a primeira dúvida em debate. Contudo, parece oportuno entender, a bem do princípio da segurança jurídica e da eficiência dos atos jurídico-processuais, que uma vez assinado pelo órgão ministerial, este, quer por um de seus membros quer por outro, não mais poderá exercer seu direito de propor ação penal contra as pessoas signatárias do acordo de leniência pelos fatos nele confessados. Esse, em síntese e a título elucidativo, é o argumento das autoridades de defesa da concorrência no Brasil, sobretudo da SG, fundamentado na aplicação, por analogia, do princípio do juiz natural ao "promotor natural". Realmente, o debate só terá fim quando efetivamente enfrentado pelo Poder Judiciário; até lá, restam crenças e argumentos em sentidos diversos.

Com relação ao debate sobre de qual órgão ministerial seria a competência para propor ação penal contra o crime de cartel, logo, qual deles deveria figurar no acordo de leniência, há posicionamento jurisprudencial do Superior Tribunal de Justiça (STJ) relacionado ao conflito de competências entre a Justiça Estadual e a Justiça Federal que pode servir de parâmetro. Para o STJ, o crime de cartel, tipificado na Lei n. 8.137/90, deve em regra ser apreciado pela Justiça Estadual. Contudo, caso sua amplitude supere os limites de um Estado-membro e venha atingir dois ou mais Estados-membros, como também, caso sejam parte do litígio qualquer dos entes relacio-

---

[11] Fonseca, 2001, p. 73.

nados no art. 109, I, da Constituição Federal de 1988[12], deve ser julgado pela Justiça Federal[13].

Assim, com base no posicionamento jurisprudencial descrito, um critério para se determinar qual dos *Parquets* deve participar e assinar o acordo de leniência, a bem de sua plena efetividade em prol dos beneficiários, é identificar se o caso se aproxima mais da competência da Justiça Estadual ou da competência da Justiça Federal. Nessa linha, caso a situação aproxime-se da competência da Justiça Estadual, sugere-se a presença do membro do Ministério Público Estadual na elaboração e assinatura do acordo de leniência. Contudo, caso a situação indique competência da Justiça Federal, sugere-se que o membro do Ministério Público Federal esteja presente na elaboração e na assinatura do acordo de leniência. Desse modo, identificando-se o espectro da infração objeto do acordo de leniência, é possível identificar-se se está mais próxima da competência da Justiça Estadual ou da Justiça Federal, identificando-se, assim, qual dos Ministérios Públicos devem figurar no acordo.

Mesmo diante das incertezas em como o Poder Judiciário Brasileiro interpretaria esse novo instituto, foi firmado em 2003 o primeiro acordo de leniência no Brasil, o qual envolveu o setor de vigilância privada no Estado do Rio Grande do Sul e deu origem ao chamado "cartel dos vigilantes"[14]. Esse caso foi julgado pelo

---

[12] Art.109, I, CF/88, *in verbis*: Aos juízes federais compete processar e julgar: I – as causas em que a União, entidade autárquica ou empresa pública federal forem interessadas na condição de autoras, rés, assistentes ou oponentes, exceto as de falência, as de acidentes de trabalho e as sujeitas à Justiça Eleitoral e à Justiça do Trabalho.

[13] Nesse sentido, ver STJ – Acórdão CC 34973/SP; Conflito de Competência 2002/0045075-7. Relatora Ministra Eliana Calmon. Órgão Julgador – S1 Primeira Seção. Data de julgamento 25-9-2002. Publicado no *DJ* de 28-10-2002, p. 13. No mesmo sentido ver: STJ. CC 34977/SP; Conflito de Competência 2002/0045067-0. Relatora Ministra Laurita Vaz. Órgão Julgador S1 – Primeira Seção. Data de julgamento 26-2-2003. Data da Publicação *DJ* 7-4-2003, p. 215. STJ. CC 40165/PR; Conflito de Competência 2003/0165285-6. Relator Ministro José Arnaldo da Fonseca. Órgão Julgador S3 – Terceira Seção. Data de julgamento 10-12-2003. Data da Publicação *DJ* 2-2-2004, p. 269. STJ CC 37226/SP; Conflito de Competência 2003/0149086. Relator Ministro Jorge Scartezzini. Órgão Julgador S3 – Terceira Seção. Data de julgamento 28-4-2004. Data da Publicação *DJ* 1º-7-2004, p. 174. STJ. HC 32292/RS; *Habeas Corpus* 2003/0223642-5. Relator Ministro José Arnaldo da Fonseca. Órgão Julgador T5 – Quinta Turma. Data de julgamento 1º-4-2004. Data da Publicação *DJ* 3-5-2004, p. 196. Em sentido mais restrito, isto é, a competência será da Justiça Federal apenas se houver dano concreto à "Federação, às suas autarquias e às empresas públicas", ver STJ – Veto do Ministro Haroldo Rodrigues no HC 116.909/RS e no AgRg no HC 166.909/RS. Data de julgamento 1º-7-2010.

[14] Processo Administrativo n. 08012.001826/2003-10, o qual recebeu decisão de condenação do CADE, em 2007. Trata-se de Processo Administrativo instaurado pela SDE/MJ em desfavor das empresas prestadoras de serviços de vigilância no Estado do Rio Grande do Sul, com vistas a apurar a ocorrência de conluio entre elas, para atuar em licitações públicas e privadas. De acordo com a Secretaria, algumas empresas estariam ofertando seus serviços de modo concertado, combinando entre si quem ganharia cada licitação. Além disso, sempre que uma nova empresa tentasse desestabilizar o cartel, havia a prática de preços predatórios, oferecendo serviços a preços inferiores ao valor concertado.
Em seu parecer, a SDE/MF entendeu pela existência de cartel de empresas atuantes em licitações públicas para a contratação do serviço de vigilância privada no Estado do Rio Grande do Sul. De acordo com as provas, afirmou, em suma, que as Representadas atuaram prestando "cobertura de preços" em licitações, como as promovidas pelo Ministério da Fazenda. Além disso, pela análise dos

CADE em 2007, ocasião na qual os beneficiários da leniência receberam imunidade integral, sendo os demais investigados condenados pela prática de cartel. Segundo o CADE, as empresas atuavam de forma concertada para fraudar concorrências públicas no Rio Grande do Sul. A decisão do CADE recebeu a primeira sentença judicial que a confirmou em 17 de junho de 2008, na primeira instância da Justiça Federal do Distrito Federal. Na mesma linha, diversos e crescentes têm sido, desde então, as adesões ao Programa Brasileiro de Leniência, como se pode observar no gráfico abaixo:

Figura VIII – Acordos de leniência e aditivos assinados pelo CADE

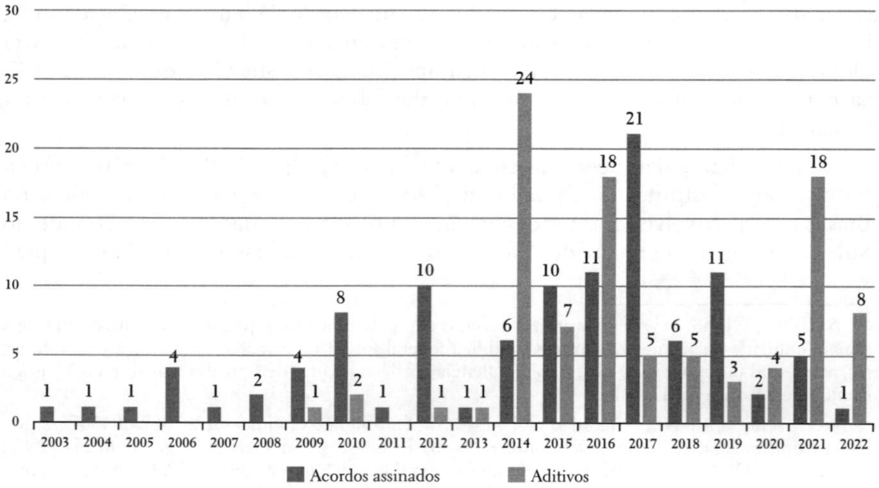

Fonte: Estatísticas do Programa de Leniência do Cade, 2023.

arquivos eletrônicos contidos nos computadores apreendidos na busca e apreensão, houve a demonstração de comportamento cooperativo entre as Representadas. Ao final, opinou pela condenação de 29 das 55 Representadas, bem como sugeriu ao CADE a aplicação de todos os benefícios referentes ao Acordo de Leniência para a empresa Vigilância Antares e os senhores Rubens Oreli e Alexandre Luzardo.
Em 13-2-2007, a ProCADE também opinou nos autos. Em seu Parecer, analisou de início o Acordo de Leniência celebrado, apontou as suas características e requisitos, bem como atestou que os beneficiários preencheram as condições impostas pela lei. Em seguida, afirmou a inexistência de vício nas provas produzidas, bem como o devido respeito aos princípios da ampla defesa e o contraditório. Quanto ao mérito, a Procuradoria opinou pela existência, nos autos, de elementos necessários para a caracterização do cartel. Além disso, ressaltou que os fatos relativos ao procedimento e resultado dos processos licitatórios analisados indicaram a existência de conluio, pois houve, de fato, acordo entre concorrentes, comprovado pelas gravações e outros diversos documentos juntados aos autos. Ao final, opinou pela condenação das Representadas cominada com a proibição de participar de licitações por prazo não inferior a cinco anos, em virtude da gravidade da infração. Da mesma forma, opinou pela aplicação integral dos benefícios do acordo de leniência aos lenientes.

8.1.2 | Acordo de leniência: pré-requisitos e benefícios

Existem alguns requisitos básicos a serem cumpridos para que as empresas realmente obtenham a leniência, e o principal deles é: a empresa, ou pessoa que pretenda a leniência, deve fornecer informações inéditas aos órgãos.

Entretanto, isso não quer dizer que essas informações digam respeito apenas aos cartéis ainda não identificados. Em verdade, necessário será que a informação prestada sobre o cartel seja inédita e verdadeira, confirmando também infrações sob investigação, mas contra as quais as autoridades não dispunham de evidências suficientes a estabelecer juízo de condenação[15]. As informações deverão ter credibilidade, implicando a confirmação dos dados fornecidos. Dessa forma, pode o CADE (nos termos do art. 86 da LDC e por meio da SG) celebrar acordo de leniência e aplicar imunidade integral (com extinção da ação punitiva da administração pública), ou aplicar redução de um a dois terços da pena [16].

Podem fazer uso desse acordo pessoas físicas e/ou jurídicas coautoras de conluios e sob condição de colaborem efetivamente com as investigações, com o processo administrativo, e que dessa colaboração resulte algum efeito arrolado nos incisos daquele artigo. Para a celebração do acordo, portanto, deve-se suceder: a identificação dos demais coautores da infração e a obtenção de informações e documentos capazes de comprovar a infração noticiada ou sob investigação. Ressalta-se a existência, no regime anterior (Lei n. 8.884/94), da possibilidade de celebração do acordo de leniência não se aplicar às empresas ou pessoas físicas que tinham estado à frente da prática de cartel. Vale dizer, o líder, o idealizador ou coordenador do conluio, não poderia se beneficiar do acordo de leniência. No atual regime, o qual adota grande parte dos requisitos da lei anterior, o líder do cartel também pode celebrar acordo de leniência.

O acordo de leniência, conforme tratava o *caput* do art. 35-B da Lei n. 8.884/94, somente poderia ser celebrado se preenchidos, cumulativamente, os seguintes requisitos: I) a empresa ou pessoa física for a primeira a se qualificar com respeito à infração noticiada ou sob investigação; II) a empresa ou pessoa física cesse completamente seu envolvimento na infração noticiada ou sob investigação a partir da data de propositura do acordo; III) não se disponha de provas suficientes para assegurar a condenação da empresa ou pessoa física quando da propositura do acordo; e IV) a empresa ou pessoa física confesse sua participação no ilícito e coopere plena e permanentemente com as investigações e o processo administrativo, comparecendo, sob suas expensas, quando solicitada, a todos os atos processuais, até seu encerramento

---

[15] Sobral, 2001, p. 134.
[16] Correspondente ao *caput* do art. 35-B da Lei n. 8.884/94, *in verbis*: "A União, por intermédio da SDE/MJ, poderá celebrar acordo de leniência, com a extinção da ação punitiva da administração pública ou a redução de um a dois terços da penalidade aplicável, nos termos deste artigo, com pessoas físicas e jurídicas que forem autoras de infração à ordem econômica, desde que colaborem efetivamente com as investigações e o processo administrativo e que dessa colaboração resulte: (...)". Art. 86, NLAB: "O Cade, por intermédio da Superintendência-Geral, poderá celebrar acordo de leniência, com a extinção da ação punitiva da administração pública ou a redução de 1 (um) a 2/3 (dois terços) da penalidade aplicável, nos termos deste artigo, com pessoas físicas e jurídicas que forem autoras de infração à ordem econômica, desde que colaborem efetivamente com as investigações e o processo administrativo e que dessa colaboração resulte: (...)".

(i.e., até decisão final do CADE). No tocante aos indivíduos (pessoas físicas), entretanto, de acordo com o art. 86 da LDC, deve-se preencher apenas os requisitos dos incisos "II", "III" e "IV" listados.

De acordo com a LDC, a SG substitui as funções da SDE/MJ no Programa de Leniência. Segundo dispõe o § 3º do art. 86 da LDC, o acordo de leniência firmado com o CADE, por intermédio da SG, estipulará as condições necessárias para assegurar a efetividade da colaboração e o resultado útil do processo. O § 4º exclui a celebração do acordo de leniência da análise e aprovação do CADE. Entretanto, compete ao Tribunal, nos termos da LDC, quando do julgamento do processo administrativo, e verificado o cumprimento do acordo: i) decretar a extinção da ação punitiva da administração pública em favor do infrator, nas hipóteses em que a proposta de acordo tiver sido apresentada à SG sem esta ter conhecimento prévio da infração noticiada; ou ii) nas demais hipóteses, reduzir de um a dois terços as penas aplicáveis, observado o disposto no art. 45 da LDC[17], devendo ainda considerar na gradação da pena a efetividade da colaboração prestada e a boa-fé do infrator no cumprimento do acordo de leniência.

Na hipótese do § 5º do art. 86 da LDC, a pena sobre a qual incidirá o fator redutor não será superior à menor das penas aplicadas aos demais coautores da infração, relativamente aos percentuais fixados para a aplicação das multas previstas no art. 37 (i) da LDC, que apresenta alterações importantes em relação à legislação anterior[18].

No tocante aos efeitos do acordo de leniência, ressalta-se a extensão destes aos dirigentes e administradores envolvidos na infração, desde que firmem o respectivo instrumento em conjunto com a empresa (ou adiram a ele posteriormente e em prazo específico estabelecido pelo CADE quando da assinatura do acordo com a pessoa jurídica)[19], respeitadas as condições impostas, conforme art. 86, § 6º, da LDC. Em

---

[17] As disposições do art. 27 da Lei n. 8.884/94, e do art. 45 da LDC são iguais: "Na aplicação das penas estabelecidas nesta Lei, levar-se-á em consideração: i – a gravidade da infração; ii – a boa-fé do infrator; iii – a vantagem auferida ou pretendida pelo infrator; iv – a consumação ou não da infração; v – o grau de lesão, ou perigo de lesão, à livre concorrência, à economia nacional, aos consumidores, ou a terceiros; vi – os efeitos econômicos negativos produzidos no mercado; vii – a situação econômica do infrator; e viii – a reincidência".

[18] O correspondente ao art. 23 da Lei n. 8.884/94, na LDC prevê que: "Art. 37. A prática de infração da ordem econômica sujeita os responsáveis às seguintes penas: i – no caso de empresa, multa de 0,1% (um décimo por cento) a 20% (vinte por cento) do valor do faturamento bruto da empresa, grupo ou conglomerado obtido, no último exercício anterior à instauração do processo administrativo, no ramo de atividade empresarial em que ocorreu a infração, a qual nunca será inferior à vantagem auferida, quando for possível sua estimação; ii – no caso das demais pessoas físicas ou jurídicas de direito público ou privado, bem como quaisquer associações de entidades ou pessoas constituídas de fato ou de direito, ainda que temporariamente, com ou sem personalidade jurídica, que não exerçam atividade empresarial, não sendo possível utilizar-se o critério do valor do faturamento bruto, a multa será entre R$ 50.000,00 (cinquenta mil reais) e R$ 2.000.000.000,00 (dois bilhões de reais); e iii – no caso de administrador, direta ou indiretamente responsável pela infração cometida, quando comprovada a sua culpa ou dolo, multa de 1% (um por cento) a 20% (vinte por cento) daquela aplicada à empresa, no caso previsto no inciso I do *caput* deste artigo, ou às pessoas jurídicas ou entidades, nos casos previstos no inciso II do *caput* deste artigo. § 1º Em caso de reincidência, as multas cominadas serão aplicadas em dobro".

[19] Regimento Interno do Cade. "Art. 238. Podem ser proponentes de acordo de leniência pessoas físicas e jurídicas que forem autoras de infração à ordem econômica e que preencham, cumulativamente, os seguintes requisitos:

outras palavras, quem assinar o acordo de leniência e preencher os requisitos (acima descritos) para sua validade deverá obter o benefício da isenção ou, se for o caso, da redução de pena, independentemente de ser a pessoa física e/ou a pessoa jurídica.

8.1.3 | Acordo de leniência: leniência *plus*

A pessoa jurídica ou pessoa física que não obtiver, no curso de investigação ou processo administrativo, habilitação para a celebração do acordo, poderá celebrar com a SG, até a remessa do processo para julgamento, acordo de leniência relacionado a uma outra infração, da qual não tenha qualquer conhecimento prévio o CADE[20].

Dessa maneira, na hipótese anterior, o infrator se beneficiará da redução de um terço da pena que lhe for aplicável naquele processo, sem prejuízo da obtenção dos benefícios integrais com relação à nova infração denunciada, de acordo com o art. 86, § 8º, da LDC. A proposta de acordo é sigilosa, salvo no interesse das investigações e do processo administrativo[21].

Embora em tese interessante, na prática, na maioria dos casos nos quais grupos econômicos decidem-se pela colaboração premiada com o CADE após já haver acordos de leniência assinados por terceiros com a autoridade antitruste, a opção não tem sido pela leniência *plus*, mas, sim, pela celebração de Termos de Compromisso de Cessação de Prática ("TCCs"), cujos requisitos e benefícios serão estudados mais à frente neste livro. Até o presente momento, muitos acordos de leniência *plus* foram firmados, sendo muitos deles relacionados à operação Lava Jato. Por acaso, o primeiro a que se tem notícia, envolvera o seguinte caso:

> Em 31 de julho passado, o Cade e o MPF/PR já haviam firmado com a CCCC e ex-funcionários um acordo de leniência por meio do qual os signatários reconheceram sua participação, colaboraram e trouxeram evidências de um outro suposto cartel em licitação da Eletrobrás Termonuclear S/A – Eletronuclear, relacionado ao mercado de obras de montagem eletromecânica da usina nuclear de Angra 3.
> Nos termos dos arts. 86, §§ 7º e 8º, da Lei n. 12.529/2011, empresas e pessoas que não se qualifiquem para um acordo de leniência relacionado a um determinado cartel, mas fornecem informações acerca de um outro cartel sobre o qual o CADE não tenha conhecimento, poderão obter todos os benefícios da leniência em relação à segunda infração, e redução de um terço da pena que lhe seria aplicável com relação à primeira infração, na medida de sua cooperação com as investigações. Tal instituto é conhecido como leniência *plus*.

(...)

§ 1º Serão estendidos os efeitos do acordo de leniência às empresas do mesmo grupo, de fato ou de direito, e aos seus dirigentes, administradores e empregados e ex-empregados envolvidos na infração, desde que firmem o respectivo instrumento em conjunto com a pessoa jurídica proponente.

§ 2º A adesão ao acordo assinado pela proponente, mesmo que formalizada em documento apartado e em momento subsequente, quando admitida pela autoridade, segundo critério de conveniência e oportunidade, terá o mesmo efeito da assinatura em conjunto".

[20] Lei n. 8.884/94, art. 35-B, § 7º. LDC, art. 86, § 7º.
[21] Lei n. 8.884/94, art. 35-B, § 9º. LDC, art. 86, § 9º.

Por ter trazido ao conhecimento do Cade um suposto cartel em Angra 3 e ter colaborado e reconhecido sua participação em ambas as investigações, a CCCC fez jus à aplicação subsequente dos benefícios de redução pecuniária do TCC firmado na investigação de cartel na Petrobras e dos benefícios de redução pecuniária derivada da leniência *plus* celebrada na investigação do cartel de Angra 3.

O desconto da leniência *plus* resulta em uma redução legal de um terço da pena aplicável. Já para o desconto do TCC foi aplicada uma redução percentual de 40% sobre a multa esperada, que valoriza a colaboração relevante, mas que por outro lado não corresponde ao desconto máximo que poderia ser concedido, que é de 50%. Considerando a aplicação não cumulativa, mas subsequente desses descontos (leniência *plus* e TCC), concedeu-se à empresa uma redução percentual total de 60% sobre a multa esperada, tendo em vista a colaboração ter auxiliado a SG/Cade na investigação de dois cartéis distintos no Brasil, com potenciais altamente lesivos.

Entendeu-se que tal desconto total de 60% não é demasiadamente superior a descontos comumente concedidos pelo Cade em TCCs de casos de cartel, que frequentemente atingem o patamar de 50% permitido pelo RICADE, mas ao mesmo tempo é superior o suficiente para recompensar o fato incomum de que não apenas a empresa colaborou na investigação do cartel em questão, no âmbito da Petrobras, mas também trouxe ao conhecimento do Cade um segundo cartel, no âmbito da usina nuclear de Angra 3[22].

Na perspectiva penal (Lei n. 8.137/90 e Lei n. 8.666/93), a celebração de acordo de leniência determina a suspensão do curso do prazo prescricional e impede o oferecimento da denúncia. Portanto, cumprido o acordo de leniência pelo agente, extingue-se automaticamente a punibilidade por tais crimes[23].

De acordo com a LDC, art. 87, a imunidade para a ação penal é estendida ao crime de associação criminosa (Código Penal Brasileiro, art. 288), e, quando for aplicável, aos conluios para fraude em licitação (Lei n. 8.666/93). Portanto, o leniente está mais seguro do que no contexto da Lei n. 8.884/94. O Programa de Leniência Antitruste pode incluir também imunidade criminal para outros crimes relacionados à prática de cartel, como corrupção ativa, corrupção passiva, lavagem de dinheiro etc., geralmente verificados em casos de práticas de cartéis em licitações (também conhecidos como *bid riggings*).

O art. 86, § 12, da LDC dispõe que, em caso de descumprimento do acordo de leniência, o beneficiário ficará impedido de celebrar novo acordo pelo prazo de 3

---

[22] CADE, 2015.
[23] Lei n. 8.884/94, art. 35-C. Parágrafo único. LDC, art. 87. De acordo com a LDC, a sistemática do acordo de leniência permanecerá a mesma. As mudanças se relacionam ao alcance dos benefícios para o crime de conluio para fraude a licitações (Lei n. 8.666/93) e para o crime de associação criminosa (Código Penal Brasileiro, art. 288), a saber: LDC: "Art. 87. Nos crimes contra a ordem econômica, tipificados na Lei n. 8.137, de 27 de dezembro de 1990, e nos demais crimes diretamente relacionados à prática de cartel, tais como os tipificados na Lei n. 8.666, de 21 de junho de 1993, e os tipificados no art. 288 do Decreto-Lei n. 2.848, de 7 de dezembro de 1940 – Código Penal, a celebração de acordo de leniência, nos termos desta Lei, determina a suspensão do curso do prazo prescricional e impede o oferecimento da denúncia com relação ao agente beneficiário da leniência. Parágrafo único. Cumprido o acordo de leniência pelo agente, extingue-se automaticamente a punibilidade dos crimes a que se refere o *caput* deste artigo".

anos, contados da data de seu julgamento, além, é claro, de perder todos os benefícios do acordo celebrado e declarado descumprido.

8.1.4 | Acordo de leniência: outras implicações

Assinado o acordo de leniência, as empresas e/ou pessoas físicas delatoras dos coautores podem correr sérios riscos de retaliação comercial e pessoal. É por essa razão, em especial, que o tratamento dos acordos de leniência deve ser confidencial desde o início de sua negociação[24]. Os autos dos processos (judiciais e administrativos) decorrentes da delação devem, então, correr em segredo de justiça/sigilo, com acesso apenas às partes e às autoridades responsáveis pelas investigações.

É imprescindível ressaltar, ainda, que não basta ser decretado segredo de justiça/sigilo do processo perante terceiros, devendo haver rigor no tratamento das informações confidenciais entre as partes do mesmo processo. Isso porque há possibilidade de uma informação estratégica de um dos agentes econômicos investigados "vazar" para um concorrente deste, também investigado nos mesmos autos. Desse modo, a investigação pode se tornar um meio de redução de assimetria de informação naturalmente existente num contexto concorrencial de mercado, o que pode aumentar o dano à sociedade. Para tanto, os órgãos do SBDC, dispõem de dispositivos normativos específicos para tratamento do sigilo[25], sem desrespeitar, naturalmente, o princípio da legalidade, do contraditório, da ampla defesa, enfim, do devido processo legal atinente ao processo administrativo e ao processo judicial[26].

Quando não há sucesso na celebração das negociações e não é firmado o acordo de leniência com a SG, as informações e documentos eventualmente já compartilhados com as autoridades não importarão em confissão quanto à matéria de fato. Também não haverá reconhecimento de ilicitude da conduta objeto do acordo infrutífero, nem se fará qualquer divulgação sobre a proposta de acordo de leniência rejeitada pela SG[27]. Contudo, a SG poderá instaurar inquérito administrativo para investigar a mesma prática a partir de outras fontes de informação.

Eis aqui um elemento distintivo entre o programa de leniência antitruste e o programa de colaboração premiada da Lei de Organizações Criminosas. Embora mais abrangente, os Ministérios Públicos, de modo geral, não se comprometem a devolver evidências já compartilhadas em acordos infrutíferos. Esse fato, então, eleva o risco dos indivíduos que almejam firmar acordos dessa natureza.

Existem alguns fatores fundamentais para o sucesso dos acordos de colaboração premiada, de modo geral. A ameaça de aplicação de multas elevadas e duras penalidades, notadamente na esfera criminal, acabam criando um verdadeiro temor da pu-

---

[24] Sobral, 2001, p. 136.
[25] Resolução CADE n. 45/2007 (que sucedeu a Resolução CADE n. 12/98), Portaria SDE/MJ n. 4/2006 e Portaria SEAE/MF n. 46/2006.
[26] Veja-se: Oliveira, Poder dos cartéis e poder burocrático. São Paulo, *Folha de S.Paulo*, 19 ago. 2000.
[27] Lei n. 8.884/94, art. 35-B, § 10. LDC, art. 86, § 10.

nição, o qual é fundamental para que as penalidades realmente inibam a formação dos cartéis, tornando-os economicamente desvantajosos. Desse modo, com esses elementos aumenta-se o clima de tensão e desconfiança imanente à relação entre competidores, influindo na estabilidade dos cartéis existentes e inibindo a formação de futuros cartéis.

Outro fator de destaque é a transparência na política de atuação da autoridade antitruste. O programa depende de um elevado nível de credibilidade do SBDC. Sem boa reputação da autoridade, não há confiança, e, assim, os indivíduos e empresas dificilmente obterão êxito em ver a conduta ilícita devidamente apurada e punida pelas autoridades competentes. A autoridade antitruste deve inspirar segurança e confiança, pois os candidatos à colaboração premiada precisam ter clareza e previsibilidade na contrapartida do Estado, aumentando a chance de colaboração consciente[28].

É imprescindível, nesse sentido, a transparência em todas as etapas do processo: negociação, celebração do acordo, aplicação do perdão e/ou multas mais brandas. Além disso, cabe à autoridade antitruste, encarregada do programa de leniência, tornar pública a política de leniência adotada.

8.1.5 | Termo de Compromisso de Cessação de Prática (TCC)

É importante fazer uma breve diferenciação entre esses dois instrumentos de colaboração premiada no Direito Antitruste, uma vez que ambos pressupõem a apresentação do infrator ou do investigado à Administração Pública em busca de um acordo. Embora não haja uma clara distinção da LDC, a jurisprudência do CADE e o RICADE acabam por estabelecer duas espécies de TCCs aplicáveis a investigações de práticas anticompetitivas:

(i) TCC aplicável a hipóteses de prática de cartel, no qual há mais pré-requisitos que aproximam o instituto de uma espécie clássica de colaboração premiada, pois é pré-requisito do acordo o recolhimento de contribuição pecuniária sem natureza de sanção, a colaboração com as investigações e, nos casos iniciados por acordos de leniência, também é pré-requisito do acordo a assunção da participação no cartel por parte dos beneficiários; e

(ii) TCC aplicável às demais hipóteses de práticas anticompetitivas (art. 36, da LDC, como por exemplo, as unilaterais), no qual o acordo pode ser firmado independentemente do recolhimento de contribuição pecuniária sem natureza de sanção, de colaboração com as investigações ou mesmo de assunção de participação nos fatos objeto de investigação[29].

---

[28] Sobral, 2001, p. 139.
[29] Lei n. 12.529/2011."Art. 85. Nos procedimentos administrativos mencionados no inciso I, II e III do art. 48 desta Lei, o Cade poderá tomar do representado compromisso de cessação da prática sob investigação ou dos seus efeitos."Regimento Interno do CADE. "Art. 190. O Superintendente-Geral poderá, nos termos do art. 13, inc. IX, da Lei n. 12.529, de 2011, propor termo de compromisso de cessação relativo a processo administrativo, inquérito administrativo ou procedimento preparatório de inquérito administrativo que esteja em trâmite na Superintendência-Geral. § 7º A manifestação do interesse dos representados em celebrar termo de compromisso de cessação não implica confissão

Entendemos que apenas a primeira hipótese de TCC pode ser caracterizada espécie de colaboração premiada, sendo a segunda hipótese clássico instrumento alternativo de solução de conflitos (ou *Alternative Dispute Resolution* – ADR). Como a LDC não faz essa distinção, mas sim a jurisprudência e regulamentação expedida pelo CADE, apresentaremos os dois institutos neste item, passando a denominar de "TCC" a primeira hipótese e "TCC-ADR" a segunda.

Embora não explícito nas normas que o regulamentam, no TCC, a SG acaba por aplicar equivalente padrão de exigências às do acordo de leniência. Sendo assim, devem os requerentes de um TCC reconhecer sua participação nas condutas, identificar seus coautores e colaborar com as investigações[30].

Já o TCC-ADR é um meio alternativo de solução de conflitos envolvendo direitos transindividuais em risco diante de determinadas práticas supostamente anticoncorrenciais. Exatamente porque é um instrumento de tutela de direitos transindividuais, não deve ser celebrado sob a perspectiva do compromissário ou segundo o seu interesse exclusivo, razão pela qual o CADE guarda para si o poder discricionário para decidir pela assinatura ou não dessa modalidade de acordo (quer seja o TCC ou TCC-ADR).

O TCC-ADR pressupõe os seguintes pré-requisitos: (a) a cessação da prática deve ser suficiente para a proteção da ordem econômica; (b) os prazos e as condições de atendimento das obrigações devem ser razoáveis; (c) as obrigações impostas ao compromissário devem ser as menos gravosas possíveis, numa justa medida de proporcionalidade; (d) sempre quando possível, deve o compromissário ser assessorado por advogado no momento da definição das cláusulas do ajuste, o que no caso do direito antitruste é a regra por causa da capacidade econômica dos envolvidos no litígio[31].

O CADE não é obrigado a aceitar o compromisso de cessação; exerce juízo de discricionariedade na apreciação da conveniência e da oportunidade quanto à sua própria celebração. Entretanto, é importante haver a identificação da situação mais compatível com as especificidades do caso concreto. Nesse sentido, se houver condições para a celebração do compromisso, privilegia-se essa forma de composição do conflito. É importante que os órgãos públicos tentem de forma exaustiva firmar

---

quanto à matéria de fato nem reconhecimento da ilicitude da conduta objeto do processo administrativo, do inquérito administrativo ou do procedimento preparatório de inquérito administrativo. Ainda sobre o tema: "O compromisso de cessação é um instrumento de composição de conflitos concorrenciais, conferindo a lei que o adotou, além de uma orientação repressiva do abuso do poder econômico, uma posição de proteção à concorrência, revelando que a concorrência efetiva e prontamente restaurada é tão importante para o mercado quanto à repressão, uma vez que a cessação espontânea traz benefícios imediatos para o mercado. O objetivo desse instrumento é a imediata restauração da concorrência." Aguilar, 2000, p. 204.

[30] Regimento Interno do CADE. "Art. 190. O Superintendente-Geral poderá, nos termos do art. 13, inc. IX, da Lei n. 12.529, de 2011, propor termo de compromisso de cessação relativo a processo administrativo, inquérito administrativo ou procedimento preparatório de inquérito administrativo que esteja em trâmite na Superintendência-Geral. (...) § 7º A manifestação do interesse dos representados em celebrar termo de compromisso de cessação não implica confissão quanto à matéria de fato nem reconhecimento da ilicitude da conduta objeto do processo administrativo, do inquérito administrativo ou do procedimento preparatório de inquérito administrativo".

[31] Rodrigues, 2001, sem página.

o compromisso quando viáveis, todavia, não há um direito do particular à celebração do TCC.

Ressalte-se aqui a inexistência de infração à ordem econômica condenada pelo CADE é pressuposto fundamental para a viabilidade do TCC. A questão de não se continuar a investigação administrativa não significa que o CADE esteja se rendendo ao agente privado, pois esse é um efeito próprio da negociação. No compromisso de cessação de prática, não se flexibiliza, em nenhuma medida, a garantia dos valores da ordem econômica, apenas estimula o agente a cessar sua atividade[32].

Como já foi apontado e na hipótese do TCC-ADR, somente é possível haver o compromisso de cessação sem a imposição de recolhimento de contribuição pecuniária se não ocorrerem danos à ordem econômica. As obrigações a serem assumidas no compromisso de cessação devem refletir os mandamentos da LDC, não havendo nenhuma alusão à reparação de danos causados. No TCC, contudo, em razão do tipo de infração (cartel), presume-se a existência de dano no mercado decorrente da mera existência da conduta. Dessa forma, exige-se como pré-requisito o recolhimento de contribuição pecuniária.

O compromisso de cessação pressupõe a inexistência de dano configurado. Desse modo, enquanto a investigação não tenha resultado em definição de danos causados pela conduta, pode existir o compromisso e, na dúvida (sobre a existência do dano e/ou sobre a autoria da conduta investigada), esta operará em benefício do agente econômico. Esse raciocínio é carregado de significativa importância, pois decorre do princípio constitucional da presunção da inocência, pelo qual, na dúvida, deve-se decidir em favor do investigado, em analogia ao princípio do *in dubio pro reo*, arraigado nas bases do Direito Penal brasileiro.

Em complemento, a Resolução CADE n. 46/2007 implementou no Brasil a espécie de compromisso de cessação para casos com fortes indícios de danos efetivos ao mercado e à livre concorrência, a exemplo do que se faz nos EUA (*"plea-bargain"*). Esse compromisso, aplicável às hipóteses de investigação por prática de cartel, conta com uma espécie de cominação a título de reparação do dano causado[33]. Esse requisito permanece na LDC. Como visto inicialmente, em processos de investigação de cartel iniciados por acordo de leniência, exige-se dos interessados a confissão do seu envolvimento na prática investigada.

A exigência de confissão de culpa, nesse caso, elidiria, em tese, a aplicação de referida norma (ou seja, celebração do TCC), pois atrairia *in abstracto* para aquele que assim proceder a probabilidade de ser acionado no âmbito civil em ações de reparação de danos e, ao mesmo tempo, representaria uma confissão do ilícito em ma-

---

[32] Rodrigues, 2001, sem página.
[33] Nesse sentido, o art. 53, § 2º, da Lei n. 8.884/94, dispunha: "Tratando-se da investigação da prática de infração relacionada ou decorrente das condutas previstas nos incisos I, II, III ou VIII do *caput* do art. 21 desta Lei, entre as obrigações a que se refere o inciso I do § 1º deste artigo figurará, necessariamente, a obrigação de recolher ao Fundo de Defesa de Direitos Difusos um valor pecuniário que não poderá ser inferior ao mínimo previsto no art. 23 desta Lei (Redação dada pela Lei n. 11.482, de 2007)".

téria criminal[34]. Esse reflexo penal da assunção de culpa no TCC, em vezes, é relegado pelos juízes criminais. Os magistrados acabam por assumir a premissa segundo a qual essa assunção de culpa no TCC não teria o mesmo efeito de uma confissão *stricto sensu* em matéria penal, mas, sim, de um mero pré-requisito à celebração de ato administrativo. Em outras palavras, estaria a assunção na participação dos fatos mais relacionada a um requisito formal do TCC no âmbito administrativo que um registro verdadeiro dos fatos, sobre os quais recai a norma penal. Seja como for, a possibilidade de uma interpretação desfavorável permanece existente.

No tocante à legitimidade de celebração dos compromissos de cessação (*lato sensu*), no polo ativo pode figurar o CADE e, no polo passivo, qualquer pessoa natural ou jurídica, de natureza pública ou privada, que esteja sendo investigada em processo administrativo de apuração de prática lesiva à ordem econômica.

O art. 85 da LDC[35] autoriza o CADE a assinar TCC com as partes investigadas em casos de conduta. Entretanto, na vigência da Lei n. 8.884/94, de 1995 a 2007, casos de cartel estavam especificamente excluídos por lei dessa possibilidade, o que foi modificado com a Resolução CADE n. 46/2007 e com a Lei n. 11.482/2007. Desde então, os interessados poderiam propor um acordo a qualquer momento durante o processo, estando a investigação no CADE ou em trâmite na SDE/MJ. O CADE tinha responsabilidade exclusiva para assinar TCCs, podendo a SDE/MJ fazer recomendações ao CADE sobre o tema. Em 2009, o CADE criou uma unidade especial, cujos membros destinaram esforços para negociar tais acordos com as partes investigadas.

Os investigados têm apenas uma oportunidade de propor TCC ao CADE. O acordo conterá o valor da contribuição pecuniária, cujo montante não pode ser inferior à multa mínima nos termos da Lei de Defesa da Concorrência (0,1% do faturamento bruto da empresa requerente, no último exercício anterior à instauração do processo administrativo). A LDC dispõe em seu art. 37(i) que a multa é restrita ao ramo de atividade empresarial no qual ocorreu a infração e, ainda, o percentual de 0,1% do faturamento dos envolvidos como multa mínima aplicável[36]. O acordo também pode requerer outras medidas por parte do investigado signatário, como aquelas necessárias para encerrar a conduta infratora, ou um programa de integridade (*com-

---

[34] Mesmo diante dessa crítica, o CADE, adotando posicionamento da anterior SDE/MJ, tem exigido confissão quanto à matéria de fato, para a celebração de TCCs em processos com acordos de leniência, ao ponto de, na reforma de seu Regimento Interno, ter incluído tal exigência, a saber: "Art. 185. Tratando-se de investigação de acordo, combinação, manipulação ou ajuste entre concorrentes, o compromisso de cessação deverá, necessariamente, conter reconhecimento de participação na conduta investigada por parte do compromissário".

[35] Correspondente ao art. 53 da Lei n. 8.884/94, que sofreu uma revisão completa de sua redação pela Lei n. 11.482/2007.

[36] LDC: "Art. 37. A prática de infração da ordem econômica sujeita os responsáveis às seguintes penas: i – no caso de empresa, multa de 0,1% (um décimo por cento) a 20% (vinte por cento) do valor do faturamento bruto da empresa, grupo ou conglomerado obtido, no último exercício anterior à instauração do processo administrativo, no ramo de atividade empresarial em que ocorreu a infração, a qual nunca será inferior à vantagem auferida, quando for possível sua estimação".

pliance). O acordo apenas encerra a responsabilidade do agente sob o prisma da LDC (i.e., é restrito à esfera administrativa)[37].

O requerente de um TCC pode ter que lidar com promotores de justiça estaduais e/ou procuradores da república. Muitos foram os TCCs celebrados com o CADE, a saber:

> O CADE já celebrou entre 2014 e 2015 mais de 50 TCCs em processos de investigações de cartel, que geraram redução dos custos administrativos de processamento, evitaram a judicialização de decisões, trouxeram contribuições significativas para as investigações e geraram o recolhimento de contribuições pecuniárias substanciais. De 2014 a julho deste ano, o CADE recolheu ao Fundo de Defesa de Direitos Difusos mais de R$ 344 milhões, no total, em contribuições pecuniárias advindas de acordos desse tipo[38].

O membro do Ministério Público Federal, atuante junto ao CADE, em virtude do disposto no art. 20, da LDC, em tese, não tem a competência para celebrar termo de compromisso de cessação, nos termos do diploma antitruste. Entretanto, o Ministério Público, Federal ou Estadual, dependendo do caso, poderá celebrar compromisso de ajustamento de conduta, nos termos da lei de ação civil pública (Lei n. 7.347/85, art. 88), pois a coletividade é tida como titular dos bens jurídicos tutelados por ambos os diplomas, e referida ação está no rol de competências dos *parquets*.

As seguintes cláusulas deverão estar contidas na proposta de compromisso de cessação: i) as obrigações do representado, no sentido de fazer cessar a prática investigada no prazo estabelecido; ii) o valor da contribuição pecuniária a ser recolhida ao Fundo de Defesa dos Direitos Difusos, quando cabível; iii) a possibilidade de adoção de um programa de prevenção de infrações à ordem econômica; iv) em caso de empresa e/ou administrador, o valor do faturamento bruto anual da empresa no exercício anterior à instauração do processo administrativo ou averiguação preliminar, conforme for o caso.

Existe nesse compromisso uma obrigação de não fazer, ou seja, de não mais praticar a conduta investigada, e outras relativas a obrigações de fazer, que podem abranger desde (a) apresentação de relatórios periódicos sobre a sua atuação no mercado (TCC-ADR), ao recolhimento de contribuição pecuniária e colaboração com as investigações (TCC) – fatos que submetem o beneficiário a uma situação de vigilância continuada.

O TCC é um título executivo extrajudicial. Sua redação é importantíssima, explicitando do melhor modo possível a conduta cuja prática será vedada e a maneira de entrega dos relatórios e os itens que devem fazer parte dele. Outra característica do compromisso de cessação é a publicidade. Esta possibilita o controle da atividade do

---

[37] O art. 35 da LDC (correspondente ao art. 19 da Lei n. 8.884/94) prescreve que "a repressão das infrações da ordem econômica não exclui a punição de outros ilícitos previstos em lei". Isso significa que a responsabilização administrativa do empresário e da pessoa jurídica, por infração contra a ordem econômica, é totalmente independente da civil e criminal, em razão da mesma conduta.

[38] CADE. Cade celebra acordo com construtora Camargo Corrêa na investigação de cartel em licitações da Petrobras. 18-8-2015.

órgão que tem legitimidade para celebrar o compromisso, mas não é titular dos direitos em questão, pois estes pertencem à coletividade, permitindo a eficácia do resultado pretendido com o compromisso. Nesse sentido, a LDC dispõe, em seu art. 85, § 7º, que "o termo de compromisso de cessação de prática terá caráter público, devendo o acordo ser publicado no sítio do CADE em 5 (cinco) dias após a sua celebração". Diferentemente do acordo de leniência, o compromisso de cessação pode ser impugnado através de ação popular, de ação civil pública ou de mandado de segurança individual ou coletivo, dependendo da situação concreta. As condições do termo de compromisso podem ser alteradas pelo CADE, caso se comprove excessiva onerosidade para o representado e desde que não cause prejuízos para terceiros ou para a coletividade e a nova situação não configure infração à ordem econômica[39].

A maior distinção entre o acordo de leniência e o compromisso de cessação está em seus objetivos. Isso porque, no acordo de leniência, obtém-se a colaboração na investigação da prática de infrações à ordem econômica praticadas por outros agentes privados, enquanto no compromisso de cessação o conflito administrativo é solucionado propriamente.

Contudo, tanto os acordos de leniência como os TCCs representam a inserção de uma nova cultura na esfera pública. As espécies de colaboração premiada refletem meios eficazes de coleta de provas as quais têm permitido a descoberta e repressão aos cartéis e crimes a eles relacionados. O TCC-ADR, à sua vez, representa estímulo à solução aberta e negociada. Tanto TCCs como TCC-ADRs são alternativas extremamente desafiadoras, principalmente na esfera do direito antitruste, pois pressupõem, ao mesmo tempo, a firmeza dos operadores públicos na defesa do direito de toda a coletividade (no caso do TCC) e a flexibilidade para garantir uma solução conciliatória, operacional e efetiva (no caso do TCC-ADRs).

É importante deixar claro, entretanto, que embora o acordo de leniência seja benéfico, pois viabiliza a obtenção de provas dificilmente obtidas em outras circunstâncias e sem as quais não se pode firmar juízo de condenação de agentes privados, é necessária extrema cautela por parte das autoridades para se evitar utilizações espúrias desse instituto. Não raras vezes, agentes privados imbuídos de má-fé valem-se da leniência para dificultar a atividade de seus rivais ou até mesmo para capitanear uma disputa de natureza privada.

Assim, é imprescindível uma análise criteriosa das evidências, indícios e até provas trazidas pelos lenientes, para que o SBDC não sirva de palco a finalidades alheias à defesa da concorrência, tal qual disposta na LDC.

8.1.6 | Colaborações premiadas na Lei Antitruste: cooperação, evolução e desafios

A colaboração premiada no Direito Antitruste representou um marco no combate aos cartéis. Isso é um fato. Todavia, em paralelo ao foco principal de perseguir e punir os arranjos colusivos, foi-se desenvolvendo a técnica de trabalho cooperativo e

---

[39] Lei n. 8.884/94, art. 53, § 8º. NLAB, art. 85, § 12.

interdisciplinar, sem o qual não se teria viabilizado os resultados alcançados pelo Programa de Leniência Antitruste e, posteriormente, por outros programas de leniência e colaboração premiada que vieram a ser inaugurados no Brasil.

As primeiras investigações de grande porte contra cartéis foram viabilizadas por uma parceria entre o SBDC e a Polícia Federal. Posteriormente, realizaram-se crescentes cooperações com o Ministério Público Federal e Ministérios Públicos Estaduais.

A partir de 2003, alguns delegados da Polícia Federal ficaram trabalhando dentro da Secretaria de Direito Econômico do Ministério da Justiça (SDE/MJ) e tiveram acesso às ações, aos meios de investigação, e se familiarizaram com os conceitos e dinâmicas relacionados aos cartéis, crimes mais sofisticados e destoantes da prática corriqueira daqueles profissionais.

Em 26 de dezembro de 2007, a SDE/MJ e a Polícia Federal firmaram convênio de cooperação mútua para o combate aos cartéis, visando a aprimorar o relacionamento e aperfeiçoar a colaboração nas investigações e operações conjuntas relacionadas à referida prática[40].

Nesse contexto, o Órgão Especial do Colégio de Procuradores do Estado de São Paulo aprovou, em 10 de setembro de 2008, a criação do "Grupo de Atuação Especial de Repressão à Formação de Cartel e à Lavagem de Dinheiro e de Recuperação de Ativos", que passou a ser conhecido pela sigla "GEDEC" (ou, no dia a dia, como "Grupo de Delitos Econômicos"). A criação pioneira desse Grupo Especial pelo Ministério Público do Estado de São Paulo representou um marco no combate aos cartéis e deu corpo à estratégia pela formação de grupos especializados para persecução e combate ao crime organizado. Criado o GEDEC, foi celebrada parceria com a SDE/MJ, tendo se iniciado a êxito dessa vertente de persecução simultânea (criminal-administrativa) contra os cartéis.

O GEDEC, em plena operação, pode oficiar as representações, inquéritos policiais, procedimentos investigatórios de natureza criminal e nos feitos criminais de atribuição das Promotorias de Justiça Criminais do Foro Central da Capital, mediante atuação integrada com o Promotor de Justiça Natural e que envolvam a prática de crimes de lavagem de capitais e relativos à ordem econômica, especialmente cartéis. De acordo com o Ministério Público do Estado de São Paulo, o GEDEC pode desenvolver ações coordenadas com outros órgãos, como SG/CADE. A atuação conjunta entre o GEDEC e a SBDC também tem como finalidade dar maior transparência e

---

[40] Íntegra do acordo disponível no site da SDE/MJ. Nesse sentido, a Comissão Europeia impôs em, 12 de outubro de 2008, multa de US$ 1,7 bilhão (1,38 bilhão de euros) para quatro empresas fabricantes de vidros para carros acusadas de formação de cartel. A multa é a mais alta já determinada pela União Europeia para formação de cartel. As empresas multadas – Asahi, Pilkington, Saint-Gobain e Soliver – foram acusadas de negociar regularmente a destinação dos suprimentos de vidro para montadoras de veículos entre 1998 e 2003, de forma a garantir, a cada empresa, a manutenção da sua fatia do mercado. Na ocasião, a comissária de Concorrência da União Europeia, Neelie Kroes, disse que as empresas enganaram as montadoras de automóveis e os consumidores durante anos. Juntas, as quatro empresas respondem pela produção de 90% do vidro usado pela indústria automobilística na Europa, em um mercado de US$ 2,5 bilhões.

previsibilidade à aplicação do Programa de Leniência, buscando aumentar o número de cartéis delatados[41].

Pode haver casos nos quais a SG faça uso de prova emprestada. Existem inclusive decisões do CADE de provas emprestadas usadas em processos criminais, que foram também usadas no âmbito administrativo. Em algumas medidas, como interceptação telefônica, é imprescindível a atuação do Ministério Público.

Em março de 2009, o Ministério da Justiça celebrou acordo com o Tribunal de Contas da União (TCU) para a formação de "Força-Tarefa" com objetivo de combater a formação de cartéis em licitações, facilitando o monitoramento de processos suspeitos e a troca de informações entre as duas instituições durante encontros periódicos. Segundo referido acordo, seriam vários os desafios da "Força-Tarefa", como: a identificação das formas mais frequentes de fraudes e de lavagem de dinheiro; a pesquisa sobre a estrutura econômica dos setores com mais irregularidades; o desenvolvimento de técnicas para detectar atividades suspeitas; a capacitação de técnicos em licitações para atuar na prevenção; e o compartilhamento de investigações preliminares.

Segundo o Relatório de Gestão de 2010 do DPDE, o Departamento, sucedido pela atual SG, em cooperação com a Advocacia-Geral da União, polícias Civil e Federal e Ministérios Públicos, realizou 3 operações de busca e apreensão. Além disso, 83 mandatos de busca e apreensão e 14 mandatos de prisão temporária foram cumpridos. Mais recentemente, o SBDC desenvolveu intensa cooperação com o Ministério Público Federal (MPF), o que vem rendendo resultados em termos de aplicação da LDC e normas relacionadas. Sem dúvida, com os acordos de cooperação (nacionais e internacionais) e o intercâmbio de experiências entre os órgãos, passou a ser mais fácil identificar os mecanismos mais ágeis e efetivos para a obtenção das provas de cartéis e as medidas mais necessárias para o combate a este.

Com base nas informações do Ministério Público e nos dados do SNDC, as denúncias acabaram aumentando com a colaboração, inclusive, da sociedade civil. Isso demonstrou que a sociedade civil tem reconhecido o trabalho do SBDC e começou a se sentir mais estimulada a encaminhar documentos, provas, e a fazer denúncias anônimas. No âmbito internacional, os servidores do SBDC já participaram dos treinamentos organizados pela UNCTAD sobre métodos de investigação de cartel, cujas técnicas são trazidas pelos técnicos do USDoJ, do FTC e do FBI.

8.2 | Colaborações premiadas relacionadas ao Direito Antitruste: Lei de Organizações Criminosas e Lei Anticorrupção

Há situações nas quais a prática de cartel se encontra associada ou conjugada com outras práticas criminosas, tornando mais complexa a avaliação de incidência legal e, via de consequência, a avaliação de qual seria a espécie de colaboração premiada mais adequada. Esse tipo de problema é relativamente comum nas hipóteses de cartéis em concorrências públicas, ou *bid riggings*, em que o mesmo conjunto de

---

[41] BRASIL. SDE/MJ. SDE celebra Grupo Especial no Ministério Público de combate a cartéis. 11 set. 2008.

fatos pode despertar a incidência de uma séria de leis. Isso porque configuram em regra não apenas o crime de cartel, mas também fraudes à licitação, corrupção (ativa ou passiva), falsidade ideológica, estelionato, tráfico de influência, lavagem de dinheiro etc.

Esse, por exemplo, é o caso das investigações decorrentes da operação lava-jato[42]. Em hipóteses como as dessa operação, as espécies de colaboração premiada da Lei Antitruste são insuficientes, por si sós, para imunizar possíveis beneficiários com relação a todos os tipos penais possíveis. Assim, mostra-se fundamental a avaliação de outras espécies de colaboração premiada disponíveis no ordenamento jurídico brasileiro.

A primeira e mais abrangente espécie para casos mais complexos é a prevista na Lei de Organizações Criminosas (Lei n. 12.850/2013). O referido diploma traz nova definição do que se considera "organização criminosa" e dispõe sobre a investigação criminal, os meios de obtenção da prova, as infrações penais correlatas e o procedimento criminal a ser aplicado. A Lei de Organizações Criminosas, contudo, aplica-se apenas às pessoas físicas.

A análise de tal texto legal se faz importante por dois motivos: (i) primeiro porque a constituição de uma organização criminosa, nos termos da Lei n. 12.850/2013[43], pode-se dar em função da prática, por exemplo, de crimes contra a ordem econômica (cartel) dispostos na Lei n. 8.137/90; e (ii) segundo pois, dentre os mecanismos de obtenção de prova previstos pela Lei n. 12.850/2013, encontram-se o institutos, que, conforme exposto acima, já são extremamente relevantes para o âmbito administrativo de defesa da concorrência, como é o caso da colaboração premiada[44].

---

[42] As investigações relacionadas à Operação Lava Jato passaram a ganhar força especialmente com a celebração de acordos de colaboração premiada com participantes centrais do esquema de corrupção envolvendo a principal empresa pública do país. Os fatos descritos por tais sujeitos nos acordos configuram uma ampla variedade de ilícitos nos termos da lei brasileira, afetando muitas das principais empresas atuantes nos mercados de engenharia, construção e indústria de óleo e gás. De acordo com informações públicas relacionados à investigação, o esquema criminoso teria como principal propósito controlar o mercado de licitações públicas organizadas pela Petrobras. Isso envolvia diversas infrações como cartel, *bid-rigging*, corrupção, lavagem de dinheiro e participação em organização criminosa. Não obstante nem todas as condutas mencionadas afetem diretamente a ordem econômica, podem acabar tendo relevância concorrencial a partir do momento em que são praticadas com propósitos anticompetitivos; ou, ainda, se produzem efeitos de ordem concorrencial nos mercados afetados. Assim, embora os delitos compreendidos pelo esquema maior de *bid-rigging* sejam considerados de forma autônoma, tornam-se de interesse da autoridade antitruste conforme afetam o ambiente de livre concorrência.

[43] *In verbis*: "Art. 1º (...) § 1º Considera-se organização criminosa a associação de 4 (quatro) ou mais pessoas estruturalmente ordenada e caracterizada pela divisão de tarefas, ainda que informalmente, com objetivo de obter, direta ou indiretamente, vantagem de qualquer natureza, mediante a prática de infrações penais cujas penas máximas sejam superiores a 4 (quatro) anos, ou que sejam de caráter transnacional."

[44] "Art. 3º Em qualquer fase da persecução penal, serão permitidos, sem prejuízo de outros já previstos em lei, os seguintes meios de obtenção da prova:
I – colaboração premiada;
II – captação ambiental de sinais eletromagnéticos, ópticos ou acústicos;
III – ação controlada;

De acordo com o art. 4º da Lei, quem efetiva e voluntariamente colaborar com a investigação e com o processo criminal poderá obter o perdão judicial, ou redução de até 2/3 (dois terços) da pena privativa de liberdade ou substituição por pena restritiva de direitos, desde que, a partir da colaboração, seja auferido ao menos um dos seguintes resultados:

> I – a identificação dos demais coautores e partícipes da organização criminosa e das infrações penais por eles praticadas;
> II – a revelação da estrutura hierárquica e da divisão de tarefas da organização criminosa;
> III – a prevenção de infrações penais decorrentes das atividades da organização criminosa;
> IV – a recuperação total ou parcial do produto ou do proveito das infrações penais praticadas pela organização criminosa;
> V – a localização de eventual vítima com a sua integridade física preservada.

Mantidas as circunstâncias acima, o Ministério Público poderá, inclusive, deixar de oferecer denúncia se o colaborador (i) não for o líder da organização criminosa e (ii) for o primeiro a prestar efetiva colaboração[45]. Nesse ponto, entende-se que, assim como na LDC, o líder de uma organização criminosa poderá firmar acordo de colaboração premiada, mas não lhe será permitido lograr o benefício de não oferecimento da denúncia pelo Ministério Público.

O acordo de colaboração premiada, nos termos da Lei n. 12.850/2013, deverá ser assinado entre representante do Ministério Público ou delegado de polícia e o colaborador e seu defensor[46]. Posteriormente, deverá ser homologado por juiz, em apreciação sigilosa, passando a ser público apenas após o recebimento da denúncia[47].

Outro importante mecanismo de colaboração premiada, porém bem mais restrito e com benefícios apenas para pessoas jurídicas, é o acordo de leniência previsto

---

IV – acesso a registros de ligações telefônicas e telemáticas, a dados cadastrais constantes de bancos de dados públicos ou privados e a informações eleitorais ou comerciais;
V – interceptação de comunicações telefônicas e telemáticas, nos termos da legislação específica;
VI – afastamento dos sigilos financeiro, bancário e fiscal, nos termos da legislação específica;
VII – infiltração, por policiais, em atividade de investigação, na forma do art. 11;
VIII – cooperação entre instituições e órgãos federais, distritais, estaduais e municipais na busca de provas e informações de interesse da investigação ou da instrução criminal".

[45] Nos termos do art. 4º, § 4º, da Lei n. 12.850/2013.

[46] Nesse aspecto, a legislação traz polêmica ao permitir que o delegado de polícia firme acordo de colaboração apenas com "manifestação do Ministério Público", sem condicionar expressamente a formalização do acordo à anuência do Ministério Público. Isso porque este é o único legitimado a promover a ação penal pública, cabendo exclusivamente a ele o oferecimento da denúncia e/ou o requerimento de arquivamento de inquérito policial. Cf. Art. 4º, § 2º, *in verbis*: "§ 2º Considerando a relevância da colaboração prestada, o Ministério Público, a qualquer tempo, e o delegado de polícia, nos autos do inquérito policial, com a manifestação do Ministério Público, poderão requerer ou representar ao juiz pela concessão de perdão judicial ao colaborador, ainda que esse benefício não tenha sido previsto na proposta inicial, aplicando-se, no que couber, o art. 28 do Decreto-lei n. 3.689, de 3 de outubro de 1941 (Código de Processo Penal)."

[47] Demais requisitos e procedimento nos arts. 6º e 7º da Lei n. 12.850/2013.

pela Lei Anticorrupção (Lei n. 12.846/2013). Tal diploma normativo, também conhecido como Lei das Empresas Limpas (ou *Clean Companies Act*), dispõe sobre a responsabilização objetiva administrativa e civil de pessoas jurídicas pela prática de atos contra a administração pública, nacional ou estrangeira. Seu advento se fundamenta em uma tendência internacional de combate à corrupção, com recomendações da OCDE e da Convenção da Organização das Nações Unidas, bem como por influência de normas como a U. S. FCPA *(Foreign Corrupt Practices Act)* e o U. K. *Bribery Act*[48].

Por seu art. 16, a Lei n. 12.846/2013 determina que as autoridades poderão firmar acordo de leniência com as pessoas jurídicas responsáveis pela prática dos atos previstos na mesma Lei que colaborarem efetivamente com as investigações e com o processo administrativo. Contudo, devem ser auferidos os seguintes resultados: (i) a identificação dos demais envolvidos na infração, quando couber; e (ii) a obtenção célere de informações e documentos comprovadores do ilícito sob apuração. Além disso, segundo o § 1º do mesmo art. 16, devem ser cumpridos os seguintes requisitos: (i) a pessoa jurídica ser a primeira a se manifestar sobre seu interesse em cooperar para a apuração do ato ilícito; (ii) a pessoa jurídica cessar completamente seu envolvimento na infração investigada a partir da data de propositura do acordo; (iii) a pessoa jurídica admitir sua participação no ilícito e cooperar plena e permanentemente com as investigações e o processo administrativo, comparecendo, sob suas expensas, sempre quando for solicitada, a todos os atos processuais, até seu encerramento.

A administração pública também poderá formalizar acordo de leniência com a pessoa jurídica responsável pela prática de ilícitos previstos na Lei n. 8.666/93, com vistas à isenção ou atenuação das sanções administrativas estabelecidas em seus arts. 86 a 88, conforme art. 17 da Lei n. 12.846/2013.

Em complementação à possibilidade de celebração do acordo de leniência de que trata a Lei Anticorrupção, foi editada a Portaria CGU n. 910, de 7 de abril de 2015[49], a qual expõe detalhadamente os procedimentos do processo administrativo de responsabilização (PAR) e do acordo de leniência.

O Capítulo VI – art. 27 e seguintes – da Portaria n. 910/2015 dedicou-se à normatização do acordo de leniência, cuja proposta deveria ser apresentada nos termos do art. 31 do Decreto n. 8.420/2015[50] e ser dirigida à Secretaria-Executiva da CGU.

---

[48] Silveira; Saad-Diniz, 2015, p. 183.

[49] A Lei n. 12.846/2013 foi regulamentada pelo Decreto n. 8420/2015, que, por sua vez, foi complementada pela edição de Portarias e Instruções normativas da CGU, a saber: Portaria n. 909/2015 (que define critérios para avaliação dos programas de integridade), Portaria n. 910/2015 (que estabelece os procedimentos para apuração da responsabilidade administrativa e para a celebração do acordo de leniência no âmbito do Poder Executivo Federal), Instrução Normativa n. 01/2015 (que define o que deve ser entendido por faturamento bruto) e Instrução Normativa n. 01/2015 (que regula o registro de informações no Cadastro Nacional de Empesas Inidôneas e Suspensas (CEIS) e no Cadastro Nacional de Empresas Punidas (CNEP) pelos órgãos e entidades dos poderes Executivo, Legislativo e Judiciário).

[50] *In verbis*: "Art. 31. A proposta de celebração de acordo de leniência poderá ser feita de forma oral ou escrita, oportunidade em que a pessoa jurídica proponente declarará expressamente que foi orientada a respeito de seus direitos, garantias e deveres legais e de que o não atendimento às determinações

Destaca-se, ainda, a função do Secretário-Executivo da CGU que designará a comissão responsável pela condução da negociação do acordo e supervisionará os trabalhos, transcorrerão em processo sigiloso, nos termos do § 1º do art. 31 do Decreto n. 8.420/2015 e do § 2º do art. 28 da Portaria n. 910/2015. A Portaria Interministerial CGU-AGU n. 2.278, de 15 de dezembro de 2016 ("PI 2.278/2016"), revogou os dispositivos contidos nos artigos 27 a 37 da Portaria CGU n. 910/2015, passando a estabelecer o atual procedimento para a celebração de acordos de leniência anticorrupção (Lei n. 12.846/13).

A celebração e o cumprimento do acordo de leniência implicarão (i) a isenção da pessoa jurídica das sanções previstas no inciso II do art. 6º e no inciso IV do art. 19 da Lei n. 12.846/2013; (ii) a redução em até 2/3 (dois terços), nos termos do acordo, do valor da multa aplicável, prevista no inciso I do art. 6º da Lei n. 12.846/2013; ou (iii) a isenção ou atenuação, também nos termos do acordo, das sanções administrativas previstas nos arts. 86 a 88 da Lei n. 8.666/93, ou de outras normas de licitações e contratos. Se firmarem o acordo de leniência em conjunto, respeitadas as condições nele estabelecidas, as pessoas jurídicas integrantes do grupo econômico também serão alcançadas por seus benefícios.

8.3 | Anticorrupção, Compliance e Direito Antitruste

Compliance surgiu nos últimos anos como uma alternativa de prevenção à criminalidade no âmbito empresarial, com ênfase nos delitos de corrupção e lavagem de dinheiro, nas práticas anticoncorrenciais e em outras fraudes[51].

Historicamente, esse movimento de prevenção irrompeu-se diante dos grandes escândalos da criminalidade econômica, ou crimes de colarinho branco, como os casos *Worldcom* e *Enron*, nos Estados Unidos, os quais deram origem, na esfera legislativa, ao *Sarbanes-Oxley Act* de 2002[52]. E outros, como o importante exemplo do caso *Siemens*, na Alemanha, responsável por gerar condenações pela prática, em termos mundiais, de corrupção e violações de normas concorrenciais[53].

---

e solicitações da Controladoria-Geral da União durante a etapa de negociação importará a desistência da proposta.

§ 1º A proposta apresentada receberá tratamento sigiloso e o acesso ao seu conteúdo será restrito aos servidores especificamente designados pela Controladoria-Geral da União para participar da negociação do acordo de leniência, ressalvada a possibilidade de a proponente autorizar a divulgação ou compartilhamento da existência da proposta ou de seu conteúdo, desde que haja anuência da Controladoria-Geral da União.

§ 2º Poderá ser firmado memorando de entendimentos entre a pessoa jurídica proponente e a Controladoria-Geral da União para formalizar a proposta e definir os parâmetros do acordo de leniência.

§ 3º Uma vez proposto o acordo de leniência, a Controladoria-Geral da União poderá requisitar os autos de processos administrativos em curso em outros órgãos ou entidades da administração pública federal relacionados aos fatos objeto do acordo."

[51] D'Antonio, 2014, p. 21.
[52] Sieber, 2013, p. 292.
[53] Silveira; Saad-Diniz, 2015, p. 117.

Esses escândalos de corrupção e fraudes financeiras, bem como a instabilidade decorrente de crises econômicas fomentaram medidas de integração supranacional dos mercados[54]. A adoção de programas de *compliance* é, então, incorporada às regras de *soft law*, pois passa a ser recomendada por instituições internacionais como a Organização para Cooperação e Desenvolvimento Econômico – OCDE, a Organização das Nações Unidas – ONU e a Organização dos Estados Americanos – OEA (recomenda-se que os governos incentivem suas empresas a desenvolver e adotar controles internos adequados, programas de ética e *compliance* ou medidas para prevenir e detectar infrações)[55].

Seguindo essa tendência internacional, surge a Lei n. 12.846/2013 – Lei Anticorrupção Brasileira – a qual guarda fortes relações com a LDC e com o incentivo, no Brasil, do desenvolvimento e adoção de programas de *compliance*, conforme examinado a seguir.

8.3.1 | Lei Anticorrupção e Lei Antitruste

O advento da Lei Anticorrupção Brasileira teve fundamento na necessidade de adequação às recomendações internacionais e recebeu grande influência de normativas estrangeiras como o *US Foreign Corrupt Practices Act – FCPA*, normativa americana de 1977, e o *UK Bribery Act*, norma inglesa de 2010.

A Lei n. 12.846/2013 introduz, no sistema normativo brasileiro, a possibilidade de responsabilização civil e administrativa de pessoas jurídicas por atos de corrupção praticados contra a administração pública, nacional ou estrangeira, e busca fomentar um novo padrão de mercado, por meio da instituição de deveres no âmbito corporativo e incentivos a novas práticas empresariais[56]. A nova legislação procura trazer nova estrutura de incentivos à relação dos agentes econômicos com o poder público, pois além de inovar com a criação de hipóteses de infrações, estimula as empresas, em linha com o realizado pela LDC, a adotar programas de *compliance*, programas de conformidade ou programas de integridade. A prevenção resta potencializada nesse novo contexto não apenas por mitigar a ocorrência de infrações (afastando as sanções legais), mas também por prever o texto legal vantagens, como redução da pena de multa, àquelas empresas que adotarem programas de prevenção. Some-se a isso a possibilidade das empresas na cooperação com as investigações, por meio de acordos de leniência[57].

---

[54] *Id., ibid.*, p. 306-307.

[55] OCDE: *Convenção de Combate à Corrupção de Oficiais Públicos Estrangeiros em Transações Comerciais Internacionais* e as *Diretrizes da OCDE para Empresas Multinacionais de 2011*; *Good Practice Guidance on Internal Controls, Ethics, and Compliance* de 2010. ONU: *Convenção das Nações Unidas contra a Corrupção (United Nations Convention Against Corruption – UNCAC)*. OEA: *Convenção Interamericana contra a Corrupção*.

[56] Silveira; Saad-Diniz, 2015, p. 321.

[57] D'Antonio, 2014. p. 67-71.

Nesse ponto, imperioso notar que o instituto do acordo de leniência antitruste foi praticamente reproduzido pela Lei Anticorrupção[58]. Entretanto, apesar de ambos os acordos – o previsto na LDC e o previsto na Lei Anticorrupção – serem firmados na esfera administrativa, apenas o Acordo de Leniência da LDC apresenta explícita incidência de extinção da punibilidade em matéria penal[59].

Vale ressaltar, ainda, outra importante determinação da Lei Anticorrupção, pela qual esta pode entrar em conflito com outras leis, como a Lei de Licitações e a Lei de Defesa da Concorrência. Em seu art. 30, prevê que a aplicação de suas sanções não afeta os processos de responsabilização e aplicação de penalidades decorrentes de (i) ato de improbidade administrativa e (ii) atos ilícitos alcançados pela Lei n. 8.666/93 ou outras normas de licitações e contratos da administração pública.

Como anteriormente exposto neste livro, as práticas de corrupção estão frequentemente relacionadas à prática de cartel em licitações, podendo ser, inclusive, um meio de consumá-las. A estratégia de política pública subjacente à introdução de diplomas legais como a LDC, a Lei Anticorrupção, bem assim com o recrudescimento das penas e persecução das infrações relacionadas é aumentar a efetividade social de referidos mandamentos: seu cumprimento espontâneo. Tamanho efeito demanda uma profunda mudança na cultura das organizações empresariais. A potencializar esse movimento de mudança de cultura emerge o movimento do *compliance* (da escolha pela integridade, pela correição como regra comportamental das corporações), que passa a ser tratado nesse livro.

8.3.2 | Compliance

8.3.2.1 | *Compliance* Anticorrupção

O modelo-base de *compliance* tem como finalidade primordial a prevenção de infrações. Seu desenvolvimento se deu com foco especial em evitar crimes de corrupção, lavagem de dinheiro, cartel, financiamento de terrorismo, delitos contábeis e tributários, *insider trading*, delitos ambientais e violação aos segredos negociais da empresa[60]. Segundo Ulrich Sieber, todos esses âmbitos de prevenção visam à proteção geral dos valores da empresa, mas há também a preocupação com a proteção universal dos direitos humanos, por meio da prevenção a trabalho infantil, trabalho escravo e discriminação, bem como outras preocupações trabalhistas e de segurança do consumidor[61].

A partir desse conceito básico, desenvolvem-se os programas de *compliance* específicos para determinadas áreas de proteção, como, por exemplo, o (1) *compliance* anticorrupção e o (2) *compliance* antitruste. Esses exemplos apresentam como finali-

---

[58] A esse respeito, cf. item *10.3 Outros institutos de colaboração premiada (Lei n. 12.850/2013 e Lei n. 12.846/2013)* deste livro.
[59] Silveira; Saad-Diniz, 2015, p. 343-345.
[60] Sieber, 2013, p. 295-296.
[61] *Id., ibid.*

dade principal a prevenção às infrações previstas na Lei Anticorrupção e na LDC, respectivamente.

Especificamente no tocante ao incentivo para adoção de *compliance* anticorrupção, o art. 7º, VIII, da Lei n. 12.846/2013 determina que será levada em consideração no momento de aplicação das sanções a existência de mecanismos e procedimentos internos de integridade, auditoria e incentivo à denúncia de irregularidades e à aplicação efetiva de códigos de ética e de conduta no âmbito da pessoa jurídica. Assim, poderá ser benéfica a implementação de programas de *compliance* pelas empresas investigadas por práticas previstas na Lei Anticorrupção.

Em complementação à legislação anticorrupção foi publicado o Decreto n. 8.420, de 18 de março de 2015, cujo art. 41 define, no âmbito de uma pessoa jurídica, os programas de integridade (programas de *compliance*). Nos termos do dispositivo, são eles: conjunto de mecanismos e procedimentos internos de integridade, auditoria e incentivo à denúncia de irregularidades e a aplicação efetiva de códigos de ética e de conduta, políticas e diretrizes com objetivo de detectar e sanar desvios, fraudes, irregularidades e atos ilícitos praticados contra a administração pública, nacional ou estrangeira. E, ainda, estabelece que o mesmo deve ser estruturado, aplicado e atualizado de acordo com as características e riscos atuais das atividades de cada pessoa jurídica, a qual, por sua vez, deve garantir o constante aprimoramento e adaptação do referido programa, visando garantir sua efetividade.

De acordo com o previsto no art. 42 do Decreto n. 8.420/2015, a existência e aplicação do programa de integridade será avaliada pelos seguintes requisitos:

I – comprometimento da alta direção da pessoa jurídica, incluídos os conselhos, evidenciado pelo apoio visível e inequívoco ao programa;

II – padrões de conduta, código de ética, políticas e procedimentos de integridade, aplicáveis a todos os empregados e administradores, independentemente de cargo ou função exercidos;

III – padrões de conduta, código de ética e políticas de integridade estendidas, quando necessário, a terceiros, tais como, fornecedores, prestadores de serviço, agentes intermediários e associados;

IV – treinamentos periódicos sobre o programa de integridade;

V – análise periódica de riscos para realizar adaptações necessárias ao programa de integridade;

VI – registros contábeis que reflitam de forma completa e precisa as transações da pessoa jurídica;

VII – controles internos que assegurem a pronta elaboração e confiabilidade de relatórios e demonstrações financeiros da pessoa jurídica;

VIII – procedimentos específicos para prevenir fraudes e ilícitos no âmbito de processos licitatórios, na execução de contratos administrativos ou em qualquer interação com o setor público, ainda que intermediada por terceiros, tal como pagamento de tributos, sujeição a fiscalizações, ou obtenção de autorizações, licenças, permissões e certidões;

IX – independência, estrutura e autoridade da instância interna responsável pela aplicação do programa de integridade e fiscalização de seu cumprimento;

X – canais de denúncia de irregularidades, abertos e amplamente divulgados a funcionários e terceiros, e de mecanismos destinados à proteção de denunciantes de boa-fé;

XI – medidas disciplinares em caso de violação do programa de integridade;

XII – procedimentos que assegurem a pronta interrupção de irregularidades ou infrações detectadas e a tempestiva remediação dos danos gerados;

XIII – diligências apropriadas para contratação e, conforme o caso, supervisão, de terceiros, tais como, fornecedores, prestadores de serviço, agentes intermediários e associados;

XIV – verificação, durante os processos de fusões, aquisições e reestruturações societárias, do cometimento de irregularidades ou ilícitos ou da existência de vulnerabilidades nas pessoas jurídicas envolvidas;

XV – monitoramento contínuo do programa de integridade visando seu aperfeiçoamento na prevenção, detecção e combate à ocorrência dos atos lesivos previstos no art. 5º da Lei n. 12.846, de 2013; e

XVI – transparência da pessoa jurídica quanto a doações para candidatos e partidos políticos.

Além disso, se comprovada pela pessoa jurídica investigada a aplicação de um programa de integridade capaz de cumprir os critérios acima, poderá a multa ser reduzida de 1% (um por cento) a 4% (quatro por cento) sobre o faturamento bruto da pessoa jurídica do último exercício anterior ao da instauração do Processo Administrativo de Responsabilização – PAR.

Adicionalmente ao determinado no Decreto n. 8.420/2015, foi editada a Portaria CGU n. 909, de 7 de abril de 2015[62]. Essa portaria regulamenta os parâmetros de avaliação acima transcritos, prevendo que a pessoa jurídica deverá apresentar relatórios de perfil da empresa e de conformidade do programa, para que ele seja avaliado e possa acarretar a concessão do desconto previsto.

O art. 5º, § 3º, da Portaria CGU n. 909/2015 estabelece que a concessão do percentual máximo de redução (4% – quatro por cento) está condicionada à apresentação do relatório de conformidade do programa, necessariamente, com o preenchimento total dos seguintes requisitos:

> Art. 4º No relatório de conformidade do programa, a pessoa jurídica deverá:
> I – informar a estrutura do programa de integridade, com: a) indicação de quais parâmetros previstos nos incisos do *caput* do art. 42 do Decreto n. 8.420, de 2015, foram implementados; b) descrição de como os parâmetros previstos na alínea "*a*" deste inciso foram implementados; c) explicação da importância da implementação de cada um dos parâmetros previstos na alínea "*a*" deste inciso, frente às especificidades da pessoa jurídica, para a mitigação de risco de ocorrência de atos lesivos constantes do art. 5º da Lei n. 12.846, de 1º de agosto de 2013;
> II – demonstrar o funcionamento do programa de integridade na rotina da pessoa jurídica, com histórico de dados, estatísticas e casos concretos; e
> III – demonstrar a atuação do programa de integridade na prevenção, detecção e remediação do ato lesivo objeto da apuração.

---

[62] Portaria CGU n. 909, de 7 de abril de 2015.

São essas, portanto, as atuais e principais diretrizes às pessoas jurídicas que buscam se adequar à legislação anticorrupção.

8.3.2.2 | *Compliance* Antitruste

A preocupação com a prevenção e utilização dos programas de *compliance* antitruste iniciou-se muito antes de 2013. Em 2004, já havia sido editada a Portaria da Secretaria de Direito Econômico n. 14/2004[63], a qual definiu diretrizes gerais para elaboração de Programas de Prevenção de Infrações à Ordem Econômica (PPI), considerando a necessidade de orientar o público sobre os modos de prevenção das diversas formas de infração à ordem econômica previstas na, então, Lei n. 8.884/94.

À semelhança das atuais previsões da legislação anticorrupção e regulamentações, a Portaria SDE n. 14/2004 já determinava à SDE a possibilidade, mediante requerimento do interessado e análise da efetividade do PPI, de recomendar a redução das penas aplicadas pelo CADE nos termos da anterior Lei n. 8.884/94.

Na jurisprudência do CADE, os programas de *compliance* antitruste passaram a ser exigidos como pré-requisitos para a celebração de TCCs, tendo sido o primeiro caso firmado em 2007, entre Lafarge e CADE, no contexto da investigação da indústria de cimento por prática de cartel. Mesmo assim, diante do atual prestígio desse tema (isto é, do *compliance*) no mundo jurídico e do desenvolvimento legislativo ocorrido desde a promulgação da Lei Anticorrupção Brasileira, tornou-se inevitável o advento de uma regulamentação, por parte do CADE, aos programas de *compliance* antitruste, bem como a concessão de atenuantes às sanções aplicadas às empresas, quando comprovada existência de efetivo programa de prevenção às infrações concorrenciais.

Nesse contexto, o CADE elaborou Guia para Programas de *Compliance*[64], cujas orientações sobre estruturação e benefícios da adoção dos programas de *compliance* concorrencial serão apresentadas a seguir.

8.3.3 | Guia para Programas de *Compliance* Antitruste

Considera-se extremamente relevante a iniciativa do CADE de editar orientações, mesmo não vinculantes, acerca do conteúdo e meios de implementação dos programas de *compliance* pelas empresas, bem como as vantagens, primordialmente relacionadas à autoridade antitruste, eventualmente obtidas por essas empresas ao adotarem efetivos programas.

Apesar disso, essas diretrizes divulgadas pelo CADE precisam passar pelo teste da experiência no julgamento de casos concretos nos quais as características de programas reais de *compliance* sejam consideradas pelo Tribunal do CADE e sirvam, de fato, para sustentar tratamento mais benéfico aos investigados em processos

---

[63] Portaria n. 14, de 9 de março de 2004 (publicada no *DOU* de 23-11-2004).
[64] A versão preliminar do Guia para Programas de *Compliance* está disponível no site do CADE.

administrativos sancionadores, notadamente no tocante ao que seria "programa de *compliance* robusto"[65] (Capítulo 3 do Guia de Programas de *Compliance* do CADE). Isso porque, apesar de suas previsões se assemelharem aos parâmetros gerais contidos na regulamentação anticorrupção (por exemplo, quando determina a necessidade de envolvimento da alta direção da empresa; realização de treinamentos e disponibilização de comunicação interna; análise de riscos e monitoramento do programa; documentação adequada e existência de punição interna), não fornecem informações sobre como tais requisitos ao programa de *compliance* serão apreciados pela autoridade.

Por outro lado, quanto às vantagens pela adoção de um programa de *compliance*, o CADE bem demonstra, por meio de estudo, serem quatro os principais benefícios alcançado por uma empresa: (1) adesão ao programa de leniência; (2) celebração de termos de compromisso de cessação de prática; (3) submissão de consultas ao Tribunal do CADE; e (4) influência na dosimetria das penalidades aplicadas.

A possibilidade de adesão ao programa de leniência (1), por meio de um programa de *compliance*, ocorre na medida em que este facilita a identificação de uma possível infração concorrencial e orienta a tomada de decisões defensoras dos interesses da empresa e de seus funcionários. Assim, a empresa e pessoas físicas participantes de um cartel ou de outra prática anticoncorrencial coletiva podem denunciar a prática ao CADE, por meio de um Acordo de Leniência, e cooperar com as investigações, recebendo em troca imunidade nas esferas administrativa e criminal ou redução de um a dois terços das penalidades administrativas aplicáveis. Como a obtenção desse benefício requer que a empresa ou pessoa física seja a primeira a se apresentar ao CADE, a rapidez da identificação do problema existente é essencial e um programa de *compliance* bem estruturado, mesmo incapaz de evitar a conduta, tende a apresentar mecanismos para identificá-la prontamente e possibilitar à empresa agir de forma rápida para evitar, ou amenizar, responsabilizações.

Ainda que a empresa não seja a mais rápida na identificação da infração e denúncia ao CADE para adesão ao acordo de leniência, ela tem como alternativa (2) a celebração de TCC. A negociação deste com a SG se dá na fase inicial das investigações e garante uma redução da multa esperada para a empresa propositora, respeitando também a ordem de chegada (ou seja, a primeira empresa a propor a celebração de TCC terá mais desconto que a segunda e assim sucessivamente). Nessa lógica, a existência de um programa de *compliance* ou o compromisso com sua adoção/atualização poderá influenciar o cálculo do desconto a ser aplicado, bem como tende a fazer diferença pela celeridade com a qual a empresa reconhece o ilícito e se propõe a negociar com o CADE.

A conscientização suscitada pela adoção de um programa de *compliance* tende a encorajar iniciativas como a apresentação de consultas ao Tribunal do CADE (3) acerca da interpretação da legislação concorrencial e da legalidade de práticas comer-

---

[65] O termo "robusto" foi adotado pelo CADE para se referir a um programa de *compliance* efetivo, em oposição aos programas "de fachada", adotados apenas como meio de simular um comprometimento da empresa.

ciais, já iniciadas ou não. No mesmo sentido dos itens anteriores, a identificação da conduta (naqueles, ilícita consumada; neste, de licitude duvidosa) é facilitada pelo programa de *compliance*. Ao consultar a autoridade, a empresa é beneficiada qualquer que seja a resposta à consulta: se pela legalidade da prática, tal decisão será vinculante pelo prazo máximo de 5 (cinco) anos, impedindo a aplicação retroativa de qualquer penalidade à empresa que formulou a consulta, diante de uma nova interpretação da autoridade. Contudo, se a resposta for pela ilegalidade, impossibilitando-se a consumação da conduta, a empresa poderá deixar de praticá-la e economizará recursos referentes a sua execução e a eventuais investigações posteriores que viessem a questionar sua legalidade.

Por fim, a última vantagem prevista diz respeito à possibilidade de um programa de *compliance* influenciar na dosimetria das penalidades aplicadas pelo CADE (4). Apesar de não ser suficiente para afastar as penas impostas pelo CADE, um programa de *compliance* pode, em determinadas circunstâncias, impactar de forma favorável na determinação dessas penas – afastando de certas proibições ou circunstâncias agravantes, ou até reduzindo o valor da multa aplicável. Este último exemplo, de acordo com o Guia preliminar do CADE, dar-se-ia com base no art. 45 da LDC. O referido dispositivo prevê que o Tribunal do CADE deverá levar em consideração, no momento de aplicação das penalidades, fatores como a gravidade da infração; a boa-fé do infrator; a vantagem auferida ou pretendida pelo infrator; a consumação ou não da infração; o grau de lesão, ou perigo de lesão, à livre concorrência, à economia nacional, aos consumidores, ou a terceiros; os efeitos econômicos negativos produzidos no mercado; a situação econômica do infrator; e a reincidência. Assim, a adoção de um programa de *compliance* "robusto" poderia ser tido como evidência da boa-fé do infrator e da redução dos danos econômicos ao mercado e, portanto, configurar uma atenuante no cálculo da multa, reduzindo-a.

No entanto, deve-se ressaltar a inexistência de critérios específicos de avaliação dos programas de *compliance* definidos pelo CADE e de sua configuração como atenuante para as empresas infratoras, permanecendo obscuras as circunstâncias nas quais um programa será classificado como "robusto" e em que medida irá reduzir as sanções aplicáveis. Assim, seria um grande incentivo à cultura de *compliance* que o CADE determinasse, seguramente, a extensão da redução/desconto por conta da presença de um programa de *compliance* e sua aceitabilidade sob ponto de vista do referido Conselho.

9 | ANTITRUSTE, REPARAÇÃO DE DANOS E ARBITRAGEM

As alterações introduzidas pela Lei n. 14.470, de novembro de 2022 – e a lei propriamente –, foram festejadas dentro de um esforço permanente de alavancagem de um Sistema Nacional de Persecução Concorrencial Privada (o chamado *Private*

Enforcement). Observam-se *"novos horizontes quanto à possibilidade de utilizar a arbitragem para resolver conflitos derivados de danos concorrenciais"*[66].

O enfoque da Lei n. 14.470, de novembro de 2022, reside nos casos envolvendo demandas indenizatórias. Há muito tempo esperava-se um "pacote de incentivos" para a efetivação do direito de ação em questões concorrenciais.

A modificação legislativa reconhece a possibilidade de tutela indenizatória de forma expressa e a Lei n. 12.529, de 30 de novembro de 2011 (Lei de Defesa da Concorrência), passou a vigorar acrescida dos seguintes arts. 46-A e 47-A, incluídos, respectivamente, nos Capítulos IV e V do Título V:

> "Art. 46-A. Quando a ação de indenização por perdas e danos originar-se do direito previsto no art. 47 desta Lei, não correrá a prescrição durante o curso do inquérito ou do processo administrativo no âmbito do Cade.
> § 1º Prescreve em 5 (cinco) anos a pretensão à reparação pelos danos causados pelas infrações à ordem econômica previstas no art. 36 desta Lei, iniciando-se sua contagem a partir da ciência inequívoca do ilícito.
> § 2º Considera-se ocorrida a ciência inequívoca do ilícito por ocasião da publicação do julgamento final do processo administrativo pelo CADE."
> "Art. 47-A. A decisão do Plenário do Tribunal referida no art. 93 desta Lei é apta a fundamentar a concessão de tutela da evidência, permitindo ao juiz decidir liminarmente nas ações previstas no art. 47 desta Lei."

Nesta seção, trataremos do tema com duplo enfoque, qual seja, iniciando-se pela abordagem da arbitragem no Direito Antitruste e, mais adiante, quando tratarmos da experiência brasileira, voltaremos ao tema com enfoque no sistema de reparação civil.

Diante do veto na legislação, seguem debates jurídicos sobre as condições que a arbitragem poderia ser utilizada em questões envolvendo o direito antitruste. Como método de resolução de conflitos, a arbitragem teve como marco, no Brasil, a Lei n. 9.307/96 e é considerada como modo adequado de solução de litígios quando há direitos patrimoniais disponíveis.

A União Europeia reconheceu a arbitrabilidade de litígios concorrenciais no caso Eco Swiss, em 1999[67], e a Diretiva 2014/104/UE confirmou a arbitrabilidade das ações

---

[66] Ainda: "O *revival* dos debates sobre este assunto não se deve apenas à implementação deste sistema e à promoção das ARDCs, mas também ao dispositivo vetado, que previa a arbitragem compulsória nos casos em que fosse celebrado um TCC, levantando questões importantes sobre a natureza consensual da submissão a juízos arbitrais, especialmente tendo em vista que o acordo não é celebrado com as partes lesadas, mas entre CADE e parte ofensora". Sobre esse assunto conferir DOMINGUES, Juliana Oliveira; NICOLETTI, Lorenzo Bittencourt; NATIVIDADE, João Pedro Kostin Felipe de. Reflexões sobre a Lei n. 14470/2022 e seus impactos sobre o regime das Ações Reparatórias de Dano Concorrencial (ARDCs).

[67] EU. CE. ACÓRDÃO DO TRIBUNAL DE JUSTIÇA de 1º de junho de 1999 no processo C-126/97: "Um órgão jurisdicional nacional chamado a conhecer de um pedido de anulação de uma decisão arbitral deve deferir tal pedido quando entenda que essa decisão é efectivamente contrária ao art. 85 do Tratado CE (atual art. 81 CE), desde que deva, segundo as suas normas processuais internas, deferir um pedido de anulação baseado na violação de normas nacionais de ordem pública. O direito comunitário não impõe a um órgão jurisdicional nacional a não aplicação das

de indenização (no âmbito do direito nacional de seus membros) por infração às disposições do direito da concorrência dos Estados-Membros e da União Europeia:

> É desejável alcançar uma resolução definitiva para os demandantes, a fim de reduzir a insegurança jurídica para os infratores e os lesados. Por conseguinte, os infratores e os lesados deverão ser incentivados a acordar numa reparação dos danos causados pela infração ao direito da concorrência através de mecanismos de resolução amigável de litígios, como a resolução extrajudicial de litígios (incluindo aqueles em que um juiz pode declarar uma resolução vinculativa), a arbitragem, a mediação ou a conciliação. A resolução amigável de litígios deverá cobrir o maior número legalmente possível de lesados e infratores. As disposições da presente diretiva sobre a resolução amigável de litígios visam, por conseguinte, facilitar a utilização de tais mecanismos e aumentar a sua eficácia[68].

Por muito tempo, questionou-se a arbitrabilidade de direitos concorrenciais diante de questões inerentes à ordem pública. Os desenhos societários mudaram ao longo dos anos e foram identificados novos contornos nas operações, além de temas e disputas jurídicas que misturam direito público e direito privado. Sendo assim, dentro dos debates jurídicos, identificam-se, muitas vezes, matérias de caráter patrimonial e disponível. Para essas matérias, não há muitas dúvidas jurídicas, atualmente, sobre a possibilidade de aplicação de métodos adequados de solução de conflitos, tal como a arbitragem[69].

Como a arbitragem não é prática diária da autoridade antitruste – e nem mesmo da comunidade jurídica antitruste –, enfrenta-se um obstáculo cultural para a maximização de todo potencial que os métodos adequados podem trazer para efetividade e garantia de direitos. Ainda assim, temos visto avanços. Em Atos de Concentração e Acordos em Controle de Concentração (ACC), temos exemplos de casos nos quais o CADE admitiu a arbitrabilidade[70].

---

normas processuais internas segundo as quais uma decisão arbitral interlocutória com a natureza de decisão final que não foi objeto de recurso de anulação no prazo estabelecido adquire força de caso julgado e já não pode ser posta em causa por uma decisão arbitral posterior, mesmo se isso é necessário para poder examinar, no quadro do processo de anulação da decisão arbitral posterior, se um contrato que a decisão arbitral interlocutória declarou juridicamente válido é, todavia, nulo à luz do art. 85 do Tratado".

[68] EU. Diretiva 2014/104/UE do Parlamento Europeu e do Conselho, de 26 de novembro de 2014.

[69] "Tais regras e que, de fato, não podem ser arbitradas (v.g. seria contrário à ordem pública delegar a análise da licitude de um ato de concentração a um tribunal arbitral, por exemplo, ou mesmo parte essencial desta análise, como a definição de Mercado Relevante em Atos de Concentração ou investigações de Condutas Unilaterais, tratando-se de competência exclusiva do CADE)". Cf. Nicoletti, Saydelles, 2023 - Arbitragem e antitruste: de fantasma ao hit do momento jurisdição arbitral apresenta potencial para contribuir para a efetivação das regras referentes à defesa da concorrência. Em sentido diferente, veja-se o Caso Novelis, nos EUA, no qual o DOJ (i.e., uso da arbitragem para a definição de mercado relevante). Cf. SU, Henry C. The US DoJ submits a market definition question to the binding arbitration (Novelis / Aleris Corporation). e-Competitions Automobile, Paris, Art. n. 91908, Sep. 2019.

[70] Nesse sentido, vale o exemplo do ACC 08700.005719/2014-65 (caso ALL-Rumo) e dos Atos de Concentração AC n. 08700.004211/2016-10, envolvendo TAM, o Grupo LATAM e a Iberia e British (Grupo IAG); AC n. 08700.004860/2016-11, envolvendo CETIP S.A. e BM&FBOVESPA

Em demandas privadas, vê-se o potencial da ótica concorrencial ser aplicada em arbitragens, diante dos impactos e efeitos de cláusulas de exclusividade, cláusulas de não competição, cláusulas de raio etc. Nesse contexto, há espaço para a inserção de cláusulas compromissórias nos contratos, abrindo-se espaço para uma discussão jurídica qualificada em sede de arbitragem.

Outra possibilidade refere-se às multas por *gun jumping* (e, diante da morosidade do judiciário, das antigas multas por intempestividade). Nesses casos, a responsabilidade é solidária e não cabe ao CADE a definição de "quem deve" e "o quanto deve" pagar[71] passando a existir espaço para esse debate em âmbito privado.

9.1 | Experiências europeia e norte-americana

Em 2012, após cinco anos desde o início do processo de investigação, a Comissão Europeia (CE) condenou sete grupos empresariais (entre eles, grandes nomes como Panasonic, Samsung, LG Eletronics, Philips e Toshiba) a pagarem multa de pouco mais de € 1.4 bilhão pela participação em ao menos um cartel, dentre dois distintos, no setor dos tubos de raios catódicos. As infrações ocorreram em nível internacional, afetando especialmente Ásia e Europa. Um dos acordos anticoncorrenciais teria abrangido o mercado de tubos de imagem usados para televisores, enquanto outro, o de tubos de imagem colorida usados em monitores de computador[72].

O conluio teria durado aproximadamente 10 anos em cada um dos mercados. Tal prática consistiu, principalmente, na fixação de preços, divisão de mercados e de quotas de clientes, restrição da produção e troca de informações comerciais sensíveis, entre os anos de 1996 e 2006, gerando prejuízo tanto aos consumidores como aos produtores dos referidos produtos[73].

Segundo essa mesma lógica, no final de 2010, diversas companhias aéreas foram condenadas em aproximadamente € 799 milhões pela prática de cartel no mercado internacional de transporte aéreo de cargas originárias ou destinadas à União Europeia. As empresas envolvidas confessaram, em 2008, à CE, terem acordado sobretaxas

---

S.A. ("BVMF"); AC n. 8700.001390/2017-14, envolvendo a Time Warner e a AT&T; AC n. 08700.004163/2017-32, envolvendo Petromex S/A e a DAK Américas Exterior S.L.; AC n. 08700.000726/2021-08 entre as empresas Claro S.A., Telefônica Brasil S.A. e TIM S.A. e Oi S.A.; AC n. 08700.006512/2021-37, ebvolvendo (REMAN/Petrobrás) e a Ream Participações S.A.

[71] Cf. Domingues, Nicoletti e Saydelles, 2023.

[72] UE. Decisão C (2012) 8839 de 5 de dezembro de 2012. Processo COMP/39.437.

[73] À época da condenação, o Vice-Presidente da Comissão Europeia, responsável pela política antitruste, recriminou tal conduta, conforme trecho de sua declaração:
"Os cartéis dos tubos de raios catódicos são exemplos para constar nos livros: protagonizaram todos os piores tipos de condutas anticoncorrenciais as quais são estritamente proibidas às empresas com atuação comercial na Europa. Tubo de raios catódicos era um componente importante na produção de televisões e telas de computador. Essas peças correspondiam entre 50% e 70% do preço da tela. Isso dá uma indicação dos sérios prejuízos que esta conduta ilegal causou para os fabricantes de televisão e de telas de computador no Espaço Econômico Europeu (EEE) e, em última esfera, do dano aos consumidores europeus ao longo desses anos" (tradução livre).
Para declaração original na língua inglesa, vide: http://europa.eu/rapid/press-release_IP-12-1317_en.htm.

de combustíveis, bem como terem realizado acertos ilegais para sobretaxas de segurança, além de outros elementos componentes das tarifas de frete internacional aéreo.

Entre as companhias participantes da conduta, destacam-se Lufthansa e sua subsidiária Swiss International Airlines, que receberam imunidade total por terem participado do Programa de Leniência da CE, a partir do qual denunciaram o cartel à Comissão e prestaram informações relevantes para a investigação. Por sua vez, a Martinair, Japan Airlines, Air France-KLM[74], Cathay, LAN, Qantas, Air Canada, Cargolux, SAS e a British Airways obtiveram redução das respectivas sanções, pois, também durante o processo, acabaram aderindo ao Programa de Leniência europeu.

Paralelamente, o conluio foi investigado em diversos países, como Brasil e Estados Unidos, no sentido de se aferir se teria gerado efeito em outras jurisdições além da UE. Em 2008, o Departamento de Justiça Norte-Americano (USDoJ) celebrou um acordo na esfera criminal com as empresas Air France-KLM, Cathay, Martinair e SAS, no qual – após consentirem em cooperar com as investigações – reconheceram a culpa nas condutas, submetendo-se ao pagamento de multas cujo montante chegou a US$ 504 milhões. Destaca-se que, desse montante, a quantia de US$ 350 milhões foi atribuída somente à Air France-KLM.

Interessante notar que, antes mesmo da condenação pela CE, um grupo de empresas (lideradas pela Phillips e Ericsson) propôs uma ação indenizatória (*private damages*) na Justiça Holandesa em face das companhias aéreas do grupo franco-holandês (Air France-KLM e Martinair), em virtude, na época, da "suposta" prática de cartel. Em tal ação, o grupo requereu ressarcimento de danos que totalizavam cerca de € 500 milhões – segundo registros da CE, o maior valor indenizatório já pleiteado na Europa até o momento.

A exemplo do ocorrido nos EUA, a busca de recuperação dos danos decorrentes de práticas anticoncorrenciais demonstra uma tendência a qual deve se fixar na Europa e no Brasil. As condutas anticompetitivas (como por exemplo, o cartel), além de serem ilícitos administrativos, são também ilícitos penais e civis (à medida que geram danos a terceiros em virtude da prática de atos ilícitos). No caso brasileiro, essa tendência decorre de uma mudança cultural, tendo em vista já existir há tempos a possibilidade jurídica de coleta dos danos, i.e., há no ordenamento jurídico pátrio disposições normativas que legitimam a propositura de ações de indenização em âmbito civil.

A propositura de ações de indenização por condutas anticompetitivas na Europa ainda é incipiente, se comparada, por exemplo, com os EUA. De acordo com o Tribunal de Justiça Europeu, qualquer pessoa física ou jurídica, quando sofre um dano em virtude de práticas anticompetitivas, tem o direito de exigir sua reparação em face de quem o causou. Vale dizer, portanto, que esse princípio se aplica, do mesmo modo, aos indiretamente prejudicados. Ou seja, aplica-se o referido princípio a quem, embora não tenha participação direta na relação jurídica com o infrator, tenha sofrido danos consideráveis.

No entanto, apesar da "facilidade" na propositura de ações dessa natureza, tem-se que, na prática, os prejudicados raramente obtêm montantes compensatórios pelos

---

[74] No começo de 2004, a Air France adquiriu a KLM e passou a se denominar Air France-KLM.

danos sofridos pelas práticas anticompetitivas[75]. Grande parte dessa dificuldade provavelmente decorre do fato de as ações serem obrigatoriamente propostas em âmbito nacional, e não comunitário, envolvendo, naturalmente, a compreensão de uma diversidade de sistemas jurídicos revestidos de peculiaridades. Em complemento, as legislações em vigor nos diferentes Estados-Membros da UE apresentam obstáculos legais e processuais para indenizações em matéria antitruste. Isso porque – diferentemente das ações de responsabilidade civil – apresentam características específicas, como complexas análises econômicas (v.g., cálculo de vantagem auferida, ou ainda cálculo de "peso morto", o qual tem a finalidade de demonstrar as ineficiências econômicas geradas pela conduta), dificuldade na obtenção de provas, ponderação entre o risco e eventual indenização etc.[76].

No caso da condenação do cartel das cargas aéreas pela CE, as empresas lesadas pela prática e proponentes partem de um contexto já favorável à reparação. Isto é, não precisam comprovar a prática ilícita nem o dano, a ser apenas quantificado e individualizado pela Justiça holandesa, pois, de acordo com o *"White Paper"* – documento que trata sobre ações de indenização no âmbito antitruste europeu –, a condenação pela CE torna-se prova irrefutável para as ações de indenização[77].

Por outro lado, nos Estados Unidos, a propositura de ações de indenização por condutas anticompetitivas já é uma prática sedimentada. Naquele país, salvo raras exceções, as ações de indenização no campo antitruste são conhecidas como *class actions* e usualmente requerem *treble damages*, pois a legislação norte-americana permite, em uma ação de reparação de dano por conduta concorrencial, o ressarcimento do triplo do valor do prejuízo financeiro causado pelo agente que praticou a infração contra a ordem econômica.

A *U.S. Supreme Court* entende que a legitimidade para a propositura de ações de indenização em face de condutas infrativas do direito antitruste está limitada aos diretamente participantes da relação jurídica com o infrator. Essa posição é mais conhecida como *"Illinois Brick doctrine"*[78] e recebe posicionamento diverso de vários Estados norte-americanos, os quais permitem às vítimas indiretamente lesadas por práticas anticoncorrenciais pleitear ressarcimento pelos danos sofridos.

A *"Illinois Brick doctrine"* decorre de um caso julgado em 1977, quando a Suprema Corte do Estado de Illinois julgou o caso *Illinois Brick Co. v. Illinois,* no qual fabricantes de concreto (ou fornecedores do serviço de concretagem) concertavam preços nas suas vendas. Em tal caso, após discordar da Corte Distrital, a Suprema Corte de Illinois decidiu que os compradores indiretos somente poderiam ajuizar ação in-

---

[75] *"White Paper"* – guia que trata sobre as ações de descumprimento das regras comunitárias (Europa) no domínio antitruste, p. 2.

[76] *Id., ibid.,* p. 2.

[77] *"White Paper"* – guia que trata sobre as ações de descumprimento das regras comunitárias (Europa) no domínio antitruste, p. 6.

[78] Desse modo, a título exemplificativo, se um fabricante – em conluio com os seus concorrentes – vende tijolos com preços abusivos para outro fabricante, que, por sua vez, constrói uma casa e a vende para um terceiro, este, por sua vez, não poderá ajuizar ação de indenização em face do fabricante (infrator) em virtude dos prejuízos sofridos pela prática anticompetitiva.

denizatória pelo aumento abusivo de preços se conseguissem provar o repasse (ou *pass-on* em referência à *pass-on defense*, conforme terminologia internacional) da sobretaxa a eles por meio dos canais de distribuição[79].

Essa posição, entretanto, ensejou posicionamentos doutrinários diversos sobre o assunto. Com o objetivo de alterar tal entendimento, no ano de 2007, a Comissão de Modernização Concorrencial dos EUA (CMC) submeteu extenso relatório ao Congresso norte-americano, no qual opinou pela desconsideração da *"Illinois Brick doctrine"* para que, assim, tanto os direta como os indiretamente prejudicados pudessem propor ações de indenização para reparar os danos sofridos.

Buscando pacificar a discussão acerca do montante indenizatório – um dos motivos pelos quais a *U.S. Supreme Court* não permite o ingresso dos indiretamente prejudicados, pois podem ultrapassar os valores permitidos –, a AMC atentou-se para o fato de que não se pode exceder o valor máximo permitido – três vezes o valor do prejuízo financeiro causado. Segundo tal entendimento, esse valor deve ser repartido de forma proporcional aos proponentes, de acordo com as circunstâncias encontradas no caso concreto[80].

No Brasil, como se verá no tópico subsequente, embora haja plataforma normativa, a propositura de ações de indenização por práticas anticompetitivas ainda é incipiente. Os consumidores, de modo geral, não estão habituados a processar os agentes econômicos em razão de práticas ilícitas, quanto mais em face de ilícitos concorrenciais. Não se sabe ao certo o motivo: se em razão da morosidade da Justiça e dos custos de arcar com um processo, os consumidores não se valem dessa ferramenta para recuperar os danos. Ou, ainda, se por não lançarem mão de tal mecanismo, não há pressão suficiente sobre o sistema judiciário, ou não se tem a cultura de processar-se os causadores de danos por prática concorrencial. Seja como for, a falta de cultura de persecução civil dos danos acaba por gerar um efeito negativo e não desejado na própria prática judiciária: os juízes, no Brasil, não têm cultura de aplicar indenizações minimamente suficientes a reparar os danos causados e, ao mesmo tempo, dissuadir futuras práticas ilícitas.

Não raras vezes, quando interpelados, os magistrados alegam que atribuir indenizações exemplares daria ensejo à criação da "indústria da indenização", tal como ocorre nos EUA. Contudo, fica a pergunta: mesmo existindo tal indústria, não teria esta o condão de dissuadir a prática de ilícitos das mais variadas classes, sobretudo anticoncorrenciais e, assim, não estaria o consumidor brasileiro mais protegido como de fato está o consumidor norte-americano?

Felizmente, já é possível notar, no Brasil, uma tendência por parte de uma nova geração de juízes no sentido de desmistificar o temor da "indústria da indenização" e, em decisões técnicas, atribuir-se indenizações proporcionais aos danos sofridos e em montantes geradores de efeito dissuasório aos infratores. No campo antitruste, isso ainda está em xeque e aguarda consolidação na jurisprudência, atentando-se às decisões que vêm sendo proferidas nos casos em andamento.

---

[79] US. Illinois Brick Co V. Illinois 431 U.S. 720 (1977).

[80] Antitrust Modernization Commission, p. 18. Informa-se que, até o momento, não houve a aprovação da recomendação da comissão realizada em 2007.

9.2 | Experiência brasileira

No Código Civil brasileiro, os dispositivos arrolados nos arts. 186 e 927[81] trazem a ideia de que existe uma obrigação de indenizar decorrente de qualquer dano causado por uma pessoa a outra. Em suma, deve haver (i) o ato ilícito; (ii) a lesão (ou dano); e (iii) o nexo causal entre os dois primeiros. Esse é o tripé básico para a regra geral de reparação civil vigente no Direito brasileiro.

A Lei n. 8.884/94, ao tratar das ações de indenização para a defesa de interesses individuais ou individuais homogêneos, dispunha, em seu art. 29, sobre a possibilidade de obtenção de indenização pelas perdas e danos sofridos:

> Art. 29. Os prejudicados, por si ou pelos legitimados do art. 82 da Lei n. 8.078, de 11 de setembro de 1990 [Código de Defesa do Consumidor], poderão ingressar em juízo para, em defesa de seus interesses individuais ou individuais homogêneos, obter a cessação de práticas que constituam infração da ordem econômica, bem como o *recebimento de indenização por perdas e danos sofridos*, independentemente do processo administrativo, que não será suspenso em virtude do ajuizamento de ação (apartou-se).

Atualmente, a LDC, em seu art. 47, apresenta a mesma redação do art. 29 da Lei n. 8.884/94 (supra)[82]. Entende-se, assim, que esse dispositivo autoriza a propositura de ações de indenização relativas à matéria concorrencial – tanto pelos direta, como pelos indiretamente prejudicados –, ampliando, de certa forma, a matéria do Código Civil Brasileiro para o campo concorrencial. Com efeito, havendo uma obrigação de indenizar, a defesa dos interesses e direitos dos consumidores e das vítimas poderá ser exercida em juízo individualmente, ou de forma coletiva, por pessoa física ou jurídica – no caso de buscar individualmente os danos sofridos – ou por entidades legitimadas para tanto, de acordo com os arts. 81 e 82 do Código de Defesa do Consumidor, a saber:

> Art. 81. A defesa dos interesses e direitos dos consumidores e das vítimas poderá ser exercida em juízo individualmente, ou a título coletivo.
> (...)
> Art. 82. Para os fins do art. 81, parágrafo único, são legitimados concorrentemente:
> I – o Ministério Público;
> II – a União, os Estados, os Municípios e o Distrito Federal;

---

[81] Art. 186: "Aquele que, por ação ou omissão voluntária, negligência ou imprudência, violar direito e causar dano a outrem, ainda que exclusivamente moral, comete ato ilícito".
Art. 927. "Aquele que, por ato ilícito (arts. 186 e 187), causar dano a outrem, fica obrigado a repará-lo.
Parágrafo único. Haverá obrigação de reparar o dano, independentemente de culpa, nos casos especificados em lei, ou quando a atividade normalmente desenvolvida pelo autor do dano implicar, por sua natureza, risco para os direitos de outrem".

[82] "Art. 47. Os prejudicados, por si ou pelos legitimados referidos no art. 82 da Lei n. 8.078, de 11 de setembro de 1990, poderão ingressar em juízo para, em defesa de seus interesses individuais ou individuais homogêneos, obter a cessação de práticas que constituam infração da ordem econômica, bem como o recebimento de indenização por perdas e danos sofridos, independentemente do inquérito ou processo administrativo, que não será suspenso em virtude do ajuizamento de ação."

III – as entidades e órgãos da Administração Pública, direta ou indireta, ainda que sem personalidade jurídica, especificamente destinados à defesa dos interesses e direitos protegidos por este código;

IV – as associações legalmente constituídas há pelo menos um ano e que incluam entre seus fins institucionais a defesa dos interesses e direitos protegidos por este código, dispensada a autorização assemblear.

O Código Civil Brasileiro determina o prazo de três anos como prescrição para a propositura de ações de indenização. Referido prazo é contado a partir do momento em que ocorra a violação do direito[83].

No Brasil, dificuldades semelhantes às da Europa são encontradas para ações de indenização (i.e., obstáculos legais e processuais para indenizações em matéria antitruste). Isso porque apresentam características peculiares como a realização de complexas análises econômicas, a dificuldade na obtenção de provas, a ponderação entre o risco e a eventual indenização etc.

Adiciona-se à questão, além da morosidade da Justiça, o descompasso encontrado no âmbito Judiciário para julgamento de ações dessa natureza o que, por consequência, dificulta o proferimento de sentenças compatíveis com a realidade da matéria. Em outras palavras, embora juridicamente possível a ação de reparação no Brasil, a falta de familiaridade com o antitruste aliada à ausência de uma cultura de reparação são obstáculos reais no contexto do Poder Judiciário. Todavia, como mencionado, já se observa uma tendência de mudança dessa cultura no Brasil.

Não obstante, vale mencionar que decisões condenatórias proferidas pelo CADE são consideradas títulos executivos extrajudiciais, o que torna inquestionável o ato ilícito necessário para o direito à reparação. Resta, todavia, ao demandante comprovar em juízo que de fato percebeu os efeitos patrimoniais negativos decorrentes de tal ato ilícito, objeto do juízo de condenação por parte do CADE, de acordo com o art. 93 da LDC:

> Art. 93. A decisão do Plenário do Tribunal, cominando multa ou impondo obrigação de fazer ou não fazer, constitui título executivo extrajudicial.

Além da previsão da possibilidade geral de persecução civil em razão de danos causados por práticas anticoncorrenciais, nos moldes do art. 60, a adesão dos *players* a acordos de leniência e ao Termo de Compromisso de Cessação de Prática (TCC) os sujeita a ações de indenização no âmbito civil. Em ambos os casos, o efeito da assinatura de tais documentos é semelhante à condenação pelo CADE, isto é, entende-se que configuram título executivo extrajudicial, pois encartam a confissão do ilícito praticado por parte dos infratores como condição para a obtenção de imunidade total ou parcial, dispensando-se, assim, o processo de conhecimento para a identificação da existência do ato ilícito e da autoria restando apenas a comprovação do dano e do nexo causal.

---

[83] "Art. 189. Violado o direito, nasce para o titular a pretensão, a qual se extingue, pela prescrição, nos prazos a que aludem os arts. 205 e 206. (...) Art. 206. Prescreve: (...) § 3º Em três anos: (...) V – a pretensão de reparação civil (...)."

Além disso, a legislação brasileira possibilita a propositura de ações civis públicas e ações populares, dado que os bens jurídicos tutelados pela antiga Lei n. 8.884/94 e pela LDC, interesses difusos/coletivos, são igualmente tutelados pela Lei da Ação Civil Pública (Lei n. 7.347/85) e pela Constituição Federal (art. 5º, LXXIII, e art. 129, III).

Trata-se do *enforcement* privado, no qual os prejudicados – direta ou indiretamente – buscam o judiciário para reparar os prejuízos causados por infrações contra a ordem econômica. Ações de indenização que outrora não eram sequer cogitadas, hoje começam a tornar-se ferramentas para o ressarcimento de danos sofridos por condutas anticompetitivas. Essa vertente está ganhando "musculatura" para reforçar o antitruste no Brasil.

Em 2010, a Associação dos Hospitais de Minas Gerais obteve uma liminar em uma ação civil coletiva proposta no Estado de Minas Gerais[84] contra as empresas condenadas pelo CADE no caso "Cartel dos Gases". A liminar concedida, além de determinar que as empresas condenadas parassem de cobrar sobrepreço na venda de gases industriais e medicinais, ordenou a realização de uma perícia para verificar o montante superior pago pelos hospitais em virtude das práticas causadoras de enormes prejuízos aos consumidores e concorrentes.

Após a iniciativa, a Companhia de Saneamento Básico do Estado de São Paulo (Sabesp) também propôs ação judicial requerendo indenização por prejuízos sofridos em decorrência da formação de cartel. Tais casos, convém ressaltar, também são, como o caso da Phillips e Ericsson na Justiça Holandesa, bons exemplos de evolução da matéria em questão.

Em novembro de 2022, foi publicada a Lei n. 14.470 com a finalidade de atribuir maior eficácia à persecução civil dos danos.[85] Uma das alterações implementadas diz respeito à previsão de que os agentes que firmarem acordo de leniência ou termo de compromisso de cessão de conduta (TCC) junto ao CADE não repararão em dobro os prejudicados, nem responderão solidariamente com os demais agentes. Há quem defenda que essa previsão, certamente, irá reforçar o atual programa de leniência e de TCC do CADE. Isso porque, além dos atuais incentivos positivos[86], os agentes participantes de um cartel ou que induziram conduta uniforme terão um novo incentivo para a celebração desses acordos com o CADE, qual seja, o risco de serem responsabilizados com solidariedade e em dobro pela reparação do dano sofrido pelos prejudicados.

Entretanto, o mencionado risco de responsabilidade solidária e em dobro só será levado a sério pelos agentes econômicos se houver um elevado risco de os prejudicados buscarem a reparação do dano contra aqueles agentes. Em outros termos, o prometido aumento no número de acordos de leniência ou TCC junto ao CADE só ocorrerá se for elevado o risco de condenação dos agentes à reparação de danos con-

---

[84] Ação Civil Coletiva n.709934590.2009.8.13.0024.
[85] Os autores agradecem a Ana Cristina Gomes e a Guilherme dos Santos pelo auxílio com as pesquisas e reflexões sobre os impactos da Lei n.14.470/2022 no regime concorrencial brasileiro.
[86] Por exemplo, a LDC, em seus arts. 85 e 86, prevê a possibilidade de extinção da ação punitiva do Estado ou a redução da pena para aqueles que celebram acordos de leniência ou TCC junto ao CADE.

correnciais. Esse elevado risco, no entanto, ainda não existe, pois, a Lei n. 14.470/2022 deixou de tratar sobre um dos principais problemas que atormentam a reparação civil dos danos concorrenciais. Esse problema é a quantificação dos danos nessas ações.

O agente prejudicado pelos danos concorrenciais, em regra, não possui conhecimento das métricas para definir o valor desse dano que sofreu. Isso porque não possui conhecimento sobre todas as variáveis para definir sobrepreço do cartel (por exemplo, o custo e a margem de lucro dos produtos ou serviços vendidos a ele pelo agente envolvido no cartel). Sem saber o sobrepreço do cartel, o agente prejudicado não consegue definir quanto a mais acabou desembolsando em razão desse ilícito praticado pela pessoa envolvida no cartel.

São raros os julgados em que o CADE, ao condenar os agentes por prática de cartel ou indução à conduta uniforme, definiu o sobrepreço gerado por essas condutas. Nos próprios acordos de leniência ou TCC, além de eventuais impedimentos sobre o compartilhamento de seus dados diante da necessária regra da confidencialidade[87], são também raros os casos em que os agentes acabam por definir o sobrepreço gerado pelo cartel, isso sem contar que esse sobrepreço é unilateralmente fornecido pelo beneficiário da leniência ou do TCC.

Toda essa conjuntura acaba por dificultar o acesso dos prejudicados a uma devida tutela jurisdicional para a reparação dos danos concorrenciais que sofreram. Infelizmente, a Lei n. 14.470/2022, quando pôde, deixou de endereçar esse grande empecilho da quantificação dos danos. Diversas jurisdições, cientes desse empecilho, decidiram por contorná-lo criando presunções para definir o sobrepreço do cartel[88].

Inevitavelmente, esse empecilho da quantificação do dano pode travar a eficácia de avanços trazidos pela nova lei. Um primeiro avanço seria a pacificação do tema sobre o ônus probatório das alegações de repasse do sobrepreço do cartel na cadeia produtiva (*pass-on defense*)[89]. Pela nova lei, não se presumirá o repasse, cabendo esse ônus àquele réu que alegar. O segundo avanço diz respeito ao novo direito de reparação em dobro pelo prejudicado do dano concorrencial, alinhando, ainda que singelamente, o Brasil a legislações estrangeiras mais maduras, como a dos EUA, que prevê a reparação do triplo do valor do prejuízo.

A lei inovou positivamente no tema do termo inicial da contagem do prazo prescricional nessas ações de reparação de danos concorrenciais. Parte da doutrina entendia que o termo inicial se contava da data da ciência do dano por parte do titular da pretensão[90], enquanto parte da jurisprudência contava o termo inicial da prescrição a partir da simples violação ao direito, independentemente de a vítima ter ou não ciência dessa violação[91]. No entanto, a nova lei pacificou essa discussão ao definir o termo

---

[87] Nesse sentido, veja a Resolução CADE n. 21, de 11 de setembro de 2018.

[88] O Canadá, por exemplo, estima um sobrepreço de 20%, veja-se ICN, 2008, p. 20. Estudos econômicos apontam que, de fato, a média do sobrepreço de condutas de cartel é de aproximadamente 20%, nesse sentido, veja-se: Seixas, Lucinda, 2019.

[89] Para uma análise detalhada sobre os entendimentos divergentes na doutrina e na jurisprudência sobre esse tema, veja-se: Fernandes, 2021, p. 19-37; e Santos, 2015, vol. 104, n. 959.

[90] Simão, 2013, p. 213-214; e Caselta, 2015, p. 160-163.

[91] Recurso Especial n. 36334/SP; e Recurso Especial n. 1168336/RJ.

inicial como sendo a data da publicação do julgamento final do processo administrativo pelo CADE, estabelecendo, além disso, um prazo prescricional *sui generis* de 5 anos, pois diferente da regra geral de 3 anos para reparações cíveis previsto no art. 206, § 3º, inc. V do Código Civil.

Embora seja bem-vinda essa pacificação sobre a discussão do termo inicial da contagem prescricional, a prática dos agentes prejudicados diante dessa discussão já era suficientemente eficaz para resolver esse tema, pois tais agentes, quando conheciam do fato ilícito antes mesmo do julgamento do CADE, ajuizavam ações de protesto interruptivo de prescrição para resguardarem suas pretensões reparatórias[92]. Por outro lado, é importante destacar que essa definição do termo inicial da prescrição em conjunto com a alteração legal que reconhece a decisão condenatória do CADE como fundamento suficiente para concessão de tutela de evidência reforçam um posicionamento que tem sido cada vez mais comum, qual seja, a deferência do judiciário às decisões do CADE.

Esse posicionamento foi adotado em um caso concreto (analisado na próxima seção) pelo STF em 2019[93] e muito repercutido na seara antitruste. Nele, o Ministro Luiz Fux, acompanhado por unanimidade pela Primeira Turma do STF, julgou ser impossível a revisão da análise do "mérito administrativo" de decisão do CADE. Em outros termos, caso o CADE decida, por exemplo, que um agente cometeu um ilícito tipificado na LDC, como aqueles tipificados no art. 36, o Poder Judiciário não estará autorizado a reabrir a discussão sobre se esse agente cometeu ou não o ilícito que lhe foi imputado.

Essa deferência do Poder Judiciário às decisões do CADE é um tema controverso[94]. É fato que ela implica uma redução da cognição do Poder Judiciário sobre determinadas matérias, o que, por sua vez, pode violar o importante princípio constitucional da inafastabilidade da jurisdição (art. 5º, inc. XXXV, da CF).

Como mencionado, com as alterações promovidas pela nova lei de persecução privada concorrencial, amplia-se essa deferência do Poder Judiciário, como, inclusive, pontuou o CADE em notícia veiculada em seu site[95], reduzindo a amplitude de cognição dos juízes. Isso porque, ao se estabelecer o termo inicial da contagem do prazo prescricional como a data da publicação do julgamento final do processo administrativo pelo CADE, qualquer ação de reparação de danos que seja intentada contra os agentes representados nesse processo administrativo antes do julgamento definitivo pelo CADE poderá ser considerada inepta ou carente de interesse processual pelo autor, tendo em vista que a ciência inequívoca do ilícito só ocorrerá na data da publicação da decisão definitiva do CADE. Sem essa ciência inequívoca do ilícito, inexiste direito de ação para reparação de danos.

Sem essa possibilidade de reparação dos danos antes da decisão final do CADE, a vítima corre um elevado risco de perder seu direito a reparação caso, durante o inquérito ou processo administrativo em trâmite no CADE, seja reconhecida a prescri-

---

[92] Para um estudo detalhado sobre o tema, veja-se: Rego, 2017, p. 40-41 e p. 119.
[93] Veja Agravo Regimental no Recurso Extraordinário n. 1.083.955/DF.
[94] Para uma análise minuciosa e crítica sobre esse tema, veja-se: Campilongo, 2020.
[95] CADE, 2022.

ção da pretensão punitiva do CADE contra o agente representado, levando ao arquivamento do processo sem o reconhecimento do ilícito e de sua culpa. Nessas hipóteses, isto é, de reparação privada dos danos concorrenciais nos casos em que o CADE julgou pela prescrição da pretensão punitiva do Estado ou por insuficiência de provas, restou uma lacuna na Lei n. 12.529/2011 e que, por analogia, deve se entender como aplicável as disposições do Código de Processo Penal que tratam da conhecida "ação civil *'ex delicto'*"[96]. A aplicação analógica dessas disposições do CPP sanaria, em grande medida, o risco da vítima apontado acima. Por outro lado, sem essa analogia, essas vítimas estariam, na hipótese acima, desprotegidas de qualquer direito a reparação de seus danos.

Por fim, a cognição do Poder Judiciário também foi reduzida significativamente sobre as teses defensivas que podem ser arguidas pelo réu na ação de reparação de danos concorrenciais. Como bem se sabe, sendo essa ação fundada na teoria da responsabilidade civil objetiva[97], seu mérito, necessariamente, deverá perpassar sobre o ato ilícito praticado pelo agente, o dano causado a outrem e o nexo de causalidade entre aquele ato e esse dano[98]. Desse modo, caso inexista qualquer um desses três pilares básicos, não há que se falar em responsabilidade civil. No caso da reparação de danos concorrenciais, o pilar do ato ilícito não poderá ser discutido ou reapreciado pelo Poder Judiciário após a decisão definitiva do CADE, sendo que o pilar do dano causado, conforme mencionado acima, ainda sofre de grave falta de definição.

Ainda é cedo para precisar os efeitos da Lei n. 14.470/2022 na política de defesa da concorrência, contudo, ela representa uma tentativa de melhoria do atual regramento sobre as ações de reparação civil de danos concorrenciais.

10 | ANTITRUSTE E ESPECIALIZAÇÃO DA JUSTIÇA

Na decisão do Agravo Regimental no Recurso Extraordinário 1.083.955[99], o Ministro Luiz Fux convenceu a Primeira Turma do STF (ausente o Ministro Luís Roberto Barroso) da importância do "dever de deferência" às decisões do CADE, diante da possibilidade de efeitos sistêmicos nocivos à dinâmica regulatória. Em resu-

---

[96] Art. 66. Não obstante a sentença absolutória no juízo criminal, a ação civil poderá ser proposta quando não tiver sido, categoricamente, reconhecida a inexistência material do fato.
Art. 67. Não impedirão igualmente a propositura da ação civil:
I - o despacho de arquivamento do inquérito ou das peças de informação;
II - a decisão que julgar extinta a punibilidade;
III - a sentença absolutória que decidir que o fato imputado não constitui crime.

[97] Compartilhamos o entendimento expresso pelo Prof. Tércio Sampaio Ferraz Júnior: "mesmo em sede de ação individual de indenização por violação de norma concorrencial não há derrogação do princípio da responsabilidade objetiva por efeitos que se produzam ou possam ser produzidos". Veja-se: Ferraz Jr., 2013, p. 19-21.

[98] Nesse sentido dispõe o art. 927, parágrafo único, do Código Civil c/c art. 36, *caput* da LDC.

[99] "O "dever de deferência" às decisões técnicas, a complexidade da matéria concorrencial, a reduzida expertise do Judiciário no tema, a possibilidade de geração de efeitos sistêmicos nocivos à dinâmica regulatória" – Para a opinião completa sobre esse julgamento, veja-se: Campilongo, 2020.

mo, tal deferência seria necessária diante da complexidade da matéria concorrencial, considerando a reduzida *expertise* do Judiciário no tema.

Trata-se de caso no qual a parte pleiteava que o poder judiciário revisse decisão condenatória do CADE em processo administrativo sancionador pela prática de cartel. No caso, o CADE impôs penas diversas às partes investigadas.

A decisão provoca reflexão sobre a especialização da justiça, uma vez que não há o chamado *judicial review* das decisões administrativas (conforme previsão constitucional) e existem preocupações sobre potenciais efeitos deletérios dos fenômenos da captura identificado no *Theory of Economic Regulation* (George Stigler, 1982) e conflito de interesses identificado na *Teoria da Escolha Pública* (James M. Buchanan, 1986).

Considerando a necessidade de aperfeiçoamento das instituições, especializar a justiça parece ser um caminho mais vantajoso, seguindo as melhores práticas em outras jurisdições e as recomendações internacionais[100].

A criação de varas especializadas pode resultar celeridade para a resolução de mérito de diversos processos que se acumulam e se alongam no judiciário, além de garantir qualidade técnica às decisões.

Para essa especialização é necessário se pensar na arquitetura do sistema. Especializar a magistratura significa também capacitar os servidores públicos com formação interdisciplinar que trabalham em conjunto com os magistrados para solucionar as lides.

Sempre existem riscos e críticas à especialização da justiça, como a preocupação com a excessiva especialização e captura dessas varas por grupos de interesse que poderiam exercer núcleos de poder político ou poder econômico. Dessa forma, mecanismos de governança, transparência e gestão são fundamentais[101]. Agora, a segunda solução para o problema da captura seria criar um sistema de rotatividade entre os juízes e servidores das varas.

Em artigo de nossa autoria[102], explicamos que o argumento da captura foi levantado, nos EUA, quando houve a criação de um tribunal de apelação especializado em litígios envolvendo patentes e comércio internacional, o qual, em 1922, passou a abarcar todos os litígios relativos a direitos de propriedade intelectual[103].

Fora do Brasil, identificamos bons exemplos de tribunais, varas ou entidades mistas (combinação de juízes e autoridades administrativas) especializadas em direito concorrencial[104]. Entre bons exemplos temos a *Competition Appeal Tribunal* do Rei-

---

[100] WORLD BANK, 2012, p. 73; e OCDE, 2013, p. 26-27.

[101] Nesse sentido, por exemplo, o Conselho da Justiça Federal (CJF) instituiu, em agosto de 2020, o Guia de Governança e Gestão do Conselho e da Justiça Federal de 1º e 2º graus, veja-se CJF, 2020.

[102] Gaban, Domingues, 2017.

[103] Em razão dessa especialização, os EUA se transformaram em uma potência da propriedade intelectual, com jurisdição segura e previsível sobre esse tema. Diversos países acabaram copiando esse modelo, obtendo sucesso em investimentos e inovações, veja-se: IIPI; USPTO, 2012.

[104] Para estudo aprofundado no tema, veja-se: OCDE, 2017.

no Unido, o *Tribunal de Defensa de La Libre Competencia*, no Chile. Com a reforma constitucional, em 2013, a *Comisión Federal de Competencia Económica* e o *Instituto Federal de Telecomunicaciones* passaram a ter suas decisões sujeitas à revisão da primeira e segunda Cortes Distritais Especializadas. No mesmo sentido, no Canadá e na Austrália, as decisões da *Competition Bureau of Canada* e da *Australian Competition and Consumer Commission* se sujeitam à revisão do *Competition Tribunal do Canadá* e ao *Australian Competition Tribunal*, respectivamente.

A especialização da justiça é recomendada pelo CNJ[105]. O Tribunal de Justiça do Estado de São Paulo (TJ-SP), por exemplo, tem duas varas especializadas em crimes tributários, organização criminosa e lavagem de bens e valores[106]. Tais varas são competentes para julgar crimes como práticas de cartel, dentre outros. Existem outros exemplos similares de varas criminais especializadas, v.g.: Tribunal de Justiça de Santa Catarina (TJ-SC), Tribunal de Justiça de Roraima (TJ-RR), Tribunal de Justiça da Bahia (TJ-BA), Tribunal de Justiça do Pará (TJ-PA), Tribunal de Justiça de Alagoas (TJ-AL), Tribunal de Justiça do Mato Grosso (TJ-MT), Tribunal de Justiça do Rio de Janeiro (TJ-RJ)[107] e Tribunal de Justiça de Minas Gerais (TJ-MG)[108].

Paralelamente, em 2019, foi determinada a criação de varas federais especializadas nos Tribunais Regionais Federais da 5ª, 1ª e 2ª Regiões[109-110], com base na Recomendação n. 3, de 2006, do CNJ. A determinação teve foco na maximização da repressão às organizações criminosas. Além disso, a determinação apresentou arquitetura menos abrangente que a congênere estadual, isto é, não contemplou *a priori* os delitos da Lei n. 8.137/90[111].

Nessa linha, a desejável *judicial review* especializada já é aplicável às ações penais envolvendo crimes da Lei n. 8.137/90, processados pela justiça estadual. Seria o caso, e.g., do Agravo Regimental no Recurso Extraordinário 1.083.955. No mesmo sentido, ajustando-se as normas de organização judiciária federal com a ampliação de competência das varas criminais federais especializadas para abarcarem os delitos da crimes da Lei n. 8.137/90, viabilizar-se-ia o desejável julgamento especializado daqueles delitos processados pela Justiça Federal.

Em alusão à ideia popular do "fruto baixo – mato alto", entendemos que com essas pontuais medidas viabilizar-se-ia a implementação da desejável *judicial review* especializada para mais de 99% das decisões do CADE em matéria de controle de condutas, já que majoritariamente envolvem práticas coordenadas de abuso de posição dominante.

---

[105] Vide: Recomendação n. 56, de 22/10/2019.
[106] TJSP, 2019.
[107] TJRJ, 2020.
[108] CNJ, 2021.
[109] CNJ, 2016.
[110] TRF1, 2019.
[111] CNJ, 2006.

11 | ANTITRUSTE E PROPRIEDADE INTELECTUAL

11.1 | Experiência brasileira

Possivelmente em atenção ao aumento de complexidade das relações empresariais, bem como a uma tendência observada na UE e, em certa medida, nos EUA, o SBDC tem sinalizado uma mudança de comportamento com relação aos casos que relacionam o Direito Antitruste à Propriedade Industrial/Propriedade Intelectual (PI).

Como visto, a LDC traz especificamente hipótese de infração antitruste envolvendo abuso dos direitos de PI, a saber, art. 36, § 3º: *"(...) XIX exercer ou explorar abusivamente direitos de propriedade industrial, intelectual, tecnologia ou marca"*. Dispositivo equivalente na antiga Lei n. 8.884/94, o art. 21, embora não previsse especificamente o tema, fora utilizado pelo CADE – como se verá – para casos envolvendo Antitruste e PI em controle de condutas.

Intuitivamente, ao pensar-se o ramo de PI sob a ótica antitruste, há quem diga que os bens jurídicos protegidos pelos direitos de PI representariam uma espécie de isenção antitruste. Todavia, esse pensamento não encontra respaldo na experiência do SBDC, tanto na vigência da Lei n. 8.884/94, como da atual Lei n. 12.529/2011. Embora a experiência brasileira já tenha caminhado em um plano de quase integral não intervenção antitruste, isso vem sendo flexibilizado em função da possibilidade de abusar da posição dominante mediante a utilização de um direito de PI.

No âmbito do controle de estruturas, o CADE já se manifestou por diversas vezes sobre a relação do Direito Antitruste com os direitos de PI (licenciamento de patentes, licenciamento de marcas e licenciamento de propriedade intelectual em geral). O CADE tem adotado a premissa de que no Direito Antitruste admite-se o Direito de PI como veículo à inovação e diferenciação, pois aquele seria um dos principais motores do desenvolvimento econômico. Contudo, certos arranjos estruturais e comportamentais podem fazer dos direitos de PI veículos com potencial ofensivo à concorrência e, logo, podem afetar negativamente o bem-estar social.

Operações empresariais realizadas entre concorrentes envolvendo aquisição de patentes, marcas e PI de modo geral (e.g., formulações de produtos, direitos relacionados a direitos de PI) podem constituir atos de concentração de submissão obrigatória ao SBDC. Isto se aplica à cessão (ou aluguel) de plantas de produção associadas ao licenciamento de marcas[112].

Acordos de licenciamento de patentes e marcas, principalmente se não exclusivos, são geralmente considerados pró-competitivos pelo CADE, pois podem resultar diversos benefícios à sociedade, como o compartilhamento de *know-how* (originalmente protegido pelo direito de PI). Todavia, duas são as preocupações usualmente levantadas pelo CADE em operações dessa natureza: (i) a exigência de exclusividade (por causar o efeito contrário ao compartilhamento de *know-how* e, portanto, em situ-

---

[112] Franceschini, Gaban, Amorim, 2014, p. 127.

ações extremas, gerar prejuízos à concorrência)[113]; e (ii) a formação ou ampliação do efeito portfólio ou do poder de portfólio. Isto é, a criação de um amplo portfólio de marcas por meio do qual se crie ou se fortaleça, mesmo de forma indireta, posição dominante em um dado mercado (mesmo sem haver acréscimo de *market share*). Nessa linha, concorrentes que não disponham de um amplo portfólio de marcas e de produtos poderão acabar sendo excluídos do mercado. Isso permitirá ao *player* portador de poder de portfólio a aptidão a aumentar seus preços e, simultaneamente, reduzir os investimentos em Pesquisa e Desenvolvimento (P&D), numa situação equiparável à da vigência de um monopólio[114].

No âmbito do controle de condutas, não há muitos precedentes do CADE sobre o tema. Em dois casos, entretanto, o CADE enfrentou a questão sob duas perspectivas. No caso *Shop Time*, o CADE avaliou em que medida o ajuizamento de ações com base em direito autoral (*copyright*) inexistente ou muito frágil, registrados junto à Biblioteca Nacional, poderiam caracterizar abuso do direito de petição (ou *sham litigation*), resultando em efeitos semelhantes ao típico abuso de posição dominante.[115]

Nesse caso, a acusação foi, em síntese, de que "(...) *as empresas Representadas intentaram uma séria de ações judiciais com pedidos de liminares, visando tirar do ar os programas de vendas das denunciantes, com base em direito autoral inexistente ou em justificativas pífias*"[116].

Após profunda instrução do caso e de análise de mérito de um grande número de ações judiciais iniciadas pelas Representadas julgadas improcedentes no âmbito do Poder Judiciário, o CADE concluiu que, não havendo qualquer fundamento jurídico para que tais ações fossem propostas com alguma chance de êxito, a racionalidade por trás das batalhas jurídicas iniciadas pelas Representadas contra uma série de *players* era a de impedir-lhes o ingresso/manutenção nos mercados, contrariando a legislação antitruste.

Assim, em dezembro de 2010, o CADE, por unanimidade, condenou a Box 3 Vídeo e Publicidade Ltda. ao pagamento de multa no valor de R$ 1.774.312,66 (um milhão, setecentos e setenta e quatro mil, trezentos e doze reais, e sessenta e seis centavos). A condenação, ainda, obrigava a Requerida à publicação de extrato descritivo da decisão condenatória, nos termos do voto do Conselheiro Relator, por infração à ordem econômica nos termos dos arts. 20 e 21, IV e V, ambos da Lei n. 8.884/94.

Por outro lado, no caso ANFAPE, o CADE estabeleceu o paradigma do tema. Nesse caso, o CADE se aprofundou mais na discussão de parâmetros para lidar com possí-

---

[113] Nesse sentido, ver Ato de Concentração n. 08012.006343/2010-31, julgado em setembro de 2010 (Basf S.A./Meiji Seika Kaisha).

[114] Nesse sentido, ver voto do Conselheiro Relator, no Ato de Concentração n. 08012.004423/2009-18, julgado em julho de 2011 (Perdigão S.A./Sadia S.A. – mais conhecido como caso *Sadia/Perdigão*). Ver também Franceschini, Gaban, Amorim, 2014, p. 128.

[115] Processo Administrativo n. 08012.004283/200040, Comissão de Defesa do Consumidor, Meio Ambiente e Minorias da Câmara de Deputados v. Box 3 Vídeo e Publicidade Ltda. e Léo Produções Publicidade, julgado em dezembro de 2010.

[116] Relatório do Conselheiro Relator, fl. 1849. Processo Administrativo n. 08012.004283/2000-40, julgado em dezembro de 2010 (*Comissão de Defesa do Consumidor, Meio Ambiente e Minorias da Câmara de Deputados v. Box 3 Vídeo e Publicidade Ltda. e Léo Produções Publicidade*).

veis conflitos entre Direito Antitruste e Direitos de PI, expondo um pouco mais sua tendência de tratamento do tema para futuros casos e, aparentemente, apresentando um alinhamento com a experiência da UE, razão pela qual se passa a analisar o caso[117].

Trata-se de representação por exercício abusivo do direito de propriedade industrial apresentada, em 2007, pela Associação Nacional dos Fabricantes de Autopeças (ANFAPE) em face das montadoras de automóveis Volkswagen do Brasil Indústria de Veículos Automotivos Ltda., Fiat Automóveis S.A. e Ford Motor Company Brasil Ltda. (Representadas), as quais estariam abusando de seu poder econômico no setor de autopeças.

Conforme consta nos autos, as Representadas deteriam registros de desenho industrial sobre diversas autopeças dos veículos por elas fabricados[118]. Isso conferia-lhes o direito de, exclusivamente, produzir e comercializá-las até o período de proteção disposto no art. 108 da Lei de Propriedade Industrial, i.e., 10 anos, contados da data do depósito, prorrogáveis por 3 períodos sucessivos de 5 anos cada.

Segundo a ANFAPE, as Representadas – protegidas pela Lei n. 9.279/96 (Lei de Propriedade Industrial) – teriam passado a adotar diversas medidas judiciais e extrajudiciais contra os Fabricantes Independentes de Peças Automotivas (FIAPs), com vistas a impedir-lhes ofertar no mercado de autopeças de reposição, sob o argumento de que tais ofertas feririam os seus direitos de propriedade industrial. Com efeito, o Poder Judiciário deferiu tutelas antecipadas, bem como proferiu sentenças contra os associados da ANFAPE, determinando-lhes tanto a abstenção da comercialização e a utilização das marcas das Representadas quanto a busca e apreensão das autopeças que reproduziam os seus registros de desenho industrial.

Em termos de teses de acusação, a ANFAPE alegou que o mercado de autopeças estaria dividido em dois mercados relevantes e independentes entre si, quais sejam: (i) o mercado primário (*foremarket*), em relação aos fabricantes de veículos novos, do qual participam as montadoras instaladas no país, entre elas as Representadas; e (ii) o mercado secundário (*aftermarket*), referente à fabricação e comercialização de autopeças, no qual tanto as montadoras (peças originais) quanto os fabricantes independentes (peças paralelas) concorreriam entre si.

Assim, tendo em vista que as medidas promovidas pelas Representadas objetivariam impedir a oferta pelos FIAPs no mercado de autopeças de reposição (i.e., mercado secundário), estas estariam abusando de seu direito de propriedade sobre as autopeças ao estender o seu exercício ao mercado secundário. Isso porque o direito de propriedade concedido, a princípio, não se destinaria a esse mercado (voltado à manutenção da vida útil do veículo), mas tão somente ao mercado primário (em função de fabricar e vender veículos novos, como parâmetros de desempenho e conforto). Dessa forma, ao estender o exercício ao mercado secundário, as Representadas gera-

---

[117] Averiguação Preliminar n. 08012.002673/2007-51 - SDE/MJ v. Volkswagen do Brasil Indústria de Veículos Automotivos Ltda. et al., julgado em dezembro de 2010.

[118] De acordo com o Voto do Conselheiro Relator, Carlos Emmanuel Joppert Ragazzo, "trata-se, basicamente, de peças aparentes do veículo, como calotas, faróis, grades de radiador, lanternas, para--choques, retrovisores, rodas, capôs, para-lamas, portas, tampas traseiras etc." (p. 3).

riam uma situação de monopólio a qual, por sua vez, limitaria as opções dos consumidores, bem como desrespeitaria a livre concorrência protegida pela Constituição Federal e pela Lei n. 8.884/94.

Além disso, a Representação, em síntese, informou que a saída dos FIAPs do mercado secundário, além de criar desequilíbrios no mercado primário[119], aumentaria o poder das montadoras de controlar os custos de manutenção, bem como reduziria a vida útil de seus veículos, pois a competitividade das FIAPs seria extinta. Desse modo, atuando como monopolistas e tendo em vista os custos de troca do veículo, bem como o efeito *lock-in* (relação entre o *switching cost* da aquisição de um novo veículo e os preços das peças de reposição), as Representadas estabeleceriam aos consumidores apenas a opção de adquirir peças a preços abusivos.

Posteriormente, com base nas informações obtidas pela Representação encaminhada pela ANFAPE, a SDE/MJ instaurou Averiguação Preliminar a fim de averiguar os indícios da suposta conduta anticompetitiva, nos termos do art. 20, II e IV c/c o art. 21, V, ambos da Lei n. 8.884/94.

Após as manifestações das Representadas, a SDE/MJ emitiu Parecer, no qual alegou, em síntese, que: (i) com vistas a incentivar a inovação, a Constituição Federal de 1988 e a legislação infraconstitucional garantem a proteção da propriedade industrial, sendo o direito concorrencial e o direito de propriedade industrial complementares, em virtude de fomentarem a inovação e consequentemente, a concorrência; (ii) a intervenção antitruste somente é admitida em casos envolvendo propriedade industrial quando configurado abuso dos procedimentos de registro ou quando o agente procura estender a proteção além dos limites conferidos; (iii) os registros de desenho industrial da peças de reposição aplicar-se-iam tanto ao mercado primário quanto ao secundário. Além disso, a concorrência entre as montadoras no mercado primário mitigaria abusos também no mercado secundário. Alegou-se, ainda: (iv) a indústria automobilística é caracterizada por significativos investimentos em P&D, o que justificaria proteção intelectual empregada às autopeças; e (v) o objeto da Averiguação Preliminar seria a licença compulsória de desenhos industriais, tornando o CADE incompetente para intervir na matéria.

Ao final da análise, a SDE/MJ opinou pelo arquivamento da Averiguação Preliminar e o envio dos autos para o Conselho Nacional de Combate à Pirataria e Delitos contra a Propriedade Intelectual do Ministério da Justiça (CNCP) e ao Departamento de Proteção e Defesa do Consumidor (DPDC), braço da SDE/MJ dedicado à defesa do consumidor em âmbito nacional.

Posteriormente, a Procuradoria Federal Especializada junto ao CADE (ProCADE) também emitiu Parecer, no qual entendeu, em suma, que o direito de propriedade industrial em questão poderia ser aplicado tanto no mercado primário quanto no mercado secundário, bem como não haveria sequer indícios de infração à ordem econômica. Ao final, opinou pelo arquivamento dos autos e manifestou-se, contudo, contra seu encaminhamento ao CNCP.

---

[119] Como, v.g., aumento de recursos para investir em P&D, haja vista os lucros auferidos pela venda de autopeças, o que geraria maior poder de inovação, tornando-se mais competitiva em relação às demais do mercado primário.

Em seguida, o Ministério Público Federal junto ao CADE (MPF) também se manifestou nos autos, posicionando-se, entretanto, contrariamente à SDE/MJ e Pro-CADE. Em seu Parecer, em síntese, o *parquet* defendeu um maior aprofundamento sobre as eficiências geradas no mercado independente de peças de reposição – possibilidade de oferta de produtos variados e real competição de preços e dimensionamento do efetivo impacto do quesito segurança. O MPF, no parecer, entendeu, ainda, haver previsão legal para a intervenção do SBDC no campo da propriedade industrial na hipótese de abuso do poder econômico.

Além disso, alegou o MPF que, em virtude do monopólio temporário conferido às Representadas sobre as autopeças, seria provável tais agentes exercerem abusos no mercado secundário de peças de reposição, independentemente da concorrência travada no mercado primário. Dessa forma, opinou pela instauração de Processo Administrativo, com o fim de aprofundar a investigação da denúncia encaminhada.

Em dezembro de 2010, o Conselheiro Relator proferiu extenso voto, no qual, entre outros pontos, procurou analisar o caso tanto pela vertente concorrencial, quanto pela constitucional. No voto, o Relator alegou que, embora o direito de propriedade industrial e o direito da concorrência fossem complementares – pois prezam por diferenciação, competitividade e inovação –, o exercício de um direito de propriedade industrial poderia revelar-se ilegítimo e configurar um ilícito anticoncorrencial. Assim, afirmou que o exercício de registros de desenho industrial, mesmo obtidos de forma legítima, poderiam ser exercidos de forma abusiva, quando se desvirtuassem dos seus subjacentes fins socioeconômicos.

Em complemento, afirmou que a limitação dos FIAPs de atuarem no mercado secundário garantiria às montadoras um monopólio na reposição dos produtos, com potenciais danos à concorrência e aos consumidores, em virtude de preços maiores, opções menores, condições piores, bem como em razão da ampliação do efeito *lock--in* sobre consumidores.

Pelo lado concorrencial, em essência, concluiu pela existência de fortes indícios segundo os quais a imposição dos registros de desenho industrial aos FIAPs não se justificaria como instrumento de: (i) recuperação de custos de P&D; (ii) incentivo à inovação; (iii) garantia de qualidade e segurança das peças; (iv) obstáculo à falsa comercialização de produtos independentes como originais; e (v) inibir de *cream skimming*.

Já pela vertente constitucional, concluiu, em síntese, que a imposição dos registros de desenho industrial das Representadas aos FIAPs demonstrou-se: (i) um exercício abusivo do direito de propriedade industrial, em virtude de não cumprir os fins socioeconômicos estabelecidos no art. 5º, XXIX, CF – "interesse social e o desenvolvimento tecnológico e econômico do país"; (ii) juridicamente desproporcional, pois comprometeria o direito à livre concorrência, o direito dos consumidores e a repressão ao abuso de poder econômico, sem contrapartidas em termos de benefícios visados pelos direitos de propriedade industrial; e (c) uma potencial infração concorrencial, em virtude de abuso de posição dominante com o fim de impedir ou dificultar a atuação de concorrentes, com potenciais efeitos danosos à ordem econômica.

Ao final, o Conselheiro votou pelo provimento do recurso de ofício e o retorno dos autos à SDE/MJ, para a instauração de Processo Administrativo. Na mesma data, o Plenário, por unanimidade, deu provimento ao recurso de ofício e determinou a instauração de Processo Administrativo, nos termos do voto do Conselheiro Relator.

Em fevereiro de 2018, o tema chegou ao plenário do CADE e, por maioria, decidiu-se pelo arquivamento da representação da ANFAPE. Em suma, com base na "lógica de balanceamento de valores", a maioria do Tribunal seguiu o entendimento de insuficiência de elementos para "[...] uma interferência do CADE no espectro de abrangência da proteção conferida pelos direitos de Propriedade Intelectual, na medida em que não caracterizado o abuso no exercício desses direitos, segundo a lógica de balanceamento de valores operada pelo Poder Legislativo".[120]

11.2 | Influência da jurisprudência internacional

De acordo com o Conselheiro Relator do caso ANFAPE, analisado em tópico anterior, os direitos de propriedade intelectual e industrial complementam as leis de direito concorrencial. Ele explica que o direito antitruste reconhece o papel da diferenciação e da inovação como fortes componentes competitivos[121]. Dessa forma, o direito concorrencial deve, quando possível, aceitar as restrições temporárias impostas pelos direitos de propriedade intelectual.

Contudo, mesmo em países com mais experiência em questões relacionadas com direitos de propriedade intelectual e direito da concorrência, o relacionamento entre ambos sempre foi problemático. A propriedade intelectual promove a inovação incentivando o agente inovador a comercializar os seus produtos com exclusividade que, por sua vez, facilita a dominação de mercado. Por vezes, reforçamos, a dominação pode ser abusiva[122].

A coexistência do direito antitruste e direito de PI representa um difícil desafio para os legisladores, os quais devem assegurar um equilíbrio entre direitos exclusivos individuais (para o agente inovador) e a liberdade de cada indivíduo para acessar o mercado (promovendo, indiretamente, a liberdade de escolha dos consumidores). Ainda assim, entendemos que as duas áreas podem ser vistas como complementares, e não antagônicas, pois, em última medida, compartilham dos mesmos objetivos, quais sejam: promover o bem-estar dos consumidores e a inovação[123].

Nos EUA, as leis antitruste federais não dispõem o modo pelo qual os direitos de propriedade intelectual serão tratados em caso de conflito com o direito antitruste. Contudo, atualmente, a tendência é de se entender que direitos de propriedade intelectual não necessariamente criam monopólios, especialmente em casos nos quais os consumidores são capazes de identificar produtos substitutos aos protegidos pela PI[124].

Na UE, por outro lado, é possível observar uma sensível inclinação a atribuir maior peso ao direito antitruste em caso de conflito com PI, possivelmente pelo obje-

---

[120] Voto do Ex-Conselheiro do CADE Maurício Oscar Bandeira Maia.
[121] Averiguação Preliminar n. 08012.002673/2007-51, Voto do Conselheiro Relator.
[122] Alikhan, Mashelkar, 2004, p. 23.
[123] Angie, Liang, Walters, 2008, s/p.
[124] Id., ibid., s/p.

tivo maior da UE – a integração do mercado interno e a defesa do interesse geral dos consumidores europeus. Assim, diz-se que o titular de um direito de propriedade intelectual não deve abusar desse direito para conquistar mercados. Assim, isso somente pode ser lícito (ou compatível com o Tratado da CE, agora TFUE, arts. 101 e 102) se a posição dominante é alcançada com maior responsabilidade em assegurar que as suas condutas não prejudiquem a competição no mercado interno da UE.

De forma mais semelhante à UE, o direito de PI no Brasil encontra limitação no interesse social da União, como se poderá observar no estudo dos precedentes internacionais (infra) os quais serviram de embasamento ao julgamento, pelo CADE, no caso *Autopeças*.

Entre os casos julgados no território europeu, tem-se o caso *Volvo v. Erik Veng (1988)*, o primeiro no qual se questionou a aplicação do art. 82, do Tratado da CE na hipótese de recusa de licenciamento. Processo instaurado em função de denúncia da Volvo, em desfavor do Sr. Erik Veng, sob a alegação de que este teria – sem o consentimento da Volvo – importado e comercializado *"painéis laterais de carroçaria"* sobre os quais a empresa tinha direitos de propriedade intelectual.

O ponto principal discutido pelo Tribunal de Justiça Europeu foi se a Volvo teria infringido direitos concorrenciais, em virtude de ter se recusado a licenciar os painéis laterais de carroçaria ao Sr. Erik Veng. Ao final, o Tribunal posicionou-se no sentido de que a mera recusa de licenciamento não configura infração, nos termos do art. 82, conforme abaixo transcrito:

> O fato do titular de um modelo industrial registrado referente a painéis laterais de carroçaria de automóvel recusar a concessão a terceiros, mesmo com *royalties* razoáveis a título de compensação de uma licença para o fornecimento de peças integrantes do modelo industrial não pode ser, por si só, considerado como um abuso de posição dominante na acepção do art. 86º do Tratado (tradução livre)[125].

Em sua análise, o Tribunal estabeleceu que, se o exercício de um direito exclusivo pelo titular de um desenho industrial relacionado aos painéis laterais de carroçaria de automóvel envolver certas condutas abusivas – como: (i) a recusa arbitrária de fornecer autopeças para fabricantes independentes; e (ii) a fixação de preços para autopeças em um nível injusto ou a decisão de não mais produzir autopeças para um modelo particular, mesmo diversos carros desse modelo estando ainda em circulação –, e tais condutas fossem capazes de afetar o comércio entre os Estados-Membros, o exercício poderia ser proibido pelo art. 82 do Tratado de Roma[126].

O caso europeu *BMW Nederland BV v. Ronald Karel Deenik (1997) também foi citado*. Segundo consta, a BMW processou o Sr. Ronald Karel Deenik, um vendedor independente de autopeças, em virtude de estar comercializando e oferecendo servi-

---

[125] *"The refusal by the proprietor of a registered design in respect of body panels to grant to third parties, even in return for reasonable royalties, a licence for the supply of parts incorporating design cannot in itself be regarded as an abuse of dominant position within the meaning of art 82."*

[126] General Editor Peter R. Willis, LLP, Introduction to EU Competition Law, London Singapore, 2005, p. 147.

ços *"especializados em BMWs"*. De acordo com a BMW, tal conduta teria violado os seus direitos de propriedade intelectual relacionados à marca. O Tribunal Europeu julgou tal alegação improcedente, pois concluiu que o Sr. Ronald tinha o direito de usar o nome da BMW em sua propaganda, pois, sem tal direito, a competição no mercado secundário restaria limitada a poucos revendedores aprovados pela BMW.

No caso extremo italiano *Fiat v. ISAM* (2000) também, curiosamente, a empresa ISAM, fabricante independente de autopeças, teria sido processada pela Fiat em virtude de ofertar grades de radiador para o modelo de carro Fiat Uno. As peças comercializadas eram idênticas às produzidas pela Fiat, inclusive com o timbre da marca Fiat presente na peça, pois compunha o seu desenho original. A Corte Italiana, ao final do processo, decidiu que a conduta da ISAM não havia violado os direitos de propriedade intelectual, pois, caso não houvesse tal comercialização, o mercado secundário restaria obsoleto, dando à Fiat a posição monopolista no mercado de autopeças independentes.

Outro julgamento europeu, o *RTE & ITP v. Commission (1995)*, mais conhecido como caso *Magill*, tido como uma das mais importantes decisões relacionadas à tensão entre os direitos de propriedade intelectual e os direitos da concorrência na UE, também foi explorado pelo CADE. Em síntese, trata-se de três estações de televisão detentoras do monopólio sobre a informação de suas programações televisivas. Em determinada data, a empresa *Magill TV Guide Ltd.* decidiu produzir um guia irlandês englobando todos os canais televisivos, e em virtude da recusa, por parte das emissoras, do fornecimento da licença para que *Magill TV* produzisse as suas programações semanais, denunciou o caso à Comissão Europeia.

Em suas análises, a Comissão Europeia e, posteriormente, o Tribunal de Justiça Europeu declararam não haver justificativa para a recusa em prover informação amparada nos direitos autorais nacionais, no sentido de inibir o lançamento de um produto novo (neste caso, a revista com a programação semanal). Isso porque tal programação não existia no mercado e, portanto, existiria uma demanda potencial para a utilização de tal produto. Ao final, as autoridades concluíram que tal conduta caracterizou abuso de posição dominante, de acordo com o art. 82(2)(b) do Tratado de Roma[127].

O caso demonstra uma forma de tensão entre a proteção garantida pelos direitos de propriedade intelectual e os direitos da concorrência. Observa-se que um direito de propriedade intelectual não necessariamente estabelece a existência de posição dominante[128]. Apesar do caso *ANFAPE* mencionar o presente caso para fundamentar o seu entendimento, a decisão do caso *Magill* raramente foi utilizada com sucesso[129]. Não obstante tal decisão, foi esclarecido que:

> (...) a recusa de conceder uma licença (...) não pode, por si, constituir um abuso de posição dominante (...). Deve-se lembrar, no que diz respeito à posição dominante,

---

[127] RTE & ITP v. Commission (The Magill Case), 1995, parágrafos 49-55.

[128] Ezrachi, 2008, p. 198.

[129] General editor Peter R. Willis, LLP, *Introduction to EU Competition Law*, London Singapore, 2005, p. 149.

que a mera detenção de uma propriedade intelectual não pode conferir tal posição (tradução livre)[130].

No caso *IMS Health v. NDC Health (2001)*, a empresa *IMS Health*, líder mundial na coleta de informação de vendas e prescrições farmacêuticas, recusou-se a prover aos seus competidores uma licença relacionada à propriedade intelectual a qual teria dado acesso a um sistema de 1.860 áreas geográficas, conhecido como *"bricks"*[131]. A CE considerou que a estrutura *"brick"* teria se tornado uma referência industrial (uma espécie de *standard setting*) e haveria outras empresas farmacêuticas dependentes dela. Ao final, a Comissão concluiu pelo risco potencial de danos ao mercado gerado pela recusa da licença.

Essa decisão se deu, em parte, de forma diferente da proferida no caso *Magill* devido ao fato de que a disputa entre os *players* ocorreu no mesmo nível da cadeia industrial. Enquanto isso, no caso *Magill*, os concorrentes encontravam-se em elos diferentes da mesma cadeia industrial (i.e., mantinham entre si uma relação vertical)[132].

O caso *Microsoft Corp. v. Commission of the European Communities (2007)* também foi citado pelo CADE. Nesse caso, a empresa Microsoft foi acusada de abuso de posição dominante, em virtude de recusar o fornecimento de documentos confidenciais de interface aos seus concorrentes. Tais documentos, por sua vez, permitiriam a seus concorrentes a capacidade de operacionalizar *softwares* no sistema operacional da Microsoft. Assim, a CE determinou que a Microsoft divulgasse a documentação completa e precisa de interface para permitir aos seus concorrentes a possibilidade de operacionalizar os computadores *Windows* e os seus respectivos servidores.

Não obstante o presente processo referir-se a um mercado com características distintas das do caso *ANFAPE*, o questionamento relacionado à extensão dos direitos de propriedade industrial no mercado primário para permitir competição no mercado secundário também foi enfrentada. Ao final, foi decidido que os direitos de propriedade industrial deveriam ser mais flexíveis em situações excepcionais, como por exemplo:

(i) quando o produto/serviço relacionado com o direito de propriedade intelectual for indispensável para o *player* atuante no mercado;

(ii) quando a recusa da flexibilização de direitos de propriedade intelectual implicar prejuízos (ou exclusão) da concorrência do mercado;

(iii) quando a recusa impedir a entrada de novos produtos num mercado no qual haja uma demanda potencial; e

(iv) quando a recusa não puder ser objetivamente justificada.

---

[130] "(...) *refusal to grant a licence* (...) *cannot in itself constitute abuse of a dominant position* (...) *So far as a dominant position is concerned, it is to be remembered at the outset that mere ownership of an intellectual property right cannot confer such a position*". In: RTE & ITP v Commission (The Magill Case), 1995, parágrafos 46-50.

[131] Furse, 2008, p. 418.

[132] Whish, 2009, p. 760-762. Ver ainda: julgamento do Tribunal de Justiça Europeu, Case C-418/01, Abril de 2004.

O CADE, por fim, fez menção a um caso dos EUA, *Eastman Kodak co.* v. *Image Tech. Svcs. (1992)*, que se referiu, essencialmente, à prática de abuso de poder de mercado pela empresa Kodak nos mercados de reposição de peças e serviços correlatos. A Kodak limitou o fornecimento das peças de reposição de seus equipamentos, dificultando os seus concorrentes a ofertá-las no mercado. O caso ANFAPE utilizou-se da análise desse precedente estrangeiro para apoiar sua análise de mercado relevante, demonstrando os conceitos de *foremarket* e *aftermarket* e como estes vêm sendo empregados na jurisprudência internacional sobre a matéria. Abaixo, apresenta-se quadro comparativo entre as disposições relacionadas a PI e Antitruste nas duas jurisdições que exercem maior influência no Brasil e, ao final, as tendências do tema no Brasil:

Tabela VII– Antitruste e PI – Zonas de segurança/isenções (UE, EUA, Brasil)

"Zonas de segurança" dos EUA	Isenções em Bloco da CE: Isenção #1 ("acordos de especialização")	Isenções em Bloco da CE: Isenção #2 ("transferências de tecnologia")	Tendências do Brasil
Em termos gerais, as zonas de segurança estabelecem que as agências não restringem uma licença se:	Acordos de especialização são estabelecidos quando: (i) um participante desiste de produzir determinados produtos ou de prestar certos serviços em favor de outros participantes ("especialização unilateral"); (ii) cada participante desiste de produzir determinados produtos ou de prestar certos serviços em favor de outro participante ("especialização recíproca"); (iii) os participantes encarregam-se de fabricar conjuntamente determinados produtos ou de prestar certos serviços ("acordos de produção conjunta").	Em termos gerais, essa "*block exemption*. isenta patentes, *know-how*, licenciamento, cessão de *software* e *copyright* da hipótese de ilícito antitruste para acordos anticoncorrenciais, desde que preenchidas uma série de condições. Algumas das condições para a obtenção de tal isenção incluem:	Não há um *guideline* (no plano infralegal) ou previsão de isenção na Lei Antitruste Brasileira. Contudo, a intervenção da autoridade de defesa da concorrência sobre os direitos de propriedade intelectual geralmente ocorre nas seguintes hipóteses:
1. A restrição não é anticompetitiva *per se*.	1. A cessão ou uso de direitos de propriedade intelectual devem ser necessários para o acordo de especialização.	1. No caso de acordos entre concorrentes, a participação conjunta do mercado relevante detido pelas partes não deve exceder 20%.	1. Condutas anticompetitivas advindas de fraudes ou abusos no procedimento de registro do direito de propriedade industrial.
2. O licenciante e os licenciados detenham conjuntamente menos que 20% de cada mercado relevante afetado pela restrição.	2. A participação conjunta no mercado relevante das empresas é menor do que 20%.	2. No caso de acordos entre não concorrentes, a participação individual no mercado relevante detido por cada uma das partes não deve exceder 30%.	2. Condutas anticompetitivas advindas do abuso do direito de propriedade industrial em si, i.e., do abuso do titular no exercício do direito por ele obtido.

"Zonas de segurança" dos EUA	Isenções em Bloco da CE: Isenção #1 ("acordos de especialização")	Isenções em Bloco da CE: Isenção #2 ("transferências de tecnologia")	Tendências do Brasil
3. Existam quatro ou mais entidades controladas de forma independente além das partes que estão envolvidas no acordo de licenciamento.	3. O acordo de especialização não deve direta ou indiretamente possuir o objeto de: (a) fixação de preços quando ocorrer a venda para terceiros; (b) limitar a produção ou vendas; ou (c) alocação do mercado ou dos consumidores.	3. Os acordos não devem conter severas restrições anticompetitivas, como a restrição de uma parte de determinar seus preços quando vender seus produtos para terceiros e a limitação da produção.	3. Recusa de flexibilizar o direito de propriedade intelectual por um agente de mercado.
O USDoJ e o FTC também consideram que as seguintes licenças de propriedade intelectual e contratos de cessões serão objeto de responsabilidade antitruste:			
1. Recusas condicionadas de licença que gerem danos competitivos;			
2. Venda casada;			
3. Licenças cruzadas e acordos de *pool* de patentes quando os acordos resultam em fixação de preço, restrições coordenadas entre competidores relacionadas à limitação da produção ou desincentivo à inovação.			

12 | DIREITO ANTITRUSTE E DIREITO DO TRABALHO

Ao longo dos últimos anos, fortaleceu-se o debate que aproxima o Direito Antitruste das relações trabalhistas[133]. Historicamente, nas décadas de 50 e 60, nos EUA, os debates entre o Direito Antitruste e as relações de trabalho estiveram centradas no poder econômico identificado dentro dos sindicatos[134] e, a partir da década de 90, a interdisciplinaridade entre os temas passou a ser vista de forma mais clara[135].

---

[133] Neste sentido, veja-se: Athayde, Domingues, Souza, 2018.
[134] *Id., ibid.*
[135] CF, veja-se: Athayde, Domingues, Souza, 2018, p. 65-93.

Os estudos foram ganhando força e desenhando as novas formas de relacionamento entre as matérias, especialmente a partir de 2016, quando houve a publicação conjunta do Guia Antitruste para profissionais de Recursos Humanos do *Department of Justice* (USDoJ) e da *Federal Trade Commission* (FTC) (*"Antitrust Guidance for HR Professionals"*) com o reconhecimento de variáveis relevantes que aproximam as matérias jurídicas.[136]

De acordo com estudos de Naidu, Posner e Weyl, houve intensificação da concentração dos empregadores e uso mais frequente de cláusulas de não concorrência nos EUA. Em pesquisas que se seguiram, os pesquisadores trouxeram evidências empíricas de estagnação dos salários e dados relevantes dos EUA indicando a possibilidade de alguns empregadores restringirem os salários e a mobilidade dos empregados.[137]

O livro de E. Posner, *"How Antitrust Failed Workers"*, o livro de E. Posner com Weyl *"Mercados Radicais"*[138] e os trabalhos recentes de Hovenkamp[139] sobre condutas anticompetitivas no mercado de trabalho são bons exemplos do destaque dado ao tema, nos EUA, atraindo um olhar mais atento das autoridades.

O Departamento de Tesouro norte-americano publicou, em 2022, relatório com o apoio do DOJ e do FTC apresentando estimativas da concentração de empregadores e os efeitos do poder de monopsônio[140] nos mercados de trabalho[141]. Os subsídios do relatório visam reforçar a aplicação das leis antitruste quando identificados abusos decorrentes do poder econômico, mas não trazem de forma explícita "novas competências" na Lei Antitruste norte-americana.

Na Comissão Europeia, parte dos países consideram acordos de não contratação como forma de colusão. Como toda colusão, tais acordos são condenáveis como qualquer infração à ordem econômica. Vale observar que o Comitê de Concorrência da OCDE também tem se dedicado à análise do tema, colocando como centro dos debates o exercício do poder de monopsônio dos empregadores e o endereçamento de ações de advocacia da concorrência para essa finalidade.

---

[136] U.S. DOJ; FTC. Antitrust Guidance for HR Professionals. U.S Department of Justice, Washington, D.C., 2016.

[137] Naidu, Posner, Weyl, 2018, p. 6-8 e 25.

[138] Posner, Weyl, 2019.

[139] Hovenkamp, H. Labor's Interest in Antitrust. SSRN, Pennsylvania, 23 Janeiro 2022. E, ainda: Hovenkamp, H. Competition Policy for Labour Markets. OCDE. Paris, 2021, p. 16.

[140] No caso de *labor markets*, o poder de monopsônio é considerado análogo ao poder de monopólio. De acordo com a OCDE, ele cria ineficiência econômica, piorando as condições de trabalho para os trabalhadores e gerando preços mais altos que afetam o bem-estar social. Cf. OCDE. *Executive Summary of the Roundtable on Competition issues in labour markets*. Competition Committee. Paris, 2021.

[141] US DEPARTMENT OF TREASURY. The State of Labor Market Competition. US DEPARTMENT OF TREASURY. Washington D.C., 2022, p. 68.

No Brasil, são diversos os trabalhos e estudos produzidos, especialmente depois da entrada em vigor da Lei n. 12.529/2011[142]. À luz da Lei n. 12.529/2011, claramente há possibilidade de incidência da lei para analisar acordos entre empregadores para fixação de salários dos empregados (os chamados "*Wage Fixing Cartels*") e os acordos para não contratação de empregados (os chamados "*No Poach Agreements*"). Já na CE, tais acordos são ilícitos pelas legislações antitruste nacionais dos países-membros por meio da incidência do artigo 101[143] do Tratado de Funcionamento da União Europeia ("TFUE").

Nos demais países do mundo, ainda que haja diferenças institucionais e de maturidade dos órgãos de defesa da concorrência, observamos o crescimento da importância dada ao tema, tal como ocorreu no México, onde houve condenação por acordos de fixação salarial (*wage fixing cartels*) pela Comissão Federal de Concorrência Econômica ("COFECE") para dezessete clubes de futebol de uma liga mexicana, à Federação Mexicana de Futebol e algumas pessoas físicas[144]. Trata-se de caso interessante, também, pela rara perspectiva de gênero observada.

---

[142] Veja-se: 25º Seminário Internacional de Defesa da Concorrência. Sala A – 5. Cruzando fronteiras: existem pontes entre o direito antitruste e o mercado de trabalho? IBRAC Eventos. [S.l]. 2019. 1 vídeo (1h28:34); Athayde, Amanda; Domingues, Juliana Oliveira; Souza, Nayara Mendonça Silva. 10 anos da Lei n. 12.529/2011: os avanços no debate que resultaram na incontornável interface entre concorrência e trabalho. *Revista de Defesa da Concorrência*. Junho 2022; Athayde, Amanda; Domingues, Juliana; Mendonça, Nayara. O improvável encontro do direito trabalhista com o direito antitruste. *Revista do Ibrac*, 2018. v. 24, n. 2, p. 65-93, 2019a; Athias, Daniel Tobias. Qual o limite da atuação do Cade em questões trabalhistas? *Jota*, São Paulo, 2016; Martins, Fernanda Lopes. Os mercados de trabalho e o direito antitruste brasileiro: acordos de não contratação e trocas de informações sensíveis. São Paulo. 1. ed. Ed. Dialética, 2022; Martins, Fernanda Lopes. Trocas de informações sensíveis sobre termos e condições de trabalho no direito antitruste brasileiro. In: Gaban, Eduardo; Klein, Vinícius (coord.). Concorrência e inovação: reflexões e insights; Marques, Verônica do Nascimento. Concorrência nos mercados de Trabalho: os desafios na delimitação do mercado relevante antitruste. In: Athayde, Amanda, et al. (coord.). Mulheres no Antitruste. vol. 4. São Paulo: Singular, 2021; Prol, Flavio Marques; Haddad, Frederico; Gretschischkin, Felipe. Concorrência e trabalho: uma nova aproximação. *Jota*. São Paulo, 2018; Renzetti, Bruno Polonio. Cláusulas de não concorrência no direito concorrencial e trabalhista. *Revista do Ibrac*, n. 1, 2022.

[143] "1. São incompatíveis com o mercado interno e proibidos todos os acordos entre empresas, todas as decisões de associações de empresas e todas as práticas concertadas que sejam suscetíveis de afetar o comércio entre os Estados-Membros e que tenham por objetivo ou efeito impedir, restringir ou falsear a concorrência no mercado interno, designadamente as que consistam em: a) Fixar, de forma direta ou indireta, os preços de compra ou de venda, ou quaisquer outras condições de transação; b) Limitar ou controlar a produção, a distribuição, o desenvolvimento técnico ou os investimentos; c) Repartir os mercados ou as fontes de abastecimento; d) Aplicar, relativamente a parceiros comerciais, condições desiguais no caso de prestações equivalentes colocando-os, por esse facto, em desvantagem na concorrência; e) Subordinar a celebração de contratos à aceitação, por parte dos outros contraentes, de prestações suplementares, pela sua natureza ou acordo com os usos comerciais, não têm ligação com o objeto desses contratos".

[144] As condutas condenadas envolviam a imposição de limites máximos de salários às jogadoras, e na segmentação do mercado de jogadores. Havia um "acordo de cavalheiros" entre os clubes. Neste caso, além da redução artificial dos salários das jogadoras da Liga MX, há um importante elemento que destaca a diferença salarial motivada pela diferença de gênero. Cf. MEXICO. CONFECE. COFECE-028-2021.

Conforme estudos de Athayde, Domingues e Souza[145], os cartéis de fixação salarial (*wage fixing cartels*) são acordos entre empregadores que objetivam a fixação artificial de salários dos empregados. Portanto, a fixação de faixa salarial entre concorrentes – i.e., limitando uma livre negociação entre as partes – tende a ser considerada um ilícito antitruste[146].

Em adição, os acordos de não contratação (*no poach agreements*) são acordos para não contratação de empregados que atuam nas empresas concorrentes no mercado relevante na dimensão trabalho[147], isto porque a concorrência é identificada na disputa por esses trabalhadores que passaram a ser considerados na era digital como importantes "ativos econômicos" do ponto de vista concorrencial.

Conforme explica Martins: "[a] *escassez de casos concretos que tratem do assunto é um incentivo para que a autoridade brasileira da concorrência se debruce de forma mais efetiva sobre os impactos concorrenciais no mercado de trabalho*"[148]. No caso das infrações envolvendo cartéis de fixação salarial, acordos de não contratação de funcionários ou, ainda, envolvendo trocas de informações sensíveis das condições de trabalho, observa-se a possibilidade de incidência da Lei n. 12.529/2011, especialmente (mas, não excluindo outras hipóteses) com base no art. 36, §3º, incisos I e II.

12.1 | Cláusulas de Não Concorrência em Contratos de Trabalho

As cláusulas de não concorrência geram debates há muitos anos no Direito do Trabalho, no Direito Civil, no Direito Comercial e no Direito Antitruste. No Direito Antitruste, as cláusulas de não concorrência são analisadas com base na racionalidade econômica. Referida análise tem balizas definidas no mercado relevante identificado tanto do ponto de vista material (produto/serviço) como do ponto de vista geográfico.

Não existe vedação para a fixação de cláusulas de não concorrência no Brasil, especialmente quando essas são razoáveis do ponto de vista concorrencial e respeitam as demais leis incidentes, tal como o Código Civil, muitas vezes. A razoabilidade, na perspectiva antitruste, pode variar de acordo com o mercado relevante, duração da cláusula, investimento em capital humano realizado e necessidade de proteção dos segredos de comércio.

As supostas infrações decorrentes de fixação de cláusulas de não concorrência em contratos de trabalho devem ser analisadas por meio da regra da razão. Esse tipo de infração também pode ser tipificado como conduta unilateral com possível enquadramento nos incisos III, IV e/ou V do §3º do art. 36 da Lei n. 12.529/2011.

Portanto, as cláusulas de não concorrência são analisadas diante de potencial violação à concorrência e o seu equilíbrio nas relações contratuais cauciona racionalidade, eficiência e os valores inerentes ao bem-estar social.

---

[145] Athayde, Domingues, Souza, 2020, p. 809-834.
[146] U.S. DOJ; FTC. Antitrust Guidance for HR Professionals. U.S Department of Justice, Washington, D.C., 2016.
[147] Athayde, Domingues, Souza, 2018, p. 75-79.
[148] Martins, 2022, p. 120.

12.2 | Relação do CADE com a magistratura do trabalho

Como em todos os mercados, verificamos mudanças diante de dinâmicas observadas nas concentrações econômicas que tocam em questões atinentes ao mercado de trabalho. Tal fato foi intensificado diante da recente pandemia. As questões trabalhistas não ganharam mais importância na análise concorrencial apenas no Brasil[149]. Internacionalmente, os estudos estão avançando[150], em diferentes jurisdições e em estudos da OCDE.

É natural que os magistrados do trabalho se interessem pelas questões econômicas da análise antitruste. Nesse contexto, defende-se que a transdisciplinaridade jurídica é um caminho para soluções equilibradas, aplicando-se uma visão holística do direito, baseada nos ditames constitucionais.

A Recomendação n. 135, de 9 de setembro de 2022, do Conselho Nacional de Justiça (CNJ) foi um grande marco para estreitar o relacionamento entre o judiciário e o CADE, não sendo óbvias (para quem não acompanha as discussões) as barreiras para os debates jurídicos que têm como base a política nacional de defesa da concorrência. Uma atuação coordenada da justiça do trabalho com o CADE tende a beneficiar a mobilidade de emprego, os debates em torno dos acordos de não contratação (*no-poach*), além de motivar a implementação de melhores práticas.

Portanto, a repressão às condutas anticompetitivas envolvendo relações trabalhistas pode aproximar áreas jurídicas usualmente estanques nos programas de ensino jurídico brasileiros. Referidas aproximações são importantes diante de processos administrativos instaurados pela autoridade antitruste e para se evitar controvérsias e decisões pouco usuais que têm o potencial de afetar a política nacional de defesa da concorrência e a necessária segurança jurídica[151].

---

[149] Veja-se: Athayde, Domingues, Souza, 2022, p. 40-61.

[150] Os tópicos centram-se em cinco frentes, em temas de RH: (1) *compliance* antitruste em associações; (2) revisão de políticas de contratação e das trocas de informações; (3) prática de contratação e solicitação ou troca de informações; (4) treinamentos regulares para cumprir os parâmetros do antitruste; (5) treinamento do corpo Jurídico sobre a incidência da legislação antitruste em diferentes matérias. Neidermeyer, 2018, p. 8-10.

[151] Tal como foi visto em decisão do TRT 15ª, de julho de 2023, a qual, de forma controversa buscou ampliar o escopo da análise antitruste (*extra legem*). Em resumo, o Ministério Público do Trabalho ajuizou, em 2014, uma Ação Civil Pública (ACP) sob o n. 0012149-49.2014.5.15.0081. De forma sumária, o objetivo era condicionar a aprovação do ato de concentração à obrigação de não "dispensas em massa" sem prévia negociação coletiva com os sindicatos. Em julho de 2023, o TRT da 15ª Região julgou procedente o Recurso Ordinário do MPT. No acórdão proferido pela 3ª Turma, sob relatoria da Desembargadora Maria da Graça Bonança Barbosa, estabeleceram-se as seguintes obrigações: (a) encaminhar, durante as instruções, ofícios aos sindicatos representantes das categorias de trabalhadores solicitando informações; (b) cumprir as requisições de informações e/ou documentos expedidas pelo MPT e mediante requisição deste encaminhar as informações e os documentos que digam respeito ao planejamento da gestão de recursos humanos, em especial planos ou previsões de diminuição do número de funcionários e/ou redução de despesa com mão de obra, não podendo quanto a estes ser oposta a exceção do sigilo (recebidos pelo MPT, este deverá, por sua vez, assegurar o sigilo das informações); e (c) fundamentar suas decisões com a devida consideração às repercussões, para o ato de concentração sob análise, da função social da propriedade, da livre-iniciativa e do valor social do trabalho sob pena de multa. O caso encontra-se em fase recursal.

BIBLIOGRAFIA

ABA. AMERICAN BAR ASSOCIATION. Section Of Antitrust Law. *The Rule of Reason*. Monograph 23. 1999.

_____. Section of Antitrust Law. *Antitrust Law and Economics of Product Distribution*. Chicago: ABA Publishing, 2006.

_____. Section of Antitrust Law. *International Antitrust Cooperation Handbook*. Chicago: ABA Publishing. 2004.

ABBOTT, K. W.; SNIDAL, D. *Hard and soft law in international governance*. International Organization, Cambridge, v. 54, n. 3, 2000.

AFONSO DA SILVA, José. *Curso de direito constitucional positivo*. 23. ed. São Paulo: Malheiros, 2003.

AGUILAR, Fernando Herren. *Controle social de serviços públicos*. São Paulo: Max Limonad, 2000.

ALBUQUERQUE, Cristiane Landerdahl de. Análise de concentraçtão no Competition Bureau: similaridades e peculiaridades em comparação com o SBDC. *CADE informa*, n. 25, abr. 2010.

ALEXY, Robert. *Teoría de los derechos fundamentales*. Madrid: Centro de Estudios Políticos y Constitucionales, 2002.

ALIKHAN, S.; Mashelkar, R. *Intellectual property and competitive strategies in the 21st century*. The Netherlands: Kluwer Law International, 2004.

ALLEN OVERY. Disponível em: http://www.allenovery.com/publications/en-gb/Pages/DOJ-Cartel-Fines-Total-for-Fiscal-Year-2015.aspx. Acesso em: 7 dez. 2015.

AMATO, Giuliano. *Antitrust and the bounds of power*: the dilemma of liberal democracy in the history of the market. Oxford: Hart, 1997.

ANDERS, Eduardo Caminati; PAGOTTO, Leopoldo; BAGNOLI, Vicente (orgs.). *Comentários à nova lei de defesa da concorrência*: Lei n. 12.529, de 30 de novembro de 2011. São Paulo: Método, 2012.

ANDERSON, Robert D.; MÜLLER, Anna Caroline. *Competition Policy and Poverty Reduction*: a Holistic Approach. World Trade Organization. Economic Research and Statistics Division, 20 fev. 2013. Disponível em: https://www.wto.org/english/res_e/reser_e/ersd201302_e.pdf. Acesso em: 2 dez. 2015.

ANDRADE, Ricardo Gardini. Concorrência. In: BARRAL. Welber. *Negociações comerciais multilaterais*. Florianópolis: Boiteux, 2003, p. 241-256.

ANGIE, N. G.; Liang, D.; Walters, P. *The intersect between Intellectual Property Law and Competition La* — implications for China. 2008. Disponível em: http://www.kingandwood.cowm/article.aspx?id=IPBulletin08112701&language=en. Acesso em: 19 nov. 2011.

ARAÚJO, Gabriel. *Identificação do mercado geográfico relevante para os hospitais no Brasil*. Documento de Trabalho n. 001/2016. DEE/CADE, 2016. Disponível em: https://cdn.cade.gov.br/Portal/centrais-de-conteudo/publicacoes/estudos-economicos/documentos-de-trabalho/2016/documento-de-trabalho-n01-2016-identificacao-do-mercado-geografico-relevante-para-os-hospitais-no-brasil.pdf. Acesso em: 26 jul. 2023.

ARAÚJO, José Gildo. *Metodologia para identificação automática de grupos econômicos em análise antitruste*. Documento de Trabalho n. 004/2022. DEE/CADE, 2022. Disponível em: https://cdn.cade.gov.br/Portal/centrais-de-conteudo/publicacoes/estudos-economicos/documentos-de-trabalho/2022/DOC_004-2022_Documento_Trabalho_Grupos_Economicos.pdf. Acesso em: 26 jul. 2023.

ARAUJO, Mariana Tavares de. *The Brazilian experience on international cooperation in cartel investigation*. Novembro 2002. Disponível em: http://www.seae.fazenda.gov.br. Acesso em: 26 ago. 2011.

ATHAYDE, Amanda; DOMINGUES, Juliana Oliveira.; SOUZA, Nayara Mendonça Silva. O improvável encontro do direito trabalhista com o direito antitruste. *Revista do IBRAC*. São Paulo, v. 24, n. 2, p. 65-93, 2018.

_____; _____; _____. 10 anos da Lei 12.529/2011: os avanços no debate que resultaram na incontornável interface entre concorrência e trabalho. *Revista de Defesa da Concorrência*. Junho, 2022.

_____; _____; _____. O improvável encontro do direito trabalhista com o direito antitruste. *Revista do Ibrac*, 2018. v. 24, n. 2, p. 65-93, 2019a. Vencedor do 3º lugar no Prêmio Ibrac-TIM.

ATHIAS, Daniel Tobias. Qual o limite da atuação do Cade em questões trabalhistas? *Jota*, São Paulo, 2016. Disponível em: https://www.jota.info/opiniao-e-analise/artigos/qual-o-limite-da-atuacao-do-cade-em-questoes-trabalhistas-11012016.

ATTAYDE, Maria Cristina de Souza Leão. *Monitoramento de remédios antitruste*: uma análise da jurisprudência do Cade. Documento de Trabalho n. 003/2023. DEE/CADE, 2023. Disponível em: https://cdn.cade.gov.br/Portal/centrais-de-conteudo/publicacoes/estudos-economicos/documentos-de-trabalho/2023/DT_003-Monitoramento-remedios-antitruste.pdf. Acesso em: 26 jul. 2023.

_____. SAKOWSKI, Patricia Alessandra Morita. *Remédios antitruste no Cade*: uma análise da jurisprudência. Documento de Trabalho n. 002/2020. DEE/CADE, 2020. Disponível em: https://cdn.cade.gov.br/Portal/centrais-de-conteudo/publicacoes/estudos-economicos/documentos-de-trabalho/2020/documento-de-trabalho-n-02-2020-remedios-antitruste-no-cade-uma-analise-da-jurisprudencia.pdf. Acesso em: 26 jul. 2023.

BAKER, Jonathan; SALOP, Steven. Antitrust, Competition Policy, and Inequality. Georgetown University Law Center, 104. *Georgetown Law Journal*, 2015.

BANDEIRA, Moniz. *Cartéis e desnacionalização*. 3. ed. Rio de Janeiro: Civilização Brasileira, 1979.

BANDEIRA DE MELLO, Celso Antônio. *Curso de direito administrativo*. 17. ed. São Paulo: Malheiros, 2004.

BARBIERI FILHO, Carlos. *Disciplina jurídica da concorrência*. São Paulo: Resenha Tributária, 1984.

BARRAL, Welber. *A concorrência e a ordem jurídica comunitária*. 1993. Dissertação (Mestrado em Direito) – Faculdade de Direito, Universidade Federal de Santa Catarina, Florianópolis, 1993.

_____. *O Brasil e a OMC*. 2. ed. Curitiba: Juruá, 2002.

BARROS CARVALHO, Paulo de. *Apostila do Curso de Lógica Jurídica dos Estudos Pós--Graduados em Direito*. São Paulo: PUCSP, 2003.

_____. *Curso de direito tributário*. 23. ed. São Paulo: Saraiva, 2011.

_____. *Direito tributário, fundamentos jurídicos da incidência*. 2. ed. São Paulo: Saraiva, 1999.

BARROSO, Luís Roberto. A ordem econômica constitucional e os limites à atuação estatal no controle de preços. *Revista Diálogo Jurídico*, n.14, jun./ago. 2012. Disponível em: http://www.direitopublico.com.br/pdf_14/DIALOGO-JURIDICO-14-JUNHO-AGOSTO-2002-LUIS-ROBERTO-BARROSO.pdf. Acesso em: 25 nov. 2015.

BASTOS, Celso Ribeiro. *Curso de direito constitucional*. 20. ed. São Paulo: Saraiva, 1999.

_____. *Curso de direito administrativo*. 3. ed. São Paulo: Saraiva, 1999.

_____. *Hermenêutica e interpretação constitucional*. 3. ed. São Paulo: Celso Bastos, 2002.

BHATTACHARJEA, Aditya. The case for a multilateral agreement on competition policy: a developing country perspective. *Journal of International Economic Law*, v. 9, n. 2, 2006.

BOCK, Betty. An Economist Appraises Vertical Restraints, *Antitrust Bulletin*, v. 30, n. 117, 1985.

_____. The Relativity of Economic Evidence in Merger Cases: Emerging Decisions Force the Issue. *Michigan Law Review*, v. 63, n. 08, p. 1355-1372, 1965.

BOGUS, C. The new road of serfdom: the curse of bigness and the failure of antitrust. University of Michigan, *Journal of Law Reform*, v. 49, n. 1, p. 85-114, 2015.

BORK, Richard H. *The antitrust paradox*: a policy at war with itself. Nova York: The Free Press, 1993.

BRADFORD, Anu. Antitrust law in global markets. In: EINER, Elhauge. Series Editors Richard A. Posner and Francesco Parisi. *Research handbook on the economics of antitrust law*. Harvard Law School. USA: Massachusetts, 2012.

BRASIL. *Memorando de Entendimento entre o Conselho Administrativo de Defesa Econômica (CADE) e o Grupo Banco Mundial*. Disponível em: http://cade.gov.br/upload/MoU%20CADE%20-%20INT%20(Portuguese).pdf. Acesso em: 2 dez. 2015.

_____. *Convênio para cooperação e compartilhamento de informação entre o Conselho Administrativo de Defesa Econômica (CADE) e o Banco Interamericano de Desenvolvimento*. Disponível em: http://www.cade.gov.br/upload/Conv%C3%AAnio%20CADE-BID.pdf. Acesso em: 2 dez. 2015.

_____. *Entendimento de Cooperação entre o DG Competition e o Cade, SDE e SEAE*. Disponível em: http://www.cade.gov.br/upload/Coopera%C3%A7%C3%A3o%20SBDC%20DG_COMPETITION.pdf. Acesso em: 26 ago. 2011.

_____. *Entendimento sobre Cooperação entre as Autoridades de Defesa de Concorrência dos Estados Partes do MERCOSUL para o Controle de Concentrações Econômicas de Âmbito Regional*. (2009). Disponível em: http://www.cade.gov.br/upload/DEC_0152006_PT_EntendCoopAutoDefConc%20%282%29.pdf. Acesso em: 26 ago. 2011.

_____. *Entendimento sobre Cooperação entre as Autoridades de Defesa da Concorrência dos Estados Partes do MERCOSUL para a Aplicação de suas Leis Nacionais de Concorrência*. Disponível em: http://www.cade.gov.br/upload/DEC_0042004_PT_

Entend%20%20Coop%20Autoridades%20Def%20Concor%20%20%282%29.pdf. Acesso em: 26 ago. 2011.

_____. CONGRESSO NACIONAL. *Projeto de Lei n. 3.937/2004*. Disponível em: http://www.senado.gov.br. Acesso em: 20 mar. 2009.

_____. Ministério da Fazenda. SEAE. *Annual report on competition policy developments in Brazil*. Disponível em: http://www.fazenda.gov.br/seae/. Acesso em: 24 ago. 2004.

_____. Ministério da Justiça. CADE. *Balanço do triênio da Lei n. 12.529/11*. Disponível em: http://www.cade.gov.br/upload/Balan%C3%A7o%203%20anos%20nova%20lei-atualizado.pdf. Acesso em: 26 nov. 2015.

_____. Ministério da Justiça. CADE. *Cartilha de Cartel*. Disponível em: http://www.mj.gov.br/noticias/2004/maio/cartilha_cartel.pdf. Acesso em: 1º ago. 2005.

_____. Ministério da Justiça. *Regimento Interno*. Disponível em: http://www.cade.gov.br. Acesso em: 20 mar. 2009.

_____. Ministério da Justiça. CADE. *Prestação de Contas Ordinária Anual Relatório de Gestão do Exercício de 2009*. 2010.

_____. Ministério da Justiça. SDE. *Portaria Interministerial n. 50*, de 1º de agosto de 2001, da Secretaria de Acompanhamento Econômico do Ministério da Fazenda (SEAE/MF) e da Secretaria de Direito Econômico do Ministério da Justiça (SDE/MJ). Disponível em: http://www.seae.fazenda.gov.br/central_documentos/legislacao/351defe sadaconcorrencia/portaria_conj_seaesde_50.pdf. Acesso em: 26 ago. 2011.

_____. Ministério da Justiça. SDE. *Operação internacional conjunta para combate a cartel*. Disponível em: http://www.mj.gov.br/sde/data/Pages/ MJ44407D46PTBRIE.htm. Acesso em: 10 mar. 2009.

_____. Ministério da Justiça. SDE. *SDE celebra Grupo Especial no Ministério Público de combate a cartéis*. Disponível em: http://www.mj.gov.br/sde. Acesso em: 20 jan. 2009.

_____. Ministério da Justiça. SDE. *Cartilha de cartéis* – a defesa da concorrência no mercado de combustíveis ANP/SDE. Disponível em: http://www.mp.ba.gov.br/atuacao/ceacon/doutrina/a_defesa_concorrencia_mercado_combustiveis_ANP_SDE.pdf. Acesso em: 26 ago. 2011.

_____. Ministério da Justiça. SDE. *Cartilha de combate a cartéis e programa de leniência*. Disponível em: http:/www.mj.gov.br/sde/. Acesso em: 20 mar. 2009.

_____. Ministério da Justiça. SDE. *Cartilha sobre combate a cartéis em licitações*. Disponível em: http://www.mj.gov.br/data/Pages/MJ9F537202ITEMID4FF6B0EE-362F4F0C815831F6052FA329PTBRIE.htm. Acesso em: 20 mar. 2009.

_____. Ministério da Justiça. SDE. *Cartilha de combate a cartéis em sindicatos e associações*. Disponível em: http://www.mj.gov.br/sde/data/Pages/MJC39E3B8EITEMID7F-1166DE120B4395BB03155898EA34B4PTBRNN.htm. Acesso em: 20 mar. 2009.

_____. Ministério da Justiça. SDE. *International operation to combat cartels*. Disponível em: http://www.mj.gov.br/sde/data/Pages/MJ44407D46PTBRIE.htm. Acesso em: 26 ago. 2011.

_____. Ministério da Fazenda. SEAE. *Promoção e defesa da concorrência*. Disponível em: http://fazenda.gov.br/SEAE/relatorio/relatorio00c.html. Acesso em: 20 jul. 2003.

_____. Ministério Público Federal. 3ª Câmara de Coordenação e Revisão (Consumidor e Ordem Econômica). *O Cartel de Combustíveis e a atuação do Ministério Público Federal*. Disponível em: http://ccr3.pgr.mpf.gov.br/institucional/grupostrabalho/

energia/documentacaosetorial/adulteracaoecarteldecombustivel/Cartel%20de%20 Combustiveis.pdf. Acesso em: 26 ago. 2011.

_____; ARGENTINA. *Agreement between The Government of Federal Republic of Brazil and the Government of Argentina.* Disponível em: http://www.cade.gov.br/ internacional/Acordo_Cooperacao_Brasil_Argentina.pdf. Acesso em: 26 ago. 2011.

_____. CANADÁ. *Entendimento de Cooperação entre o governo do Canadá e a República Federativa do Brasil.* Disponível em: http://www.cade.gov.br/upload/Coopera%C3% A7%C3%A3 o%20SBDC%20DG_COMPETITION.pdf. Acesso em: 26 ago. 2011.

_____; CHILE. *Entendimento de Cooperação entre Fiscalía Nacional Económica do Chile e o Cade, SDE e SEAE.* Disponível em: http://www.cade.gov.br/upload/ Acordo_Brasil_Chile_pt.pdf. Acesso em: 26 ago. 2011.

_____; CHINA. *Memorando de Entendimento de Cooperação sobre Concorrência entre o Ministério da Indústria e Comércio* – Governo da República Popular da China e o Conselho Administrativo de Defesa Econômica do Brasil (CADE). Disponível em: http://cade.gov.br/upload/Acordo%20em%20Portugu%C3%AAs%20CHINA.pdf. Acesso em: 2 dez. 2015.

_____; COLOMBIA. *Convênio Interinstitucional entre a Superintendencia de Industria Y Commercio – SIC e o Conselho Administrativo de Defesa Econômica (CADE).* Disponível em: http://cade.gov.br/upload/Acordo%20CADE-SIC%20-%20vers%C3% A3o %20portugu%C3%AAs.pdf. Acesso em: 2 dez. 2015.

_____; EQUADOR. *Convênio de Cooperação entre a Superintendência de Control del Poder de Mercado (SCPM) e o Conselho Administrativo de Defesa Econômica (CADE).* Disponível em: http://cade.gov.br/upload/Conv%C3%AAnio%20Cade% 20-Equador%20Portugu%C3%AAs.pdf. Acesso em: 2 dez. 2015.

_____; ESTADOS UNIDOS DA AMÉRICA. *Agreement between the Government of Federal Republic of Brazil and the Government of the United States of America regarding the cooperation between competition authorities in the Enforcement of Competition Laws.* Disponível em: http://www.oecd.org/dataoecd/15/22/1817701.pdf. Acesso em: 12 ago. 2005.

_____; FRANÇA. *Primeiro Termo Aditivo ao Acordo de Cooperação Técnica entre a Autorité de la Concurrence da França e o Conselho Administrativo de Defesa Econômica (CADE).* Disponível em: http://cade.gov.br/upload/Termo%20aditivo%20-%20 portugu%C3%AAs.pdf. Acesso em: 2 dez. 2015.

_____; JAPÃO. *Convênio de Cooperação em matéria de Defesa da Concorrência entre a Fair Trade Commission do Japão e o Conselho Administrativo de Defesa Econômica (CADE).* Disponível em: http://cade.gov.br/upload/CADE%20JFTC%20por.pdf. Acesso em: 2 dez. 2015.

_____; PERU. *Acordo de Cooperação Técnica entre o Instituto Nacional de Defesa da Concorrência e da Propriedade Intelectual (INDECOPI) e o Conselho Administrativo de Defesa Econômica (CADE).* Disponível em: http://cade.gov.br/upload/Acordo%20 -%20Portugu%C3%AAs%20PERU.pdf. Acesso em: 2 dez. 2015.

_____; PORTUGAL. *Entendimento de Cooperação entre o Sistema Brasileiro de Defesa da Concorrência e a Autoridade de Concorrência de Portugal.* Disponível em: http:// www.cade.gov.br/internacional/Protocolo_CADE_SDE_SEAE_Portugal.pdf. Acesso em: 26 ago. 2011.

_____; _____. *Entendimento de Cooperação Técnica entre o Sistema Brasileiro de Defesa da Concorrência e a Autoridade da Concorrência de Portugal.* Disponível em: http://

www.cade.gov.br/upload/Acordo%20de%20Coopera%C3%A7%C3%A3o%20 Portugal.pdf?. Acesso em: 26 ago. 2011.

_____; RÚSSIA. *Programme on Cooperation between the Cade/SDE/SEAE and the Federal Antimonopoly Service of the Russian Federation*. Disponível em: http://www.cade.gov.br/upload/Acordo%20R%C3%BAssia%20%20Ingl%C3%AAs.pdf. Acesso em: 26 ago. 2011.

_____; _____. *Acordo entre o governo da República Federativa do Brasil e o governo da Federação da Rússia sobre cooperação na área da política de concorrência*. Disponível em: http://www2.mre.gov.br/dai/b_russ_24_4909.htm. Acesso em: 20 out. 2004.

_____; _____. *Convênio de Cooperação entre o Federal Antimonopoly Service of the Russian Federation e o Conselho Administrativo de Defesa Econômica (CADE)*. Disponível em: http://cade.gov.br/upload/Conv%C3%AAnio%20assinado%20 federacao%20russa%20Portugu%C3%AAs.pdf. Acesso em: 2 dez. 2015.

_____; REPÚBLICA DA COREIA. *Convênio sobre Cooperação em matéria de Defesa da Concorrência entre a Fair Trade Commission da República da Coreia e o Conselho Administrativo de Defesa Econômica (CADE)*. Disponível em: http://cade.gov.br/upload/Acordo%20CADE%20e%20KFTC%20vers%C3%A3o%20portug%C3%AAs.pdf. Acesso em: 2 dez. 2015.

BROWNLIE, Ian. To what extent are the traditional categories of lex lata and lex ferenda still viable? In: CASSESE, Antonio; WEILEIR, Joseph (ed.). *Change and stability in international lawmaking*. Berlim: Gruyter, 1988.

BRUNA, Sérgio Varella. *O poder econômico e a conceituação do abuso em seu exercício*. São Paulo: Revista dos Tribunais, 1997.

BUSSMANN, Tanise Brandão. *Análise bibliográfica sobre a mensuração do poder de mercado e parâmetro de conduta dos agentes*. Documento de Trabalho n. 002/2023. DEE/CADE, 2023. Disponível em: https://cdn.cade.gov.br/Portal/centrais-de-conteudo/publicacoes/estudos-economicos/documentos-de-trabalho/2023/DT_002-Parametro-de-Conduta.pdf. Acesso em: 26 jul. 2023.

CABRAL, Patricia Semensato. *Remédios em Atos de Concentração*: uma análise da prática do CADE. 2014. Monografia classificada em 1º lugar no IX Prêmio SEAE.

CADE. *Relatório Anual de Gestão 2014*. Disponível em: http://cade.gov.br/Default.aspx?b273b57a868484a6be84.

_____. *Guia para Análise da Consumação Prévia de Atos de Concentração Econômica*. 2015. Disponível em: http://www.cade.gov.br/upload/Guia%20gun%20 jumping-%20vers%C3%A3o%20final%20(3).pdf.

_____. *Guia Combate a cartéis em licitação*. Brasília: Conselho Administrativo de Defesa Econômica, 2019. Disponível em: https://cdn.cade.gov.br/Portal/centrais-de-conteudo/publicacoes/guias-do-cade/guia-de-combate-a-carteis-em-licitacao-versao-final-1.pdf. Acesso em: 25 jul. 2023.

_____. *Guia para envio de dados ao Departamento de Estudos Econômicos do Cade*. Brasília: Conselho Administrativo de Defesa Econômica, 2019. Disponível em: https://cdn.cade.gov.br/Portal/centrais-de-conteudo/publicacoes/guias-do-cade/guia-para-envio-de-dados-ao-dee-do-cade_final_site.pdf. Acesso em: 25 jul. 2023.

_____. *Guia Recomendações probatórias para propostas de acordo de leniência com o CADE*. Brasília: Conselho Administrativo de Defesa Econômica, 2021. Disponível em: https://cdn.cade.gov.br/Portal/centrais-de-conteudo/publicacoes/guias-do-cade/Guia-recomendacoes-probatorias-para-proposta-de-acordo-de-leniencia-com-o-Cade.pdf. Acesso em: 25 jul. 2023.

_____. *Guia Remédios Antitruste*. Brasília: Conselho Administrativo de Defesa Econômica, 2018. Disponível em: https://cdn.cade.gov.br/Portal/centrais-de-conteudo/publicacoes/guias-do-cade/guia-remedios.pdf . Acesso em: 25 jul. 2023.

_____. *Lei que estrutura o sistema de persecução privada concorrencial é promulgada*. Publicada em: 17 de novembro de 2022. Disponível em: https://www.gov.br/cade/pt-br/assuntos/noticias/lei-que-estrutura-o-sistema-de-persecucao-privada-concorrencial-e-promulgada#:~:text=Lei%20que%20estrutura%20o%20sistema%20de%20persecu%C3%A7%C3%A3o%20privada%20concorrencial%20%C3%A9%20promulgada,-Novas%20disposi%C3%A7%C3%B5es%20aplic%C3%A1veis&text=Nesta%20quarta%2Dfeira%20(16%2F,de%20infra%C3%A7%C3%B5es%20%C3%A0%20ordem%20econ%C3%B4mica. Acesso em: 25 jul. 2023.

_____. *Relatório Anual de Gestão 2014*. Disponível em: http://cade.gov.br/Default.aspx?b273b57a868484a6be84.

CAMPILONGO, Celso Fernandes. O Supremo Tribunal Federal e o CADE. *Jota*. 14 de julho de 2020. Disponível em: https://www.jota.info/opiniao-e-analise/artigos/o-supremo-tribunal-federal-e-o-cade-14072020. Acesso em: 25 jul. 2023.

CANADA. *Bureau de la Concorrence*. Réponses au sondage informel sur les pouvoirs de mise en application. Disponível em: http://www.bureaudelaconcurrence.gc.ca/eic/site/cbbc.nsf/fra/02022.html. Acesso em: 26 nov. 2001.

_____. *Competition Bureau*. Disponível em: http://www.competitionbureau.gc.ca/eic/site/cb-bc.nsf/eng/home. Acesso em: Nov. 2015.

CANARIS, Claus Wilhelm. *Pensamento sistemático e conceito de sistema na ciência do direito*. 3. ed. Lisboa: Fundação Calouste Gulbenkian, 2002.

CARRAZZA, Roque Antonio. *Curso de direito constitucional tributário*. 2. ed. São Paulo: Revista dos Tribunais, 1989.

CARVALHO, Leonardo Arquimimo de. *Direito antitruste & relações internacionais — extraterritorialidade e cooperação*. Curitiba: Juruá, 2001.

_____. O ensino da defesa e da promoção da concorrência nos cursos de graduação em direito no Brasil: o Estado da Arte. *Direito GV, Working Paper*, v. 14, dez. 2007.

CARVALHO, Marina Amaral Egydio. *Defesa da concorrência e defesa comercial: benchmarking internacional sobre a estrutura, funções e inter-relações das instituições*. Documento de Trabalho n. 007/2021. DEE/CADE, 2021. Disponível em: https://cdn.cade.gov.br/Portal/centrais-de-conteudo/publicacoes/estudos-economicos/documentos-de-trabalho/2021/Documento-de-Trabalho_Defesa-da-Concorencia-e-Defesa-Comercial_benchmarking-internacional-sobre-a-estrutura-funcoes-e-inter-relacoes-das-instituicoes.pdf. Acesso em: 26 jul. 2023.

CARVALHO, Vinícius Marques de (org.). *A Lei n. 12.529/2011 e a nova política de defesa da concorrência*. São Paulo: Singular, 2015.

CASELTA, Daniel Costa. *Responsabilidade civil por danos decorrentes da prática de cartel*. 203 folhas. Dissertação (Mestrado). Faculdade de Direito. Universidade de São Paulo. São Paulo. 2015. p. 160-163.

CASSIOLATO, José Eduardo; LASTRES, Helena. Science, technology and innovation policies in the BRICS countries: an introduction. In: CASSIOLATO, José Eduardo; VITORINO; Virgínia. *BRICS and Development Alternatives* – Innovation Systems and Policies. London: Anthen Press, 2009.

CASTRO, Ricardo Medeiros de. *Atualização do debate sobre a definição de mercado relevante*. Documento de Trabalho n. 006/2021. DEE/CADE, 2021. Disponível em: https://cdn.cade.gov.br/Portal/centrais-de-conteudo/publicacoes/estudos-economicos/documentos-de-trabalho/2021/Documento-de-Trabalho_Atualizacao-do-debate-sobre-a-definicao-de-mercado-relevante.pdf. Acesso em: 26 jul. 2023.

_____. *The problematic binary approach to the concept of dominance*. Documento de Trabalho n. 001/2021. DEE/CADE, 2021. Disponível em: https://cdn.cade.gov.br/Portal/centrais-de-conteudo/publicacoes/estudos-economicos/documentos-de-trabalho/2021/Documento-de-Trabalho_The-problematic-binary-approach-to-the-concept-of-dominance.pdf. Acesso em: 26 jul. 2023.

CICARELLI, James; CICARELLI, Julianne. *Distinguished Women Economists*. Westport: Greenwood Press, 2003.

CJF. *Guia de Governança e Gestão da Justiça Federal*. Disponível em: Governança — Observatório da Estratégia da Justiça Federal (cjf.jus.br). Acesso em: 25 jul. 2023.

CLARK, David S. *Encyclopedia of Law and Society* – American and Global Perspectives. SAGE Publications: UK. London, 2007.

CLARK, J. M. Toward a concept of workable competition. *American Economic Review*, n. 30, p. 241-256, jun. 1940.

CLEMENTINO, José Bruno do Nascimento. Modelagem baseada em agentes aplicada ao antitruste. Documento de Trabalho n. 002/2022. DEE/CADE, 2022. Disponível em: https://cdn.cade.gov.br/Portal/centrais-de-conteudo/publicacoes/estudos-economicos/documentos-de-trabalho/2022/DOC_002-2022_Modelagem-baseada-em-agentes-aplicada-ao-antitruste.pdf. Acesso em: 26 jul. 2023.

COELHO, Fábio Ulhoa. *Novo Manual de Direito Comercial*. 31. ed. rev., atual. e ampl. São Paulo: Thomson Reuters Brasil, 2020.

COMER, George P. Price Leadership. *Law and Contemporary Problems*, v. 7, n. 1, p. 61-73, 1940.

COMISSÃO EUROPEIA. *Commission Notice on Immunity from fines and Reduction of Fines in Cartel Cases*. OJ C 45 3, 13 feb. 2002. Disponível em: http://www.europa.eu.int/comm/competition. Acesso em: 20 ago. 2003.

_____. *Política da Concorrência na União Europeia* — XXI Relatório sobre Política da Concorrência — 2001. Disponível em: http://europa.eu.int/comm/competition/annual_reports/2001/competition_policy/pt.pdf. Acesso em: 20 set. 2003.

COMPARATO, Fábio K.; FILHO, Calixto Salomão. *O Poder de Controle na Sociedade Anônima*. 6 ed. rev. e atual. Rio de Janeiro: Ed. Forense, 2014, § 46.

CONSELHO NACIONAL DE JUSTIÇA – CNJ. *Julgamento de crime organizado já segue rito próprio na maior parte do país*. Publicada em: 16 dez. 2016. Disponível em:

https://www.cnj.jus.br/julgamento-de-crime-organizado-ja-segue-rito-proprio-na-maior-parte-do-pais/. Acesso em: 25 jul. 2023.

_____. Recomendação n. 3, de 30/05/2006. Disponível em: https://atos.cnj.jus.br/atos/detalhar/855. Acesso em: 25 jul. 2023.

_____. *Varas especializadas em organizações criminosas passam a operar em BH*. Publicada em: 2 jan. 2021. Disponível em: https://www.cnj.jus.br/varas-especializadas-em-organizacoes-criminosas-passam-a-operar-em-bh/. Acesso em: 25 jul. 2023.

COOPER, Matthew. Role of Positive Comity in US Antitrust Enforcement against Japanese Firms: a Mixed Review. *Pacific Rim Law & Policy Journal*, v. 10, n. 2, mar. 2000.

CORDOVIL, Leonor et al. *Nova Lei de Defesa da Concorrência comentada – Lei n. 12.529, de 30 de novembro de 2011*. São Paulo: Revista dos Tribunais, 2011.

CRANE, Daniel A. The Paradox of Predatory Pricing. *Cornell Law Review*, v. 91, p. 1, 2005. Disponível em: http://www.lawschool.cornell.edu/research/cornell-law-review/upload/Crane-final.pdf. Acesso em: 7 dez. 2015.

CSERES, Katalin Judit. *Competition law and consumer protection*. The Netherlands: Kluwer Law International, 2005.

CUIABANO, Simone Maciel. *Avaliação de política de concorrência*: estimação de danos no cartel de postos de gasolina em Londrina. Documento de Trabalho n. 002/2018. DEE/CADE, 2018. Disponível em: https://cdn.cade.gov.br/Portal/centrais-de-conteudo/publicacoes/estudos-economicos/documentos-de-trabalho/2018/documento--de-trabalho-n02-2018-avalia%C3%A7%C3%A3o-de-politica-de-concorrencia-estimacao-de-danos-no-cartel-de-postos-de-gasolina-em-londrina.pdf. Acesso em: 26 jul. 2023.

DABBAH, Maher M. *EC and UK competition law — commentary, cases and materials*. Cambridge: Cambridge University Press, 2004.

DAL RI JÚNIOR, A.; OLIVEIRA, O. M. (orgs.). *Direito internacional econômico em expansão*: desafios e dilemas. 2. ed. Ijuí: Unijuí, 2005.

D'ANTONIO, Thais Fioruci. *Criminal compliance médica*: prevenção à criminalidade no âmbito da atividade empresarial médica. 2014. Monografia (Trabalho de Conclusão de Curso) – Faculdade de Direito de Ribeirão Preto, Universidade de São Paulo, Ribeirão Preto, 2014.

DOMINGUES, Juliana Oliveira. Comunidade Andina. In: BARRAL, Welber (coord.). *Tribunais internacionais — mecanismos contemporâneos de solução de controvérsias*. Boiteux: Florianópolis, 2004.

_____. Cartéis de exportação: uma análise do tratamento das isenções no contexto internacional. In: *Ideias em competição — 5 anos do Prêmio IBRAC-TIM, 2010-2014*. São Paulo: IBRAC/TIM/Editora Singular: 2015.

_____. Comentários ao art. 36, incisos I a IV e §§ 1º e 3º. In: ANDERS, Eduardo Caminati; PAGOTTO, Leopoldo; BAGNOLI, Vicente. *Comentários à nova lei de defesa da concorrência*. Rio de Janeiro: Forense, 2012.

_____. *Defesa da concorrência e comércio internacional no contexto do desenvolvimento*: os cartéis de exportação como isenção antitruste. 2010. Tese (Doutorado em Direito) – Faculdade de Direito, Pontifícia Universidade Católica de São Paulo, São Paulo, 2010.

_____. *Revista Diálogos Estratégicos* da Secretaria Especial de Assuntos Estratégicos (SAE) da Presidência da República [tema da edição: Comércio Internacional e Defesa da Concorrência, 2018. Disponível em: http://www.secretariageral.gov.br/estrutura/secretaria_de_assuntos_estrategicos/publicacoes-e-analise/revista-dialogos-estrategicos/dialogos-estrategicos-nr-3.pdf. Acesso em: 20 jun. 2023.

_____; SILVA, B. M. Fake news: um desafio ao antitruste? *Revista de Defesa da Concorrência*. Vol. 6, 2018. Disponível em: http://revista.cade.gov.br/index.php/revistadedefesadaconcorrencia/article/view/411. Acesso em: 28 jul. 2023.

_____; GABAN, Eduardo. Direito Antitruste e poder econômico: o movimento populista e "neobrandeisiano". *Revista Justiça do Direito*, 3(3), p. 222-244. https://doi.org/10.5335/rjd.v33i3.10429. 2019.

_____; KLEIN, V., & GABAN, E. (2021). Quem tem medo de Lina Khan?. *Revista Justiça do Direito*, 35(3), p. 309-331. 2022. Disponível em: http://seer.upf.br/index.php/rjd/article/view/13236. Acesso em: 22 maio 2022.

_____; NICOLETTI, Lorenzo Bittencourt; NATIVIDADE, João Pedro Kostin Felipe de. Reflexões sobre a Lei n. 14470/2022 e seus impactos sobre o regime das Ações Reparatórias de Dano Concorrencial (ARDCs). In: HOFFMANN, Luiz Augusto Azevedo de Almeida (Org.). *Direito Concorrencial na prática*: a análise de casos concretos. Rio de Janeiro: Lumen Juris Direito, 2023.

_____; NICOLETTI, Lorenzo Bittencourt; SAYDELLES, Rodrigo Salton Rotunno. Arbitragem e antitruste: de fantasma ao hit do momento jurisdição arbitral apresenta potencial para contribuir para a efetivação das regras referentes à defesa da concorrência. *Jota*, 2023. Disponível em: https://www.jota.info/opiniao-e-analise/artigos/arbitragem-e-antitruste-de-fantasma-ao-hit-do-momento-11052023. Acesso em: 20 jul. 2023.

_____; RANGEL, A. R. V.; SILVA, M. Z. *Compliance* nas relações de consumo: programas de integridade como mecanismos de mitigação de sanções administrativas. In: MIRAGEM, Bruno; DENSA, Roberta (Org.). *Compliance* e relações de consumo. Indaiatuba: Editora Foco, 2022, v. 1, p. 99-120.

_____; SILVA, Pedro A. Lei da liberdade econômica e a defesa da concorrência. In: SALOMÃO, Luis Felipe; CUEVA, Ricardo Villas Bôas; FRAZÃO, Ana (Org.). *Lei de liberdade econômica e seus impactos no direito brasileiro*. São Paulo: Thomson Reuters Brasil, 2020, v. 1, p. 267-288.

DWORKIN, Ronald. *Antitrust Modernization Commission*. Disponível em: http://govinfo.library.unt.edu/amc/report_recommendation/introduction.pdf. Acesso em: 26 ago. 2011.

_____. *O império do direito*. Trad. Jefferson Luiz Camargo. São Paulo: Martins Fontes, 2003.

_____. FEDERAL TRADE COMMISSION. The FTC's Merger Remedies 2006-2012 – A Report of the Bureaus of Competition and Economics. 2017.

_____. FTC. *Antitrust Guidelines for Collaborations Among Competitors*, 2000. Disponível em: http://www.ftc.gov/os/2000/04/ftcdojguidelines.pdf. Acesso em: 26 ago. 2011.

_____. FTC. *WebbPomerene Act Filings*. Disponível em: http://www.ftc.gov/os/statutes/webbpomerene/. Acesso em: 26 ago. 2011.

_____. Levando os direitos a sério. Trad. Jefferson Luiz Camargo. São Paulo: Martins Fontes, 2004. Estados Unidos da América. USDoJ. Major international airlines agree to plead guilty and pay criminal fines totaling more than $500 million for fixing prices on air cargo rates. Disponível em: http://www.justice.gov/atr/public/press_releases/2008/234435.htm. Acesso em: 26 ago. 2011.

_____. USDoJ. *Antitrust Division. Corporate Leniency Policy*, ago.10, 1994. Disponível em: http://www.usdoj.gov/atr/public/guidelines/lenind.htm. Acesso em: 7 dez. 2015.

_____. USDoJ. Antitrust Division. *Status Report*: International Cartel Enforcement. 30 set. 1999. Disponível em: http://www.usdoj.gov. Acesso em: 26 ago. 2011.

EASTERBROOK; Frank H. Antitrust and the Economics of Federalism. *The Journal of Law & Economics*. v. 26, n. 1 (Apr. 1983), p. 23-50.

EVENETT, Simon J. *Can developing economies benefit from WTO negotiations on binding disciplines for hard core cartels?* Switzerland: Word Trade Institute, 2003.

_____. Competition Advocacy: time for a rethink? *Northwestern Journal of International Law & Business*, v. 26, 2005-2006.

_____. LEVENSTEIN, M. C.; SUSLOW, V. Y. International cartel enforcement: lessons from the 1990s. *The World Economy*, v. 24, n. 9, p. 1221-1245, 2001. Disponível em: http://elibrary.worldbank.org/doi/abs/10.1596/1813-9450-2680. Acesso em: 6 dez. 2015.

_____. SUSLOW, Valerie Y. Preconditions for private restraints on market access and international cartels. *Journal of International Law*, Oxford, p. 593-631, 2000.

EZRACHI, A. *EC competition law — an analytical guide to the leading cases*. Oxford/Portland: Hart, 2008.

FAGUNDES, Jorge. *Fundamentos econômicos das políticas de defesa da concorrência*. São Paulo: Singular, 2003.

FARIA, José Eduardo. *Sociologia jurídica*: direito e conjuntura. 2. ed. São Paulo: Saraiva, 2010.

FARINA, Elizabeth Maria Mercier Querido; AZEVEDO, Paulo Furquim de; SAES, Maria Sylvia Macchione. *Competitividade*: mercado, Estado, organizações. São Paulo: Singular, 1997.

FEAR, Jeffrey R. *Cartels and competition*: neither markets nor hierarchies. Division of Research, Harvard Business School, 2006. Disponível em: http://www.hbs.edu/faculty/Publication%20Files/07-011.pdf. Acesso em: 7 dez. 2015.

FELICE, Flavio; VATIERO, Massimiliano. Ordo and European Competition Law. In: FIORITO, Luca (ed.). *A Research Annual* (Research in the History of Economic Thought and Methodology, v. 32). Emerald Group Publishing Limited: 2014.

FERNANDES, Luana Graziela Alves. Passing on Defense: Jurisprudência Brasileira Atual em Ações de Reparação de Danos por Cartel. *Revista do IBRAC*, n. 1. São Paulo, 2021, p. 19 – 37.

FERRAZ JR., Tercio Sampaio. Direito da Concorrência e Enforcement Privado na Legislação Brasileira. *Revista de Defesa da Concorrência*, n. 2, novembro de 2013, p. 19-21.

_____. *Teoria da norma jurídica*. 3. ed. Rio de Janeiro: Forense, 1999.

_____. *Teoria da norma jurídica*. 4. ed. Rio de Janeiro: Forense, 2006.
FIANI, Ronaldo. *Teoria dos Jogos*. Rio de Janeiro: Elsevier, 2009.
_____. *Introdução ao estudo do direito*. 4. ed. São Paulo: Atlas, 2003.
FIRST, Harry. The vitamins case: cartel prosecutions and the coming of international competition law. *Antitrust Law Journal*, v. 68, p. 711-734, 2001.
FONSECA, Antonio. Questões controvertidas na Lei n. 10.149, de 2000. *Boletim Latino-Americano de Concorrência*, n. 13, p. 71-76, nov. 2001. Disponível em: http://europa.eu.int/comm/competition/international/others. Acesso em: 20 abr. 2003.
FONSECA, João Bosco Leopoldino da. *Lei de Proteção da Concorrência* — comentários à lei antitruste. Rio de Janeiro: Forense, 1995.
FORGIONI, Paula A. *Os fundamentos do antitruste*. 8 ed. rev., atual. e ampl. São Paulo: Revista dos Tribunais, 2015.
_____. *Os fundamentos do antitruste*. 12. ed. rev., atual. e ampl. São Paulo: Revista dos Tribunais, 2022.
_____. *Posição dominante e seu abuso*. *Revista de Direito Econômico*, Brasília, n. 26, set./dez. 1997.
FOX, E.; CRANE, D. *Global issues in antitrust and competition law*. Minnesota: West, 2010.
FRANCESCHINI, José Inácio Gonzaga. *Introdução ao direito da concorrência*. São Paulo: Malheiros, 1996.
_____. *Direito da concorrência* — Case Law. Decisões do CADE de 1998 a 1999. São Paulo: Singular, 2000.
FUENTE, C. de La. *Mathematical methods and models for economists*. New York: Cambridge University Press, 2000.
FURSE, Mark. *Competition law of the EC and UK*. 6. ed. New York: Oxford University Press, 2008.
GABAN, Eduardo Molan. The Brazilian CADE applies remedies on four licensing agreements (Monsanto cases). *Bulletin e-Competitions*, agosto de 2013. Disponível em: http://www.concurrences.com/Bulletin/News-Issues/August-2013-I/The-Brazilian-CADE-applies. Acesso em: 10 dez. 2015.
_____. The Brazilian CADE vetoes transaction in the industry of concrete services based on a conservative presumption of economic group by summing minority equity interest in companies with small cross-sharing (Tupi/Polimix). *Bulletin e-Competitions*, outubro de 2010. Disponível em: www.concurrences.com/Bulletin/News-Issues/October-2010/The-Brazilian-CADE-vetoes. Acesso em: 10 dez. 2015.
_____. Comentários aos artigos 46, 65 e 77 a 83. In: ANDERS, Eduardo Caminati; PAGOTTO, Leopoldo; BAGNOLI, Vicente. *Comentários à nova lei de defesa da concorrência*. Rio de Janeiro: Forense, 2012.
_____. Justiça Especializada para Combate a Cartéis. Coluna Web Advocacy, 17 mar. 2022. Disponível em: https://webadvocacy.com.br/2022/03/17/justica-especializada-para-combate-a-carteis/. Acesso em: 13 abr. 2023.
_____. Recusa de venda: ensaio de abordagem racional sob a ótica da defesa da concorrência. *Revista de Direito da Concorrência* — CADE, São Paulo, 2006.

_____. Regra *"per se"* versus "regra da razão": uma análise à luz dos precedentes do CADE. In: ALMEIDA HOFFMANN, Luiz A. A. *Direito concorrencial na prática*. Rio de Janeiro: Lumen Iuris, 2023.

_____. Regulação econômica e assimetria de informação. *Revista do IBRAC*, São Paulo, v. 9, n. 5, p. 97-167, 2002.

_____; DOMINGUES, Juliana Oliveira. Nova lei permitirá a criação de monopólios. São Paulo, *Folha de S. Paulo*, Opinião, 8 jul. 2012. Disponível em: http://www1.folha.uol.com.br/fsp/opiniao/53304-nova-lei-permitira-a-criacao-de-monopolios.shtml. Acesso em: 3 dez. 2015.

_____; DOMINGUES, Juliana Oliveira. Vara para Direito Antitruste e Comércio Internacional. Disponível em: Varas para Direito Antitruste e Comércio Internacional *Jota*. Acesso em: 25 jul. 2023.

_____; FRANCESCHINI, José Inácio Gonzaga; AMORIM, Marcos P. *Competition Law in Brazil* – International Encyclopaedia of Laws. v. 1, 2. ed. Alphen aan den Rijn: Wolters Kluwer, 2014.

GALA, Paulo. A teoria institucional de Douglass North. *Revista de Economia Política*, São Paulo, v. 23, n. 2, p. 89-105, abr./jun. 2003.

GALINDO, Blanca Rodriguez. *Prohibition of the abuse of a dominant position*. Beijing, The International Symposium on Anti Monopoly Enforcement, dez. 2007. Disponível em: http://ec.europa.eu/competition/speeches/text/sp2007_18_en.pdf. Acesso em: 7 dez. 2015.

GELLHORN, Ernest. An Introduction to Antitrust Economics. *Duke Law Journal*, p. 1-43, 1975.

_____; KOVACIC, William. *Antitrust Law and Economics in a Nutshell*. Fouth Edition, West Publishing Co., 1994.

GIFFORD, Daniel J.; KUDRLE, Robert T. Trade and competition oolicy in developing world: is there a role for the WTO? *Minnesota Legal Studies Research Paper n. 8-27*, ago., 2008.

GILBERTO, André Marques. *O processo antitruste sancionador*: aspectos processuais na repressão das infrações à concorrência no Brasil. São Paulo: Lex, 2010.

GOLDIN, Nichlas S.; LEVINE, Joshua A. The Foreign Corrupt Practices Act. Global Investigation Review. 25-04-2022. Disponível em: https://globalinvestigationsreview.com/guide/the-guide-monitorships/third-edition/article/the-foreign-corrupt-practices-act. Acesso em: 15 jul. 2023.

GONÇALVES, Priscila Brolio. *A obrigatoriedade de contratar no direito antitruste*. São Paulo: Singular, 2010.

_____. *A obrigatoriedade de contratar como sanção fundada no direito concorrencial brasileiro*. 2008. Tese (Doutorado em Direito Comercial). São Paulo: Faculdade de Direito, Universidade de São Paulo, 2008.

GOTTHEIL, Fred M.; WISHART, David M. *Principles of Microeconomics*. Thomson Pub, 2007.

GRAU, Eros Roberto. *A ordem econômica na Constituição de 1988*. 14. ed. São Paulo: Malheiros, 2010.

GUIA SOBRE *GUN JUMPING*. Disponível em: http://www.cade.gov.br/upload/Guia%20gun%20jumping-%20vers%C3%A3o%20final%20(3).pdf. Acesso em: 11 nov. 2015.

GUZMAN, Andrew T. (ed.). *Cooperation, comity, and competition policy*. New York: Oxford University Press, 2010.

HAMMOND, Scott. The evolution of criminal antitrust enforcement over the last two decades. *24th Annual National Institute on White Collar Crime*. Miami, Florida, 25 fev. 2010.

HESSE, Konrad. *Escritos de derecho constitucional (selección)*. Madrid: Centro de Estudios Constitucionales, 1983.

HOBSBAWM, Eric. *A era dos impérios*. 2. ed. São Paulo: Companhia das Letras, 2002.

HOEKMAN, Bernard. Free Trade and Deep Integration. Antidumping and Antitruste in Regional Trade Agreements. *World Bank Policy Research Working Paper n. 1950*, jul. 1998. Disponível em: http://www-wds.worldbank.org/servlet/WDSContentServer/WDSP/IB/1998/07/01/000009265_3980928162543/additional/103503322_20041117170508.pdf. Acesso em: 7 dez. 2015.

_____; MAVROIDIS, P. C. Economic development, competition policy and the World Trade Organization. *Journal of world Trade*, v. 3, n. 1, 2003.

_____; MARTIN, William J.; BRAGA, Carlos A. Primo. *Preference erosion*: the terms of the debate. New York: World Bank, 2006.

HORN, Robert Van; KLAES, Matthias. Intervening in Laissez-Faire Liberalism: Chicago's Shift on Patents. In: HORN, Robert Van; MIROWSKI, Philip; STAPLEFORD, Thomas A. *Building Chicago Economics* – New perspective on the History of Americas Most Powerful Economics Program. Cambridge University Press: New York, 2011.

HOVENKAMP, Herbert. *Federal antitrust policy* — the law of competition and its practice. St. Paul: West Publishing, 1999.

_____. *Antitrust*. 3rd. ed. St. Paul: West Group, 2000.

_____. Antitrust Policy and Inequality of Wealth (October 2017). CPI Antitrust Chronicle, October 2017, p. 01.; University of Penn, Institute for Law & Economics Research Paper n. 17-26.

_____. Labor's Interest in Antitrust. SSRN, Pennsylvania, 23 janeiro 2022. Disponível em: https://ssrn.com/abstract=4015834. Acesso em: 30 jun. 2023.

_____. *Competition Policy for Labour Markets*. OCDE. Paris, 2021.

IBRAC. 25º SEMINÁRIO INTERNACIONAL DE DEFESA DA CONCORRÊNCIA. SALA A – 5. Cruzando fronteiras: existem pontes entre o direito antitruste e o mercado de trabalho? IBRAC Eventos. [S.l]. 2019. 1 vídeo (1h28:34). Disponível em: https://www.youtube.com/watch?v=1e8ARwco1IM. Acesso em: 20 fev. 2023.

IIPI; USPTO. *Study on Specialized Intellectual Property Courts*. 2012. Disponível em: Study-on-Specialized-IPR-Courts.pdf (iipi.org). Acesso em: 20 jul. 2023.

INGLEZ DE SOUZA, Ricardo. O abuso do direito de petição como infracção à ordem econômica *(sham litigation)*. In: ZANOTTA, Pedro; BRANCHER, Paulo (Org.). *Desafios atuais da regulação econômica e concorrência*. São Paulo: Atlas, 2010.

INTERNATIONAL COMPETITION NETWORK — ICN. *Anti-Cartel Enforcement Manual*. Cartel Working Group — Subgroup 2: Enforcement Techniques. Mar.

2010. Disponível em: http://www.internationalcompetitionnetwork.org/uploads/library/doc628.pdf. Acesso em: 26 ago. 2011.

_____. Cartel Working Group. *Anti-Cartel Enforcement Manual*. Chapter on Cartel Awareness, Outreach and *Compliance*. 2012. Disponível em: http://internationalcompetitionnetwork.org/uploads/library/doc835.pdf. Acesso em: 5 dez. 2015.

_____. Cartel Working Group. *Anti-Cartel Enforcement Manual*. Chapter on International Cooperation and Information Sharing. Disponível em: http://www.internationalcompetitionnetwork.org/uploads/cartel%20wg/icn_chapter_on_international_cooperation_and_information_sharing.pdf. Acesso em: 5 dez. 2015.

_____. Cartel Working Group. *Anti-Cartel Enforcement Manual*. Chapter on Relationships between Competition Agencies and Public Procurement Bodies. 2015. Disponível em: http://internationalcompetitionnetwork.org/uploads/library/doc1036.pdf. Acesso em: 5 dez. 2015.

_____. Cartel Working Group. *Anti-Cartel Enforcement Manual*. Chapter on Digital Evidence Gathering. Disponível em: http://www.internationalcompetitionnetwork.org/uploads/library/doc1006.pdf. Acesso em: 5 dez. 2015.

_____. *Guiding principles for merger notification and review*. Disponível em: http://www.internationalcompetitionnetwork.org/icnnpworkinggroupguiding.pdf. Acesso em: 12 nov. 2004.

_____. *ICN Cartels Working Group*. Disponível em: http://www.internationalcompetitionnetwork.org/seoul/mwg_pcwg_seoul.pdf. Acesso em: 12 nov. 2006.

_____. *ICN Merger Working Group: Investigation and Analysis Subgroup* — April 2006. Disponível em: http://www.internationalcompetitionnetwork.org/index.php/en/publication/60. Acesso em: 26 ago. 2011.

_____. *ICN Seventh Annual Conference, Kyoto, Japan* (April 1416, 2008) Cartel Working Group. Disponível em: http://www.internationalcompetitionnetwork.org/media/library/Cartels/Cartel_WG_1.pdf. Acesso em: 20 mar. 2009.

_____. *International Competition Network operational framework*. Outubro de 2004. Disponível em: http://www.internationalcompetitionnetwork.org/2004opframework.pdf. Acesso em: 12 nov. 2004.

_____. *International Competition Policy Advisory Committee Final Report 2000*. Disponível em: http://www.internationalcompetitionnetwork.org/uploads/library/doc332.pdf. Acesso em: 26 ago. 2011.

_____. *Memorandum on the establishment and operation of the International Competition Network*. Disponível em: http://www.internationalcompetitionnetwork.org/mou.pdf. Acesso em: 12 nov. 2006.

_____. *Merger Guidelines Workbook*. Disponível em: http://www.internationalcompetitionnetwork.org/media/library/conference_5th_capetown_2006/ICNMergerGuidelinesWorkbook.pdf. Acesso em: 5 dez. 2006.

_____. Merger Working Group. *The Role of Economists and Economic Evidence in Merger Analysis*. Updated Chapter 4 of the ICN Investigative Techniques Handbook for Merger Review. Disponível em: http://internationalcompetitionnetwork.org/uploads/library/doc903.pdf. Acesso em: 5 dez. 2015.

_____. Merger Working Group. *Recommended Practices for Merger Notification and Review Procedures*. Disponível em: http://www.internationalcompetitionnetwork.org/uploads/library/doc316.pdf. Acesso em: 5 dez. 2015.

_____. *Notification and procedures subgroup 2004-2005 work plan*. Disponível em: http://www.internationalcompetitionnetwork.org/uploads/library/doc489.pdf. Acesso em: 26 ago. 2011.

_____. *Operational Framework* — last revision: 1 october, 2004. Disponível em: http://www.internationalcompetitionnetwork.org/media/archive0611/2004opframewrk.pdf. Acesso em: 6 dez. 2006.

_____. Recommended Practices On Competition Assessment. Disponível em: http://www.internationalcompetitionnetwork.org/uploads/library/doc978.pdf. Acesso em: 5 dez. 2015.

_____. Report on the costs and burdens of multijurisdictional merger review. Disponível em: http://www.internation-alcompetitionnetwork.org/media/archive0611/costburd.pdf. Acesso em: 5 dez. 2006.

_____. Second Annual ICN Conference. Mérida, Mexico (June 23-25, 2003). Workgroup Competition policy implementation. Disponível em: http://www.international-competitionnetwork.org/library.aspx?page=40. Acesso em: 26 ago. 2011.

_____. *Setting of fines for cartels in ICN jurisdictions*. International Competition Network Cartels Working Group Subgroup 1 — general framework. Disponível em: https://centrocedec.files.wordpress.com/2015/07/setting-of-fines-for-cartels-in-icn-jurisdictions-2008.pdf. Acesso em: 25 jul. 2023.

_____. *Setting notification thresholds for merger review*. Merger Working Group Notification & Procedures Subgroup, relatório apresentado na Conferência Anual da ICN. Kyoto, abr. 2008. Disponível em: http://www.internationalcompetitionnetwork.org/uploads/library/doc326.pdf. Acesso em: 3 dez. 2015.

_____. *South African Conference*. Disponível em: http://www.internationalcompetition-network.org/index.php/en/publication/60. Acesso em: 26 ago. 2011.

_____. *Summary of ICN Work Product Presented at the 8th Anual ICN Conference*. Zurich, Switzerland, jun. 2009. Disponível em: http://www.icn-zurich.org/Materials.aspx. Acesso em: 8 ago. 2011.

_____. *Trends and Developments in Cartel Enforcement Presented at the 9thAnnual ICN Conference in Istanbul*, Turkey April 29, 2010. Disponível em: http://www.internationalcompetitionnetwork.org/uploads/library/doc613.pdf. Acesso em: 26 ago. 2011.

JABLON, Robert A. Conscious Parallelism: Can it turn a corner? *Journal of the American Bar Association's Section of Public Utility, Communications and Transportation Law*, v. 40, n. 2-4, 2001.

JAEGER, Guilherme Pederneiras. *Propriedade intelectual*. Disponível em: http://www.iribr.com/cancun/guilherme_pederneiras_jaeger.asp. Acesso em: 20 out. 2003.

JENNY, Frédéric. Globalization, competition and trade policy: convergence, divergence and cooperation. In: SAN, Yang-Ching Gee; LO, Changfa; HO, Jiming (coord.). *International and comparative competition law and policies*. The Hague: Kluwer Law International, 2001.

JORDÃO, Eduardo Ferreira. A advocacia da concorrência como estratégia para redução do impacto anticompetitivo da regulação estatal. *Revista Eletrônica de Direito Administrativo Econômico* (REDAE), Salvador, Instituto Brasileiro de Direito Público, n. 17, fevereiro/março/abril, 2009. Disponível em: http://www.direitodoestado.com.br/redae.asp. Acesso em: 20 nov. 2015.

JULLIEN, Bruno; PATRICK, Rey; SAAVEDRA, Claudia. The Economics of Margin Squeeze. *IDEI Report*, out. 2014. Disponível em: http://idei.fr/sites/default/files/medias/doc/by/jullien/Margin_Squeeze_Policy_Paper.pdf. Acesso em: 7 dez. 2015.

JÚNIOR, Nelson de Almeida Torrão. *Metodologias de avaliação das ações de advocacia da concorrência*. Documento de Trabalho n. 004/2023. DEE/CADE, 2023. Disponível em: https://cdn.cade.gov.br/Portal/centrais-de-conteudo/publicacoes/estudos-economicos/documentos-de-trabalho/2023/DT_004-Avocacia-da-Concorrencia.pdf. Acesso em: 26 jul. 2023.

KANNEBLEY JÚNIOR, Sérgio; OLIVEIRA, Glauco Avelino Sampaio. *Probabilidade de investigação e aplicação de medidas antidumping para a indústria brasileira*: efeitos para a concorrência. Documento de Trabalho n. 002/2019. DEE/CADE, 2019. Disponível em: https://cdn.cade.gov.br/Portal/centrais-de-conteudo/publicacoes/estudos-economicos/documentos-de-trabalho/2019/documento-de-trabalho-n02-2019-probabilidade-de-investigacao-e-aplicacao-de-medidas-antidumping-para-a-industria-brasileira-efeitos-para-a-concorrencia.pdf. Acesso em: 26 jul. 2023.

_____; _____; REMÉDIO, Rodrigo Ribeiro. *Antidumping e concorrência no Brasil*: uma avaliação empírica. Documento de Trabalho n. 001/2017. DEE/CADE, 2017. Disponível em: https://cdn.cade.gov.br/Portal/centrais-de-conteudo/publicacoes/estudos-economicos/documentos-de-trabalho/2017/documento-de-trabalho-n01-2017-antidumping-e-concorrencia-no-brasil-uma-avaliacao-empirica.pdf. Acesso em: 26 jul. 2023.

KELSEN, Hans. *Jurisdição constitucional*. Tradução do alemão de Alexandre Krug. Tradução do italiano de Eduardo Brandão. Tradução do francês de Maria Ermantina Galvão. São Paulo: Martins Fontes, 2003.

KENNEDY, Kevin C. *Competition law and the World Trade Organization*: limits of multilateralism. London: Sweet & Maxwell, 2001.

KHARMANDAYAN, Luiza. *Benchmarking internacional sobre dosimetria de penalidades antitruste*. Documento de Trabalho n. 004/2020. DEE/CADE, 2020. Disponível em: https://cdn.cade.gov.br/Portal/centrais-de-conteudo/publicacoes/estudos-economicos/documentos-de-trabalho/2020/documento-de-trabalho-n04-2020-benchmarking-internacional-sobre-dosimetria-de-penalidades-antitruste.pdf. Acesso em: 26 jul. 2023.

KLEIN, Philip A. *Economics Confronts the Economy*. Edward Elgar: MA, USA: 2006.

KOVACIC, William; SHAPIRO, Carl. Antitrust policy: a century of economic and legal thinking. *The Journal of Economic Perspectives*, p. 43-60, 2000. Disponível em: http://repositories.cdlib.org/i/cpc/CPC99-009/. Acesso em: 5 jul. 2005.

KROLL, Daniela. *Toward multilateral competition law?* — after Cancún: reevaluating the case for additional international competition rules under special consideration of the WTO agreement. Frankfurt/New York: Peter Lang, 2007.

LANCIERI, Filippo Maria; SAKOWSKI, Patricia Alessandra Morita. *Concorrência em mercados digitais*: uma revisão dos relatórios especializados. Documento de Trabalho n. 005/2020. DEE/CADE, 2020. Disponível em: https://cdn.cade.gov.br/Portal/centrais-de-conteudo/publicacoes/estudos-economicos/documentos-de-trabalho/2020/documento-de-trabalho-n05-2020-concorrencia-em-mercados-digitais-uma-revisao-dos-relatorios-especializados.pdf. Acesso em: 26 jul. 2023.

LANDE, Robert H.; MARVEL, Howard P. The three types of collusion: fixing prices, rivals, and rules. *Wisconsin Law Review*, v. 941, 2000. Disponível em: http://www.antitrustinstitute.org/recent/112.pdf. Acesso em: 12 jan. 2010.

LEÃES, Luiz Gastão Pães de Barros. O "dumping" como forma de abuso do poder econômico. *Revista de Direito Mercantil, Industrial, Econômico e Financeiro*, São Paulo, ano, v. 32, p. 5-15, 1993.

LEAL, João Paulo G. Cartéis. *Revista do IBRAC*, v. 8, n. 8, p. 47-86, 2001.

LESLIE, Christopher R. Antitrust, Amnesty, Game Theory, and Cartel Stability. *Journal of Corporation Law*, v. 31, p. 453-488, 2006. Disponível em: http://ssrn.com/abstract=924376. Acesso em: 4 dez. 2015.

LEVENSTEIN, Margaret. C.; SUSLOW, Valerie. Y. What determines cartel success? *Journal of Economic Literature*, v. 44, n.1, 2006. Disponível em: http://papers.ssrn.com/sol3/papers.cfm?abstract_id=299415. Acesso em: 4 dez. 2015.

_____. *Private International Cartels and their effect on developing countries* — backround paper for the World Bank's. World Development Report 2001, 9 January 2001. Disponível em: http://www.unix.oit.umars.edu/~maggiel/WDR2001.pdf. Acesso em: 20 jan. 2004.

LIFLAND, William T. *State Antitrust Law*. New York: Law Journal Press, 2005.

LIMA, Tatiana de Macedo Nogueira. *Aplicação de modelos de disposição a pagar no estudo da competição na saúde suplementar*. Documento de Trabalho n. 003/2020. DEE/CADE, 2020. Disponível em: https://cdn.cade.gov.br/Portal/centrais-de-conteudo/publicacoes/estudos-economicos/documentos-de-trabalho/2020/documento-de-trabalho-n03-2020-aplicacao-de-modelos-de-disposicao-a-pagar-no-estudo-da-competicao-na-saude-suplementar.pdf. Acesso em: 26 jul. 2023.

_____. *Aprendizado de máquina e antitruste*. Documento de Trabalho n. 003/2022. DEE/CADE, 2022. Disponível em: https://cdn.cade.gov.br/Portal/centrais-de-conteudo/publicacoes/estudos-economicos/documentos-de-trabalho/2022/DOC_003-2022_Aprendizado-de-maquina-e-antitruste.pdf. Acesso em: 26 jul. 2023.

_____. *Ensaio sobre o mercado de saúde suplementar*. Documento de Trabalho n. 004/2021. DEE/CADE, 2021. Disponível em: https://cdn.cade.gov.br/Portal/centrais-de-conteudo/publicacoes/estudos-economicos/documentos-de-trabalho/2021/Documento%20de%20Trabalho%20-%20Ensaio%20sobre%20o%20mercado%20de%20sa%C3%BAde%20suplementar.pdf. Acesso em: 26 jul. 2023.

LOEWENSTEIN, Karl. *Teoría de la Constitución*. Barcelona: Ediciones Ariel Esplugues de Lobregat, 1970.

LUCINDA, Cláudio; CUIABANO, Simone Maciel. *Prevenção ótima de cartéis*: o caso dos peróxidos no Brasil. Documento de Trabalho n. 002/2016. DEE/CADE, 2016. Disponível em: https://cdn.cade.gov.br/Portal/centrais-de-conteudo/publicacoes/

estudos-economicos/documentos-de-trabalho/2016/documento-de-trabalho-n02-2016-prevencao-otima-de-carteis-o-caso-dos-peroxidos-no-brasil.pdf. Acesso em: 26 jul. 2023.

LUVIZOTTO, Barbara. *A aplicação da teoria dos efeitos nos atos de concentração*: análise à luz da lei antitruste brasileira e da experiência internacional. 2014. Monografia (Trabalho de Conclusão de Curso) – Faculdade de Direito de Ribeirão Preto, Universidade de São Paulo, Ribeirão Preto, 2014.

MARKHAM, Jesse W. The nature and significance of price leadership. *The American Economic Review*, v. 41, n. 5, 1951.

MARQUES, Verônica do Nascimento. Concorrência nos mercados de trabalho: os desafios na delimitação do mercado relevante antitruste. In: ATHAYDE, Amanda, et al. (coord.). *Mulheres no antitruste*. Vol. 4. São Paulo: Singular, 2021. Disponível em: https://www.womeninantitrust.org/_files/ugd/0a4ea1_7641c27fbf6047eebf5f9c3667d fed74.pdf.

MARRARA, Thiago. *Sistema Brasileiro de Defesa da Concorrência*: organização, processos e acordos administrativos. São Paulo: Atlas, 2015.

MARTINEZ, Ana Paula. Defesa da concorrência: o combate aos cartéis internacionais. *Revista do IBRAC*, São Paulo, v. 10, n. 1, p. 175-198, 2003.

_____. Jurisdição extraterritorial em direito da concorrência: balanço e perspectivas. *Revista da Faculdade de Direito da Universidade de São Paulo*, v. 101, p. 1047-1075, jan./dez. 2006

_____. *Repressão a cartéis*: interface entre direito administrativo e direito penal. São Paulo: Singular, 2013.

MARTINS, Fernanda Lopes. *Os mercados de trabalho e o direito antitruste brasileiro*: acordos de não contratação e trocas de informações sensíveis. São Paulo: Dialética, 2022.

_____. Trocas de informações sensíveis sobre termos e condições de trabalho no direito antitruste brasileiro. In: GABAN, Eduardo; KLEIN, Vinícius (coord.). *Concorrência e inovação*: reflexões e insights. ISBN: 978-65-996536-0-5. Disponível em: https://ibcibr.com.br/downloads/IBCI_Livro_-_Concorr%C3%AAncia_e_Inova%C3%A7%C3%A3o_-_Reflex%C3%B5es_e_Insights.pdf.

MÁRTIRES COELHO, Inocêncio. *Interpretação constitucional*. 2. ed. Porto Alegre: Sergio Antonio Fabris, 2003.

MATSUSHITA, Mitsuo. Export control and export cartels in Japan. *Harvard International Law Journal*, Cambridge, v. 20, n. 1, p. 102-128, 1979.

_____. Cartels under the japanese antimonopoly law. In: CHENG, Chia-Jui; LIU, Lawrence S.; WANG, Chih-Kang. *International Harmonization of Competition Laws*. The Netherlands: Martins Nijhoff, 1995, p. 61-73.

_____. International cooperation in the enforcement of competition. *Washington University Global Studies Law Review*, v. 1, p. 473-475, 2002. Disponível em: http://www.worldtradelaw.net/articles/matsushitacompetition.pdf. Acesso em: 20 out. 2006.

MAXIMILIANO, Carlos. *Hermenêutica e aplicação do direito*. 20. ed. Rio de Janeiro: Forense, 2011.

MCGINNIS, John O. Robert Bork: Intellectual Leader of the Legal Right. *The University of Chicago Law Review Dialogue*, v. 80, p. 235-242, 2013.

MC NULTY, Paul J. A note on the history of perfect competition. *The Journal of Political Economy*, p. 395-399, 1967.

MEIRELLES TEIXEIRA, J. H. *Curso de direito constitucional*. São Paulo: Forense Universitária, 1997.

MERCOSUL. *General Office of Mercosur. Protocolo de Fortaleza*. Disponível em: http://algarbull.com.uy/secretariamercosur.html. Acesso em: 22 set. 2003.

_____. General Office of Mercosur. *Acordo sobre o Regulamento do Protocolo da Concorrência*, 2002. Disponível em: http://www.sice.oas.org/trade/MRCSR/agcompop.asp. Acesso em: 15 jan. 2004.

_____. General Office of Mercosur. *Tratado de Assunção*. Disponível em: http://www.mercosur.org.uy. Acesso em: 15 jan. 2004.

_____. *Entendimento sobre cooperação entre as autoridades de defesa da concorrência dos estados partes do mercosul para a aplicação de suas leis nacionais de concorrência* (MERCOSUL/CMC/DEC. n. 04/04), artigo II, 2.

MIGOWSKI, Vinícius Fonseca. *A tutela da livre concorrência no direito penal contemporâneo*. III Prêmio SEAE, 2008. Disponível em: http://www.esaf.fazenda.gov.br/. Acesso em: 7 dez. 2015.

MIRANDA, Jorge. *Manual de direito constitucional*. 2. ed. t.2. Coimbra: Ed. Coimbra, 1983.

MOBLEY, Samantha et al. *The new EU rules on competitor collaboration*: a step towards greater clarity, 2010. Disponível em: http://www.bakermckenzie.com/ALAntitrustEURulesCompetitorCollabrationDec10/. Acesso em: 26 ago. 2011.

MORGAN, Thomas D. *Cases and materials on modern antitrust law and its origins*. 3. ed. St. Paul: Thomson/West, 2005.

_____. *Cases and materials on modern antitrust law and its origins*. 4. ed. St. Paul: West, Thomson Reuters Business, 2009.

NAIDU, S.; POSNER, E. A.; WEYL, E. G. Antitrust Remedies for Labor Market Power. *Harvard Law Review*, Cambridge, MA, 23 fev. 2018.

NORTH, Douglass C. *Instituciones, cambio institucional y desempeño económico*. México: Fondo de Cultura Económica, 2001.

NOTTAGE, Hunter. Trade and competition in the WTO: pondering the applicability of special and differential treatment. *Journal of International Economic Law*, Oxford, v. 6, n. 1, p. 23-47, 2003.

NUSDEO, Ana Maria de Oliveira. *Defesa da concorrência e globalização econômica — o controle da concentração de empresa*. São Paulo: Malheiros, 2002.

NUSDEO, Fábio. *Curso de economia — introdução ao direito econômico*. 7. ed. rev. e atual. São Paulo: Revista dos Tribunais, 2013.

OLIVEIRA, Gesner. Poder dos cartéis e poder burocrático. *Folha de S. Paulo*, São Paulo, 19 ago. 2000. Disponível em: http://www.race.nuca.ie.ufrj.br/journal/o/oliveira5.doc. Acesso em: 12 jun. 2003.

_____. *Concorrência no Brasil e no mundo*. São Paulo: Saraiva, 2001.

_____; RODAS, João Grandino. *Direito e economia da concorrência*. São Paulo: Renovar, 2004.

OLIVEIRA, Glauco Avelino Sampaio. *Indicadores de concorrência: discussão conceitual e testes empíricos*. Documento de Trabalho n. 002/2017. DEE/CADE, 2017. Disponível em: https://cdn.cade.gov.br/Portal/centrais-de-conteudo/publicacoes/estudos-economicos/documentos-de-trabalho/2017/documento-de-trabalho-n02-2017-indicadores-de--cconcorrencia-discuss%C3%A3o-conceitual-e-testes-empiricos.pdf. Acesso em: 26 jul. 2023.

OLIVEIRA, Odete Maria de. *União Europeia* — processo de integração e mutação. Curitiba: Juruá, 1999.

OPPENHEIM, Lassa. *International Law*: A Treatise. v. I. 3. ed. Clark: The Lawbook Exchange, 2005.

ORBACH, B; REBLING, G. The antitrust curse of bigness. *Southern California Law Review*, v. 85, n. 11, p. 605-655, maio, 2012.

ORGANISATION FOR ECONOMIC COOPERATION AND DEVELOPMENT — OECD. *About OECD* (Organisation for Economic Cooperation and Development). Disponível em: http://www.oecd.org/about/0,2337,en_2649_201185_1_1_1_1_1,00.html. Acesso em: 20 set. 2004.

_____; Banco Mundial. *Diretrizes para elaboração e implementação de política de defesa da concorrência*. São Paulo: Singular, 2003.

_____. *Crisis Cartels*. Policy roundtables, 2011, Disponível em: http://www.oecd.org/competition/cartels/48948847.pdf. Acesso em: 6 dez. 2015.

_____. Competition Issues on Labour Markets – Note by Brazil. Paris. 5 jun. 2019. Disponível em: https://one.oecd.org/document/DAF/COMP/WD(2019)51/en/pdf.

_____. *Eighth Global Forum on Competition*, 19-20 February 2009, Paris (France). Disponível em: http://www.oecd.org/document/33/0,3343,en_40382599_40393105_41512929_1_1_1_1,00.html. Acesso em: 26 ago. 2011.

_____. *Fighting hard-core cartels* — harm, effective sanctions and leniency programmes. Disponível em: http://www.oecd.org/dataoecd/41/44/1841891.pdf. Acesso em: 22 set. 2003.

_____. Global Forum on Competition. *Competition Policy, Industrial Policy and National Champions* — Contribution from Brazil. Session I. The Relationship Between Competition Policy, Industrial Policy and National Champions-Brazil. DAF/COMP/GF/WD(2009)15, 19 Jan. 2009. Disponível em: http://www.oecd.org/dataoecd/59/ 7/42010847.pdf. Acesso em: 26 ago. 2011.

_____. Global Forum on Competition. *Questionnaire On The Challenges Facing Young Competition Authorities* — Contribution from Brazil — Session III. DAF/COMP/GF/WD(2009) 51. 2 February 2009. Disponível em: http://www.oecd.org/dataoecd/59/6/42010868.pdf. Acesso em: 26 ago. 2011.

_____. Global Forum on Competition. *The Role of Competition Authorities in the Management of Economic Crises*. Note by the Secretariat. Session V. DAF/COMP/GF(2009)4 02-Feb-2009. Disponível em: http://www.oecd.org/dataoecd/23/47/42062150.pdf. Acesso em: 26 ago. 2011.

_____. *Guia de Avaliação de Concorrência* – diretrizes. 2011. Disponível em: http://www.oecd.org/daf/competition/49418818.pdf. Acesso em: 6 dez. 2015.

_____. *Hard core cartels*: new initiatives, old problems: a report on implementing the *hard core* cartel recommendation and improving co-operation report by the CLP. *Journal of Competition Law and Policy*, v. 2, p. 11-56. 2000.

_____. *Journal of Competition Law and Policy*. Disponível em: http://www.oecd.org/document/39/0,2340,en_2649_37463_1915239_1_1_1_37463,00.htm. Acesso em: 13 dez. 2004.

_____. Judicial performance and its determinants: a cross-country perspective. OECD Economic Policy *Paper* series n. 05. OCDE Publishing, junho de 2013, p. 26-27. Disponível em: Judicial performance and its determinants: a cross-country perspective - OECD. Acesso em: 20 jul. 2023.

_____. *Lei e Política de Concorrência no Brasil*: uma revisão pelos pares. 2010. Disponível em: http://www.oecd.org/daf/competition/45154401.pdf. Acesso em: 2 dez. 2015.

_____. Power Buyer: The exercise of market power by dominant buyers. Report of committee of Experts on Restrictive Business Practices. DOBSON, WATERSON, CHU (1998). *The welfare consequences of the exercise of the buyer power*. OECD, 1981. DOBSON, WATERSON, CHU. *OFT Research Paper*, n.16, September, 1998. Disponível em: http://www.oecd.org. Acesso em: 12 jan. 2005.

_____. *Recommendation of the council concerning action against inflation in the field of Competition Policy* — 14 dez. 1971 — C(71)205(Final). Disponível em: http://webdomino1.oecd.org/horizontal/oecdacts.nsf/Display/BAB7AFC2F3CFC4DBC1256F900021E8F6?OpenDocument. Acesso em: 26 ago. 2011.

_____. *Recommendation of the council concerning action against restrictive business practices affecting international trade including those involving multinational enterprises* — 20 jul. 1978 — C(78)133 (Final). Disponível em: http://webdomino1.oecd.org/horizontal/oecdacts.nsf/Display/4AB2626EC02976A6C1256F8E007D4B28?OpenDocument. Acesso em: 13 out. 2004.

_____. *Recommendation of the Council concerning Effective Action Against Hard core Cartels* — C(98)35 (Final). Disponível em: http://webdomino1.oecd.org/horizontal/oecdacts.nsf/Display/F89BA21247E1ADA7C1256F8F00205695?OpenDocument. Acesso em: 20 set. 2003.

_____. *Recommendation of the Council for Co-operation between Member Countries in Areas of Potential Conflict between Competition and Trade Policies* — 23 out. 1986 — C(86)65(final). Disponível em: http://webdomino1.oecd.org/horizontal/oecdacts.nsf/linkto/C(86)65. Acesso em: 13 out. 2004.

_____. *Recommendation of the Council concerning Co-operation between Member Countries on Anticompetitive Practices affecting International Trade* — 28 jul. 1995 — C(95)130(final). Disponível em: http://webdomino1.oecd.org/horizontal/oecdacts.nsf/Display/E7EEC128EA920B33C1256F8F001DA8FF?OpenDocument. Acesso em: 26 ago. 2011.

_____. *Recommendation of the Council concerning Structural Separation in Regulated Industries* — 26 abr. 2001 — C(2001)78. Disponível em: http://webdomino1.oecd.org/horizontal/oecdacts.nsf/Display/11B6AB78C752B732C1256F90001A683A?OpenDocument. Acesso em: 26 ago. 2011.

_____. *Recommendation of the council on competition policy and exempted or regulated sectors* — C(79)155(Final). Disponível em: http://webdomino1.oecd.org/horizontal/oecdacts.nsf/Display/320BB740C5AD1A8CC1256F900024EEE4?OpenDocument. Acesso em: 26 ago. 2011.

_____. *Recommendation of the OECD Council concerning International Co-operation on Competition Investigations and Proceedings.* 2014. Disponível em: http://www.oecd.org/daf/competition/2014-rec-internat-coop-competition.pdf. Acesso em: 2 dez. 2015.

_____. *Recommendation of the OECD Council on Competition Assessment.* 2009. Disponível em: http://www.oecd.org/daf/competition/OECDCoucilRecommendation-CompetitionAssessment.pdf. Acesso em: 26 jul. 2023.

_____. *Recommendation on Fighting Bid Rigging in Public Procurement.* 2012. Disponível em: http://www.oecd.org/daf/competition/2014-rec-internat-coop-competition.pdf. Acesso em: 2 dez. 2015.

_____. *Reports. Hard core Cartels,* 2000. Disponível em: http://www.oecd.org/dataoecd/39/63/2752129.pdf. Acesso em: 26 ago. 2011.

_____. *Report on Experiences with Structural Separation.* 2011. Disponível em: http://www.oecd.org/daf/competition/sectors/50056685.pdf. Acesso em: 2 dez. 2015.

_____. *The resolution of competition cases by specialized and generalist courts*: stockating of international experiences. 2017, Disponível em: The resolution of competition cases by specialised and generalist courts: Stocktaking of international experiences – OECD. Acesso em: 20 jul. 2023.

ORGANIZAÇÃO DAS NAÇÕES UNIDAS — ONU. UNCTAD. XII *Accra Accord and the Accra Declaration,* 2008. UNCTAD/IAOS/2008/2. Disponível em: http://www.unctad.org/en/docs//iaos20082_en.pdf. Acesso em: 26 ago. 2011.

_____. UNCTAD. *Ad-hoc Expert Meeting on Competition Law and Policy*: Peer Review as a tool for cooperation, exchange of Experiences and Best Practices. Disponível em:http://r0.unctad.org/en/subsites/cpolicy/docs/meet_july04/Peer_Review_Meeting_Programme.pdf. Acesso em: 26 ago. 2011.

_____. UNCTAD. *Capacity Building and Technical Assistance* — Building credible competition authorities in developing and transition economies. Disponível em: http://www.unctad.org/sections/wcmu/docs/tdrbpconf6p043_en.pdf. Acesso em: 26 ago. 2011.

_____. UNCTAD. *Review of capacity-building and technical assistance in the area of competition law and policy in 2009.* Disponível em: https://unctad.org/system/files/official-document/ciclpd5_en.pdf. Acesso em: 21 set. 2023.

_____. UNCTAD. *Fourth United Nations Conference to review all aspects of the set of multilaterally agreed equitable principles and rules for the control of restrictive business practices* TD/RBP/CONF.5/15-4. Disponível em: http://www.unctad.org/en/docs/tdrbpconf5d16.en.pdf. Acesso em: 5 dez. 2006.

_____. UNCTAD. Relatório TD/B/C.I/CLP/29. Informal cooperation among competition agencies in specific cases. Jun. 2014. Disponível em: http://unctad.org/meetings/en/SessionalDocuments/ciclpd29_en.pdf. Acesso em: 5 dez. 2015.

_____. *Report of the United Nations Conference on trade and development on its tenth session*. TD/390, 21 set. 2000. Disponível em: http://www.unctad-10.org/pdfs/ux_td390.en.pdf. Acesso em: 26 ago. 2011.

_____. UNCTAD. *São Paulo Consensus* — TD/410. Disponível em: http://www.unctad.org/en/docs/td410_en.pdf. Acesso em: 26 ago. 2011.

_____. UNCTAD. 2009 Report. *Technical Cooperation Activities*. TD/B/C.I/CLP/5, 2009. Disponível em: http://www.unctad.org/en/docs/ciclpd5_en.pdf. Acesso em: 26 ago. 2011.

_____. UNCTAD. Resolução. *Seventh United Nations Conference to Review All Aspects of the Set of Multilaterally Agreed Equitable Principles and Rules for the Control of Restrictive Business Practices*. Jul. 2015. Disponível em: http://unctad.org/meetings/en/SessionalDocuments/tdrbpconf8_resolution_en.pdf. Acesso em: 9 dez. 2015.

_____. UNCTAD. *General Assembly Resolutions*. Disponível em: http://www.un.org/Depts/dhl/resguide/gares.htm. Acesso em: 8 ago. 2011.

_____. UNCTAD. *Session of Intergovernmental Group of Experts*. 14. 2014, Geneva. Communication strategies of competition authorities as a tool for agency effectiveness. Disponível em: http://unctad.org/meetings/en/Presentation/CCPB_IGE2014_RTPRESComStr_UNCTAD_en.pdf. Acesso em: 5 dez. 2015.

ORGANIZAÇÃO MUNDIAL DO COMÉRCIO — OMC. *Cancún Ministerial Text* — second revision. Disponível em: http://www.wto.org/english/thewto_e/minist_e/min03_e/draft_decl_rev2_e.htm. Acesso em: 26 ago. 2011.

_____. *Communication from the European Community and its Member States to the Competition Policy*. WT/WGTCP/W/193. Disponível em: http://www/wto.org. Acesso em: 26 ago. 2011.

_____. *Disposiciones sobre los Cárteles Intrínsicamente Nocivos*. WT/WGTCP/191 — Disposiciones sobre los Cárteles Intrínsicamente Nocivos. Disponível em: http://www.wto.org/spanish/res_s/booksp_s/anrep_s/anrep04_s.pdf. Acesso em: 26 ago. 2011.

_____. *Doha Ministerial Declaration* WT/MIN/1/DEC/01. 14 Nov. 2001. Disponível em: http://www/wto.org. Acesso em: 26 ago. 2011.

_____. *Draft Cancún Ministerial Text* — second revision. Disponível em: http://www.wto.org/english/thewto_e/minist_e/min03_e/draft_decl_rev2_e.htm. Acesso em: 26 ago. 2011.

_____. *The Doha Declaration explained*. Disponível em: http://www.wto.org/English/tratop_e/dda_e/dohaexplained_e.htm. Acesso em: 26 ago. 2011.

_____. *The Sixth WTO Ministerial Conference* — Hong Kong. Disponível em: http://www.wto.org/English/thewto_e/minist_e/min05_e/min05_e.htm. Acesso em: 26 ago. 2011.

_____. *Trade and Competition Policy. Dealing with cartels and other anticompetitive practices* — Cancún WTO Ministerial 2003: Briefing notes. Disponível em: http://www.wto.org/english/thewto_e/minist_e/min03_2/brief_e/brief08_e.htm. Acesso em: 26 ago. 2011.

_____. *Trade And Competition Policy*. WT/WGCP/1, WT/WGCP/2, WT/WGCP/3, WT/WGCP/4, WT/WGCP/5, WT/WGTCP/W/197, WT/WGTCP/W/193. Disponível em: http://www/wto.org. Acesso em: 26 ago. 2011.

_____. *Understanding the WTO*: Cross-Cutting and New Issues. Disponível em: http://www.wto.org/english/thewto_e/whatis_e/tif_e/bey3_e.htm. Acesso em: 26 ago. 2011.

_____. *What is the WTO?* Disponível em: http://www.wto.org/english/thewto_e/whatis_e/whatis_e.htm. Acesso em: 26 ago. 2011.

_____. WT/MIN (96)/DEC. Disponível em: http://www.wto.org/english/thewto_e/minist_e/min96_e/wtodec_e.htm. Acesso em: 26 ago. 2011.

_____. WT/WGCP/1. Disponível em: http://www.wto.org. Acesso em: 26 ago. 2011.

_____. WT/WGCP/2. Disponível em: http://www.wto.org. Acesso em: 26 ago. 2011.

_____. WT/WGCP/3. Disponível em: http://www.wto.org. Acesso em: 26 ago. 2011.

_____. WT/WGCP/4. Disponível em: http://www.wto.org. Acesso em: 26 ago. 2011.

_____. WT/WGCP/5. Disponível em: http://www.wto.org. Acesso em: 26 ago. 2011.

_____. *WTO Decision-Making for the Future*. Economic Research and Statistics Division. Staff Working Paper ERSD, 02 de maio de 2011. Disponível em: https://www.wto.org/english/res_e/reser_e/ersd201105_e.pdf. Acesso em: dez. 2015.

PARETO, Vilfredo. *Manual de economia política*. São Paulo: Nova Cultural, 1987.

PEARSON, Edward S. *Law for European Business Studies*. Great Britain: Financial Times/Prentice Hall, 1994.

PEIRCE, Charles. S. *Semiótica*. 3. ed. São Paulo: Perspectiva, 1999.

PEIXE, Bernardo Sordo de Aquino. *Cooperação para inovação*: o papel do antitruste e das políticas públicas em diferentes países. Documento de Trabalho n. 003/2017. DEE/CADE, 2017. Disponível em: https://cdn.cade.gov.br/Portal/centrais-de-conteudo/publicacoes/estudos-economicos/documentos-de-trabalho/2017/documento-de-trabalho-n03-2017-cooperacao-para-inovacao-o-papel-do-antitruste-e-das-politicas-publicas-em-diferentes-paises.pdf. Acesso em: 26 jul. 2023.

PENTAGNA, Arthur P. *O antitruste na economia atual: uma discussão a partir dos questionamentos levantados pelos neobrandeisianos*. Dissertação (mestrado profissional) – Universidade Federal do Paraná, Setor de Ciências Sociais Aplicadas, Programa de Pós-Graduação em Desenvolvimento Econômico. 2019.

PEREIRA, Ana Cristina Paulo. *O novo quadro jurídico das relações comerciais na América Latina* — Mercosul. Rio de Janeiro: Lumen Juris, 1997.

PETTER, Lafayete Josué. *Direito econômico*. 7 ed. Porto Alegre: Verbo Jurídico, 2014.

PIMENTEL, Luiz Otávio; DEL NERO, Patrícia Aurélia. Propriedade intelectual. In: BARRAL, Welber. *O Brasil e a OMC*. Curitiba: Juruá, 2002.

PINTO, Alexandre Evaristo. A *Ordem Econômica Constitucional*. Estudos em celebração ao 1º Centenário da Constituição de Weimar. São Paulo: Revista dos Tribunais, 2019.

PITOFSKY, Robert. *The Political Content of Antitrust*. University of Pennsylvania Law Review, 127 (4), 1979.

PORTER, Michael E. *A vantagem competitiva das nações*. Rio de Janeiro: Campus, 1993b.

_____. *Estratégia competitiva*. Rio de Janeiro: Campus, 1993a.

POSNER, Richard. *Antitrust law*. 2. ed. Chicago: The University of Chicago Press, 2001.

_____. *El análisis económico del derecho*. México: Fondo de Cultura Económica, 1998.

_____. *Natural monopoly and its regulation*. 30th anniversary edition. Washington: CATO Institute, 1999.

_____. Theories of Economic Regulation. *The Bell Journal of Economics and Management Science*. v. 5. n. 2 (autumn, 1974), p. 335-358.

POSNER, Eric; WEYL, Glen. *Mercados radicais*: reinventando o capitalismo e a democracia para uma sociedade justa. Edição Digital. Trad. Denise Bottmann. São Paulo: Portfolio Penguing, 2019.

POSSAS, Mario Luiz. *Ensaios sobre economia e direito da concorrência*. São Paulo: Singular, 2002.

POSSAS, Mário; PONDÉ, João Luis; FAGUNDES, Jorge. *Regulação da concorrência nos setores de infraestrutura no Brasil*: elementos para um quadro conceitual. Texto publicado pela Universidade Federal do Rio de Janeiro — Instituto de Economia. Disponível em: http://www.ufrj.br/ie. Acesso em: 14 fev. 2005.

PRADO, Martha Asunción Enriquez Prado. *Direito da concorrência e posição dominante na União Europeia e Mercosul*. 1999. Tese (Doutorado em Direito das Relações Internacionais) – Faculdade de Direito, Pontifícia Universidade Católica, São Paulo, 1999.

PROENÇA, José Marcelo Martins. *Integração de empresas*: concentração, eficiência e controle, concentração empresarial e o direito da concorrência. São Paulo: Saraiva, 2001.

QAQAYA, H.; LIPIMILE, G. *The effects of anti-competitive business practices on developing countries and their development prospects*. UNCTAD/DITC/CLP/2008/2. New York/Geneva: United Nations, 2008.

RAFFOUL, Jacqueline Salmen. Benchmarking Internacional sobre as instituições de Defesa da Concorrência e de Proteção de Dados. Documento de Trabalho n. 002/2021. DEE/CADE. 2021. Disponível em: https://cdn.cade.gov.br/Portal/centrais-de-conteudo/publicacoes/estudos-economicos/documentos-de-trabalho/2021/Documento%20de%20Trabalho%20-%20Benchmarking-internacional-Defesa-da-Concorrecia-e-Proteacao-de-dados.pdf. Acesso em: 26 jul. 2023.

RAMOS, Marcelo. *Modificações no sistema antitruste brasileiro introduzidas pela Lei n. 10.149*. SEAE, Documento de trabalho n. 5, outubro 2000. Disponível em: http://www.fazenda.gov.br/seae. Acesso em: 15 jun. 2006.

REALE JÚNIOR, Miguel. Despenalização no direito penal econômico: uma terceira via entre o crime e a infração administrativa? *Revista Brasileira de Ciências Criminais*. ano 7. n. 28. out.-dez. 1999.

REED, S. F.; LAJOUX, A. R.; NESVOLD, H. P. *The Art. of M&A*: A Merger Acquisition Buyout Guide. 4. Ed. [S. l.]: McGrawHill, 2007.

REGO, Cristiane Roberta Franco da Cruz. *Reparação de danos como desestímulo à prática de cartel*: uma abordagem prática. Dissertação (mestrado profissional) – Escola de Direito de São Paulo da Fundação Getúlio Vargas. Orientador: Caio Mário da Silva Pereira Neto. 2017, p. 40-41 e p. 119. Disponível em: https://bibliotecadigital.fgv.br/dspace/bitstream/handle/10438/23909/Cristiane%20Rego%20FGV%20 mestrado%20profissional%20biblioteca%20digital.pdf?sequence=1&isAllowed=y. Acesso em: 25 jul. 2023.

RENZETTI, Bruno Polonio. Cláusulas de não concorrência no direito concorrencial e trabalhista. *Revista do Ibrac*, n. 1, 2022. Disponível em: https://ibrac.org.br/UPLOADS/PDF/RevistadoIBRAC/Revista_IBRAC_1_2022.pdf.

RESENDE; Guilherme Mendes; CASTRO, Ricardo Medeiros de; MUNDIM, Felipe Neiva. *Departamento de Estudos Econômicos do Cade*: passado, presente e futuro. Documento de Trabalho n. 006/2020. DEE/CADE, 2020. Disponível em: https://cdn.cade.gov.br/Portal/centrais-de-conteudo/publicacoes/estudos-economicos/documentos-de-trabalho/2020/documento-de-trabalho-n06-2020-departamento-de-estudos-economicos-do-cade-passado-presente-e-futuro.pdf. Acesso em: 26 jul. 2023.

_____; _____; _____. *Departamento de Estudos Econômicos do Cade e os 10 anos de vigência de Lei n. 12.529/2011*. Documento de Trabalho n. 006/2022. DEE/CADE, 2022. Disponível em: https://cdn.cade.gov.br/Portal/centrais-de-conteudo/publicacoes/estudos-economicos/documentos-de-trabalho/2022/DOC_006-2022_DEE-do-Cade-e-os-10-anos-de-vigencia-da-Lei-12.529_2011.pdf. Acesso em: 27 jul. 2023.

_____; LIMA, Ricardo Carvalho de Andrade. *Efeitos concorrenciais da economia do compartilhamento no Brasil*: a entrada da Uber afetou o mercado de aplicativos de táxi entre 2014 e 2016?. Documento de Trabalho n. 001/2018. DEE/CADE, 2018. Disponível em: https://cdn.cade.gov.br/Portal/centrais-de-conteudo/publicacoes/estudos-economicos/documentos-de-trabalho/2018/documento-de-trabalho-n01-2018-efeitos-concorrenciais-da-economia-do-compartilhamento-no-brasil-a-entrada-da-uber-afetou-o-mercado-de-aplicativos-de-taxi-entre-2014-e-2016.pdf. Acesso em: 26 jul. 2023.

_____; _____. *Using the Moran's I to Detect Bid Rigging in Brazilian Procuremente Auctions*. Documento de Trabalho n. 005/2019. DEE/CADE, 2019. Disponível em: https://cdn.cade.gov.br/Portal/centrais-de-conteudo/publicacoes/estudos-economicos/documentos-de-trabalho/2019/documento-de-trabalho-n05-2019-using-the-morans-i-to-detect-bid-rigging-in-brazilian-procurement-auctions.pdf. Acesso em: 26 jul. 2023.

_____; _____; MOTTA, Lucas Varjão. *Mensurando os benefícios de combate a cartéis*: o caso do cartel de britas. Documento de Trabalho n. 001/2019. DEE/CADE, 2019. Disponível em: https://cdn.cade.gov.br/Portal/centrais-de-conteudo/publicacoes/estudos-economicos/documentos-de-trabalho/2019/documento-de-trabalho-n01-2019-mensurando-os-beneficios-de-combate-a-carteis-o-caso-do-cartel-de-britas.pdf. Acesso em: 26 jul. 2023.

_____; MALAN, Fabiane Fernandes Hanones. *Estimação de sobrepreço em cartéis*: o caso do cartel de combustíveis na região metropolitana de Belo Horizonte/MG. Documento de Trabalho n. 007/2022. DEE/CADE, 2022. Disponível em: https://cdn.cade.gov.br/Portal/centrais-de-conteudo/publicacoes/estudos-economicos/documentos-de-trabalho/2022/DOC_007-2022_Estimacao-de-sobrepreco-em-carteis-cartel-de-BH.pdf. Acesso em: 26 jul. 2023.

_____; MOTTA, Lucas Varjão. *Mensurando os benefícios de combate a cartéis*: o caso do cartel de combustíveis no Distrito Federal. Documento de Trabalho n. 004/2019. DEE/

CADE, 2019. Disponível em: https://cdn.cade.gov.br/Portal/centrais-de-conteudo/publicacoes/estudos-economicos/documentos-de-trabalho/2019/documento-de-trabalho-n04-2019-mensurando-os-beneficios-de-combate-a-carteis-o-caso-do-cartel-de-combustiveis-no-distrito-federal.pdf. Acesso em: 26 jul. 2023.

_____; PINTO, Thiago Luis dos Santos. *Mensuração dos benefícios esperados da atuação do Cade em 2019*. Documento de Trabalho n. 007/2020. DEE/CADE, 2020. Disponível em: https://cdn.cade.gov.br/Portal/centrais-de-conteudo/publicacoes/estudos-economicos/documentos-de-trabalho/2020/documento-de-trabalho-n07-mensuracao-dos-beneficios-esperados-da-atuacao-do-cade-em-2019.pdf. Acesso em: 26 jul. 2023.

_____; _____; MOTTA, Lucas Varjão. *Mensuração dos benefícios esperados da atuação do Cade em 2018*. Documento de Trabalho n. 001/2020. DEE/CADE, 2020. Disponível em: https://cdn.cade.gov.br/Portal/centrais-de-conteudo/publicacoes/estudos-economicos/documentos-de-trabalho/2020/documento-de-trabalho-n01-2020-mensuracao-dos-beneficios-esperados-da-atuacao-do-cade-em-2018.pdf. Acesso em: 27 jul. 2023.

_____; _____; SANTOS, Nicole Chama. *Mensuração dos benefícios esperados da atuação do Cade em 2020*. Documento de Trabalho n. 005/2021. DEE/CADE, 2021. Disponível em: https://cdn.cade.gov.br/Portal/centrais-de-conteudo/publicacoes/estudos-economicos/documentos-de-trabalho/2021/Documento-de-Trabalho_Mensuracao-dos-beneficios-esperados-da-atuacao-do-Cade-em-2020.pdf. Acesso em: 27 jul. 2023.

_____; _____; _____. *Mensuração dos benefícios esperados da atuação do Cade em 2021*. Documento de Trabalho n. 001/2022. DEE/CADE, 2022. Disponível em: https://cdn.cade.gov.br/Portal/centrais-de-conteudo/publicacoes/estudos-economicos/documentos-de-trabalho/2022/DOC_001-2022_Mensuracao-dos-beneficios-esperados-da-atuacao-do-Cade-em-2021.pdf. Acesso em: 27 jul. 2023.

_____; _____; _____; ROCHA, Diandra Carolina de Oliveira. *Mensuração dos benefícios esperados da atuação do Cade em 2022*. Documento de Trabalho n. 001/2023. DEE/CADE, 2023. Disponível em: https://cdn.cade.gov.br/Portal/centrais-de-conteudo/publicacoes/estudos-economicos/documentos-de-trabalho/2023/DT_001-Beneficios-de-atuacao-do-Cade-em-2022.pdf. Acesso em: 27 jul. 2023.

_____; PORDEUS, Lucas Silveira. *Avaliação ex-post de ato de concentração*: O Caso BVMF-CETIP. Documento de Trabalho n. 005/2022. DEE/CADE, 2022. Disponível em: https://cdn.cade.gov.br/Portal/centrais-de-conteudo/publicacoes/estudos-economicos/documentos-de-trabalho/2022/DOC_005-2022_Avaliacao-ex-post-de--AC_O-caso-BVMF-CETIP_vf.pdf. Acesso em: 26 jul. 2023.

_____; SEVERINO, Lílian Santos Marques; BISPO, Felippe Costa. *Avaliação ex-post de ato de concentração*: O caso Sadia-Perdigão. Documento de Trabalho n. 003/2019. DEE/CADE, 2019. Disponível em: https://cdn.cade.gov.br/Portal/centrais-de-conteudo/publicacoes/estudos-economicos/documentos-de-trabalho/2019/documento-de-trabalho-n03-2019-avaliacao-ex-post-de-ato-de-concentracao-o-caso-sadia-perdigao.pdf. Acesso em: 26 jul. 2023.

_____; _____; LIMA, Ricardo Carvalho de Andrade. *Ex post mergers evaluation*: Evidence from the Brazilian airline industry. Documento de Trabalho n. 003/2021. DEE/CADE, 2021. Disponível em: https://cdn.cade.gov.br/Portal/centrais-de-conteudo/publicacoes/estudos-economicos/documentos-de-trabalho/2021/Documento-de-Trabalho_Ex-post-mergers-evaluation-Evidence-from-the-Brazilian-airline-industry-versao-final.pdf. Acesso em: 20 jul. 2023.

ROCKEFELLER, S. Edwin. *A religião do antitruste*. São Paulo: Singular, 2009.

ROMERO, Anna Paula Berhnes. As restrições verticais e a análise econômica do direito. *Revista Direito GV*, v. 2, n.1, p. 11-36, 2006.

ROTEMBERG, Julio J.; SALONER, Garth. Collusive price leadership. *The Journal of Industrial Economics*, p. 93-111, 1990. Disponível em: http://www.people.hbs.edu/jrotemberg/PublishedArticles/CollusivePriceLeadership_90.pdf. Acesso em: 7 dez. 2015.

ROTHENBURG, Walter Claudius. *Princípios constitucionais*. 2. tir. Porto Alegre: Sergio Antonio Fabris, 2003.

SALAZAR-XIRINACHS, J. M.; ROBERT, M. *Toward free trade in the Americas*. Washington: Brookings Institution, 2002.

SALGADO, Lucia Helena. *A economia política da ação antitruste*. São Paulo: Singular, 1997.

SALOMÃO FILHO, Calixto. Apontamentos para formulação de uma teoria jurídica dos cartéis. *Revista de Direito Mercantil Industrial, Econômico e Financeiro*, n. 121, p. 20-29, jan./mar. 2001.

_____. *Direito concorrencial*: as estruturas. São Paulo: Malheiros, 1998.

_____. *Direito concorrencial*: as condutas. São Paulo: Malheiros, 2003b.

_____. *Direito concorrencial*. São Paulo: Malheiros, 2013.

_____. *Regulação da atividade econômica (princípios e fundamentos jurídicos)*. São Paulo: Malheiros, 2001.

_____. *Regulação e desenvolvimento*. São Paulo: Malheiros, 2003a.

SANTACRUZ, Rui Afonso. Cartel na lei antitruste: o caso da indústria brasileira de aços planos. In: MATTOS, Cesar (org.). *A revolução antitruste no Brasil*. São Paulo: Singular, 2003.

SANTOS, Marcelo H. G. Rivera. Ônus da prova na ação privada de ressarcimento civil derivada de conduta anticoncorrencial. *Revista dos Tribunais*. v. 104, n. 959. Setembro de 2015. Disponível em: https://juslaboris.tst.jus.br/handle/20.500.12178/113865. Acesso em: 25 jul. 2023.

SCHERER, Frederic. *Industrial market structure and economic performance*. 2. ed. Boston: Houghton Mifflin, 1980.

SCHMIDT, Christiane Alkmin J. *Hipster Antitrust*: poder de mercado e bem-estar do consumidor na Era da Informação. Antitruste Law and Economics. *Jota*, 28/12/2018. Disponível em: https://www.jota.info/opiniao-e-analise/colunas/coluna-da-cristiane-alkmin/hipster-antitrust-poder-de-mercado-e-bem-estar-do-consumidor-na-era-da-informacao-28122018. Acesso em: 20 nov. 2022.

SCHONEVELD, Frank R. Cartel sanctions and international competition policy: cross-border cooperation and appropriate forums for cooperation. *World Competition: Law and Economics Review*, v. 26, The Netherlands, p. 433-471, 2003.

SCHUARTZ, Luis Fernando. O direito da concorrência e seus fundamentos: racionalidade e legitimidade na aplicação da Lei n. 8.884/94. *Revista de Direito Mercantil*, São Paulo, n. 117, p. 57-86, 2000.

_____. Ilícito antitruste e acordos entre concorrentes. *Revista de Direito Mercantil Industrial, Econômico e Financeiro*, n. 124, p. 47-71, out./dez. 2001.

SCHUMPETER, Joseph A. *Teoria do desenvolvimento econômico*. São Paulo: Nova Cultural, 1985.

SEIXAS, Renato Nunes de Lima; LUCINDA, Claudio Ribeiro de. Computing Cartel Overcharges: when theory meets practice. Disponível em: https://www.scielo.br/j/ee/a/VfpJ5QcwWB7BjCLfy3Cr4cH/?lang=en#. Acesso em: 25 jul. 2023.

SEN, Amartya. *Desenvolvimento como liberdade*. São Paulo: Companhia das Letras, 2000.

SHER, Brian; SICALIDES, Barbara. *Competitor collaborations*: new EU guidelines and US Law combined. *Competition Handbook*. Practical Law Company, 2011.

SIEBER, Ulrich. Programas de *Compliance* no direito penal empresarial: um novo conceito para o controle da criminalidade econômica. Tradução por Eduardo Saad Diniz. In: OLIVEIRA, William T. [et al.] (orgs.). *Direito penal econômico*: estudos em homenagem aos 75 anos do Professor Klaus Tiedemann. São Paulo: LiberArs, 2013.

SILVA, Lucia Helena Salgado e; ZUCOLOTO, Graziela Ferrero; BARBOSA, Denis Borges de. *Litigância predatória no Brasil*. Disponível em: http://www.ipea.gov.br/agencia/images/stories/PDFs/radar/121114_radar22_cap3. Acesso em: 25 nov. 2014.

SILVEIRA, Renato de Mello Jorge; SAAD-DINIZ, Eduardo. *Compliance, direito penal e lei anticorrupção*. São Paulo: Saraiva, 2015.

SIMÃO, José Fernando. *Prescrição e decadência*: início dos prazos. São Paulo: Atlas, 2013, p. 213-214.

SISTEMA DE INFORMAÇÃO SOBRE COMÉRCIO EXTERIOR — SICE. Disponível em: http://www.sice.oas.org/dictionary/CP_p.asp. Acesso em: 26 ago. 2011.

SLETCHER, Michael. *New haven*: from puritanism to the age of terrorism. Arcadia Publishing: Chicago, 2004.

SMITH, Adam. *A riqueza das nações*. São Paulo: Nova Cultural, 1988. v. 1.

SOARES, Guido Fernando Silva. *Curso de direito internacional público*. São Paulo: Atlas, 2002. v. 1.

SOBRAL, Ibrahim Acácio Espírito. O acordo de leniência: avanço ou precipitação? *Revista do IBRAC*, São Paulo, v. 8, n. 2, p. 131-146, 2001.

STANFORD LAW SCHOOL. *Foreign Corrupt Practices Act Clearinghouse*: 'DOJ and SEC FCPA Enforcement Actions Per Year', Stanford Law School. Disponível em: http://fcpa.stanford.edu/statistics-analytics.html. Acesso em 16 jul. 2023.

STIGLITZ, Joseph E. A *globalização e seus malefícios*. São Paulo: Futura, 2002.

_____. *Towards a new paradigm for development strategies, policies, and process*. Prebisch Lecture at UNCTAD, Genova, 19. out. 1998.

SU, Henry C. *The US DoJ submits a market definition question to the binding arbitration (Novelis / Aleris Corporation).* e-Competitions Automobile, Paris, Art. n. 91908, Sep. 2019. Disponível em: https://www.concurrences.com/en/bulletin/special-issues/automobile-en/competition-policy-and-connected-cars/the-us-doj-submits-a-market-definition-question-to-the-binding-arbitration-novelis. Acesso em: 1º abr. 2023

SULLIVAN; GRIMES. *The Law of Antitrust, an integrated handbook.* [S.l]: West Group, 2000.

SUSLOW, V. *Cartel contract duration*: empirical evidence from international Cartels. Working Paper. Michigan: Ann Arbor, 2001.

SUSSER, Daniel; ROESSLER, Beate; NISSENBAUM, Helen F., Technology, Autonomy, and Manipulation (June 30, 2019). Internet Policy Review 2019, 8(2). DOI: 10.14763/2019.2.1410. Disponível em: https://ssrn.com/abstract=3420747. Acesso em: 20 nov. 2022.

TAUFICK, Roberto Domingos. *Nova Lei Antitruste Brasileira* – a Lei n. 12.529/2011 comentada e a análise prévia no direito da concorrência. Rio de Janeiro: Forense, 2012.

THORSTENSEN, Vera. *OMC – Organização Mundial do Comércio* – as regras e a Rodada do Milênio. São Paulo: Aduaneiras, 2001.

Transactional Track Record (TTR) sobre o mercado transacional brasileiro referente ao ano de 2021, que considerou somente as operações que tiveram seus preços divulgados: https://blog.ttrecord.com/relatorio-anual-sobre-o-mercado-transacional-brasileiro-2021/. Acesso em: 14 jul. 2023.

TRIBUNAL DE JUSTIÇA DO ESTADO DE SÃO PAULO – TJSP. *TJSP instala duas Varas Especializadas em Crimes Tributários, Organização Criminosa e Lavagem de Bens e Valores.* Publicada em: 27 nov. 2019. Disponível em: https://www.tjsp.jus.br/Noticias/Noticia?codigoNoticia=59664&pagina=1. Acesso em: 26 jul. 2023.

TRIBUNAL DE JUSTIÇA DO ESTADO DO RIO DE JANEIRO – TJRJ. *1ª Vara Criminal Especializada completa um ano no combate ao crime organizado.* Publicada em: 14 set. 2020. Disponível em: http://www.tjrj.jus.br/noticias/noticia/-/visualizar-conteudo/5111210/7564225. Acesso em: 25 jul. 2023.

TRIBUNAL REGIONAL FEDERAL DA 1ª REGIÃO – TRF1. *Resolução dispõe sobre especialização de varas federais no âmbito da 1ª Região.* Publicada em: 30 abril 2019. Disponível em: https://portal.trf1.jus.br/portaltrf1/comunicacao-social/imprensa/avisos/resolucao-dispoe-sobre-especializacao-de-varas-federais-no-ambito-da-1-regiao.htm. Acesso em: 25 jul. 2023.

UNIÃO EUROPEIA; EUA. *Acordo entre Comunidades Europeias e o governo dos Estados Unidos da América relativo aos princípios de cortesia positiva na aplicação dos respectivos direitos de concorrência.* Disponível em: http://europa.eu.int/abc/doc/off/bull/pt/9806/p103067.htm. Acesso em: 20 ago. 2003.

_____. *White paper on damages actions for breach of the EC antitrust rules.* Disponível em: http://eur-lex.europa.eu/LexUriServ/LexUriServ.do?uri=CELEX:52008DC0165:EN:NOT. Acesso em: 26 ago. 2011.

_____. "*White Paper*"— guide dealing with actions breaching EU antitrust rules (Europa). Disponível em: http://ec.europa.eu/competition/antitrust/actionsdamages/documents.html#link1. Acesso em: 26 ago. 2011.

_____. EC Competition Commission. *Cartel Statistics*. http://ec.europa.eu/competition/cartels/statistics/statistics.pdf. Acesso em: 26 ago. 2011.

VANDENBORRE, Ingrid. Most Favoured Nation Clauses Revisited. *European Competition Law Review*, ed. 12, 2014.

VARANINI, Emilio. United States of America. In: KËLLEZI, Pranvera; KILPATRICK, Bruce; KOBEL, Pierre (ed.). *Antitrust for Small and Middle Size Undertakings and Image Protection from Non-Competitors*. Berlin: Springer, 2014.

VAZ, Isabel. *Direito econômico das propriedades*. São Paulo: Forense, 1993.

_____. Nova legislação antitruste brasileira – aspectos regulamentares e institucionais. *Revista de Informação Legislativa*. Brasilia a.31 n. 124, out./dez. 1994, p. 51-74.

VICTOR, Paul A.; FOX, Eleanor; KLEIN, Joe I. [et al.]. International cartel enforcement and EC competition policy. *Annual Proceedings of the Fordham Corporate Law Institute*, v. 26, p. 57-74, 2000.

VINHAS, Tiago Cação. *Sham litigation*: do abuso do direito de petição com efeitos anticoncorrenciais. 2014. Dissertação (Mestrado em Direito Comercial) – Faculdade de Direito, Universidade de São Paulo, São Paulo, 2014.

VISCUSI, W. Kip; VERNON, John M.; HARRINGTON JR., Joseph E. *Economics of regulation and antitrust*. 2. ed. Cambridge: MIT Press, 1995.

WALLER, Spencer Weber. The Language of Law and the Language of Business. *Case Western Law Review*, v. 52, p. 283, 2001.

WEBER, Max. *Economia e sociedade*: fundamentos da economia compreensiva. 3. ed. Brasília: Universidade de Brasília, 1994.

WHELAN, Peter. *The Criminalization of European Cartel Enforcement*: Theoretical, Legal, and Practical Challenges. Oxford: OUP, 2014.

WHISH, Richard. *Competition law*. 6. ed. Oxford: Oxford University Press, 2009.

WILLIS, Peter R. (ed.). *Introduction to EU Competition Law*. London/Singapore: LLP, 2005.

WILS, Wouter P.J. Is criminalization of EU competition law the answer? In: CSERES, Katalin J.; SCHINKEL, Maarten Pieter; VOGELLAR, Floris O. W. (org.). *Criminalization of competition law enforcement*: economic and legal implications for the EU member states. Cheltenham: Edward Elgar Publishing Limited, 2006.

_____. Optimal Antitrust Fines: Theory and Practice. *World Competition* v. 29, n. 2, jun. 2006. Disponível em: http://www.emmanuelcombe.org/wils1.pdf. Acesso: 3 dez. 2015.

_____. The increased level of EU antitrust fines, judicial review, and the European Convention on Human Rights. In: Judicial Review, and the European Convention on Human Rights. *World Competition*: Law and Economics Review. 2010. Disponível em: http://www.eucal.org/data/media/increased.pdf. Acesso em: 7 dez. 2015.

WORLD BANK. *Doing Business 2011:* Making a Difference for Entrepreneurs. Washington, DC: World Bank Group, 2012, p. 73. Disponível em: Doing Business 2011. Acesso em: 8 set. 2021.

WRIGHT; Joshua D.; GINSBURG, Douglas H. *The Goals of Antitrust:* Welfare Trumps Choice, 81 Fordham L. Rev. 2405 (2013). Disponível em: https://ir.lawnet.fordham.edu/flr/vol81/iss5/9. Acesso em: 20 nov. 2022.

WU, Tim. *The Curse of Bigness* – Antitrust in The New Gilded Age. 2018.

_____. *After Consumer Welfare, Now What?* The "Protection of Competition" Standard in Practice, 2018.

ZANETTIN, Bruno. *Cooperation between antitrust agencies at the international level.* Bloomsbury Publishing, 2002.

ZINGALES, L. *A capitalism for the people*: recapturing the lost genius of American prosperity. Nova York: Basic Books, 2012.

ZOU, Yanchi. *A Method to Identify Maverick Firms:* From the Perspective of Anti-Coordination Effects. Disponível em: https://papers.ssrn.com/sol3/papers.cfm?abstract_id=4415349. Acesso em: 28 jul. 2023.

REFERÊNCIA DE JURISPRUDÊNCIA[1]

1 | NACIONAL

CADE. Decisão do Plenário. Ato de Concentração n. 08012.001697/2002-89. Decidido em 10-2004.

CADE. Decisão do Plenário. Ato de Concentração n. 08012.004808/2000-01. Decidido em 1-2-2006.

CADE. Decisão do Plenário. Ato de Concentração n. 08012.010293/2004-48. Decidido em 1-2-2006.

CADE. Decisão do Plenário. Ato de Concentração n. 08012.009358/2006-74. Decidido em 17-01-2007.

CADE. Decisão do Plenário. Ato de Concentração n. 08012.010081/2007-11. Decidido em 12-12-2007.

CADE. Decisão do Plenário. Ato de Concentração n. 08012.001885/2007-11. Decidido em 28-7-2008.

CADE. Decisão do Plenário. Ato de Concentração n. 08012.014612/2007-37. Decidido em 1º-10-2008.

CADE. Decisão do Plenário. Ato de Concentração n. 08012.007686/2008-06. Decidido em 12-11-2008.

CADE. Decisão do Plenário. Ato de Concentração n. 08012.008853/2008-28. Decidido em 24-7-2009.

CADE. Decisão do Plenário. Ato de Concentração n. 08012.000182/2010-71. Decidido em 17-3-2010.

CADE. Decisão do Plenário. Ato de Concentração n. 53500.012487/2007-1. Decidido em 28-4-2010.

CADE. Decisão do Plenário. Ato de Concentração n. 08012.005367/2010-72. Decidido em 23-6-2010.

CADE. Decisão do Plenário. Ato de Concentração n. 08012.011303/2008-96. Decidido em 18-8-2010.

CADE. Decisão do Plenário. Ato de Concentração n. 08012.011736/2008-41. Decidido em 4-8-2010.

CADE. Decisão do Plenário. Ato de Concentração n. 08012.002227/2009-17. Decidido em 1º-9-2010.

CADE. Decisão do Plenário. Ato de Concentração n. 08012.002467/2008-22. Decidido em 6-10-2010.

---

[1] Lista dos principais documentos analisados.

CADE. Decisão do Plenário. Ato de Concentração n. 08012.005789/2008-23. Decidido em 20-10-2010.

CADE. Decisão do Plenário. Ato de Concentração n. 08700.001437/2015-70. Atualmente em andamento.

CADE. Decisão do Plenário. Ato de Concentração n. 08012.003505/2011-60. Decidido em 8-6-2011.

CADE. Decisão do Plenário. Ato de Concentração n. 08012.006653/2010-55. Decidido em 29-8-2012.

CADE. Decisão do Plenário. Ato de Concentração n. 08700.011105/2012-51. Decidido em 3-4-2013.

CADE. Decisão do Plenário. Ato de Concentração n. 08700.009882/2012-35. Decidido em 22-5-2013.

CADE. Decisão do Plenário. Ato de Concentração n. 08700.001824/2013-44. Decidido em 22-5-2013.

CADE. Decisão do Plenário. Ato de Concentração n. 08700.004957/2013-72. Decidido em 22-1-2014.

CADE. Decisão do Plenário. Ato de Concentração n. 08700.001945/2014-77. Decidido em 30-4-2014.

CADE. Decisão do Plenário. Ato de Concentração n. 08700.002372/2014-07. Decidido em 16-7-2014.

CADE. Decisão do Plenário. Ato de Concentração n. 08700.000137/2015-73. Decidido em 3-7-2015.

CADE. Decisão do Plenário. Ato de Concentração n. 08700.009988/2014-09. Decidido em 2-9-2015.

CADE. Decisão do Plenário. Auto de Infração n. 08700.010047/2012-48. Decidido em 5-6-2013.

CADE. Decisão do Plenário. Auto de Infração n. 08700.007907/2013-47. Decidido em 23-10-2013.

CADE. Decisão do Plenário. Auto de Infração n. 08700.005450/2013-36. Decidido em 4-12-2013.

CADE. Decisão do Plenário. Auto de Infração n. 08700.005451/2013-80. Decidido em 4-12-2013.

CADE. Decisão do Plenário. Auto de Infração n. 08700.003083/2013-36. Decidido em 12-3-2014.

CADE. Decisão do Plenário. Averiguação Preliminar n. 08001.006298/2004-03. Decidido em 1º-2-2006.

CADE. Decisão do Plenário. Averiguação Preliminar n. 53500.004242/2004. Decidido em 17-1-2007.

CADE. Decisão do Plenário. Averiguação Preliminar n. 08012.003380/1999-57. Decidido em 16-1-2008.

CADE. Decisão do Plenário. Averiguação Preliminar n. 08012.008717/2005-95. Decidido em 9-4-2008.

CADE. Decisão do Plenário. Averiguação Preliminar n. 08012.005052/2001-34. Decidido em 23-7-2008.

CADE. Decisão do Plenário. Averiguação Preliminar n. 08012.007897/2005-98. Decidido em 23-7-2008.

CADE. Decisão do Plenário. Averiguação Preliminar n. 08012.006637/2005-03. Decidido em 3-9-2008.

CADE. Decisão do Plenário. Averiguação Preliminar n. 08012.006274/2009-21. Decidido em 7-4-2010.

CADE. Decisão do Plenário. Averiguação Preliminar n. 08012.007704/2004-18. Decidido em 7-7-2010.

CADE. Decisão do Plenário. Inquérito Administrativo n. 08700.009588/2013-04. Atualmente em andamento.

CADE. Decisão do Plenário. Processo Administrativo n. 08000.015337/1997-48. Decidido em 27-10-1999.

CADE. Decisão do Plenário. Processo Administrativo n. 08012.006358/1997-42. Decidido em 2-8-2000.

CADE. Decisão do Plenário. Processo Administrativo n. 08012.009118/1998-26. Decidido em 27-6-2001.

CADE. Decisão do Plenário. Processo Administrativo n. 08012.005769/1998-92. Decidido em 19-1-2002.

CADE. Decisão do Plenário. Processo Administrativo n. 08012.002299/2000-18. Decidido em 27-3-2002.

CADE. Decisão do Plenário. Processo Administrativo n. 08012.000172/1998-42. Decidido em 23-3-2003.

CADE. Decisão do Plenário. Processo Administrativo n. 08012.000668/1998-06. Decidido em 17-12-2003.

CADE. Decisão do Plenário. Processo Administrativo n. 08000.022487/1997-81. Decidido em 14-7-2004.

CADE. Decisão do Plenário. Processo Administrativo n. 08012.000677/1999-70. Decidido em 15-9-2004.

CADE. Decisão do Plenário. Processo Administrativo n. 08012.001447/2002-49. Decidido em 20-10-2004.

CADE. Decisão do Plenário. Processo Administrativo n. 08000.024581/1994-77. Decidido em 15-12-2004.

CADE. Decisão do Plenário. Processo Administrativo n. 08012.005459/2002-42. Decidido em 8-12-2004.

CADE. Decisão do Plenário. Processo Administrativo n. 08012.009160/2002-67. Decidido em 6-4-2005.

CADE. Decisão do Plenário. Processo Administrativo n. 08012.003068/2001-11. Decidido em 13-4-2005.

CADE. Decisão do Plenário. Processo Administrativo n. 08012.003578/2000-18. Decidido em 11-5-2005.

CADE. Decisão do Plenário. Processo Administrativo n. 08012.006989/1997-43. Decidido em 15-6-2005.

CADE. Decisão do Plenário. Processo Administrativo n. 08012.002127/2002-14. Decidido em 13-7-2005.

CADE. Decisão do Plenário. Processo Administrativo n. 08012.009088/1999-48. Decidido em 13-10-2005.

CADE. Decisão do Plenário. Processo Administrativo n. 08000.018277/1995-62. Decidido em 15-2-2006.

CADE. Decisão do Plenário. Processo Administrativo n. 08012.004086/2000-21. Decidido em 29-3-2006.

CADE. Decisão do Plenário. Processo Administrativo n. 08012.000283/2006-66. Decidido em 17-12-2008.

CADE. Decisão do Plenário. Processo Administrativo n. 08012.003805/2004-10. Decidido em 22-7-2009.

CADE. Decisão do Plenário. Processo Administrativo n. 53500.013140/2005. Decidido em 9-4-2011.

CADE. Decisão do Plenário. Processo Administrativo n. 08012.001826/2003-10. Decidido em 19-9-2011.

CADE. Decisão do Plenário. Processo Administrativo n. 08012.008501/2007-91. Atualmente em andamento.

CADE. Decisão do Plenário. Requerimento n. 08700.001369/2009-09. Decidido em 15-9-2004.

CADE. Decisão do Plenário. Processo Administrativo n. 08012.004484/2005-51. Decidido em 7-7-2010.

CADE. Decisão do Plenário. Processo Administrativo n. 08012.004283/2000-40. Decidido em 15-12-2010.

CADE. Decisão do Plenário. Processo Administrativo n. 08700.005448/2010-14.. Decidido em 14-12-2011.

CADE. Decisão do Plenário. Processo Administrativo n. 08012.011508/2007-91. Decidido em 24-6-2015.

CADE. Decisão do Plenário. Processo Administrativo para Imposição de Sanções Processuais Incidentais n. 08700.006456/2014-01. Decidido em 14-07-2015.

CADE. Decisão do Plenário. Requerimento n. 08700.002906/2007-68. Decidido em 28-11-2007.

CADE. Decisão do Plenário. Requerimento n. 08700.001882/2008-19. Decidido em 27-8-2008.

CADE. Decisão do Plenário. Requerimento n. 08700.005321/2008-81. Decidido em 21-1-2009.

CADE. Decisão do Plenário. Requerimento n. 08700.002312/2009-19. Decidido em 16-9-2009.

CADE. Decisão do Plenário para Embargos de Declaração. Processo Administrativo n. 08012.000677/1999-70. Decidido em 9-3-2005.

CADE. Decisão do Plenário para Embargos de Declaração. Processo Administrativo n. 08012.002127/2002-14. Decidido em 13-10-2005.

CADE. Decisão do Plenário para Embargos de Declaração. Processo Administrativo n. 08012.004086/2000-21. Decidido em 24-5-2006.

CADE. Decisão do Plenário para Embargos de Declaração. Processo Administrativo n. 08012.006989/1997-43. Decidido em 16-8-2006.

CADE. Decisão do Plenário para Embargos de Declaração. Processo Administrativo n. 08012.009088/1999-48. Decidido em 7-11-2007.

CADE. Decisão do Plenário para Embargos de Declaração. Processo Administrativo n. 08012.002493/2005-16. Decidido em 30-1-2008.

CADE. Decisão do Plenário para Embargos de Declaração. Processo Administrativo n. 08012.002493/2005-16. Decidido em 5-3-2008.

CADE. Decisão do Plenário para Embargos de Declaração. Processo Administrativo n. 08012.000283/2006-66. Decidido em 13-5-2009.

CADE. Decisão da SG. Ato de Concentração n. 08700.001204/2013-13. Requerentes: Robert Bosch GmbH, ZF Friedrichshafen AG e Knorr-Bremse Systeme für Commercial Vehicle GmbH. Parecer Técnico n. 35, da Superintendência-Geral do CADE, em 04-04-2013.

CADE. Decisão da SG. Ato de Concentração n. 08700.011324/2013-10. Requerentes: Thyssenkrupp AG e Outokumpu Oyj. Parecer Técnico n. 14, da Superintendência-Geral do CADE, em 10-01-2014.

CADE. Decisão da SG. Ato de Concentração n. 08700.008819/2014-43. Requerentes: Robert Bosch GmbH e Siemens AG. Parecer Técnico n. 390, da Superintendência-Geral do CADE em nov. 2014.

CADE. Decisão da SG. Ato de Concentração n. 08700.004891/2015-82. Parecer Técnico n. 218, da Superintendência-Geral do CADE, em 18-06-2015.

CADE. Decisão da SG. Ato de Concentração n. 08700.008541/2015-95. Despacho SG n. 1086/2015. Decidido em 8-9-2015.

CADE. Despacho do Conselheiro Relator n. 223/2009/GAB/PFA. Processo Administrativo n. 08012.002493/2005-16. Decidido em 28-11-2007.

CADE. Requerimento de TCC. Proposta n. 08700.002906/2007-68. Decidido em 28-11-2007.

CADE. Requerimento de TCC. Proposta n. 08700.004221/2007-56. Decidido em 28-11-2007.

CADE. Requerimento de TCC. Proposta n. 08700.001882/2008-19. Decidido em 27-8-2008.

CADE. Requerimento de TCC. Proposta n. 08700.004992/2007-43. Decidido em 17-12-2008.

CADE. Requerimento de TCC. Proposta n. 08700.005321/2008-81. Decidido em 21-1-2009.

CADE. Requerimento de TCC. Proposta n. 08700.002312/2009-19. Decidido em 16-9-2009.

CADE. Requerimento de TCC. Proposta n. 08700.001369/2009-09. Decidido em 30-9-2009.

Ministério da Justiça. SDE. Nota Técnica do DPDE n. 2005/SDE/DPDE/CGAJ. Processo Administrativo n. 08012.004599/1999-18. Decidido em 11-4-2007.

Ministério da Justiça. SDE. Parecer da SDE/MJ. Processo Administrativo n. 08012.009160/2002-67. Decidido em 6-4-2005.

Ministério da Justiça. SDE. Parecer da SDE/MJ. Processo Administrativo n. 08012.003068/2001-11. Decidido em 13-4-2005.

Ministério da Justiça. SDE. Parecer da SDE/MJ. Processo Administrativo n. 08000.011520/1994-40. Decidido em 13-10-2005.

Ministério da Justiça. SDE. Parecer da SDE/MJ. Processo Administrativo n. 08012.004086/2000-21. Decidido em 29-3-2006.

Ministério da Justiça. SDE. Parecer da SDE/MJ. Processo Administrativo n. 08012.000283/2006-66. Decidido em 17-12-2008.

Ministério da Justiça. SDE. Parecer da SDE/MJ. Processo Administrativo n. 08012.008501/2007-91. Atualmente em andamento.

Ministério da Justiça. SDE. Parecer da SDE/MJ. Requerimento n. 08700.001882/2008-19. Decidido em 27-8-2008.

Ministério da Justiça. SDE. Parecer da SDE/MJ. Requerimento n. 08700.005321/2008-81. Decidido em 21-1-2009.

Ministério da Fazenda. SEAE. Parecer da SEAE/MF. n. 47/2002 MF/SEAE/COGDC-DF. Processo Administrativo n. 08012.004712/2000-89. Decidido em 3-7-2002.

Ministério da Fazenda. SEAE. Parecer da SEAE/MF. n. 239/2002/COGDC-DF/SEAE/MF. Processo Administrativo n. 08012.003068/2001-11. Decidido em 13-4-2005.

MPF. Parecer do MPF n. 937/2004/CADE/MGMF. Processo Administrativo n. 08012.003068/2001-11. Decidido em 13-4-2005.

MPF. Parecer do MPF n. 902/2004/MPF. Processo Administrativo n. 08000.011520/1994-40. Decidido em 13-10-2005.

CADE. Parecer da ProCADE n. 137/2009/PG/CADE. Requerimento n. 08700.001882/2008-19. Decidido em 27-8-2008.

CADE. Parecer da ProCADE n. 137/98/ProCADE. Processo Administrativo n. 08000.011520/1994-40. Decidido em 14-10-1998.

CADE. Parecer da ProCADE n. 171/2004/ProCADE. Processo Administrativo n. 08012.009160/2002-67. Decidido em 6-4-2005.

CADE. Parecer da ProCADE n. 090/2004/ProCADE. Processo Administrativo n. 08012.003068/2001-11. Decidido em 13-4-2005.

CADE. Parecer da ProCADE n. 76/2009/ProCADE. Processo Administrativo n. 08012.002127/2002-14. Decidido em 13-7-2005.

CADE. Parecer da ProCADE n. 82/2005/ProCADE. Processo Administrativo n. 08012.00 2127/2002-14. Decidido em 13-7-2005.

CADE. Parecer da ProCADE n. 242/2004/ProCADE. Processo Administrativo n. 08000.01 1520/1994-40. Decidido em 13-10-2005.

CADE. Parecer da ProCADE n. 032/2007/ProCADE. Processo Administrativo n. 08012.00 2493/2005-16. Decidido em 28-11-2007.

CADE. Parecer da ProCADE n. 397/2008/ProCADE. Processo Administrativo n. 08012.00 0283/2006-66. Decidido em 17-12-2008.

CADE. Parecer da ProCADE n. 114/2007/PG/ProCADE. Processo Administrativo n. 08 012.001826/2003-10. Decidido em 19-9-2011.

CADE. Relatório do Conselheiro Relator (Ruy Afonso de Santacruz Lima). Processo Administrativo n. 08000.010.318/1994-73. Decidido em 10-3-1999.

CADE. Relatório do Conselheiro Relator (João Bosco Leopoldino da Fonseca). Processo Administrativo n. 08000.011518/1994-06. Decidido em 28-7-1999.

CADE. Relatório do Conselheiro Relator (Ruy Afonso de Santacruz Lima). Processo Administrativo n. 08000.011520/1994-40. Decidido em 14-10-1999.

CADE. Relatório do Conselheiro Relator (Ruy Afonso de Santacruz Lima). Processo Administrativo n. 08000.015337/1997-48. Decidido em 27-10-1999.

CADE. Relatório do Conselheiro Relator (João Bosco Leopoldino da Fonseca). Processo Administrativo n. 08012.009118/1998-26. Decidido em 27-6-2001.

CADE. Relatório do Conselheiro Relator (Afonso Arinos de Mello Franco Neto). Processo Administrativo n. 08012.002299/2000-18. Decidido em 27-3-2002.

CADE. Relatório do Conselheiro Relator (Ricardo Roberto Pfeiffer). Processo Administrativo 08012.004712/2000-89. Decidido em 3-7-2002.

CADE. Relatório do Conselheiro Relator (Thompson Andrade). Processo Administrativo n. 08012.000677/1999-70. Decidido em 15-9-2004.

CADE. Relatório do Conselheiro Relator (Ricardo Villas Bôas Cueva). Processo Administrativo n. 08012.004860/2000-01. Decidido em 5-10-2004.

CADE. Relatório do Conselheiro Relator (Luiz Alberto Esteves Scaloppe). Processo Administrativo n. 08012.009160/2002-67. Decidido em 6-4-2005.

CADE. Relatório do Conselheiro Relator (Luiz Carlos Delorme Prado). Processo Administrativo n. 08012.003068/2001-11. Decidido em 13-4-2005.

CADE. Relatório do Conselheiro Relator (Luiz Alberto Esteves Scaloppe). Processo Administrativo n. 08012.006989/1997-43. Decidido em 15-6-2005.

CADE. Relatório do Conselheiro Relator (Luiz Carlos Delorme Prado). Processo Administrativo n. 08012.002127/2002-14. Decidido em 13-7-2005.

CADE. Relatório do Conselheiro Relator (Luiz Alberto Esteves Scaloppe). Processo Administrativo n. 08012.004086/2000-21. Decidido em 29-3-2006.

CADE. Relatório do Conselheiro Relator (Ricardo Villas B. Cueva). Processo Administrativo n. 08012.004599/1999-18. Decidido em 11-4-2007.

CADE. Relatório do Conselheiro Relator (Luis Fernando Schuartz). Processo Administrativo n. 08012.002493/2005-16. Decidido em 28-11-2007.

CADE. Relatório do Conselheiro Relator (Luis Fernando Schuartz). Processo Administrativo n. 08700.002906/2007-68. Decidido em 28-11-2007.

CADE. Relatório do Conselheiro Relator (Paulo Furquim de Azevedo). Processo Administrativo n. 08012.000283/2006-66. Decidido em 17-12-2008.

CADE. Relatório do Conselheiro Relator (Vinícius Marques de Carvalho). Processo Administrativo n. 08012.006059/2001-73. Decidido em 23-2-2011.

CADE. Relatório do Conselheiro Relator (Abraham Benzaquen Sicsú). Processo Administrativo n. 08012.001826/2003-10. Decidido em 19-9-2011.

CADE. Voto do Relator na Consulta 08700.001710/2012-13. Decidida em out. 2013.

CADE. Voto do Conselheiro Relator (Carlos Ragazzo). Ato de Concentração n. 08012.004423/2009-18. Decidido em 13-7-2011.

CADE. Voto do Relator no Ato de Concentração n.08012.009198/2011-21. Decidido pelo CADE em abr. 2014.

CADE. Voto do Conselheiro Relator (Olavo Chinaglia). Averiguação Preliminar n. 08012.007692/1999-11. Decidido em 17-12-2008.

CADE. Voto do Conselheiro Relator (Luis Carlos Prado). Averiguação Preliminar n. 08012.007897/2005-98. Decidido em 4-3-2009.

CADE. Voto do Conselheiro Relator (Paulo Furquim de Azevedo). Averiguação Preliminar n. 08012.005181/2006-37. Decidido em 29-4-2009.

CADE. Voto do Conselheiro Relator (Luis Carlos Prado). Averiguação Preliminar n. 08 012.006899/2003-06. Decidido em 22-7-2009.

CADE. Voto do Conselheiro Relator (Fernando de Magalhães Furlan). Averiguação Preliminar n. 08012.008443/2007-04. Decidido em 16-12-2009.

CADE. Voto do Conselheiro Relator (Olavo Chinaglia). Averiguação Preliminar n. 08012.001952/2008-89. Decidido em 20-1-2010.

CADE. Voto do Conselheiro Relator (Carlos Ragazzo). Averiguação Preliminar n. 08012.000295/1998-92. Decidido em 18-8-2010.

CADE. Voto do Conselheiro Relator (Fernando de Magalhães Furlan). Averiguação Preliminar n. 08012.005994/2004-65. Decidido em 11-11-2011.

CADE. Voto do Conselheiro Relator (Carlos Ragazzo). Averiguação Preliminar n. 080 12.005994/2004-65. Decidido em 11-11-2011.

CADE. Voto do Conselheiro Relator (Ruy Afonso de Santacruz Lima). Processo Administrativo n. 08000.011520/1994-40. Decidido em 14-10-1998.

CADE. Voto do Conselheiro Relator (Ruy Santacruz). Processo Administrativo n. 08000.01 0318/1994-73. Decidido em 10-3-1999.

CADE. Voto do Conselheiro Relator (Rui Santa Cruz). Processo Administrativo n. 080 00/000146/1996-55. Decidido em 9-6-1999.

CADE. Voto do Conselheiro Relator (Ruy Afonso de Santacruz Lima). Processo Administrativo n. 08000.015337/1997-48. Decidido em 27-10-1999.

CADE. Voto do Conselheiro Relator (João Bosco Leopoldino da Fonseca). Processo Administrativo n. 08012.009118/1998-26. Decidido em 27-6-2001.

CADE. Voto do Conselheiro (Thompson Andrade). Processo Administrativo n. 08012.00 9118/1998-26. Decidido em 27-6-2001.

CADE. Voto do Conselheiro Relator (Afonso Arinos de Mello Franco Neto). Processo Administrativo n. 08012.002299/2000-18. Decidido em 27-3-2002.

CADE. Voto do Conselheiro Relator (Roberto Augustos Castellanos Pfeiffer). Processo Administrativo n. 08012.002299/2000-18. Decidido em 27-3-2002.

CADE. Voto do Conselheiro Relator (Ricardo Roberto Pfeiffer). Processo Administrativo n. 08012.004712/2000-89. Decidido em 3-7-2002.

CADE. Voto do Conselheiro Relator (Thompson Andrade). Processo Administrativo n. 08012.000677/1999-70. Decidido em 15-9-2004.

CADE. Voto do Conselheiro (Luiz Alberto Esteves Scaloppe). Processo Administrativo n. 08012.000677/1999-70. Decidido em 15-9-2004.

CADE. Voto da Presidente (Elizabeth Maria Mercier Querido Farina). Processo Administrativo n. 08012.000677/1999-70. Decidido em 15-9-2004.

CADE. Voto do Conselheiro (Luis Carlos Delorme Prado). Processo Administrativo n. 08012.000677/1999-70. Decidido em 15-9-2004.

CADE. Voto do Conselheiro Relator (Ricardo Villas Bôas Cueva). Processo Administrativo n. 08012.004860/2000-01. Decidido em 5-10-2004.

CADE. Voto do Conselheiro Relator (Luiz Alberto Esteves Scaloppe). Processo Administrativo n. 08012.009160/2002-67. Decidido em 6-4-2005.

CADE. Voto do Conselheiro Relator (Luiz Carlos Delorme Prado). Processo Administrativo n. 08012.003068/2001-11. Decidido em 13-4-2005.

CADE. Voto do Conselheiro (Roberto Augusto Castellanos Pfeiffer). Processo Administrativo n. 08012.002153/2000-72. Decidido em 18-5-2005.

CADE. Voto do Conselheiro Relator (Luís Fernando Rigato Vasconcellos). Processo Administrativo n. 08012.002153/2000-72. Decidido em 18-5-2005.

CADE. Voto do Conselheiro Relator (Luiz Alberto Esteves Scaloppe). Processo Administrativo n. 08000.016489/1997-21. Decidido em 11-5-2005.

CADE. Voto do Conselheiro Relator (Luiz Alberto Esteves Scaloppe). Processo Administrativo n. 08012.006989/1997-43. Decidido em 15-6-2005.

CADE. Voto do Conselheiro Relator (Luiz Carlos Delorme Prado). Processo Administrativo n. 08012.002127/2002-14. Decidido em 13-7-2005.

CADE. Voto da Presidente (Elizabeth Maria Mercier Querido Farina). Processo Administrativo n. 08012.002127/2002-14. Decidido em 13-7-2005.

CADE. Voto do Conselheiro (Luís Fernando Rigato Vasconcellos). Processo Administrativo n. 08012.009088/1999-48. Decidido em 13-10-2005.

CADE. Voto do Conselheiro Relator (Ricardo Villas Bôas Cueva). Processo Administrativo n. 08012.009088/1999-48. Decidido em 13-10-2005.

CADE. Voto do Conselheiro Relator (Roberto Pfeiffer). Processos Administrativos Nos. 53500.001821/2002, 53500.001823/2002 e 53500.001824/2002. Decidido em 14-9-2005.

CADE. Voto do Conselheiro Relator (Luiz Alberto Esteves Scaloppe). Processo Administrativo n. 08012.004086/2000-21. Decidido em 29-3-2006.

CADE. Voto do Conselheiro Relator (Luis Fernando Rigato Vasconcellos). Processo Administrativo n. 08000.024919/1995-62. Decidido em 30-8-2006.

CADE. Voto do Conselheiro Relator (Paulo Furquim de Azevedo). Processo Administrativo n. 08012.003048/2001-31. Decidido em 27-2-2007.

CADE. Voto do Conselheiro Relator (Abraham Benzaquem Sicsú). Processo Administrativo n. 08012.008088/2003-31. Decidido em 11-4-2007.

CADE. Voto do Conselheiro Relator (Ricardo Villas Bôas Cueva). Processo Administrativo n. 08012.004599/1999-18. Decidido em 11-4-2007.

CADE. Voto do Conselheiro Relator (Luis Fernando Schuartz). Processo Administrativo n. 08012.002493/2005-16. Decidido em 28-11-2007.

CADE. Voto do Conselheiro Relator (Paulo Furquim de Azevedo). Processo Administrativo n. 08012.000980/2000-23. Decidido em 4-6-2008.

CADE. Voto do Conselheiro Relator (Luis Carlos Prado). Processo Administrativo n. 08 012.000966/2000-01. Decidido em 18-6-2008.

CADE. Voto do Conselheiro Relator (Paulo Furquim de Azevedo). Processo Administrativo n. 08012.000283/2006-66. Decidido em 17-12-2008.

CADE. Voto do Conselheiro (Fernando de Magalhães Furlan). Processo Administrativo n. 08012.000283/2006-66. Decidido em 17-12-2008.

CADE. Voto do Conselheiro Relator (Vinícius Marques de Carvalho). Processo Administrativo n. 08012.006059/2001-73. Decidido em 23-2-2011.

CADE. Voto do Conselheiro Relator (Abraham Benzaquen Sicsú). Processo Administrativo n. 08012.001826/2003-10. Decidido em 19-9-2011.

CADE. Voto da Conselheira Relatora (Ana Frazão). Processo Administrativo n. 08012.008501/2007-91. Decidido em 11-9-2013.

CADE. Voto do Conselheiro Relator (Luis Fernando Schuartz). Requerimento n. 08700.002906/2007-68. Decidido em 28-11-2007.

CADE. Voto do Conselheiro Relator (Fernando de Magalhães Furlan). Requerimento n. 08700.001882/2008-19. Decidido em 27-8-2008.

CADE. Voto do Conselheiro Relator (Fernando de Magalhães Furlan). Requerimento n. 08700.005321/2008-81. Decidido em 21-1-2009.

CADE. Voto do Conselheiro Relator (Fernando de Magalhães Furlan). Requerimento n. 08700.002312/2009-19. Decidido em 16-9-2009.

CADE. Voto do Conselheiro Relator (Carlos Ragazzo). Requerimento n. 08700.00 1369/2009-09. Decidido em 30-9-2009.

CADE. Anexo A do Voto do Conselheiro Relator (Fernando de Magalhães Furlan) no Requerimento do TCC n. 08700.005321/2008-81.

CADE. Voto Vogal da Presidente do CADE. Processo Administrativo n. 08012.007514/2000-79. Decidido em 19-1-2007.

CADE. Voto Vista do Conselheiro Relator (Luis Carlos Prado). Averiguação Preliminar n. 08012.006717/2000-46. Decidido em 26-7-2006.

CADE. Voto do Conselheiro Relator no Auto de Infração n. 08700.007907/2013-47. Decidido em 23-10-2013

CADE. Voto do Conselheiro Relator no Auto de Infração n. 08700.003083/2013-36. Decidido em 12-03-2014.

CADE. Voto do Relator no Processo Administrativo para Imposição de Sanções Processuais Incidentais n. 08700.006456/2014-01. Decidido em 14-7-2015.

CADE. Voto Vista do Presidente do CADE. Processo Administrativo n. 08012.000295/1998-92. Decidido em 18-8-2010.

CADE. Consulta n. 08700.000207/2014-02. Consulente: Instituto Brasileiro de Petróleo, Gás e Biocombustíveis. Decidido em abr. 2014.

STF. HC 78.708-SP. Relator: Sepúlveda Pertence. Primeira Turma. Paciente: Alvaro Giometti. Coator: Tribunal de Justiça do Estado de São Paulo. Data de Decidido em 09-03-1999. *DJ*, 16- 04-1999.

STJ. Voto CC 34973/SP. Conflito de Jurisdição 2002/0045075-7. Ministra Relatora Eliana Calmon. Autoridade Julgadora S1 — Primeira Sessão. Decidido em 25-9-2002. *DJ*, 28-10-2002, p. 13.

STJ. CC 34977/SP. Conflito de Jurisdição 2002/0045067-0. Ministra Relatora Laurita Vaz. Autoridade Julgadora S1 — Primeira Sessão. Decidido em 26-2-2003. *DJ*, 7-4-2003, p. 215.

STJ. CC 40165/PR. Conflito de Jurisdição 2003/0165285-6. Ministro Relator José Arnaldo da Fonseca. Autoridade Julgadora S3 — Terceira Sessão. Decidido em 10-12-2003. *DJ*, 2-2-2004, p. 269.

STJ CC 37226/SP. Conflito de Jurisdição 2003/0149086. Ministro Relator Jorge Scartezzini. Autoridade Julgadora S3 — Terceira Sessão. Decidido em 28-4-2004. *DJ*, 1º-7-2004, p. 174.

STJ. HC 32292/RS. *Habeas Corpus* 2003/0223642-5. Ministro Relator José Arnaldo da Fonseca. Autoridade Julgadora T5 — Quinta Sessão. Decidido em 1-4-2004. *DJ*, 3-5-2004, p. 196.

STJ, Recurso Especial n. 36334/SP, Rel. Ministro Eduardo Ribeiro, 3ª Turma. Julgado em: 14-09-1973.

STJ, Recurso Especial n. 1168336/RJ, Rel. Ministra Nancy Andrighi, 3ª Turma. Julgado em: 22-03-2011.

2 | INTERNACIONAL

2.1 | Estados Unidos da América

United States *v.* Trans-Missouri Freight Association, 166 U.S. 290 (1897).

United States *v.* Addyston Pipe & Steel Co. 85 Fed. 271 (6th Cir. 1898), aff'd, 175 U.S. 211 (1899).

Standard Oil Co. *v.* United States, 221 U.S. 1 (1911).

United States *v.* American Tobacco Co., 221 US. 106, 184 (1911).

United States *v.* Terminal Railroad Association of St. Louis, 224 U.S. 383 (1912).

Interstate Circuit, Inc. *v.* United States (1939).

United States *v.* Socony-Vacuum Oil Co., 310 U.S. 150 (1940).

United States *v.* Aluminium Co. of America, 148 F.2d 416 (2d Cir. 1945).

American Tobacco Co., et al., *v.* United States, 148 F.2d 416 (1944); 328 U.S. 781 (1946).

Theatre Enterprises, Inc. *v.* Paramount Film Distributing Corp., 346 U.S. 537 (1954).

United States *v.* E.I du Pont de Nemours & Co., 351 U.S. 377, 391-92, 76 S. Ct. 994, 1005 (1956).

65 USLW 2617, 1997-1 Trade Cases P 71, 750. Appellant, *v.* Nippon Paper Industries Co., LTD., Et. Al., Defendants, Appellees. 109 F.3D 1 n. 96-2001. (1st Cir. 1957).

United States *v.* Jerrold Elecs. Corp., 187 F. Supp. 545, 557-58 (E.D. Pa. 1960).

Walker Process Equipment, Inc. *v.* Food Machinery and Chemical Corp (1965).

United States *v.* Container Corp. of America, 393 U.S. 333 (1969).

California Transport *v.* Trucking Unlimited (1972).

Timberlane Lumber Co. *v.* Bank of America, 549 F.2d 597 (9th Cir. 1976).

Illinois Brick Co. *v.* Illinois, 431 U.S. 720 (1977). n. 76-404, Argued March 23, 1977, Decided June 9, 1977, 431 U.S. 720.

United States *v.* United States Gypsum Co., 438 U.S. 422, 441 n.16 (1978).

Mannington Mills, Inc. *v.* Congoleum Corp., 595 F.2d 1287 (3d Cir. 1979).

Eastman Kodak co. *v.* Image Tech. Svcs., 504 U.S. 451 (1992). 504 U.S. 451.

Spectrum Sports, Inc. *v.* McQuillan', 506 U.S. 447, 458 (Supreme Court 1993).

United States of America, Appellant, *v.* Nippon Paper Industries Co., Ltd., et al., Defendants, Appellees, 109 F.3d 1 (1997).

Jacob Blinder & Sons Inc. *v.* Gerber Products Co. (In Re Baby Food Antitrust litigation), 166 F.3d 112, 122 (3th Cir. 1999).

United States *v.* Gemstar-TV Guide, U.S. Dist Ct; DC.

Petruzzi's IGA Supermarkets, 998 F.2d. at 1243; In re Medical X-Ray Film Antitrust Litigation, 946 F. Supp.Blomkest Fertilizer Inc. v. Potash Corp. of Saskatchewan, 203 F.3d 1028, 1032 (8th Cir. 2000).

Verizon Communications, Inc. *v.* Law Offices of Curtis V. Trinko, 540 U.S. 398 (2004).

United States *v.* United Reg'l Health Care Sys., Civ. n. 7:11-cv-00030 (N.D. Tex. Sept. 29 2011).

United States *v.* Computer Associates and Platinum Technology Civil n.01-02062 (GK).

St. Alphonsus Medical Center, ET. AL. *v.* St. Luke's Health System, LTD, ET. AL. n. 14–35173(2015).

2.2 | União Europeia

ACF Chemiefarma v. Commission (cases 41, 44, 45/69) [1970] ECR 661 (Quinine case).

Ahlstrom Osakeyhtio v. Commission (Wood Pulp case). Decisão IV/29.725 de 19 dez. 1984.

AB Volvo v. Erik Veng (UK) Ltd [1988] EUECJ C-238/87.

Bertelsmann/Kirch/Premiere Case n. IV/M.993.

Cases C-89/85, C-104/85, C-114/85, C-116/85, C-117/85 e C-125/85 até C-129/85, A. Ahlström Osakeyhtiö e.a. (Woodpulp II) [1993] ECR I-1307, para. 71.

RTE & ITP v. Commission (The Magill Case) ECJ, [1995] ECR I-743, [1995] 4 CMLR 718.

BMW Nederland BV v. Ronald Karel Deenik, [1997] ECJ C-63/97.

Fiat v. ISAM, 2000 (Itália/UE).

IMS Health v. Commission [2001] ECR II-3193.

International NV case C-126/97 [2005] 5 CMLR 816.

Microsoft Corp v. Commission CFI, [2007] 5 CMLR 11.

Competition Authorities v. The Beef Industry Development Society Ltd. and Another, [2008] E.C.C. 6, 113.

Konkurrensverket v. TeliaSonera Sverige AB, Case C-52/09 (2011).